《规划师》论丛

国土空间规划与城乡融合发展

李迎彬　张一恒　许　刚　杨一虹　主编

广西科学技术出版社

·南宁·

图书在版编目（CIP）数据

国土空间规划与城乡融合发展/李迎彬等

主编. —南宁：广西科学技术出版社，2023.12

　　ISBN 978 - 7 - 5551 - 2095 - 7

　　Ⅰ. ①国… Ⅱ. ①李… Ⅲ. ①国土规划—关系—城乡

建设—区域经济发展—研究—中国 Ⅳ. ①F129.9 ②F299.27

中国国家版本馆CIP数据核字（2023）第 243929 号

GUOTU KONGJIAN GUIHUA YU CHENGXIANG RONGHE FAZHAN
国 土 空 间 规 划 与 城 乡 融 合 发 展

李迎彬　张一恒　许　刚　杨一虹　主编

组　　稿：方振发　何杏华　黄　权
责任编辑：陈诗英　陈剑平　秦慧聪　罗绍松
责任校对：冯　靖　　　　　　　　　　　　　　责任印制：韦文印
装帧设计：梁　良

出 版 人：梁　志
出版发行：广西科学技术出版社
社　　址：广西南宁市东葛路 66 号　　　　　　邮政编码：530023
网　　址：http://www.gxkjs.com

印　　刷：广西雅图盛印务有限公司

开　　本：889 mm×1194 mm　1/16
字　　数：900 千字　　　　　　　　　　　　　印　　张：35
版　　次：2023 年 12 月第 1 版
印　　次：2023 年 12 月第 1 次印刷
书　　号：ISBN 978 - 7 - 5551 - 2095 - 7
定　　价：168.00 元

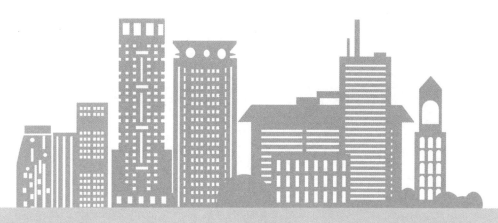

编委会

主　编：李迎彬　张一恒　许　刚　杨一虹

编　委：熊　滟　郑　菊　刘邦权　艾永胜　张　悦

目 录

高质量发展与国土空间规划

城市更新行动

国土空间规划理论与方法

空间规划设计

文旅融合规划与发展研究

昆明国土空间规划研究

珠海国土空间规划研究

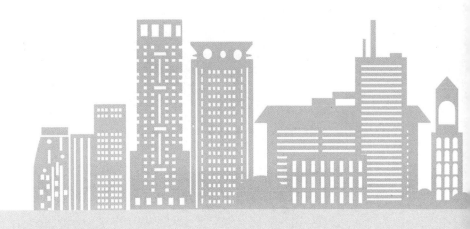

高质量发展与国土空间规划

成渝地区双城经济圈自然资源禀赋特征与规划策略研究

□陈艳尼，宋志，陈绪钰，黄天驹

摘要： 成渝地区双城经济圈是独特而重要的国家重大战略区，虽因地处四川盆地而具有独特复杂的自然地理格局，自然资源特色显著，但部分要素短板仍然突出。本文系统梳理并分析研究水、土地、生物、矿产与能源等重要自然资源的数量、质量、分布等特征，总结区域内自然资源禀赋的优势和短板，提出水资源"中轴配水"、土地资源"绿色农业"、生物资源"保山护河"、矿产与能源资源"重点页岩气"的规划策略，以期为成渝地区双城经济圈规划建设提供宏观依据，也为相关自然资源开发保护提供借鉴。

关键词： 成渝双城经济圈；自然资源；水资源；页岩气；规划策略

1 引言

成渝地区双城经济圈位于我国西部，总面积 18.5 万 km²，包括四川省、重庆市部分地区。近年来，随着一系列规划建设政策文件陆续出台，成渝地区双城经济圈成为未来打造高质量发展增长极、具有全国影响力的规划区，在国家发展大局中具有独特而重要的战略地位。

成渝地区双城经济圈主体位于我国四大盆地之一的四川盆地，具有独特复杂的自然地理格局，自然资源特色显著，但部分要素短板突出。为此，笔者以成渝地区双城经济圈为研究对象，选择水、土地、生物、矿产与能源等重要资源开展禀赋特征研究，分析自然资源数量、质量、分布等特征，总结该区域内自然资源禀赋的优势和短板，提出一系列优化自然资源开发保护的规划策略，以期为成渝地区双城经济圈规划建设提供宏观依据，也为相关自然资源保护利用提供借鉴。

2 研究区概况

成渝地区双城经济圈位于我国地势第二阶梯，是连接青藏高原与长江中下游平原的过渡地带，由盆周山脉与盆底平原、丘陵构成独特的菱形地理格局，是相对独立的地理单元，属亚热带季风性湿润气候区，水土光热条件好，是我国最肥沃的自然土壤区域之一，生态系统丰富多样。

成渝地区所在的四川盆地在远古时期为深海区域，在经历了"海—陆—海—陆"演变过程后，逐渐形成四周山体不断隆升的盆地。地壳受到长期挤压，由西向东逐渐形成了龙门山、大巴山、岷山、龙泉山、武陵山等山系，河流流向由西—西南—南逐步转移。260 万年以来，河流不断溯源侵蚀并切穿巫山，盆地水系进入长江水系，由内流变为外流。

成渝地区历经"陆海交替"特殊演化过程，自然资源禀赋总体较好，具有地域特色。在海相、陆相多次交替下，该地区形成了独特的地质地貌类型，带来了丰富的生物多样性，进而孕育了盆地内丰富的油气资源。海侵时期形成的黑色灰岩、页岩富含有机质，保存了生物吸收的硒元素，在后期出露地表后形成富硒土壤。海湖时期生物沉积产生天然气所需的烃源岩，造就了天然气富集。在海盆退化期，残留湖泊因干化而形成盐湖，进一步形成石盐和盐卤水，被岩石储存并封藏，形成了丰富的盐卤水矿藏。湖盆时期形成的红色泥岩中磷、钾元素含量高，在崩解后形成的土壤元素变化不大，形成了相对肥沃的低氮、高磷、高钾土壤。

3 自然资源禀赋特征

3.1 水资源

3.1.1 分布特征

成渝地区 2019 年水资源总量约为 1153 亿 m^3，用水总量约为 289 亿 m^3，水资源利用率总体仅为 25.06%。人均水资源量为 1347 m^3，总体处于不缺水状态，空间分布呈盆周高、盆中低的总体特征，盆周绵阳—达州、雅安—宜宾、重庆南部与东部山区人均水资源高，而盆中大部分地区处于较低状态。

研究区人均水资源量极为不均，最高为四川省雅安市，人均水资源量为 12070 m^3；最低为重庆市主城区，为 100 m^3 左右，相差近百倍。研究区人均用水量为 281 m^3，空间分布较为不均，最高为重庆市江津区，人均用水量为 581 m^3，最低为重庆市渝北区，仅为 115 m^3，相差近 4 倍。从空间分布上看，研究区内人均用水量呈两核低、上游高、下游低的宏观格局，由于人口基数较大，重庆、成都"双核"地区人均用水量普遍偏低，上游沱江、金沙江流域以及长江下游重庆段沿江地区人均用水量普遍较高。

综上所述，研究区人均水资源量分布呈盆周高、盆中低的总体特征，人均用水量呈两核低、上游高、下游低的宏观格局。

3.1.2 缺水分析

本次研究区缺水分析采用人均水资源量法、水资源利用率法进行分析。

一是人均水资源量法：参照联合国水资源稀缺指数（WSI）评价，人均水资源量大于 1700 m^3 为富余，大于 1000 m^3 但不足 1700 m^3 为不缺水，大于 500 m^3 但不足 1000 m^3 为缺水，不足 500 m^3 为极度缺水。

二是水资源利用率法：参照《水资源论证分类分级指标（导则）》，将水资源利用率≥30% 为水资源紧缺状态，水资源利用率处于 5%～30% 为一般状态，水资源利用率≤5% 为丰沛状态。

通过人均水资源量法分析，成都市、重庆市"双核"地区为极度缺水区，但由于未考虑调水工程等因素，与实际存在误差。成渝中轴以及德阳—遂宁等地为缺水区，其他地区均为不缺水区和富余区。

通过水资源利用率法分析，除资阳市、重庆市、大足区等地外，重庆市、成都市"双核"以及中轴地区均处于水资源紧缺状态，与人均水资源量法结果较为接近。

综上所述，成渝"双核"城市与中轴地区总体处于水资源紧缺状态，人均水资源量较低，水资源开发利用率较高，需重点关注。

3.2 土地资源

3.2.1 土地地球化学

从土壤养分上看，研究区养分丰富的土壤面积为 3087 km^2，约占已调查面积的 1.9%，主要分布于四川省都江堰、绵竹、汉源、峨眉山、峨边及泸州、宜宾南部。养分较丰富的土壤面积为42531 km²，约占已调查面积的26.7%，主要分布于四川省的绵阳、德阳、成都、雅安、乐山、宜宾、泸州及重庆市的南川、綦江和黔江地区。养分中等的土壤面积为89956 km²，约占已调查面积的56.5%，在研究区广泛分布。养分缺乏和较缺乏的土壤面积为23585 km²，约占已调查面积的14.8%，主要分布于四川省的成都、眉山、蒲江、乐山、宜宾、泸州、广安及仪陇等地。

从土壤质量上看，研究区优质的土壤面积为20598 km²，约占已调查面积的12.9%，主要分布于四川盆地中部成都、德阳、资阳、遂宁等地。质量良好的土壤面积为60792 km²，约占已调查面积的38.2%，在研究区广泛分布。质量中等的土壤面积为68784 km²，约占已调查面积的43.2%，主要分布于四川省的雅安、宜宾、泸州、仪陇、邻水及重庆市的江津、南川、永川等地。质量差等—劣等的土壤零星分布，面积为8985 km²，仅约占已调查面积的5.6%。

从土壤环境上看，研究区土壤环境风险总体较低。环境风险低的土壤面积为129659 km²，约占已调查面积的81.5%，在研究区广泛分布。环境风险可控的土壤面积为29500 km²，约占已调查面积的18.5%，主要分布于四川省的绵竹、江油、乐山、宜宾、泸州、内江、广安及重庆市的荣昌、南川、綦江等地。

从土壤酸碱度上看，研究区以中酸性土壤为主。酸性—强酸性土壤面积为58875 km²，占已调查面积的37.0%，主要分布于四川省的绵阳、成都、雅安、眉山、乐山、宜宾、泸州、自贡及内江等地，重庆市境内各区县广泛分布。中性土壤面积为40025 km²，约占已调查面积的25.1%，规模相对较小，在重庆市境内呈条带状分布。碱性—强碱性土壤面积为60259 km²，约占已调查面积的37.9%，主要分布于四川盆地中部的南充、遂宁、资阳、绵阳及德阳等地。

综上所述，研究区土壤养分总体中等，较丰富以上面积占比近30%。土壤质量以优良为主，面积占比超过50%。土壤环境风险低区域面积占比超过80%，无高风险区。土壤酸、中、碱性呈"三分天下"，盆中以碱性为主，长江干流以酸性为主。

3.2.2　富硒土地

研究区硒元素高、适量的土壤主要分布于四川省的德阳、眉山、宜宾、泸州、广安及重庆市的綦江、南川、黔江等地。硒元素高的土壤面积为20165 km²，约占已调查面积的12.7%。硒元素适量的土壤面积为77139 km²，约占已调查面积的48.5%。硒元素边缘的土壤面积为49184 km²，约占已调查面积的30.9%，主要分布于四川盆地中北部和重庆市的涪陵、丰都、忠县、万州等地。硒元素缺乏的土壤面积为12668 km²，约占已调查面积的8.0%，主要分布于四川省的绵阳、南充、达州、汉源及重庆市的云阳、开州等地。

综上所述，研究区内土地硒元素总体为适量，富硒土地分布于盆周山地、平行邻谷的区域，已拥有多处富硒示范基地，具有富硒产品开发利用潜力。

3.3　生物资源

研究区生态系统多样、结构复杂，拥有森林、灌丛、草原、湿地等众多自然生态系统。根据2018年遥感调查信息统计，研究区内农田生态系统面积最大，约为11.4万 km²，占研究区面积的61.6%，主要分布于盆中丘陵区与成都平原区；森林、灌丛生态系统面积为5.1万 km²，占研究区面积的27.3%，主要分布于盆周山地区与川东平行岭谷区；草地生态系统面积约1万 km²，占研究区面积的5.3%，主要分布于盆周西部山地区；城镇生态系统面积约0.7万 km²，占研究区面积的3.8%，主要分布于盆中丘陵区与成都平原区；湿地生态系统主要为研究区内长江、金沙江、岷江等河流、湖泊、水库；冰川/永久积雪主要分布于西部高山区。

根据物种丰富度、特有程度和受威胁物种的丰富度，计算出各区（县、市）物种多样性指数。物种多样性指数整体上呈现盆周山区高、盆中丘陵平原区低的特点。物种多样性指数≥60的区（县、市）有2个，分别是峨眉山市、南川区。

综上所述，研究区生态系统多样、结构复杂，拥有森林、灌丛、草原、湿地等众多自然生态系统。研究区是生物多样性的热点区域与优先保护区域，物种多样性指数具有盆周山区高、盆中丘陵平原区低的特点。

3.4 矿产与能源资源

3.4.1 矿产资源

研究区矿产资源以沉积型、低温热液型为主，有铅锌矿、铝土矿、硫铁矿、铁矿、锰矿、锶矿、煤炭、磷矿、盐卤、钾盐、萤石等矿种，有矿产地660余个，其中特大型矿床4个、大型矿床132个、中型矿床238个。稀有及稀土金属主要分布于大足—合川一带，其中镓矿1631.3 t。黑色金属主要为铁、锰，铁资源量5.7亿 t、锰资源量102.1万 t，在川南及重庆市綦江一带较集中。有色金属主要分布于西南及东南部山区，以铜铅锌为主，有超大型矿床1个，铅锌矿资源量345.9万 t。贵金属主要分布于绵阳等地，金资源量25.3 t。非金属矿产种类较齐全，主要分布于南部及东部，磷资源量17.6亿 t，位列全国第五；岩盐矿资源量176.1亿 t，位列全国第一；煤炭资源量56.6亿 t。

综上所述，研究区矿产资源总体处于一般，岩盐矿资源量位列全国第一，铅锌矿等具有优势。

3.4.2 天然气

从常规天然气上看，截至2018年底，研究区共有天然气田83处，常规天然气资源量14万亿 m^3，累计探明地质储量37353亿 m^3，探明技术可采储量2167亿 m^3，剩余技术可采储量16258亿 m^3。2019年，常规天然气产量339亿 m^3。

从页岩气上看，截至2018年底，研究区内页岩气资源量约22万亿 m^3，累计探明地质储量10456亿 m^3，探明技术可采储量2495亿 m^3，剩余技术可采储量2160亿 m^3。2019年页岩气产量154亿 m^3。已建成四川威远、长宁和重庆涪陵三大页岩气田，主产层为上奥陶统五峰组和下志留统龙马溪组，总有机碳含量（TOC）≥4%的富有机质泥页岩主要分布于四川宜宾—合川、重庆等地。

综上所述，研究区天然气资源量位居全国第一，有亚洲资源量最大的涪陵页岩气田、全国单体规模最大的安岳气田等，2019年页岩气产量位居世界第二，研究区内天然气资源优势显著。

3.4.3 清洁能源

从地热资源上看，研究区中深层地热资源总量 5.64×10^{19} kJ，地热流体每年可开采量 2.65×10^9 m^3。现有地热井及温泉169处，主要集中在重庆主城区、四川峨眉山等地。

从水能资源上看，研究区风能资源内河流众多，局部地势落差大，径流量大，水能资源丰富。较大规模水电站主要集中于四川盆地周边金沙江、岷江、大渡河、嘉陵江等主要河流。已规划和已投入运营的水电站7个，总装机容量13407 MW，年发电量800.91亿 kW·h。

从风能资源上看，研究区风能资源主要集中于梓潼、达州至广安一带，季节性变换特征显著，东北部的风能资源以春季最大，冬季次之，夏季最小。

从太阳能资源上看，研究区太阳能资源分布极不平衡，龙门山脉、邛崃山脉和大凉山以西为丰富区。盆地地区是我国太阳能最弱区，其总辐射量基本在4000 MJ/m^2以下，日照时数少。

综上所述，研究区地热资源具有一定优势，尤其是重庆地区有"世界温泉之都"之称。盆周水能资源丰富，已规划和已投入运营的水电站 7 个。风能资源总体一般，主要集中于梓潼、达州至广安一带。太阳能资源分布极不平衡，盆周为丰富区，盆中则是我国太阳能最弱区。

4 主要结论与规划策略

4.1 主要结论

通过对成渝地区双城经济圈水资源、土地资源、生物资源、矿产与能源资源禀赋特征进行研究，得出以下结论：

一是水资源量总体丰富，人均水资源量优势显著，存在用水多、利用低、消耗高等特点，在双核和中轴地区可能存在缺水风险。

二是土地资源养分总体中等，质量以优良为主，无环境高风险区，富硒土地分布较广。

三是生物资源丰富，生态系统多样、结构复杂，拥有森林、灌丛、草原、湿地等众多自然生态系统，物种丰富度高，呈现盆周高、盆中低的特征。

四是在矿产与能源资源中，天然气（含页岩气）资源处于绝对优势，矿产资源总体一般，但岩盐矿、锶矿具有一定优势。在清洁能源中，地热资源具有较好的禀赋优势和开发潜力，其他水能、风能、太阳能资源总体一般。

4.2 规划建议

针对成渝地区双城经济圈自然资源禀赋特征，提出相应的国土空间规划策略，以期为国家重大战略区域规划建设提供参考。

在水资源方面，建议加强水资源节约利用，实行重点地区水资源消耗总量和强度双控，对成渝"双核"城市（成都、重庆）与中轴地区等水资源紧缺地区，将非常规水纳入水资源统一配置，加强非常规水多元、梯级和安全利用。

在土地资源方面，建议充分利用优势耕作土分布广泛、多富硒、养分足、质量良、环境优等特点，采取绿色农业生产、保护耕地质量等举措。

在生物资源方面，建议加强岷山、邛崃山、凉山、米仓山、大巴山、武陵山区、大娄山等盆周山区生态屏障建设和生物多样性保护，加强长江、嘉陵江、岷江、沱江、乌江、金沙江、赤水河等重要河湖湿地的生态廊道建设和生物多样性保护。

在矿产与能源资源方面，建议重点推进页岩气勘探开发工作，推动重庆涪陵、四川长宁等国家级页岩气示范区建设，加快川渝区域一体化天然气输送管网建设，重点建设油气外输管道、净化气集输管道等主要干线管网工程，加强与国家管网的互联互通。大力推进川渝地区煤、磷等矿产的绿色勘查和绿色矿山建设。

[参考文献]

[1] 杨淑群，詹兆渝，范雄. 四川省太阳能资源分布特征及其开发利用建议 [J]. 四川气象，2007 (2)：15-17.

[2] 邓莉萍，白雪娇，秦胜金，等. 辽东山区次生林物种多样性的空间分布及尺度效应 [J]. 应用生态学报，2016，27 (7)：2197-2204.

[3] 聂海宽，金之钧，边瑞康，等. 四川盆地及其周缘上奥陶统五峰组—下志留统龙马溪组页岩气

"源-盖控藏"富集 [J]. 石油学报，2016，37（5）：557-571.

[4] 牛钰杰，杨思维，王贵珍，等. 放牧干扰下高寒草甸物种多样性指数评价与选择 [J]. 应用生态学报，2017，28（6）：1824-1832.

[5] 谢军. 长宁—威远国家级页岩气示范区建设实践与成效 [J]. 天然气工业，2018（2）：1-7.

[6] 宋志，倪化勇，姜月华，等. 成渝城市群主要地质资源禀赋与绿色产业发展 [J]. 中国地质调查，2019，6（5）：74-82.

[7] 张道伟. 四川盆地未来十年天然气工业发展展望 [J]. 天然气工业，2021，41（8）：34-45.

[8] 蔡勋育，赵培荣，高波，等. 中国石化页岩气"十三五"发展成果与展望 [J]. 石油与天然气地质，2021，42（1）：16-27.

[9] 倪楷，王明筏，李响. 四川盆地东南缘页岩气富集模式：以丁山地区上奥陶统五峰组—下志留统龙马溪组页岩为例 [J]. 石油实验地质，2021，43（4）：580-588.

[10] 雍锐，陈更生，杨学锋，等. 四川长宁—威远国家级页岩气示范区效益开发技术与启示 [J]. 天然气工业，2022（8）：136-147.

[11] 宋志，韩剑侠，倪化勇，等. 四川省成-德-眉-资同城化建设国土空间开发保护规划研究 [J]. 中国地质，2023，50（4）：1044-1057.

［基金项目：中国地质调查项目"西南地区国土空间用途管制技术支撑与应用服务"。］

［作者简介］

陈艳尼，就读于成都理工大学。

宋志，教授级高级工程师，就职于中国地质调查局成都地质调查中心。

陈绪钰，就职于中国地质调查局成都地质调查中心。

黄天驹，就职于中国地质调查局成都地质调查中心。

"双碳"目标下城乡融合发展与人口流动理论辨析

——田园城市、城市主义与去城市主义理念研究的启示

□韩林飞，伍泓杰，韩牧昀

摘要：工业化的快速发展，带来了农业衰退、环境恶化等多方面的城乡发展问题。一个多世纪以来，许多学者对城乡发展模式进行不断思考，从田园城市到去城市主义，再到集中城市主义，各个流派的学者在城乡发展的道路上不断探索。这些理论充分考虑利用技术发展、城市空间等物质形态为人提供服务的思想，给工业革命以来世界各国的城乡融合发展提供了一定的启发，但却忽略了城乡间人口流动对城乡融合的影响。因此，本文将从人口流动的角度出发，通过探索在新的信息技术背景下的理论内涵的过程中，寻求推动"双碳"目标下城乡人口双向流动与融合发展的思路。

关键词：城乡融合；田园城市；城市主义；去城市主义；人口有序流动；"双碳"目标

1 引言

20世纪后期以来，在城市化和工业化的冲击下，世界各国农业衰退、环境恶化、传统文化消失等问题突出，工业技术进步所带来的城市居住环境与工农业之间的问题也更加突显。面对城市工业与乡村农业之间的矛盾，不少学者对城市与乡村的发展模式进行了研究。1898年，霍华德（Ebenezer Howard）提出了一个兼具乡村农业与城市工业优势的理想城市模型——田园城市[①]，这是对于城乡问题的先驱性探索。20世纪20年代初，苏联学者米哈伊尔·奥基托维奇（Mikhail Okhitovich）提出了去城市主义[②]，提倡抛弃大都市，转而建立一个分散的、部分为农业且技术先进的乡镇城市混合体网络。与此同时，以勒柯布西耶（Le Corbusier）为代表的城市主义者提出了城市主义[③]理论，提倡集体居住，主张城市集中发展，与去城市主义共同形成苏联城市发展理论重要的两大阵营。

在如今的后工业化与信息化的社会中，这些理论为城市与乡村的融合发展提供了一定的启示与指导方向，但在发展过程中依然出现不少环境、人文、资源等方面的矛盾，因为这些理论的重点都指向有形的物质形态，对于人口本身没有过多的关注。由于人具有个体性、群居性、流动性的特点，在城乡发展的过程中，人口的流动与物质形态均会给城市与乡村的发展带来影响，因此在探索城乡融合发展的过程中，我们应对不同阶段、不同年龄需求的人口流动的研究也给予同样的重视。

2020年，我国提出了"2030年碳达峰，2060年碳中和"（简称"双碳"）的目标，这对

"双碳"背景下的城乡融合发展提出了更高的要求。从霍华德的田园城市理论，到勒柯布西耶的城市主义理论与奥基托维奇的去城市主义理论，沿着这些理论发展的历史脉络，我们可以通过研究这些理论来寻找解决城乡问题的方法，深刻理解其优势与不足，并从城乡人口流动这一方面来探索城乡融合发展的新策略。

2 关于西方城乡融合发展理论的研究

19世纪40年代至20世纪50年代，工业革命的发展推动了西方国家的城市化进程，城市化的快速发展不可避免地衍生出拥挤不堪、环境污染等问题。霍华德提出的田园城市理论作为现代城市规划理论的开端，率先对城乡融合发展进行了探索，同时也推动了规划界学者们对城市问题的思考。20世纪初，苏联对社会主义城市模式进行了探索，促成了20年代末30年代初苏联的城市主义理论和去城市主义理论两大思想流派的出现。这两大思想流派对城乡融合发展问题提出了不同的应对模式。

2.1 霍华德与田园城市理论

19世纪中后期，工业革命的出现打破了生产生活与城市规模之间的平衡。为了应对居住拥挤、环境恶化、交通混乱等困境，霍华德提出了兼有乡村与城市优点的田园城市理论。田园城市理论的提出，意味着城市与乡村将紧密联系、互相吸引、共同发展：城市高效快速的经济发展将弥补乡村的落后与闭塞，乡村纯净静谧的自然环境将弥补城市的热闹喧嚣。

作为现代城市规划理论的开端，田园城市理论极大地影响了现代城市规划体系。首先，规划的立足点由统治者转向了公众，规划目标转变为实现社会公平。其次，规划开始将关注点落在"人"的层面，由空间层面转向了社会治理层面。最后，田园城市倡导的可持续发展理念更是被广泛地应用在全世界各个城市。

但田园城市理论本身也存在一定的历史局限性，即田园城市在建设方面依然将城市空间作为首要考虑因素，而非从"人"的角度去进行规划。像莱切沃斯（Letchworth）④和韦林（Welwyn）这两座花园城市，都因为过度注重绿化而忽略了人们的生活质量。此外，田园城市设定的规模过小，没有考虑人口的集聚效应，也无法发挥城市本身的经济集聚优势。

2.2 去城市化理论的发展

19世纪末，西班牙工程师马塔（Soria Mata）针对城市发展的现状提出了带形城市⑤的构想，将城市沿着交通线绵延建设，联系周边城镇组成城市网络，并将文明设施带入乡村以缩小城乡差距。1929年，苏联学者米哈伊尔·奥基托维奇提出去城市主义的建议。他提倡抛弃大都市，转而建立一个分散的、部分是农业但技术先进的乡镇城市混合体网络。1930年苏联的马格尼托哥尔斯克（Magnitogorsk）规划方案以及1934年弗·赖特的广亩城市设计，都让人联想起米哈伊尔·奥基托维奇的去城市化发展理论。在霍华德田园城市理论的基础上，去城市主义者更加坚定认为，乡村不再是城市化进程的牺牲品，而是与城市共同发展，并且能够为居民提供良好的生活环境。

去城市化理论有效解决了城乡融合发展的问题，通过技术、交通等将城市与乡村紧密结合，对于如今的城乡发展具有一定的借鉴意义。但去城市化理论对于城乡之间的交流仅停留在技术、交通等层面，对于人的流动缺乏探索，可能会导致城市与乡村在融合发展的过程中缺乏持久动力。

2.3 城市化理论的发展

20 世纪初，为遏制城市的无序蔓延，保护郊区良好的生态环境，欧洲各国学者提出了城市化理论。该理论希望通过紧凑的城市形态，利用高密度开发、土地混合利用以及优先发展公共交通等方式，为城市居民的生活注入动力。1920 年，勒柯布西耶在《明日之城》中提出城市集中主义理论，他提倡通过采取大量高层建筑的形式提高城市密度，以此来使人流合理地分布于整个城市。

城市化理论虽然解决了部分城市问题，但是始终以城市为主导，乡村的发展被忽视，导致城乡之间的差距不断增大。城乡发展的不平衡也直接或间接导致城乡之间人口流动的不平衡，使得城乡融合发展的进程十分艰难。

在霍华德提出田园城市理论之后，城市主义作为另一个阵营与去城市主义几乎同时诞生。这些城乡融合发展理论虽然为后来的城乡发展提供了指导与方向，但忽略了人口流动以及落后于时代发展的不足，具有一定的局限性，需要我们在借鉴的同时结合当下，充分考虑人口流动，进而在新的信息数字技术条件下，为"双碳"背景下城乡融合发展提出合理的策略与建议。

3 西方城乡融合发展理论与信息化时代的联系

20 世纪 90 年代，我国开始走进信息化时代。西方学者们通过不断探索总结出来的城乡融合发展理论，也随着信息化时代的变化而演变。现阶段我国很多城市也提出了现代田园城市的建设目标，该目标将西方理论与信息化时代充分结合。因此本节将研究信息化时代下西方理论的特点，以及二者之间的联系。

3.1 互联网数字技术时代下的现代田园城市

根据霍华德的田园城市理论，传统的田园城市建设主要是从资金、土地、城市收支等经济方面来改善城市问题，而互联网数字技术时代下的现代田园城市，则是通过广泛应用先进技术来实现的。现代田园城市以互联网、大数据等作为城市建设的驱动力，通过优化配置城市中的各部分资源要素，来实现全面协调城市的可持续发展。传统与现代的田园城市建设都属于为解决城乡问题而提出的具有创新理念的城乡发展模式，但后者更注重城市建设与互联网数字技术的联系，通过对先进技术的应用来追求打造智慧创新的城市与乡村。

3.2 现代城乡融合发展的思想来源

2019 年 5 月，我国提出建立健全城乡统筹发展的体制机制和政策体系，并且再次强调城乡统筹发展关系。田园城市、城市主义与去城市主义等理论中体现的城乡共生的思想，在如今的政策中不断渗透。从霍华德提出的田园城市理论中可以得知，若要解决城市问题，必须从城市与乡村两方面入手。西班牙工程师马塔提出带形城市理论，将城市的文明设施引入乡村，在城市和乡村中寻求自然生态与生产生活之间的平衡。还有苏联去城市主义者米哈伊尔·奥基托维奇提出的乡镇混合体网络，莱特创建的广亩城市项目，莫伊谢伊·金兹堡（Moisei Ginzburg）[6]、尤纳·弗里德曼[7]（Yona Friedman）等人的"绿色城市"方案，这些理论的主要思想都是将重点放在城市与乡村、工业与自然环境的协调发展，形成以城市为主导、追求乡村自然的城乡融合发展。到了信息化时代，这些理论思想仍然具有强烈的指导意义，在如今的政策体系中都能受到其理论思想的影响。

3.3 城乡分工为主线的发展模式

在发展历程逐渐走向城乡融合的过程中，城乡分工成为城乡协调发展的主线模式。城市和乡村能够互相促进，城市推动乡村城镇化，乡村也促进城镇乡村化，城市和乡村兼有分割与集合的关系。

20世纪以来，城乡分工的发展模式不断被应用到各种城市理论模型中。霍华德的田园城市理论、弗里德曼和金兹堡等提出的"绿色城市"方案，都体现出城乡产业分工发展的模式。城市需要有机地融合文化、体育、科学技术，适宜人们居住；乡村则应合理布局工业企业及其有效的土地利用，集中农村生活用地，通过合理有效的措施实现农业关系规模化。这种延续至今，城市与乡村承担各自的产业分工，以此来实现城乡之间的协调发展的模式，成为一个悖论。

4 西方理论对中国城乡再生的思考

目前我国的城乡发展目标已经从二元格局转变为城乡统筹、协调发展的格局，但我国乡村却仍然面临着人口老龄化、"空心村"、产业停滞等问题。霍华德、米哈伊尔·奥基托维奇等人的理论虽然对于"双碳"背景下的城乡融合发展具有一定的指导意义，其理论思想也不断渗透到如今的政策体系中，但对于城乡问题中最重要的人口流动却没有足够的重视。

20世纪70年代末，党的十一届三中全会拉开了我国改革开放的序幕，农民开始从农村走向城市。农民迁徙与居住权利的有序开放促进了城市化、工业化以及农业现代化，最成功的改革是实现了人口的流动（图1）。但随着乡村—城镇人口的单向流动，城市交通拥堵、居住拥挤的现象与"空心村"等问题不断显现。为了推动经济高质量发展和乡村全面振兴，需要疏散城市人口，借鉴西方理论的思想理念来促进城乡人口的双向流动。

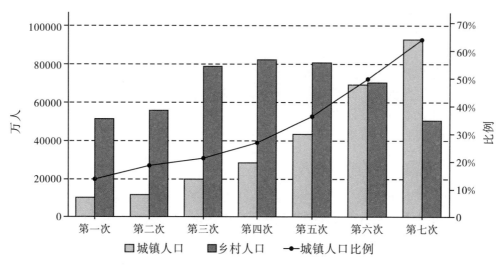

图1 我国七次人口普查城乡人口数量变化图

数据来源：《中国统计年鉴》。

4.1 城乡人口双向流动现状

城乡人口的双向流动和融合既是城乡融合发展的必然要求，又是乡村全面振兴的实现途径（图2）。但现阶段，城乡人口流动仍以单向流动和农民进城融合为主，城市居民下乡流动相对较少，主要表现在大多数为任务驱动型人才下乡（人才下乡、资本下乡、市民下乡），在城市居民融入乡村生活方面仍然欠缺。

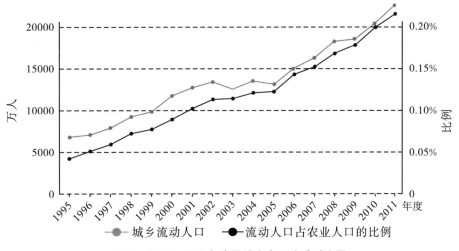

图2　1995—2011年我国城乡人口流动对比图

数据来源：《中国统计年鉴》。

为了解决城乡发展不平衡的问题，中央分别于2005年和2017年提出社会主义新农村建设战略和乡村振兴战略。此后，人才下乡、资本下乡和市民下乡等问题逐渐被重视，城乡之间的人口流动开始从单向流动向双向流动转变。首先是人才下乡，国家鼓励外出农民工反向创业，支持大中专毕业生创办现代农业企业，鼓励城市教师、医生及科研机构下乡支援农村。其次是资本下乡，挖掘乡村产业潜力，促进农业农村经济的发展，通过借鉴莫斯科绿色城市综合规划与田园城市理论，或打造吸引城市居民为主要客源的旅游产业，或结合当代生产技术打造农业生产基地。最后是市民下乡，通过发展乡村旅游业，提高乡村对城市居民的吸引力，使得市民下乡成为城乡融合发展中一道亮丽的风景线，城乡间人口的流动成为必然。

4.2　城乡空间布局规划现状

推进城乡融合发展，实现城乡再生的重要基础是对城乡空间布局的合理规划。近些年伴随着工业化、城镇化的大潮，我国城乡空间布局与全局发展之间产生了很大矛盾：一是村庄规模小，人口居住分散，乡村公共服务设施供给困难；二是由于大量乡村居民前往城市打工，农村里大量宅基地被闲置，因此出现了"空心村"现象；三是为了改善乡村生活条件，大量财政资金投向了分散的居民点，资金利用效率不高。

田园城市理论为城乡用地布局提供了方向，即城市与乡村应是区域良性互动、和谐共存的统一体。首先，乡村应按照因地制宜的原则，坚持"小而美"的空间格局，适当推进村组合并。其次，应优化乡村农业功能分区和经济地理，以及乡村的生活、生态、生产空间。最后，还应当结合如今"多规合一"的规划机制，形成城乡融合、区域一体的规划体系，按照功能定位、要素协调的原则推进城乡空间布局。

4.3　城乡人口在空间上流动与融合所面临的挑战

村庄对外开放，推进城乡人口双向流动与融合是城乡融合发展的必经之路。然而，城乡人口流动的现状表明，城乡人口在空间布局基本合理的情况下，依然呈现出仅流动难融合的趋势，其中突出表现为乡村居民向城市流动并融合、城市居民仅向乡村流动而非融合。

造成城市居民不能真正融入乡村的原因是多方面的，包括资源分配、相关制度以及意识观念的束缚。其一，从资源分配来看，尽管目前我国已经取得脱贫攻坚战的全面胜利，城乡差距正逐步缩小，但不可否认的是，城乡之间的资源分配不均的问题依然显著，乡村的水电路网等公共基础设施及科教文卫等公共服务设施与城市相比仍有较大差距。此外乡村的产业结构单一，发展机会稀缺，很难吸引城市居民落户乡村。其二，从制度来看，落户制度及土地制度也对城市居民落户乡村具有一定的阻碍作用。城市居民落户乡村后会获得承包地、宅基地和集体收益分配的权力，对农村土地集体所有制造成一定的冲击。其三，从思想观念来看，个别城市居民对于乡村存在偏见，并且开发村庄可能会导致城市居民与农村居民"争地"，引发社会动荡。因此，若想要开发村庄，真正实现城乡人口的双向流动与融合的目标，至少需要完成上述三个方面的改变与突破。

5 "双碳"目标下城乡再生的规划策略初探

改革开放以来，乡村居民进城成为推动城市经济增长的重要力量，推动乡村全面振兴、促进城乡人口双向流动的任务被提上日程。自2005年和2017年相继提出社会主义新农村建设战略和乡村振兴战略后，城乡之间的人口流动开始由单向流动转向双向流动。与此同时，科学技术、物流交通等设施被不断引入农村，乡村居民的生活条件也得到了相应改善。

但如今由于没有建立健全完备的城乡再生策略，部分物质环境的改善没有办法从本质上提升乡村吸引力，我们身边依然有大量的"空心村"产生，乡村居民涌入城市的现象依然显著。因此在"双碳"背景下，城乡再生策略不应只关注物质层面，而是以城乡居民为出发点，关注城乡间人口流动的变化，并制定推动城乡人口双向流动与融合的城乡再生规划策略（图3）。

图3 城乡融合发展策略初探示意图

5.1 留住乡村人口——完善基础设施建设

目前大多数乡村居民的生活条件仍然落后于城市居民，主要原因是基础设施的不完善。在美国，水电路网这些基础设施在城市与乡村之间都配备完善，几乎没有差距，切实保障了城乡居民的生活便捷度。在米哈伊尔·奥基托维奇提出的乡镇混合体网络中，基础设施由城市延伸到乡村，通过交通将城市与乡村紧密联系形成紧凑、混合利用、组团化发展的城乡综合体。从城乡空间分布格局来看，城镇和乡村如同一个个点，物质、信息交流则可以连接成桥梁，桥梁将这些点连接成线甚至网，使得城乡居民均能享受便利设施。

完善乡镇基础设施作为城乡融合发展策略的第一步，要切实保障乡村居民良好的生活条件，提高乡村生活便捷性的同时，进一步提高乡村对城市居民的吸引力，为城市人口向乡村流动奠定基础。

5.2 吸引城市人口——公共服务平等化

在确保乡村居民的生活条件后，还需要提高乡村对人口的吸引力。如今乡村人口大量涌向城市，公共服务资源的不平等是主导因素。乡村的教育、医疗、信息等公共服务资源远远落后于城市，使得大批乡村居民不断离开乡村定居城市。德国曾采取了城乡等值战略，城市与乡村的居民在该战略的实施下都能够享受到基本等同的公共服务。在带形城市的构想中，马塔强调了技术走进乡村的重要性，这一点放在公共服务资源方面仍然适用。

因此为提高乡村的人口吸引力，需要将城乡的公共服务资源充分融合，缩小城乡在医疗、教育资源等方面的差距，推进城乡公共服务平等化，才能逐渐改善乡村人口不断流失的局面，吸引更多的城市居民前往乡村。

5.3 促进人口流动——城乡产业联合

城乡差距逐渐减小是乡村振兴与城镇化理想的实现，城镇与乡村具有相似规模的人口，且城乡居民的收入与生活品质的差距也非常小。这方面可以借鉴美国实行的大学镇与公司镇。美国的小城镇集中了大量的大学和公司总部，并且配有完备的医疗体系，具有良好的生活品质，会有许多青年选择留在小城镇生活。而在我国，大部分的乡村对城市居民的吸引仅仅依靠旅游业、农业等，产业单一，缺乏就业机会，加之医疗条件的落后，无论是就业还是养老，都鲜有城市居民主动选择留在乡村。

除了基础设施及公共服务这类基本物质环境的保障，城乡产业融合发展也是促进城乡人口双向流动的关键。教育资源与企业的引入，能够促进青年前往乡村创业发展；良好的医疗保障，则为向往宁静的城市老年人提供选择。

5.4 满足人口需求——提供差异化服务

不同年龄阶段的人口需求也是不同的，在通过产业联合促进人口流动的同时，还应关注不同需求的人口，为其提供差异化服务。在青年时期，人们需要静心学习，需要有安静良好的环境来读书生活；在中年时期，人们需要努力工作，需要有自己的事业与发展；到了老年时期，人们需要修养身心，需要有舒适宜人的环境去养老。针对不同年龄阶层的需求，我们可以将教育与养老的发展重心向乡镇迁移，利用周边的自然生态提供教育与养老服务。同时将办公与商业重心向城市迁移，年轻人的积极拼搏为城市注入活力。

促进城乡人口流动，最终目标是双向，通过针对年龄阶层的差异化服务，可以使一个人在其一生中的不同阶段都有自己的归属地，从而促进人口流动的平衡。

5.5 实现人口平衡——生态廊道连接城乡

我国大多数城镇与乡村地理位置靠近，地域相依，这种关系决定了城市与乡村在生态环境方面具有一致的目标。在金兹堡的"绿色城市"设计方案中，乡村的自然环境构成了城镇发展的自然底色。通过生态廊道连接城乡的目的，在于乡村兼具生产性、景观性与生态性功能，能够缓解城市生态建设的压力，而城市先进的污染处理、生产系统建设等技术又能为乡村的生态环境提供保障。

在"双碳"背景下，不仅需要关注如何通过物质来促进城乡间的人口流动，还应充分融合城乡的生态资源，促进城乡人口平衡。

6 结语

从霍华德的田园城市理论，到米哈伊尔·奥基托维奇的去城市化理论，再到勒柯布西耶等人的城市主义理论，学者们在城乡发展的道路上不断探索。这些理论虽然部分具有理想化的一面，但对于今天的城乡融合发展仍然具有重要意义。从城乡人口流动的角度入手，针对不同年龄阶层的城市与乡村的空间需求，利用 20 世纪工业革命以来形成的现有城市与乡村的空间特征，从西方理论中挖掘切实可行的方式推动城乡人口双向流动与融合，以城带村、以村促城，可为实现"双碳"目标下城乡融合发展奠定坚实的基础。

[注释]

①田园城市是英国社会活动家霍华德于 19 世纪提出的关于城市规划的设想，霍华德在他的著作《明日，一条通向真正改革的和平道路》中认为应该建设一种兼有城市和乡村优点的理想城市，即"田园城市"。

②去城市主义提倡抛弃大都市，转而建立一个分散的、部分是农业的，但技术先进的乡镇城市混合体网络。

③城市主义提倡"集体居住"，认为未来的理想化住宅是可以容纳千人以上的"集合式住宅"。

④霍华德和田园城市协会于 1903 年在距伦敦约 56 km 的地方成立了第一个田园城市公司，并建立了第一座田园城市莱切沃斯（Letch worth）。

⑤带形城市是一种主张城市平面布局呈狭长带状发展的规划理论，由西班牙工程师马塔于 1904 年提出，其规划原则是以交通干线作为城市布局的主脊骨骼；城市的生活用地和生产用地，平行地沿着交通干线布置；大部分居民日常上下班都横向地来往于相应的居住区和工业区之间。

⑥莫伊谢伊·金兹堡，苏联建构主义建筑师。

⑦尤纳·弗里德曼，法国著名建筑师、城市规划师。

[参考文献]

[1] 张正河. 城乡人口流动下的村庄建设 [J]. 人民论坛，2013（11）：22-23，103.

[2] 潘华. 国外中小城市人口增长和流动的特征及其对广西的启示 [J]. 市场论坛，2014（10）：8-11.

[3] 华小全. 城乡人口流动的影响因素分析 [J]. 山西农业大学学报（社会科学版），2014，13（5）：462-468.

[4] 罗震东. 新兴田园城市：移动互联网时代的城镇化理论重构 [J]. 城市规划，2020，44（3）：9-16，83.

[5] 杨钰，高亚芳. 浅析"田园城市"理论及其对我国乡村的影响 [J]. 智能建筑与智慧城市，2022（1）：61-63.

[6] 许皓. 苏联经验与中国现代城市规划形成研究（1949—1965）[D]. 南京：东南大学，2018.

[作者简介]

韩林飞，教授、博士研究生导师，就职于北京交通大学建筑与艺术学院。

伍泓杰，就读于北京交通大学建筑与艺术学院。

韩牧昀，米兰理工大学硕士研究生。

环长株潭"3+5"城市群"三生空间"划分与功能评价

□巩雅博

摘要：根据生态系统服务类型划分"三生空间"，可构建"三生空间"功能评价指标体系，分析"三生空间"之间相互作用产生的影响。本文以环长株潭"3+5"城市群为研究对象，采用模型法计算各类生态系统服务功能量，构建基于生态系统服务的"三生空间"功能综合评价体系，利用耦合-协调度模型量化评价城市群空间品质。结果表明，环长株潭"3+5"城市群"三生空间"地理分布呈现东高西低的空间特征，中部地区"三生空间"协同效率较高，城市群多数区域"三生空间"耦合-协调度处于较低水平。本文将生态系统服务指标引入"三生空间"量化评价流程中，在城市群层面进行了有益探讨，可以为动态追踪区域空间品质变化和制定在地性的空间策略提供理论支撑。

关键词：生态系统服务；城市群；"三生空间"；耦合-协调度模型

1 研究背景

"三生空间"是生产空间、生活空间、生态空间的统称，三种空间在不同空间尺度上的耦合协调构成了生态系统服务流形成的物质前提。针对"三生空间"的相关研究最早源于对土地利用的划分。从20世纪70—90年代起，卫星遥感图片被广泛应用于土地使用类型的识别工作中，其研究目的旨在分析城市边界扩张进程中对土地利用类型的改变，由此形成了2000年全球土地覆盖计划（GLC2000）、土地覆被分类系统（LCCS）等分类体系。一些学者从农业多功能性出发，对土地利用的多功能性进行了探讨，并逐步发展至结合POI数据、夜间灯光数据等分析城市开发边界的划定、城市功能空间结构的演变等方面。

国内对"三生空间"形成普遍认识，源自台湾地区20世纪80年代提出的"三生农业"，即兼顾农业生产与娱乐休闲度假功能的观光型农场和庄园，在利用科学技术提高农业生产效率的同时，保持了较好的自然生态景观。党的十八大报告明确提出了"促进生产空间集约高效、生活空间宜居适度、生态空间山清水秀"的目标，将"三生空间"的理论内涵提升到了前所未有的高度。国内学者分别从资源环境承载力、土地适应性评价、"多规合一"等角度，对"三生空间"的演变与优化进行了探索。笔者梳理相关文献，发现国内外学者对"三生空间"的多数研究建立在单一土地类型的基础上，缺少耦合人类福祉供需匹配程度的测度，也欠缺对生产、生活、生态功能彼此之间协调发展的全面系统评价。同时，少数研究在探索"三生空间"协调机制方面的评价指标建立过程中选用的部分指标，忽视了对于维持空间特征的生态系统服务流运行效率的量化评价，并不能很好反映真实的演变情况。

本次研究对象为湖南省中东部的环长株潭"3＋5"城市群，该城市群包括长沙、株洲、湘潭3个核心城市，以及岳阳、常德、益阳、衡阳、娄底5个城市。整个城市群的核心区域是沿湘江紧密分布的长沙、株洲、湘潭3市，其核心城区每两者间直线距离不到40 km，同时又由"绿心"区域分隔开来，这种独特的地理空间分布关系在众多大都市带或都市连绵区中都极为罕见，具备优秀的协同发展基础条件。本研究涵盖8个城市行政边界的地域范围，面积为96819.8 km²。

2 研究数据与方法

2.1 研究数据

本研究涉及的经济社会发展数据来源于长江经济带大数据平台（Yangtze River Economic Belt Big Data Platform）的湖南县市统计数据库、湖南省统计局网站以及各地市统计年鉴；直接测算数据方面，植物净初级生产力（NPP）数据来源于美国地质调查局（USGS）的相关产品（MODIS/Terra Net Primary Production Gap-Filled Tearly L4 Global 500m SIN Grid），降水量、蒸发量及土地结构数据来源于国家地球系统科学数据中心（National Earth System Science Data Center）共享服务平台，城市道路数据来源于开放街区地图（Open Street Map，OSM）。

2.2 研究方法

2.2.1 基于生态系统服务类型的"三生空间"划分体系

生态系统服务供需关系不受研究尺度的影响，以生态系统服务类型作为区分标准可以较好应对"三生空间"的功能复合性以及空间尺度多元性，从而为探索"三生空间"的分布特征和协调机制创造条件，明确"三生空间"与不同生态系统服务类型的关系是进行下一步研究的前提。

生产空间是第一、二、三类产业的生产部门集中分布的空间，也是部分生态系统服务的供给区域。实现生产功能的组织或个体不仅包括提供诸多农产品或原材料的种植业、畜牧业、矿业等，还包括对原材料进行加工产出诸多工业产品的制造业，进行交换贸易的商业、服务业、物流仓储业等。生活空间是人居环境的主体部分，也是生态系统服务的主要需求区域，囊括了城镇和乡村聚居点。生活空间承载了大量的人类活动与社会行为，以住宅、商业建筑、办公建筑、科教文卫建筑、旅游建筑、道路交通建筑等空间场所为主要载体。生态空间几乎涵盖了所有的非建设用地空间，是生态系统服务的主要供给区域。生态功能的正常运转是所有物种生存和发展的前提，在生态空间里多种自然要素以生态系统过程的形式完成了各种物质交换和能量转化过程。基于生态系统服务类型的"三生空间"划分体系由此形成（表1）。

表1 基于生态系统服务类型的"三生空间"划分体系

空间类型	功能类型	具体分类
生产空间	直接产品	食物生产、淡水供给
	间接产品	工业产品、能源矿物、木材等
生活空间	日常活动	居住、通勤、休闲娱乐等
	基础保障	工作、公共服务
	精神需求	科教文化、美学价值
生态空间	生态承载	土壤保持、物种多样性
	生态调节	水源涵养、气候调节、固碳释氧

2.2.2 "三生空间"功能评价指标体系

在明确"三生空间"主要功能类型的基础上，筛选出评价其功能实现的相关指标，构建"三生空间"功能评价指标体系。

一是生产空间评价指标。生产空间功能的实现在于促进生产力的发展，通过提高生产效率、加强区域协作、优化产业结构等途径提高生产力水平，从而促进人类社会的经济发展水平。生产空间功能包括直接生产与间接生产，直接生产即以产品的产出为标志，间接生产则强调为产品产出效率的提升创造条件。选择原有消费量、农林渔牧业总产值、食物产量作为反映直接生产部分的参考指标，选择生产用地比例作为反映间接生产部分的参考指标。其中，原油消费量和农林渔牧业总产值采用统计年鉴数据，生产用地比例由生产用地面积与总用地面积相除得到。在食物产量方面，辛良杰曾于 2018 年对比中国台湾地区居民膳食消费水平，预测中国大陆地区居民的膳食消费水平将在 2026 年达到峰值，并在 2035 年达到稳定态，借鉴其研究成果，从而计算出 2020 年人均食物需求量（表 2）。

表 2 2020 年人均食物需求量

类别	粮食	谷类	蔬菜	肉类	禽蛋
需求量	127.36 kg	111.08 kg	105.42 kg	52.44 kg	13.58 kg

二是生活空间评价指标。生活空间涵盖了城镇与乡村两种人类聚居地类型，包含了居住空间、公共活动空间、配套设施空间等类型。居住空间提供了必要的生存场所，通常占据了较大比例；公共活动空间作为各种人类社会行为的发生地点，是反映功能复杂性的复合空间载体；配套设施空间的完善程度通常可以反映生活空间品质的高低。选择居住用地比例、人均卫生机构床位数、人均公园绿地面积、人均收入、人均消费水平、道路网密度作为反映生活空间的参考指标。其中，居住用地比例由居住用地与总用地面积相除得到，人均卫生机构床位数、人均收入和人均消费水平通过查询统计年鉴数据得到，人均公园绿地面积根据相关专项规划成果测算，道路网密度采用单位面积的城市道路长度。

三是生态空间评价指标。生态空间是生态系统服务持续供给的空间载体，生态空间的质量直接影响人类福祉，可选择生态用地比例、土壤保持量、水源涵养量、固碳释氧量、物种多样性作为反映生态空间的参考指标。其中，生态用地比例由生态用地与总用地面积相除得到，土壤保持量由修正通用水土流失方程（RUSLE 模型）计算得到，水源涵养量使用水量平衡方程计算得到，固碳释氧量利用 NPP 结合光合作用方程计算得到，物种多样性采用 InVEST 模型 Habitat Quality 模块计算得到。

由于土地具有功能复合性，生产、生活、生态空间对应的各类用地会发生一定程度上的空间重叠，本次研究对象为城市群，在较大空间尺度背景下，这种重叠并不会影响研究成果的准确性。综合上述参考指标类型，构建环长株潭"3＋5"城市群"三生空间"功能综合评价体系（表 3）。

表 3　环长株潭 "3＋5" 城市群 "三生空间" 功能综合评价体系

空间类型	权重	参考指标	评估方法
生产空间	1/3	生产用地比例	生产用地面积/总用地面积
		食物产量	NPP 折算
		淡水供给量	InVEST 模型 WaterYield 模块
		农林渔牧业总产值	统计年鉴数据
生活空间	1/3	居住用地比例	居住用地面积/总用地面积
		人均卫生机构床位数	统计年鉴数据
		人均公园绿地面积	公园绿地面积/人口数量
		人均收入	统计年鉴数据
		人均消费水平	统计年鉴数据
		道路网密度	城市道路长度/栅格面积
生态空间	1/3	生态用地比例	生态用地面积/总用地面积
		土壤保持量	RUSLE 模型
		水源涵养量	水量平衡方程
		固碳释氧量	NPP 结合光合作用方程
		物种多样性	InVEST 模型 Habitat Quality 模块

2.2.3 耦合-协调度模型

通常使用耦合-协调度模型来分析事物的协调发展水平。其中，耦合度指两个或两个以上系统之间的相互作用影响、实现协调发展的动态关联关系，可以反映系统之间的相互依赖、相互制约程度。协调度指耦合相互作用关系中良性耦合程度的大小，它可体现出协调状况的好坏。

耦合-协调度模型共涉及 3 个指标值的计算，分别是耦合度 C 值、协调指数 T 值、耦合-协调度 D 值。结合耦合-协调度 D 值和耦合度等级划分标准（表 4），最终得出各项的耦合协调程度。

表 4　耦合度等级划分标准

耦合等级	严重失调	中度失调	失调	耦合	良好耦合	优质耦合
耦合度	(0, 0.3]	(0.3, 0.4]	(0.4, 0.5]	(0.5, 0.6]	(0.6, 0.8]	(0.8, 1.0]

在环长株潭 "3＋5" 城市群 "三生空间" 功能综合评价的基础上，采用耦合度模型进一步探讨 "三生空间" 系统或要素之间相互作用和相互影响的程度。"三生空间" 的耦合度模型：

$$C_i = \left[\frac{Q_1 Q_2 Q_3}{(Q_1 + Q_2)(Q_1 + Q_3)(Q_2 + Q_3)} \right]^{1/3}$$

其中，C_i 表示 "三生空间" 的耦合度，$C_i \in [0, 1]$，C 越大表明耦合度越高；Q_1、Q_2、Q_3 分别表示生产、生活、生态功能的参考指标。

在耦合度模型基础上进一步测算其协调度，构建 "三生空间" 功能耦合-协调度模型：

$$D_i = \sqrt{C_i \times T_i}$$

$$T_i = \alpha Q_1 + \beta Q_2 + \gamma Q_3$$

其中，D_i 为"三生空间"的耦合-协调度，$D_i \in (0, 1]$，α、β、γ 分别为生产、生活、生态空间质量贡献率的待定系数，由于三者对经济社会发展的贡献同等重要，因此统一赋值 1/3。结合已有研究和本次研究对象特征，将耦合-协调度划分为 5 个等级（表 5）。

表 5　耦合－协调度等级划分标准

耦合－协调度等级	低水平	较低水平	中度水平	较高水平	高水平
耦合－协调度（D_i）	$D_i \in (0, 0.3]$	$D_i \in (0.3, 0.4]$	$D_i \in (0.4, 0.5]$	$D_i \in (0.5, 0.8]$	$D_i \in (0.8, 1.0]$

3　结果与分析

3.1　"三生空间"地理分布特征

依据"三生空间"功能评价指标体系，对各项指标进行无量纲化处理，通过叠加分析得到三种空间功能的地理分布情况。生产空间分布较为均匀，峰值区域主要出现在益阳北部、岳阳北部和东部、长沙东部以及株洲东南部，呈现出东高西低的空间特征，即相对来说东侧地区承担了更多的生产空间功能。生活空间分布相对集中，叠加行政区划可以发现，峰值区域主要集中于各地市的主城区，并呈现出中东部偏高的空间特征，长沙、株洲、湘潭 3 个城市是生活空间分布密度最高的区域。生态空间与地表覆被类型息息相关，从结果来看，作为土壤保持、水源涵养、固碳释氧等重要生态系统服务的承载空间，林地和草地是生态空间的主要地貌载体。生态功能的峰值区域主要分布于长沙东部、株洲中部和南部、岳阳南部、益阳西部、娄底中部以及衡阳北部，长株潭"绿心"区域与生态功能峰值区域存在空间重叠，与大众空间认知相契合。

3.2　"三生空间"耦合－协调度评价

基于生产、生活、生态空间功能的综合评价结果，对"三生空间"的耦合度进行测算。根据分析结果，环长株潭"3＋5"城市群耦合度峰值约为 0.50，峰值区域基本分布于长沙周边，这也造成了中部地区耦合度相对较高的态势。与此同时，环洞庭湖周边的常德东部、益阳北部和岳阳西部，以及长沙中部、衡阳盆地中部，这些地区的耦合度均处于相对较低水平。叠加地貌信息和各类空间地理分布特征可以判断，这些某一类空间功能占据压倒性优势地位的区域通常是人口高度密集或者落实严格自然保护要求的地区，这些低耦合度区域与周边地区并非呈现断崖式的邻接关系，而是彼此交错、缓慢过渡，证明城市群内部保持了较好的生境稳定性，不存在功能过于单一的孤岛型地域单元。但结合耦合度划分标准，区域整体处于"严重失调—中度失调—失调"状态（$0 < C \leqslant 0.5$），说明环长株潭"3＋5"城市群"三生空间"的复合程度仍存在提升空间。

协调度方面，协调度峰值为 0.54，中位数为 0.42，区域协调度整体呈现较高水平，即多数地区"三生空间"彼此之间属于良性互动关系。峰值区域主要集中于岳阳东南部、长沙东部、株洲中部及东南部，构成了协调度处于较高水平的第一梯队。此外，岳阳中部、益阳中部、常益西侧交界处、长益娄3市交界处以及娄潭衡3市交界处，共同构成了第二梯队，具备成为峰值区域的潜力。

由于耦合度指标仅能反映各个系统发展水平间的近似程度，不能确定各系统是在较高水平上相互协调，还是在较低水平时相互影响，难以准确反映"三生空间"的实际协调关系，故引入耦合-协调度指标做进一步探讨。根据综合汇算得到耦合-协调度的地理分布情况，耦合-协调度峰值约为0.33，中位数仅为0.17，参照耦合-协调度等级划分标准，可以判断环长株潭"3＋5"城市群大多数区域"三生空间"耦合-协调度仍处于一个较低的水平（$D \leqslant 0.4$）。耦合-协调度分布并不均匀，呈现组团化的地理分布特征，同时具有明显的阶梯化分类现象，其峰值区域与耦合度、协调度的峰值区域均存在一定程度的空间重叠。耦合-协调度的数值大小可以反映空间品质的优劣，从结果来看，环长株潭"3＋5"城市群的空间品质具有东高西低的特点，高品质区域主要集中于中部地区，长株潭"绿心"区域也基本被涵盖在内。进一步叠加地貌特征和各类"三生空间"功能评价指标发现，高差和坡度是影响"三生空间"耦合-协调度的原因之一，丘陵和盆地边缘共同构成了数值低谷区域。此外，落实严格保护措施的自然保护区和洞庭湖区由于功能相较单一，也是耦合-协调度数值不高的区域之一。

4 讨论

"三生空间"以土地为空间载体，通过生态系统服务维持空间特质，生态系统服务的改变也会促使其空间类型发生转化。利用生态系统服务类型划分"三生空间"，可以较好地反映"三生空间"的功能复合性以及空间尺度多元性，采用耦合-协调度模型评价各类空间的相互作用程度，可以从侧面反映空间品质的优劣，从而为制定合理的空间发展策略提供理论基础。

本研究也存在一些不足之处，如各类要素对"三生空间"耦合-协调度的影响有必要进行深入讨论，通过测算各类要素权重或许可以解释局地尺度部分地区耦合-协调度数值不高的原因。此外，本研究中耦合-协调度反映的空间品质是基于生态系统服务视角进行的判断，即研究重点关注与人类各项活动相关的空间品质，这也解释了为什么落实严格保护措施的自然保护区和洞庭湖区数值不高，造成了其空间品质"较差"的假象。总而言之，"三生空间"的耦合-协调度水平体现了城市群生产、生活、生态空间的协调发展程度，实现"三生空间"的耦合-协调发展是提升新型城镇化质量，促进经济、社会、自然协调发展的必经之路。

5 结语

本文基于生态系统服务的视角，分析了与"三生空间"密切相关的生态系统服务类型，并以此为基础构建了综合评价指标体系。本文以环长株潭"3＋5"城市群为研究对象，主要采用模型法测算了各类生态系统服务的功能量，经无量纲化处理后，利用耦合-协调度模型对区域层面的"三生空间"品质进行了量化评价。主要得出以下结论：

一是环长株潭"3＋5"城市群"三生空间"地理分布整体呈现中部较高、东高西低的空间特征，与基于地貌的朴素空间认知相契合。

二是环长株潭"3＋5"城市群"三生空间"协同效率较高、复合效果较好的地区主要分布于城市群中部，包含了长株潭"绿心"地区、长沙东部、株洲中部以及长益娄、娄潭衡3市交界地带。

三是城市群整体耦合度处于"严重失调—中度失调—失调"状态，整体协调度呈现较高水平，多数区域"三生空间"耦合-协调度处于较低水平（$D \leqslant 0.4$），中部地区"三生空间"品质相对较高，涵盖了长株潭"绿心"区域。

[参考文献]

[1] CHRISTOPHER P C. Allocation rules for land division [J]. Journal of Economic Theory，2005，121 (2)：236-258.

[2] SUMELIUS J，BCKMAN S. Review of studies on the establishment and management of policies for multifunctionality [J]. International Journal of Agricultural Resources Governance & Ecology，2008，7 (4-5)：386-398.

[3] 张景华，封志明，姜鲁光. 土地利用/土地覆被分类系统研究进展 [J]. 资源科学，2011，33 (6)：1195-1203.

[4] CHANDNA P，LADHA J K，SINGH U P，et al. Using remote sensing technologies to enhance resource conservation and agricultural productivity in underutilized lands of South Asia [J]. Applied Geography，2012，32 (2)：757-765.

[5] MOONEY H A，DURAIAPPAH A，LARIGAUDERIE A. Evolution of natural and social science interactions in global change research programs [J]. Proceedings of the National Academy of Sciences of the United States of America，2013，110 (1)：3665-3672.

[6] 李秋颖，方创琳，王少剑. 中国省级国土空间利用质量评价：基于"三生"空间视角 [J]. 地域研究与开发，2016，35 (5)：163-169.

[7] 扈万泰，王力国，舒沐晖. 城乡规划编制中的"三生空间"划定思考 [J]. 城市规划，2016，40 (5)：21-26，53.

[8] DADI D，AZADI H，SENBETA F，et al. Urban sprawl and its impacts on land use change in central Ethiopia [J]. Urban Forestry & Urban Greening，2016，16：132-141.

[9] KONG C F，LAN H，YANG G，et al. Geo－Environmental Suitability Assessment for Agricultural Land in the Rural-Urban Fringe Using BPNN and GIS：A Case Study of Hangzhou [J]. Environmental Earth Sciences，2016，75 (15)：1136.

[10] 辛良杰. 中国大陆可能的膳食消费水平与粮食需求量：基于中国台湾的历程判断 [J]. 中国工程科学，2018，20 (5)：135-141.

[11] DUAN Y M，LIU Y，LIU X H，et al. Identification of polycentric urban structure of central Chongqing using points of interest big data [J]. Journal of Natural Resources，2018，33 (5)：788-800.

[12] 魏小芳，赵宇鸾，李秀彬，等. 基于"三生空间"功能的长江上游城市群国土空间特征及其优化 [J]. 长江流域资源与环境，2019，28 (5)：1070-1079.

[13] 张军涛，翟婧彤. 我国沿海中心城市"三生空间"耦合-协调度评价及优化策略 [J]. 现代城市研究，2020 (7)：2-8.

[14] 何翔宇. 市域"三生"空间划定与优化调控研究 [D]. 北京：中国地质大学，2020.

[15] 林昱辰. "三生空间"视角下云南省城市综合承载能力耦合协调与时空演变分析 [D]. 昆明：云南师范大学，2021.

[作者简介]

巩雅博，珠海市规划设计研究院国土空间规划二所规划师。

城市发展新旧动能转换的路径探索

——以湖南省为例

□郭文文

摘要： 随着经济发展步入新常态和城镇化进入后半场，土地、人口、全球化三大红利逐渐消退，我国城市发展模式亟待转型。本文以湖南省为例，探索了城市发展新旧动能转换的三大路径：通过支撑要素升级，实现创新赋能；通过空间结构优化，实现融合聚能；通过体制机制重构，实现改革蓄能。最终促使城市发展模式从增量扩张转向内涵提升，从以地生财转向城市更新。

关键词： 城市发展；新旧动能转换；路径；湖南省

随着我国经济发展进入新常态，经济发展新旧动能转换成为社会各界普遍关注的焦点。然而，城市作为经济发展的主要载体和有着巨系统属性的复杂有机体，同样面临新旧动能转换的问题，却没有引起足够的重视。事实上，城市发展新旧动能转换既与经济从要素驱动转向创新驱动的过程相互嵌套，又与城镇化后半场的城市转型相互关联，覆盖的领域更广，其实现路径亟待深化探讨。

1 城市发展新旧动能转换的路径框架

过去20年，我国充分利用土地、人口和全球化三大红利，形成了城市快速发展的动力机制。在政府和市场力量的共同推动下，土地价格稳定上涨，通过土地出让和土地融资解决了建设资金供给问题，房地产成为城市的主导产业；大量农业转移人口进入城市，借由户籍、社保等制度安排，形成了低成本的城镇化扩张模式；主动参与贸易全球化和对外开放，促进技术引进和对外出口，进而推动城市发展。

近年来，城市发展的动力逻辑发生了根本变化。一是城市建设资金来源结构变化，通过土地抵押举债融资受限，财税体制发生了较大变革，国地税合并，土地出让收入划转税务部门征收，房地产税征收扩大试点。二是"化地不化人"的城镇化推进模式逐渐成为历史，人口增速放缓，市民化程度低，城乡公共服务水平差距大，积累了较多的社会问题。三是国际贸易市场的不确定因素增多，后疫情时代发达经济体加速本土产业链、供应链重构。随着地方债务累积，人口红利消退，增量空间减少，产业转移双向变动，城市发展面临转型拐点。

城市发展新旧动能转换不只是单一的经济维度，而是城市发展动力机制的全面转型，其核心是发展模式的转型，即从增量扩张转向内涵提升，从以地生财转向城市更新。城市发展新旧动能转换的路径包括支撑要素升级、空间结构优化和体制机制重构（图1）。其中，支撑要素升级是"创新赋能"，在培育知识、技术、信息等经济创新要素的基础上，挖掘城市的绿色、智慧、文化等动力源；空间结构优化是"融合聚能"，从区域、城市、城乡三个尺度促进空间联动，都市圈和县城两端发力，促进城乡融合和城市内部的"产—城—人"融合；体制机制重构是"改革蓄能"，重点是以人为核心的"人、地、房、财"联动改革和城市治理机制改革等。

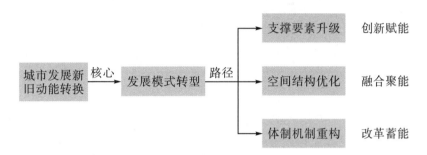

图1 城市发展新旧动能转换路径框架

我国地域广阔、国情复杂，聚焦一个省研究城市发展新旧动能转换有利于更加具体、实际地找问题、提策略。湖南省地形复杂、民族众多，发展不平衡不充分的问题突出，长沙及长株潭核心引领，衡阳、岳阳两个副中心综合实力较强，大湘西地区城市综合实力较弱；省内东北—西南走向的雪峰山犹如一条"胡焕庸线"，既是湖南省人口密度、方言与民族的分界线，又是经济、文化发展水平的分界线，这些特征在很多方面都可谓是"中国的缩影"。当下湖南省城市发展既有国家"三高四新"的战略部署、自贸区建设等发展机遇，又面临更严峻的挑战，尤其是省会城市带动能力不足，外围城市动力偏弱，长远公共服务投入欠缺，土地开发逻辑不可持续等结构性问题突出。以湖南省为例，探究城市发展新旧动能转换路径，具有较强的典型性与普适性。

2 创新赋能：支撑要素升级

创新是支撑城市发展的内生动力，人才是推动新旧动能转换的主体。城市新动能发展逻辑从低价要素供给、招商引资吸引企业入驻，转向提高城市品质、吸引人才"用脚投票"。湖南省城市发展新旧动能转换要顺应创意阶层的空间需求，挖掘与城市品质提升相关的智慧、绿色、文化、服务等支撑要素，提高城市吸引力。从传统城市治理转向智慧、精细化治理，从忽视生态转向顺应自然、绿色发展，从孤立文物和过度娱乐化转向打造立体"湘文化"品牌，从行政主导服务资源配置转向按人口和产业配置，梯级联动。

2.1 数字赋能：信息化发展

近年来，湖南省数字经济增速较快，但对GDP的贡献仍然较低，数字化治理尚处于起步阶段。为了顺应数字经济发展趋势，以新基建为抓手，在长沙、常德等有基础的城市建设城市信息模型（CIM）平台，推进智慧城市管理。通过技术迭代更新，持续推进智慧城市建设。从探索路径来看，以长沙为综合示范城市，其他地级市为专业领域的典范城市，差异互补、共同推进（表1）。搭建湖南省全域层面的企业信息交流平台、区域城市互动平台等智慧平台，优化区域城市公共资源调配，为重大公共卫生安全事件、自然灾害等提供管理支撑，提高城市韧性。

表 1 湖南省智慧城市建设路径

城市	智慧方向
长沙	智慧城市综合探索/智慧交通/智慧医疗
长沙/株洲/湘潭	区域城市群智慧城市联动（智慧交通、智慧管理）
益阳	数字化城市管理与治理
常德	智慧教育
张家界/湘西/岳阳	智慧旅游服务
娄底	智慧交通

2.2 生态赋能：绿色化发展

过去的城市建设往往忽视城市与自然的关系，造成了城市内涝、空气质量低、水污染等诸多问题。湖南省城市绿色化发展应遵循低影响开发的理念，基于水系发达、蓝绿交融的自然特征，在整体布局上顺应自然地理格局，"宜绿则绿、宜水则水、宜城则城"。

采用组团式、集中式的城市建设方式，促进城市精明增长而非无序蔓延。在尚未开发建设区域进行有效的边界划定和管理，避免自然生态被侵占；在已被城镇覆盖的自然要素地区，通过采取开辟自然绿化廊道、增加绿地率、降低建筑密度等方式，逐渐恢复原本的水文特征。纠正偏重微观改造的海绵城市实施路径，遵循宏观的水文生态，根据自然格局，识别重要的自然蓄水空间、自然水流通道、自然水净化空间，重构城市雨水系统。在水患风险较大的郴州、益阳、邵阳等城市，加强防洪排涝系统设计，提高城市韧性。

2.3 文化赋能：人文化发展

湖南省文化底蕴深厚，消费经济发达，具有旺盛的城市活力和发展潜力。但省内各城市对文化的利用不足，偶像化、符号化和娱乐化特征突出，洞庭湖、岳阳楼、汨罗江、永州八记等优秀的文化资源未能转化为城市竞争力。结合湖南省地理文化版图，彰显地域文化特征，打造"湘文化"立体品牌。通过文创、体验、文化衍生产品、文化空间塑造等方式，拓展文化利用的内涵与途径。

以长沙为示范，以邵阳、张家界、郴州、怀化、吉首作为潜力城市，打造一批文化创意城市，培育符合城市底蕴的文创品牌和文创集群。以文化为触媒，培育多元包容的城市氛围，带动科创发展。根据创新向大城市和小城镇两端集聚的特点，聚焦都市活力和优质风景两大人文资源，吸引科创要素集聚。创建马栏山地区周边的文化数字科创圈、长沙市中心的都市产业创新圈以及岳麓山高校科创圈等都市型创新圈。创新利用长株潭绿心，培育多个科创小镇，打造"有风景"的郊野型科创空间。

2.4 服务赋能：人本化发展

湖南省长远公共服务投入不足，成为城市高质量发展的掣肘。人均教育支出长期低于全国平均水平，位列省区后三位，教育设施布局不均衡；医疗资源投入不足，普通三级医院诊疗水平和受信任程度低，湘雅等优质医院人才流失严重。

以人为本，推动教育、医疗服务的高品质供给。引导职业教育资源逐步向产业和人口集聚区集中，协调建立职业院校专业设置动态调整机制，加快潜力地区的职业教育扩（改）建。合理布局高等教育资源，促进以长株潭为主体的新型城镇化发展，提高中小城市产业承载和创新能力，构建梯次有序、功能互补、资源共享、合作紧密的产教融合网络。提升城市医疗服务能力，创建国家精神医学中心和综合性区域医疗中心。新建3~5所中南领先、国内一流的高水平医院，建设一批高水平临床专病诊治中心，新增心理健康和精神卫生防治中心、健康教育中心。以骨干医院为主体，构建省内一流医院共建团体，有效减少患者异地就医和跨区域流动。加强医教协同，以行业需求为导向，深入推进医学教育发展，打造国内一流医学人才培养体系，适当扩大医院类高等教育机构的招生规模和建设规模。

3　融合聚能：空间结构优化

城市作为空间地域实体，与周围更广阔的地域发生联系。都市圈内部由于空间邻近，便于知识关联，具有突破行政边界束缚的优势。消除城乡要素自由流动的壁垒，有利于提高资源要素的空间配置效率。城市内部的空间结构调整需要从大尺度建设转向小尺度开发，从地产开发转向土地复合利用。湖南省通过空间结构优化实现融合聚能的路径包括区域从各自为政、中心集聚转向协作开放、特色均衡，城市从土地依赖、规模扩张转向品质提升、结构优化，城乡要素从单向流动、差距拉大转向双向互动、资源共享。

3.1　区域协同：协作开放、特色均衡

都市圈和中心城市是推动湖南省城镇格局优化的重要依托。湖南省原有"四大板块"①划分名不副实，板块内部难以整合，板块之间缺乏协作。长沙市以及长株潭都市圈已具备辐射带动周边区县发展的能力和基础，囿于行政区划，难以满足益阳、娄底等城市的协作需求。综合历史联系、人口流动、交通联系和产业联系等要素，科学划定长株潭都市圈范围，并带动常德、岳阳、衡阳形成环长株潭城镇发展圈，北部环洞庭湖对接长江经济带，南部重点发展衡阳省域副中心。构建湘西、湘南门户特色圈层，依托优越的自然环境与特色历史人文优势，与周边区域实现资源统筹、联动发展。

长沙市集聚了全省的高端经济要素，是省内唯一人口超千万的城市，应当作为新旧动能转换的核心战场。为加快长株潭一体化发展，应重点打造由长沙市南部新城片区、株洲市云龙示范区、湘潭市九华片区和昭山示范区组成的长株潭融城发展核心区，设立由长沙市代管的管委会。下放部分省级行政审批管理权限，给予长沙市财政收入奖励、规费和土地出让金留存等倾斜政策，促进高等级要素向长沙市集聚。与此同时，长沙市应向周边城市有序疏解非省会核心功能。疏解与外溢的重点是传统制造业、区域性物流基地、区域性专业市场，以及部分区域性会展、教育、医疗、培训等服务机构，推动长沙中心城区和毗邻的株洲、湘潭等地区的空间格局优化。

在交通、教育、碳中和等领域开展平原与山地之间的区域协作。一是打造京广、沪昆、渝厦、旅游4条高铁经济带，促使生产要素、消费要素在高铁沿线城市实现优化配置和集聚发展，沟通中心与外围（图2）。二是实施教育资源的共享与统筹，建立城区学校、乡镇学校、村级学校帮扶制度，通过走教、支教等多种途径采取集团化办学、教育联盟、智慧教育等方式，实现教育资源共享。三是建立跨市碳中和协作。湖南省生态要素与发展要素的空间不均衡，为探索省内碳中和提供了条件，重点在娄底、岳阳等高碳排放地区与湘西、怀化等生态主导地区开展"碳交易"，探索碳中和领域的"山川协作"，在其他地区探索自平衡路径。

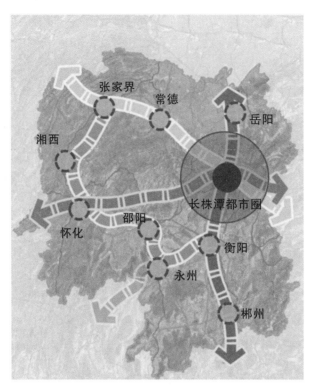

图2　湖南省高铁经济带格局

3.2　城市更新：品质提升、结构优化

随着城镇化进入后半场，城市发展也从大规模增量建设转向存量提质与增量调整并重。城市更新包括物质、功能、社会的全面更新，有利于促进用地方式转变、产城融合、文脉保护和人口市民化。湖南省城市更新重点包括从旧厂区、旧城区挖掘塑造新风貌和新空间，分类施策引导园区从产城分立转向产城融合。

推动新旧融合，全面提升城市发展质量和效益，在旧风貌、旧城区的基础上塑造城市发展的新气质和新空间。彰显生态与特色风貌空间，开展生态修复，突出城市风貌和特色生态资源。彰显文化魅力空间，重点推动长沙市、永州市、岳阳市、凤凰县等历史文化名城延续城市文脉，促进历史文化街区的保护、利用与传承。提升传统工业空间，在株洲、湘潭、娄底、衡阳等工业城市开展低效工业用地再开发。提升社区空间，在全省改善推动社区环境品质、服务升级和设施补短板。

促进产城融合，完善城市功能。湖南省产业园区存在功能单一化的问题，单纯的工业集聚缺乏生活空间和服务空间。突破产业园区"孤岛式飞地"面貌，需要结合园区的发展阶段，与城市、镇区紧密联系。国家级园区（长沙高新区、株洲高新区、长沙经开区等）配套基础较好，且紧邻主城区，应当加强产业创新，提高环境质量和服务质量。配套一般、距离主城区相对较远且以制造业为主的园区（湘潭经开区、宁乡经开区等），要加快完善基础设施和生活服务设施；配套偏低、以制造业为主且产业门类繁杂的园区（天心经开区、岳麓高新区等），应当着重推动产业的分类整合和协作，加强公寓、宿舍等青年友好居所和商业服务区等空间的构建；以低端产业和基础产业为主的园区（望城工业集中区等），应当加速产业集群化、完善产业链，与周边的城市和乡镇连通共建。

3.3 城乡融合：双向互动、资源共享

城乡融合激发新动能的关键是挖掘链接城乡的潜力空间。县域发展是新型城镇化和乡村振兴的重要支撑，县城是城市与乡村的连接枢纽，需要依据各自潜能因势利导、分区分类施策。魅力地区依托特色风景资源，吸引城市的人口、资金等要素，是促进城乡资源互换的窗口。

以县为单位分区分类施策。湖南省县域在人口城镇化、产业发展方面相对滞后，空间分异明显，需要客观评估县域发展潜力，制定差异化策略。选取人均GDP（赋值30%）、人口变化率（赋值30%）、经过的高铁线路数量（赋值20%）、与长沙市的直线距离（赋值20%）4项指标，通过加权计算得到县域发展潜力总评分，从而将湖南省县域分为增长极、潜力增长区和稳定/收缩区。增长极有25个县域，分布在长株潭都市圈及岳阳、娄底、常德、衡阳市区，发展策略是提高人口和经济集聚规模，提升城市功能品质，成为新兴的产业功能节点和扩大内需的重要支撑点。潜力增长区有45个县域，分布在环长株潭区域，发展策略是完善城市服务功能，加强职业技能培训，促进传统产业转型升级，承接产业转移。稳定/收缩区有53个县域，分布在湖南西部和南部，以山区县为主，发展策略是挖掘特色资源，县城强化服务职能，支持和服务农业农村发展，逐步完善以县城为中心的农产品生产、加工、储存、销售网络。

统筹利用乡村魅力空间。湖南省拥有武陵源、崀山、东江湖、南岳衡山、岳阳楼、炎帝陵、莽山、凤凰古城等人文景观资源，苗族、土家族、侗族、瑶族等少数民族风俗风情资源，以及韶山银田镇、湘潭乌石镇、衡东荣桓镇、宁乡花明楼镇、汝城文明瑶族乡等红色文化资源，多样化的自然文化资源是打造魅力空间的重要支撑。构建湖南省魅力空间格局，重点发展国家级武陵山区（湘西）土家族苗族文化生态保护区和省级怀化文化生态保护区。设置旅游风景道，串联特色魅力资源。精选文旅基础较好、潜力巨大、特色鲜明的小镇，进行精心打造。

4 改革蓄能：体制机制重构

改革是解决发展的深层次矛盾的重要方法，是推动城市发展模式转型的驱动力之一。湖南省城市发展新旧动能转换要以人为核心，推动"人、地、房、财"联动改革，提升城市吸引力；通过政府、企业、居民多元共治，促进城市更新实施；聚焦城市发展的全生命周期，动态治理。

4.1 推进以人为核心的机制改革

面向新市民、老市民、创新型人才三类人群的不同需求，推动"人、地、房、财"系统化改革创新（图3）。一是解决农业转移人口的城镇化成本问题。通过产权制度改革盘活农用地、宅基地和集体经营性建设用地，使城市新增用地指标与转移人口规模挂钩，促进城乡户籍双向流动，为农业转移人口提供可支付住房，为城市居民下乡创业提供广阔空间。二是解决创新型人才的空间供给与金融支持问题。通过用地指标与创新项目挂钩，保障人才的创新创业空间供给；积极推动投融资制度改革，通过产业创投、人才补贴等方式，为创新型人才提供资金保障。三是改善城市"老市民"的生活环境品质。探索城市更新的土地制度，促进收支平衡；探索房地产税征收改革制度，为城市的服务升级提供资金保障。

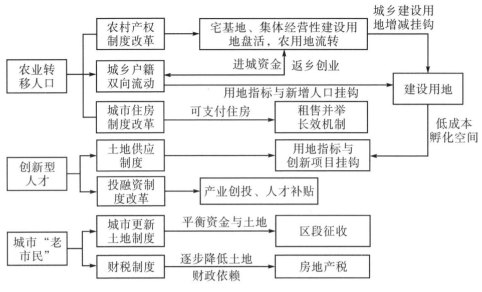

图3 "人、地、房、财"系统化改革创新模式图

4.2 共建共治共享，推动城市更新

难以达成共识、资金筹措压力大是湖南省城市更新面临的突出困境，城市更新局限于老旧小区改造，难以推动城市发展模式的整体转型。共建共治共享机制的建立，要求老百姓深度参与城市更新过程，让群众有钱出钱、有力出力，既能缓解部分资金压力，又能激发群众的"主人翁"意识。引导群众参与更新"投资"，进一步引导群众自发地参与更新过程的监督和更新结果的验收等环节，从政府"大包大揽"的改造模式变成合作共赢。为顺利实施城市更新行动，政府层面也要制定面向增量建设的技术规范标准，如对土地性质改变、土地混合利用、日照间距、消防间距、建筑退界、规划容量、增量确权等行政审批事项进行改革，建立适用城市更新全流程的标准规范和审批管理体系。

4.3 构建"四位一体"的城市治理体系

构建规划—建设—管理—评估"四位一体"的城市治理体系，加强城市全生命周期管理。一是构建规划建设管理评估体系，在创新规划编制和管控体系、加强政策集成与创新、推进体制机制改革、健全规划实施和体检评估机制等方面形成逻辑闭环。二是串联各环节，全过程精细治理，完善细化各环节的具体流程，明确部门权责关系，同时出台保障规划建设管理质量的配套机制，畅通高水平治理体系的"脉络"。

开展城市体检评估，探索从"诊断"到"治疗"的联动方式，查找城市建设发展存在的问题，并制订城市更新整治方案。开展乡村建设评价，缩短城乡差距和乡村建设短板，以县域为单元、以问题为导向构建"问题—行动—评价—行动"闭环，推动乡村建设行动有序开展。

5 结语

城市发展新旧动能转换成功的关键是科学识别影响城市发展的关键变量、长期变量和短期变量，只有综合考虑国际形势、经济发展周期、区域发展格局、城镇化阶段等各项宏微观和内外因素，找准规律与问题，才能因地制宜、系统施策。本文初步构建了城市发展新旧动能转换的路径，并以湖南省为例，相对具体地阐释了创新赋能、融合聚能和改革蓄能三条路径的内涵与举措。然而，对规律的认识是否到位，路径与策略是否得当，还需要一定时间结合实践进行追踪评价，城市发展的动力传导、动能转换机制等相关研究均有待进一步深入。

[注释]
①湖南省"四大板块"：长株潭地区（长沙、株洲、湘潭），洞庭湖区（岳阳、常德、益阳、长沙望城区），湘南地区（郴州、衡阳、永州），大湘西地区（湘西自治州、怀化、张家界、邵阳、娄底）。

[参考文献]
[1] 李强，陈宇琳，刘精明.中国城镇化"推进模式"研究［J］.中国社会科学，2012（7）：82-100，204-205.
[2] 辜胜阻，刘江日.城镇化要从"要素驱动"走向"创新驱动"［J］.人口研究，2012，36（6）：3-12.
[3] 中国人民大学宏观经济分析与预测课题组.全球技术进步放缓下中国经济新动能的构建［J］.经济理论与经济管理，2016（12）：5-20.
[4] 赖扬恩.论新常态下城镇化发展动力机制的转型与重塑［J］.发展研究，2017（10）：63-72.
[5] 任昊，宋迎昌.中国城市化动力机制与阶段性研究：基于产业发展与户籍制度变迁的视角［J］.兰州学刊，2018（6）：145-158.
[6] 于涛，张京祥，罗小龙，等.人本视角下的城市发展动力与治理创新：基于南京实证研究［J］.城市规划，2018，42（3）：50-58.
[7] 范毅.我国城市发展的拐点和转型：基于动力机制角度［J］.经济纵横，2019（8）：49-60，2.
[8] 马丽，道灵芝，程利莎，等.中国中心城市内生动力和支撑力综合评价［J］.经济地理，2019，39（2）：64-72.
[9] 李海波，陈政，欧沙.县域城镇化与人口回流耦合关系研究：基于湖南省88个县（市）数据的分析［J］.经济地理，2019，39（11）：25-32.
[10] 刘治彦.城市经济转型升级动力机制分析［J］.企业经济，2020（2）：5-11，2.
[11] 胡明远，龚璞，陈怀锦，等."十四五"时期我国城市群高质量发展的关键：培育现代化都市圈［J］.行政管理改革，2020（12）：19-29.
[12] 李兰冰，刘秉镰."十四五"时期中国区域经济发展的重大问题展望［J］.管理世界，2020，36（5）：36-51，8.
[13] 李红，王泽东，魏晓，等.湖南省区域经济格局演变与空间战略结构优化［J］.经济地理，2020，40（11）：39-46，85.
[14]《城市规划学刊》编辑部."城镇老旧小区更新改造的实施机制"学术笔谈［J］.城市规划学刊，2021（3）：1-10.
[15] 彭显耿，叶林.城市更新：广义框架与中国图式［J］.探索与争鸣，2021（11）：99-109，179.
[16] 唐燕.我国城市更新制度建设的关键维度与策略解析［J］.国际城市规划，2022，37（1）：1-8.
[17] 凡雨宸.基于GIS-GWR的湖南省土地利用碳排放时空演变及其影响因素分析［D］.株洲：湖南工业大学，2020.

[作者简介]
郭文文，规划师，就职于中国城市规划设计研究院村镇规划研究所。

民用航空与内陆边远地区分散型城镇化的互动发展研究

——以云南省为例

□简海云，和艳，徐厅，李迎彬

摘要： 我国国土面积辽阔，城镇空间布局呈现东密西疏的不均衡态势，广大的西部内陆边远地区与沿海经济发达地区距离遥远、地广人稀，加上山川阻隔，交通瓶颈对城镇发展的制约明显。本文以云南省为例，论述了以"一带一路"倡议为契机，以航空网建设为抓手，促进西部地区城镇完善自身功能布局，在新时期加快外向型经济的构建，将自身发展与国家战略相融合，探索航空驱动的"跳跃式"发展模式，在具备发展潜力的边远地区形成"飞地"（Enclave）型城镇的空间增长极，从而适应内陆边远地区分散城镇化的空间格局。这是西部内陆地区今后城镇化模式创新的有益尝试。

关键词： 民用航空；飞地；核心—边缘；二元极化

1 航空与城镇发展的理论回溯

自古以来，交通作为人员与物资、信息沟通交流的手段对城镇的发展起到了关键的支撑作用。马克思在《资本论》中曾这样描述："运输改善导致速度提高和运输时间节约，而用节约出的时间又可以进一步扩大资本所能达到的空间范围。"他称此为"用时间去更多地消灭空间"。历史上每一次交通技术的变革都从全新的时空尺度重新定义城镇的空间布局结构与形态模式，从而深刻地影响到城市未来的发展。美国经济学家卡萨达于 20 世纪 90 年代提出经济发展的"第五波理论"，认为在当今速度经济条件下，航空业是几百年来继海运、天然运河、铁路、高速公路之后，在 21 世纪成为推动全球城市和经济发展的第五波热潮。民用航空作为目前最快捷的交通方式，使得全球时空阻隔效应大大压缩收敛，有力地促进了不同国家、不同发展阶段的城市在全球化与区域一体化的大背景下相互联系与交往。民用航空带来的高可达性也给包括云南省在内的我国内陆边远地区城镇发展提供了新的可能与选择。

曼纽尔·卡斯特尔于 1996 年在《网络社会的崛起》一书中提出"流空间"（space of flows）的概念。他认为交通与信息技术革命使当前地域的概念从文化历史和地理意义中解脱出来，并被重组进类似形象拼贴的功能网络里，故而产生一种流空间，它替代了传统的地方空间（space of place）而逐渐成为空间的主导。而航空流与互联网的信息流叠加融合，对城镇网络的发展起到了日益深刻的影响作用。根据 20 世纪 90 年代国际机场协会（Airports Council International，ACI）调查数据显示，每年 100 万航空旅客运输量相当于产生 1.3 亿美元的经济效益和 2500 个就业岗位。而国际航空运输协会（International Air Transport Association，IATA）2013 年数据显示，在当前的国际贸易中，通过航空运输的货物重量比例不到 1%，但其价值比例却高达 30%。国内八大机场所在地区的 GDP 增长率均高于城市 GDP 增长率，平均高出 8%。

福里斯通和贝克尔 2011 年分析了 6 种航空导向的城市用地开发模式对社会、经济、环境和政府治理的综合影响（表 1），认为城市规划与区域规划、机场规划应进一步紧密结合来研究机场与城市的关系，对机场的研究不仅应立足当地，更应从区域的角度来分析机场对城市的影响。

表 1　可持续发展维度的机场区域规划模式比较

区域	经济	环境	社会	管治
机场毗邻区（Airfront）	商业区模式	缓解、改善	受益于改进的	特别规划的片区
空港综合体（Decoplex）	区域的产业—休闲	理想的资源自给自足	分区社区利益	综合规划的社区
机场城（Airport city）	综合体	高密度集约发展	相关者	机场当局
机场走廊带（Airport corridor）	非航产业开发为主的综合中心	适合场所的混合密度开发	机场导向型	公私合作
航空都市区（Aerotropolis）	机场—城市共同开发战略，形成有竞争优势的城市形态	低密度蔓延的城市	潜在的福利战略	规划和未规划混合的管辖区
航空区域（Airea）	经济开发和市场节点的多样性	多中心的城镇形态	商业导向型	区域规划

2　内陆地区发展的交通困境

我国广大内陆边远地区常常因为地理位置离主要经济中心城镇区域遥远，加上自然地理条件的封闭阻隔、交通联系困难、地面交通基础设施建设成本高昂等原因，长期制约当地城镇的发展。20 世纪 80 年代以来，我国在先东部、再中部、后西部的"梯度发展理论"（也称为结构主义发展理论）引领下，优先实施 T 型发展战略，由此东部沿海、长江沿线地区实现了快速对外开放与发展。而与此同时，包括云南在内的西部内陆边远地区由于自身发展条件的薄弱和交通基础设施长期投入不足，导致东西部差距加大，形成地理空间上的二元经济格局。

在制约西部内陆边远地区发展的瓶颈要素中，交通系统的不完善是主要制约因素之一。

3　民用航空对内陆边远地区城镇的影响机制

3.1　民用航空的优势

其一是速度快。当前的涡轮螺旋桨和喷气式运输机时速都在 900 km 左右，比火车快 5～10 倍，比汽车快 15～20 倍，比海轮快 20～30 倍（图 1）。在时间成本决定产品与服务价值的现代社会，压缩时间开支、提高商业效率所创造的价值是难以估量的。尤其是 1000 km 以上的远距离运输和交通不便的边远地区，航空运输优势更为显著。

其二是高机动性。不论高山、大川、沙漠、海洋，只要两点之间设有机场，即可以开辟航线，相对地不受地理条件的限制。只有航空运输可以做到在短时间内在大中城市与边远闭塞地区之间建立交通线。灾时的应急物资运输、边远地区的医疗急救、近海油田的后勤支援，也大多依靠航空运输。

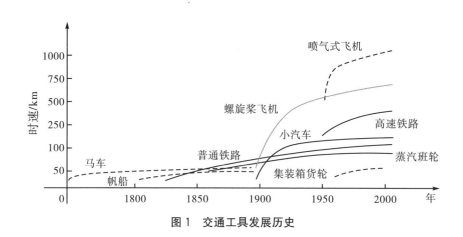

图1　交通工具发展历史

其三是始建投资少，占地面积小，建设周期短。据统计，在多山地区平均每千米高速公路的造价约达到 8000 万元，山区高铁平均每千米造价则高达约 1.5 亿元，而修建一座支线民航机场平均造价约 15 亿元。这意味着平均修建 20 km 高速公路或 10 km 高速铁路的资金就可以建设一座支线民航机场。民航运输约需占地 0.17 km²/（km/亿人），铁路运输约需占地 0.76 km²/（km/亿人），公路运输约需占地 4.93 km²/（km/亿人）。三者单位客运量所占土地的比例约为 1∶5∶29。修建一条 1000 km 的铁路需耗时 7~10 年，而修两座能起降波音 737 型飞机的机场只需 3~5 年。相比较而言，民航机场在发展初期避免了建设大规模陆路交通基础设施的巨大成本，也避免了大量生态屏障地区的穿越与破坏。

其四是区域可达性高。修建一条铁路或公路只能增加一条线路，而一个机场可以同时开辟多条航线。在国际旅行中，航空运输占绝大部分比例。航空运输使得全球时空剧烈收敛。人们借助航空手段，可以做到 24 小时之内飞遍全球，大大增加了城镇的区域可达性。

其五是舒适、安全、运输质量高。快速的航空不仅能节省大量时间，还能减少许多旅途跋涉之苦，增加面对面交流的商务活动频率与效率，提高边远地区旅游观光的舒适性与体验价值。航空运输也是所有交通方式中安全性最高的。据国际民航组织（International Civil Aviation Organization，ICAO）对 1960—1980 年运输事故死亡率的分析可知，每亿人千米的死亡人数中铁路为 2.6 人，公路为 16 人，水运为 15.5 人，航空只有 0.4 人。航空货运在途时间短，能保证运输的高质量，在运输鲜活易腐和高价值工业品、精密仪器等物资时，航空货运有其突出的优越性。

3.2　民用航空促进内陆边远地区发展的机制作用

民用航空较大程度克服了空间与地理阻隔所带来的交易摩擦成本，显著提高了内陆边远地区外部要素的可达性，通过贸易与服务的便利化把社会生产、分配、交换与消费各个环节迅速联系起来，增加了经济的外向度，使内陆边远城镇有机会发挥后发优势，融合外部资本、智力要素与本地具有比较优势的旅游、生态、自然、历史人文资源禀赋和廉价劳动力，在发展模式上改变传统梯度转移、层次传递、尾随发展的被动局面，转而升级为边地航空驱动的"跳跃式"发展模式，在资源环境或区位独特的边远地区率先形成"飞地"（Enclave）型城镇的空间增长极。使"飞地"型城镇的非邻域扩散成为可能，从而适应内陆边远地区分散城镇化的空间格局，这与中东部地区连绵成片的集中城镇化模式有较大不同（图2）。

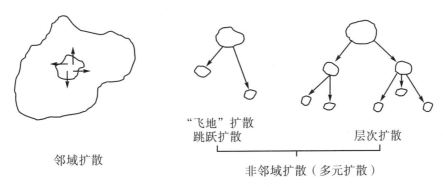

图 2　城市与区域空间扩散基本模式示意图

其作用机制一方面在于航空客流、货流与信息流的叠加融合使得边远地区的人员参与外部交流互动日趋频繁便捷，突破了制约发展的孤岛效应，思想观念也日趋进步、开明，从而促进当地城镇的经济外向度提高。另一方面在于地处边远地区的"飞地"型城镇在航空的带动下，首先通过极化效应（Polarization effect）吸引区域内外的要素在当地快速聚集，拓展城镇空间，完善城镇功能，提升城镇能级，进而以"飞地"型城镇为发展核心，通过涓滴效应（Trickle-down effect）辐射带动边远地区的周边腹地区域共同发展。以民用航空促进边远地区"飞地"型城镇发展形成增长极，对上一层级区域的经济梯度转移形成一定程度的反梯度空间替代，快速培育形成更多地区增长极，促进内陆边远地区有发展潜力的城镇在区域分工中的承担的功能定位升级与边际规模效益递增，从而创造出边远地区城镇发展的机会空间。（图 3）

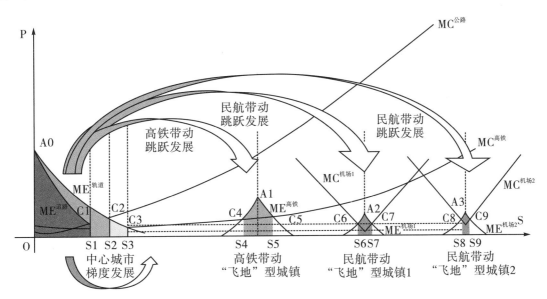

图 3　民航与高铁带动的"飞地"型城镇空间发展模型

图 3 所示的城镇空间发展模型从经济学层面粗略解释了不同交通模式所能带动的城镇发展空间尺度及其动因。在传统的城市道路和城市轨道交通等内部交通的连续边际效用（ME 道路、ME 轨道）带动下，中心城市蔓延扩张，其发展边界分别会到达 O—S1、O—S2、O—S3 的位置。高铁的非连续边际效用（ME 高铁）会带动较远的城镇 A1 在 S4—S5 处形成新的"飞地"型规模聚集和跳跃发展。而民用航空的高速度与区域高可达性则进一步使传统地面高速公路或高速铁路交通的综合成本 MC 公路和 MC 高铁由围绕中心城 A0 连续边际递增模式改变为围绕支

线机场为核心的综合交通边际成本 MC 机场非连续快速下降，从而形成新的倒锥形的"发展成本凹地"，显著降低了"飞地"型城镇 A2、A3 的空间交易成本，使得当地独特的发展战略资源所吸引的要素规模聚集的边际效益大于聚集的边际成本，进而促使中心城市 A0 腹地范围外的 S6—S7、S8—S9 处形成"飞地"型城镇 A2 和 A3。从而在内陆边远地区培育出中心城市 A0 之外更多新的城镇发展极。

3.3　民用航空促进内陆边远地区发展的空间绩效

民用航空带动形成的"飞地"型城镇发展的空间绩效主要表现在两个层面：一是内陆边远省份的主要政治经济文化中心城市（尤其是省会城市）依托民用航空强化拓展与国内、国际经济发达地区与城市的联系，吸引资本、技术、人员、产业与消费的本地聚集，从而在内涵空间尺度实现用地功能的优化调整与升级，在外延空间尺度形成临近机场区域的城镇人口与建设用地的扩张；二是除省会城市以外的其他具有发展潜力的中小城镇，通过航空与省内外中心城市相连接，借助航空联系促使本地独特的潜在发展资源与发展机会（如旅游与特色产品贸易）得以显化，形成新的城镇发展极，从而加快内陆边远地区省域城镇体系的空间布局与功能完善。

航空网络对城镇的影响范围主要集中在以航线起止点（O 点、D 点）的机场为圆心，半径约 100 km 或车程约 1 小时以内的地区。OD 航点直达，导致航空网络对 OD 节点两端的城市影响带动较大，一定程度会导致内陆省份航路 O 点的中心城市与航路 D 点的远端城镇形成"核心—边缘型的二元极化"的空间集聚效应。一方面省域中心城市发展优势极化锁定，而另一方面具有显著差异性特色资源禀赋的省域远端推进型（如外贸型、口岸型、旅游型）"飞地"单元城镇发展也会快速发展成为新的空间发展极。国内学者在对我国台湾地区案例的研究中发现，台湾北部机场群的航空联系度最大，南部机场群的航空联系度次之，中、东部机场群的航空联系度最低。与之相对应，台北城镇群、台南城镇群极化明显，发育较为完善，而中部的台中、台东城镇群发育较为薄弱。

4　云南省的实证研究

4.1　云南省的航空业发展概况

云南省的航空业在全国具有悠久的发展历史，创建于 1922 年的昆明巫家坝机场是我国第二个机场。第二次世界大战时，为配合东亚地区反法西斯战争，突破封锁，中国政府于 1942 年开辟了中印驼峰航线，在云南曾先后建设了 55 个军用机场作为陈纳德飞虎队和驼峰航线的主要基地，3 年多时间共运输人员 33477 人次，物资 85 万 t，使昆明成为战时国家抗战物资的集散中心和国防保障与经济文化中心，战略地位得到快速提高。

在"一带一路"倡议背景下，云南省地处中华经济圈、东南亚经济圈和南亚经济圈的接合部，拥有面向"三亚"（东南亚、南亚、西亚）、肩挑"两洋"（太平洋、印度洋）、通江达海沿边的独特区位优势。云南省与周边南亚、东南亚邻国相比，经济发展存在 10 年左右的发展梯度差优势，使得近年来区域贸易发展势头强劲。南亚和东南亚共 18 个国家，GDP 总量约 2.9 万亿美元，人口总计超过 20 亿人，市场潜力巨大。到 2020 年，我国和东盟进出口总额在万亿元以上，而云南省的国际贸易额也已从百亿上升至千亿量级规模。航空是落实"一带一路"倡议，将"引进来"与"走出去"相结合，有效对接国内国际两大市场扇面，提升国际人员交往与贸易规模、质量的重要支撑。

    截至 2016 年底，云南省共有民航机场 14 个（泸沽湖机场、沧源机场开航于 2015 年后，运营时间较短，暂未纳入本次研究范围）。机场密度达到平均 3.6 个/10 万 km²，约为全国平均机场密度值的两倍，形成了较为完善的以"枢纽-轮辐"（Hub-spoke）模式为主的地方机场体系。昆明长水国际机场处于国际航路 A599、A581、G212 交会点，是我国东部城市至南亚、西亚、欧洲，西部城市至东盟各国，东盟各国至日本、韩国的最短航路。2016 年航空旅客吞吐量达到 4198 万人次，居国内机场客运排名第 5 位，全球机场客运排名前 50 位。民用航空显著增加了云南滇西北、滇西、滇西南、滇东南的可达性（图 4、图 5）。

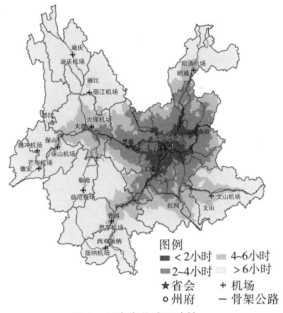

图 4　云南省公路可达性

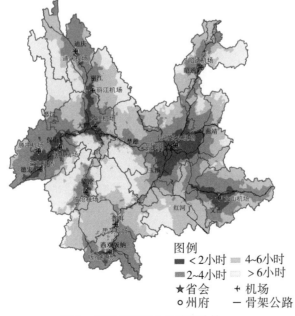

图 5　云南省航空＋公路可达性

4.2 旅游业绩效与航空客运量关系

对旅游资源丰富的云南省而言，立足自身优势，创新城镇化模式，以民用航空驱动旅游城镇化发展，不仅将机场作为交通基础设施，而且作为旅游门户进一步与旅游城镇功能相融合，使得旅游城镇实现快速的客流、物流、信息流、资金流的规模聚集，从而促进城镇化提速与提质，是云南省实现新型城镇化目标的重要抓手（图6）。

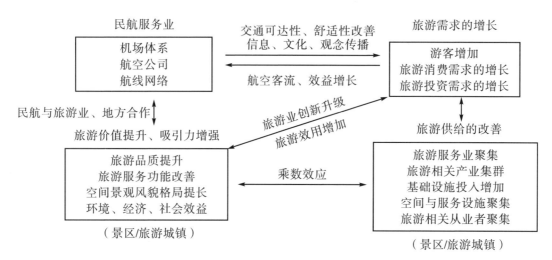

图6 云南省民航运输业与旅游城镇发展互动关系

首先，从全省整体层面研究，以云南省各地州（市）2007—2015年的旅游总收入和航空客运吞吐量数据标准化后进行相关性分析，结果表明民用航空客运量的增长与旅游收入呈高度正相关（图7）。

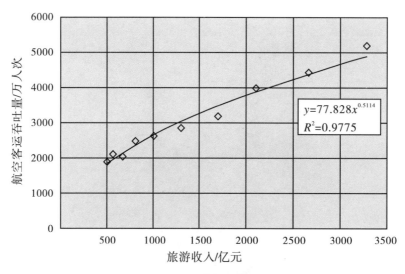

图7 云南省航空客运吞吐量与旅游收入的关系

其次，从分地区层面研究，通过对云南六大旅游片区分别做有机场的各地州（市）2007—2015年旅游总收入与其机场航空客运吞吐量的相关性分析（表2），结果表明昆明机场与滇中片区旅游发展的相关性最高，滇西北、滇西、滇西南的各机场（除保山、普洱等个别机场外）与片区的旅游业呈高度相关，而滇东北和滇东南片区航空与旅游业发展的相关性次之，其原因与滇东北和滇东南片区旅游开发尚不充分、机场密度在全省最低、机场地面交通衔接薄弱有关。但总体而言，民航对云南沿边地区的旅游业发展的支撑作用明显。

表 2　分地区民航绩效与城镇化水平/旅游收入的相关性分析

旅游片区	机场驻地	航空客运吞吐量与旅游收入相关性 Multiple R
滇中片区	昆明	0.988
	大理	0.889
滇西北片区	丽江	0.968
	迪庆（香格里拉）	0.868
滇西片区	德宏	0.985
滇西南片区	保山	0.683
	腾冲	0.934
	普洱	0.573
	临沧	0.891
	西双版纳	0.954
滇东北片区	昭通	0.792
滇东南片区	文山	0.709

4.3　对主要贸易伙伴国家进出口总额与航空客运吞吐量关系

以昆明长水国际机场 2014 年航空客运吞吐量和 2014 年《云南统计年鉴》中的外贸数据研究航空客运吞吐量与主要贸易伙伴国家进出口总额的相关性分析，结果表明，云南与接壤国家的贸易额较大，但与航空关联度较弱，与其他海外国家的贸易额较小，但与航空关联度较强。究其原因，是因为与接壤国家主要依靠陆路口岸以边贸形式完成贸易。贸易货物多为初级原材料与农果产品，价值量不高，并且地缘邻近，人员交往对航空的依赖较小。相比之下，航空对距离云南省空间距离更远的非接壤国家的进出口国际贸易起到了较明显的促进作用，其发展还有巨大的潜力空间（表 3）。

表 3　云南省 2014 年对主要贸易伙伴国家进出口总额与航空客运吞吐量关系

范围	相关性系数 Multiple R	备注
全体贸易伙伴国	0.28	含缅甸、老挝、越南三国
非接壤贸易伙伴国	0.64	不含缅甸、老挝、越南三国

4.4　云南省内机场城市外向服务水平与航空客运吞吐量的关系

为研究云南省内机场城市外向服务水平与航空客运吞吐量的关系，采用城市流模型分别从 2014 年 12 个机场水平维度和其中 6 个典型机场 2004—2014 年的纵向维度进行分析。

城市流强度一般公式为：

$$F = NE$$

式中，F 为城市流强度，即中心城市对外服务能力；N 为城市功能效益，即各城市间单位外向功能量所产生的实际影响，E 为城市外向功能量。

借助区位熵的原理，可以计算出城市的各产业部门从业人员的基本部分，从而准确测算城市的对外服务功能量。

用 E_{ij} 表示 i 城市 j 部门的外向功能，当 $E_{ij} > 0$ 时，即为 i 城市 j 部门从业人员的基本活动部分，则有：

$$E_{ij} = G_{ij} - G_i \ (G_j/G) \ (i = 1, 2, \cdots, n; j = 1, 2, \cdots, m)$$

式中，G_{ij} 为 i 城市 j 部门从业人员数量，G_i 为 i 城市从业人员数量，G_j 为全国 j 部门从业人员数量，G 为全国总从业人员数量。

用 N_{ij} 为 i 城市 j 部门的外向功能效率，用 i 城市 j 部门从业人员人均 GDP 表示，则有：

$$N_{ij} = GDP_{ij}/G_{ij}$$

i 城市全部产业部门的城市流强度 F_i 为：

$$F_i = \sum_{j=1}^{m} N_{ij} E_{ij}$$

测度指标为第二产业的制造业、电力煤气及水生产供应业、建筑业，第三产业的交通运输仓储及邮政业、信息传输计算机和软件业、批发和零售业、住宿餐饮业、金融业、房地产业、租赁和商业服务业/科研技术服务和地质勘查业、水利环境和公共设施管理业、教育、卫生社会保险和社会福利业、文化体育和娱乐业共 15 个行业的从业人口。

数据来源：从 2005—2015 年《云南统计年鉴》获取历年各州（市）各行业从业人口和GDP；从 2005—2015 年《中国统计年鉴》获取历年全国各行业从业人口，计算昆明、迪庆、德宏、保山、普洱、西双版纳 6 个城市历年的城市外向服务水平；从《民航机场生产情况（1996—2014 年）》中获取近 10 年上述 6 个城市机场的航空客运吞吐量。得出研究结论如下：

水平维度对 12 个机场城市 2014 年的经济外向度和航空客运吞吐量进行回归分析，结果表明两者存在显著的相关性（表 4）。

表 4　2014 年云南机场城市经济外向度和航空客运吞吐量相关性

指标	回归统计
Multiple R	0.98
R Square	0.96
Adjusted R Square	0.96
标准误差	600.30
观测值	12

纵向维度对 6 个典型城市 2004—2014 年的经济外向度和航空客运吞吐量分别进行回归分析，结果同样表明各城市历年的经济外向度和同期航空客运吞吐量存在显著相关性（表 5，图 8 至图 13）。

表5　2004—2014年云南省6个城市经济外向度和航空客运吞吐量相关性

城市	相关性系数 Multiple R
昆明	0.95
香格里拉	0.87
德宏	0.96
保山	0.85
普洱	0.70
西双版纳	0.94

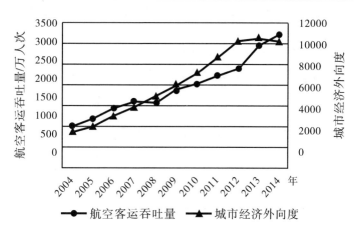

图8　2004—2014年昆明航空客运吞吐量与城市经济外向度

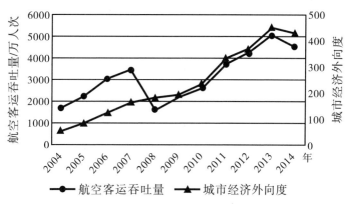

图9　2004—2014年香格里拉航空客运吞吐量与城市经济外向度

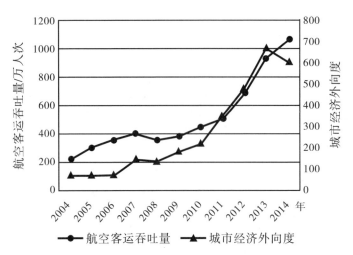

图 10　2004—2014 年德宏航空客运吞吐量与城市经济外向度

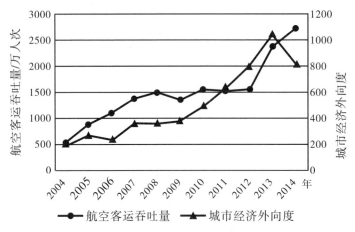

图 11　2004—2014 年保山航空客运吞吐量与城市经济外向度

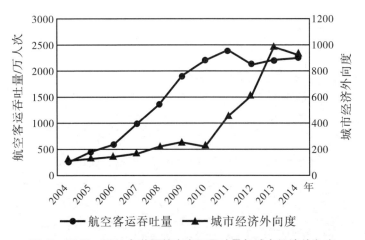

图 12　2004—2014 年普洱航空客运吞吐量与城市经济外向度

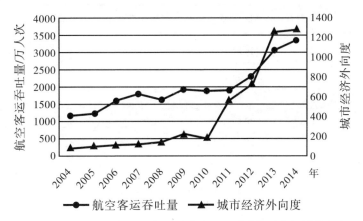

图 13　2004—2014 年西双版纳航空客运吞吐量与城市经济外向度

从计算结果可以看出，不论是水平维度还是纵向维度，云南城市经济外向度和航空客运吞吐量都存在显著的相关性。也就是说，航空显著促进了云南城市外向型经济的发展。

4.5　云南航空与城镇化水平的关系

以云南省 12 个机场和各地州（市）2007—2015 年的航空客运吞吐量与城镇化率数据标准化后进行相关性分析。先从全省整体层面研究，民用航空客运吞吐量的增长与城镇化水平呈高度正相关（图 14）。

再从分区域研究，由表 6 数据可以看出，民航客运吞吐量与城镇化相关性指标，滇中片区最高，其次是滇西北、滇西南片区，再次是滇西片区，最低的是滇东北、滇东南片区。航空驱动的省域城镇"核心—边缘型的二元极化"现象也较明显。

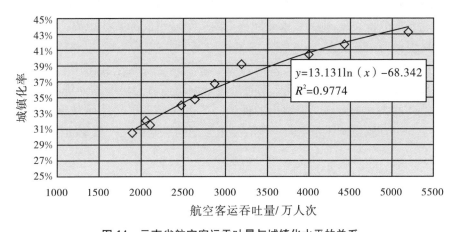

图 14　云南省航空客运吞吐量与城镇化水平的关系

资料来源：《云南统计年鉴》。

表6　分地区民航绩效与城镇化水平的相关性分析

地区	机场城市	民航客运吞吐量与城镇化水相关性系数 Multiple R
滇中片区	昆明	0.97
	大理	0.61
滇西北片区	丽江	0.91
	迪庆（香格里拉）	0.69
滇西片区	德宏	0.90
滇西南片区	保山	0.51
	腾冲	0.71
	普洱	0.67
	临沧	0.65
	西双版纳	0.88
滇东北片区	昭通	0.13
滇东南片区	文山	0.48

4.6　云南航空与城镇空间经济联系度的关系

本研究采用城镇空间体系研究中较为成熟的经济联系度分析方法，构筑引力模型来研究比较航空对省域城镇体系空间格局的影响。用引力模型来量化计算空间经济联系强度。计算公式为：

$$R_{ij} = \frac{\sqrt{P_i G_i}\sqrt{P_j G_j}}{D_{ij}^2}$$

式中 R_{ij} 为2个城市经济联系强度；P_i、P_j 为2个城市总人口数；G_i、G_j 为2个城市的 GDP；D_{ij} 为2个城市间的距离，对公路城市经济联系度分析，D_{ij} 为2个城市高速公路里程。对航空城市经济联系度分析，D_{ij} 则为去哪儿网查询的2个城市间的航线距离。将计算结果在 ArcGIS 中可视化呈现得到如下研究结果：

基于公路的城市经济联系度来看，云南省域经济联系主要集中在滇中、滇南一带，而从基于航空的城市经济联系度分析，则发现云南省域边远城市与省会昆明的经济联系都得到了加强。除滇中之外，滇西的大理—丽江、滇西南的保山—芒市还呈现了次区域城镇群集聚的倾向，进一步印证了航空促进省域城镇体系空间"核心—边缘型的二元极化"现象的存在。

5　结语

通过上述研究可以发现，民用航空对内陆边远地区的城镇发展能够起到其他交通方式难以发挥的作用。

一方面，航空的高可达性、灵活性与较低的初期建设成本等优势使得内陆省份的城镇增加了与外界的经济联系，促进了旅游业的发展，提高了经济的外向度，促进了贸易，在空间上强化了内陆中心城市的核心聚集优势，同时促进了内陆边远地区具有发展潜力的"飞地"型单元快速聚集成长为新的发展极。从而在省域空间尺度呈现出"核心—边缘型的二元极化"态势，在一定程度上促进了上述地区的城镇群空间结构改善。

另一方面，要清楚地认识到，民用航空运营成本相对较高，运输能力有限，在交通运输系统中的占比还较低，并且民用航空促进区域可达性的显著提高，但并不一定有利于所有涉及的内陆边远地区城镇的长远发展，民用航空并不会单独创造有利或不利的因素。其作用是等比例加快或者放大城镇间已存在的优势、劣势因素。从这个方面分析，其"负外部"性也会存在。甚至可能会使边缘地区城镇的发展资源不断被核心地区城镇袭夺，造成本地人才与产业要素的进一步流失，使强者恒强，弱者恒弱，进一步丧失发展的机会。边远地区城镇应该在今后的城镇化实践中大胆创新探索 AOD（Aviation Oriented Development）的发展模式，以航空网建设为抓手，加强机场与城镇群间的空间布局与设施互动。把地域经济制度环境、资源空间环境、生态文化环境等多要素与空地一体化的交通环境统筹协同，持续改进，提升自身对发展要素的吸引力，走差异化发展道路，快速培育"飞地"型的推进单元，形成空间增长极，最大程度发挥航空优势，为内陆边远地区的城镇化发展服务。

[参考文献]

[1] 马克思. 资本论 [M]. 中共中央马克思、恩格斯、列宁、斯大林著作编译局，译. 北京：人民出版社，1975.

[2] 张薰华，俞健，朱大均. 交通经济学 [M]. 上海：上海社会科学院出版社，1992.

[3] 曼纽尔·卡斯特. 网络社会的崛起 [M]. 夏铸九，王志弘，译. 北京：社会科学文献出版社，2006.

[4] 刘明. 云南航空史话：航空强省不是梦 [M]. 昆明：云南教育出版社，2009.

[5] 刘明. 航域无疆：云南机场发展的探索与实践 [M]. 北京：中国民航出版社，2009.

[6] 刘小童. 驼峰航线：抗战中国的一条生命通道 [M]. 桂林：广西师范大学出版社，2010.

[7] 简海云. 昆明城市形态与交通布局一体化研究 [M]. 昆明：云南大学出版社，2011.

[8] 戴帅，程颖，盛志前. 高铁时代的城市交通规划 [M]. 北京：中国建筑工业出版社，2011.

[9] 唐小卫，李杰，张敏. 航空运输地理 [M]. 北京：科学出版社，2012.

[10] 徐筑燕，鲁静芳，金莲. 发展经济学 [M]. 北京：清华大学出版社，2012.

[11] 唐次妹. 航空运输与台湾城市体系的空间网络结构 [J]. 台湾研究，2006 (1)：39-44.

[12] 陆扬. 空间和地方的后现代维度 [J]. 学术研究，2009 (3)：128-133.

[13] FREESTONE R, BAKER D. Spatial planning models of airport-driven urban development [J]. Journal of Planning Literature, 2011, 26 (3): 263-279.

[14] 陈睿山，叶超，蔡运龙. 区域经济联系测度方法述评 [J]. 人文地理，2013, 28 (1)：43-47.

[15] APPOLD S J, KASARDA J D. The airport city phenomenon: Evidence from large US airports [J]. Urban Studies, 2013, 50 (6): 1239-1259.

[16] 崔文生，张昱. 广东省内的区域经济联系研究 [J]. 城市，2015 (5)：30-34.

[17] 胡盈，张津，刘转花，等. 基于引力模型和城市流的长江中游城市群空间联系研究 [J]. 现代城市研究，2016 (1)：52-57.

[18] 黎鹏. CAFTA 背景下中国西南边境跨国区域的合作开发研究 [D]. 长春：东北师范大学，2006.

[19] 刘雪妮. 我国临空经济的发展机理及其经济影响研究 [D]. 南京：南京航空航天大学，2008.

[20] 王海江. 中国中心城市交通联系及其空间格局 [D]. 开封：河南大学，2014.

[作者简介]

简海云，正高级工程师，就职于昆明市规划设计研究院。

和艳，高级工程师，就职于昆明市规划设计研究院。

徐厅，规划师，就职于昆明市规划设计研究院。

李迎彬，规划师，就职于昆明市规划设计研究院。

"以退为进"：基于共生理念视角下的沿海地区空间发展模式探究

——以江苏省东台市为例

□林嘉敏，刘涛，崔家华

摘要：在生态文明时代背景下，如何实现人类与自然和谐共生成为值得探讨的话题。生态地区的城乡建设，首先应清晰认识生态的价值并对其进行保护，其次在顺应自然生态系统规律的前提条件下进行适当的人类活动建设。本文将以生态价值极高的江苏省东台市沿海地区为例，探索在自然已经被人类活动干扰的情况下，如何重塑人类建设空间与自然环境和谐共生的关系，促进形成人与自然互利互惠共生场景。

关键词："以退为进"；共生理念；沿海地区

1 引言

东台市位于江苏省的沿海中南部地区，是江苏省面积最大的县级行政单元。自古以来，受大自然的眷顾与青睐，东台市拥有世界级自然价值的魅力场所，东台人的活动空间既依赖海洋发展，又受限于被其吞噬的威胁，形成进退两难的局面。因此与海共生是东台市数代人命运的选择。为了获得更多的土地资源，同时降低海洋对人类建设活动的影响，东台市启动百万滩涂围垦工程，显著改变了原有条子泥湿地滩涂的自然演变规律，原有的生态系统与自然平衡机制不复存在。在新时期生态文明建设的背景下，人类建设活动更应与海洋生态系统友好和谐发展。

"共生"一词来源于生物学领域，一般指两种或者两种以上不同生物之间所形成的紧密互利的关系，这种关系往往意味着对资源的最有效利用和利益的最大化。在2013年第八届城市发展与规划大会上，住房和城乡建设部仇保兴副部长作"'共生理念'与生态城市"的主题报告，指出"共生"是大自然最普遍的现象，是自组织系统最重要的本质，而自组织是一切生命演化的基本，只有这种城市，是向自然索求最小的一种城市发展。本文将探讨在共生理念的视角下，东台市平原海岸地区人类建设活动与生态自然如何互相借力，从破坏割裂转为和谐共融的。

2 解析共生理念

共生理念是一种新兴的城市建设模式，虽然还没有一个被大众普遍接受的概念解析，但是其已成为城市建设的一种发展趋势。共生关系强调要素间的相互依存，从而产生高效的协同作用；而共生城市的本质是城市共生体内部组成单元间的和谐共生关系，其中包括人与自然的和谐共生、城市建设系统与城市环境的和谐共生、城市主体间的和谐共生三个方面，是一个极其复杂化和系统化的建设模式，本文的研究范围主要是在宏观层面探索人类建设与自然环境和谐的共生关系。

共生城市理念借鉴了生物学上的共生理论，在研究过程中存在从形成到进化再到消亡的演化过程，因此有别于绿色、低碳等相关城市理念。共生城市并非一次成形的规划方案，而是具有动态演化的特征，随着环境的自然变化以及人类认知的提升而不断演进，从不共生到高度共生，涵盖整个城市发展的历程。目前共生城市下的空间模式探索是为未来人与自然高度共生的复杂体提供一个不阻碍其自发演化的基础框架和演化机制。

共生城市演化机制可分为主观机制和客观机制。客观机制是在主观机制的研究基础和前提条件下，在宏观层面一般指大自然固有的演化规律，在自然科学等领域中有广泛研究，本文不再赘述。本文主要探究在客观演化规律中，如何引导人类主动建立与自然环境互利互惠的共生关系，并在因环境共生而获取资源的同时约束城市建设对自然环境的破坏，从而形成可持续发展的人居新模式。

3 价值：海洋之森、地球之灵、人居之境

东台市独特的地理环境与区位条件，使其拥有独特的特质价值。我们将其价值归结为"海洋之森""地球之灵""人居之境"。

3.1 海洋之森：既古老又充满勃勃生机

位于规划区东侧的条子泥湿地是千年地理演化过程中大自然留下的宝贵遗产。它是太平洋西岸和亚洲大陆边缘面积最大的海岸湿地，是全国潮差的最大纪录所在地。

条子泥湿地成形于千年以前，受东海前进潮波和黄海旋转潮波双潮波叠加影响，呈现"两分水"奇观，因洋流动力而不断变换形态。东台市的海岸线也不断地受到大自然"扬场"作用力的影响，向海而生长。

条子泥沙洲是由潮汐冲刷而成的潮沟，像一棵棵"潮汐树"，形成了生长在海洋中的"森林"。这种神秘的力量，既古老又充满勃勃生机。全球独特的地貌形成过程是其成为世界自然遗产的主要原因之一。

3.2 地球之灵：生境博物馆的基因库

东台市的农田生境、湿地林区、滩涂湿地等高度异质的空间为复杂多样的生境和物种提供了丰富的栖息地。

条子泥湿地丰富的生物多样性具有全球意义，是其列入世界自然遗产的另一条标准。它是东亚—澳大利西亚候鸟迁徙路线（EAAF）上的关键枢纽，而EAAF是全球9条候鸟迁徙通道中受威胁程度最高的一条，几乎是其他8条线路上受威胁物种的总和。

条子泥湿地维持着17种世界自然保护联盟（International Union for Conservation of Nature，IUCN）红色名录物种的生存栖息（表1），目前极度濒危的勺嘴鹬全球数量不超过500只，其中约一半会来此觅食、换羽。条子泥湿地受到鸟类的偏爱，是因为其独特的潮沟生境孕育繁衍了大量的底栖动物，其中包括鱼群和浮游生物物种。条子泥湿地也被誉为经济贝类的基因库，也是黄海鳗鱼的基因库。东台市沿海湿地区域自古就是麋鹿生长繁殖的栖息地，原本在国内濒临灭绝的麋鹿却在这个地方奔跑。

表 1　条子泥区域观测到的 IUCN 红色名录物种表

保护级别	物种名称
极危物种	勺嘴鹬
濒危物种	黑脸琵鹭、东方白鹳、小青脚鹬、大滨鹬、鸿雁
易危物种	黄嘴白鹭、寡妇鸥、黑嘴树鸭、丹顶鹤
近危物种	红腹滨鹬、半蹼鹬、黑尾塍鹬、白腰杓鹬、斑尾塍鹬、震旦鸦雀、弯嘴滨鹬、卷羽鹈鹕

3.3　人居之境：与海共生的千年演变

千百年来，人类在与大自然的博弈中学习如何与天地共生。唐宋及以前，范公堤建在东岗沙堤的岗脊之上，它是抵御自然灾害保护盐场的重要防线，古人利用范公堤围出的潟湖煮海制盐。

黄河夺淮后，明清时期泥沙快速淤积，海岸线东移；清末废灶兴垦，人们开始利用淤积地围垦造田。

1949 年以来，采取了更加主动的围垦策略，通过人工促淤的方式换取土地资源。1984 年至今，海岸线整体向东推进了约10 km。通过治理水系、增筑公路完善基础设施，推动盐碱地防风林建设，建成了华东地区最大的平原森林——黄海森林公园，形成了国家级渔业生态健康养殖示范基地。

随着区域生态保护意识不断加强，盐城主动放弃了百万亩围垦，东台市沿海地区 2005 年就设置了严格的产业准入政策。随着世界自然遗产的申报成功，对地区自然环境和生物多样性的保护提出了更高的要求，在这样一个人口稠密、经济发达地区推动经济社会发展全面绿色转型，实现人与自然和谐共生的现代化是其当前面临的最大挑战。

4　挑战：潮汐被伐、廊道被占、价值减弱

东台市沿海地区虽然拥有世界级独特的自然地理环境，但在工业时代背景下，人类建设空间不断向生态入侵，东台市沿海地区也面临以下两个挑战：

其一，"潮汐树"不断被伐。2011 年，江苏省百万亩滩涂土地围垦项目在盐城东台市掠港镇梁南垦区启动，天然滩涂迅速被人工海堤包围，围垦速度超过海岸线泥沙自然的淤积速度，潮沟体系结构被切断，使滩面汇水面积缩小，加速条子泥湿地萎缩、退化以至消失。随着围垦加剧，海堤快速外迁会改变原有潮滩的平衡，可能会激活原本已处于消亡期的潮沟，使其摆动加快、幅度加大，进而对沿海堤坝、滩涂养殖和其他海洋工程造成威胁。后来围垦计划停止，随着自然生态系统的自我调节，大自然的潮汐和围垦已经形成了新的平衡状态，然而条子泥"潮汐树"景观被分割至围堤外围，独特的自然地貌"潮汐森林"大量减少。

其二，生境"廊道"被占用，生物栖息空间受挤压，部分动物被迫离开或者侵入人类活动空间。由于条子泥湿地受到不断残蚀，候鸟栖息地被破坏，迁徙路途上疲惫的候鸟们失去了漫长征程中不可或缺的休养生息之地，被迫调整迁徙路线。部分近海鱼类和底栖动物失去栖息地，人类养殖鱼塘激增需要增设水坝，阻断了水生动物的溯游廊道，使得鱼类等无法进入北侧上游地区产卵繁殖。麋鹿原本以生活在条子泥湿地滩涂上的植物为食，如入侵物种互花米草，但由于滩涂空间的挤压以及高速公路的建设，麋鹿经常穿越高速公路，造成交通事故，同时威胁了

人类以及保护动物的安全。

人与自然的和谐关系被切断，人工化的自然边界削弱人的自然感知与体验。围垦带来的硬质岸线对沿岸植被造成影响，割裂了景观生态自然过渡的形态，使得潮间带系统的生态与景观价值大大减弱。围垦的堤坝不仅割裂了完整的自然生境，而且割裂了人类建设空间与海岸自然环境的相互融合，人类对滨海条子泥世界级自然景观的感知被削弱。

5 策略：借海筑本底、融网织碧锦、进退享共生

5.1 借海筑本底：动态前进的共生之界

东台市沿海地区自海而生，历经千年积淀。近年来陆海过渡的常序被打破，呈现因大量、快速的围垦及"潮汐树"被伐导致"潮汐树"变少的现象。陆海关系受到过度围垦的"越界"行为的影响而面临破碎，"潮汐树"被伐产生的最大灾难并不在于独特的大地景观难现，而是这样的"越界"会断送条子泥湿地的生命，让底栖动物无处安放，让候鸟失去补给生命的家园。

曾几何时，我们想退掉大堤，让湿地入城，让城市与生境共享条子泥湿地胜境。但这种贸然打破边界的想法随着人们对东台市大自然的认识逐渐清醒。冲破既有的堤岸非但不能让压实的泥滩重复底栖动物生存的条件，还会导致更多自然灾害发生的可能。

但是边界又是动态的。人类不能故步自封，以保守的态度面对自然的眷顾和灾难都是错误的。随着潮波的作用让东台市的土地不断向海而生，未来的自然遗产绝不是一个永恒不变的范围，而是一个动态调整的家园。

因此，后续对于东台市大自然海陆交界系统应当采取生态处理、让自然做功的方式来修复基底、回归常序。最终尊重自然秩序，让陆之常序呈现泥沙成陆、沧海桑田、林带环抱，令海之常序呈现潮汐之间树影摇曳、沙洲隐现。

5.2 融网织碧锦：各得其所的共生通道

东台市高度异质化的地形条件酝酿了多样的生境系统。错配的建设挤压了生物迁徙和生存的空间，造成了人与自然的冲突，加剧了惨剧的暴发。在本次规划中提出"融网织碧锦"的通道构建策略，为鸟类、鱼类、鹿群等旗舰物种预控出各自的迁徙廊道和生境网络空间。

预控鸟之廊道，重点为延展田园林网，构建留鸟家园。逐步拓展森林系统，构建禽类生活庭园。此外，保护滨海滩涂，构建候鸟客厅。预控鱼类通道，重点为丰富水网类型，构建溪鱼走廊。活化咸淡浑水，构建鱼类的生境高地。提升近海水质，构建海错之乡。预控鹿之碧道，重点为西控田泽边界，避免相互干扰。打造湿地链条，构建迁徙廊道。延展滩涂海域，创造生境的意外美景。由此构成鱼翔水网、鸟栖林网的"双网织碧锦，陆海展灵境，两海汇桑田"生境网络。

5.3 进退享共生：时空交叠的共生场景

对东台市沿海地区而言，历史会惊人地相似，但绝不会简单复制。空间类型的探索要符合场地的空间基因和产业功能。这个千百年来依托于海洋而生长的场所自西向东，其空间条件的主导类型从田园到森林，又由森林到海洋发生着拼贴式的过渡，但是各个分区又呈现你中有我、我中有你的互融特征。

本次规划对未来城市和村庄的功能方向进行了多元的探索。在城市功能方面，整合周边特

色旅游资源，推动沿海生态旅游集群发展，高标准建设世界级的生态旅游目的地，完善以国际交流、宣传教育、旅游观光、配套服务为主的功能体系。在乡村功能方面，除了农业和渔业，未来应该打造滨海湿地、森林康养、魅力乡村三大功能体系，打造丰富多元的旅游体验度假项目，协同其他旅游板块发挥功能。

通过对三种共生环境条件的研究，我们提出在东台市沿海地区，城市、村庄与自然之间构建进退得当的"田园共生""森林共生""海洋共生"三类共生场景，实现人与自然之间互利互惠的诗意栖居。通过多元的共生场景的构建，对未来的功能引入进行空间模式上的探索，先要在三类空间当中腾退对环境有污染、有伤害的功能和对生境造成伤害的设备设施，对原有场所改变功能并加以利用，根据自然场地条件，丰富大地景观观光农业，提升配套服务功能。

田园地区是东台市沿海地区重要的生态空间，环境敏感度高，应提倡结合中国传统营城中的营造智慧，"理水""造园"，建立和谐共生的空间，融合田园生产和创新耕作，结合田园观光和旅游体验，促进田园乡居与环境提升。森林地区是东台市珍稀鸟类及其他动物重要的生活空间，孕育了丰富的生物物种，应通过进一步丰富森林地区的树种类别，结合林网巩固及河网整治，建立完整的生境系统，同时引入森林康养体验活动，适当植入不干预生态的场地、栈道及地景建筑等，从而营造森林共生场景。海洋地区是东台最具价值的生态地区，是候鸟迁徙通道上的枢纽节点，也孕育繁衍了大量的海洋生物，而海洋共生场景应建立在海洋生态和人类活动的平衡点之上，在保护环境的前提下，可适当开发生态渔业、风力发电等海洋经济产业，同时结合观鸟活动、生态研学、亲水活动将为人类更加深入了解海洋生境提供场所和空间。

6 结语

千百年来，东台市滨海地区的土地依托不断向海推进的海岸线而逐步形成。在这"年轮"般的大地上，人与自然持续共进，形成和谐的共生关系。尽管现代人们对海洋资源的开发超过了自然演化的过程，但生态发展观让人们认识到人与海洋关系的失衡，并及时止损、转变发展方向。一方面，以滨海基础建设保护沿海湿地，确保人对条子泥生物活动的干扰最小化，让世界自然遗产发挥更大的生态价值；另一方面，充分发挥条子泥的生态旅游价值，使自然遗产成为生态旅游名片，让生态资源转变为生态效益。最终，在东台市滨海地区承古纳新，恢复人与自然互相促进的和谐关系，形成共生理念下新的人居发展模式。

［参考文献］
[1] 仇保兴. 共生理念与生态城市的渊源 [J]. 居业，2013 (11)：82-89.
[2] 黄淳莹. 共生城市演化机制与建设决策研究 [D]. 武汉：华中科技大学，2013.

［作者简介］
林嘉敏，讲师，就职于福建理工大学。
刘涛，高级建筑师，就职于中规院（北京）规划设计有限公司。
崔家华，规划师，就职于中规院（北京）规划设计有限公司。

城市中心体系视角下基于城乡断面理论的市郊开发强度研究

——以郑州市为例

□徐振东

摘要：在当今土地开发、空间利用步入高质量、精细化发展的存量规划时代，市郊空间作为城市开发拓展的主要区域却受到较少开发管理的约束，导致出现粗放开发、低密度扩张、土地用途单一等多方面隐患，因此亟待高效合理的土地开发强度导向来改善此类问题。本文结合城乡断面理论（urban-rural transect zoning），形成基于城乡断面连续完整的区域分析思路：首先，判断区域开发强度现状并叠加道路系统得到城乡断面分区，分析整体梯度变化及各断面的可识别性、可生长性特征，明晰市郊开发问题；其次，结合市郊空间所处城市中心体系及组团中心层级，分析其可生长性限度；最后，结合国内外典型的多中心体系城市的城乡断面模型，提出优化郑州市郊空间开发强度的发展策略。

关键词：市郊空间；开发强度；城乡断面理论；城市中心体系；断面优化

1 引言

在建立国土空间规划体系的背景下，实现区域协调、城乡融合发展已成为优化国土空间总体布局的重要手段之一。市郊空间是直接受中心城区的辐射作用，在空间层面上表现为内缘线与城市核心区相连、外缘线与传统乡村地区交接的，从完全城市区到完全乡村区之间具有过渡性的独立地域单元。城市建成区快速向外围拓展并不断新建规划区，同时乡村地区粗放式就地城镇化，使得市郊空间在开发强度、功能融合度等方面与周边地域差异过大，呈现出风貌"硬性"拼贴的特征。在土地红利时期，房地产在市郊开发受限少，加剧了整体无限制、低密度蔓延的趋势，造成大量公共基础设施的浪费、生态资源的破坏等。

城乡断面理论作为一种连续、可控、有效保护城市—乡村区域完整性的空间规划策略，在区域层面可以有效引导城市与乡村空间的融合，并促进市郊空间良性发展。目前，城乡断面理论主要应用于以下三类学术研究中：一是作为取代传统区划的基于形态断面思想的控制性详细规划（简称"控规"）导则；二是通过结合以公共交通为导向的开发（transit-oriented development，TOD）模式并塑造特定断面分区特征，保证交通系统的连续性及各沉浸环境的功能满足人的需求；三是基于空间风貌连续的特色空间导向规划，如天津市主城区城乡断面导则制定、眉山市城市规划区的绿色空间规划。本文基于城乡连续的原则，主要在区域层面利用该理论，首先分析其与市郊空间开发的联系，构建基于城乡断面理论的规划思路；其次对国内外城市案例进行研究，得到多中心体系下市郊空间的开发特点；最后结合郑州市的中心体系结构和市郊开发情况，对高新区及郑东新区的市郊空间开发进行分析研究并指导其开发建设，提出解决城乡割裂及不均衡发展等问题的策略。

2 城乡断面理论及市郊空间开发

2.1 城乡断面理论的概念及内涵

城乡断面理论的发展共经历了四个阶段（表1），并逐步从地理学背景下的环境描述手段发展为城乡规划学背景下的描述不同开发强度人类栖息地的理论方法。

城乡断面包括一系列从乡村地区到城市中心的密度和复杂度逐渐增加的人类栖息地。其中，根据人与自然和谐共处、有机共融的原则，囊括从自然栖息地一直延伸到市中心的整个范围，城乡断面被分为7个分区：T1乡村保护区、T2乡村保留区、T3城市郊区、T4一般城市区、T5城市中心区、T6城市核心区、SD特殊区域。每个分区都具有以下两个重要属性：一是可识别性。即各分区都具有特定的空间形态，并可以用土地开发强度特征要素（建设集中度、容积率、用地混合程度等）表现。二是可生长性。6个分区（不包括特殊区域）由于各自开发属性不同，会随时间发生演变。作为一种类似自然环境演变的增长过程，不同分区在增长后会转化为与之相邻的断面，并表现相应特征。

表1　城乡断面理论发展阶段

阶段	主要理论	内容
1973年亚历山大	自然样条	用样条来描述支撑栖息地内植物和动物群落共生的物质环境条件。第一个样条绘制横跨南美洲南端，从大西洋到太平洋，它展现地球表面和地表之下的环境梯度变化特征
20世纪初期盖迪斯	河谷断面	提出河谷断面，并将人类活动架构在开发自然的语境下。其图解了从高地到水边的一系列人类社会形态的地理断面，是第一个展现与人类存在相关的自然条件的样条
1967年麦克哈格	自然生态区样条	其著作《设计结合自然》中也清晰阐述了自然生态区的样条，它被应用为自然栖息地的生态景观特征的分析方法
2002年安德雷·杜安伊	城乡空间样条	"城乡空间样条"是在自然和人类栖息地的综合网络中定位并研究各种不同类型人类聚居地的方法。它由一系列满足人类需求的宜居的人类环境组成，并通过区域的一个地理横断面来显示一系列环境，其通过一个连续体来鉴别不同级别和城市强度的栖息地特征

2.2 中心体系视角下市郊空间开发的机制

城市市郊发展作为新组团建设的首选空间，其产生受到城市主中心或次级中心影响。在经济全球化和城市快速发展的背景下，由于城市有多个中心区聚集，同时中心区之间形成相互竞争、合作的紧密联系关系，因此出现职能分工和空间错位发展的趋向，并由此产生了一种新的空间聚集形态——城市中心体系。中心体系具有整体性、等级性、差异性、非均衡性等特点，等级越高的中心，规模越大，内向性就越强，空间聚集度就越高。因此，市郊空间作为新组团，其开发一方面受到周边更高等级中心的影响，即高等级中心空间聚集度将直接影响其开发强度；另一方面依据规划定位，将确定其与相邻高等级中心的联系程度及与乡村之间的过渡关系。

城市初期建设时往往采取单中心形态，城乡之间通过功能、交通、自然环境的连续过渡打造初级中心体系，中心辐射能级对开发强度影响较大；由中心地理论可以得知，政策、经济等方面的影响必然会形成更高级的中心；受限于辐射范围，离高级中心较远处会形成新的低一级中心；最终多个中心共存。笔者认为，中心体系是各层次中心在相应辐射范围均衡时所形成的一种稳定且相互联系的状态，是城乡断面连续过渡的表现。

2.3　城乡断面理论与市郊空间开发的关系

目前市郊空间的开发混乱主要是因为其所在组团在城市中心体系的层级尚不明确，未形成系统整体的城市中心体系，导致整体开发强度并不是渐进过渡，而是"硬性拼接"。而城乡断面理论作为从空间形态的角度引导城乡连续的方法，其基本思想与市郊空间特征存在一定的关联性（图1），并以此构建基于该理论的区域开发强度分析方法。

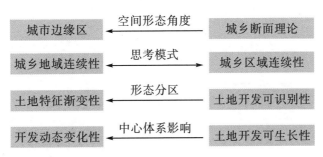

图1　城乡断面理论与市郊空间的关系

2.4　基于城乡断面理论的开发强度分析方法

可识别性与可生长性是城乡断面理论的两大核心属性。一是可识别性。城乡断面的宏观形态分区，通过梯度整体转化特征及土地开发强度特征来描述各断面及断面间的关系。其中，梯度整体转化特征用来反映一定连续梯度内开发强度的变化以及不同梯度内的相互关联；土地开发强度反映断面在平面与立体上的用地集约性。二是可生长性。城市中心体系约束下各分区的生长界限。在该视角下，新发展的市郊空间，依据其所处的中心等级差异会产生三种增长区（表2）。当郊区中心等级相对较高或离主城中心较近时，可生长较高，可将之归类于预期增长区；反之则应划为限制性增长区以保持城乡断面的良性梯度变化。整体研究框架如图2所示。

表 2 城乡断面增长区分类

新发展	区域规模控制	社区规模控制		
	A. 区域	B. 社区单元	C. 横断面区域	
	G1 限制性增长区	CLD 集群发展	T2 乡村保留区	
			T3 城市郊区	
			T4 一般城市区	
	G2 控制性增长区	CLD 集群发展	T2 乡村保留区	
			T3 城市郊区	
			T4 一般城市区	
		TND 传统社区发展	T3 城市郊区	
			T4 一般城市区	
			T5 城市中心区	
	G3 预期增长区	TND 传统社区发展	T3 城市郊区	
			T4 一般城市区	
			T5 城市中心区	
		RCD 区域中心发展	T4 一般城市区	
			T5 城市中心区	
			T6 城市核心区	

资料来源：齐烨《基于城乡断面理论的人居特色导向研究——以天津中心主城区城乡断面导则为例》，载《2019 城市发展与规划论文集》。

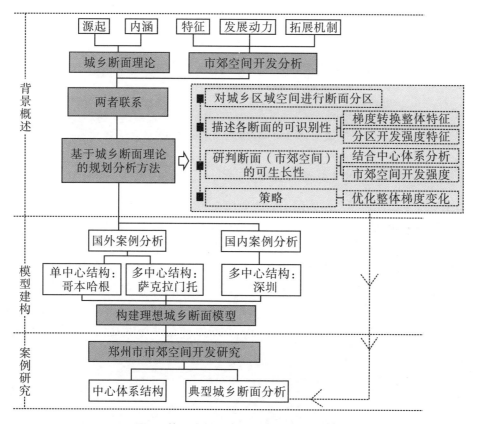

图 2 基于城乡断面理论的整体研究框架

2.5 不同中心体系下的城乡断面分析

2.5.1 国外典型城市案例

一是单中心结构的典型城市哥本哈根。哥本哈根是一座基于指状规划进行建设，并沿城市主要干路进行发展的城市。在规划引导下，哥本哈根大都市圈可以分为城市核心区（手掌部分）、城市边缘区（手指部分）、乡村保留区（小规模的岛状开发地）。城市建成区之间会预留自然的农田河流或人工改造的公园绿地等永久性开放空间——绿楔。

在哥本哈根的城市交通走廊中选择一条联系城乡空间的主干道作为基地。从可识别性分析，T5 核心城市区到 T2 乡村保留区，基地城乡断面呈现出清晰自然的光滑下降趋势；从可生长性分析，各区域外延生长受绿楔限制。T5 城市核心区经济活跃，可进行高强度立体功能复合开发，但 T4 城市中心区—T2 乡村保留区则主要在平面上紧凑发展。这种模式在保障城市有序发展的基础上能实现各区精细化开发，最终在城乡断面模型中表现为光滑的曲线形式（图 3）。

二是多中心结构的典型城市萨克拉门托。萨克拉门托是一座基于 TOD 模式进行开发，并通过城乡断面理论引导建设的城市。在此特点下，其城乡断面模型将建成区划为城市公共服务中心区、社区服务中心区、特殊功能区三大部分，并形成城市核心、城市中心、就业区中心、社区中心、通勤区中心以及机场地区 6 个中心。

在萨克拉门托的城市轨道交通走廊中选择一条串联各功能区的轨道交通作为基地。从可识别性分析，整体上由核心区 T6 向边缘区 T2 建设活动递减。但由于 TOD 站点分布的影响，形成了城市多中心结构。尤其是大学园区、城市集中居住区等次级城市中心区的存在让连续平滑的梯度转换呈现一定的波动。从可生长性分析，随着城市扩张，原处于城市边缘 T3 郊区的大学城开发强度逐步增大，呈现出城市一般区域 T4 的开发特征，凭借地缘优势逐步融入城市中心。这种多中心模式既能加强城市内部的联系，又可以防止城市进一步蔓延，最终在城乡断面模型中表现为有波动的曲线形式（图 4）。

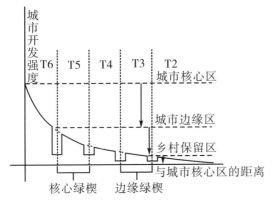

图 3　哥本哈根城乡梯度转换整体趋势

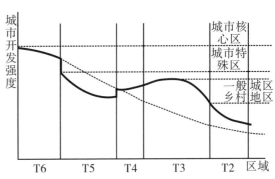

图 4　萨克拉门托城乡梯度转换整体趋势

2.5.2 国内典型城市案例

以多中心结构的典型城市深圳为例。深圳由于地形限制，同时作为珠三角城市群的核心之一，采取多中心组团布局来引导城市健康生长，同时依靠 TOD 模式的精细化发展，加强非中心的生活集聚区建设以及市郊空间的渗透交融，沿城市交通干道串联不同等级的城市中心与片区空间。

通过对宝安区内的区域轴线分析，选取城市公共景观轴——宝安大道作为基地，其分别连接前海中心—空港新城—西部组团中心。从可识别性分析，各断面特征明显，可识别性强，但梯度转换特征不明显，郊区开发强度高，连续性差。从可生长性分析，虽然深圳也是多中心结构，但其在市郊空间建设的新城中心与城市主中心未建立密切联系，整体未形成完整连续的城乡断面。这种多中心模式对城市蔓延的限制较弱，最终在城乡断面模型中表现为起伏波动的渐变形式（图5）。

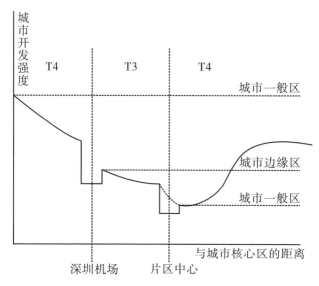

图5 深圳城乡梯度转换整体趋势

2.5.3 案例综述

将上述3个典型城市进行对比发现（表3），像哥本哈根这种单中心放射状结构的城市，由于自然阻隔作用，最终会形成一个连续性强、可识别性高的区域城乡连续典范。这种模式在国内比较适合有自然条件限制的中小型城市。

但国内主要的大型城市结构类似于萨克拉门托这种多中心体系网状结构。不同的是，国外多中心体系结构基于 TOD 模式将各中心联系起来，并且各级中心分级明确，有很强的可识别性与可生长性。其城乡断面虽然有一定的波动性，但最终会形成连续的城乡断面。反观国内，多中心多组团结构是基于我国地域辽阔、人口众多的现状而采取的特色结构，但各个中心之间缺乏明显的联系。另外，由于存在较多郊区新城的建设，因此市郊开发总是处于一种动态起伏的状态。

表3 国内外案例总结对比

城市	哥本哈根	萨克拉门托	深圳
城市结构	单中心放射状结构	多中心体系网状结构	多中心多组团结构
可识别性	连续性强	连续性较强、波动性强	连续性弱、波动性强
可生长性	弱	较强；市郊空间生长性明确	强；市郊空间生长性不明确
控制要素	永久楔形绿地	基于 TOD 模式规划线路	无
城乡连续性	连续性强；由绿地分隔	连续性强；各级中心分级明确	连续性弱；无明显分隔、控制

3 中心体系视角下郑州市郊空间分类及研究方法

3.1 郑州市中心体系结构演变

郑州是典型的平原城市，其空间结构由单中心同心圆结构下发展完善，本质上反映出在不同发展阶段下城市用地与城市中心之间的关系。

自建城伊始，郑州的空间结构演变大致可分为六个阶段（图6）：第一阶段：商至清末，受限于行政等级和自然条件，城市始终是单中心内涵式增长。第二阶段：民国期间郑州处于京广铁路与陇海铁路的交会中心，商贸发达，城市在铁路两岸分别自由发展，形成双中心的团块状结构形态。第三阶段：在计划经济体制下，郑州向西建立工业区，东部成为行政区与居住区，功能分区明确，双V形态明显，呈现主副双城共同驱动格局。第四阶段：在1982年版总规指引下，原老城区成为郑州的政治文化中心。工业、制造业继续西迁构建高新组团，但周边组团发展缓慢，郑州空间集合特性进一步加强。第五阶段：集多重功能于一体的城市核心区功能负荷过重，且各组团各自发展呈"低密度外延扩张"形态，城市演变为自由轮状结构，并开始谋建东部新城。第六阶段：郑州全域采取多中心组团的结构来遏制"摊大饼"式发展趋势，市域空间一轴三带，城区则呈现独特的T型城镇空间发展格局，中心城区与郑东新区、航空港区共同发力打造城市增长中心；尤其是2017年修订总规后，郑州确立"一主一城三区四组团"的开放式结构布局，全域实现跨越式健康发展。

综上所述，从单中心结构到双城驱动，再到核心组团发展，最后完成"一主一城三区四组团"的多中心体系建构，郑州城市空间结构产生系统化与体系化调整，推动城市良性发展。

时间段	城市形态	发展方向	发展方向简图	空间结构	空间结构简图	主导因素
商至清末	沿河为界，内城外郭（商城阶段）	内涵式增长		单中心		自然环境
	在原城中间新建城墙的矩形单城（春秋—清末）			单中心		自然因素，行政等级
1922—1949年	铁路两岸块状发展	北部外延西南新城	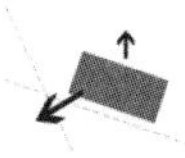	双中心		交通线路，国家政策
1955—1980年	西部建设工业新城，跨铁路融合发展	北扩西进	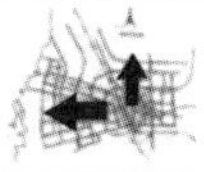	主副双城		交通线路，经济影响
1982—1998年	各用地交叉利用，核心区发展快速，组团生长缓慢	南进北延	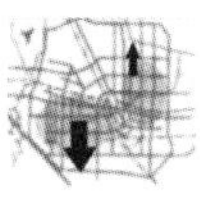	核心组团	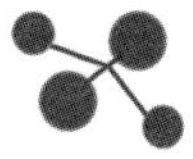	交通线路，经济影响，国家政策
1998—2010年	同时建设多个新区，城市向外蔓延发展	四方蔓延		核心组团		交通线路，经济影响，人口集聚
2010年至今	各中心填充，绿环分割，交通线网串联大都市区	东扩南建北跨	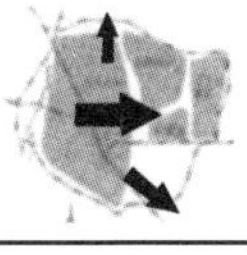	多中心组团	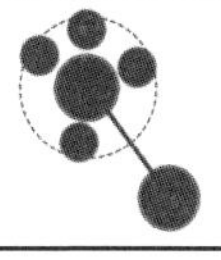	国家政策，交通线路，经济影响，人口集聚

图6 郑州市空间形态、结构演变进程图

3.2 郑州市郊空间开发分类及基地选择

郑州的用地扩展和城市中心体系变化关系密切，其建设用地扩展是为了使城市中心体系中确定的新中心具有相应空间载体，从而实现郑州市空间结构的调整优化。

在此背景下，郑州市郊开发过程中出现两种情况：一是由中心体系确定的新中心引起，具有较强组织性的城市中心组团向市郊空间扩展；二是城市一般组团内，偏自发式、组织性弱的市郊空间扩展。在当今进入存量精细化发展阶段，无论位于何种组团的市郊空间，都必须满足在中心城区外围紧凑发展，实现资源有效利用的发展要求，以满足城市的有序发展。

研究基地选取高新区科学大道与郑东新区郑开大道（图7），其原因是两者都跨越组团边界，与郊区新城联系。此外，科学大道位于郑州市一般城市组团，郑开大道位于中心组团，两条道路均满足对郑州市多中心体系下整体有序开发、结构调整的探讨。

3.3 开发强度研究方法

用集中度来表示开发强度的研究指标，其研究的方法为二值法。二值法是将原图像转化成二值化栅格图像，它可以更为直观地判断研究对象在整个区域中的分布范围、分布程度和所占比例。同时，栅格化过程还具有"过滤"功能，即通过合理阈值的选取将研究对象中规模过小或形式散乱部分排除在外。

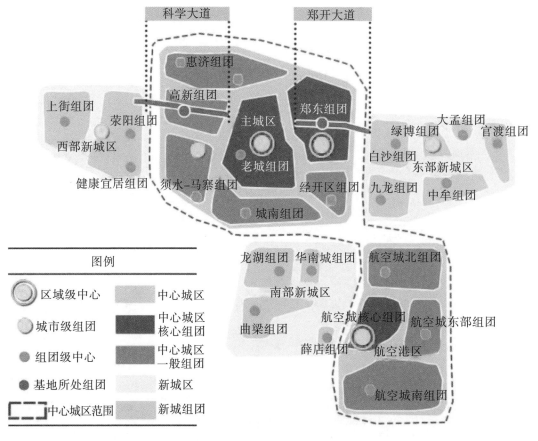

图7 郑州市中心城区空间结构及基地选择

本次采取的方法在二值法的基础上进行改进，将栅格的灰度值分为四个等级——1、0.5、0.25、0，分别对应重灰色、灰色、浅灰色、白色，并按比例进行权重统计。通过对基地建设用地栅格化后的状态分析，可以判断研究对象的集中度。

$$集中度 C=（Sr/Se）\times 100\%$$

式中，C1 为研究对象的区域集中度时，Sr1 即所有断面的建设有效栅格总数（1×所有断面重灰色栅格数＋0.5×所有断面灰色栅格数＋0.25×所有断面浅灰色栅格数），Se1 即所有断面的建设栅格总数；C2 为研究对象的建设集中度时，Sr2 即各断面的建设有效栅格总数，Se2 即各断面的栅格总数。

4 郑州市郊空间断面分析及优化策略

4.1 一般城市组团市郊空间——科学大道

选取从西四环跨绕城高速到 G234 国道段，长20 km的科学大道路段，并在南北各扩展2 km作为研究基地。根据其建设情况分为 T2 乡村保留区、T3 城市郊区、T4 一般城市区，并将 T3 分为 T3－1 过渡区（向乡村保留地过渡）、T3－2 城市郊区中心、T3－3 过渡区（向一般城市区过渡），便于深化该分区特征。

4.1.1 开发强度特征（集中度）分析

如图 8 所示，将栅格化后的基地建设进行量化分析。一是区域集中度分析：每个栅格是 200 m×200 m，总计 104×20 个栅格。所有断面的建设栅格总数（Se1）为 348＋132＋300＝780 个，所有断面的有效建设栅格总数（Sr1）为 348×1＋132×0.5＋300×0.25＝489 个，即建设集中度（C1）为 489/780≈62.69％，该值低于城区（80％）、高于郊区（40％），是一个城郊接合的区域。二是建设集中度分析：每个分区开发强度不同且对比明显，在 T3－1、T3－3 这两个交界处区域由于受 T2、T4 影响较大，导致 T3 自身开发强度变化较大。

4.1.2 问题总结

从建设集中度看，该基地 T3 可识别性低；在土地利用上，T3 主要延续了 T4，未表现该断面应有的开发强度。作为郑州市的一般组团市郊空间开发案例，由于政府建设力度不足，外加位于现阶段城市的非新中心建设区，导致该样条 T3 未发展为一般城区中心，且出现实际开发边界扩大、住房无序蔓延的问题。

4.1.3 优化策略

如图 9 所示，首先，在单中心理想模型下，会形成由中心向外逐渐变弱的连续渐变的开发强度变化。其次，在中心体系影响下城乡断面模型发生变形，由老城区到高新区新城中心会出现高级中心向低级中心强度过渡的变化，即波动性下降（如虚线所示）。由于该组团与城市主中心联系较弱，且西侧紧邻城市开发边界，因此应为控制增长区，即 T3 不应该发生强度突变，而是在一定范围内不变（如实线所示）。最后，由于位于开发边界地理边缘，因此从 T3－1 向 T2 过渡时会出现开发强度迅速降低的状态。综上所述，最符合沿科学大道发展的城乡梯度中，建设集中度在 T3 断面应保持在 250≤T3≤450，其中 T3－2 应较为均衡地表现在 350 左右。

4.2 中心城市组团市郊空间——郑开大道

选取从中州大道到雁鸣大道段的郑开大道路段，并在南侧以郑汴物流通道作为边界，向北拓展2 km边界作为研究基地。根据建设情况将基地分为 T3（一般城市区）、T4（城市中心区）、

T5（城市核心区）、SD（特殊地区）。

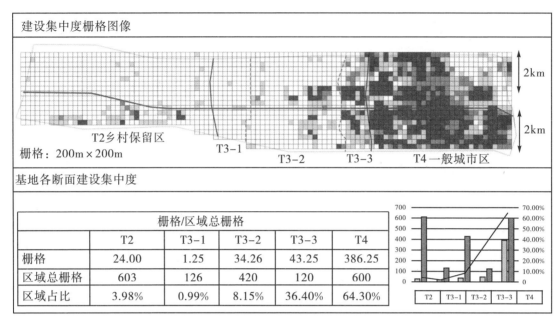

图 8　一般城市组团市郊空间断面分析

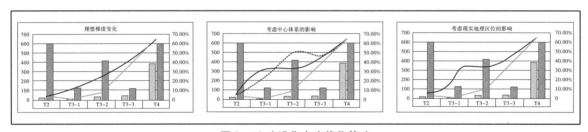

图 9　T3 建设集中度优化策略

4.2.1　开发强度特征（集中度）分析

如图 10 所示，将栅格化后的基地建设进行量化分析。一是区域集中度分析：与上述方法相同，可得建设集中度（C1）为 372.25/648 ≈ 57.45%，该值低于城区（80%），高于郊区（40%），也是一个位于城郊接合的区域。同时可以发现郑开大道样条的整体建设集中度高于科学大道样条。二是建设集中度分析：虽然整体符合城乡断面理论，但是每个断面的可识别性并不高。其中，虽然 T4 与 T3 被铁路防护绿廊分隔开，但是两区的开发强度还需要进一步加强，以形成一个更好的连续渐变过程。

4.2.2　问题总结

从建设集中度看，基地可识别性较高，从 T4 向 T3 的转换由于存在防护绿廊 SD，因此开发强度较低。作为中心城区组团，虽然在开发边界内的开发强度平滑过渡，识别性强，但是在组团边界外过渡区过长、房地产蔓延的现象依然存在，且中心对外围的强度影响未明显体现。

4.2.3　优化策略

如图 11 所示，首先，在单中心理想模型下，由中心向外逐渐变弱，并形成连续渐变的开发强度变化。其次，由郑东新区（城市副中心）到白沙组团（城市外围组团中心）会出现高级中心向低级中心强度过渡的变化，即应为预期增长区并呈波动性下降（如实线所示）。最后，由于从 T4 向 T3 过渡时存在防护绿廊 SD，因此会出现开发强度迅速降低的形态。综上所述，最符合沿郑开大道发展的城乡梯度样条中，建设集中度在 T3 断面，应保持在 $150 \leqslant T3 \leqslant 250$，其中 T3 应该存在在此区间的相对较大波动。

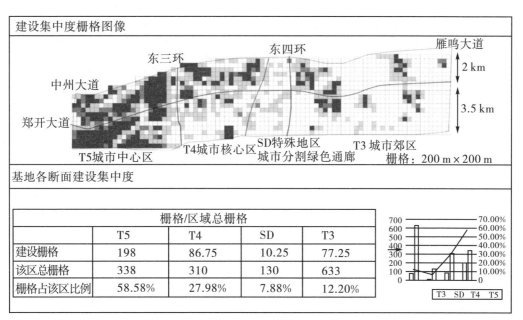

图 10　中心城市组团市郊空间断面分析

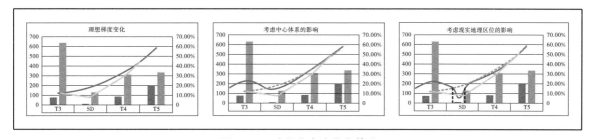

图 11　T3 建设集中度优化策略

4.3　基地对比分析总结

由郑州市高新区一般城市组团及郑东新区中心城市组团市郊空间断面现状对比可知：从可识别性分析，两者 T3（郊区区域）断面特征均不明显，城乡连续性不强；且受中心体系的促进发展及城市开发边界的抑制双重影响，中心城市组团的 T4—T3—T2 的过渡相对一般组团的过渡会更为剧烈，即 T4 区域开发强度极高，T2 区域开发强度较低。从可生长性分析，由于所处组团中心层次的强弱将会导向市郊的未来发展，因此一般组团的市郊空间可生长性明显低于中心城市组团，其分别为控制性增长区及预期增长区。

综上所述，诸如高新区等一般城市组团的市郊空间呈现缺乏开发动力、发展被动的状态。且由于其中心层次相对较低，因此 T4—T3—T2 的过渡应控制市郊发展，使得三者平滑衔接；同时在 T3—T2 开发边界交界处，应使开发强度迅速降低，以达到区域绿廊抑制城市扩张的作用。

诸如郑东新区等中心城市组团的市郊空间呈现发展主动化、动态化的状态，由于城市中心辐射，T3 开发强度会显著高于一般郊区，属于预期控制区。若上位规划存在外扩指引，T3 会进一步发展为 T4 城市一般区域（城市片区组团），继而向外围推进形成新一级 T3 区域；若上位规划无外扩指引，则 T3 区域应完善自身发展并控制其开发强度低于邻近高级中心。因此，在 T4—T3 开发边界处应严格限制开发强度，引入组团分区绿廊促进两者良性发展；T3 局部允许出现波动，但整体应保证连贯的城乡过渡状态。

5 结语

城乡断面理论是一种在区域层面引导城乡空间协调发展的形态理论，能有效解决城乡二元割裂发展的状态，避免中心城区无序扩张或郊区过度城市化的无序蔓延，引导市郊空间衔接城乡，实现土地高效化、精细化使用。在新时代国土空间规划底线思维约束下，利用该理论科学划定城镇开发边界，控制各区域开发强度，能更有效地实现区域建设的连续化与差异化，推动城乡健康可持续发展。

[参考文献]

[1] DUANY A，et al. Smart Code and Manual [M]. Miami：New Urban Publications，2005.

[2] 杨俊宴，章飙，史宜. 城市中心体系发展的理论框架探索 [J]. 城市规划，2012 (1)：33-39.

[3] 蔡安宁，刘洋，梁进社，等. 郑州城市空间结构演变与重构研究 [J]. 城市发展研究，2012，19 (6)：54-60.

[4] 袁媛，杨廉，马晓亚，等. 以中心体系构建推动大城市边缘区空间融合：以南京市江宁区东山新市区中心体系规划为例 [J]. 规划师，2012，28 (2)：55-61.

[5] 周忠凯，赵继龙，刘耀胜，等. 城乡断面图作为新城市主义精明准则的研究方法解析 [J]. 西部人居环境学刊，2018，33 (1)：48-53.

[6] 刘泉，赖亚妮. 基于形态准则视角的 TOD 横断面分区分类管理 [J]. 国际城市规划，2018，33 (6)：94-101.

[7] 邢忠，余俏，顾媛媛，等. 基于城乡样条分区的绿色空间规划方法研究 [J]. 城市规划，2019，43 (4)：24-40.

[8] 齐烨，毕昱. 基于城乡断面理论的人居特色导向研究：以天津中心主城区城乡断面导则为例 [C] //中国城市科学研究会，郑州市人民政府，河南省自然资源厅，河南省住房和城乡建设厅. 2019 城市发展与规划论文集. 天津市城市规划设计研究院，2019：12.

[9] 徐振东. 郑州城市空间形态演变及其规律探析 [C] //中国城市规划学会. 人民城市，规划赋能：2022 中国城市规划年会论文集（04 城市规划历史与理论）. 华侨大学，2023：10.

[10] 周捷. 大城市边缘区理论及对策研究：武汉市实证分析 [D]. 上海：同济大学，2007.

[11] 刘立欣. 广州新城市中心区空间形态整体控制研究 [D]. 广州：华南理工大学，2014.

[作者简介]
徐振东，华侨大学建筑学院硕士研究生。

精明收缩视角下西安市城边村空间规划对策

□王雅丽

摘要： 随着我国新型城镇化的全面推进，地处城市边缘区域的城边村收缩发展成为必然。本文从国内外精明收缩的内涵和相关实践入手，结合西安市城边村收缩发展的实例，论证西安市城边村的发展趋势与精明收缩的契合性，并基于精明收缩理论，从宏观层面构建国家政策下的城边村空间规划体系，从中观层面提出收缩与增长结合的城边村空间重构模式，从微观层面探析优化城边村的生产、生活、生态空间的规划策略，期望为我国城边村的空间发展提供参考。

关键词： 精明收缩；空间规划；城边村

1 引言

城镇化导致的农村特色消解和价值缺失是我国乡村发展的巨大挑战。2019年我国的城镇化率为60.60%，比1999年提高了34.19%，发展至今，已经步入了城乡协同发展的关键阶段，乡村的转型与发展也已成为各界的关注焦点。随着我国新型城镇化的推进，城边村主要面临两大挑战：一方面，规划的失灵导致人居环境不佳、土地利用率低、规划布局混乱等空间问题；另一方面，城市空间的扩张使城边村的空间逐步收缩，收缩式发展成为城边村空间规划的必然趋势。

为应对新的形势、解决新的问题，我国众多学者针对城边村规划中土地制度创新、人地关系转换等方面展开了广泛的讨论，各地区也颁布了大量惠农惠民政策，大大推动了乡村规划建设的发展。然而，城市"摊大饼"式发展和城边村违规无序建设的结合，使城边村的空间环境日益恶化，甚至带来大量的社会问题。针对此现实情况，本文借鉴并拓展国内外的精明收缩理论，结合西安市乡村规划案例，提出基于精明收缩的城边村空间规划对策，期望为我国城边村的空间发展提供参考。

2 精明收缩的内涵与相关实践

2.1 精明收缩的提出和国外实践

东欧社会主义时期的德国为解决城市经济和物质问题，提出了精明收缩的管理模式，后发展成为协助后工业时期欧美发达国家转型的工具。2002年，弗兰克·波珀教授等首次定义了精明收缩："更少的规划——更少的人、更少的建筑、更少的土地利用。"此后，精明收缩理论在国外城市和乡村的规划中得到了广泛的应用，如底特律非营利空置房产的整理运动、德国近郊的韦亚恩乡村的整合式规划以及确立了精明收缩理念意义的"扬斯敦2010规划"等，同时该理论还在不断地完善和发展。其中，韦亚恩乡村通过管理农业控股、完善基础设施和重构生态格局等规划方式使村庄得以可持续地发展，扬斯敦规划则通过改造"三生空间"和土地政策，使城市内的闲置空间得到了良好的利用。

2.2 精明收缩的内涵和国内实践

与国外将精明收缩理论与城市规划实践结合相比，国内学者为解决我国乡村发展的问题，更多地在补充和拓展乡村规划中的精明收缩理论，包括对乡村生态空间的优化、乡村基础设施的更新改造等。赵民等通过量化分析乡村人居环境空间的变化，提出了一系列的空间精明收缩策略。邹叶枫等基于精明收缩理论，针对村庄的服务设施、集体记忆和文化资源的问题提出了相应的对策。周洋岑等则对山地乡村的空心化问题进行剖析，并指出在精明收缩理念的指导下，通过针对性的机制设计可以帮助乡村主动收缩，达到可持续发展的目标。

通过对国内外的精明收缩的理论实践的分析可以发现，精明收缩是将有限的资源集中到能带动发展的增长点上，以收缩换增长，达到促进城市或乡村整体高效发展的目的，尤其是现阶段的整体情况不佳的乡村应将精明收缩作为发展范式，以引导其向空间收缩但效益提升的方向发展。

3 西安市乡村空间的精明化收缩趋向

3.1 西安市乡村空间的收缩发展情况

相关数据显示，西安市城乡建设用地面积从2005年的996.93 km² 增长到2016年的1409.38 km²，平均每年增加41.24 km²。2016年的农村建设用地面积为613.22 km²，占城乡建设用地的44.24%。但在《西安市土地整治规划（2016—2020年）》中安排农村建设用地整理规模92.67 km²，补充耕地面积6.35 km²，在乡村经济社会不断发展的情况下，要达到这个目标，需要乡村实行收缩式发展。而精明收缩理论作为一种可持续的发展范式，能够引导西安市乡村因地制宜地合理规划，向空间整体收缩、效益整体增长的方向发展，与西安市乡村的现实发展情况相契合。

3.2 西安市乡村空间的差异化收缩模式

自改革开放以来，西安市的乡村开展了多次村庄规划工作。在乡村更新改造的进程中，类型不同的城中村、城边村、城郊村和搬迁村呈现出不同的空间发展形式：在人口方面，城中村人口在政府政策、经济要求和个体选择等因素的推动下逐渐转变为城镇人口，城边村则因紧邻城市的区位和低价的房租吸引了大量外来流动人口，城郊村因就业岗位少、居住环境不佳等原因逐步空心化；在用地方面，城中村用地在更新改造中不断地被城市用地挤压，城边村受城市扩张的影响不断被征用导致用地呈现出与城市用地交叉并行的形态，城郊村的宅基地和农用地则在空心化的影响下被闲置。基于以上分析可知，城中村正在被动收缩，城边村在半被动收缩，城郊村则在主动收缩（表1）。

表 1　不同类型乡村的不同收缩模式

类别	人口	用地	收缩模式
城中村	转变为城镇人口	在城市用地的挤压下减少	被动型收缩
城边村	外来流动人口多，人口扩张	用地被征收，与城市用地交错	半被动型收缩
城郊村	人口流失严重	大量宅基地和用地被闲置	主动型收缩

4　西安市城边村空间规划的现存问题

4.1　城边村与城市边缘空间发展不协调

　　城乡规划是公众利益的代表，规划的实施是平衡公众利益的过程，但随着我国城镇化的推进，资本化的空间正不断地被标准化地生产出来，并逐步侵蚀传统的城边村空间，促使城边村变为城中村（图1），同时也使村庄内居民的利益被损害，这种现象产生的根本原因是城乡二元空间规划。城乡二元空间规划重城轻乡的规划理念，使城市空间和乡村空间无法统筹规划，最终导致城乡空间失衡。面对这样的困境，国家在逐步引导规划从重城轻乡向城乡统筹发展，西安市也在积极响应国家的号召，在乡村规划中推行乡镇合并、村改居等措施，在一定程度上推进城乡空间的协同发展，但乡村传统生活消逝、文化精神缺失、生活网络破碎等危机也随之产生。

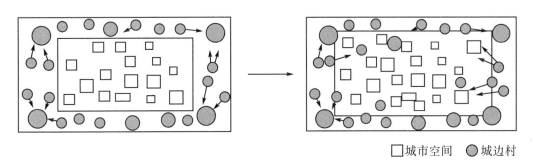

□城市空间　●城边村

图 1　城边村空间演化示意图

4.2　城边村空间发展与城市空间扩张冲突

　　在我国社会快速转型和经济高速发展的背景下，村民争取个人利益的意识逐步增强。城镇化建设使城市的就业环境逐步提升，基础设施和人居环境等日益完备，各种资源相对匮乏的城边村居民为获取城市的红利，一方面无视国家政策法规，向城市空间进行无序的建设；另一方面利用城边村地理区位的优势，将村内的集体用地工业化，并不断突破城市边界向外发展。与此同时，城市的工业用地也在快速增长，最终形成城边村空间和城市空间同时扩张的局面，导致城市空间不断无序地扩大。西安现在的村庄建设用地规模已经超出总体规划中的规模。如何在城市良性发展的同时，使乡村可持续地收缩发展，以满足村民的生活生产需求，是西安城边村空间发展面临的又一大挑战。

4.3　"三生空间"的无序发展破坏城边村的发展环境

4.3.1　生产空间：地租经济情况盛行，产业水平低下

由于西安市城边村利益分配和保护机制的匮乏，大量村集体从自身利益出发建设违规用地，并将其出租给工业企业，以获取一定的经济收益。城边村集体的这一做法不仅使村庄内没有自主经营的工业，而且阻碍了城边村空间的整合发展。租用村集体用地的企业在租期内无法退出，新的企业也无法进驻，可规划用地的不完整使国家统筹性的乡村规划无法良好实施，最终导致城边村内工业布局混乱、产业水平低下，形成经济效益不佳的恶性循环。

4.3.2　生活空间：一户多宅现象普遍，居住环境恶化

在西安市乡村空间应向整体收缩的方向发展的大背景下，西安城边村因粗放式管理造成的土地资源浪费的现象却日益凸显。以宅基地为例，西安市 2018 年的乡村人均建设用地面积为 224.85 m²，超过了《西安市农村宅基地管理办法》所规定的范围，这一现象在城边村更为严重，城边村内一户多宅的现象十分普遍。多数村民建设新房后，不退还宅基地并将其出租以获取收益，使村内的建设用地十分紧缺，难以进行合理的整体规划，导致村内的人居环境质量逐渐恶化。

4.3.3　生态空间：农地转用行为严重，生态风貌破碎

农地转用是指将农用地转换为居住用地、公共用地等非农用地。城边村因具有靠近城市的特殊的地理区位，乡村内部建设和向城市扩张的意愿强烈，农地转用的现象较为普遍，同时城边村的生态空间边界较为模糊，导致在农用地转为非农用地的过程中常常会牺牲生态用地。长此以往，城边村的生态格局渐渐破碎，人居环境也随之恶化，乡村的独特风貌、代表性的文脉格局也逐渐消失。西安市南侧秦岭地段的城边村便是这个现象的典型代表，其相关问题亟待解决。

5　精明收缩视角下西安市城边村空间规划策略

在精明收缩视角下提出解决西安市城边村空间发展问题的空间规划策略：以西安市城边村人口和用地的现状为依据，确定西安市城边村的空间发展模式为半被动型，就此从宏观层面构建国家政策下的城边村空间规划体系，从中观层面提出收缩与增长结合的城边村空间重构模式，从微观层面探析优化城边村的"三生空间"的规划策略（图 2）。

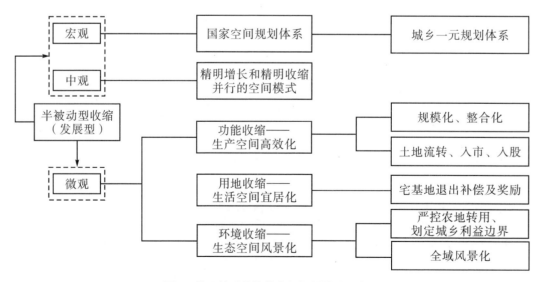

图 2　基于精明收缩的空间规划策略示意图

5.1 构建城乡一元规划体系

2022年党的十九届五中全会指出，要以人为核心保障民生，推进新型城镇化。相关中央城市工作会议曾提出，要建立完善的城市规划体系，积极引导城市规划由外延扩张式向空间优化式转变。城边村作为城市边缘空间的关键，与城市的空间发展密切相关。然而城边村的相关规划常常因自上而下的规划内容与村民的实际需求不符而无法落地，导致城边村的管理与规划游离于城乡规划体系之外，从而形成城乡二元的状态。

基于上述背景和前期对西安市城边村空间问题的分析，提出构建城乡格网结构的对策（图3）。即将城市和乡村看作一个相对独立的整体的网格，城边村是位于城市边缘且处在乡村外围的网格，其中含有具备转为城市所需条件的村落，可将其纳入城市发展弹性区，形成城乡一元的空间规划体系。城乡一元的构想不是融合城市空间和乡村空间，而是让城市和乡村在各自的界线内共同发展，促使两者在功能分布、土地利用、设施设置等方面协调发展。因此，城乡网格结构是城边村发展和转型的内在要求与必然趋势。

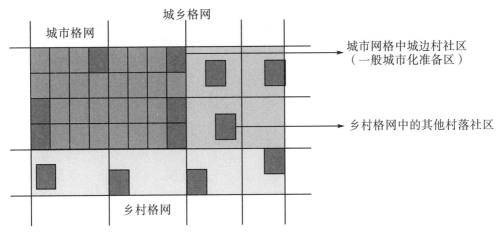

图3 城乡格网示意图

杜角镇村位于西安市1小时交通圈和经济圈内，是典型的区位条件较好的城边村。依据子午镇的总体规划，杜角镇村被列为城市化准备区，未来城市化的趋势明显。因此，杜角镇村靠近城市的南部产业规划区中，包含温泉民宿、农产品加工方等面向城市的服务功能（图4）；在村庄内部则规划对内服务的功能，如公共服务设施区、居住区等，形成城乡一元规划下面向城市的经济效益发展区与面向乡村的生态服务宜居区并存的空间格局，以推动杜角镇村的城市化建设。

5.2 重建精明收缩与精明增长并行的空间规划模式

基于对西安市城边村空间发展与城市空间扩张的冲突分析，结合西安城边村的现实情况，提出精明收缩与精明增长并行的空间规划模式，使城边村自身发展需求与城市的扩张需要契合。该空间规划模式的核心为：首先要科学预测城市和乡村的增长边界，在此基础上制定相关规划策略，以防止城乡空间的无序发展；其次要以精明增长的理念扩展和更新城市边缘空间，对于城边村空间则要积极盘活居民点空间，用产业发展和效益补偿等策略实施置换，与城市边缘空间协同发展；最后要积极培育特色城边村，充分挖掘村庄的自然资源、产业潜力等，利用因地制宜的规划方式修复脆弱的生态基底、打造宜居的生活空间，在实现乡村集约发展的同时塑造城市特色。

图4　杜角镇村产业布局图

西安市鄠邑区六老庵村也是典型的城边村。2017年鄠邑区撤县设区后开始大力发展空间建设，在其总体规划中六老庵村等城边村需整体拆迁改造，与城市协同发展。对于拆迁，村民最关心的是自身的利益能否得到保障，针对这个问题，在具体规划中，政府先建设好安置小区以及相应的配套服务设施，并将征地以商业用地补偿给村民，使村民能够通过收取店铺租金等方式获得收入，而政府由此获得大面积用于规划的集中建设用地，大大提高了土地的使用效益。

5.3　精明收缩视角下"三生空间"的规划策略

5.3.1　功能收缩——生产空间高效化

面对西安市城边村产业层次低下、用地效益低效的问题，基于精明收缩视角提出功能收缩的对策，即运用土地流转等方式置换村集体和个人的闲置用地和低效的村镇企业用地，并引导其发展为绿色农业、景观农业、农产品加工业等新经济业态，以构建整体化的高效率城边村生产空间。同时应建立土地置换后的村民资金奖励补救机制，保证村民的利益在置换过程中不受损害，也可以建立政府主导、企业参与、村民经营的自管理模式，在提高土地整体效益的同时保障村民的利益。功能性收缩的目的是推动地租经济下的短期低收益向规划建设后的长期高收益转变，这也将成为村民参与规划的巨大动力。

5.3.2　用地收缩——生活空间宜居化

用地收缩下的西安市城边村的生活空间的对策有两大层面。一是在微观的村域层面上，通过货币补偿和房屋置换等退出补偿手段置换村内的闲置宅基地，并将其与村内的消极公共空间进行整合，以形成完整的用地并建设成人居环境优良、文化氛围浓厚的新型居住社区，社区除包含居住用地、服务设施用地之外，还应预留村集体发展经济的集体用地等。二是在宏观层面上，在新型居住社区的建设和配套设施等建设完毕后，可吸引其他村庄的村民集聚居住，形成城边村生活空间的收缩。同时，城边村整合后的新增农用地应归村集体所有，原宅基地的所有者享有优先使用权，以在解决一宅多户、居住环境不佳等问题的同时满足集聚村民的生产需求。

5.3.3 环境收缩——生态空间风景化

西安北接渭水、南依秦岭，有着良好的生态格局。2018年印发的《西安市全域旅游示范市创建实施方案》指出，要不断推进旅游和农林的结合，加快观光休闲农业的建设。基于此发展背景，结合西安市城边村的生态风貌破碎的现状，提出生态空间风景化的收缩对策，其核心是将乡村生态风景化，在保护生态安全的基础上发挥其经济价值。基于永久基本农田控制线，完善农用地的相关保护机制，以提高村民保护农用地的意识，减少农地转用的不良行为。同时严守乡村的生态保护控制线，在城乡范围内打造风景性生态，串联具有生态价值、历史内涵的城边村，乡村则可以依托生态景观体系，谋划自身的生态休闲业态，达到城边村与自然环境协调发展的目的。

西安市长安区子午西村为城边村，其紧邻秦岭山脉，有着得天独厚的自然资源。然而，随着城镇化进程的加快，子午西村的生态风貌因农地转用等破坏行为而逐渐恶化。针对这个问题，长安区提出了铸造花园乡村的政策以及秦岭地带的产业准入清单等，在各个政策和规划的指导下，子午西村的南侧建设了生态安全缓冲空间，并在其中发展景观化生态，与南侧的南豆角村的历史文化区联动成片，带动区域的高质量发展。

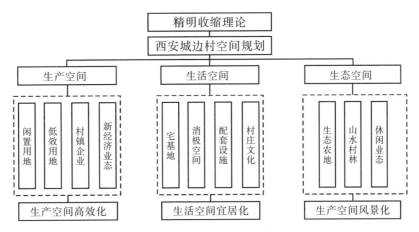

图5　精明收缩视角下"三生空间"规划内容分析图

6 结语

基于精明收缩理念的城边村空间规划对我国城乡的发展具有重要意义。本文以此为出发点，立足西安城边村空间规划的困境，提出宏观层面构建国家政策下的城边村空间规划体系，中观层面重构收缩与增长结合的城边村空间模式，微观层面优化城边村的"三生空间"的三大对策（图5）。值得注意的是，不同地区面对不同问题时，还需要对精明收缩理论进行深层次的剖析，同时也需要因地制宜地对乡村自治、土地利用、运作机制等其他方面进行研究。本文以西安城边村的空间规划作为实例进行探析，期望能为我国城边村的空间发展提供参考。

［参考文献］

[1] 杨忠虎，余剑，熊虎. 基于"灰色用地"规划的城边村的渐进改造 [J]. 城市问题，2013（4）：

26-30.

[2] 郑书剑. 立足城边村, 实现整体人居体系城乡融合: 以珠三角地区为例 [J]. 国际城市规划, 2014, 29 (4): 60-64.

[3] 申明锐, 张京祥. 新型城镇化背景下的中国乡村转型与复兴 [J]. 城市规划, 2015 (1): 30-34, 63.

[4] 袁奇峰, 陈世栋. 城乡统筹视角下都市边缘区的农民、农地与村庄 [J]. 城市规划学刊, 2015 (3): 111-118.

[5] 邹叶枫, 贺广瑜, 单涛, 等. "精明收缩" 视角下贫困山区规划建设对策研究: 以阜平县楼房村为例 [J]. 小城镇建设, 2015 (12): 55-60.

[6] 赵民, 游猎, 陈晨. 论农村人居空间的 "精明收缩" 导向和规划策略 [J]. 城市规划, 2015, 39 (7): 9-17.

[7] 张俊杰, 蔡云楠, 蔡克光. 全域风景化视角下都市村庄空间布局探讨: 以广州村庄规划为例 [J]. 城市发展研究, 2016, 23 (5): 56-62.

[8] 周洋岑, 罗震东, 耿磊. 基于 "精明收缩" 的山地乡村居民点集聚规划: 以湖北省宜昌市龙泉镇为例 [J]. 规划师, 2016, 32 (6): 86-91.

[9] 王艳飞, 刘彦随, 李玉恒. 乡村转型发展格局与驱动机制的区域性分析 [J]. 经济地理, 2016, 36 (5): 135-142.

[10] 王雨村, 王影影, 屠黄桔. 精明收缩理论视角下苏南乡村空间发展策略 [J]. 规划师, 2017, 33 (1): 39-44.

[11] 陈玉娟, 吴洋阳, 林姗姗, 等. 基于精明收缩视角的温岭市乡村居民点空间优化研究 [J]. 现代城市研究, 2021 (11): 57-64.

[12] 魏艺, 宋昆, 李辉. "精明收缩" 视角下鲁西南乡村社区生活空间响应现状与策略分析 [J]. 中国农业资源与区划, 2021, 42 (6): 136-145.

[13] 李向振. 城边村日常生活与生计策略的民俗志研究: 京北姚村故事 [D]. 济南: 山东大学, 2016.

[14] 杨念慈. 基于精明收缩的农村居民点空间布局优化研究 [D]. 长沙: 湖南师范大学, 2017.

[15] 石立邦. 精明收缩视角下西安市高新区乡村聚落空间规划布局研究 [D]. 西安: 长安大学, 2020.

[作者简介]

王雅丽, 华侨大学建筑学院硕士研究生。

从城市事件看深圳城中村改造的演变

□白小禾

摘要：城市事件是研究城中村改造领域的一个重要视角，中外城市事件相关研究主要关注点在重大的城市事件，而对于城市事件与城中村改造之间的关系关注不够。本文以深圳三大城市事件为例，将事件详细梳理并放置于社会发展历程的大背景中探讨其演变过程，获取其不同阶段的价值诉求，以期为深圳城中村改造提供切实可行的发展方向，实现城市复兴。

关键词：社会发展；城市更新；改造政策

1 引言

1.1 城市事件

城市事件从广义来讲，指的是在城市中发生的，对城市产生一定影响的重要的、不寻常的大事情。狭义上指的是以城市为主体承接举办的大型有影响力的活动，或是对城市产生重大影响的集体行为或社会现象等。与其相似的概念还有重大事件、文化事件、文化大事件等，其实都属于城市事件。根据影响力可将城市事件分为事件、大事件（尤其指那些经过专门策划的事件），其中的典型事件为城市重大事件，即奥运会、世博会、世界杯等；根据内容可将城市事件分为文化、体育、经济和综合等多种类型。

目前国内外对城市事件影响力方面的研究大多关注重大事件，尤其是奥运会、世博会、亚运会等重大事件对整体城市空间结构的影响。对局部的城市空间里所发生的城市事件研究关注较少，或者是笼统地被划入了城市文化、城市记忆之中。并且，对城市事件内容的研究大多关注对城市发展起到积极影响、有正面意义的文体活动节事，研究利用文体活动节事产生的触媒效应，如以"北京国际设计周"为事件触媒，带动北京前门大栅栏旧区更新；以"深港城市建筑双城双年展"为事件触媒，带动深圳南头古城改造等，对争议事件、群体事件研究关注较少。而在城中村改造领域的研究中，大多数学者对一个城市事件进行详细研究，或是对一类城市事件进行总结研究，以期为城中村改造提供实验样本与策略借鉴。然而时间也是城市事件中需要考虑的影响因素，不同时间段、不同社会背景下发生城市事件的主体、目的等不同致使所得到的结果不同，但是较少研究对此进行关注。

1.2 深圳城中村改造现状

我们所熟知的深圳是改革开放后的深圳经济特区，经济繁荣、高楼林立。而深圳其实还存在另外一面,就是深圳的城中村,改革开放不仅使深圳迅速发展,也催生了在迅速发展中伴随的城中村。城中村是深圳的标志,城因村而生,村伴城而变。

改革开放时期千军万马纷纷来深圳淘金,当时的城中村成为"扩容"违建主战场。1999—2004年,城中村的建筑面积翻了一番,诞生"握手楼"奇观。2005年开始探索城中村更新模式,主导权成为这段时间首要探索的问题。2006年深圳探索第三方市场主体参与城中村旧改,政府把"主导权"让位于市场,使市场成为主导,促进了城中村原居民房屋拆迁,也成就了"造富神话"。

在急速的城市化、城市更新中,城中村逐渐消失。据《深圳地名志》统计,清嘉庆《新安县志》记载有800多座村落(含香港地区),1987年有1500多个村落,1992年有1200多个村落,而在2012年仅剩200多个村落。平均下来,几乎一周就会有一个古村落从深圳的版图上消失。恣纵2006年解决完主导权问题,新问题又出现,原来拆除重建模式行不通,针对古村落传统历史文物,宗祠、古庙等历史遗迹的拆除与否,产生了很多争论,也促使更新模式不断迭代。

2 深圳三个历史文化保护大事件

2.1 大冲郑氏宗祠保护行动

大冲村位于深圳市南山区技术产业园区的中心地带(图1),四周为深圳知名企业,如腾讯、大族、中兴等,占地面积69.46 hm²,是"脏乱差"的典型。一路之隔是全国高新区的代表——深圳高新技术产业园,功能地位与之极不匹配,因此纳入城市更新范围内。"大冲"原名"大涌",居民以郑、阮、吴三姓为主,分郑屋、阮屋、吴屋三处聚居。大冲郑氏建村于宋末元初,至今已有700多年历史。村内有郑氏宗祠、大王古庙等历史遗迹,祠宇始建于明代,历代都有重修,其中,大王古庙为深圳现存最大的大王庙,主祀为南海之神祝融。2003年,南山区人民政府将郑氏宗祠、大王古庙公布为文物保护单位。

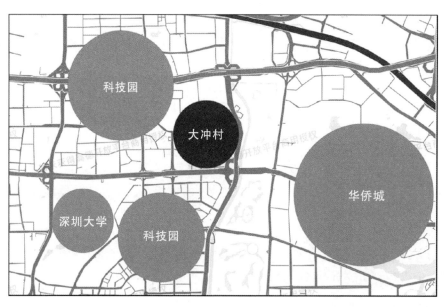

图1 大冲村区位图

大冲郑氏宗祠保护行动是深圳第一个被广泛关注且议论的历史保护事件，并且被居民自发保护，整体经历两个阶段。第一个阶段为拆除重建阶段，开始开发商采取收购方案，围绕宗祠收购问题，居民放话"谁敢拆，我就把谁买下来！"爆红网络，也使开发商让步更改方案；按照新的道路规划，开发商希望把文物挪一挪，居民们坚决反对，认为不仅会破坏风水，也损伤建筑。村主任找到深圳市勘察研究院文化遗产保护中心，经过勘察，最终开发商同意建议的方案，进入第二个阶段，即综合整治阶段，调整道路规划，原址保留两栋文物。在居民心中，宗祠、庙宇大于一切，是金钱买不来的。他们认为，宗祠是一个族姓、一个村落、一座城的根脉文化。将大冲郑氏宗祠保护事件放至大冲村改造的整体历程中来看（表1），大冲村的整体改造历程与深圳城中村政策历程具有一定的重合性。

表 1　大冲村改造历程表

时间	事件
1992 年	大冲村旧改提上议事日程
1995 年	深圳市准备统征大冲村土地作为科技园的中区，要求居民整体搬迁遭到拒绝
1998 年	首次将其纳入旧改规划
2002 年	成为旧村改造项目重要试点项目
2005 年	确立大冲村的改造模式为"政府主导，开发商运作，股份公司参与"，开发商为华润置地
2008 年	双方就郑氏宗祠的拆除存在分歧，进行长时间交涉，改造方式由拆除重建模式转向综合整治
2011 年	规划审批通过
2017 年	大冲村改造完成
2019 年	《深圳市城中村（旧村）综合整治总体规划（2019—2025）》出台，宣示政府引导、市场主导、多元参与的城中村旧改运作机制诞生

通过居民的坚守，大冲村保留下来的历史文物不仅有郑氏宗祠，还有大王古庙、水塘、大冲石及 5 棵老榕树，这些历史文物使大冲村历史文脉得到延续，文化遗产保护与城市建设有机结合。如今大冲村原址已成为"华润城"，现代商住综合体和历史文物并存，形成强烈的视觉冲击，也成为非常独特的风景。这种组合吸引了摄影爱好者、旅客、自媒体等众多群体"打卡"。郑氏宗祠保护事件的价值与意义不仅是第一次真正意义上居民的本能自救与文化自觉，使文化遗产得以保存，更具象的是推动了拆除重建向综合整治转变，使改造的模式迭代更新。

2.2　湖贝古村 120 城市公共计划

湖贝古村于 1466 年开基立村，位于深圳市罗湖区东门商业街中心区。追溯到百年前，湖贝村与周边的黄贝岭村、向西村等共同构成了深圳圩，是当时行政中心到军事重镇的必经之地，也处于连接香港到广州的交通要道上。湖贝旧村是三纵八横格局，有东、南、西、北四坊，其中南坊至今仍保存着三纵八横格局。

"湖贝古村 120 城市公共计划"是深圳引发最广泛关注且议论的历史保护事件，并且吸引了第三方群体加入。从 2012 年至 2016 年引发广泛关注、深度参与，社会学家、规划建筑专家、社会组织、媒体、市民参与以及公共计划、"两会"提案、各大媒体报道、院士上书、书记调研，约进行了长达 5 年的公共对话和博弈，最终救出深圳特区内最后一座古村，保护范围从 0 到 6000 m² ，最后到 10000 m²（表2）。

表 2　湖贝古村保护历程

时间	过程
2011 年	"都市实践"的孟岩发现湖贝古村，通过网络搜索得知湖贝古村将被拆除，于是自发展开对湖贝古村的研究
2013 年	深圳"两会"代表提出要整体保护湖贝古村的建议
2014 年	两个社会团体对湖贝古村进行详细调研并形成评估报告，建议原址保留湖贝古村南坊，并划定 15648 m² 为核心保护区
2016 年 5 月	第一次湖贝片区城市更新方案专家咨询会上，开发商提供的方案核心保护范围为 6000 m²，并且以"迁建、仿建、创建"的方式拆毁湖贝古村，引起与会专家争议
2016 年 6 月	多家本地媒体频繁对湖贝更新与保护进行专题报道，讨论其历史价值、保护意义以及当前的方案是否合理。呼吁保护湖贝古村的各界专家学者，发起"湖贝古村 120 城市公共计划"来组织活动、发表观点
2016 年 7 月	活动期间发布"湖贝共识"，800 多名各界人士参与联署向深圳市建筑与环境艺术专业委员会委员发出了一份长达 60 页的意见书
2016 年 8 月	基本确定对湖贝古村"三纵八横"旧村格局进行完整保留，确定核心保护范围 10016 m²

保护大冲村是居民本能自救和文化自觉，而保护湖贝村则是深圳文化群体的集体觉醒。在湖贝村旧改的各方博弈中，除了原业主、开发商、政府，还加入了以文化界、媒体界为代表的广大"围观群众"的公共对话群体。总体性格局被打破，相互博弈、冲突中再次倒逼城市发展价值导向变化。城市在以经济效益、商业利益为主导的更新开发模式、高速增长的背景下，迎来以文化价值诉求的"反增长"机制。

2.3　深港城市建筑双城双年展

南头古城位于深圳市南山区，占地面积约 70000 m²，始建于三国东晋年间，约有 1700 年历史。自东汉以来直至近代，一直是深港地区政治、经济、军事中心，是深港文化的发源地。南头古城虽拥有"古城"的内核，但却呈现出典型的"城中村"面貌。南头的所有建筑中，清末以前的建筑占比不足 5%，城中各时期建筑混杂在一起，并且较多为村集体建筑。历史上的"九街"只剩下六纵一横的街巷格局，文物保护单位 6 处，保护建筑 10 处，历史建筑 34 处，但是人口密度是深圳平均密度的 15 倍。

城中村的居民大多早已搬离，近 90% 的住户都是暂居在此的流动人口。因居民自身发展和利益需求，古城中的传统建筑被大量拆除重建、改建或搭建，形成外来组合和小型商业高度混合的"握手楼"群。历史古城和城中村的双重属性使南头古城一直以来面临历史文化保护和城中村改造两个重要课题，加之城市政府、居民和租户长期以来形成一种微妙的博弈状态，使得南头古城更新改造的进程受限。

南头古城的背后是"两个深圳"的较量，文化坚守和商业法则的平衡、优先序列的博弈。但其通过城市微更新，修复历史文化空间，延续场所历史文脉，形成富有文化意义的城市空间，成为深圳的一个人文地标"深圳十大历史街区"之首（表3）。与大冲村和湖贝古村不同的是，南头古城开辟了一条新的城市更新道路，以破除人们对城中村改造模式的思维定式，从注重物质空间环境改善转变到注重人文环境的保护与传承。

表3 南头古城保护历程

时间	过程
2015 年	第六届"深港城市建筑双城双年展"闭幕前的头脑风暴会上确定，下一届的双年展主题锁定城中村
2017 年	南头古城脱颖而出，成为第七届"深港城市建筑双城双年展"主展场，在"城市共生"的主题下，引入艺术作品与活动，带动古城有机更新
2018 年	深圳市出台《深圳市城中村（旧村）综合整治总体规划（2019—2025）》，提出维护城市肌理、传承历史文脉
2019 年	南头古城活化与更新项目正式启动，通过政府主导、企业实施、居民参与的模式，进行微更新改造

3 社会发展历程

3.1 深圳社会发展

深圳社会发展背景给予事件发生的社会条件，也与政策、事件、节点等息息相关。根据发展属性，将其分为四个阶段（表4）。第一阶段为1978—1996年，城市化初始。此时深圳经济特区刚成立，经济发展为主要任务，伴随着土地拍卖与原特区内城中村居民全部一次性转为城市居民，市场活力被激发，加之20世纪90年代初全国各地房地产市场开始不断升温，深圳城中村开始抢建热潮。第二阶段为1996—2006年，城市化发展加速。空间资源受到挑战，土地难以为继，深圳市第一版城市总体规划出台，城中村改造开始由增量开发转为存量发展。第三阶段为2006—2016年，城中村改造热潮开始。倒逼转型进入城市更新的存量时代，城中村改造如火如荼，此时蔡屋围改造达到天价赔偿。第四阶段为2016—2022年，城中村改造进程加快。政府逐步对城市更新各个领域开始强区放权改革，加快城中村改革的步伐。总的来说，深圳社会发展经历了从城市化初始，到城市化发展加速，再到城中村改造热潮开始，最后到城中村改造进程加快的发展历程，社会发展愈发成熟。

表4 深圳社会发展历程

时间	节点	内容
1978 年	深圳经济特区成立	城市建设和工业大发展，吸引大量全国各地的移民和打工者，刺激城中村私房加建、扩建
1987 年	土地拍卖"第一锤"	原居民开始认识到土地不断攀升的价值，再次刺激城中村私房加建、扩建
1992 年	深圳全面城市化，《关于深圳经济特区农村城市化的暂行规定》颁布	原特区内城中村居民全部一次性转为城市居民，房地产市场开始不断升温，深圳城中村开始抢建热潮

续表

时间	节点	内容
1996 年	《深圳市城市总体规划（1996—2010）》出台	将"富有地方文化特色"和"经济繁荣"共同作为城市建设目标
2004 年	《深圳市宝安龙岗两区城市化土地管理办法》颁布	原特区外宝安区和龙岗区原居民转为城市居民，将集体土地一次性转为国有
2005 年	深圳市委、市政府提出深圳面临"四个难以为继"，第一个是土地难以为继	城中村改造开始由增量开发转为存量发展
	渔农村改造	拉开深圳城中村改造的帷幕
2006 年	《深圳市 2006 年改革计划》出台	深圳市开始转变政府管理职能，由管制型向服务型转型。政府把"主导权"让位市场，市场成为主导，政府由主导转向引导
	蔡屋围改造	1770 万元的天价赔偿
2009 年	《深圳市城市更新办法》颁布	建立城市更新单元制度，推进城市更新发展
2016 年	对城市更新进行强区放权	城市更新事权由市政府和市直部门下放至区级行使
2018 年	对棚改进行强区放权	属于市政府规章及规范性文件规定下放至各区政府及其城市更新机构行使
2020 年	对土地供应进行强区放权	除了规定的 7 种土地，其余土地供应全部下放至区人民政府审批

3.2 深圳城中村改造政策的发展

深圳城中村改造政策的发展推动改造模式的演变。根据发展属性，将其分为四个阶段（表5）。第一阶段为 2004—2009 年，全面改造。2004 年《深圳市城中村（旧村）改造暂行规定》的出台，标志着深圳正式开启城中村改造政策性文件的序幕，开始大规模的城中村改造，此阶段的政策为违建必拆、旧村必改。第二阶段为 2009—2016 年，拆除重建。2009 年出台《深圳市城市更新办法》，首次提出三种改造模式（综合整治、拆除重建、功能改变），此阶段的改造大部分为拆除重建，但历史保护条例已纳入政策发展。第三阶段为 2016—2019 年，综合整治。2016年出台《深圳市城市更新"十三五"规划》，首次建议以综合整治为主、拆除重建为辅，此阶段具体措施更加多样。第四阶段为 2019—2022 年，有机更新。自从 2019 年出台《关于推进城中村历史文化保护和特色风貌塑造综合整治试点的工作方案》首次提出落实有机更新理念之后，随后几年陆续出台鼓励有机更新的政策文件。不难看出，深圳城中村改造政策经历了从全面改造到拆除重建，再到综合整治，最后到有机更新的历程，政策发展越来越规范，符合城市可持续发展。

表5 深圳城中村改造政策发展

时间	文件	内容	主体
2004年	《深圳市城中村（旧村）改造暂行规定》	正式开启城中村改造政策性文件的序幕，开始大规模的城中村改造	深圳市人民政府
	《深圳市城中村（旧村）改造总体规划纲要（2005—2010）》	主导思想是城中村的全面改造，指导思想为政府主导、市场化运作	
2007年	《关于推进宝安龙岗两区城中村（旧村）改造工作的若干意见》	加快特区外城市化和城市建设进程，促进节约集约用地	
2009年	《深圳市城市更新办法》《深圳市城市更新专项规划（2010—2015）》	提出三种改造模式（综合整治、拆除重建、功能改变）	
2012年、2014年	《深圳市城市更新办法实施细则》		深圳市人民政府
2016年	《深圳市城市更新"十三五"规划》	建议以综合整治为主、拆除重建为辅	深圳市规划国土委、深圳市发展改革委
2018年	《深圳市城中村（旧村）总体规划（2018—2025）》（征求意见稿）		深圳市人民政府
2019年	《深圳市城中村（旧村）综合整治整体规划（2019—2025）》	建议以综合整治为主、局部拆建为辅，允许城中村适当保留	深圳市人民政府
	《关于推进城中村历史文化保护和特色风貌塑造综合整治试点的工作方案》	提出落实有机更新理念，确定7个城中村率先开展试点	深圳市规划和自然资源局
	《关于深入推进城市更新工作促进城市高质量发展的若干措施》	出台深入推进城市更新工作、促进城市高质量发展的具体措施	深圳市人民政府
2022年	《深圳市城市更新和土地整备"十四五"规划》	鼓励开展城中村和旧工业区有机更新	深圳市规划和自然资源局、深圳市发展改革委
	《深圳市国土空间规划保护与发展"十四五"规划》	鼓励绿色有机更新	深圳市人民政府

3.3 深圳历史文化保护进程的发展

深圳历史文化保护进程的发展因背景原因也会影响事件的发生。根据发展属性，将其分为三个阶段（表6）。第一阶段为1984—2009年，历史文化保护与发展之间矛盾并不突出。此阶段深圳涉及历史文化保护领域的活动大部分为文物普查活动，城市建设领域等基本还未涉及相关内容。第二阶段为2009—2019年，历史文化保护与发展之间的矛盾凸显。2009年出台《深圳市紫线规划》，首次限定城市建设的开发边界，对历史文化进行制度保护。此阶段各种类型的政策、活动频频出台，历史文化保护更多地被纳入城市建设考虑中。第三阶段为2019—2022年，历史文化保护的需求迫切。2019年中共中央、国务院印发《关于支持深圳建设中国特色社会主义先行示范区的意见》，更高级别地对深圳寄予厚望，鼓励开展跨界重大文化遗产保护，把深圳建设成区域文化中心城市和彰显国家文化软实力的现代文明之城。此阶段各类保护政策的先行试点开始建设，努力形成示范效应。历史文化保护进程的发展经历了从历史文化保护与发展之间矛盾并不突出，到矛盾凸显，最终达到对历史文化保护的迫切需求，体现出深圳努力达到示范目标，摆脱"文化沙漠"帽子的迫切心态。

表6　深圳历史文化保护进程的发展

时间	事件/活动	内容
1984年	深圳市第一次文物普查	开展文物普查工作
1996年	《深圳市城市总体规划（1996—2010）》	城市增长方式由粗放型转向集约型转变
1999年	深圳市第二次文物普查	开展文物普查工作
2006年	《深圳市城市总体规划（2006—2020）》	注重将优秀近现代建筑、优秀当代建筑和城市特色街区纳入现代文化保护范畴
	深圳市第三次文物普查	开展文物普查工作
2007年	成立深圳市文化遗产保护领导小组	负责研究和协调解决文化遗产保护工作中的重大问题
2009年	《深圳市紫线规划》	首次经深圳市人民政府核定公布历史建筑的保护范围界限
2010年	深圳市优秀历史建筑保护情况调研	首次开展历史建筑保护调研工作
2015年	深圳市全面启动自然村落历史人文普查	开始对深圳境内1024个村落开展普查
2016年	《深圳市历史风貌区和历史建筑保护规划》	从现状资源和评估、系统保护框架、保护对象和名录等方面进行全面探索，进一步强调地方特色价值
2018年	深圳市历史建筑（第一批）保护名录公布	公布深圳市第一批历史建筑，共42个
2019年	《深圳市拆除重建类城市更新单元规划容积率审查规定》	实施主体在城市更新中承担文物的活化利用等，可以按规定给予容积率转移或者奖励
	《深圳城中村（旧村）综合整治总体规划（2019—2025）》	"允许城中村的适当保留"，对深圳所有的城中村进行保护，严格限制城中村的大拆大建
	中共中央、国务院印发《关于支持深圳建设中国特色社会主义先行示范区的意见》	开展跨界重大文化遗产保护，把深圳建设成区域文化中心城市和彰显国家文化软实力的现代文明之城
	《关于深入推进城市更新工作促进城市高质量发展的若干措施》	传承城市历史文脉。分类推进历史文化遗产保护和活化，健全历史文化遗产保护激励机制
2020年	深圳历史风貌区（第一批）和历史建筑（第二批）保护名录公示	公布深圳市第一批历史风貌区，共26个。增加第二批历史建筑34个
2022年	《深圳特色文化街区管理办法》	开始组织申报、认定深圳特色文化街区
	《深圳市国土空间规划保护与发展"十四五"规划》	推进南头古城、大鹏所城等7个城中村有机更新试点项目，注重人居环境改善和历史文脉传承
	《深圳市城市规划委员会章程（2022年版）》	将历史街区和历史风貌区等历史文化保护专项规划纳入主要审议职责

4 深圳城市事件与城中村改造的关联性

4.1 三个城市事件的维度对比

对城市事件的各个维度做整体对比分析（表7），发生在深圳城中村的三个文化事件——大冲郑氏宗祠保护行动、湖贝古村120城市公共计划、深港城市建筑双城双年展，分别是深圳在地文化的本能自觉、群体觉醒和策划引导的典型。由于发生的主体分别为居民、第三方和政府，从而导致其改造模式、保护方式与目的也千差万别。

大冲郑氏宗祠保护行动由于是由居民主导的城市事件，虽然使大冲村成为深圳第一个保留下历史文物的城中村，但是其改造模式并没有逃脱拆除重建的命运。湖贝古村120城市公共计划由于是由拥有专业力量的第三方主导的城市事件，保护范围虽没达到最初的目标，但已经实现从0到6000 m²的巨大突破，并且运用媒体的力量产生极大社会影响与效应，为后续城中村的改造奠定了舆论基础。深港城市建筑双城双年展是由政府主导的城市事件，因此其影响最大，后续南头古城也通过有机更新成为深圳文化地标和"深圳十大历史街区"之首。

从保护主体力度的角度来看，政府主导的城市事件影响明显大于第三方与居民。不难看出，随着时间的推移，各个群体对深圳历史文化保护态度与价值观产生明显转变，由居民的本能自觉，到第三方的群体觉醒，最后到政府的策划引导，逐步发展为扩大面的文化保护态度。目的也从最初的想要留住宗族的根脉文化，发展为激发公众参与，最后到期盼提供城中村改造样本，以达到更高的价值诉求。

表7 城市事件各维度对比

时间	城中村	事件	主体	问题	结果	改造模式	保护方式	目的
2008年	大冲村	大冲郑氏宗祠保护行动	居民	针对宗祠收购问题产生争议	大冲村成为深圳第一个保留历史文物的城中村	拆除重建	本能自觉	留住根脉文化
2016年	湖贝古村	湖贝古村120城市公共计划	第三方	针对保护范围引发激烈讨论	湖贝村保护范围从0到6000 m²，最后到10000 m²	综合治理	群体觉醒	激发公众参与
2017年	南头古城	深港城市建筑双城双年展	政府	针对古城保护探求新模式	成为深圳文化地标和"深圳十大历史街区"之首	有机更新	策划引导	提供改造样本

4.2 城市事件与城中村改造方式关系

根据问题的提出与解决，再把事件发生的时间放在深圳社会的发展、深圳城中村改造政策的发展和深圳历史文化保护的大背景中来探讨（图2）。

大冲郑氏宗祠保护行动处于2008年倒逼转型进入城市更新的存量时代，此时历史文化保护与发展之间的矛盾并不突出，居民的本能自觉无法改变大冲村拆除重建的命运。湖贝古村120城市公共计划处于2016年存量时代与强区放权的转换期，此时历史文化保护与发展之间的矛盾凸显，由于第三方专业力量的介入，使湖贝古村成为综合治理的城中村典型。深港城市建筑双城双年展处于2017年强区放权改革城市更新的加快期，历史文化保护与发展的矛盾同样凸显，但政府有着提供改造样本的迫切心态，2019年，随着深圳市人民政府牵头的南头古城活化与更新项目的正式启动，对其进行微更新改造的行动正式拉开了序幕。同年出台《关于推进城中村历史文化保护和特色风貌塑造综合整治试点的工作方案》，提出有机更新理念，确定了7个城中村率先开展有机更新试点，南头古城就是其中一个。与此同时，中共中央、国务院印发《关于支持深圳建设中国特色社会主义先行示范区的意见》，鼓励开展跨界重大文化遗产保护，把深圳建设成区域文化中心城市和彰显国家文化软实力的现代文明之城，至此，深圳对于历史文化保护进入迫切期。

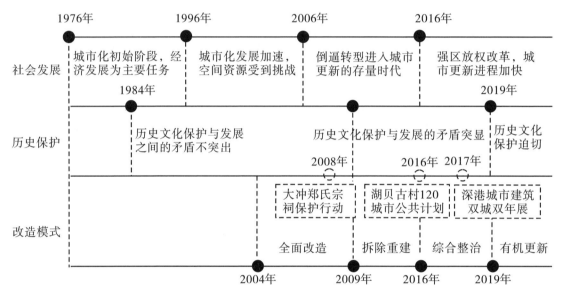

图2　城市事件与城中村改造的关系

5　总结与探讨

本文运用事件分析法，从城市事件的时间、主体、目的等因素分析其对于深圳城中村改造的影响。将事件本身放在社会发展的大背景中讨论，通过问题的出现与解决将之与城中村改造联系起来。再从政策的迭代变迁进行改造模式的演变分析，最后获取其不同阶段的价值诉求。

发生在深圳城中村的三个文化事件——大冲郑氏宗祠保护行动、湖贝古村120城市公共计划、深港城市建筑双城双年展，分别是深圳在地文化的本能自觉、群体觉醒和策划引导的典型，是深圳城市化与新型城镇化进程中的三个不同切面，同时反哺城市发展，倒逼政府治理模式、改造模式、价值导向等的转变。

城中村改造不仅是对老旧村镇的改造、拆除，还应包含深刻的社会人文内涵。城中村是深圳城市发展的缩影，包含众多历史文物古迹，不能以城市发展牺牲历史文化保护，使深圳成为"文化沙漠"。城市事件的产生，也为城中村的改造提供了实验样本，群体保护意识逐渐加强，保护话语权不断提高。在保护历史文物的前提下，找到更合适的城中村改造路径，与周边城市共存共生。

[参考文献]

[1] 深圳市规划和资源管理局. 深圳市地名志 [M]. 深圳：海天出版社，2020.

[2] 刘乃芳，张楠. 多样性城市事件对城市空间特色的影响 [J]. 城市问题，2011（12）：36-40.

[3] 刘乃芳，张楠，王英姿. 基于多样性城市事件视角的城市空间研究 [J]. 经济地理，2012，32（3）：75-81.

[4] 欧国良，刘芳. 深圳市城市更新典型模式及评价：以城中村拆除重建类型为例 [J]. 中国房地产，2017（3）：48-54.

[5] 孟岩，林怡琳，饶恩辰. 村/城重生：城市共生下的深圳南头实践 [J]. 时代建筑，2018（3）：58-64.

[6] 李玲玲，吴颖婷. 文化大事件促进城乡更新之案例与启示 [J]. 规划师，2018，34（S2）：100-106.

[7] 杨晓春，毛其智，高文秀，等. 第三方专业力量助力城市更新公众参与的思考：以湖贝更新为例 [J]. 城市规划，2019，43（6）：78-84.

[8] 邹兵，王旭. 社会学视角的旧区更新改造模式评价：基于深圳三个城中村改造案例的实证分析 [J]. 时代建筑，2020（1）：14-19.

[9] 凌翔，邓璟辉. 粤港澳大湾区视角下南头古城价值识别再利用研究实践 [J]. 城市建筑，2020，17（16）：111-116.

[10] 刘卫斌，江美莹，梁仕然. 空间使用价值视角下的深圳湖贝村空间变迁研究 [J]. 城市建筑，2020，17（22）：42-45，71.

[11] 王欣宜. 基于城市触媒理论下的大事件对城市的影响 [J]. 现代园艺，2020，43（7）：157-159.

[12] 许永成，丛艳国，魏立华. 话语分析视角下的规划争议观察及启发：以深圳湖贝古村的更新争议为例 [J]. 南方建筑，2022（1）：18-25.

[13] 张建荣，许永成，丛艳国，等. 以文化保护为纽带的中国城市更新反增长联盟研究：以"湖贝120"为例 [J]. 城市发展研究，2022，29（2）：85-92.

[14] 朱咏珊. 深圳大冲村城中村改造研究 [D]. 广州：华南农业大学，2019.

[作者简介]
白小禾，澳门城市大学博士研究生。

耗散结构下青岛前海区域地下空间形态演化机制研究

□邵峰，史平阳，辛武唐，李少轩

摘要：青岛的城市发展水平位居我国前列，城市地下空间发展起步较早且总量庞大，为城市发展提供了重要动力，但长时间的积累也使青岛地下空间出现发展混乱与功能滞后等问题，不能满足城市可持续发展的需求。本文通过归纳青岛前海区域影响地下空间的深层要素，总结地下空间形态的复杂性及其特性；利用耗散结构理论，研究要素影响下的地下空间形态演变，探索社会深层要素对地下空间形态发展的影响机制，系统梳理地下空间形态发展过程并归纳空间形态设计方法，为推动地下空间可持续发展提供助力。

关键词：地下空间；耗散结构；空间形态；发展过程；机制

我国地下空间规模发展迅速、利用类型丰富，但面临着系统性不足、管理体制亟待完善、规划制定落后于城市建设发展实践、基本情况掌握不足等问题。开展对前海区域城市地下空间形态的研究，既是对以往青岛城市规划与研究的继承，又是对青岛地下空间研究的创新。本文通过归纳影响地下空间开发的深层要素，总结地下空间系统的复杂性及特征。基于耗散结构理论，探索青岛城市地下空间形态的产生条件、发展方向、发展动力，总结地下空间形态发展的耗散结构特征。此外，从耗散结构视角分析前海城市地下空间及形态的发展过程与机制，为青岛城市地下空间建设提供技术支撑，并为其他城市的地下空间建设提供借鉴。

1 青岛前海区域地下空间形态

地下空间形态就是对城市地表以下的建筑物或构筑物所形成空间的形状或形式，不同的地下空间形态由其自身、内在的结构发展而来，反映了不同时期社会与城市发展水平。简单来说，就是位于地下不同空间的组合方式与逻辑。地下空间形态在空间视角内，微观上研究单一地下空间规模、功能与相互位置的关系，宏观上研究城市多个地下空间组合的逻辑与影响；在时间视角内，横向研究相同时间内不同区域的地下空间形态之间的关系，纵向研究同一区域内地下空间形态的变迁。

2 地下空间形态的深层影响要素与复杂性

2.1 深层影响要素

建设城市地下空间的根本目的是拓展发展空间，而地下空间本身也是城市空间的一种形式，受城市各要素的影响。对城市地下空间形态的研究不能简单地停留在物理空间的研究上，而是应该由表及里地深入探索地下空间形态变化的深层影响要素，以期从本源入手分析研究地下空间形态演化的内涵。为此，可以探讨自然环境、经济技术、历史文化和政治政策等深层影响要素对城市地下空间形态演化的深层逻辑的影响（表1）。

表1　深层影响要素的构成、地位与利用方式

要素	要素构成	要素所处地位	要素利用方式
自然环境	地形、气候、空间	直接因素	改变地形、适应气候、拓展空间
经济技术	经济水平、施工技术	内生动力	经济提供开发动力，技术提供开发保障
历史文化	历史风貌、文化思想	被动因素	保证城市文脉传承必须考虑因素
政治政策	政治稳定、政策与法规	重要基础	政策连贯性与指导性保障开发

2.2　复杂性及特征

由于地下空间是一个开放的复杂系统，因此，为了便于研究城市地下空间系统的复杂性，可以从内部参量与外部表现以及与其他系统三方面来进行讨论。其中，内部参量的复杂性表现为参量众多、类型多样且参量间彼此联系紧密；外部表现复杂多样，可以大致分为形态复杂性（多样性）、精神复杂性（历史人文传承）以及演化复杂性（演化不可逆且发展速度呈动态发展）；与其他系统的复杂性表现为地下空间系统与城市系统及其他子系统之间都有着复杂联系。

此外，地下空间存在于地下或半地下，属于城市的"隐性空间"，决定了其空间形态不同于传统城市空间形态，具有复杂的特征。地下空间形态除了具有传统城市空间形态的地域性、经济性、文化性等特性，还具有历时性与共时性、本源性与表征性、隐蔽性与拓展性等特性，这些特性有助于我们从时间、发展动力、发展结果等方面分析地下空间形态演化的不同方向。

3　耗散结构理论下前海城市地下空间形态的演变

3.1　耗散结构理论

耗散结构是指一个远离平衡态的开放系统，通过不断与外界进行物质、能量和信息的交换，借助系统内各要素之间的非线性相互作用形成一种时间上、空间上和功能上的有序状态。耗散结构理论研究，耗散结构的形成、稳定、演化及其他性质。城市地下空间系统天生具有复杂性，在非平衡的动态发展的人类社会中，利用耗散结构理论具有天然的研究优势。

在城市地下空间系统的演化过程中，深层影响要素的相互作用与发展实现了地下空间系统的发展。城市要素与地下空间系统有着复杂的关系（图1）。假设某要素为 λ，在发展初期，要素 λ 由 λ' 向着 λ_2 不断积累并推动城市地下空间系统发展，此时处在一种平稳的状态（a段）。当该要素积累到 λ_2 时，地下空间系统由量变积累发生质变，系统的发展会突然跃入b段，并继续保持稳定的发展趋势，此时的系统维持稳定需要的要素仅为 λ_1，因此可以利用较低的要素量就可以维持更高层次的系统的稳定与发展。利用耗散结构理论探索不同城市要素与地下空间系统的复杂关系，找到不同要素影响下的地下空间系统的"双稳定"态变化的阈值再进行类比分析，并应用到其他要素中，帮助不同要素影响下的地下空间系统加速由a段向b段转化，实现城市要素资源的节约与地下空间的高效发展。

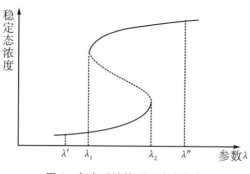

图1　复杂系统的"双稳定"态

3.2　前海城市地下空间形态耗散结构的演化

3.2.1　耗散结构下地下空间形态的产生条件

耗散结构的产生必须引入一个物理学理念——熵，熵的本质是一个系统"内在的混乱程度"。系统的生长是一个不断熵增的过程，即系统内部的混乱程度、复杂性不断增加的过程，并且系统越复杂，其内部的熵值越大。系统不断从外界环境或其他系统中吸收"负熵"来保持自身的稳定与发展，并由此进入一种非平衡的有序发展的状态，即耗散结构。此外，城市要素作为"负熵"输入地下空间系统后，会在系统内部形成子系统的竞争与协同并输出新的要素，而新要素则会形成反馈重新对负熵的输入产生影响（图2）。

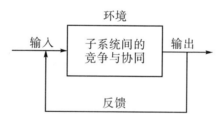

图2　耗散结构系统吸收负熵流程图

地下空间系统的发展是一个不断熵增的过程，为了维持系统自身稳定性的同时能够保证系统的发展，地下空间系统会将自然、经济等要素作为"负熵"不断吸收纳入自身系统，并由此形成非平衡有序发展的地下空间系统。自此，地下空间的耗散结构便应运而生。随着地下空间系统的不断发展，其子系统（地下空间形态）也在不断变化。地下空间形态作为地下空间系统的子系统，也受到耗散结构的影响，不断吸收自然、经济等要素并作用于自身的发展与进步，便逐渐形成城市地下空间形态的耗散结构，地下空间形态随之不断发展。

3.2.2　耗散结构下地下空间形态的发展方向

随着青岛城市的不断发展，其地下空间形态已经由微观的独立地下空间向宏观的地下空间区域整合方向发展。地下空间不断在城市空间中生长，推动传统的城市空间、高层建筑空间以及地下空间的相互融合，空间形态正在逐渐成为统一的整体（表2）。在青岛建置之初，城市地下空间处在边缘位置，且受到地形等自然因素影响较大，地下空间形态简单、独立、规整；而随着不断发展，地下空间开始成为城市的主要空间之一，经济、技术等成为主要影响因素并且地下空间形态逐渐复杂、综合、多变。青岛城市地下空间历经长时间的发展，仍然存在很多问题并且有很大的提升空间。未来，青岛地下空间将以城市产业及可持续发展为导向，推动地下空间功能与空间形态一体化发展。

表 2　青岛前海区域地下空间形态的发展方向

发展时期	主要产业	形态发展需求	形态发展方向
改革开放前	工业、旅游	工业生产、私人需要	简单、独立、规整
改革开放后	旅游、金融、高端制造	公共服务、城市经济	复杂、整体、多变
新时代	科技、智能智造、海洋经济	产业升级、绿色可持续	空间一体化

资料来源：《青岛市志》等。

3.2.3　耗散结构下地下空间形态的发展动力

地下空间是复杂的开发系统，在耗散结构下地下空间形态的发展动力可以总结为两方面：系统内部参量的自我更新，系统之外的影响要素。其中，系统内部参量指的是经济参量、自然参量、人口参量、交通参量、社会参量五大类，系统之外的影响要素指的是城市规划、政府决策、城市经济与产业发展、环境气候等。

在耗散结构下，城市地下空间形态的发展动力的演化可以看作地下空间系统的子系统之一，表现为发展动力演化随着内外两部分影响而变化（图 3）。内部影响要素彼此之间是相互关联的，经济、自然环境、人口、交通与社会彼此交织，形成了地下空间形态的内部推动力。而外部影响要素更多地作为宏观的上位要素对城市地下空间系统产生宏观引导作用。当然，外部影响要素之间也是相互影响、相互平衡的，城市功能规划可能是服务于产业调整，而产业调整又会影响政府决策等要素。同时，随着地下空间系统的不断发展，内外要素之间也在相互影响并在不断变化。总的来说，在耗散结构下，地下空间形态的发展动力是系统内外的不同要素共同构成的复杂的、不断变化的发展动力。

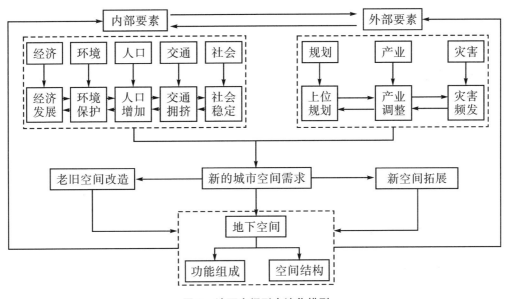

图 3　地下空间形态演化模型

4 地下空间形态发展的耗散结构特征

4.1 涨落

系统的实际运行状态与理论的统计反映状态是有差异的，它们之间的偏差现象称为"涨落"。"涨落可以破坏系统的稳定性。在传统的思维中，涨落被看作不利于系统稳定存在的因素；而耗散结构理论中，在一定条件下，涨落也是系统发展演化的建设性因素，通过涨落达到有序。涨落对于系统的发展演化，既可以起破坏作用，也可以起建设作用"。城市地下空间在发展初期均是简单、独立的空间形态，但在后期的发展过程中受经济、政策等要素的影响而发展变差，即涨落，推动地下空间形态向不同方向发展。以青岛香港中路区域为例，该区域是青岛商业与商务核心区，大部分地下空间以地下停车为主的矩形地下空间形态，而万象城巧妙地利用地下空间地形，建设半地下商业空间，使区域内地下空间形态出现涨落，推动地下空间形态的初步发展。此后，青岛地铁与万象城地下商业空间连接，使得地下空间形态更加复杂，进一步推动了地下空间形态的涨落，促进地下空间系统进一步发展。总的来说，涨落为城市地下空间及其形态的演化提供了基本的推动力，对城市地下空间及形态演变具有重要意义。

4.2 对称破缺

通过临界点形成有序结构后，对称性降低，称为"对称破缺"。与对称性相反，对称破缺是指在一定变换下所表现的可变性或对称性的降低。在青岛前海区域，要推动城市地下空间系统走向有序，"就必须打破平衡，使对称性发生破缺"。在青岛站区域，益群地下城不但联通了青岛站南北向交通，两侧的商业功能还为经济发展提供了保障，并形成了第一稳定系统。随着青岛地铁3号线的建成通车，打破了初步平衡系统，使地下空间形态发生第一次对称破缺，地下空间形态由独立、简单的矩形空间向复杂、多变的综合空间形态转变，形成第二稳定系统。而后地铁1号线再次打破稳定，推动地下空间形态由平面向立体发展，形成第三稳定系统。未来，"广德里1898"项目将会进一步扩大地下空间利用面积，推动地下空间不断发展。综合来说，对称破缺的存在是打破传统的地下空间系统有序发展的重要方式，是推动地下空间形态运动与演化的重要推动力。

4.3 非平衡相变

非平衡相变原理指的是系统在开放、非平衡、非线性等必要条件下，经过涨落触发、分叉等过程，能够自发从微观无序的混乱状态向时间、空间或功能的宏观有序相变。从空间视角出发，地下空间及其形态在各要素影响下向着随机的、不可预测的方向发展，最终表现为地下空间系统的非平衡相变，比如单一地下空间无论受到怎样的影响，其空间形态都会由简单、独立向着复杂、综合发展。而从时间角度出发，不同地区的地下空间系统都会由相互分离向区域整合方向发展。此外，"任何一个非平衡不可逆过程，总伴随着一定的物质、能量或信息的耗散，非平衡相变是在耗散中完成的，其形成的有序结构也需要在耗散中保持，因此耗散贯穿于整个非平衡过程的始终"，这时城市地下空间在发生非平衡相变之后产生了耗散结构。因此，非平衡相变是地下空间耗散结构的组成部分。

4.4 "临界减慢"

系统近临界点时，因涨落而偏离定态后，恢复至定态所需时间（弛豫时间）无限增长，称为"临界减慢"现象。通俗的解释就是系统在变化后无法恢复原状。地下空间耗散结构的"临界减慢"现象定义了地下空间系统演化发展的前进性与不可逆性。在青岛城市建设之初，原本没有建设城市地下空间的必要性，但极个别利用地形建设的地下空间使得系统产生了涨落，由于城市地下空间的不可逆性，使得地下空间系统出现"临界减慢"现象，此时的地下空间形态为矩形等简单形态。随着青岛城市不断发展，地下空间不断积累，地下空间形态在多次涨落与演变后不断叠加形成地下综合体。总的来说，前海区域城市地下空间系统的"临界减慢"特征保证了地下空间系统在受到要素影响而产生涨落后不会恢复原状，保持着地下空间及其形态系统持续发展的趋势，对地下空间系统具有重要影响。

5 从耗散结构视角看前海城市地下空间及形态的发展

5.1 地上、地下"二元结构"被打破

传统城市地下空间的发展总是独立于地上城市空间与建筑空间，使得地上与地下空间呈现"二元结构"的客观情况。在耗散结构理论下，城市地下空间系统地从城市环境中吸收低熵物，推动系统自身发展的同时形成有利于城市环境向有序方向发展的正反馈，"保证城市环境中的低熵物供应充足，以促进地下空间系统的持续与有序化发展"，进而推动地上与地下空间的相互融合发展，打破地上地下的"二元结构"。在青岛前海区域，地下空间系统在经济等要素的影响下，正在打破"二元结构"并向着构建地上地下一体化城市空间的方向发展。在青岛邮轮母港启动区规划与设计方案中，地下空间的地位空前提高，地下商业、交通、文化娱乐以及地铁换乘等均在地下空间实现，真正实现了地下与地下空间的一体化，是尝试打破"二元结构"的成功案例（图4）。同时，地上与地下空间功能的统一促使地上与地下空间形态相互融合发展，在发展过程中形成了统一的整体，进而打破传统的"二元结构"。

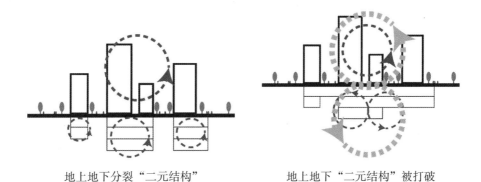

地上地下分裂"二元结构"　　　　　地上地下"二元结构"被打破

图4　地上地下"二元结构"被打破

5.2 地下空间与城市系统的耗散结构

城市系统亦是耗散结构，地下空间系统作为城市系统的子系统，对推动城市发展具有重要作用。"城市地下空间是一个巨大且丰富的空间资源"，是推动城市整体空间形态发展的重要因素。在青岛前海区域，地下空间积极拓展城市空间，为传统的城市功能提供了丰富的拓展空间。通过地下空间促进"城市向三维空间发展，即实行立体化的再开发，是未来城市中心区发展的唯一现实的途径"，也是构建形态丰富城市空间的重要步骤。青岛商业商务功能推动大量的地下空间开发与建设。其中地下空间主要承担两大职能：一是为建筑提供主要功能空间，如地下或

半地下的商业空间；二是为建筑提供辅助功能空间，如地下停车、库房等。但无论何种职能都是相对独立的作为附属于建筑的地下空间，构建了建筑、地下两层次、三维的空间形态。总的来说，青岛前海区域的地下空间对推动城市系统的耗散结构发展具有重要作用，同时地下空间极大丰富了城市整体空间形态。此外，城市的发展需要地下空间作为支撑，地下空间的发展也需要城市发展提供动力，两者相互反馈，推进两个系统的共同发展（图5）。

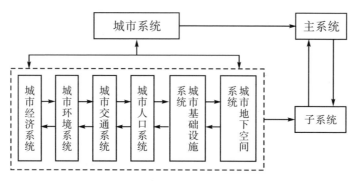

图5 系统与子系统的协同发展

5.3 有序与更有序

地下空间系统与生命系统相同，是高度复杂的系统。薛定谔在其著作《生命是什么？》中描述到"这种分子（遗传物质）……必定是高度分化的秩序的杰作"，这使得生命系统的秩序表现为"基于秩序的秩序"。城市系统是"基于秩序的秩序"，是从有序向更加有序的发展。同样，地下空间形态亦是从有序向更有序方向发展的。从空间角度来看，地下空间形态从微观到中观再到宏观相互递进并不断叠加，平面简单的地下空间形态向着立体综合的空间形态发展。从时间角度来看，独立地下空间的功能由简单逐渐复杂，空间形态为了满足功能需求也逐渐丰富。因此，无论从时间还是空间角度来看，都是在旧有秩序继承的基础上发展而来的新秩序，是从有序走向更有序的过程。

6 总结

城市地下空间是开放的复杂系统，天然具备耗散结构。在耗散结构下，要素的竞争与协作共同构成了地下空间形态的发展动力并可以总结为内部参量的自我更新与系统之外的影响要素两方面，前海区域地下空间形态发展具有涨落、对称破缺、非平衡相变、"临界减慢"等特征。而从耗散结构视角看，青岛前海区域的地上、地下"二元结构"被打破，地下空间系统与城市系统亦具有耗散结构，地下空间形态不断从有序向更有序发展。同时，地下空间形态作为复杂系统，影响因素众多，本研究仍有不足，未来将继续拓展与深入研究。

［参考文献］

[1] 黄润荣，任光耀. 耗散结构与协同学 [M]. 贵阳：贵州人民出版社，1988.

[2] G. 尼科里斯，I. 普利高津. 探索复杂性 [M]. 罗久里，陈奎宁，译. 成都：四川教育出版社，2010.

[3] 埃尔温·薛定谔. 生命是什么？[M]. 张卜天，译. 北京：商务印书馆，2017.

[4] 吴雪娟. 耗散结构系统的负熵及其实现过程 [J]. 系统辩证学学报，1995（2）：74-77.

［5］钱七虎. 迎接我国城市地下空间开发高潮［J］. 岩土工程学报，1998（1）：112-113.

［6］蔡绍洪，戴陵江，胡林，等. 非平衡相变的临界标度理论及普适性［J］. 物理学进展，1999（3）：270-304.

［7］孙飞，李青华. 耗散结构理论及其科学思想［J］. 黑龙江大学自然科学学报，2004（3）：76-79，95.

［8］金吾伦，郭元林. 复杂性科学及其演变［J］. 自动化信息，2004（6）：9-11.

［9］武杰，李润珍，程守华. 对称性破缺创造了现象世界：自然界演化发展的一条基本原理［J］. 科学技术与辩证法，2008（3）：62-67，89，112.

［10］武杰，李润珍. 对称破缺的系统学诠释［J］. 科学技术哲学研究，2009，26（6）：30-37.

［11］邵继中，胡振宇. 城市地下空间与地上空间多重耦合理论研究［J］. 地下空间与工程学报，2017，13（6）：1431-1443.

［12］张旺君. 系统自组织层级进化思想研究［J］. 系统科学学报，2019，27（2）：29-32，68.

［13］王曦. 基于功能耦合的城市地下空间规划理论及其关键技术研究［D］. 南京：东南大学，2015.

［14］段雨岐. 大鲍岛区域里院式住宅原貌推演研究：以广兴里为例［D］. 青岛：青岛理工大学，2021.

［基金项目：2022教育部年度人文社科项目（22YJA760068），2022青岛市社会科学规划研究项目（QDSKL2201176）］

［作者简介］

邵峰，副教授，就职于青岛理工大学建筑与城乡规划学院。

史平阳，青岛理工大学硕士研究生。

辛武唐，青岛理工大学硕士研究生。

李少轩，青岛理工大学硕士研究生。

全域时空思维下无人机航拍在城市设计创新中的价值研究

□皮亚奇

摘要：国土空间规划时代需要全域时空思维，全域时空思维相比于过往城乡规划的局部空间思维存在三次"升维"，四维的全域时空思维开始关注空间的全生命周期，关注动态的需求变化，关注历史文化的传承与发展，关注空间的高质量发展全过程，全域思维方式的"升维"将有力拓展城市设计项目编制与实施全过程的内容广度与内涵深度。航拍是无人机的常用功能之一，它在城市设计中的应用场景多样且广泛，主要包括城市设计前期的全面化现状调查、城市设计方案的立体化构思取材以及城市设计实施的动态化跟踪管控，无人机航拍的这些应用在全域时空思维下，具有推动认知模式创新、催生表达方式创新以及促进职业技能创新三方面价值，可见无人机航拍在推动城市设计的创新方面具有多种应用价值且潜力巨大，值得学界更多地关注与探讨。

关键词：无人机航拍；全域时空思维；城市设计创新；价值研究

1 引言

中共中央办公厅印发的《关于在全党大兴调查研究的工作方案》指出，调查研究是我们党的"传家宝"。调查研究也同样是规划行业任何项目类型都绕不开的关键环节。作为规划行业典型项目类型之一的城市设计，伴随着城乡规划向国土空间规划转型的时代背景，对形成更加全面的思维认知和运用更加便捷的辅助工具进行调查研究提出了新需求。无人机（unmanned aerial vehicle，缩写为 UAV）具有响应速度快、效率高、运行成本低、提供实时信息数据等特点，它的应用涉及现状勘测与数据采集、规划选址与布局、乡村规划建设、生态环境保护及城乡建设管理等多个规划领域，是较为新兴的规划调查辅助工具之一。航拍是无人机的常用功能之一，为进一步提升城市设计过程调查研究认知全面程度，提升调查研究效率，从全域时空思维出发，充分发掘无人机航拍在城市设计中的应用价值与潜力是国土空间规划时代的现实所需。

2 国土空间规划时代需要全域时空思维

全域时空思维相比于过往城乡规划的局部空间思维，存在三次"升维"（图1）。从关注城市、关注局部用地的认知，完成了"全面化"的第一次二维拓展，即从局部的二维空间思维，升级为全域的二维空间思维，用地的划分也从过往关注城区等局部的用地划分变为以国土空间"三线"划定为代表的全域用地划分，可谓全域空间思维的"1.0 版本"。

而全域空间思维并不简单等于平面的"全域"，国土空间"三线"划定的内涵也并非简单认知为二维平面划线，"三线"背后的实质是三维立体的"三生"空间，该空间由城市、乡村和山水林田湖草沙等多元复合而成，在三维空间呈现共同体的系统性和不可分割性，这便是在二维全域空间思维基础上"立体化"，进行纵向"升维"拓展形成三维全域空间思维。该思维可谓全域空间思维"2.0版本"，它关注全生态资源、"三生"空间，把平面的用地思维变为立体的空间思维。特别需要指出的是，三维空间思维相比二维空间思维的突出优点之一是包容性，包容性恰恰是建设生态文明、实现人与自然和谐共生最需要具备的思维特征，二维空间思维最典型、最固化的思维定式是"画线""分区"等，这种特征具有明显的"排他性"，而共同体不能简单用"线""区"分割，通过思维的升维，跳出"非此即彼、非城即乡"的"排他"思维，提升全域空间思维的包容性，是国土空间规划时代规划行业的内在需求。从二维空间思维转向三维空间思维的过程，是从用地资源配置思维转向空间资源配置思维的过程，也是规划设计本身从追求画面美好外观形态的思维向满足人民美好生活需要的思维转型的过程。

在空间规划中，对于空间和空间资源的理解应该是动态的。在国土空间规划时代，应充分认识全域空间的"动态性"，这种动态性与时间维度充分挂钩，可以说是在静态"三维化"基础上叠加时间维度的动态"四维化"认知，这就带来在三维全域空间思维基础上的第三次"升维"，即全域空间思维的"3.0版本"，因在空间维度上加了时间维度，本文称为"全域时空思维"。有学者指出，只有当城市被作为独立的生命体而被尊重时，城市规划才能够正视其高度复杂的生命规律，寻求其复杂的生态理性。生命体具有"新陈代谢"的特征，自然具有时间维度的动态性，在国土空间规划时代，不仅仅要把城市视为动态的生命共同体，还要把全域空间都视为动态的生命共同体。这种"动态化"的全域时空思维认知意识到空间不仅仅是三维立体的，还是"活的"，是有"生命"的，是有"春夏秋冬"的，是有"新陈代谢"的。例如，在面对相同的场地时，二维的空间思维关注场地"是什么用地"，三维的空间思维关注场地"是什么空间"，四维的空间思维关注场地"过去曾经是什么空间、现状是什么空间、未来可能变成什么空间"。四维的全域时空思维开始关注空间的全生命周期，关注动态的需求变化，关注历史文化的传承与发展，关注空间的高质量发展全过程，同时，也对动态化、全过程的规划调查、设计、实施、监测提出了新技术工具需求。

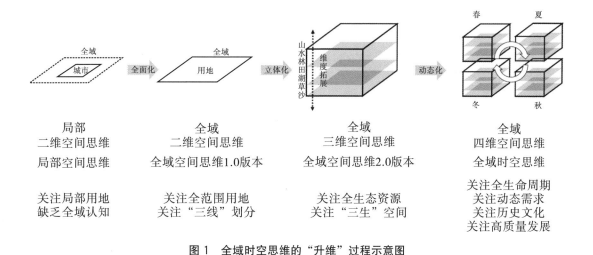

图1 全域时空思维的"升维"过程示意图

3 全域时空思维对城市设计的重要意义

在国土空间规划中，总体城市设计的主要变化之一是空间尺度扩展到了乡村、农田和自然空间全域。有学者指出，全域空间思维下的城市设计势在必行，认为主要包括三个出发点，即统筹盘点城市全要素、塑造特色的城市格局以及提升城市空间的品质，同时指出在全域空间思维下的城市设计过程中应采取宏观与微观结合的方式，建立"宏观＋微观"的城市建设控制体系，全域生态安全的保障、山水林田与城市的互融、文化培育与遗产保护的重视、建筑群体导控的增强以及可操作性的加强等属于在全域空间思维下的城市设计具体要点。还有学者专门就城市设计的时间维度进行了探讨，认为时间作为城市空间演变的客观维度，既赋予了城市空间动态延续的特征，又使城市空间承载了深厚的社会内涵，城市设计的目标不应只是对三维空间蓝图的描绘，更应是对空间的时间维度的延续与引导，以及对城市中人的文化情感与多元价值诉求进行响应。可见城市设计中空间"立体化"交融和文化传承等方面的重要性已受到关注，城市设计编制要点具有立体化、动态化的趋势。

全域思维方式的"升维"将有力拓展城市设计项目编制与实施全过程的内容广度与内涵深度。以城市设计中的城市空间形态把控为例，如果在二维空间思维下编制城市设计方案时，重点仅在于用地图、平面效果图的形态好看与否或所谓"图面效果"如何，甚至关注点单纯在于从平面图上研究建筑、道路等组成的形态是否"优美"。城市天际线问题是城市设计在三维空间塑造时特别需要关注的内容。虽然城市天际线实质上是在三维空间中被塑造，但是城市天际线常常在图面上被"二维化""立面化"表达，这种表达对应的天际线认知并不完整，因为天际线是"有生命的"，是"动态化"的，是"移步换景"的，天际线不能只有"错落有致"而忽略"新陈代谢"，天际线设计的开拓创新离不开时空思维。在三维全域空间思维下的城市设计空间形态把控开始从鸟瞰图、透视图等立体化呈现的图面研究"三生空间"的关系，如山水视线等三维廊道空间；而加上时间维度的"动态化"后，四维的全域时空思维下的城市设计空间形态把控将不仅仅关注静态的道路线形、视线控制等关系，空间形态的把控将与"时"挂钩，注重空间形态在峰谷、昼夜、四季等维度的多样性，与"史"对话，注重空间形态在古今、新旧等维度的人文性，因"势"利导，注重空间形态在背景环境衰旺、盈亏等维度的适应性。可见，全域思维的"升维"使城市设计的理念、思路、内容等各方面都大大拓展。

4 无人机航拍在城市设计中的主要应用场景

4.1 城市设计前期的全面化现状调查

无人机在城市空间测量与城市设计领域的应用较为广泛，其构建数字化地形图和城市实景的功能在该领域中发挥重要作用。在无人机的诸多应用中，相对简易、便捷的常用功能之一为无人机航拍，且航拍既可以单张摄影，又可以视频录像。为提升城市设计后续方案的可实施性，在城市设计的前期需要对现状进行全面、详细而深入的调查研究，运用无人机航拍进行现场图像摄影无疑为城市设计现状调查环节带来了新的一手资料获取方式。在无人机航拍得以应用前，影像资料的获取途径常为网络卫星影像、部门提供资料、现场传统相机摄影等，而具有时效性的一手影像资料则较为依赖现场传统相机摄影，而这些摄影又依赖人员在现场调研过程中专程摄取，如果摄制角度人员难以到达需要摄制的地物位置，如需要穿越水系或塌陷区等，则难以获取较为完整的现状影像资料，而能够飞越水系等障碍物的无人机在航拍时能较易应对上述调研难点，具有明显优势。以无人机巡航摄影代替设计人员现场调研在城市设计中既能够提高效率，又提供了全局化、综合化的考量视角。在调研过程中，通过结合汽车等交通工具的长途机动性，调研人员能够较为快速地完成全域多个地点的现状影像摄制，便于提高调研信息获取效率，进而提高调研的频率，以便全面、多次、动态获取现状情况，在调查研究中获取更全面的一手资料和形成空间认知。此外，无人机的低空航拍有利于发现卫星航拍难以发现的细节，对城市设计的精细化而言至关重要，这些细节包括人类活动情况（如行人步行流线、人类聚集区域、拥堵点等）、闲置微空间（如零星空闲地等）以及现状被占用或换用的空间（如广场用地被占用为停车场等），更全面地看到受限于分辨率的传统航片看不到的细节，获取这些细节信息有利于更全面、精细化梳理现状资源和研判现状需求。无人机航拍影像能够在城市意象和乡村意象分析构建中得以应用，意象分析有助于城市设计认知与构思过程，而无人机航拍能够辅助这一过程的全域化。此外，不仅仅是调查地域的全面化，无人机航拍还能使人群需求调查全面化。无人机以不同高度、不同速度采集影像数据，为设计师们提供了全新的体验和感知，更有利于探寻不同群体的真实需求，如儿童视角。

4.2　城市设计方案的立体化构思取材

在城市设计方案中，对重要建筑单体、建筑群、街区、片区甚至总体空间形态的构思设计是重要环节之一，而构思的过程与结果表达经常需要通过三维立体的示意图、分析图、效果图等立体图像展现空间逻辑与视觉冲击力，在无人机航拍被广泛应用于城市设计项目编制之前，设计师构思方案基于的图像资料往往呈现二维平面图形的形式，如现状地形图、规划用地图等，虽然图纸上常标注有建筑高度、建筑层数等三维信息，但是仍然不够直观，需要设计师通过空间想象力进行"头脑加工"。在三维建模技术广泛应用以后，设计师基于三维模型对场地现状的认知更加立体直观，但建模需要器材、技术、时间与劳动力等要素，对于设计师个人的建模能力或设计团队的组织能力和人力物力要求较高，且模型与现实三维空间仍然不可避免存在差别，难以完全复刻。而无人机航拍不仅能够通过垂直向地面摄影以提供传统的二维视角图像，而且能够通过变换飞行的高度、飞机的姿势与镜头的角度，较为快速和真实地摄制多种三维立体视角，提升了现状三维信息获取的便捷性、即时性、真实性，降低了对设计师建模能力的门槛，同时，也对设计师构思创新等其他能力提出了新的更高要求。通过无人机航拍，设计师可以同时完成现状调查与构思取材，节省了设计师的时间与精力，使设计师得以快捷获取现状立体化图像信息与素材，且可以直接运用立体航拍图像实景作为"底图"进行图像语言表达，如直接运用图像绘制软件在航拍实景图片上表达城市设计理念示意图、空间形态分析图甚至效果图等，把城市设计过程的重点从"怎么建好模型"转向"怎么做好设计"，使立体化的图像信息资料的应用直接服务于城市设计构思。

4.3　城市设计实施的动态化跟踪管控

已有学者明确指出，总体城市设计的研究和探索不仅是编制方法，也要关注传导机制和管控方式。城市设计实施中的管控无疑是难点之一，面对难以预测、瞬息万变的形势及发展动态，偏离设计师方案初衷的实施效果时有发生，因此需要一种能够有效、及时、便捷、精确追踪实施过程的技术工具。不仅仅是管控环节，城市设计实施的关键环节应包括对全域空间实施品质的动态化跟踪监测、评估、管理、控制等全过程，这也内在包含了跟踪与管控全域空间高质量发展的更高要求。无人机航拍能够较为快捷、及时地对城市设计的实施进展进行动态化跟踪，根据实施情况的动态化影像资料研判城市设计的实施进度、进展方向、实施品质、存在难点与问题等，对掌握城市设计实施的趋势尤为重要，这种实施趋势的管理把控恰恰有赖于无人机航拍具有的动态化获取信息的优势，既能掌握和评估空间形态的最新情况，又能凭借多时点高频次图像信息采集（甚至是视频录像采集）的优势，比对不同日期、时点的城市设计方案实施情况，使实施趋势"可视化"，让设计师和管理者更方便、直观地把控实施进度，精准施策和及时管控实施过程中的偏差，同时也有利于结合实施过程中出现的现实难点与突发状况，及时灵活合理调整实施重点和方向。

5　全域时空思维下无人机航拍在城市设计创新中的价值

5.1　推动认知模式创新：有助于增量语境向存量语境的城市设计认知转型

无人机航拍技术应用于城市设计后对于设计师认知转变的最大推动之一在于从四维时空视角认知场地的存量"语境"。在全域时空思维下，增量与存量的关系均须纳入设计考量。在无人机航拍技术被广泛应用之前，鸟瞰图、效果图等重要图像表达内容往往需要通过建模进行仿真，为提升方案图面的冲击力，突出方案本身，在城市设计方案表达过程中，设计师往往将主要场地以外的所谓"周边环境"通过简化建模等方式进行"省略式"表达，这是增量语境下的"思维定式"，即"周边环境"可以"忽视"，甚至"抹去"，这是现在日益面临存量语境下的我们需要反思的认知模式。在应用无人机航拍获取"周边环境"多角度三维真实影像变得更加便捷的今天，无人机航拍作为一种技术工具的"逻辑"或"理性"，正潜移默化地影响、冲击、重构着城市设计师的"设计逻辑"与"设计理性"，进而推动了设计师的认知模式转型创新，即"周边环境"不可忽视，更不可抹去，一个无人机航拍影像中不仅可以包含城市、村庄，还可以包含"山水林田湖草沙"等多元空间，在无人机航拍的三维影像中，各空间互相融合的场景直观可见，时刻提醒城市设计师正在面对的是一个人与自然和谐共生的生命共同体，所谓的"周边环境"应该在城市设计中给予尊重、包容和全面统筹。同时，设计师在无人机航拍过程中充分意识到"周边环境"不再是"周边环境"，而是存量"语境"，这有利于设计师认识到自身正在参与着的城市设计过程是"全域的"而非"局部的"城市设计，且应更加自觉向存量语境的城市设计认知转型，推动认知视角、思路等模式创新。此外，无人机航拍带来的最大认知转变之一是"空间是有人生活着的空间"，无论是无人机航拍的过程还是影像成果，都可以见到城市中生活着、行走着、驾驶着的人，这也时刻提醒着城市设计师：城市设计的目的不是空间，而是空间里生活着的人。

5.2　催生表达方式创新：有助于催生城市设计的表达方式转型

除与卫星航拍类似的俯视图视角外，无人机航拍多用鸟瞰视角，鸟瞰视角与人视角存在明显差异，鸟瞰视角虽远离日常视觉感受，但有利于设计的空间关系表达，特别是从整体上叙述方案逻辑，呈现设计方案各部分空间与功能的关系，将擅长表达"整体关系"的鸟瞰视角无人机航拍与擅长表达"局部细节"的传统人视角图像结合使用，能更好地表达设计理念。同时，无人机航拍带来的空间真实三维影像也冲击着城市设计过程中的三维建模本身，就像摄影技术的产生对写实油画造成的冲击，倒逼城市设计师进一步找准城市设计空间形态建模的目的、调整建模的思路。本文认为，城市设计模型如果一味追求"细节满满"式的精细化，它的"逼真"终究难以与无人机航拍的"真实"相提并论。因此，三维建模应回归设计理性，服务于设计本身，注重设计思路的辅助表达而非"炫技"。同时，本文也需要指出，虽然无人机航拍摄影本身以追求获取影像信息的真实性为主要目的，但是不能因航拍追求的"真实性"而否定城市设计建模表达方式创新的"能动性"，历史上部分绘画艺术风格的演变与摄影等技术的发展关系密切，无人机航拍技术的发展与普及或许正在催生新的城市设计建模艺术风格，甚至无人机航拍本身成为一门艺术，从拍摄器材改进、拍摄技巧创新、拍摄选题构思、后期处理创作等多维度演变出多种航拍艺术风格，城市设计本身作为与艺术相关的学科应包容设计呈现形式与表达方式的多样性，且应鼓励城市设计表达方式的创新。

5.3 促进职业技能创新：有助于促进城市设计师的职业技能转型

无人机航拍的应用有助于促进城市设计师的职业技能转型，其对设计师技能提升发展的影响主要体现在使用工具过程中的认知模式改变，不同工具的特征适应不同的思维模式，不同的思维模式同样适应不同的工具特性。二维空间思维所对应的规划行业常用典型工具手段是擅长在平面上精准划线的计算机辅助设计（Computer Aided Design，CAD）工具，使用 CAD 工具绘图的过程是典型的空间二维化认知过程，所以 CAD 工具是设计师的基础工具。

三维空间思维首先直接对应的城市设计典型工具是多种常用的三维建模软件，如 SketchUp、3ds Max 等。除上述常用的三维建模工具以外，三维空间思维相关的工具还应包括多用于地理信息图层分析的地理信息系统（Geographic Information System，GIS）工具，使用 GIS 工具的内在逻辑是承认空间是有层次、可叠加分析的，这也是二维"单层次"思维向三维"多层次"空间思维转型的开始，使用 GIS 工具叠加的过程是二维认知向三维认知升维的过程，所以 GIS 工具因自身使用过程中带有的三维空间思维特征，随着目前国土空间规划理论研究与编制实践工作的广泛开展而被普及应用，设计师也开始意识到空间并非只有二维的"单层次"，而是多个"层次"的叠加，具有复杂性、多样性、包容性。需要指出的是，虽然 GIS 已经在认知上转向了立体化思维，GIS 工具本身也能够服务于一些三维建模工作，GIS 技术在其诞生后也为城市设计做出了巨大的贡献，但是 GIS 工具与二维空间思维仍然密切关联，在使用 GIS 辅助城市设计时，应意识到叠加的"层"也可能是立体的、动态的、时空复合的，设计过程应避免误入简单"叠线、叠区"的"二维化"认知依赖。

随着越来越多的城市进入存量发展阶段，城市设计项目的编制与实施面临的问题日益具有累积性、复杂性、多样性，对资料获取的时效性、动态性要求越来越高，通过部门提供等方式获取的 CAD 和 GIS 资料往往具有时效性问题，这些资料的时效"精度"往往达到"某年"或"某月"已属不易，一般难以获得调研"当天"最具时效的一手资料（如地形图等），这些资料与城市设计场地的实际情况往往有一定的脱节，不利于及时、准确、动态把握空间现状和研判未来发展趋势。而无人机航拍获得资料的时效精度不仅能更新到调研当天，甚至可以精确到调研当天的具体时刻，还可以配合动态即时测绘、建模，这高度契合与体现了全域时空思维的"动态化"特征。熟练掌握无人机航拍技术有利于帮助城市设计师适应存量空间的复杂性、多样性，进而自觉调整职业技能发展方向，主动提升自身"动态化"应对城市设计难点的能力，跳出"画线""分区"等思维定式以及对 CAD 和 GIS 等工具的职业技能依赖。

工具获取信息的"动态性"能力越强，对使用工具的设计师的"动态化"场景应对能力要求也越高。例如，城市设计方案编制过程中，设计师通过无人机航拍及时发现某建筑突然开始被拆除或已被拆除，之前的资料与信息未显示该情况，且上一轮方案中保留了该建筑，此时对设计师"动态化"灵活应对城市设计编制过程中的类似"突发状况"提出了职业技能要求，包括及时评估情况、研判趋势、优化方案等。此外，伴随着对规划可实施性需求的日益增加，城市设计项目的全过程、在地化、跟踪式、陪伴式、动态化服务需求也日益增加，无人机航拍应用过程的便捷性、即时性等优点对设计师开展城市设计项目相关驻场服务具有明显帮助，有助于适应规划行业转型过程中提出的设计服务模式转型等多种职业技能新需求，激发设计师的技术创新能动性。

6 结语

本文认为国土空间规划时代需要全域时空思维，全域时空思维相比于过往城乡规划的局部空间思维，存在三次"升维"，四维的全域时空思维开始关注空间的全生命周期，关注动态的需求变化，关注历史文化的传承与发展，关注空间的高质量发展全过程，全域思维方式的"升维"将有力拓展城市设计项目编制与实施全过程的内容广度与内涵深度。无人机航拍在城市设计中的应用场景多样且广泛，主要包括城市设计前期的全面化现状调查、城市设计方案的立体化构思取材以及城市设计实施的动态化跟踪管控，这些应用在全域时空思维下，具有推动认知模式创新、催生表达方式创新以及促进职业技能创新三方面价值，可见无人机航拍在推动城市设计的创新方面具有多种应用价值且潜力巨大，值得学界更多关注与探讨。需要说明，本文并不否定任何设计工具或空间思维的价值，多种设计工具和空间思维的综合运用，有利于城市设计的多样化发展，不同设计工具或空间思维的价值有待学界更多探讨。

本文中的全域时空复合思维也提示了国土空间规划不仅应关注二维的全域用地资源配置，还应关注三维的全域空间资源配置，更应向四维的全域时空资源配置的方向推动和创新，以适应新形势下全域时空资源配置的新需求。特别需要指出的是，城市设计不仅仅是理论、技术、方法等需要创新，它的制度创新更要跳出局部化、二维化、静态化的思维定式，城市设计的实施管理更不能简单等同于"几线几区"。此外，在实际操作中，无人机航拍仍然存在部分不利于工作开展的短板，例如存在电量消耗较快、较易受天气影响等问题，但相信随着电池等相关技术的发展，无人机航拍技术在城市设计创新中的"正能量"将越来越大。

[参考文献]

[1] 王奕松，黄明华."结构整合"与"渐进引导"：对我国城市设计时间维度的思考 [J]. 规划师，2019，35（23）：69-75.

[2] 唐子来，张泽，付磊，等. 总体城市设计的传导机制和管控方式：大理市下关片区的实践探索 [J]. 城市规划学刊，2020（5）：18-24.

[3] 杜娟，周立，李苑常. 时空维度影响下的城市天际线规划研究：以《滁州市明湖片区控制性详细规划及城市设计》为例 [J]. 智能城市，2020，6（15）：86-87.

[4] 赵莹莹，杨志波. 多旋翼无人机在城市规划勘测工作中的应用 [J]. 资源信息与工程，2020，35（3）：60-62.

[5] 訾星宇. 全域空间思维下的城市设计要点探究 [J]. 中华建设，2021（3）：116-117.

[6] 温铁军，逯浩. 国土空间治理创新与空间生态资源深度价值化 [J]. 西安财经大学学报，2021，34（2）：5-14.

[7] 叶锺楠，吴志强. 城市诊断的概念、思想基础和发展思考 [J]. 城市规划，2022，46（1）：53-59.

[8] 郝若琳，张弘驰. 无人机测绘在城市设计中的研究评述 [J]. 住宅产业，2023（1）：62-65，87.

[9] 刘泉，黄丁芳，钱征寒. 全域空间覆盖与有限要素管控：日本景观规划对国土空间规划中总体城市设计的启示 [J/OL]. 国际城市规划：1-11 [2023-04-09]. DOI：10. 19830/j. upi. 2021. 375.

[10] 洪成，徐幸子. GIS 在山地城市设计中的应用研究 [C] //中国科学技术协会. 第二届山地城镇可持续发展专家论坛论文集. 北京：中国建筑工业出版社，2013：432-440.

[11] 金锋淑，朱京海，李岩. "无人机＋"时代城乡规划探索 [C] //中国城市科学研究会，海南省规划委员会，海口市人民政府. 2017 城市发展与规划论文集. 2017：499-504.

[12] 董蕴晨，王振. 数字孪生背景下城市设计与 GIS 技术方法研究综述 [C] //全国高等学校建筑类专业教学指导委员会，建筑学专业教学指导分委员会，建筑数字技术教学工作委员会. 数智赋能：2022 全国建筑院系建筑数字技术教学与研究学术研讨会论文集. 武汉：华中科技大学出版社，2022：727-732.

[13] 林阳. 多视角下的苏中沿海地区乡村意象构建：以南通市通州地区乡村为例 [D]. 南京：东南大学，2019.

[14] 陈曦亮. 基于无人机摄影资料的西安城市意象研究 [D]. 西安：西北大学，2020.

[作者简介]

皮亚奇，规划师，就职于常州市规划设计院。

城市更新行动

我国城市更新规划体系构建研究

□程茂吉，张尧，王智玮

摘要：城市更新成为国家战略后，应按照与国土空间规划体系相衔接、与国土空间用途管制制度相适应的原则，构建国家和省重在宏观指导、市区重在引导管控的更新规划体系。城市更新规划作为针对存量空间战略性、引导性和实施性兼有的规划类型，应构建从市区更新专项规划，到更新单元规划，以至到项目实施方案的多层次更新规划体系，为城市更新工作的科学有序开展提供指导。

关键词：城市更新；存量空间；规划体系

随着习近平生态文明思想、粮食安全国策的深入落实和国土空间"三区三线"的划定和严格管控，城市用地的扩张惯性将得到遏制，以"存量提质"为内核的城市更新成为推进城市高质量发展的关键路径。为顺应我国城市化进入下半场的阶段特征，满足国土空间高质量利用和人民美好生活的需要，国家"十四五"规划提出了城市更新行动。要有序引导城市更新，除法律法规和鼓励支持政策以外，必须注重城市更新行动的总体谋划、路径设计和实施方案的制定工作。应借鉴国内外发达地区先进的经验，衔接国家国土空间规划体系和用途管制制度，建立从宏观指导、到中观策划规范以及到微观管控实施的渐次深化的城市更新规划体系，科学引导城市更新工作的有序开展。

1 经验借鉴

现代的城市更新活动发源于西方发达国家，发展中国家则是后来者。西方发达国家基于其土地私有制和国家管理体制，大部分采取间接干预的方式，在国家层面出台财政激励政策，引导地方政府城市更新；部分国家通过立法，制定全国层面的更新指导政策，通过划定特定规划区制度，配合以财政资金引导，推动地方城市更新行动。具体的城市更新规划制定更多在城市政府和社区层面，用以指导更新活动和空间用途许可。

1.1 美国的"市区重建规划"

随着郊区化和内城衰败的同时出现，美国更为重视城市更新工作，城市更新政策也更加积极。1949 年美国出台《住宅法》，州政府加强城市增长管理，地方政府针对城市更新增加区划的灵活性，城市更新有了更有力的法律政策支撑。与城市更新密切相关的政策工具，主要来自税收融资、土地调控和发展管理三方面。《住宅法》建立了"市区重建规划"制度。该规划是针对更新区编制的详细规划，当规划获得批准后成为更新区内再开发项目管理的依据。"市区重建规划"的作用是综合性的，一般包括更新区范围、拆除重建和安置区布局及相应的建筑总量等；通过更新可以创造的就业岗位数量，对现有城市规划和管制的修改建议；收购土地、建筑拆迁、整理场地、项目和配套设施建设、工程管理等方面的成本预算，各类资金来源说明，证明方案的经济可行性；规划已通过议会决议、政府许可和听证程序的证明文件；满足法律法规且获得主管部门许可的支撑材料；所有涉及的产权主体的全面全过程的参与情况；所有涉及的财产和地块必须在更新后通过土地整理得到妥善安置；说明公众已经充分参与到项目规划进程的报告。

1.2 法国"协议开发区规划"

1967 年，法国出台的法律文件正式提出了"协议开发区规划"制度，根据法国《城市规划法典》，所谓"协议开发区"是指地方政府根据城市建设发展的需要，通过与相关土地所有者协商达成共识基础上建立的城市开发区，但纳入各种协议开发区的并不全都是城市更新项目。协议开发区规划内容从片区战略层次到具体建筑层次都有所涉及，宏观层面的总体规划从城市整体角度明确开发片区的总体目标和基本原则，包括功能定位、土地区划、用地布局及高度分区等规划控制指标，通常由政府组织专业机构编制。中观层面的空间规划设计分别针对协议开发区的用地和空间进行结构布局、地块细分和空间设计，对改造地块提出设计要求和规划控制指标，由政府或公共机构委托的"协调建筑师"承担。微观层面的项目方案设计根据设计要求制定开发项目的建筑方案，一般由私人业主委托的项目建筑师承担。1975 年，法国确立了城市复兴政策，指导历史地区和衰败住宅区的保护更新。1996 年的《城市复兴条约》提出了城市敏感区、城市复兴区以及城市自由区三级干预性分区体系，辅之以力度逐步加大的干预和整治政策。

1.3 日本"都市再生特别地区"

1969 年日本颁布《都市再开发法》规范和指导城市更新活动，经过近 20 年的实践探索，建立了一套较为完善的都市再生体系（图 1），并且其城市发展的现实需求与存在的问题等与我国有诸多相似之处。针对大城市出现的中心城区衰退的问题，1998 年日本通过了《中心市街地活性化法》，规定市町村一级的基层政府可以制定"中心市街地活性化基本规划"，通过再开发和

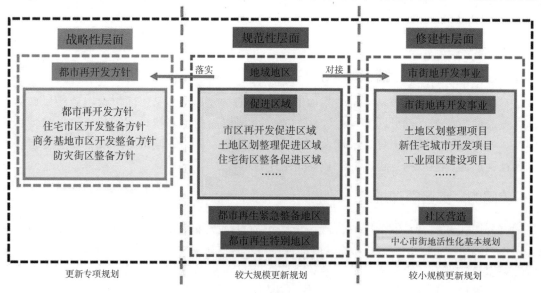

图 1　日本都市再生体系

功能更新促进中心区提升活力。根据 2002 年出台的《都市再生特别措施法》，日本对《城市规划法》做出修改，增加"都市再生紧急整备地域"和"都市再生特别地区"特殊管理规定，对这些地区的容积率、建筑高度等指标放宽限制。日本城市更新的规划制度是多层次的：宏观层面的"都市再开发方针"等专项规划为城市更新提供长期的综合性指导；中观层面的"促进区域"，针对市区再开发促进区域、整理促进区域、都市再生紧急整备地区提出差异化的规范引导，并通过"都市再生特别地区"等工具赋予该地区规划管理技术指标上的弹性；微观层面的"市街地开发事业"，为有明确实施主体的更新项目提供成熟有效的规划工具。

从以上国家有关城市更新的规划体系来看，一般在国家层面加强立法明确城市更新的特殊支持政策，出台指导性行动计划加以引导，同时辅以资金激励。城市作为实施主体，都建立了面向实施的多层次规划体系，将待更新区作为特别空间政策区，给予特殊的空间规划管控许可。由于这些国家大部分为土地私有制，我国关注的土地产权重划、利益再平衡、社会协商则不是他们政策创新的重点，因为他们的大部分城市开发基于土地私有制经过长期实践磨合已经形成相对成熟的制度和做法。

2 我国城市更新规划的基本定位

2.1 存量空间规划

城市更新作为针对存量空间的改造提升活动，有其特殊的土地利用、空间设计要求，需要有与其相适应的规划作指导。我国原先的城乡规划体系以"总规＋控规＋专项规划＋修规"为基本框架，主要对城市新增建设用地进行规划管理。其中，宏观层次的城市总体规划基于城市增长的目标，关注城市空间扩张的技术方法及理念研究；中观层次的控规也主要针对城市新建空间制定相对简单的用地指标来指导城市开发建设；微观层次的修建性详细规划主要落实控规对各类开发地块的强制性指标。从全国来看，拆迁成本较低的存量建设用地经过 20 多年来的建设已基本改造完成，剩余地块或片区往往就地改造难以平衡，一般采用局部征收、部分不动产权重组的方式对原有建成区进行改造。对于这种针对存量建设用地的更新活动，现行城市规划越来越难以适应，不仅需要在空间规划和管理上进行创新，还要研究提出产权重划、建筑空间重分、经济平衡和实施组织等具体方案。从国际经验看，很多国家采取在城市建成区中划定一个地区，放松既有的上位规划管制，编制专门服务于该地区的详细规划的做法，以此为依据执行较为宽松的规划管制。

2.2 跨多层级的规划

衔接我国已经建立的"三级三类"国土空间体系，城市更新规划应包括市区级、单元、地块（项目）三级专项规划。市区级更新规划属于宏观层次系统引导，在国土空间总体规划的指导下，对城市存量用地的更新改造进行综合部署，侧重于城市更新目标、策略、方式、布局、实施时序等方面的指引，如广州的城市更新中长期规划，北京、深圳等的城市更新专项规划。区级更新规划属于中观层次统筹协调，在市级规划明确更新空间的基础上进一步划定城市更新单元，进行片区策划或规划。更新单元规划除要落实上层次更新规划要求外，更侧重在一定更新范围内的公共要素配置、开发容量和经济平衡等方面的统筹，成果达到详细规划街区规划深度，如广州的城市更新片区策划方案、深圳的城市更新单元规划、上海的城市更新单元建设方案。其中的更新单元规划经过批准可以代替或视作法定的详细规划作为规划管理依据。微观层次侧重对具体更新项目在改造方案、改造方式、资金来源与安排、开发时序等方面的开发控制，如广州、深圳、北京等城市的更新项目实施方案，成果达到修建性详细规划深度。

2.3　多种范式的规划

从规划的范式分类看，城市规划技术体系大致可以分为战略性规划、规范性规划和建设性规划三个层面。战略性规划的主要形式为我国的城市总体规划、英国的结构规划、美国的综合规划和新加坡的概念规划，主要描绘城市发展愿景。规范性规划主要包括我国的控规、英国的地区规划、法国的地方城市规划以及美国的土地区划，这个层面的规划主要发挥空间管治依据的职能。建设性规划主要包括我国的修建性详细规划、法国的协议开发区详细规划、日本的开发项目，以及我国台湾地区的都市更新单元等，这个层面的规划是对建设实施的指引。建设性规划是相对微观的规划类型，是对特定规划区内的建设项目及其周围环境进行设计及管理。总体来看，城市更新规划在市级层面更多具有战略性规划的特征，在区级（更新单元）层面更多具有规范性规划的属性，在项目实施方案层面则具有建设性规划的特征。从国际经验看，多制度组合式是城市更新规划的主要范式，体现了不同层次规划在城市更新工作中不同的定位和作用。

2.4　实施性指向规划

城市更新规划是面向实施的规划，最终要落实到指导具体更新项目实施，这是与传统控规的重要区别。结合我国行政管理体制特点，在市级政府和市级专项规划的指导下，突出区级政府在城市更新中的主体作用，在分区和单元层面加强城市更新工作部署、明确更新的具体空间安排和实施步骤，并对更新空间的经济可实施性进行初步判断，为制定年度计划提供指导。针对具体的更新单元和实施项目，需要根据市区级专项规划片区指引，分析梳理片区涉及的详细规划相关控制要求，不仅要在空间设计方面达到修建性详细规划的技术深度，明确功能定位、总平面布局、空间形态控制要求，还要提出兼顾各类产权人利益、项目经济平衡的各项设施布局详细规划方案，测算各类设施的现状、新增量，明确各类利益主体的分配，各项设施的建设改造以及长期维护投入产出、资金来源和投资运营方案，片区或地块内需要搬迁、置换产权人方案，这些都是传统的详细规划中不作研究和关注的问题。

3　城市更新规划体系框架构想

我国的城市发展已经从粗放式、外延式的增量发展迈入精细式、内涵式的存量提升发展阶段。然而我国现有的城市规划建设管理体制是改革开放后为适应大规模、快速的城镇化活动而逐步建立起来的，在应对现阶段城市发展模式的转型时体现出越来越多的不适应性。基于与国土空间规划体系有效衔接的原则，可以借鉴"五级三类"国土空间规划层次传导方式，形成国家和省重在政策指引、市和区重在实施管控的城市更新规划体系。

3.1　国家和省级层面重在宏观政策引导

我国近年在国家层面出台了有关棚户区改造、老旧小区改造、低效用地再开发等存量空间专项政策，但缺乏系统性政策设计和制度安排。应加强顶层设计，把握整体发展方向，研究出台全国城市更新工作的行动纲领，明确城市更新工作的政策框架，包括更新原则、更新目的、行动计划、资金支持、土地及规划适用条件、更新实施流程、运作主体及行动方式等，并对不动产登记、民法等相关条款做出协调和统筹。制定出台全局性、纲领性的国家级城市更新法律法规或管理办法，形成规范城市更新规划和实施的法规、制度和规划指导体系。省级层面城市更新政策的制定需要依据国家的总体要求，结合本省实际，以地方性法规、政策文件或行动纲要等形式指导各城市的更新规划建设管理体系的构建。国家和省级宏观政策及规则框架的制定需因地制宜、兼顾地区发展的差异。

3.2 城市层面重在更新行动的实施引导管控

市区级政府是城市更新行动的具体推动者、实施者，在国家和省政策法规的指导下进行城市更新行动，国际经验也是如此。因而，城市更新的规划体系主体落实是在城市层面，就我国来说，城市层面应当贯彻国家和省级有关政策要求，对接国土空间总体规划编制市级专项规划，指导区级层面城市更新规划制定和单元规划编制工作。城市层面主要基于城市总体规划和发展战略，制定城市更新的目标和战略，明确更新的重点地区，提出城市更新的方式和功能引导要求，提出推进城市更新行动的政策体制建议。区级层面一般需要编制专门的更新专项规划，细化落实城市更新规划的要求，划定城市更新单元，提出实施规划的资金安排、人员安置、经济平衡和实施主体等方面的建议。在市区专项规划指导下，由区级政府组织选择更新实施主体，编制项目实施方案，在各方面支持下开展具体项目更新工作。

3.3 我国城市层面更新规划体系建议

基于对国内外更新规划制度的总结，有效衔接国土空间规划体系和用途管制制度建设，当前阶段的城市更新规划体系应当以"城市更新单元"为基本空间单位，建立"市区城市更新专项规划、城市更新单元规划、城市更新项目实施方案"三级规划编制体系（图2）。其中，宏观层次的市区城市更新专项规划与国土空间市区级总体规划衔接，中观层次的城市更新单元规划与国土空间详细规划的单元层面详细规划衔接，微观层次的更新项目实施方案与街区层面详细规划衔接。

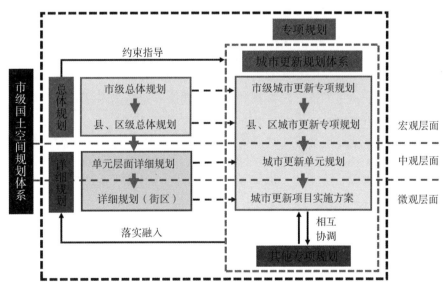

图 2　城市更新三级规划与国土空间规划关系

市级城市更新专项规划应体现城市发展战略和高质量发展的要求，对全市城市更新行动进行总体谋划。特大、超大城市更新对象复杂，更新类型多，涉及更新规模大，市、区应分级编制专项规划，而区级规划可以更为具体。中小城市城市更新任务相对简单，市、区两个层面可以一并编制，市级专项规划可以适度深化，明确更新单元要求，直接指导更新单元规划。

更新单元规划或策划应当强调实施性，在对现状人口、土地和建筑利用及权属状况详细调查的基础上，对单元现状的公共服务配套完善程度、服务均好性、服务质量等进行评估，在落实市区级专项规划的同时对接好详细规划，制定单元详细规划，初步明确拆除重建地区布局，进行经济可行性分析和项目实施策划。

项目实施方案的重点在于确定各实施项目的更新范围和具体空间设计方案，空间设计方案主要包括建筑设计、交通规划设计、管线规划设计等，还要对项目实施所涉及的拆迁补偿、人员安置、投资估算和资金筹措、土地权属调整、项目实施组织与管理、项目效益等进行分析，明确具体方案。

4 各级城市更新规划的技术内容和重点

4.1 规划基本原则

一是落实上位规划。分析落实国土空间总体规划以及城市交通、公共设施、历史文化名城保护、绿地系统等专项规划的要求，对接落实城镇地区详细规划。更新单元和项目实施方案要细化落实市区更新专项规划和更新单元策划的要求，做好与详细规划及相应层次的专项规划衔接。充分对接危旧房、城中村、低效用地、历史文化地段整治等专项规划，作为确定城市更新空间和近期实施行动的重要依据。

二是精准调查评估。结合最新年度的国土空间变更调查数据以及更大比例尺的地形图、影像图等进行更新用地资源分析，对待更新空间的土地、房屋、人口、文化遗存等方面进行详细调查；注重待更新地块的产权状况调查及建设状态的分析，如已拆除的空闲地、已批未供、已供未建等用地信息。结合公共服务设施、基础设施等的现状评估，明确更新单元应落实的公共设施的类型、规模、布局等要求。

三是体现新发展理念。坚持以人为本的理念，以改善民生为主要目的，综合考虑各方利益主体的意见，关注居住生活质量的稳步提升改善；坚持统筹协调理念，考虑经济发展、社会和谐、文化保护等各方面要求，兼顾上位规划和片区发展实际，在改善现状与标准规范之间取得平衡，在更大范围内统筹安排社区级公共设施。

四是科学安排实施时序。前瞻研究城市发展面临的重大机遇，衔接城市道路交通建设计划，结合城市发展战略和"十四五"规划重点空间，考虑各区经济可承受能力，合理制定城市更新规划布局和行动计划。以项目为单位，以单元为主体，进行经济平衡测算，加强公共设施配置统筹，优化确定市更新单元范围。

五是体现共同协商原则。在规划编制早期，采用多种形式征求公众意见，尤其是待更新空间内居民的意见，客观反映城市更新的需求；在形成规划正式成果之前，广泛征求区政府、相关部门、公众的意见，有条件的可以征求一些专业组织或机构的意见，实现规划制定和决策的公开化、民主化和科学化。

4.2　市区级城市更新专项规划

一是现状与更新潜力评估。要以最新年度变更调查成果为基础，采用1∶1000～1∶2000的地形图和影像图进行重点空间的深化调查。根据建筑年代、建筑质量、建筑高度、开发强度、使用功能等指标进行存量建设用地改造潜力分析。针对工业用地进行投资强度、产出效益、环境影响分析，对于投资强度和产出水平低的、环境影响大的工业用地应纳入待改造预备清单。根据市区国土空间总体规划和详细规划对比分析，规划用地性质相较现状发生变化的原则上纳入更新改造范围。

二是更新目标与更新策略。根据国土空间总体规划和更新空间潜力分析，提出城市更新的目标、更新对象、更新方式、功能调整方面的策略。更新策略除要贯彻国家提出的不搞大拆大建、保护历史文化、控制拆建比方面要求外，还应结合城市特点提出有针对性的实施策略，如存量工业用地较大的城市、危旧房片区存量较大的城市、历史文化名城等应突出自身城市更新面临的突出问题，提出有针对性的实施策略和行动建议。

三是更新片区或单元划定。根据现状调查和评估结论，结合详细规划街区单元划分，对于更新用地面积和总建筑量达到一定比重的所在控规单元划定为城市更新单元。一般将城市中心区、窗口地区、重要公共空间、历史文化更新地段的单元划分为重要更新单元，而将其他更新单元划分为一般更新单元。针对重点更新单元提出功能定位、底线管控、实施策略等方面规划指引。

四是更新方式与更新功能引导。根据更新对象特征和详细规划要求，就不同更新方式的更新原则、拆建比、功能提升、土地（产权）征收或调整原则、就地安置人员的比例等提出指导意见。针对不同类型的更新片区，进行差异化功能定位。针对产业片区更新，重点提出工业功能调整的方向，提出保留工业、研发和相关产业配套功能的关系。针对历史文化保护类的片区，根据保护对象的保护要求和规划定位提出功能调整的方向和建议。

五是更新单元设计引导。根据城市总体规划布局和城市设计引导要求，主要依据详细规划成果，兼顾城市更新行动可实施、公共设施和空间环境比现状有改善的要求，在不影响城市重要的天际线、城市形态、重要文物保护、城市安全等底线要求的基础上，提出重点更新单元的规划设计引导要求。区级规划可以根据深入研究和论证，对重点更新单元的规划设计进行深化优化。

六是专项规划指引。城市更新地段一般就地改造难以平衡，能否实行经济平衡的焦点是如何平衡有较大收益回报的住宅开发量增加与现状的公共设施配套不足的矛盾，研究公共设施配套是更新片区的重点。历史文化保护规划方面往往涉及历史地段改造力度和方式要符合历史文化保护控制的要求，兼顾单元功能激发和历史文化资源保护的关系。由于普遍空间狭小、公共设施配套无法安排，大部分更新片区需要通过利用地下空间来解决地面设施配套问题，如停车、市政设施配套问题。

七是更新实施策略。根据城市空间发展战略和"十四五"规划，提出分时序的更新行动布局、重点。根据各区更新改造潜力和经济支撑能力，制定各区城市更新的单元清单和重点更新单元范围、更新方式、公共设施配套要求等，作为区级城市更新专项规划的指导。针对年度城市更新项目规模、城市更新中面临的公共设施统筹、土地和资金政策、规划管理等方面提出实施政策建议。

市级城市更新专项规划的成果应当包括说明书、图集、专题研究报告。说明书主要包括更新目标与策略、更新方式与更新功能引导、更新强度指引、专项规划指引、近期重点地区建设与更新时序、实施机制等内容。图集主要包括现状用地分析图、权属用地图、城市更新用地土地利用图、城市更新强度指引图、城市更新片区分布图、近期重点地区统筹规划图。专题研究报告可根据更新专项规划的实际需要编制，包括产业发展、道路交通、环境影响、历史文化保护、城市设计等专题研究。

区级更新专项规划重点在于深化更新单元的评估，划定或优化更新单元范围，提出各更新单元功能定位及更新强度、容积率等引导指标，对各更新单元资金平衡、效益评估进行估算，对更新时序、更新模式等作出安排。专题研究报告一般增加经济可行性分析等内容。

4.3　城市更新单元规划（策划）

更新单元规划的主要任务是以上位规划和详细规划为依据，进行更为详细的现状评估与更新潜力分析，对更新单元的功能定位、更新模式、土地利用、开发建设指标、公共配套设施、道路交通、市政工程、经济平衡以及实施方案等做出详细规定（图3）。

一是现状分析评估。梳理分析地区历史沿革、历史遗存、周边地区环境，以及人口、建筑、土地利用、产业、设施、用地权属等现状及问题；分析控规、上位更新规划要求、周边基础设施建设规划、其他相关规划要求；进行更新必要性论证，综合分析政府、产权主体和公众对更新的意向。

二是土地利用及公共设施统筹。落实城市和片区空间发展战略，明确更新目标与定位，说明更新后创造的就业数量等；充分对接详细规划，确定单元规划地块划分，明确用地布局和土地兼容性规定及各类用地空间指标。提出城市设计指引、拆除重建地区涉及的拆迁安置总量、复建建筑总量及公共服务设施布局方案等。必要的提出对上位规划调整的建议。

三是产权整理及经济测算。提出土地产权整合和再分配方案建议，确定各产权主体所更新后的空间或用地、移交政府的公共用地等，确保所有涉及的财产和地块必须在更新后得到妥善安置。进行单元成本和收益测算，提出更新单元内各方利益的平衡方案，包括各主体获得的空间增量、相应拆迁、配建责任等。

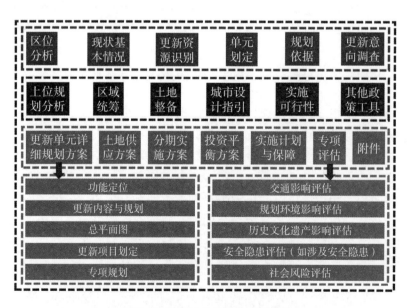

图3　城市更新单元规划主要内容

四是经济指标。明确主要技术经济指标、更新指标；进行土地获取、场地整理、公共和基础设施拆迁、项目建设、管理费用等方面的成本预算分析，说明各类资金来源，进行收益测算及经济风险分析，证明方案的经济可行性。

五是专项规划。完成轨道交通连接、路网规划、停车、出入口、慢行交通规划等；明确教育、医疗等公共服务的设施和用地规划以及给水、污水、用电、通信、燃气、环卫等方面的分析与规划。必要的情况下进行开放空间结构、景观环境及地下空间设计等；基于城市设计视角深化建筑形态、建筑风貌设计研究等。

六是项目实施建议。征求更新单元涉及的不动产物权人和相关利害关系人的意见和建议，提出运作、实施时序与土地调整方式。明确现状建（构）筑物拆除、土地移交、公共设施配套、市政交通配建责任等；制定分期实施计划、保障实施措施以及搬迁计划涉及的拆迁责任和实施安排。

七是影响评估。一般包含项目实施带来的环境影响以及公共服务、交通、基础设施方面的承载力影响和社会影响、风险的调研和评估。

更新单元规划的成果包括技术文件和管理文件。技术文件主要包括规划研究报告、专题研究和技术图纸。其中，规划研究报告主要包括更新范围、更新目标与方式、功能控制、空间控制、利益平衡、实施措施等内容；专题研究是针对城市更新单元的特定问题做出深入的分析研究并提出对应的策略；技术图纸主要包括拆迁与建设用地范围图、现状用地分析图、更新方式分区图、地块划分与指标控制图、总平面布局图、建设用地空间控制图、公共服务设施规划图、道路交通与竖向规划图、市政工程规划图、分期实施规划图等。管理文件则是以规范性条文表达更新单元规划的管控要求，作为相关部门实施城市更新单元规划的管理依据。

4.4　城市更新项目实施方案

一是在片区更新策划基础上，开展项目范围人口、土地、建筑、设施、业态、文化、绿化环境等方面的详细调查，划定可更新的用地、建筑、市政、公共设施和公共空间。研究功能定位以及周边交通条件，分析国土空间规划、产业规划、详细规划、单元策划对项目提出的要求，明确项目具体功能、更新方式和专题分析等编制要求。

二是进行更新项目空间设计，明确主要经济技术指标、总平面图、竖向设计、建筑设计、绿化景观设计、道路交通设计、服务设施布局规划以及海绵城市、市政、消防、绿色建筑等设计专篇。明确地块划分以及规模、高度、强度等控制指标，提出针对原详细规划的调整方案和分析。一般对公共建筑比重较大或位于城市重要空间节点的更新项目进行开放空间设计和建筑形态设计，提高项目空间设计的科学性。

三是产权统筹和项目实施方案（图4）。编制项目实施指引，提出更新建设方式、措施，明确项目总建筑面积以及保留、改造、拆除和新建建筑的面积。结合空间设计方案提出土地产权整合和再分配的方案。对不同权益主体的经济利益进行测算并提出利益平衡方案。明确拆迁与人员安置具体方案，明确现状建（构）筑物拆除、土地移交、公共设施配套和市政交通配建要求等，制定分期实施计划和相关保障措施。

四是经济平衡及相关影响评估。根据项目空间设计方案对土地征收、建筑安装、管理运营、财务、办公等各类费用进行详细测算，明确投融资模式、项目建设和运营方案。针对项目面临的突出问题进行项目实施方案影响评估，主要包括环境影响、设施承载力影响和社会影响等方面的评估。

更新项目实施方案一般包括技术文件和管理文件。技术文件包括规划说明书、方案图集和专项评估。其中，规划说明书主要包括项目概况、土地整备情况、改造方式、空间设计方案、经济可行性分析、拆迁与人员安置方案、分期建设实施方案；方案图集主要包括更新项目土地利用现状图、用地权属现状分析图、改造方式示意图、土地整备方案图、更新项目地块指标控制图、总平面布局图、交通与市政设施规划图及分期建设时序图等。管理文件包括规划文本和图则，作为进行规划许可报批的技术成果。

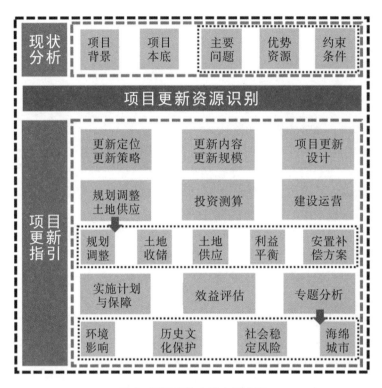

图4 项目实施方案主要内容

5 结语

城市更新规划是一种特殊类型的专项规划，难点不在于空间规划方案如何设计，而是如何在有限空间内既要改善公共配套水平，又要适度考虑平衡投入的可出售或长期经营的不动产新建扩建的空间矛盾，特别是更新改造所带来的各类不同产权人之间规划实施前后利益如何调整再平衡，以及项目实施能否达到经济平衡都是影响更新行动能否成功的关键。相关法规政策的创新支持是决定各级城市更新规划能否有效实施的重要保障，是各级更新规划研究落实的重要内容，也是影响各地城市更新工作能否有效推动的关键。很多城市在规划体系的探索上已经积累了一定经验，如何平衡更新单元与更大范围利益、平衡现状与改善后的未来的关系、平衡改造的迫切性和改造的经济可行性等方面是规划要深入研究和破解的难题，这也是决定各级城市更新规划是否科学可操作的关键考量。

[参考文献]

[1] 姚之浩，曾海鹰. 1950 年代以来美国城市更新政策工具的演化与规律特征 [J]. 国际城市规划，2018，33（4）：18-24.

[2] 王世福，易智康. 以制度创新引领城市更新 [J]. 城市规划，2021，45（4）：41-47，83.

[3] 阳建强. 转型发展新阶段城市更新制度创新与建设 [J]. 建设科技，2021（6）：8-11，21.

[4] 唐燕. 我国城市更新制度建设的关键维度与策略解析 [J]. 国际城市规划，2022，37（1）：1-8.

[5] 张朝辉. 日本都市再生的发展沿革、主体制度与实践模式研究 [J]. 国际城市规划，2022，37（4）：51-62.

[6] 郑希黎. 1970 年以来法国城市更新政策的演变及特征 [C] // 中国城市规划学会，杭州市人民政府. 共享与品质：2018 中国城市规划年会论文集（12 城乡治理与政策研究）. 西安：西安建筑科技大学，2018：1-12.

[7] 周显坤. 城市更新区规划制度之研究 [D]. 北京：清华大学，2017：179，183-185.

[8] 程则全. 城市更新的规划编制体系与实施机制研究：以济南市为例 [D]. 济南：山东建筑大学，2018.

[9] 重庆市住房和城乡建设委员会. 重庆市城市更新技术导则 [S]. 2022.

[作者简介]

程茂吉，研究员级高级规划师，就职于南京市规划设计研究院有限责任公司。

张尧，南京工业大学建筑学院硕士研究生。

王智玮，南京工业大学建筑学院硕士研究生。

博弈视角下的城市规划管控模式的比较研究

——简析以城市空间形态管理为导向的城市设计管控模式的改进意义

□康宁

摘要：本文根据我国城市更新实施过程中建设项目的开发流程，以及参与方之间进行博弈的"三重逻辑"，简化抽象出政府部门与投资开发企业在项目开发过程中的博弈模型，并利用此模型对在两种不同规划管控模式下的博弈条件、博弈状态及博弈结果进行比较分析，以经济学的范式讨论以城市空间形态管理为导向的城市设计管控模式在城市更新项目的实施过程中的改进意义。

关键词：规划管控模式；"三重逻辑"；博弈均衡；帕累托改进

1 研究背景

近年来随着我国交通基础建设与地产开发的快速推进，城市的结构发生了变化，使得这些城市中的一些地块的区位重要性在城市结构中迅速地崛起。基建所带来的城市结构变化，虽然为城市中的一些区域以及周边土地带来了巨大的增值效应，但是如何有效地利用规划管控措施，使这些由于城市结构变化所带来的土地红利及发展机遇能够得到有效利用，充分发挥其带动地区城市建设、促进周边区域协同发展的作用，最大化地增进社会总体福祉，成为这些"快速中心化地区"在城市更新规划实践中的重要课题。

1.1 研究对象及研究问题的提出

1.1.1 "快速中心化地区"城市更新的首要任务——土地功能调整

在不同的"快速中心化地区"中，其所面临的具体城市问题虽并不完全一样，但都具有类似的特征，即在新的城市结构中，该区域原有的空间形态、土地功能及产业形态等条件与该地块现有的区位特征已不再相匹配，这将阻碍该地块在城市结构体系中发挥其应有功能价值，同时也是对土地资源的浪费。因此"快速中心化地区"城市更新的主要工作体现为土地功能的置换与城市空间形态的更新：土地功能置换主要是将区域内原有的以工业、物流或者居住等为主的与城市中心功能不符的功能置换成以商业、公共服务等为主的公共活动功能；城市空间形态更新主要是使其更具有符合城市中心特性的文化性及可识别性，以及与城市公共功能相匹配的空间尺度及形式。

同时在"快速中心化地区"，其土地功能的调整也具有其自身的动因。邝瑞景认为，随着

"快速中心化地区"的区位逐步中心化，原本布置在地块上的功能与其当前的地租已逐渐不相匹配（根据级差地租理论，越靠近城市中心区的地区级差地租越高）。不断上涨的租金会对地块上的原始功能进行排挤，从而产生地块功能向更高附加值功能转变的内生动力。此外，政府也会从城市及区域整体布局策略出发，在城市的不同发展阶段，根据其面临的机遇和挑战来制定适宜的城市发展战略及新的城市功能布局。政府的大布局策略也会使地块所处区域的周边环境发生变化，这也为"快速中心化地区"土地使用功能的转变提供了机会。

1.1.2 "快速中心化地区"城市更新的启动项目——核心商业地块的开发建设

在我国的城市更新实践中，有许多是以一定规模的商业中心的开发建设为先行启动项目的。即通过政府主导，政府和开发商共同参与或投资开发建设核心地块的商业服务设施，或者进行商业服务设施的改造升级，以此来树立中心地区的核心空间形象，以点及面地逐步展开后续的全面城市更新措施。这种开发时序的选择同时也体现了市场力、政府力和公众力在城市更新时序选择上的影响作用。

首先政府具很强的动力去积极推动和引导"快速中心化地区"的核心商业物业的开发建设，这主要是因为商业中心具有公共服务功能，对于周边区域辐射面积大，使用群体庞大，且其位于核心地段，有很强的公众影响力，社会关注度高，在城市空间形态中具有很强的可识别性，这对于政府政绩的考核具有很大的影响力。另外从管控的角度来看，商业中心可以大规模整体开发及长期运营，相较于其他物业，政府对其可控度高，可操作性强，这也是其经常被政府选为城市更新的先行启动方案的重要因素。

另外对于核心商业物业开发建设的同时也符合该区域原居民对提高公共空间质量的诉求。因为"快速中心化地区"原本并不具有城市中心的功能，所以其从空间形态上一般也不具备城市中心地区的特征。其主要表现是缺乏高质量和人性化的公共活动及交往空间与绿化休闲空间。而在对核心区商业物业开发的同时，出于对其运营的考虑一般也会同时进行高质量的公共活动空间的建设及周边环境的提升改造，这与居民的诉求殊途同归。

因此，核心商业地块的开发建设成功与否，对于"快速中心化地区"的城市更新建设具有重要的意义。

1.1.3 传统的规划管控模式在城市开发建设过程中所暴露的问题

在以往的许多"快速中心化地区"城市更新建设的实践案例中，传统的控制性详细规则＋修建性详细规则＋政府参与的规划管控及开发模式逐渐暴露出一些弊端。例如，有些以地产开发商为主要投资开发建设主体、以市场竞争机制为主要运作手段的开发项目中，由于开发商对商业利益的追逐和对投入产出比的精细计较，造成了更新区域内公共空间缺乏，区域周边逐渐"绅士化"的现象：地方化和传统化的群众日常生活活动受到驱逐和排挤，使核心区逐渐走向"商业绅士化"，使本该属于市民的公共活动空间逐渐成为高消费场所，失去了其城市中心的功能。同时这些商业中心的建筑及空间形态也凸显了国际化的特征，商业化的包装与运作逻辑使许多不同地区的城市中心公共空间出现同质化和趋同化的现象，地域特色逐渐消失。

与这种开发模式相对的还有另外一种极端趋势，即在一些由政府主导并以政府部门为主要投资开发建设主体的核心商业地块开发建设的项目中，经常会出现雄伟壮观的建筑地标、整齐划一的街道景观，尺度巨大的休闲广场以及不符合商业运营逻辑的大型商业或市民活动中心。虽然城市形象焕然一新，城市空间及景观得到了很大的改善，服务设施水平得到了提升，但是这些改造工程并没有仔细地考虑其在市场环境中的合理性，以及其今后在运营过程中的经济可持续性。大量的建设资金投入及低效率的资金回报使得政府大规模负债，同时后期的高额运营和维护支出也使得运营单位不堪重负，于是这些建设项目逐渐使人们对其失去信心直至不得不重新改造。

随着近年来城市更新过程中的实施和管控问题的逐渐显现，政府部门对城市更新项目的开发建设模式以及对城市规划的管理体系也做出了许多改革与创新尝试。城市规划的管控模式逐渐从传统的规定土地使用性质、容积率等规划指标以及开发合约条款等以数据量化及平面划分为导向的管控模式向以城市空间形态管理为导向的管理模式转变。目前虽然在城市规划管理体系中，对于这种以城市空间形态管理为导向管理模式的城市设计导则等方式仍无明确的法定地位，但是在一些开发项目实践中，政府及规划管理部门已经能够通过城市设计导则来实现对开发项目正确引导和管控，营造出高品质的城市公共空间。

本文将以经济学的分析范式，通过博弈均衡来对两种不同的管理模式进行比较分析，从而更加直观地剖析以城市空间形态管理为导向的城市设计管控模式在城市更新过程中是否能够具有帕累托改进的意义。

2 理论依据及分析方法

2.1 城市更新实施过程中的"两大参与方"与"三重逻辑"

城市更新是一个由多方参与且经过许多阶段长期共同作用的过程。为了能够更好地抽象模型化地对城市更新的过程及作用机制进行分析，我们将以政府类型的参与主体（简称"政府部门"）与市场类型的参与主体（简称"投资开发企业"）这两大参与方在城市更新过程中的决策行为作为主要的分析对象。通过分析这两大参与方在不同的规划管理模式下不同的决策行为以及博弈结果来进行比较分析，从而讨论规划管理模式改进的合理性及有效性。

选择以政府部门以及市场类的投资开发企业这两大参与方为主要研究对象，是因为政府部门在城市更新项目的启动阶段具有非常强的号召力与引导作用。政府部门具有制定各项具体政策法规的权利，可以号召项目相关各部门集体联动、协调合作，同时整合城市资源，进行城市建设也是政府部门的重要职责之一。因此，政府部门是城市更新项目中最主要推动者，同时也是实施项目的实施过程中的监督者，其决策行为对城市更新项目的方向及更新成效有着决定性的重要意义。投资开发企业同样也是城市更新实施项目中的重要参与方，其投入的资本量及其建设运营的方式，将对城市更新的实际效果具有重要的决定作用。因此，政府部门与投资开发企业成为城市更新项目的主要两大决策者。通常情况下，投资开发企业以政府招商的形式参与到城市更新项目中来，与政府部门成为合作关系共同完成城市更新项目的建设实施。但由于市场类型参与主体遵循的资本逻辑与政府部门所遵循的权利逻辑之间存在着强烈的"公有—私有"之间的张力，因此这两大参与方在项目实施的各个阶段存在着不同程度的竞争与合作关系，这使其合作的过程成为一个相互博弈的过程，而双方在博弈过程中所形成的共同决策决定了城市更新项目的实际实施方向，其博弈结果以城市更新的实际成果呈现出来。

李利文从公共管理的视角提出中国城市更新的"三重逻辑"，认为城市更新的过程中，政府、市场及社会是主要三类参与主体。其中政府包括中央政府、地方政府和基层政府以及构成一级政府的诸多职能部门；市场包括金融投资型务虚企业和建设开发型务虚企业；社会包括群众个体与社会组织等。这三类参与主体的行为及决策方式分别遵循着权利逻辑、资本逻辑和民生逻辑。但本文只以政府与市场类型的参与主体为主要研究对象，这主要是由于社会类型的参与主体其权利及行为主体比较分散，且在城市更新项目的过程中主要以被动参与的方式参与进来，因此没有将该参与方作为主要的决策研究对象。但作为城市更新的最终使用者，其体验感受及评价已成为衡量城市更新效果的重要评判标准，其支持度也直接成为评价政府政绩的重要标尺之一，因此政府在城市更新项目中的选择会在很大程度上考虑民生的需求及满意度，民生逻辑对政府的决策也起着间接但重要的作用。同时，群众是城市物业的最终消费者，也是更新项目在市场中的需求方。在市场经济的系统中，群众也通过其消费需求方的角色，通过价格、需求量、消费偏好等因素来对资本投入者、市场类型的参与者的决策产生间接的影响和制约。

2.2 博弈模型和运行机制

2.2.1 分阶段的博弈过程

虽然从价值取向及决策逻辑的角度，我们可以将政府类型的参与主体作为一个大类，但是在项目开发实施的不同阶段，不同的政府部门将会以不同的方式参与进来，并对项目产生影响与制约。因此我们根据一般建设项目的开发建设流程以及不同的政府管理部门，将整个过程分为四个不同的博弈阶段：政府策划及立项阶段、一级开发阶段、二级开发阶段以及维护运营阶段（图1）。

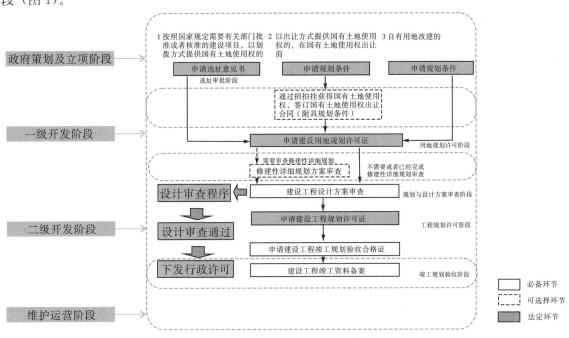

图1　城市设计导则涉及项目的方案审查流程

在政府策划及立项阶段，地方政府作为城市更新项目的主要推动者、政策制定者及管理者，具有极大的主动权。政府可以通过立项审批这一环节对开发商提出如企业规模及资质、以往的开发业绩等多方面的要求，以对开发主体进行准入限制。同时，政府还可以对开发地块上未来所要开发的物业规模及所属性质、项目类型等进行限制。但政府的限制条件也必须从一定程度上考虑市场运行规律，否则将会面临招商困难或由于投入产出比低导致项目无法顺利进行等问题。从这一层面上来讲，形成了这一阶段的政府与开发商之间的相互博弈的局面（图2）。在一阶段，地方政府在项目策划与招商的过程中与意向开发主体之间不断地协商与博弈，同时政府部门与合作的投资开发企业在开发策略、资金投入、开发时序等方面也逐渐达成共识并形成约定，博弈协商的结果会通过一系列政策法规、合同合约等方式固定下来，同时也成了后续阶段博弈的前提条件，对后续的各参与方的行为决策形成制约。

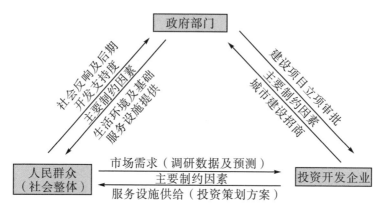

图2 城市更新策略方案制定阶段博弈关系

在项目立项以后的一级开发阶段，按照以往传统的开发模式，政府部门会以地方城投部门为主体，来对地块进行必要的公共设施的先行建设，将"生地"转化为"熟地"。然后再将可以直接进行二级开发的"熟地"，以土地出让的方式转让给二级开发企业。在这一阶段，政府部门会在地块的市政建设投入、土地出让价格、土地性质及出让附加条件方面，对开发商的后续开发工作形成制约（图3）。首先，土地性质及地块的边界主要通过制定城市控规的形式来实现其法律效力。其次，规划部门通过制定片区的详细规划，来对地块上的建筑容积率、绿地率、建筑限高等形成制约。最后，政府还可以在转让土地时通过附加协议的方式，来对开发地块上未来的物业性质、功能配比等做出一定的规定。这些法规、协议等文件的制定也基本上是在遵循上一个阶段（政府策划及立项阶段）中商定的大原则下进行的，可以看作是将策划方案细节深化、法制固化的一个阶段。同时，城投部门在转让土地之前还会对地块进行一定程度的市政建设投资。而即将获得土地开发权的投资开发企业则会通过对后期建设费用以及运营销售的收益等进行预估，并在与政府部门博弈的过程中形成该地块的土地使用权转让价格。

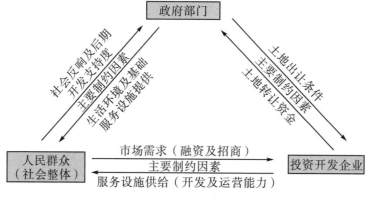

图3 城市更新项目一级开发阶段博弈关系

在项目的二级开发阶段，参与项目的投资开发企业具有更多的主动权。在该阶段，由投资开发企业来对地块上的建筑功能、空间形式及环境形态等进行规划和设计，并报相关政府部门审批。政府相关行政审批部门会根据上一阶段中所制定的法律法规以及协议等文件，来对项目申报文件进行仔细核实，确保这些规定得以全部落实（图4）。在这一阶段，投资开发企业会根据市场需求、企业文化、产品定位等对地块内的建筑及景观设施等做整体及细节上的设计。投资开发企业在这一阶段决策的主要依据是对市场的判断以及对未来销售及运营的预估，对较高的投入产出利润的追求是投资开发企业的主要价值取向。而在这一阶段参与博弈的政府部门是当地的规划管控部门，管控依据则是前两个阶段（政府策划及立项阶段和一级开发阶段）所形成的法规、协议等文件，以及当地的城市规划管理制度。

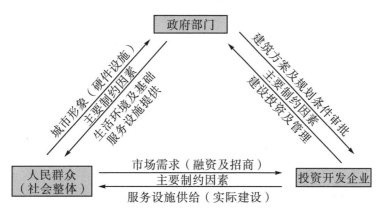

图 4 城市更新项目二级开发阶段博弈关系

项目的维护运营阶段，则更像是一个市场机制对各方博弈结果的检验阶段。在项目建设完成交付使用之后，开发物业将在市场中投入使用与运营。虽然在这一过程中，开发或者运营企业还需要长期且持续地投入，来维持整个项目中自持物业部分的运营及管理，同时政府部门也会为项目的运营提供帮助、支持与监管，但是项目的运营成功与否在很大程度上取决于之前三个阶段的博弈的结果（图5）。

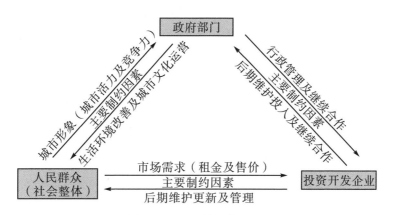

图 5 城市更新项目维护运营阶段博弈关系

2.2.2 博弈均衡

在城市更新的过程中，项目的开发建设过程虽然是一个多阶段连续博弈的过程，但是在整个项目的第一阶段（政府策划及立项阶段），政府部门和投资开发企业也会根据各自以往的项目经验、合作经验及各种调查调研数据来作决策支撑，也就是说博弈双方在该阶段做出决策时，是以对后续三个阶段的博弈状况进行的预估预判作为基础。因此，我们可以将整个连续博弈的过程简化成一个静态博弈来考虑（图6）。

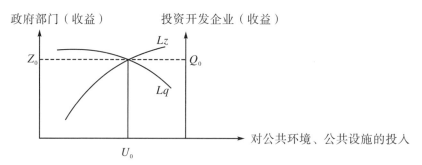

图6 政府部门和投资开发企业之间的博弈

通常情况下，政府部门希望在整个项目的建设过程中，能够获得对公共环境及公共设施更高的投入，建设更好的城市环境，以及市民更高的满意度与支持度，如图6曲线L_z展示的状态。当项目能够获得对公共环境及公共设施更高的投资时，政府的合作意愿更强烈。而对于投资开发企业来说，能够将更多的资金投入到私有物业（商铺、办公等）中，将会为投资开发企业带来更高的投入产出回报，因此当项目对公共环境及公共设施投入要求更高时，他们的合作意愿更低。双方对于在"公有"领域投入的多少之间相互博弈，最终形成一个折中的均衡结果（U_0）。我们暂且用U_0来模糊地概括政府部门以及投资开发企业在"公有"领域的一个总的投入，它可以是资金投入，也可以是对地块、空间以及设施的占用情况，并且其投入成本是由双方来共同承担的。

3 博弈行为决策及博弈均衡

3.1 传统规划管控模式下的博弈

在传统规划管控模式下，政府在策划、立项阶段以及一级开发阶段，通过控制性详细规划及修建性详细规划的形式对开发地块的边界、土地性质、容积率、绿地率、建筑限高等进行限定，通过土地整理，完成场地周边及场地自身的最必要的基础设施建设。而对于城市中亟待更新且较为核心的地块，政府部门针对提高市民公共生活品质的活动设施、空间环境等刚需与额外的建设投入，如建设城市步行绿道、街边公园、生活广场等。城市更新过程中对公共环境的投资建设将会获得居民对城市生活环境更高的满意度，这也符合政府部门的价值取向。而这些额外的投入将会在二级开发阶段以提高土地使用权转让价格或者设定土地使用权转让条件由投资开发企业部分代建等形式部分地转移给投资开发企业。而投资开发企业则是在市场的作用机制下选择是否或者如何与政府部门进行该项目的合作。因此，在政府部门与投资开发企业的相互博弈的过程中，双方达成了就如何对公共环境进行投资建设的均衡结果（即图6中所反映的U_0）。但是控制性详细规划、修建性详细规划以及土地转让协议之类的管控方式对投资开发主体在二级开发阶段的管控力度是极其有限的，拿到土地开发权的投资开发企业，在满足用地性质、容积率等规划条件的前提下，对于建筑物空间形式的选择具有很高的自主权。这时投资开发企业就会在地产的市场运作机制以及追求利益最大化的决策逻辑下，以最大商业价值为目标来对场地及建筑进行空间设计，这将会导致在项目开发过程中忽略了对公共利益及社会公平的关注，使开发地块逐渐出现"绅士化"及公共空间匮乏等弊端。这是因为在二级开发阶段时，政府部门的管控出现某种"失控"的状态所造成的，因此，政府部门对于项目的管控及参与方式仍然还有可以改进的空间。

3.2 以城市空间形态管理为导向的规划管理模式下的博弈

近年来，规划部门采取的以城市空间形态管理为导向的城市更新管控模式的过程中，更加强调对城市中建筑物及场地的空间形态的管理，在城市地块的开发建设过程中，政府部门与投资开发企业之间的博弈状态发生了变化。在传统的博弈模式下，博弈双方将会在公共设施投入量为 U_0 处达到博弈均衡（图6）。当政府部门以城市空间形态为导向来对开发建设项目进行管控时，我们可以将新的博弈机制看成是在原有博弈均衡的基础上又继续进行了新一轮的对于空间开发所有权的博弈（图7）。在这样的博弈模式下，可以假设博弈的起点是双方需要共同承担对于"公有"设施的总的投入成本 "U_0"，双方对所开发地块空间自主权的份额进行博弈再分配。博弈的最终结果是双方对各自承担的"公有"设施投入成本的分配比例以及对开发地块空间自主权所享有的比例达成一致。

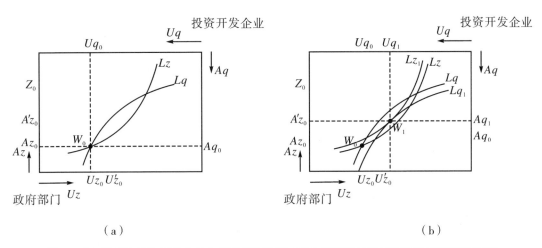

图7　政府部门和投资开发企业之间的博弈均衡（引入城市设计及城市设计导则管控机制）

3.3 新的博弈均衡

在新一轮的博弈中，我们可以用一个类似于"埃奇沃斯盒状图"的模型来模拟政府部门和投资开发企业之间的博弈机制。我们可以将此次博弈的起点看成是政府与投资开发企业之间对开发地块上的公共设施方面的总投入为 "U_0" 达成一致，而政府和投资开发企业将共同承担这部分的投资，同时也分享整个地块的空间开发自主权。他们各自承担多大份额的公共设施投资，以及获得多大份额的自主开发权利，这就取决于此轮博弈的均衡结果。假设在传统的博弈模式（即传统的规划管控模式）下，政府在公共设施方面的投入为 Uz_0，投资开发企业在公共设施方面的投入为 Uq_0，其中 $Uz_0 + Uq_0 = U_0$（一般情况下投资开发企业的投资 Uq_0 要大于政府部门的投资，这是因为政府部门会在土地使用权转让阶段将大部分的公共设施投资以土地使用权转让价格的形式追加给投资开发企业）。当政府将地块出让给投资开发企业之后，企业对地块进行二级开发的过程中，企业对地块享有 Aq_0（$0 < Aq_0 < 1$）份额的空间自主开发权，政府规划部门在进行管控的过程中享有 Az_0 份额的空间自主开发权。在传统规划管控模式下，政府部门在二级开发阶段对于空间的管控力度较弱，因此 Az_0 接近于0。因此我们将点 W_0（Az_0，Uz_0）（Aq_0，Uq_0）（如图7（a）所示）可以看成是新一轮博弈的起点。如图7（a）所示，引入"无差异"曲线 Lz 来代表政府部门在某一相同的意愿程度下所有可能的决策的集合，其中 Uz 代表政府在公

共设施建设方面的投入，Az 代表政府在二级开发过程中对开发地块所占用的空间开发自主权份额。"无差异"曲线 Lq 代表投资开发企业在某一相同的意愿程度下所有可能的决策的集合，其中 Uq_0 代表开发政府在地块转让过程中追加给投资开发企业的公共设施投资，Aq 代表投资开发企业对地块开发所享有的空间自主权。而博弈的起点 W_0 正是所有"无差异"曲线中的某条政府"无差异"曲线与企业"无差异"曲线的交点。

在新的博弈模式（即以城市空间形态管理为导向的规划管控模式）下，政府部门通过对规划管控目标以及管控形式的调整，将使其有可能在项目的二级开发过程中获得更多的空间自主权，而这将是以降低土地出让价格为代价的，但是如果政府能够通过对开发项目的管控而获得更适合公共生活的城市空间，那么项目将会获得更高的市民满意度，因此也就是说政府部门也是有可能通过调整策略来获得更高的总体收益（即更高的合作意愿）的。同时，投资开发企业在开发过程中的空间自主权被限制后，其投资开发地块的意愿将会降低，因此将会以降低购地成本作为补偿，以实现总体收益不降低（即至少保持原有的合作意愿）。因此，在新一轮的博弈过程中，只有当政府能够获得更高的总体收益，同时投资开发企业的总体收益至少不降低的情况下，双方才有可能共同做出策略上的调整，实现更优的博弈均衡 W_1（Az_1，Uz_1）（Aq_1，Uq_1）（如图 7（b）所示）。新的均衡点为两条新的"无差异"曲线（政府"无差异"曲线 Lz_1 以及投资企业"无差异"曲线 Lq_1）的切点。

因此，通过对两种博弈模式进行图示的比较分析，我们可以观察到经过新一轮的博弈，即当政府部门采用以城市空间形态管理为导向的城市规划管控模式来进一步加大其在项目二级开发过程中的管控力度后，博弈均衡点从两条"无差异"曲线（Lz 与 Lq）的交点移到了两条曲线的内部（如图 7（b）所示）。在新的博弈均衡状态下，政府的决策"无差异"曲线向左上方移动，企业的决策"无差异"曲线向右下方移动。这表明较之前的博弈均衡，双方的合作意愿（即合作收益）都有所增加。因此，我们可以认为，通过充分利用以城市空间形态管理为导向的城市规划管控模式以及制定合理有效的空间策略，使政府及投资开发企业在项目的整个开发建设过程中的博弈局面发生变化，而这种变化对于以往的传统开发模式来说，是一种帕累托改进。

4 结语

本文通过对"快速中心化"地区以商业核心地块的开发建设为城市更新启动项目的这一特定背景下的城市更新过程进行简化抽象，解释分析了政府部门及投资开发企业之间的博弈机制，直观地反映出在以城市空间形态管理为导向的城市设计管控模式下，博弈机制、博弈条件及博弈均衡结果的变化，从理论分析及思想实验的角度剖析了这种新的管控模式实现帕累托改进的极大可能性。但在众多的能够呈现出较为优质的公共空间的城市更新案例中，其良好的公共空间效果的实现在大多程度上依赖于其合理的空间管控策略，抑或是这种以城市空间形态管理为导向的城市设计管控模式是否也有可能会在某种情况下降低社会总体收益，有待更加细致的案例及数据进行分析。

[参考文献]

[1] 李利文. 中国城市更新的三重逻辑：价值维度，内在张力及策略选择 [J]. 深圳大学学报（人文社会科学版），2020，37（6）：42-53.

[2] 邝瑞景. 快速中心化地区功能调整的思考：以《深圳市笋岗一清水河物流园区功能调整研究》为例 [C] // 中国城市规划学会. 和谐城市规划：2007 中国城市规划年会论文集. 深圳市城市规划

设计研究院，2007：5.

[3] 李玲玲. 城市设计导则融入规划体系的实践与探索 [D]. 广州：华南理工大学，2009.

[4] 王彬. 老城区城市更新时序控制研究：以合肥市为例 [D]. 合肥：合肥工业大学，2020.

[5] 石美施. 成都大慈寺周边地区商业绅士化研究 [D]. 广州：华南理工大学.

[作者简介]

康宁，工程师，建筑设计师，就职于北京市建筑设计研究院有限公司。

可持续城市更新的时空演进路径及驱动机理研究进展与展望

——以江苏省苏州市为例

□李文睿

摘要： 我国正在逐步、稳步地向更可持续的发展方向转变，地方政府也不断推动可持续的空间规划实践。本文讨论了长江三角洲地区苏州城市更新在可持续发展战略规划中的时空演进路径和协同驱动机理，探讨了可持续城市更新的发展道路，梳理了可持续城市更新研究概况，凝练其时空演进路径和区域差异，解析影响因素、驱动机理和典型空间响应模式，并从理论和政策维度进行研究展望。为了在城镇化进程中促进可持续发展，有必要评估我国不同地区可持续城市绩效的相对状况，并探索其驱动力。

关键词： 可持续城市更新；时空演进路径；驱动机理；江苏苏州；可持续发展

1　引言

随着城市化进程的加速和人口的快速增长，城市更新已成为提高城市可持续发展的重要手段之一。可持续城市更新旨在通过改善城市空间布局、提升环境质量和促进社会经济发展，实现城市的可持续发展目标。然而，城市更新涉及复杂的时空演进过程和多重驱动机理，需要深入研究和分析，以制定科学有效的更新策略和规划方案。本文以江苏苏州为例，旨在探讨可持续城市更新的时空演进路径及驱动机理，为相关领域的研究和实践提供借鉴与参考。

2　可持续城市更新的概念和背景

2.1　可持续城市更新的定义和意义

可持续城市更新被定义为一种通过对城市现有建筑、基础设施和土地的改造与升级，实现经济、社会和环境协同发展的策略。联合国将可持续城市更新定义为"通过综合性的规划和设计，以提高城市的环境质量、资源效率和社会公平，实现城市可持续发展的过程"。可持续城市更新的意义重大且表现在多方面。首先，它可以提高城市的环境质量。通过推动绿色建筑、生态系统恢复和城市绿化，可持续城市更新可以减少环境污染、保护生态系统功能，并提供健康宜居的城市环境。其次，可持续城市更新有助于提高资源利用的效率。通过优化能源利用、推广清洁能源和坚持循环经济原则，可持续城市更新可以减少能源消耗和废物排放，实现资源的有效利用。最后，可持续城市更新同时关注社会的包容和公平。它致力提供适宜居住条件和社会服务设施，改善低收入社区的居住条件，减少社会不平等现象。社会参与和社区治理在可持续城市更新中起重要作用，确保居民的参与和利益平衡。综上所述，可持续城市更新是一种重要的城市发展策略，通过环境保护、资源效率提升和社会公平推动城市的可持续发展。它对于改善城市居民的生活质量、减少环境压力及实现全球可持续发展目标具有重要意义。

2.2 可持续城市更新的背景和发展趋势

根据 2016 年中央城市工作会议的方针，城市更新发展要注重全局性、系统性、持续性和宜居性。会议相关文件明确提出了综合考虑城市更新中功能定位、文化特色、建设管理等多种因素来制定规划的要求，并强调保留城市特有的地域环境、文化特色和建筑风格。这表明城市更新规划已从过去的"粗放型"大拆大建转变为符合城市发展规律的规划更新与建设。这些文件明确了城市更新的指导思想、总体思路和重点任务，指明了解决城市发展问题的方法和路径。

当前，打造适宜生活的人居环境是城市发展的主要趋势，而微改造成为实现人居环境保障的重要手段。根据国务院发布的《社区服务体系建设规划（2016—2020）》，虽然城市建设在城乡社区服务设施配套方面已经取得一定成就，但是仍需要进一步提升，继续完善进步。《中共中央、国务院关于加强和完善城乡社区治理的意见（2017 年）》对社区服务设施建设提出了明确要求，并开放了建设形式，明确提出可以使用项目配套或购买的方式加强设施覆盖，满足居民的生活服务需求。此外，《国家新型城镇化规划（2014—2020）》强调农村居民城市化的前提条件是做好基础设施建设，并明确要求做好公共设施、绿色城市、智慧城市和人文城市等方面的建设。

综上所述，当前的重要课题是如何转变城市更新方式，探索城市更新过程与安置社区密集度的相关性，并促进老旧小区的微改造。研究表明，这些问题已成为可持续更新新常态下的重要课题。

3 研究问题和研究方法

3.1 研究问题

本研究探讨了苏州城市更新规划的方法，以容纳更多不同收入的人口，并减少城市化所需的农业用地；在城市人口不断增长的情况下，土地使用规划是促进可持续性的重要规划决策。主要的研究问题是如何逐步转变苏州的城市更新方式，提高城市质量以及如何对苏州老旧小区进行微改造。

3.2 研究区域

本研究确定了苏州 176 个安置社区，主要分布在以老城区为中心、直径 50 km 的区域内，涉及苏州所有 6 个区（姑苏、相城、苏州工业园区、吴中、吴江、苏州新区）。这些安置社区建于 1994 年，占地约 2200 hm²，拥有近 36 万个单元，约有 100 万人，这些社区中有很大比例的临时住户，人口流动性大。在这些社区中平均单位数约为 2000 个，最大的社区有 14000 个单位，最小的社区有 112 个单位。本研究聚焦于苏州众多的移民社区，原因一是苏州作为中国城市体系中的一座古城，如今已沦为二线城市，其现代化和城市化的发展轨迹显示出一些差异；二是安置社区遍布整个城市，占据了已经城市化的土地，居住着大量人口，其中一些人口密度很低。安置社区或村庄是政府安置居住在被拆迁村庄的农民的地方。20 世纪 90 年代开始的苏州城市化进程拆除了大量农村村庄，居民被重新安置在廉价的城市社区中。

3.3 研究方法

综合运用文献分析法和时政分析法，可以实现对可持续城市更新的时空演进路径和驱动机理的研究进展与展望的深入理解（图1）。通过文献分析法，可以获取已有研究的结论和方法，了解可持续城市更新研究的现状和趋势。通过时政分析法，可以了解政府的政策导向和支持度，以及政策对可持续城市更新实践的影响。综合两种方法，可以为研究者提供全面的研究视角，并为进一步的研究展望和政策制定提供基础。

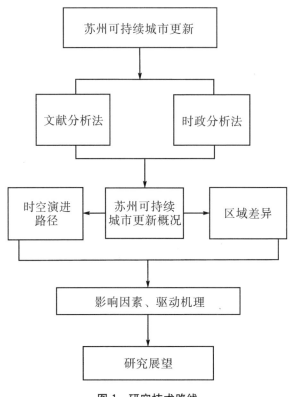

图 1 研究技术路线

4 苏州的城市更新实践

4.1 苏州城市的更新背景和现状

苏州是长江三角洲地区的地级市，自1993年中国改革实现社会主义市场经济和苏州吴中经济开发区成立以来得到了巨大发展。1990年，苏州的国内生产总值为202.14亿元（42.3亿美元），2021年飙升至1.92万亿元（2900亿美元）。1990年，苏州市区常住人口为106.7万人，2021年为707万人。

我国城市化进程与其他发达国家的发展历程相似，呈现"起步—加速—成熟"三个阶段的特征。当前我国仍然处于快速城市化的阶段，即将进入"质量提升"阶段。城市化引发了空间和环境的变化，监测和了解这些变化的性质对实现可持续城市发展至关重要。我国的快速城市化发展目前存在诸多问题，主要有以下几个方面：一是城市化的区域间差异；二是重数量轻质量，出现"虚高的城市化"现象；三是城乡差距过大，城乡二元化矛盾尖锐；四是"准城市化人口"大量存在，城市内部社会二元结构凸显；五是生态和城市环境问题依然严峻；六是交通拥堵、房价飞涨等"大城市病"已经显现；七是普遍存在流动人口、社会治安、"城中村"的管理难题。城市人口增长与经济增长呈正相关，在我国经济发展与城市更新密切相关，城市化率是国家的关键优先事项，也是经济、政治和社会进步的最大驱动力之一。城市化进程将农民转变为城市居民，并吸引劳动力从欠发达地区进入不断扩张的城市。

苏州是长三角城市群的生产中心，也是我国第二大移民城市。在城市更新发展中，如果苏州继续保持竞争力，其将继续吸引新居民，以此扩大城市规模。为此，20世纪90年代开始的苏州城市化进程拆除了大量的农村村庄，居民被重新安置在廉价的城市社区中。

当地政府城市正在推动其制造业重塑，根据中央政府的政策，向创意和创新型产品的转变。根据2021中国机遇城市报告，中国发展研究基金会对我国主要城市进行了排名，苏州在技术成熟方面处于有利地位，但在智力资本和创新方面却排名靠后。苏州市已于2021年启动了部分吸引人才和培养毕业生的政策。加上高技能工作，以此来吸引低收入工人，增加人口密度。

4.2 苏州城市更新的时空演进路径分析

苏州城市更新的时空演进路径可以分为不同的阶段。初期阶段，城市更新主要集中在老旧小区的改造和城市基础设施的提升，这一阶段的主要目标是解决人口增长和城市现代化所带来的住房和基础设施不足问题。随着城市发展和经济增长，苏州的城市更新进入了综合性发展阶段，这一阶段的重点不仅仅是单纯的土地开发，还注重提升社区的整体品质和居民的生活体验。在综合性发展阶段，城市更新的目标是打造宜居社区，包括改善居住环境、增加公共空间、提供便利的交通和社区设施等。另外，可持续性也成为苏州城市更新的重要考量因素。城市更新需要在经济发展的同时保护资源、减少环境影响，并提升社会可持续性。这意味着在城市更新过程中要注重节能减排、推广绿色建筑、提高水资源利用效率等。总体而言，苏州城市更新的时空演进路径经历了从基础设施改善到综合性社区发展的转变。这种转变旨在提高城市质量、促进可持续发展并满足居民多样化的需求。

4.3 苏州城市更新的驱动机理解析

苏州城市更新的驱动机理涉及多个方面，其中包括经济、社会和环境等因素。首先，经济因素是推动苏州城市更新的重要驱动力之一。随着经济的发展和城市化进程的推进，苏州需要不断提升城市功能和吸引力，以吸引更多的投资和人才。城市更新可以提升土地利用效率，改善城市基础设施和产业结构，进而推动经济的可持续发展。其次，社会因素也在城市更新中发挥重要作用。随着人口的增加和社会需求的变化，老旧小区的住房条件、社区设施和居住环境往往无法满足居民的需求。城市更新可以提供更好的住房条件和社区服务设施，改善居住环境，提升居民的生活品质和幸福感。最后，环境因素也对苏州城市更新起到重要推动作用。随着环境问题的日益凸显，城市更新可以改善环境质量，保护生态系统，提升城市的可持续性。例如，通过绿化和生态修复等措施，可以改善空气质量和生态环境，提升城市的生态价值和可持续发展水平。综上所述，苏州城市更新的驱动机理涉及经济、社会和环境等多个因素的相互作用。经济发展需要推动城市功能提升，社会需求变化需要改善居住环境，环境问题需要保护和改善。通过深入理解这些驱动机理，可以为苏州城市更新的规划和实施提供有力支持。

5 结语

城市化是一个不断丰富且复杂的城乡转型过程。在我国经济社会不断发展的背景下，苏州的城市化分析需要考虑人口、经济和景观等因素。本文基于可持续性的概念框架，综合考虑了教育、安全、健康、生计、交通、娱乐及社会层面的和谐，涵盖经济发展、消费、产业结构、科学、信息化等维度，以及资源、污染和治理等环境层面。

在人口不断增长的情况下，土地使用规划是促进可持续性的重要规划方向。本文探索了苏州现有可持续性城市规划的发展方向，旨在减少农业用地消耗并提供更好的生活环境。研究发现，安置社区数量众多且容积率较低，其密集化对整个苏州土地利用的集约化产生重大影响。因此，苏州市政府应制定全市范围的总体干预计划，包括优先事项和阶段，并在容积率低、运输能力好且可达性高的安置社区促进致密化。地方政府应鼓励密集和持续的发展，并明确每个发展项目应遵守的目标，以确保每种情况下的致密化方案是可行且合适的。

苏州最新的土地利用规划更加注重营造宜居环境，提高土地利用效率。城市重建成本虽高昂，但对地方政府而言仍然是利大于弊，因为它涉及旧城区的改造和利用，不占用农业用地，也不消耗中央政府分配给地方政府的土地开发配额。此外，增加重建密度有助于经济可持续转型，为重建和居民补偿提供足够的资金。研究分析和提出的密集化转型的最终目标不是追求利润或收入最大化，而是改善居民生活环境和增加土地价值，以实现当前居民共享利益为最终目标。

[参考文献]

[1] NZEADIBE T C，ANYADIKE R N C. Social participation in city governance and urban livelihoods：Constraints to the informal recycling economy in Aba，Nigeria [J]. City，Culture and Society，2012，3（4）：313-325.

[2] SHU H，XIONG P P. Reallocation planning of urban industrial land for structure optimization and emission reduction：A practical analysis of urban agglomeration in China's Yangtze River Delta [J]. Land Use Policy，2019（81）：604-623.

[3] PELLEGRINI P，CHEN J . Sustainable Urban Renewal and Densification in China：The Case of Suzhou in the Yangtze River Delta Region [J]. Preprints，2021.

[4] XU X，ZHANG Z，LONG T，et al. Mega-city region sustainability assessment and obstacles identification with GIS-Entropy-TOPSIS model：A case in Yangtze River Delta urban Agglomeration，China [J]. Journal of Cleaner Production：2021，294：126147.

[5] SUN H，ZUO J. The Reference Value Of The Organic Urban Renewal And Smart Urban Governance Mechanism In Extraterritorial Cities For China [J]. International Journal Of Legal Developments And Allied Issues，2022，8（2）：153-172.

[6] WANG L，HE S W，ZHENG W，et al. Assessing urban vitality and its determinants in high-speed rail station areas in the Yangtze River Delta，China [J]. Journal of Transport and Land Use，2022，15（1）：333-354.

[7] YU S W，AWASTHI A K，MA W T，et al. In support of circular economy to evaluate the effects of policies of construction and demolition waste management in three key cities in Yangtze River Delta [J]. Sustainable Chemistry and Pharmacy，2022，26：100625.

［8］ ZHOU Z Q，LIU W Y，CHENG P F，et al. The Impact of the Digital Economy on Enterprise Sustainable Development and Its Spatial–Temporal Evolution：An Empirical Analysis Based on Urban Panel Data in China［J］. Sustainability，2022，14（19）：11948.

［9］ BAI Y X，WU S S，ZHANG Y J. Exploring the Key Factors Influencing Sustainable Urban Renewal from the Perspective of Multiple Stakeholders［J］. Sustainability，2023，15（13）：10596.

［10］ GAO C R，WANG J X，WANG M M，et al. Simulating Urban Agglomeration Expansion in Henan Province，China：An Analysis of Driving Mechanisms Using the FLUS Model with Considerations for Urban Interactions and Ecological Constraints［J］. Land，2023，12（6）：1189.

［11］ YAN M T，ZHAO J J，YAN S W，et al. Coupling coordination of new urbanization in Chinese urban agglomeration—Characteristics and driving factors［J］. Environmental Science and Pollution Research，2023，30（55）：117082–117095.

［12］ WAN P Y，ZHEN Y Z，LUO P P，et al. Temporal and spatial evolution and influencing factors of urban ecological total factor productivity in the Yellow River basin under strong sustainable development［J］. Science Progress，2023，106（1）：368504231152742.

［13］ LI S，YANG Y，YU Y，et al. Research on the Strategy of Urban Ecological Competitiveness under the Integration of the Yangtze River Delta–Taking Meilong Town of Shanghai as an example［C］//第四届能源与环境研究进展国际学术会议（ICAEER 2019）. 2019：886–890.

［作者简介］
李文睿，就职于澳门城市大学创新设计学院。

大尺度城市更新规划的三个思维视角

□刘瑞刚

摘要：城市更新行动是存量时代推动城市高质量发展的重要手段，针对大尺度城市存量地区的更新规划则是更新行动中的关键一环。本文基于若干城市的规划实践，尝试讨论大尺度城市更新规划的三个挑战以及应对挑战的三种思维视角：以"价值研判—目标愿景—格局优化"的战略性思维，回应目标愿景的综合化挑战；以"评估评价—系统解构—空间策略"的系统式思维，响应空间对象的复杂化挑战；以"情景模拟—动态蓝图—实施抓手"的定制化思维，适应实施路径的动态化挑战。

关键词：大尺度城市更新规划；战略性思维；系统式思维；定制化思维

1 引言

城市更新已成为存量时代推动城市高质量发展的重要手段。在国家"十四五"规划和2035年远景目标纲要中，明确要实施"城市更新行动"这一重大工程。而实施"城市更新行动"，必然规划先行，且必然要首先着眼于城市级抑或是片区级的大尺度城市更新层面。

讨论大尺度城市更新规划，是相对于小尺度城市更新或以往诸如棚户区、城中村等单一功能的城市更新而言。目前，对于我国的多数城市而言，大尺度城市更新规划的经验仍然较为缺乏，尚无成熟之规，亦无遵循之道，亟待通过实践不断总结并交流。本文基于笔者参与过的若干城市更新项目实践，尝试讨论大尺度城市更新规划的三个共性挑战，以及应对挑战的三种思维视角。

2 大尺度城市更新规划的三个挑战

大尺度城市更新的规划实践，一方面有着更新规划的基本特征，即需要关注功能转变、容量变更、产权转移等关键要素；另一方面，又兼具大尺度规划的特征，要更聚焦于宏观目标愿景、整体空间系统、弹性实施路径等维度。而且，这三个维度叠加关键要素之后，也呈现出与众不同的特征及挑战。

2.1 目标愿景趋向综合化——由多元目标到综合竞争力提升

城市更新的目标，无论是注重物质空间环境的改善，还是城市经济活力的导入，抑或是注重社会协调与文化传承等，趋向多元化已是共识。

在宗地、街区、单元等小尺度空间的更新实践中，不同特质的空间往往倾向于不同方面的更新目标，虽多元纷呈但大都相对纯粹。在大尺度的城市更新中，多元目标会相互交叠、更加综合化，而且往往会触及城市的战略性议题。另外，随着增量扩张型规划逐渐减少，城市未来可持续发展的驱动力也需要依托大尺度的存量地区来承载。

因此，大尺度城市更新的目标愿景要更聚焦于综合化的城市竞争力的提升，城市综合竞争力以城市高质量发展驱动力为核心，兼顾人居高品质环境吸引力、社会多样化需求协同力、地域特色化文脉传承力等。

2.2 空间系统日益复杂化——由应对简单系统到统筹复杂系统

大尺度存量更新规划的空间系统更加复杂，这是40多年来快速城镇化积累的必然现象，这种复杂体现在产权主体、事权主体、主导用途、碎片空间等诸多方面。

一是产权主体多元化，不仅仅是土地的所有权，还包括地上地下建筑的使用权，往往国有与集体土地犬牙交错，产权主体与使用权主体多层交织。二是事权主体内向化，管理主体数量与类型更多更丰富，不同的街道、镇村、园区、社区集聚着多样的类型群体，而不同群体的事权管理边界往往更加趋于微妙的地缘内向特征，造成了很多不太积极的边界空间。三是主导用途立体化，更加混合的用地、更加复合的建筑组成了无比复杂的更新区域，犹如一个立体的魔方，既多元多样又动态可变。四是机会空间碎片化，能够有条件开展更新的机会土地不仅有限，而且往往分布分散，给未来的统筹利用布局带来更大的挑战。

因此，大尺度城市更新的空间对象，不再是二维的简单系统，而是在三维层面，由更多元产权、事权、用途、边界的复杂系统组成，需要更精细化的摸底调查与更系统化的统筹应对。

2.3 实施路径更加动态化——由制定稳态计划到模拟动态路径

实施路径是更新规划的关键一环，越小尺度的更新规划，其实施周期越短，实施路径越相对明确，计划的拟定越趋于稳态；而越大尺度的更新规划，其实施周期更长，实施路径则越相对模糊，不确定性越大，计划拟定更倾向于多种情景的动态模拟。

首先表现在功能配置的动态化。大尺度城市更新的主导功能要符合城市总体发展战略的思路，确保大的方向性目标不偏失，也要有效引导市场化的衍生功能。但在长周期的实施过程中，主导功能本身并非单一存在，往往以紧密嵌套的功能组群的形式存在，功能组群的内部也经常出现此消彼长的动态演化情景，其衍生功能业态的配比也都会随之而频繁调整优化。

其次是更新主体的动态化。虽然在大尺度的更新行为中，强化政府的作用非常重要，以确保公共资源配置的合理与公平，也避免空间碎片化的结果。但是同时也要积极调动市场资源，撬动社会资本，提高公众参与程度。因此，大尺度城市更新的推进过程，一定是政府、企业、公众等多元主体共同参与，并有着各自的需求、复杂的博弈、动态的协同关系。

最后是更新模式的动态化。针对不同的更新目标、功能配置、实施主体和实施阶段所评估得出的"留、改、拆、增"也会即时动态互换（不包括刚性地保护建筑与环境），因此更新模式也会更加定制化，并且很难与实体空间一一对应，也就是无法画出一张与空间精准匹配的更新模式分布图。取而代之的将是更多动态情景下的模拟，以及更灵活弹性的实施管控机制。

3 以战略性思维，回应目标愿景的综合化挑战

3.1 "价值研判—目标愿景—格局优化"的战略性思维

一旦大尺度的城市更新行为触及了城市整体发展的议题或是综合竞争力的议题，就不能仅

就更新论更新，必然需要带有更强的战略性思维。

战略性思维需要立足时代特征与区域格局，从更长周期的时代演变规律、更大视野的宏观发展格局来审视更新区域，审视的目的是要对核心资源的战略性价值做识别，然后基于价值来确定更新区域的使命和目标，依据目标部署破题之策，并指导下一步空间布局。

这个思维过程要围绕战略性的议题开展思考，才能处理好目标导向下的关键性决策，而非落入面面俱到的细节性问题处理之中。

3.2 战略性思维在唐山南湖区域更新实践①中的尝试

唐山南湖是城市的发源地，由于多年煤炭开采而逐渐塌陷，经过 20 多年的修复治理，南湖已经脱胎换骨，实现了从"采煤塌陷到绿水青山"的转变。未来如何进一步认识并发挥南湖的价值，促进环湖区域功能提升与空间优化，成为唐山城市转型进程中的一个关键议题。

这个案例是一个没有明确规划边界的大尺度更新项目（环湖区域是一个泛指的空间范畴，面积超过 100 km²），而且核心任务是探讨唐山城市转型的重量级议题（必须立足唐山整体视野），常规以空间设计为切入的技术路线显然并不适合于此。而最终，规划破题关键是以战略性思维开展的三个方面研究：基于时代与区域视野认知南湖价值、基于价值认知定义"湖城"目标愿景、基于"湖城"愿景优化总体空间格局。

3.2.1 基于时代与区域视野的南湖价值研判

一方面，南湖不止于生态景观价值，还是采煤塌陷治理修复的全球成功典范，是富集大量工业遗存的国家近现代工业文化摇篮，更是唐山抗震精神的核心纪念地。因此，南湖对于唐山的价值，是生态文明时代城市特色、活力、文化、精神的集中彰显之地。另一方面，南湖不只是唐山的湖，从京津冀区域协同发展的大势以及建设世界级城市群的目标来看，南湖之于区域的价值，是吸引区域高端要素集聚、营造理想人居环境的首善之地。因此，唐山这"一方城"，零距离地拥有如此价值的"千顷湖"，必然将成为其重塑核心竞争力和比较优势的重要抓手。而这个抓手，重点一定在于"湖＋城"的融合碰撞。

3.2.2 基于价值研判的"湖城"目标愿景

基于上文的价值认识，本次实践提出了从"工业之城"向"未来湖城"转变的愿景。以"湖城"之义来塑造唐山的未来，并推动城市转型发展。

从四个维度拓展"湖城"的定义：一是人民湖城，首先要强调，"湖城"是容纳多样化人民活动，承载人民对美好生活向往的客厅；二是活力湖城，其次要依托湖城，集聚多样化的城市功能，为城市转型发展激发新动能，提供新活力；三是国际湖城，还应该努力集聚国际化职能，支撑唐山走向国际化，并助力京津冀建设世界级城市群；四是生态湖城，南湖也必然是进一步探索人与自然和谐共生，践行生态文明的最佳区域。

3.2.3 基于"湖城"愿景的总体空间格局优化

以"湖城"愿景来指导唐山整体空间格局的优化，不仅是视角的转变，更是未来发展模式的转变。而且也并非局限于小尺度的细节设计，而是从大尺度空间上谋划的结构性格局优化。

一是提炼"湖城"的总体格局：拥湖不围湖，强化南湖北侧城市轴线，打造东西两侧国际化与创新功能带，构建"湖城"的框架。

二是提出以"湖城"为核心的增长格局：以"南湖客厅＋高铁门户＋东湖花园"，打造唐山中心城区未来发展提升的"增长三角"。

三是构建生态、文化两个"湖城"的特色格局：打通"南湖－凤凰山－大城山－唐钢－东湖"的斜向生态廊道，构建大环城水系，形成"蓝绿网络交织"的城市生态格局；以"铁路溯源、工业记忆、城市漫游"三大主题体验线路，紧密联系唐山的文化价值点，打造便捷可达、体验丰富的唐山文化带。

四是丰富"湖城"的功能网络格局：环湖构建"承载人民生活、支撑活力创新、链接国际舞台、预控弹性未来"四大主题复合的功能网络，并赋予多样化的环湖体验与滨湖空间。

该项目的成果并没有输出更多细节性的空间更新设计，而是围绕城市宏观尺度的战略性更新思路开展研究，通过"价值研判—目标愿景—格局优化"的战略性思维，为唐山城市转型提供了新的思路，大大丰富了唐山城市未来的愿景内涵与格局想象。基于目标导向的研究结论获得了城市管理者的采纳，有效指导了下一层次的详细更新规划。

4 以系统式思维，响应空间对象的复杂化挑战

4.1 "评估评价—系统解构—空间策略"的系统式思维

毫无疑问，大尺度存量空间是一个极度复杂的空间系统，而处理复杂空间系统的更新规划行为，必然需要系统式思维，以系统科学的方法论来指导。

一方面，复杂系统往往包含着众多相互关联作用的子系统，如果想改善整体系统的状态，则首先需要通过一定的评估评价手段，对复杂系统进行解构，解析出若干关键性的子系统，并针对关键性子系统开展优化提升。另一方面，基于系统结构决定系统功能的原理，若要达成更新行动所确立的理想目标，大尺度的城市更新规划就还要聚焦于各子系统之间的结构关系调整，通过清晰的结构关系，调节子系统间的相互作用，达到有效的整体系统干预目的。

也就是说，面对一个大尺度城市更新的复杂空间对象，首先需要建立评估评价模型，以识别核心问题；其次通过系统解构梳理出核心问题所涉及的关键性子系统，将复杂空间系统抽象出可解的子系统框架；最后提出空间策略，以对关键性子系统进行优化提升，同时优化子系统间的相互作用结构关系，促进复杂系统的自组织生命力。

4.2 系统式思维在福州科学城更新实践②中的尝试

福州科学城位于福州市中心城区西部、旗山与乌龙江之间，包括福州市大学城、高新区、上街镇，面积约 100 km²。其中，上街镇历史悠久，下辖侯官村是福建地区设立的第一个县治，有着"八闽第一村"的美誉；大学城经过 20 多年的建设，已经建成高校 13 所，常住学生 17 万，教师 1 万余人；高新区经过 10 年的开发，集聚了大批高新技术企业与人才。

经过多年的开发建设，使该区域已经成为一个高度建成的大尺度存量地区，同时这个区域的发展目标也非常明确，就是致力打造福州的科创高地。因此该项目的核心任务就是探讨如何以系统式思维为依托，优化大尺度复杂空间系统，以更好地承载科创高地的愿景目标。主要规划工作围绕三个方面开展：基于多维视角的评估评价；基于评估评价的空间系统结构；基于系统解构的空间策略提出。

4.2.1 基于多维视角的评估评价

一是对现状空间基础的评估评价。基于多因子评价建立分析模型，识别生态保护空间、战略机遇空间、可用改造空间、现状保留空间、文化更新空间等。

二是对科创水平集聚的评估评价。从自身发展来看，大学城、高新区已经集聚了大量师生与企业；但比较来看，总体科创水平还有很大的潜力空间，缺少能够打通产学研链条的科创服

务类功能，也缺少促进产城融合的生活性服务中心。

三是对开发实施的评估评价。大学城、高新区与上街镇三大主体各自依托事权与辖界分头建设管理，大量内向化、碎片式的开发实施加剧了空间系统的复杂交错，造成了空间系统的日益割裂，也出现了生态侵蚀、交通不畅、设施不均、风貌失调等一系列问题。

4.2.2　基于评估评价的空间系统结构：五个关键性子系统

多维视角的评估评价，交织印证了对基地的基本判断——三大板块（大学城—高新区—上街镇）的割裂是该区域空间系统的核心矛盾所在。而这个"割裂"可以进一步从"生态山水、科创功能、交通出行、宜居服务、文脉风貌"等五个关键子系统进行解构。

一是"割裂"已严重威胁生态子系统。以"旗山—溪源江/邱阳河/流州湿地—乌龙江/大樟溪"构成的大生态格局基底仍然较为优越，原有丰富的末梢水网已经消失，生态廊道所剩无几，生态连通性与质量在不断下降。二是"割裂"制约着科创功能子系统的进一步提升。按已有的科创水平评估结论，这个子系统正在不断集聚科创要素，但大学城—高新区之间的产学研互动还不够，科创服务的功能较为缺失。三是"割裂"阻碍了交通子系统的完善与运转。受限于大学校园的封闭及上街镇的碎片式开发，基地的交通体系难以成网，有限的道路压力巨大。四是"割裂"使得大学师生、上街镇居民、高新区创新白领等三类人群的需求仅能各自寻求配套设施，高品质的生活服务设施子系统既缺乏均衡的布局又难以兼顾多元的人群。五是"割裂"更限制了传统文脉子系统的延续，造成了文化认同的缺失，也影响了该地区吸引力的持续加强。

4.2.3　基于系统结构的空间策略："四提一补"、联动融合

针对5个关键子系统的问题，分别提出相应的空间优化策略（"四提一补"）。同时，子系统间的良性互动也需要持续关注，保障每个子系统的优化都正向影响其他相关子系统，并支撑整体系统的不断完善（联动融合）。

一是提升生态环境连通，优化山水生态网络。优化生态网的重点是通过修复内部水系、湖泊、湿地，打通多条生态廊道，连通旗山与乌龙江，引入绿水青山。以独特的山水生态品质，塑造人居品质吸引力，促进"城与自然"之间的联动融合。

二是提升通达便捷程度，优化交通出行网络。优化交通网的重点是外迁高速路以疏解过境交通，快速化骨干道路以促进快慢分离，打通断头路并塑造人性化的街道空间，以及通过智慧化的公共交通分解压力，特色化的慢行交通以满足休闲体验需求。以便捷的交通，促进功能要素、多元人群的充分流动与联动融合。

三是提升设施服务布局，优化宜居服务网络。优化宜居网的重点是以人的需求为出发，打造创新、生活、休闲等特色服务圈，提升人居环境品质。以高品质的人居空间，吸引人才集聚，促进职住之间的联动融合。

四是提升地域文化认同，优化文脉风貌网络。优化风貌网的重点是传承历史文脉、塑造科创未来，以独一无二的地域特色强化居民认同感，促进"传统与未来"之间的联动融合。

五是补充科创服务能力，优化科创功能网络。优化科创网的重点是导入大学城共享中心、青年"双创"中心、创新资源平台中心。以创新服务撬动创新要素的集聚与嵌网能力，促进产学研创新主体之间的联动融合。

该项目更多是在既定目标下，围绕复杂空间系统的优化来开展规划研究工作，通过"评估评价—系统解构—空间策略"的系统式思维，解析出破题的关键性五大子系统，并有针对性地提出策略与方案，同时更加注重子系统间的正向融合促进。

5 以定制化思维，适应实施路径的动态化挑战

5.1 "情景模拟—动态蓝图—实时抓手"的定制化思维

前文提到，大尺度存量更新的实施路径在功能、主体、模式等诸多方面都有着大量不确定性因素存在。而具体到某个大尺度的存量空间，往往会有其特殊的不确定因素。因此，针对大尺度存量空间的更新个案实践，必然需要以定制化的思维，来制定动态化的实施路径。

定制化思维首先要判断在实施进程中，关键的确定性因素与重大的不确定性因素之间的组合关系，尽量模拟"不变＋可变"的情景推演，根据情景构建动态化的空间蓝图，进一步明确实施的突破口，在动态模糊的路径中尽量找到关键性的可操作抓手。

这个定制化的思维过程，重点要把握好确定与不确定之间的平衡关系，以推进高质量的实施为导向，既不能过于僵化成静态式的计划明细而失去弹性，也不能过于灵活成无计划的"见招拆招"而走向碎片化。

5.2 定制化思维在株洲清水塘片区更新实践③中的尝试

清水塘老工业区位于株洲市中心城区西北部，南邻湘江，北侧紧邻长株潭绿心，面积约15 km²。这里是国家"一五""二五"期间重点建设的冶炼、化工基地，60多年来，为国家做出巨大贡献的同时也产生了严重的污染问题。2014年，清水塘老工业区的搬迁改造被列入全国21个城区老工业区搬迁改造试点之一，并在2015年明确了全面关停污染企业、开展搬迁改造工作（图1）。

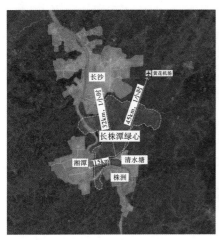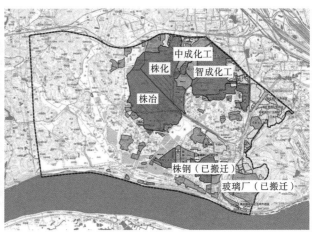

图1 清水塘区位（左）与清水塘企业分区现状（右）

由于清水塘老工业区搬迁改造与环境治理需要巨大的成本以及超长的周期，因此更新规划所面临的最核心任务就是以实施为导向，破解高成本、长周期所带来的发展不确定性议题。具体规划工作包括基于"不变＋可变"的情景模拟、基于情景模拟的"引爆—拓展—衍生—迭代"动态蓝图、基于动态蓝图的"突破点＋项目包"实施抓手。

5.2.1 基于"不变＋可变"的情景模拟

对于清水塘片区来说，相对确定性也就是"不变"的情景，首先是三大必须承载的功能：传承工业遗产的文化旅游功能、支撑产业可持续升级的科技创新功能、依托湘江港口保税区与

铁路货站的口岸物流功能。其次是三大功能的空间区位：工业文化旅游功能必然依托工业遗产富集区域、科技创新功能倾向滨江节点区域、口岸物流功能需要结合交通设施布局。不确定性也就是"可变"的情景，包括三大功能的用地规模与启动时机，三大功能所衍生的业态类型，以及三大功能在未来一段时间是否还有更合适的功能来迭代等。

5.2.2 基于情景模拟的"引爆—拓展—衍生—迭代"动态蓝图

充分考虑对"不变"情景的科学应对，对"可变"情景的弹性管控，来构建动态的空间蓝图。将承载三大主体功能业态的区域可以称之为"引爆区"，一经确定，全力推进；为"引爆区"预控发展规模的区域为"拓展区"，"拓展区"可以是增量状态，也可以是收缩状态，根据实际情况需要来判断是否增减或者兼容他用；由"引爆区"带动开发的区域确定为"衍生区"，以丰富业态、完善配套、平衡资金之用。此外，三大功能是基于当前情景所确定，其中的物流功能与文化旅游、科技创新等功能并不兼容，因此针对口岸物流功能设置了远景的"迭代区"，以便在合适的时机升级为其他类型功能。

以上"引爆区-拓展区-衍生区-迭代区"是基于功能主导性、开发确定性以及实施必要性等要素来区分的，强调的是功能之间的内在联系，构建的是弹性的功能网络，而非机械的功能类型分区。同时，通过挖掘功能之间的联系，构建紧密交错的功能网络，从而共同抵御开发不确定性的风险。

5.2.3 基于动态蓝图的"突破点＋项目包"实施抓手

一张动态蓝图的实施，首先需要合理划分实施阶段，根据主导功能的难易程度、迫切程度、资金保障等多方面综合判断，以明确各阶段的核心任务，找准实施的突破点与项目抓手；其次也要统筹安排好各类项目间的搭配组合，从开发运营的角度，形成若干项目包，以确保实施抓手的可操作。当然，也要建立分阶段评估决策的实施机制，每一个阶段的实施都应当立足于上一阶段的评估，以灵活调整每阶段的实施重点，适应未来不确定的动态情景。

清水塘搬迁改造工程划分为"蜕变、激发、营造"三阶段，要找准各阶段的"突破口"与"项目抓手"，同时策划基础设施建设类及经营开发类两类的八大项目包，明确各阶段分别由"政府推动"与"市场主导"的重点工程，有效推动搬迁改造工程的顺利进行（图2）。其中，由政府推动的三大基础建设项目包为交通及市政基础设施、污染治理＋生态修复＋花博会、工业遗址公园＋博物馆＋轨交嘉年华；由市场主导的五大经营开发项目包为主题公园＋主题社区、体验式商业＋商住、科技园＋科技社区、保税物流园＋配套社区、临山居住板块社区。

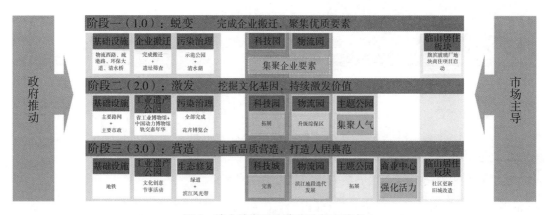

图2　清水塘搬迁改造分阶段突破点

该项目重点围绕不确定性的应对策略来开展规划研究，通过"情景模拟－动态蓝图－实施抓手"的定制化思维，提供了一套定制化的解决方案。规划成果没有传统的静态空间布局，取而代之的是通过推演而成的动态化功能网络，有效回应了实施导向的需求。

6 结语

随着我国城市更新帷幕的拉起，大量的更新实践会井喷而来。其中，大尺度的城市更新实践值得更加重视与关注，当然也有着更为艰巨的挑战：其目标愿景从注重某一相对单纯的目标，到注重更具综合化的竞争力的持续提升；其空间框架从应对简单的空间对象，到统筹多元复杂的空间系统；其实施路径从制定稳定精细的计划，到模拟动态不确定的路径。

本文也基于大尺度城市更新项目的实践，从规划思维的视角回应挑战：以"价值研判－目标愿景－格局优化"的战略性思维，回应目标愿景的综合化挑战；以"评估评价－系统解构－空间策略"的系统式思维，响应空间对象的复杂化挑战；以"情景模拟－动态蓝图－实施抓手"的定制化思维，适应实施路径的动态化挑战。在具体实践中，三种思维相互交织，根据实际需求各有侧重，灵活应用。

[注释]

①唐山南湖区域更新规划实践于2018年开始，项目名称为"唐山南湖、东湖及周边区域概念性城市设计"，由北京清华同衡规划设计研究承担完成，项目组成员包括王晓东、张险峰、刘瑞刚、朱天、陈倩、朴香花、何文桥、苏唱、宋天颖、郑楠星、王辰琛、闫庆雨等。

②福州科学城更新实践由一系列项目构成，包括2017年开始的"福州上街地区概念性城市设计（规划提升）"、2018年开始的"乌龙江、大樟溪沿线福州高新区段规划提升"、2019年的"福州上街大学城更新改造规划"、2021年的"福州上街大学城高新区组团（科学城）分区规划及重点区域控规"竞赛，其中大部分由北京清华同衡规划设计研究院与福州市规划设计研究院合作完成，系统性思维的过程贯穿始终，项目组成员主要包括刘瑞刚、朱天、郑永怀、赵博、戴利斌、王宇飞、王辰琛、逯百慧等。

③株洲清水塘片区更新实践于2015年开始，项目名称为"株洲市清水塘老工业区搬迁改造战略规划"，由北京清华同衡规划设计研究承担完成，项目组成员包括卢庆强、刘瑞刚、高珊、赵丽虹、庞书经、柴江豪、宋天颖、杨钦宇、任建峰、李峥、闫庆雨、韩经纬、顾纲、吕怡琦等。

[参考文献]

[1] 程大林，张京祥. 城市更新：超越物质规划的行动与思考 [J]. 城市规划，2004（2）：70-73.

[2] 罗翔. 从城市更新到城市复兴：规划理念与国际经验 [J]. 规划师，2013，29（5）：11-16.

[3] 庄少勤. 上海城市更新的新探索 [J]. 上海城市规划，2015（5）：10-12.

[4] 田莉，姚之浩，郭旭，等. 基于产权重构的土地再开发：新型城镇化背景下的地方实践与启示 [J]. 城市规划，2015，39（1）：22-29.

[5] 阳建强，杜雁，王引，等. 城市更新与功能提升 [J]. 城市规划，2016，40（1）：99-106.

[6] 邹兵. 存量发展模式的实践、成效与挑战：深圳城市更新实施的评估及延伸思考 [J]. 城市规划，2017，41（1）：89-94.

[7] 彭恺. 新马克思主义视角下我国治理型城市更新模式：空间利益主体角色及合作伙伴关系重构 [J]. 规划师，2018，34（6）：5-11.

[8] 阳建强. 走向持续的城市更新：基于价值取向与复杂系统的理性思考 [J]. 城市规划，2018，42

（6）：68-78.

[9] 彭坤焘. 城市更新目标预期的"负效应"解析 [J]. 城市规划，2018，42（9）：62-69.

[10] 张旺君. 系统开放、反馈调节与渐进进化原理 [J]. 系统科学学报，2018（8）：47-50，75.

[11] 唐燕. 城市更新制度建设：顶层设计与基层创建 [J]. 城市设计，2019（6）：30-37.

[12] 阳建强，陈月. 1949—2019 年中国城市更新的发展与回顾 [J]. 城市规划，2020，44（2）：9-19，31.

[13] 黄卫东. 城市治理演进与城市更新响应：深圳的先行试验 [J]. 城市规划，2021，45（6）：19-29.

[14] 魏书威，张新华，卢君君，等. 存量空间更新专项规划的编制框架及技术对策 [J]. 规划师，2021，37（24）：28-33.

[15] 王嘉，白韵溪，宋聚生. 我国城市更新演进历程、挑战与建议 [J]. 规划师，2021，37（24）：21-27.

[16] 戴小平，许良华，汤子雄，等. 政府统筹、连片开发：深圳市片区统筹城市更新规划探索与思路创新 [J]. 城市规划，2021，45（9）：62-69.

[17] 王富海，阳建强，王世福，等. 如何理解推进城市更新行动 [J]. 城市规划，2022，46（2）：20-24.

[作者简介]

刘瑞刚，高级工程师，就职于北京清华同衡规划设计研究院总体三所。

城市更新背景下文化消费空间的营造路径探索

——以北京市为例

□叶成康，胡章，武敏

摘要：近年来，城市更新正以空前的规模和速度在全国各地展开，成为未来一段时间内城市适应新形势、推动城市高质量发展的必然选择。随着城市更新实践的持续推进，文化经济、消费经济导向下的城市空间营造在其中的重要作用开始显现，构成了城市现代性突出且完整的一部分。本文重新审视当前文化消费空间的特质与问题，结合北京的实际案例讨论了城市更新过程中文化消费空间演变的最新动向，并对文化消费空间的营造路径进行对比和总结，为城市更新改造工作的开展提供借鉴。

关键词：城市更新；文化消费空间；营造路径；北京

随着我国人民对文化消费的需求的提升，各类新兴文化消费方式层出不穷，如故宫文创、脱口秀、漫画展、沉浸剧本杀、数字艺术展等，通过对传统文化的再创造、新型演艺形式的引入等方式，文化消费活动日益丰富，平日活动从"读书看报听广播"变成了"看展探店买文创"。北京市作为全国文化中心，文化设施、文化产业十分发达，根据《北京文化产业发展白皮书（2022）》，2020年北京文化产业实现增加值3770.2亿元，占地区生产总值的10.5%，北京居民人均文化娱乐消费支出1367元。丰富的文化消费活动往往利用景区、历史文化街区、文化展馆、文创园区等空间进行功能和业态的升级，如今在城市更新大浪潮下，文化消费为历史文化街区、老旧厂房、老城区、老旧小区的改造提供了新的营造路径和思路。

1 文化消费空间演变历程

1.1 文化消费空间定义

文化消费是指人们为满足精神文化需求，以各种方式消费文化产品及服务的行为。文化消费空间不仅是承载文化消费的物质载体，同时也已成为构成城市现代性的重要组成部分。根据文化消费的形态与类型，文化消费类型有消遣型、娱乐型、享受型、社交型、发展型和智力型等。历史文化街区、文创园区、博物馆、美术馆、大剧院、商场、公园等，都可以是文化消费空间，为文化消费活动提供场所，提供独特的文化体验、售卖文化商品、开展文化活动等。

1.2 相关文献研究综述

以往，对文化消费空间的研究多将消费者聚焦在商场、集市和主题公园等某一特定空间内。如今文化消费空间的研究已经转向将消费空间作为重要的一类社会空间，且是如何影响周边环境的。同时，在全球数字文化消费加速的背景下，文化消费空间的研究呈现跨空间尺度的特征，更关注网络虚拟空间与真实世界的关联等方面。消费空间的建构与文化研究成为新文化地理学的热点。相关研究关注在全球化、后现代消费等多重背景下，文化消费空间的塑造、建构与营销方式，进一步解读消费空间中的文化建构路径，同时特定的文化消费空间也在消费者的参与中形成特定的文化社会意义。

1.3 文化消费空间发展新动向

1.3.1 居民文化消费需求的升级需要丰富的文化消费空间供给

根据中国旅游研究院与上海创图公共文化和休闲联合实验室发布的《2022年上半年全国文化消费数据报告》，2019年以来，国内文化和旅游休闲半径进一步收缩，本地化、短距离、多样化的文化消费逐渐占据主导，线上消费规模进一步扩大，同时线下消费尤其是城市文化消费也迎来新的增长，主要集中在城市商圈、文化街区、文化场馆、新型演艺空间及近郊区域等。围绕当代消费者追求的无界感、代入感、沉浸感，国内多地商业街区、文化街区、商业综合体等加快了在潮流时尚、文化创意、科技赋能、场景营造等方面的创新探索，成为当下重要的文化消费场景。

由于线上消费的冲击和空间的同质化竞争，倒逼传统文化消费空间加速转型升级。随着文化消费群体的年轻化、细分化，公众的文化消费需求不断提升。文化消费空间从单纯的商业空间向创新型、体验型文化空间延展，如文化商圈、文化创意市集、传统商业综合体等；文化消费空间从实体空间向虚拟性、临时性文化空间延展，如购物商场、文化消费季、设计节、音乐节等；文化消费空间从消费供需关系向多主体多类型的支撑网络延伸，如商场集市、主题公园等。

1.3.2 城市长效运营需要展示自身文化品牌和信息的文化消费地标

国内外全球城市往往都有着独具特色、丰富的文化消费空间，包括伦敦、巴黎、纽约、上海等，已经成为展现一个城市自身文化品牌和形象的地标。

各地城市既有通过嵌入旅游、演艺、会展、会议、观光等文化旅游、观光活动，展示城市文化和城市形象、提高城市全球营销能力，如柏林克洛伊茨贝格街区、巴黎左岸艺术区、纽约苏荷街区、伦敦创意特区、北京798艺术区等；也有通过丰富的文化活动来增强城市活力，进一步带动城市文化旅游的快速增长，从而快速提升城市的国际吸引力，如主题公园、博物馆、艺术馆、历史街区、创意市集、特色小镇；此外，创新型社区的公共空间作为公共文化空间也在逐步激发一个地区乃至一座城市的活力，如由老旧社区图书馆改建而成的"上海陆家嘴融书房"，每周举办两场高质量的"陆家嘴读书会"，以"在场＋在线"的方式覆盖全国观众，被誉为"没有围墙的融书房"。

1.4 国外建设经验总结

欧美地区的城市在20世纪八九十年代经历了一轮文化创意产业快速发展的阶段，通过文化创意产业与旧城更新相结合，推动产业变革和知识经济的创新，同时也快速提升城市形象和吸引力、城市活力。基于独特的资源基础和发展路径，这些城市形成了千姿百态的文化消费空间，有通过继承历史文化传统的"轨迹延续式"发展，也有通过裂变式革新以适应竞争压力的"另辟蹊径式"发展。欧洲大多数城市更强调政府与民间的合作，美国城市多采用政府扶持、民间主导的实施方式，如英国通过地方空间规划（Local Spatial Planning）整合了地方开发框架的核心策略、基础设施履行计划、地方行动计划以及补充规划文件等，对于部分核心城市，政府积极利用棕地、废旧厂房等补充文化类基础设施，包括画廊、孵化器、博物馆等，将有助于构成"场所感"的要素整合到一起，构建具有高度连接性、灵活性、文化和创造性的基础设施，带动整个城市文化消费空间的发展。与此同时，需要引起关注的是，由于文化工作人员大多存在不稳定性较高、受外部环境影响较大的特征，往往在后期运营中会出现诸如在地文化缺失、成本难以平衡、更新创意不可持续等问题。

2 城市更新背景下的空间需求变化

2.1 宏观背景

随着城市化进程的深入，许多城市已经从大规模增量建设阶段进入了存量更新和增量结构调整并重的阶段。作为新阶段推动城市发展的重要手段，城市更新不仅可以改善城市的面貌和环境品质，还可以完善城市的功能和服务，提高城市的竞争力和吸引力，为城市的可持续发展和社会价值的最大化做出重要贡献。近年来，政府也加强了对城市更新的支持和引导。2021年，住房城乡建设部开展第一批城市更新试点；2023年，自然资源部发布了《支持城市更新的规划与土地政策指引（2023版）》，提出了一系列支持城市更新的政策措施，包括在国土空间规划体系内强化城市更新的规划统筹、改进国土空间规划方法、完善城市更新支撑保障的政策工具、加强城市更新的规划服务和监管等。

2.2 北京市城市更新历程

北京作为我国的首都，既是世界著名古都也是现代化国际城市，在城市更新方面历经70多年的探索实践，经历了三个阶段的发展，包括1949—1980年对重点地区的保护性改造和拆除性重建，1980—2000年的大规模旧城改造，2000年至今的在文化导向下推动的小尺度空间调整的更新模式。北京市在城市发展的不同时期，基于不同的目标，探索出了多种模式的城市更新，包括拆除重建、开发带危改、市政带危改、房改带危改、绿化隔离带动旧村改造、微循环等。

2010年以来，北京市有关城市更新的举措主要通过"棚改""老旧小区改造"等形式展开，北京市政府、市住房城乡建设委也十分重视城市更新工程的开展，出台了多项政策支持、引导及规范城市更新工作的实施。2021年密集发布城市更新相关的政策，涉及各类型政策，包括老旧小区"疏解整治促提升"、城市更新行动计划等。2022年《北京市城市更新条例（征求意见稿）》开始征求意见及进行审议流程，进一步明确城市更新的内容、刚性条件及政府职责等内容。

2.3 文化消费空间的相关政策导向

《北京市城市更新条例（征求意见稿）》中提出要"坚持敬畏历史、敬畏文化、敬畏生态，坚持'留改拆'并举"，"严格控制大规模拆除、增建"，"落实本市历史文化名城保护要求，挖掘历史文化和时代价值，延续历史文脉"，"实施老旧低效楼宇更新，优化业态结构、完善建筑安全和使用功能、提升空间品质、提高服务水平，拓展新场景、挖掘新消费潜力、提升城市活力，提高智能化水平、满足现代商务办公需求，促进国际消费中心城市和智慧城市建设"等要求，对于城市更新中的实施路径、功能提升、文脉保护提出相应要求。

《北京历史文化名城保护条例》自 2021 年 3 月 1 日起施行，明确规定"合理控制商业开发规模，优先用于完善地区公共服务设施、补齐地区配套短板，或者用于传统文化传承展示、体验等"，"鼓励历史建筑结合自身特点和周边区域的功能定位，引入图书馆、博物馆、美术馆、实体书店、非遗展示中心等文化和服务功能；鼓励历史名园采取多种方式开放，使历史名园贴近市民生活"等内容，对于历史文化街区、历史建筑的管控力度加强的同时也积极鼓励功能的置换和提升。

总体上，随着城市更新行动的推进，越来越多的部门参与到城市更新行动中，每个街区、地块的功能策划得到多部门以及社会层面公众的广泛参与，对功能业态的策划和提升、建筑风貌和建设强度等方面提出了更高的要求，但同时也导致涉及部门要求多、各方面诉求协调难度大、实施成本收益难平衡等问题。

3 北京市典型文化消费空间更新典型空间及类型

3.1 典型更新空间

根据《国务院办公厅关于进一步激发文化和旅游消费潜力的意见》工作要求，为稳步推进文化和旅游消费工作，文化和旅游部、国家发展和改革委员会、财政部决定开展文化和旅游消费试点示范工作，建设国家文化和旅游消费试点城市，2020 年第一批国家文化和旅游消费示范城市 15 个、国家文化和旅游消费试点城市 60 个，2021 年第二批国家文化和旅游消费试点城市 55 个。北京市东城区、朝阳区、延庆区为第一批试点示范区；北京市西城区、密云区为第二批试点示范区。

结合城市更新行动的开展，更新场、北京坊、模式口等多个新型文化消费空间兴起。结合不同类型及热点，本文选取了北京市北京坊、繁星戏剧村、朝阳大悦城、北京天桥艺术中心、朝阳区 751 园区、华熙 LIVE·五棵松、北京隆福文化街区（一期、二期）、红砖美术馆、模式口历史文化街区、西单更新场、望京小街、郎园 Vintage 创意园等 12 个典型空间作为案例，对其实施路径及营造路径进行对比分析。

首都功能核心区是北京市历史文化名城保护的核心区域，也是北京市"四个中心"的核心承载区，是城市更新专项行动的重点区域，因此首都功能核心区也成了文化消费空间的重点区域。12 个典型案例中，北京坊、繁星戏剧村、北京天桥艺术中心、西单更新场、北京隆福文化街区（一期、二期）等 5 个位于首都功能核心区内，朝阳大悦城、朝阳区 751 园区、华熙 LIVE·五棵松、模式口历史文化街区、望京小街、郎园 Vintage 创意园等 6 个位于中心城区，红砖美术馆位于绿隔地区（表 1）。

表 1　案例空间分布情况

空间名称	北京坊	北京天桥艺术中心	西单更新场	繁星戏剧村	北京隆福文化街区（一期、二期）	郎园 Vintage 创意园	朝阳大悦城	华熙 LIVE·五棵松	朝阳区 751 园区	望京小街	模式口历史文化街区	红砖美术馆
所在区域	首都功能核心区					中心城区						绿隔地区
占地面积	3.3 hm²	1.65 hm²	1.2 hm²	0.5 hm²	6 hm²	2.3 hm²	8.5 hm²	30 hm²	22 hm²	长 380 m，宽 40 m	34.36 hm²	2 hm²
建筑面积	14.6 万 m²	7.5 万 m²	3.5 万 m²	0.5 万 m²	18 万 m²	2.9 万 m²	40 万 m²	35 万 m²	15.6 万 m²	—	约 18 万 m²	0.97 万 m²

结合文化消费空间的空间类型及后续功能的升级，将其归类为街区更新改造、文创园区、场馆活化利用、商场更新运营等 4 种类型。其中，街区更新改造型包括北京坊、模式口历史文化街区、望京小街 3 个，文创园区改造型包括北京隆福文化街区（一期、二期）、朝阳区 751 园区、郎园 Vintage 创意园 3 个，场馆活化利用型 3 个繁星戏剧村、北京天桥艺术中心、红砖美术馆 3 个，商场更新运营型包括西单更新场、朝阳大悦城、华熙 LIVE·五棵松 3 个。

3.2 街区更新改造型

街区更新改造型多利用历史文化街区或商业街区进行整体或渐进式改造，如北京坊位于前门历史文化街区，留有"京城商业第一楼"劝业场等历史文化建筑，在尊重地方历史和地脉传承的基础上，按照民国时期的建筑风貌进行保护性修缮。通过引入集群设计理念，邀请知名建筑大师进行设计，同时延续北京传统街巷文化和肌理，加强与周围相互联系，形成与老建筑交相呼应的新中式建筑群落。北京坊自 2006 年启动建设，2018 年开业，历经 10 多年的讨论和建设，采用的是"整体改造、统一运营"的更新方式。模式口历史文化街区采用的是渐进式、微更新的模式，重点开展房屋外立面整治、重点院落整治、市政基础设施改造、景观提升和招商运营等工作，采用"政府主导、国企运作、专业化团队运营"的模式。望京小街则为居住区内商业街，采用"政府搭台、企业运作、公众参与"的方式，历时两年，从单一环境整治到政府、市场、社会的多元共治，将一个传统街区商圈改造成为国际化的新型文化消费空间，其突出的特点是成立望京小街街区共治委员会，由望京街道、万科时代中心、方恒购物中心等多个主体构成，负责望京小街的日常运营维护（表2）。

表 2　街区改造型相关信息对比

街区名称	北京坊	模式口历史文化街区	望京小街
所在区域	首都功能核心区	中心城区	中心城区
更新/建设时间	2006 启动，2018 年开业	2016 年启动，2021 年开业	2020 年启动，2021 年开业
类型	历史文化街区	历史文化街区	主题商业街区
主题业态	时尚潮店、文化艺术场馆、主题餐饮、精品酒店、创新办公	书店、餐饮、精品民宿、寺庙、文化展馆	购物、休闲、餐饮、商务、住宿
开发主体	北京市西城区属国资企业广安控股	北京石泰集团有限公司	望京街道、万科时代中心、方恒购物中心等多主体
运营主体	北京市西城区属国资企业广安控股	北京泰福恒投资发展有限公司	望京小街街区共治委员会
人均消费额	237 元	54 元	108 元
主题定位	中国式生活体验区	千年古道、百年老街	国际商业街区
空间特色	建筑集群设计、胡同肌理延续、合院风情营造、文化地景	文化小微展馆、商业文化体验院落、沿街网红商业	德式风情街设计、艺术互动装置、观演剧场式空间

3.3 文创园区改造型

文创园区改造型多依托既有文化产业园区，丰富文化消费功能，从单一的文化生产、文化创作功能进一步拓展文化消费、商业消费、休闲游憩等功能。通过文化生产者的创意改造、运营，形成更有亲和力、更有消费力的文化消费空间，大多对老旧厂房、老旧设施进行改造。如郎园 Vintage 创意园是北京 CBD 核心区内唯一一处大面积低密度厂房改造项目，2011 年建成开业后以吸引文化创意类产业为主，近年来通过内部街景的塑造、文化活动的运营等，朗园 Vintage 创意已经成为北京市新型文化消费空间的一大品牌。北京隆福文化街区紧邻北京市美术馆，清代至民国时期曾是京城最重要庙会之一，并因其以书籍和高端艺术品交易为特色而被称为"文庙会"。1949 年后，隆福寺地区成为北京的核心商业区，2012 年 8 月，北京国资公司与东城区政府合作启动了隆福寺地区风貌保护和城市更新项目，并共同成立北京新隆福文化投资有限公司，负责推进项目开发建设、策划定位、招商运营等工作，打造新型文化街区（表 3）。

表 3　文创园区改造型相关信息对比

文化园区	北京隆福文化街区（一期、二期）	朝阳区 751 园区	郎园 Vintage 创意园
所在区域	首都核心区	中心城区	中心城区
更新/建设时间	2017 年启动，2019 年开业	2006 年至今	2009 年启动，2011 年开业
类型	文创产业园区	文创产业园区	文创产业园区
主题业态	金融办公、文化艺术消费、音乐演艺、电玩潮流	时尚设计、服装、建筑、家居、汽车、大数据	影视娱乐、文化科技、文化金融、文化传媒、设计服务、创意餐饮配套
开发主体	北京新隆福文化投资有限公司	北京正东电子动力集团有限公司	首创集团
运营主体	北京新隆福文化投资有限公司	北京正东电子动力集团有限公司	首创集团
人均消费额	94 元	102 元	100 元
主题定位	文化艺术消费地	文化时尚消费街区	国际时尚创意狩猎区
空间特色	科技融合体验、文化复合空间、"宽窄巷式发展格局"	工业设备设施再利用、由点到线的十字消费街区	极具工业文明特色的低密度文化创意街区

3.4 场馆活化利用型

场馆活化利用型更多集中在传统文化类型公共建筑的更新（表 4），包括内部空间的改造提升、风貌整治以及业态的提升和运营。繁星戏剧村、北京天桥艺术中心、红砖美术馆等均属于这种类型，其中繁星戏剧村是国内首家集群式剧场，将剧场运作和戏剧创作融为一体，通过戏剧演出、展览、沙龙等方式，增加体验感的同时也提高消费活力；红砖美术馆则是由文化艺术爱好者筹建，邀请知名建筑师进行设计，随后委托专业公司进行运营，打造文化艺术大装置作品，成为国际化的艺术体验区，随着专业化的策展团队运营，知名度进一步打响，成为北京绿隔地区典型的绿色产业空间。

表4　场馆活化利用型相关信息比对

场馆名称	繁星戏剧村	北京天桥艺术中心	红砖美术馆
所在区域	首都核心区	首都核心区	绿隔地区
更新/建设时间	2007年启动，2009年开业	2015年开业	2007年启动，2014年开业
类型	文化剧场	文化剧场	美术馆
主题业态	美术展览、文创衍生、音乐现场、艺术培训	文化艺术体验	艺术展览、休闲活动、配套功能
开发主体	北京天艺同歌国际文化艺术有限公司	北京天桥艺术中心管理有限公司	北京红砖当代美术馆有限公司
运营主体	北京天艺同歌国际文化艺术有限公司	北京天桥艺术中心管理有限公司	北京红砖当代美术馆有限公司
人均消费额	206元	416元	154元
主题定位	剧场艺术体验园区	国际化演艺舞台	当代前卫艺术的传播平台
空间特色	集群式剧场、巨幅戏剧展示空间	大型音乐剧专业剧场群、灵活的拼装式舞台	半室半园园林式环境、光影砖砌的建筑美学

3.5　商场更新运营型

商场更新运营是指基于老旧商场进行内部改造和业态更新（表5），核心在于找准品牌定位以及长期的运营和维护，并且基于周边客群的分析和业态的策划，是此类更新成功的关键点。如西单更新场、朝阳大悦城、华熙LIVE·五棵松3个典型案例，分别处于西单核心商圈、定福庄大型青年人居住区以及相对全龄化的居住社区，在更新时分别有针对性地提出主题定位，可以更加精准地服务于周边区域，提高文化消费活力。

表5　商场更新运营型相关信息比对

商场名称	西单更新场	朝阳大悦城	华熙LIVE·五棵松
所在区域	首都核心区	中心城区	中心城区
更新/建设时间	2014年启动，2021年开业	2010年开业	2006开启，2016年开业
类型	商城	商城	体育综合体
主题业态	商务休闲、时尚潮店、精品餐饮、主题文化展览	购物中心、公寓住宅、商务办公、酒店	商业、文体设施（场馆）和办公
开发主体	华润置地	中粮置业投资有限公司	华熙国际
运营主体	华润万象生活	中粮置业投资有限公司	北京五棵松文化体育中心有限公司
人均消费额	281元	329元	248元
主题定位	青年潮流发声地	城市理想生活目的地	全国文体商业地标
空间特色	城市森林环境、艺术化点缀场景、开放式商业动线	潮流艺术场馆、新消费消费场景	多功能、复合型的大众体育场馆

4 城市更新背景下文化消费空间的关键问题

4.1 根植地方性的文化业态

城市更新的过程中，地方性文化的流失是最难以解决的问题。欧洲城市在20世纪八九十年代旧城更新的时期，面临着同样的问题，一方面是全球化背景下流行文化消费趋势的快速导入，另一方面是本土文化的逐步流失和"复兴"。如今，我国城市更新中同样面临在地性文化的流失。幸运的是，随着年轻人消费观的改变以及我国居民文化消费水平的提升，越来越多的"新国潮""新演艺""新场景"成为文化消费的热点，大量新型文化消费空间，通过对于传统文化建筑空间的保护、传承与再生产，使其获得更多的溢价空间，传统文化得以保存。同质化的文化体验越来越难以满足消费者的需求，通过对在地文化的深度挖掘和再创作，才能更具吸引力，同样也是对促进城市更新中的业态策划、运营商的主题定位提出更高的要求。

4.2 可盈利的经济平衡方案

经济测算是城市更新中必不可少的一个环节，随着土地成本的不断攀升，城市更新项目的资金压力越来越大、投入周期越来越长，如北京坊城市更新项目前后经历10多年时间，对开发商的资金需求越来越高，这也是越来越多的国企、央企主导大型城市更新项目的原因之一。规模大、权属复杂、地处中心城区的城市更新项目，是难度最高的项目类型，如涉及历史文化街区，情况则更为复杂。如何有效地在"保护"与"合理开发"中取得平衡，是更新项目的关键问题，政府可采取"异地平衡"的方式对开发商进行适度补偿，同时后期的运营方式及可持续的盈利模式构建也是扩大收益的主要途径。相比较而言，结合废旧厂房、老化楼宇、废弃场馆等进行更新，成本相对可控、更新难度较小，因此这部分空间也将是城市更新过程中，未来文化消费空间的重要区域，更新过程中将涉及权属交易、性质转换等问题，需要运营商、实施主体与相关部门进行长期的商议和测算。

4.3 持续更新的文化消费力

文化消费空间的长期运营和持续盈利是成功的关键，大量文化消费空间更新后短时间内形成一波风潮，随后由于对消费者缺乏新鲜感、运营维护不足等问题开始沉寂，这也是需要尽量避免出现的"后遗症"。因此，对于这类空间而言，具有一定规模可持续输出文化产品和消费路径的文化创意者是必不可少的。近年来，随着泡泡玛特、新潮书店、脱口秀等新型文化消费产品的兴起，品牌化、可复制、拥有一定客户黏性的文化消费产品、新型演艺方式将会成为新的文化消费驱动力，城市更新中也要充分考虑相应的空间需求，提供更多样、更丰富的空间产品以适应文化消费活动的需求，如繁星戏剧村，由未来的文化生产者提前介入进行空间的设计，提高空间的适配性。专业化的运营团队必不可少，尤其是涉及细分领域、专业化的文化消费运营团队是成功的关键之一，如华熙LIVE·五棵松定位体育文化消费空间，商场运营也由体育文化团队进行运营，使得空间中的活动更加丰富，可以持续性地吸引消费者。

5 结语

文化消费空间作为城市文明的载体，不仅关乎城市的当下，也是城市的未来。随着居民对文化生活、消费的需求越来越高，新型文化消费产品及活动的供给也更加多样化。城市更新中的文化消费空间营造本身也变成了一种文化消费产品和活动，通过空间的设计、场景的运营推动和支持文化消费活动。丰富的文化消费活动利用景区、历史文化街区、文化展馆、文创园区等空间进行功能和业态的升级，为历史文化街区、老旧厂房、老城区、老旧小区的改造提供了新的营造路径和思路。

基于12个北京市新型文化消费空间的调研和分析总结，根植地方性的文化业态、可盈利的经济平衡方案、持续更新的文化消费力作为城市更新中文化消费空间营造面临的关键问题，需要通过前期深度在地调查和挖掘、可盈利的运营模式构建以及可以持续输出的文化消费产品、专业化的运营团队等措施来应对。在这样的过程中，政府可提供的决策性功能越来越少，更多是由运营商、开发商、社区人员、业主等进行统筹谋划，向政府提供需求清单，并得到政府的适度支持、鼓励引导及监督管理。

［参考文献］

［1］于今. 城市更新：城市发展的新里程［M］. 北京：国家行政学院出版社，2011.

［2］唐燕. 创意城市实践：欧洲和亚洲的视角［M］. 北京：清华大学出版社，2013.

［3］杨魁，董雅丽. 消费文化理论研究：基于全球化的视野和历史的维度［M］. 北京：人民出版社，2013.

［4］扈海鹂. "新消费空间"下青年个体社会化：一种消费文化视角的分析［J］. 社会科学，2012（12）：62-70.

［5］邹兵. 由"增量扩张"转向"存量优化"：深圳市城市总体规划转型的动因与路径［J］. 规划师，2013，29（5）：5-10.

［6］高慧智，张京祥，罗震东. 复兴还是异化？消费文化驱动下的大都市边缘乡村空间转型：对高淳国际慢城大山村的实证观察［J］. 国际城市规划，2014，29（1）：68-73.

［7］左迪，孔翔，文英姿. 文化消费空间消费者感知与认同的影响因素：以南京市先锋书店为例［J］. 城市问题，2019（1）：31-39.

［8］易成栋，韩丹，杨春志. 北京城市更新70年：历史与模式［J］. 中国房地产，2020（12）：38-45.

［9］戴俊骋，那鲲鹏，赵子婧. 当前文化消费空间特征与发展动向探析［J］. 城市发展研究，2021，28（7）：99-104.

［作者简介］

叶成康，注册城乡规划师，就职于中规院（北京）规划设计有限公司。

胡章，高级工程师，就职于中规院（北京）规划设计有限公司。

武敏，注册城乡规划师，就职于中规院（北京）规划设计有限公司。

基于健康促进的老旧小区户外环境更新策略研究

□郝嘉旆，李婧

摘要：当前我国城市发展进入了从增量到存量的转变阶段，城市规划也从设计转为治理，从空间转向社会。老旧小区是我国城市居住区的重要组成部分，由于人员构成复杂，涉及范围广，对健康的需求更加迫切，因此在老旧小区的更新改造中融入健康设计显得尤为重要。本文以《健康社区评价标准》为依据，筛选出"道路交通""绿化空间""活动场地""公共服务设施""环境舒适度"这五大类健康指标，选取北京市朝阳区五个小区进行问卷调查，以此验证所选健康指标可以对老旧小区健康现状进行评价。通过该指标对北京市朝阳区小关北里45号院进行健康评价，并提出相应改造策略。

关键词：健康促进；建成环境要素；老旧小区

1 引言

当前我国城市发展进入了存量优化时代，尤其是老旧小区的更新改造已成为当今城市发展的热点问题。近十年来，国家陆续出台了多项有关健康中国战略的相关政策法规及老旧小区健康促进改造的相关标准，可见，社区健康促进的战略地位在不断提高。老旧小区建设多在1980年至2000年，位于城市中心地带，交通便利，基础设施完善。以北京为例，老旧小区数量约14000个，80％的老旧小区在城六区中，建造时间超过20年的小区有5000多个。在这之中，朝阳区的老旧小区数量较多，占北京市老旧小区的17％。

随着时间推移，老旧小区存在的问题越来越突出，社区内配套设施较少且长时间缺乏管理，这些小区存在环境质量低、缺乏管理、配套设施少、自然环境缺乏亲和力、公共活动空间少、户外活动区域容纳量低、交通拥堵等问题。这导致了这些社区超负荷运转，增加能源消耗和环境污染，同时也造成了居民心理负担，降低了居民户外活动的意愿。除身体原因外，缺乏良好的户外活动环境也降低了居民的外出意愿，影响了居民的健康。而积极的户外活动有益于使人放松身心、增强身体素质、减少患病风险等，因此更新和改善户外环境对提高老旧小区的居民健康水平至关重要。

2 国内外研究现状

2.1 国外研究现状

国外对健康社区的研究较早，20世纪40年代，医学史学者 Henry E. Sigerist 提出健康促进的概念，但对居民的生活和身心健康关注较少。1974 年，Marc Lalonde 提出健康领域概念，指出居民的身心健康和患病率与生活的环境有关，相关设计要提供健康的生活方式。随后，健康促进概念逐渐发展，人们对健康更加重视，个人行为与环境支持结合更加紧密。1986 年世界卫生组织召开了首届国际健康促进大会，颁布了《渥太华宪章》。《渥太华宪章》强调不仅要保障个人的身心健康，还要为居民提供相应的环境支持，同时指出通过参与运动可促进居民的身心健康。随着各国学者对健康促进的研究与完善，美国在 1989 年正式启用"健康社区的概念"，建立了全国范围内的健康社区系统性行动战略。

在实践研究方面，日本机构将居民生活环境分为物理环境和社会环境，将居民的健康分为身体健康和心理健康，通过不同的环境营造方式来提升人们的健康水平状况。位于柏林的 Interkultureller 社区将社区内的闲置绿地和消极公共空间改造成为居民共享菜园，提升社区环境的同时也增加了居民活动时间。美国西雅图 Maynard 绿色街道项目在设计环节引入居民参与，通过添加街道绿化和雨水处理系统改善街区环境。

2.2 国内研究现状

近年来，我国对老旧小区的改造逐渐重视，各地区相继颁布了相关政策条款，各学者也开始对社区户外环境改造进行深入探索。张雷通过对老年人社区外环境的研究，总结归纳老年社区外环境存在户外活动空间不足、绿化较少、公共服务设施老旧、停车问题严峻等问题。孙佩锦通过多种测量方式分析环境要素与体力活动与健康的关系，并建立数据集以分析环境对健康的影响。黄瓴、牟燕川通过对建成环境与老年人健康影响关系的国际研究成果进行整理，结合中国实际构建环境与健康的作用机制。

2016 年，中共中央、国务院印发了《"健康中国 2030"规划纲要》。2020 年，中国建筑科学研究院、中国城市科学研究会等单位在《"健康中国 2030"规划纲要》的背景下，编制发布了《健康社区评价标准》，提出了以普及健康生活、优化健康服务、完善健康保障、建设健康环境、发展健康产业为重点，全力推进健康中国建设，这是国内首个关于健康社区评价标准的细则。《健康社区评价标准》以我国国情为基础，以空气、水、舒适、健身、人文、服务六个要素为依据判断社区的健康程度，并根据评价体系对社区进行评分，挖掘社区中的健康问题，建设健康的社区户外环境。

3 基于健康促进的老旧小区户外环境影响因素探究

3.1 评分依据

《健康社区评价标准》中的六大健康要素的每个要素都分为控制项和评分项，控制项以满足和不满足为评定结果，评分项和加分项以分值为评定结果。主要包括空气（污染源、浓度限制、监控、绿化）、水（水质、水安全、水环境）、舒适（噪声控制与声景、光环境与视野、热舒适与微气候）、健身（体育场馆、健身空间与设施、休闲游乐场地）、人文（交流、心理、适老适幼）、服务（管理、食品、活动），将每项评分乘以相应的指标权重得出健康社区的评分，满足所有控制项的要求即可为健康社区，同时根据评分项的分值划定健康社区的等级，分别为铜级（40 分）、银级（50 分）、金级（60 分）和铂金级（80 分）。

3.2 健康指标筛选

随着对环境与健康之间关系的不断深入研究，其影响路径也在不断延伸与拓展，但建成环境对健康的影响始终围绕着物质空间、行为活动与社会服务三方面。物质空间主要为室内空间环境和室外生态环境；行为活动主要为居民的日常行为活动，包括社交及体力活动；社会服务主要为社会资本及支持等方面。从研究尺度上看，物质空间及社会服务主要为宏观或中观尺度，难以在老旧小区改造中取得较大的效果。因此，以微观尺度为主的行为活动可以作为本次健康指标筛选的主要依据。

社区环境构成要素主要可以分为自然环境、人文环境和社会环境。为提升居民户外活动意愿，需要提高户外环境品质，提高公共空间的可观赏性和可实用性，并规划合理的交通流线，提高各类设施建筑之间的可达性和可步行性，从而增加居民户外活动交流机会，提高身体素质，提升心理健康水平。因此，结合老旧小区改造限制多、资源少的特点以及《健康社区评价标准》各要素的评分项，可总结并筛选出"道路交通""绿化空间""活动场地""公共服务设施""环境舒适度"这五大类健康指标。

为验证所筛选出的五大健康指标对老旧小区健康水平提升程度，选取北京市朝阳区北三环至北五环之间的五个街道发放调查。将所筛选出的五大类健康指标为环境健康关联变量，将每个关联变量分为若干自变量。道路交通包括道路质量、人车分离情况及道路停车。绿化空间包括绿地面积、植物种类及植物多样性。活动场地包括交流空间、户外健身场地及户外场地类型。公共服务设施包括休憩设施、遮蔽设施、文化宣传设施、垃圾分类设施、共享骑行设施及照明设施。环境舒适度包括微气候、日光及噪声。同时，问卷还包括居民主观状态，将自评健康及社区幸福感作为因变量。问卷共发放 156 份，除去 6 份无效问卷，有效问卷共 150 份，有效率96％。

问卷的每个变量总分为五分，通过分数可证明居民对不同健康关联要素的满意度情况，高分数代表高满意度和认同度，也证明该要素的健康关联性越高，具体分值见表1。

表 1　问卷分数平均值

变量		平均值（1~5 分）
自变量		
环境健康关联	道路交通（道路质量、人车分离情况、道路停车）	4.51
	绿化空间（绿地面积、植物种类、植物多样性）	4.21
	活动场地（交流空间、户外健身场地、户外场地类型）	4.26
	公共服务设施（休憩设施、遮蔽设施、文化宣传设施、垃圾分类设施、共享骑行设施、照明设施）	4.37
	环境舒适度（微气候、日光、噪声）	4.43
因变量		
居民主观状态	自评健康	4.32
	社区幸福感	4.60

将问卷的五大类自变量与因变量进行 Pearson 相关性分析，以此验证所筛选的环境健康关联因素对居民的健康和幸福度是否有所提升。结果显示，"道路交通""绿化空间""活动场地""公共服务设施""环境舒适度"五类健康要素与居民自评健康相关性系数分别为0.342、0.193、0.364、0.360、0.383，与居民的社区幸福感相关性系数分别为0.312、0.242、0.330、0.405、0.422。由此可证，五类环境健康指标与居民主观状态关联性为正相关关系。

此外，由于老旧小区老年人比重大，对环境感知更为敏感，在进行老旧小区改造时应优先考虑其需求。为研究老年人更重视的环境健康因素，对问卷结果进行分组分析，分别对 60 岁以上和60 岁及以下的各个自变量指标进行权重分析，结果如图 1。

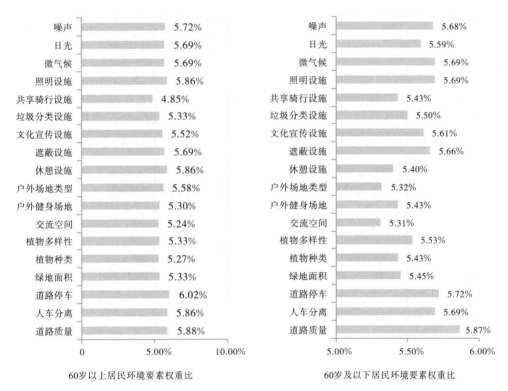

图 1　居民对环境要素健康感知权重

从图 1 可知，60 岁以上老年人更关注小区内停车问题、小区道路品质问题、人车分离问题、休憩设施及室外夜间照明问题，对于共享骑行设施的敏感度不高。而 60 岁及以下居民群体，对于老旧小区内的道路质量、路面停车、人车分离、环境舒适度及照明设施更为关注，对于社区内的交流空间需求较低。

通过问卷分析可以得出上述所筛选的"道路交通""绿化空间""活动场地""公共服务设施""环境舒适度"五大类环境健康指标对于居民的健康及幸福感有一定程度的影响，提升指标品质有利于提升居民的健康状态。此外，通过对不同人群的环境健康感知进行权重分析可见，老年人对小区内道路交通及活动场地的需求更大，良好舒适的公共服务配套设施利于其进行交流及运动，提升身体素质。60 岁及以下居民注重便捷的道路交通及环境舒适度，提供安全便利的出行条件更能促进健康水平的提升。

4 实证研究

4.1 样本概况

北京市朝阳区内老旧小区数量占全市的17%，小区数量多且密集，人员结构完整，更具有代表性，因此本次选取小关街道的小关北里四十五号院作为样本小区（图2）。小关北里四十五号院建成于2000年，小区面积25300 m²，人口966人，容积率2.8，绿化率31%。小区内居民老龄化严重，空闲空间较少，具有大部分老旧小区的弊端。

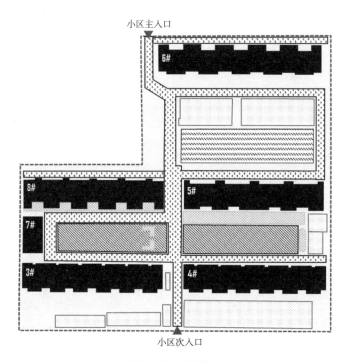

图2 样本小区信息

4.2 样本小区环境评估

通过对样本小区进行实地调研及居民访谈，对小区内空气、植物及水质等环境状态，道路品质及布置情况，各类公共设施的使用情况，居民户外活动等方面进行记录，根据所筛选的健康指标要素对样本小区进行环境评估。

4.2.1 道路交通

小关北里四十五号院内现状道路形式较为清晰，以贯通式为主，小区有南北两个出入口，主要道路宽度5～6 m。该小区于2000年建成，经过长时间的使用，小区路面存在坑洼、裂缝、起伏等问题，路面的不平整不仅影响美观，也给居民的户外活动带来较大的困扰，影响居民的居住环境和生活质量。此外，小区内还存在一些尽端路，给行人的出行带来不便，并且尽端路还往往与车行道相接，人车混行的情况在该小区也是常态，给居民的出行带来了安全隐患，降低出行效率。同时，车辆的尾气和灰尘等也给居民带来负面的影响，增加空气污染和健康隐患。

由于小区建设年代久远，停车位的规划与设计并不完善，尤其在车辆数量快速增长的时代背景下，现有的停车位已经无法满足居民的需求。经过实地调研，小区内仅可停放汽车50辆左右，在小区的周边有一处公共停车场，但也只有约20个停车位，这对于近千人居住的小区来说远远不够。并且该小区还有外来车辆的停放，居民只能将车辆停在路边或者在小区空地随意停放，导致小区内交通混乱，部分车辆甚至阻塞消防通道等安全通道（图3）。因此，需要对小区内的停车位进行合理规划和设计，以解决居民停车难的问题。

除汽车难停放外，非机动车的停放问题也十分棘手，小区目前有3处自行车车棚，但由于缺乏管理，导致车棚损坏陈旧，并且内部还存在大量废弃车辆占据空间（图4）。因此，许多居民只能将自行车停在小区里的空地或者楼道里，造成了交通阻塞和环境卫生问题。解决这个问题需要增加停放自行车的设施，并且需加强对小区内停放自行车的管理，使居民有足够的自行车停放空间，保证小区环境的整洁和安全。

图3　车辆阻塞道路　　　　　　　　　　　　　图4　车棚缺乏管理

4.2.2　绿化空间

在老旧小区建设时，没有进行充分的绿化规划，只选择了较为容易养护的灌木和龙爪槐进行种植，导致绿地中的植物种类单一。不同植物具有不同的功能性，如一些植物能够净化空气、吸附有害物质、防止土壤侵蚀等。而绿植种类单一则限制了这些功能的发挥，无法充分满足绿地的生态和环境需求，也导致了绿地景观单调，缺乏变化和亮点。绿地环境对人们的心理健康有积极影响，但单一的绿植种类可能无法提供多样性的视觉刺激和舒适感。缺乏丰富的植物景观可能降低人们在绿地中的放松感和心情愉悦度，也限制了居民在绿地中的交流互动的机会。

此外，小区中还存在居民在门口私自搭建小院的情况，不仅占用了公共空间，影响居民正常出行，也对小区内的环境美观度造成了影响（图5）。由于小区内空间紧凑，车辆往往会停在绿化空间区域（图6），也有很多居民在绿地上进行活动，导致树木损伤严重，进一步降低了小区的绿地覆盖率。但是对于小区内绿地要素存在的私搭乱建、占用绿地空间、树木维护修剪、绿地空间权属问题等，居民们和管理人员却没有采取积极手段进行改善，导致绿化问题存在进一步恶化的风险。

图5　私自搭建小院

图6　车辆停在绿化空间

4.2.3　活动场地

老旧小区活动场地种类单一，并且只有两处活动空间，所供居民进行活动的空间较少，不能满足大多数居民不同年龄层次的需求，导致居民对活动场地的兴趣逐渐降低，活动方式单一化（图7）。同时，随着时间的推移，老旧小区的活动场地设施出现磨损、老化和损坏的问题，由于场地缺乏维护，造成植物长势不良、建筑物残缺不全等问题，影响了居民正常的运动和娱乐活动。在调研时发现，小区内采光较好的区域被围挡挡住（图8），居民无法通行和活动，并且缺少座椅等休憩设施，因此居民只能自带座椅到户外聊天和晒太阳。加之设施破损、缺乏安全防护措施、场地照明不足等问题都增加居民在活动场地中发生意外伤害的风险。

综上所述，该小区活动场地存在的问题主要包括资源匮乏、设施老化、缺乏多样性、存在安全隐患以及缺乏舒适性和便利性。解决这些问题需要进行场地规划优化、设施维护与更新、增加活动选择、加强安全管理和改善便利设施等方面的改进。通过改善活动场地的情况，可以提升居民的生活质量，增加社区活力，并促进居民之间的交流和互动。

图7　活动场所单调

图8　活动空间被围挡

4.2.4　公共服务设施

由于老旧小区设施年限较长，电梯、楼道灯光、水电管道等设施经多年使用后，设备老化、功能下降或出现故障。但由于维修经费有限和管理不到位，设施无法及时修复和保养，导致设施的质量和功能逐渐下降，影响居民的正常使用。随着社区人口的增加，原有的公共服务设施无法满足居民的需求。例如，停车位不足、垃圾处理设施容量不够等问题，给居民带来困扰和不便。此外，无障碍设施也不能满足居民的日常使用需求，随着老龄化问题日益加剧，老旧小区对无障碍设施的需求也日益增加，坡道、扶手、盲道等都需要适当增加。

目前小区内仅有5处座椅设施、5处照明设施、4处垃圾分类点、2处宣传设施。其中休憩设施的遮阳棚缺乏维护，导致破损严重，存在严重的安全隐患，并且很多自行车都停放到了休憩空间中，更是挤压了居民的休憩交流空间（图9）。照明设施也同样存在问题，灯光不能覆盖居民的主要行动道路（图10），并且损坏的灯泡也没有及时维修，这些都增加了居民出行的安全风险。

图9　自行车及杂物占据空间

图10　照明设施不完善

4.2.5　环境舒适度

在环境舒适度方面，老旧小区的建筑结构和保温性能较差，遮阳设施不健全，小区内植物搭配不合理，导致室内温度难以调节。夏季可能过热，冬季可能过冷，居民在室内难以享受到舒适的温度。小区周围往往交通繁忙或者存在其他噪声源，给居民带来不适和困扰，影响居住舒适度。

通过计算分析，该小区内部的日照和风环境较为良好，小区中央公共空间的采光充足，没有明显的风口，适宜居民进行户外活动。但目前环境舒适度最好的区域被遮挡或是用于停车，需要重新进行功能区分配，改善老旧小区环境舒适度问题，提升居民的生活品质和满意度的同时，也有助于提高整个社区的整体形象和价值。

5　老旧小区健康促进更新策略

5.1　道路交通要素提升

通过问卷调查及对居民的访谈，全年龄段人群都对道路环境有更高的要求。道路品质的提升可以提高居民出行的安全性及便捷性。目前大部分老旧小区的道路品质较低，停车位的缺少导致公共活动空间被侵占，人行和车行道没有合理规划导致人车混行，路面缺乏维护导致凹凸不平及倾斜等问题，这都会对居民的出行造成较大的阻碍，且存在很大的安全隐患。因此结合调研及数据分析，应对道路交通进行以下改造提升：一是修缮破损路面，恢复道路平整；二是通过标识、颜色、材质、围栏等方式分离人行与车行道；三是根据需求合理规划停车空间，确保不对公共活动场地产生影响；四是合理规划动线，避免出现尽端路。

5.2 绿化空间要素提升

绿化空间可以更好地调节社区内的微气候，保持舒适的户外环境品质，同时也能给居民带来视觉上的愉悦感，舒缓居民的精神压力。合理地规划绿地位置并增加植物多样性可以对居民的健康水平起到明显的提升作用。针对老旧小区的绿化空间现状，可以进行以下提升：一是合理规划小区内植物种类，保证全年都有可观赏植物；二是增加高大乔木以增加树阴来遮阳避暑，减少低矮灌木以降低蚊虫侵害；三是充分对碎片化空间及边角空间进行绿化，增加社区活力。

5.3 活动场地要素提升

活动场地作为居民主要的户外活动空间，需要具备环境品质高、配套设施完善、活动种类丰富等特点。根据问卷调查可知，老年人对活动场地的需求较大，因此在进行活动场地的改造中，需要更多考虑老年人的使用习惯。一是将交流空间布置到居民活动频率大的位置，丰富场地功能并提高场地的安全性；二是寻找闲置空间，将碎片化的空间进行组织串联，若条件允许可布置环绕的健身步道；三是保证场地内的设施充足，并考虑设施形式及材料的适老化设计。

5.4 公共服务设施要素提升

公共服务设施是保障居民基本生活和工作需要的重要条件，老旧小区的公共服务配套设施一般较为落后且缺乏管理，线路老化、设备陈旧等问题存在较大的安全隐患。因此，提升各类设施的建设水平可以有效改善居民生活，保障居民户外活动安全水平，可根据以下措施提升老旧小区的公共服务设施：一是在阳光充足、通风良好的地段布置座椅等休憩设施；二是对小区内空间进行风环境模拟计算，为居民提供遮风挡雨等设施；三是结合老旧小区的丰富历史文化，设计制作文化符号、宣传板等传承并展示历史记忆；四是为满足居民上下班出行需求，规划共享骑行存放点，并通过智能照明系统，提升行车和行人安全性。

5.5 环境舒适要素提升

老旧小区环境舒适度与居民身心健康密切相关，如果小区内有污染、噪声等问题，会影响居民的身心健康，甚至导致疾病的发生，因此营造环境舒适的小区，可以提供给居民愉悦的居住体验，形成良好的社区氛围。根据环境关联变量及小区现状，可以从以下三方面提升环境舒适度：一是通过合理绿化、遮阳隔热设施等方式改善室外环境微气候，提高居民户外活动舒适度；二是将活动场地、户外座椅等布置在阳光充足且远离风口及住宅楼附近；三是安装隔音设施、增加植被等改善周边道路行车产生的噪声问题，降低噪声对居民生活的影响。

6 结语

老旧小区的改造是长期存在并备受关注的问题，如何利用有限的资源更大程度地提升健康社区水平是研究重点。本文以《健康社区评价标准》为依据，提取了"道路交通""绿化空间""活动场地""公共服务设施""环境舒适度"五大类环境健康指标，并通过居民问卷及访谈进行了验证。继而提出了五种更新策略，希望通过这些方法，可以从城市设计层面促进人群的健康水平，为老旧小区带来新气象，提高居民的生活质量。

[参考文献]

[1] 肖扬，钦莫伊·萨卡尔，克里斯·韦伯斯特. 建成环境与健康的关联 来自香港大学高密度健康城市研究中心的探索性研究 [J]. 时代建筑，2017 (5)：29-33.

[2] 张颖怡，陈彤. 健康住宅理念下的北京老旧小区户外活动空间改造研究 [J]. 新型工业化，2021，11 (6)：36-37.

[3] 翁伟详. 健康视角下老旧小区绿色空间更新策略研究 [J]. 居舍，2022 (24)：153-156.

[4] 黄诗瑶. 基于社区养老的老旧小区公共空间更新研究：以上海华师大一村为例 [D]. 上海：华东师范大学，2022.

[5] 万子梁. 健康促进视角下老旧社区户外活动空间优化策略研究：以北京市西城区为例 [D]. 北京：北京建筑大学，2022.

[课题研究项目：京西街区体征诊断指数构建、规划实施与动态评估（项目编号：110051360023XN278-14），生活圈视角下的城市社区商业设施供给评价及规划策略研究（项目编号：110051360023XN277-12），2023 京津冀地区灾后规划建设研究——基于韧性测度的村庄高质量发展研究（项目编号：110051360023XN278-23）。]

[作者简介]
郝嘉旌，就读于北方工业大学。
李婧，副教授，就职于北方工业大学。

原居民视角下的古镇更新策略研究

——以福州市螺洲古镇为例

□艾明珠，李婧

摘要：在我国各项特色类村镇保护规划中，将村镇按照特定要素标准划分成历史文化名镇名村、特色小镇等类型。然而在进行分类规划时，易忽视不同村落间的差异化特征。同时，原居民作为村镇历史发展建设的见证者，是参与村镇更新的重要公众角色，其视角在很大程度上可以保证规划改造的原真性。如何结合原居民视角针对村落特色进行在地化更新是本研究的核心内容。本文以福州市螺洲古镇历史文化街区为例，提炼古镇在地文化特色，邀请原居民参与公共调研，深入挖掘原居民的利益诉求和潜在需求，提出更能保留村镇在地化特征的古镇更新策略。

关键词：在地化；原居民；古镇；更新

1 研究背景

在 2002 年重新修订的《中华人民共和国文物保护法》中，除"历史文化保护区"的名称改为"历史文化街区"之外，还出现了"村镇"的保护类型，历史古镇登上了我国历史文物保护的舞台，其保护体系经过几十年的积累和完善逐渐发展成熟。

近年来，我国已在多地进行大量的古镇更新建设，以福建福州为例，上下杭、三坊七巷、烟台山等历史街区已进行更新改造并投入使用，得到外来游客及当地居民的广泛认可，对城市乃至全国文化保护与建设有着重大的历史意义。虽然我国的古镇更新与保护也有许多成功的实践案例，但是仍存在不少为追求更高的商业利益使历史街区被"改头换面"的例子，使古镇原有风貌遭到无法逆转的破坏，失去了原真性。在此背景下，我国古镇更新进入了新的历史阶段，活态化和原真性保护已经成为古镇更新的重要策略。如何从在地化或者原居民的视角下活化历史遗产，传承民俗文化，延续传统特色成为改造者需要重视的问题。

本文以福州市螺洲古镇历史文化街区为例，探讨古镇内历史文化遗产保护的重要性，从原居民视角出发，寻求一种文化引领、活态保护的更新保护模式，为实现动态传承、有机更新的古镇保护提供参考。

2 在地化与原居民

2.1 在地文化是实现古镇特色的重要内核

自 1987 年党的十一届三中全会提出农村家庭联产承包责任制等一系列重大制度改革政策，村镇规划建设逐渐引起了广泛关注。随着 1993 年《村镇规划标准》、2018 年《乡村振兴战略规划》等乡村规划政策的颁布，一批又一批的"特色类"村镇被发掘、保护、利用起来，按一系列物质与非物质特色要素进行分类，分别贴上了"历史文化名镇名村""特色景观旅游名镇名村""特色小镇"等标签，根据相应的规划政策进行改造与建设。

在我国城市建设快速发展阶段，这种分类保护政策无疑对村镇的保护与发展起到了重要作用，既保护了大量重要历史文化遗产，又提高了特色村镇知名度，从而促进当地经济发展。但是，分类保护与改造方法也自觉不自觉地割裂了村镇与地域环境的整体关系，磨平了差异化的地区特色，加大了认知方法所带来的特色村镇保护与改造的现实困境。按照制度模板生产出的一系列特色村镇，使原本各具特色的村镇风貌和产业形式变得千篇一律，如北京的南锣鼓巷、福州的三坊七巷历史街区，其相似的街巷风貌和商业开发模式，很难使人们快速辨识出区别于其他历史街区的特色。人们行走于此类历史街区，除了网红式拍照打卡点、连锁式餐饮商铺，很难留下当地特色文化的深刻印象。

因此，在特色类村镇的更新保护过程中，要尊重和保留不同村落的差异化特征，深度挖掘村落风土人情、宗族社群、生产生活场景等要素的在地文化特色，避免特色村镇进行过度商业化、同质化开发造成村镇特色缺失。

2.2 原居民是古城内生自主更新的核心动力

在村镇更新规划过程中，政府、开发机构、规划师及公众共同构成了现阶段我国城市规划的参与主体。而我国城市规划的公众参与主体主要涉及两类：市民和利益团体。原居民是市民的主要组成部分，他们是当地村落发展的参与者、经历者、见证者，其特色生活方式、文化传统和民俗活动均反映出原居民是构成村落文化特色的重要成分，他们的存在使古镇村落拥有了内在的灵魂而非商业化的躯壳。并且，原居民在对本地村镇文化的起源与发展变迁的过程中拥有更强的辨识度和解析力，大量诸如音乐、舞蹈、故事、技艺的文化元素通过当地原居民的书面记载和口耳相传，更能保证在地文化的原真性不被外生文化所侵染。因此，原居民的存在及其提出的改造意见往往对体现村落特征起着关键作用，在规划中原居民的广泛参与是在地文化保护的重要方式。同时，若原居民对于在地文化的意见被采纳，更能激发当地村民的文化认同感、自豪感，更加有利于在地文化的内在保护与传承，形成文化特色保护的良性循环。

3 样本概述

3.1 区位及概况

螺洲镇位于福州南台岛东南端，南临乌龙江，北、西分别与城门镇、盖山镇相连，距福州市中心 12 km，区域面积 6.41 km²。作为省级历史文化名镇，具有显著的历史建筑、文化特色、区位优势。

螺洲古镇优越的地理位置、得天独厚的自然条件和深厚的文化积淀，使其有着丰富的人文资源和地质资源，拥有着"帝师之乡""百花仙洲""温泉之乡"等美称。古镇自古人才辈出，出现了以末代帝师陈宝琛为首的教育大家。古镇中文物、历史建筑遗存数量众多，建设年代绵延，以陈氏宗祠、陈氏五楼、天后宫、奎光阁为代表的古建筑，类型丰富且建造技艺精湛，为后人留下珍贵的文化瑰宝。古镇还拥有特色温泉资源，开发商已在当地开发螺洲温泉小镇项目，打造独属于螺洲的温泉文化标签。

3.2 在地文化特色

3.2.1 三大姓氏的宗族聚落

历史文献或研究情况均显示，陈、吴、林是螺洲最兴盛的三姓，如今螺洲古镇上主要有3个村落，分属3个宗族，即店前村陈氏、吴厝村吴氏和洲尾村林氏（图1至图4）。尽管螺洲三大族的地域较为独立，但彼此之间却有着分带的关系，或是政治同僚，或是师生关系，有着紧密的地缘血缘关系。螺洲是闽南人与客家人共同居住和发展起来的一个重要聚落，具有悠久的历史文化传统和丰富多样的社会组织形式。

就螺洲而言，陈、吴、林三大聚落的空间形态与宗族制度确有深远的影响，宗族制度的成长和完善过程影响螺洲地区"人"的行为模式，在村落建设的时候，便形成了以文庙为中心，往东西方向线性延伸的聚落空间形态格局，在各自的村落当中又分别以宗祠为中心，各种宫庙寺观环绕分布的空间布局。

图1　陈氏宗祠　　　　　　　　图2　吴氏宗祠　　　　　　　　图3　林氏宗祠

图4　螺洲的三个宗族聚落

3.2.2 游神祭祀的民俗活动

螺洲三姓宗族都在正月进行游神活动，成为正月节庆文化的一部分，村族文化娱乐活动在此达到了一个沸点。螺洲各村在正月游神活动的一个月时间里，巡游队伍有的简单有的庞大，巡游的神灵也根据村子的不同民间信仰而有所不同，游神活动是这个传统聚落社会中不多的全民性活动之一，同时宗族族人也会在祠堂举行祭祖仪式，内容大致相同，首先是向祖先请安，并向祖先报告过往一年宗族内发生重大事件的始末，再则是祈求祖先之灵保佑宗族子孙兴旺发达、平安健康。

经过对文献的研究得知，之前的螺洲镇因为人情往来和血脉相连，三村关系紧密。陈氏游行队伍还要巡游到洲尾村，因洲尾林氏正是他们信仰和加入游神行列的端木夫人娘家。多年以后，因游神活动经费收紧、人情渐淡，陈氏游神已不经过吴厝村、洲尾村。随着旅游经济的发展，陈氏店前村游神者增多。陈家祠被拆除后，陈姓游神开始向其他方向转移。近年来，陈氏游神活动线路在店前亦有改变，而吴厝村和洲尾村游神线路基本不变。螺洲古镇近年来形式上有相当大的改变，究其原因主要还是地产商开发螺洲，导致陈氏店前村形制大幅萎缩。因此螺洲的游神活动范围正在逐渐随古镇范围的紧缩而减小，螺洲传承多年的游神文化也逐渐失去了原有的样貌。

3.2.3 人才辈出的"帝师之乡"

螺洲镇自古以来人杰地灵，从明代至清代数百年间就出了几十位进士和上百位举人，这无论放在哪个朝代哪个地方都是一个名副其实的学霸之乡。这里居住着陈、吴、林三大族姓，其中尤以陈氏家族名贤辈出。而这个人才辈出的螺洲古镇也因为这些伟人留下了许多珍贵的历史遗存，如陈若霖故居、陈宝琛故居、吴石故居、王仁堪状元府等。古镇也因此为后人带来了深厚的历史价值和研究价值，成为当地重要的历史文化资源。

3.2.4 其他非物质文化遗产

螺洲古镇当地有着浓郁的闽都文化和独特的风土人情，除有宗族聚居的空间特色以及丰富的名人、民俗文化外，还存在着许多类型丰富的物质文化遗产。包括传统戏剧和曲艺文化，如福州闽剧、福州评话、福州伬唱等；传统制作工艺，如茉莉花茶窨制工艺等；特色农产品福橘，特色小吃鱼丸、肉燕等，均为国家级或当地重要的非物质文化遗产，但是这些非物质文化遗产暂未得到大众广泛的传播和认知，缺少传承者和传承空间。

3.3 面向原居民的公共参与

此次公共参与的形式为图版贴图和现场访谈。图版题目主要分为"螺洲古镇产业业态篇"和"螺洲古镇设施增补篇"两部分，村民将贴纸贴在相应选项对应的格子内即为选择该选项。现场参与公参调研的大多是当地原居民，其余还有外来游客，参与者们对于螺洲古镇的更新建设题版十分感兴趣，引来路人纷纷驻足围观（图5）。与此同时，调研成员针对不同类型的访谈对象，有针对性地提出有关古镇现状及古镇更新建设的问题。

图5　公共参与现场图片

3.4　公共参与结果

公共参与结果中，"您希望在古镇内增补什么设施"和"您希望在古镇增加下图哪类公共建筑"两个问题的结果显示，期望增补文化设施的占比为30%，期望增加研学书院建筑类型的占比为33.33%，分别占比最高（图6、图7）。原居民们大多更偏向建设研学书院等文化类设施，而非教育、医疗等偏向自身生活和商业导向的选项。由此可见，螺洲古镇内村民对于当地文化的认可程度非常高，对于当地帝师文化、宗亲文化等有着强烈的认同感和自豪感，当地居民相比建设生活基础设施和商业设施，更愿意建设文化设施，不愿看到村镇因为发展商业而忽视了在地文化的景象。从实地访谈中得知，村民们有意愿在未来的古镇产业中承担起经营者的角色，在增加家庭收入、提高自身生活品质的同时，发展家乡特色产业，保留和传承家乡特色文化。

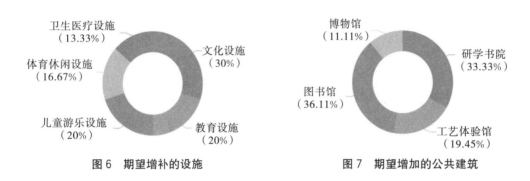

图6　期望增补的设施　　　　　　　　图7　期望增加的公共建筑

4　在地化与原居民视角下的古镇更新策略

4.1　烟火气的日常生活是古镇空间更新重点

由于商业开发者一味地追求盈利，导致诸如南锣鼓巷、三坊七巷的网红古镇和历史街区商业化过于严重，原有居民大量被迁出，曾经的生活景象几乎消磨殆尽。原居民在村镇中的日常活动行为、生产生活方式是村落烟火气的重要体现，对于体现村镇文化特色起到关键作用。因此，保留居民日常生活场景是古镇空间更新的重点。

如在村民迁移工作中采取"自愿迁出"方式，将自愿留在村中的原居民的房屋建筑进行维修加固，保留其原有生活场景、居住方式和生活习惯；对于鱼丸、肉燕等当地特色餐饮小吃店进行保留和外观装修，将原有的商业美食一条街进行恢复重整，主要引入当地特色美食商家，减少其他外来品类餐饮的入驻；保留江边渔船码头的水产业特色，维持原有的江边生产生活景象。

4.2　在地文化场景营造是古镇更新的重要载体

近年来，螺洲古镇传统习俗和历史文化的发展逐渐衰退。每年春节都要进行的游神祭祀活动，其范围也随着当地的发展建设而逐渐缩小，螺洲的特色传统习俗逐渐被时代的发展所侵蚀。究其原因，一方面是由于政府的规划和地产商的开发，对于螺洲古镇当地的交通和功能重新配置，导致以陈氏店前村为主的范围被割裂；另一方面是由于当地住民人情的淡漠，游神活动的筹集资金减少。

将游神的行动路线变为游客的旅游路线，设置为游神体验路线，实现"动线到游线"的转变。并将孔庙、宗祠等祭祀节点进行串联，重塑游神祭祖的在地文化场景，让游客亲自加入游神巡游队伍，参拜帝师和先贤学者的历史遗址，切身融入螺洲民俗活动中，充分体会当地祭祀拜祖的民间文化。通过营造特色文化场景充分展示在地民间文化，带动古镇旅游业发展。

4.3 在地非物质文化的传承是古镇更新内生动力

据历史名镇保护规划记载，一些流传多年的非物质文化遗产的存续均受到威胁，如福州传统戏剧《陈若霖斩皇子》闽剧剧本失传，花茶技艺等特色产业缺少传承空间，民间传说渐渐鲜为人知等。这些逐渐消失的习俗和文化若不及时进行保护和传承，将会导致当地的文化特色消失。原居民对于村镇历史典故、传统技艺、曲艺戏剧等当地文化的传承起到了核心作用，承担着传播在地非物质文化的重要责任。

在商业业态方面，以螺洲街为主要商业载体打造民俗商业风情街，入驻以当地原居民主要经营售卖的鱼丸汤、福橘等特色美食店铺，闽剧、福州评话、伬唱等传统戏剧剧场和茉莉花茶窨制等特色手工艺店铺，创建戏剧评话文化展示馆、传统工艺商店等传统文化空间，生产各类特色文化创意产品，提升民俗文化旅游体验。

以古镇的人气交通要道——螺洲十字街作为切入点，打造民俗节点广场，将原有陈若霖故居、陈氏五楼、吴石故居、王仁堪状元府等历史文化名人遗址和研学书院、名人档案陈列馆、宗族文化展示厅等新建建筑串联打造成"研学游览主线"，以点带面形成"节点广场—民俗文化景点—民俗文化核心区"的文化空间体系。

4.4 在地组织是古镇更新核心组织机构保障

螺洲古镇是依据陈氏、吴氏、林氏三大姓氏的宗族形成的聚落空间，虽然三个村落在地理空间上是割裂开的，但是原居民大多是三大姓氏族群的后代和血亲，其中有紧密的血缘地缘关系，仍旧依靠着宗亲血脉紧紧联系在一起。不同姓氏的民众于自己祠堂内祭祀祖先，以同姓血亲关系的延续为纽带，把整个家族成员联系起来，并形成宗族内部的凝聚力和亲和力。因此，加强在地宗族组织对村镇更新建设参与度，有利于完整地保护宗族祠堂和宗族空间形态，凝聚宗族亲缘的民心民意，增进族群相互间的深厚关系，对推进古镇更新建设起到积极作用。

5 结语

原居民是保证在地化特色得以保留的重要群体。我们在实地走访调研过程中了解到，原居民对于古镇更新的意见有时并非与大众的刻板印象保持一致，他们对家乡有着非常浓烈的感情，其更新诉求大多与保留在地文化特征有关，他们不一定仅仅从自身利益角度出发，更期望家乡文化特色不被商业化所侵蚀，发展成能够传承起当地特色文化的历史小镇。他们对家乡更新改造的期许才是规划工作者下一步发展应追求的目标。

因此，未来从规划和发展、产业引领、环境更新等角度，应该更多地去发挥原居民的公众参作用，使城市规划者更能切实感受到原居民的需求和心声。只有这样才能使古镇保留特色和原真性，使其真正得到可持续化的发展，在未来城市发展建设的竞争中经久不衰。

［参考文献］

[1] 龚军红. 我国城市规划中的公众参与理论初探 [J]. 中外建筑，2012 (5)：72-73.

[2] 马超，张戈，宿裕. 以原居民参与为特色的村镇文化传承策略研究 [J]. 城市发展研究，2013，20 (9)：37-41.

[3] 朱耀先，周远方. 河南文化遗产保护利用的对策建议 [J]. 河南社会科学，2016，24 (4)：112-117.

[4] 杨一帆，林志森，陈文超. 民间信仰视角下的跨宗族族群整合：以福州螺洲古镇为例 [J]. 中外建筑，2017 (5)：117-120.

[5] 段进，殷铭，陶岸君，等. "在地性"保护：特色村镇保护与改造的认知转向、实施路径和制度建议 [J]. 城市规划学刊，2021 (2)：25-32.

[6] 杨一帆. 福州市仓山区螺洲古镇传统聚落的仪式空间研究 [D]. 福州：福州大学，2017.

［课题研究项目：京西街区体征诊断指数构建、规划实施与动态评估（项目编号：110051360023XN278-14），生活圈视角下的城市社区商业设施供给评价及规划策略研究（项目编号：110051360023XN277-12），2023京津冀地区灾后规划建设研究——基于韧性测度的村庄高质量发展研究（项目编号：110051360023XN278-23）。］

［作者简介］

艾明珠，就读于北方工业大学。

李婧，副教授，就职于北方工业大学。

城市存量更新规划背景下公园城市设计实践

——以青岛平度市公园城市规划设计为例

□刘译浓，孙小力，鲁丹，沈勇

摘要：公园城市建设是时代大背景要求，青岛市响应国家和山东省要求，以公园城市建设为重要抓手，加快转变城市发展方式，推动城市空间结构优化和品质提升。本文通过对平度市公园城市建设的规划背景、总体规划、设计实践进行了论述和分析，层层递进归纳出目前平度市存量更新发展现状与公园城市发展趋势的相互转化策略，并以天津路、厦门路、青啤大道3条林荫廊道为例详细阐述公园城市实践效果，以实现公园城市理念对于城市生态效益向社会效益转变的内在价值。

关键词：公园城市；存量更新；设计实践；青岛平度

1 引言

2018年2月，习近平总书记在四川视察时强调，突出公园城市特点，充分考虑生态价值，努力打造新的增长极，建设内陆开放经济高地。公园城市是习近平总书记以人民为核心的生态文明建设思想的城市发展观，其核心理念是将城市隐于公园，体现了人与自然和谐共生的城市发展预期，也是城市可持续发展的现代化新目标与城市更新新范式。基于此，党中央提出完整、准确、全面贯彻新发展理念，探索公园城市建设的重要要求。

青岛市山海相映、城海相依，自然本底优越，文化底蕴浓厚，是我国著名的历史文化名城和滨海旅游城市。依据青岛城市更新与公园城市的总体规划要求，平度市结合资源环境特点，通过强化各级顶层统筹、横向联动、纵向推进的工作模式，将城市更新和公园城市建设有机结合，引导城市发展方式转向存量提质，推动新旧动能转换，持续提升城市功能和竞争力，不断增强群众获得感、幸福感，助力现代化国际大都市建设。摸清公园城市建设底数，查找短板，探索"山—海—人—城"融合发展新实践，以生态、绿色空间为抓手，建设人与自然和谐共生之城，展示公园城市建设。

2 规划背景

2.1 公园城市

近年来，我国一直坚持对生态文明建设的探索，先后提出了山水城市、园林城市、森林城市等实践模式，塑造城市发展与自然可持续的和谐相融。公园城市是和城市公园相对应的概念，公园城市是覆盖全城市的大系统，城市是从公园中长出来的一组一组的建筑，形成系统式的绿地，而不是孤岛式的公园。公园城市作为全面体现新发展理念的城市发展高级形态，坚持以人民为中心、以生态文明为引领，将公园形态与城市空间有机融合，生产/生活/生态空间相宜、自然/经济/社会/人文相融合的复合系统，是人、城、境、业高度和谐统一的现代化城市，是新时代可持续发展城市建设的新模式。

公园城市的本质内涵可以概括为"一公三生"，即公共底板上的生态、生活和生产。"一公三生"同时也是"公""园""城""市"四字所代表含义的总和，奉"公"服务人民、联"园"涵养生态、塑"城"美化生活、兴"市"绿色低碳高质量发展。

2.2 国内外城市更新与公园城市实践经验

2.2.1 国内经验

一是成都经验。成都依托其良好的生态基础和山水特色不断推进城市更新与公园城市的探索实践，推动城市格局由"两山夹一城"向"一山连两翼"转变。优化城绿关系，构建城市与自然融合共生的大美公园城市格局。通过保护修复全域绿色空间肌理、构建城市生态格局，优化全域城乡形态，构建宏观嵌套耦合的城市形态格局，并且通过生态公园、绿道、城市公园等构建全域性、系统性、均衡性、功能化和特色化的全域公园体系。例如，都江堰精华灌区保护与绿色发展，保护彰显城市自然资源禀赋与特色，助力区域协调发展、城乡融合发展。锦江公园"精品绿轴"48 km的"一江锦水、两岸融城"滨水城市形态集中展现了成都安逸闲适的市井生活状态。成都还实施国家储备林和国土绿化策略，打造全球 34 个生物多样性热点地区之一，至 2025 年预计修复大熊猫栖息地 30 万亩。

二是深圳经验。在从增量建设转向存量发展的过程中，深圳在面临空间增量受限、系统协同不足与规建管衔接薄弱的挑战下，提出了从"千园之城"到"一园之城"的蓝图规划理念，通过立足山海资源禀赋和公园建设基础，构建全域城园融合格局，构建"一脊、一带、二十廊"的空间策略，以山脉为主体的生态游憩绿脊，联结大亚湾、大鹏湾、深圳湾、珠江口及深圳河干流沿岸的滨水活力岸带，20 条以山林绿地和河流水系为主体的蓝绿生境和景观通廊。

2.2.2 国际经验

一是伦敦国家公园城市。伦敦通过促进绿色空间与创新经济、生活服务、文化体育多元功能复合叠加，沿路绿色空间网络串联新经济新消费、创新创意办公、历史遗迹展示；将公园作为文化体育客厅、亲子生活空间。例如，下利亚河谷绿楔数字产业功能区、后奥运文化体育中心等功能复合的创新创意走廊、城市新中心。

二是新加坡花园中的城市。新加坡通过多维增绿的手段建设高品质城市绿色空间，承载多元户外活动和都市绿色生活。例如，加冷河—碧山宏茂桥长 270 km，增加 290 hm² 绿色开敞空间串联 350 座公园和 4 个自然保护区，公园 400 m 服务半径覆盖 85% 的家庭，整合低效用地，推动绿色空间与城市结构进一步融合；串联历史建筑和景观雨林之旅、山脊观鸟之旅等生态旅游路线，拓展多元特色自然教育和文化体验功能。

2.3 青岛市公园城市建设

2.3.1 公园城市营造本底

一是山海城湾自然基底。青岛市地处胶东半岛和山东半岛的连接地带，呈山海相望、九河汇流、湾群相连、蓝绿交织、环湾凝聚的大美自然生态环境格局。其中，平度市作为青岛市北部的次中心城市之一，同样生态环境良好，旅游资源丰富，2015 年平度市森林覆盖率为 33.6%，高于全国 21.63% 和山东省 16.73% 的平均水平。旅游资源丰富，拥有 AAAA 茶山风景区、AAA 大泽山风景区、马家沟芹菜园、AA 现河公园和龙女山庄旅游景区等众多风景旅游景点。

二是特色人文历史底蕴。青岛市历史人文底蕴丰富，国家级历史文化名城内山海相映、城海相依，建筑依山而建、自由布局，形成"山脊海角相连，依山就势布局"的城市格局。其中，平度市是山东省文物重点市，共有各级文物保护单位 35 处，全国重点文物保护单位 3 处，省级文物保护单位 2 处，青岛市级文物保护单位 14 处，县级文物保护单位 16 处。

2.3.2　公园城市规划方向

一是全域公园之城。青岛市积极建设全域公园之城，全面打造全域公园体系、公园空间布局、特色化建设及绿道网络。首先，着力通过构建布局合理均衡、类型丰富多元、全龄体验友好、服务均好的特色全域公园体系。其次，结合环湾都市发展格局和滨海城市特性，建设七大公园群带，促进城园融合发展，通过胶州湾滨海公园群，以环胶州湾建设湿地公园、自然山水公园和滨海公园为主体，优化结构性公园体系空间布局。再次，通过建设郊野公园，在中心城区依托山体林地建设浮山、午山、双峰山、老虎山等郊野型公园。在加强山地生态保育的基础上增加公园绿地，扩展市民休闲游憩活动用地范围。建设综合公园与特色专类公园，结合滨海、滨河及山头等风景资源，配置类型多样、功能先进的公园游憩设施。建设社区公园及口袋公园，鼓励利用街边街角建设小型开放绿地，多措并举建设口袋公园，提供方便可达的公园绿化活动场地，填补公园绿地服务空白。最后，构建区域—城市—社区三级绿道网络，串联公园绿地、滨海空间、公共服务节点等自然与人文资源，营建全域绿道网络。

二是活力场景之城。以公园绿地、绿廊/绿斑/绿道等绿色空间网络为纽带，推进"公园＋"文化、体育和公共服务设施一体化合理融合布局，推进历史文化街区、文化创意业态街区和社区生活圈建设，促进城园融合发展，培育城市新型消费和创新业态，提升城市活力。

营建九类青岛特色的公园城市场景：山水生态型、海湾海岛型、乡村田园型、城市绿心型、绿廊绿道型、公园社区型、历史人文型、产城融合型、活力街区型。

3　总体规划

3.1　平度市公园城市规划建设目标导向

3.1.1　问题和目标导向

本次规划将问题导向和目标导向结合起来，目标导向为确定发展目标，确定发展战略和远景形态；问题导向为分析当前现状存在的问题和未来可能遇到的问题，选择适当发展策略予以解决，通过近期、远期不同开发时序来引导城市发展。

3.1.2　以低碳、生态理念引导城市发展

在发展策略上提出通过结构调整提升用地效率，通过控制空间发展改善环境，通过节能减排建设低碳城市，通过城乡统筹优化市域空间结构，通过公共优先引导城市布局，通过梳理山水突出城市特色。

3.1.3　多规合一，夯实近期，提高城市应变能力

城市的发展有着很多不可预知的问题，所以规划也逐渐趋向宏观调控和公共政策。规划强

化与土地规划、发展规划、环保规划等相关规划的衔接性，提高规划的可操作性。此外，尝试加强对总体规划的弹性控制，弱化城市期限，强化城市远景，提高城市应变能力。

3.2 平度市公园城市规划建设发展战略

3.2.1 区域竞合战略，全面提升区域地位

全力抓住蓝黄战略实施的重大机遇，发挥蓝黄区域地理中心的区位优势，借力日韩，强化与胶东半岛和鲁中地区的区域对接，融入半岛城市群的整体发展，突出面向青岛、融入青岛的格局，承接青岛市的产业辐射转移，全面提升平度市的区域地位，构建区域中心城市，实现跨越赶超。

3.2.2 统筹发展战略，全面建设幸福城乡

以城乡一体化为目标，通过体制创新，统筹发展城乡产业、土地、人口、基础设施和社会事业，推动城市反哺农村，促进城乡社会福利均等化，努力将平度市建设成为幸福城乡，实现富民强市。

3.2.3 新型城镇化战略，全面实现集聚发展

以人为核心，以新型工业化和现代农业化推动新型城镇化，全面实现集聚发展。整合优化城镇布局，极化中心城区，分片集聚发展，建设农村社区。扩权强镇，打造新型镇级市，培育中心镇。

3.2.4 低碳生态战略，全面建设生态文明

以低碳化和生态化结合实现人与自然和谐共生，走低污染、低排放、低能耗、高效能、高效率、高效益的新型城市发展模式，应对全球气候变化，打造低碳生态城市，实现绿色崛起。

3.2.5 文化强市战略，打造底蕴深厚的文化城市

文化是城市的灵魂，是城市的软实力。要把文化传承贯穿于平度市发展全过程中，深入挖掘传统历史文化、特有的山水生态文化等丰富内涵，研究城市文脉，强化文化传承与创新，融入现代文化元素，发展文化产业，构建开放包容的具有平度市地方特色的现代文化城市。

3.3 平度市公园城市规划建设策略剖析

3.3.1 生态筑城——开展生态保护建设

一是推进河湖生态修复。构建"一带、两片、三核、多廊、多点"的公园城市生态空间总体结构，推进海湾、山地、河流、湿地、生态廊道、农田生态系统建设。其中，修复 2 处河流湿地，恢复河流生态功能，种植碱蓬、盐角草、柽柳等抗碱能力强的湿地植被，保护修复珍稀鸟类栖息地。

二是推进山体生态保护修复，筑牢城市生态屏障。在 200 m 以上中山区开展生态保护，基本属于自然保护地核心保护区，严格落实自然保护地及相关要求；在 60～200 m 浅山区开展水源涵养林生态建设，重点结合水库水源地开展退耕还林，提高水源涵养能力；在 60 m 以下浅山区开展生态化利用，在保护浅山区生态本底的基础上，依托良好的生态资源和空间区位优势，改善生态环境，探索综合性生态系统服务和生态价值转换路径。

三是构建水、湿、林、田、村交错的生态绿隔，优化城绿融合形态。落实永久基本农田保护，加强山体和河流沿线森林生态建设，推进湿地保护修复，构建生态绿隔。探索林田间作建设模式。塑造新田园景观模式"水—田—林"复合结构。提升生产效率，优化生态功能，提供游憩服务，鼓励特色农业公园建设。

3.3.2　公园融城——构建公园服务体系

一是立足平度特色，构建层级合理、类型多样的公园服务体系。结构性公园群带建设：彰显外围山、湾、河、田特色风景，促进公园群布局发展。以中心公园为核心，联动文化体验园、健康城公园等公园，打造以湿地观鸟、海盐文化为特色的公园群，强化自然教育功能，匹配生态科创岛、体育健康城等重点产业功能区和活力片区发展定位。

二是结合田园、山谷、河流风景资源，打造山水相连的风景画卷。以丰厚的农业资源和优美的山水资源为重要依托，以悠久深厚的历史文化为底蕴，重点发展休闲度假旅游，建设中国休闲农业旅游精品，传承创新历史文化资源，将平度市建设成为以休闲农业为品牌，以文化休闲为重点，以山水生态休闲、休闲农业与乡村旅游、高端健身运动度假以及四季果乡商务节事为主要旅游特色的山东省重点旅游目的地，打造中国休闲农业旅游之都。

三是衔接组团发展格局，布局更均衡、级配更合理、定位更匹配。保障每个城市组团至少有一个综合公园，布局更均衡、级配更合理，建议拓展公园用地规模，利用非建设用地，按综合公园标准建设，纳入综合公园名录管理。

结合既有体育场地场馆公园化建设，进一步优化体育公园集群建设。改造现有社区体育健身公园，对部分老化的现有体育健身公园更新提升，增加适合各年龄段人群使用的配套服务设施，突出全龄化和智慧化特色。此外，应注重提升基础设施建设，重点加强休闲游憩类服务设施配置，使其在体现体育健身特色的同时发挥普通公园的休闲游憩功能。

结合社区生活圈格局，建设全域儿童友好公园集群。针对平度市育龄人群和青少年及儿童人口占比较高的特点，以儿童公园、儿童学径建设为重点，全面提升公园及其他绿色开放空间的儿童游憩服务水平，按大中型社区公园规模，配备相应的服务设施，为全区儿童提供特色游憩服务。

建设山头公园、水库公园，提供紧邻集中建设区的郊野游憩服务。构建通山达海、连河到田、串景联园，连接居住区和公共空间，服务绿色生活的四级绿道体系。

3.3.3　魅力靓城——探索绿色发展模式

一是公园城市理念下魅力空间、平度市魅力空间格局。公园城市理念下魅力空间，自然风景优美，人文内涵丰富，地域特色突出，在资源保护基础上活化利用，供给高品质游憩功能，带动休闲消费需求，创新城市高质量特色发展，是富含个性且具有竞争力的空间区域。

二是整合风景、文化、村庄和农园资源，打造都市休闲后花园。结合美丽乡村和特色蔬果农园，打造自然亲子基地、蔬果体验中心、休闲民宿和农家乐综合体，举办农果特色品牌节庆活动，发展乡村旅游，带动文化旅游、生态农旅、医疗康养、亲子研学、休闲度假、创意产业等高附加值业态，形成浅山绿色经济发展带。结合农业农村特色和动车文化特色，打造田园综合体、红色教育基地、节气主题公园等，展示平度文化特色。

三是构建文化集群，形成特色游线，系统展示平度文化魅力。落实各级文物古迹位置、保护线、控制线，结合城市更新，推动历史文化地区景观环境整体提升和风景化建设。打造历史文化公园和郊野公园，通过改造修复、遗址恢复、多媒体展陈设计、互动体验等方式展示多元文化魅力。

3.3.4　场景营城——创新城市建设模式

一是探索与文化消费、创新生产等新经济新动能相匹配的城市建设新模式。发挥触媒作用，关注人们的文化交往、消费活动。承载综合功能，关注城市绿色转型、创新发展。探索绿色空间与城市公共服务融合布局模式，绿色空间网络联通体育设施。围绕绿色空间网络，补强体育、文化、消费设施。

二是推进公园社区建设——园林式居住区。结合绿色空间网络促进全域 15 分钟生活圈品质提升，持续推进园林式居住区营建工作。至 2025 年，园林式居住区达标率不小于 60%。结合"生态＋""公园＋""＋公园"三种城园融合模式，构建九类场景体系。依托东部山体、南部河流、西部田园等 3 类城市外围自然生态空间，按照"生态＋"场景营建模式，植入都市休闲导向的生态友好型新经济新服务，将"生态高地"转变为"价值高地"。依托北部城市绿带地区、山头水库、河流和交通绿廊等城市组团间的 3 类结构性绿色生态空间，按照"公园＋"场景营建模式，将城市边缘的低效片区转变为引领新经济布局的"生态秀带、创新秀带"。

三是场景营建模式与策略引导。加强河流和交通绿廊绿道建设，缝合城市空间；布局科技创新、文化博览、商业商务等新经济新消费；举办面向创新人群的户外文化体育活动。打造城市中的近自然空间，软化河流驳岸，提升交通与河流绿廊植被丰富度，保障绿廊的绿色宽度，链接城市内外的绿色空间和生态斑块；依托绿廊打造完整的绿道公园网络，完善开放空间和休闲设施节点，拓展多元公园服务。

3.4　平度市公园城市规划建设总体布局

构筑"一环、三楔"的城市生态绿地系统。"一环"：打造环绕主城区的山水大环境生态绿环。"三楔"：西北部通过文武王山郊野公园、紫荆山森林公园、植物园、秦皇河湿地公园建设，沿秦皇河、紫云河伸入城区的楔形绿地；东北部通过莲花山森林公园、豹竹涧公园建设，沿黄山河、白沙河、梅华河伸入城区的楔形绿地；南部通过泽河滨河绿带、白沙河湿地公园、青新高速公路防护绿带建设，沿现河、小泥河、梨园沟伸入城区的楔形绿地。通过对水系的梳理，规划形成"三河环绕，八河贯城，六湖点缀"的水网系统。"三河环绕"为秦皇河、泽河、白沙河三面环绕城区。

规划景观系统为"一环、两轴，两心、两区、多点"的布局结构。"一环"为外围万亩林场结合现状河流形成的绿环。

构筑"十三园、多点"的城市公园绿地系统。"十三园"为规划设置的 5 处市级公园和 8 处片区级公园；"多点"为多处社区公园和街旁绿地。5 处市级综合公园为现河公园、围山河公园、奥林匹克公园、南湖公园、西城公园。

4　平度市公园城市设计实践

4.1　以天津路、厦门路为例的林荫廊道建设实践剖析

4.1.1　厦门路

本次厦门路景观设计结构为"一线、多点"。"一线"即二十四节气更替变化线；"多点"即设计结合植物、场地、地形的布置，提供游览过程中开合起伏、富有变化的游览体验（图 1）。

"一线"：展现二十四节气更替的绿道系统。依据场地条件，打造绿道系统，串联公共场地、休闲设施等，完善城市功能，强化地方风貌特征，提升发展品位，以完善一环绿道系统，道路两侧串联绿道轴线的设计形式。保留大规格植物，梳理绿化层次，打开景观视线，局部借用现状人行道；植物稀疏区域，结合节点空间丰富路径。

"多点"：多个重要景观节点。节点一为华林－国际公馆周边。设计在绿地中设置条形空间，结合二十四节气特色景墙，在提供休闲场地的同时，起到科普教育的作用。景墙的设计

材质应用耐候钢板与石材相结合，以"太初历"文化为设计背景，在城市发展中，串联城市历史，传承文化底蕴。传统文化元素，结合现在平度"二十四节气精灵"，全面推动传统文化产业发展。节点二为龙宇上城商业前庭。设计整合前庭空间车位，结合游人需求设置活动及休憩空间，采用现代、简洁的金属材质，设置系列式的座椅、花坛，巧妙地利用并保留行道树。结合绿道、慢行道、自行车道串联各个区段内的路口节点与口袋公园，形成完整闭合统一的绿网交通体系。

4.1.2 天津路

天津路的设计提出"弦歌未止，薪火相传"的主题，依托红色文化，感悟岁月峥嵘，树立红色品牌；全方位环境提升，完善游览体验，打造沉浸式空间。设计以旧店镇罗头村第一党支部为引领，传承红色文化，弘扬革命精神，赓续红色基因。以天津路为星火，树立红色文化品牌，助力红色文化振兴，传承红色文化精神。

本次天津路景观设计结构为"一线、三段、多节点"。"一线"即一条红色革命路线，展示"红色平度"文化的底蕴及发展历程，更好地烘托场地氛围；"三段"即三段发展历程，结合历史、当下、未来的发展历程，将道路分为追溯历史、立足当下、迈向未来的三段不同主题；"多节点"即设计结合植物、场地、地形的布置，提供游览过程中开合起伏、富有变化的游览体验（图2）。

图1　厦门路项目建成图片

图2　天津路项目建成图片

"一线"：一条以红色革命路线为主题的绿道系统。依据场地条件，打造绿道系统，串联公共场地、休闲设施等，完善城市功能，强化地方风貌特征，提升发展品位，以完善一环绿道系统，道路两侧串联绿道轴线的设计形式。道路南侧因上架高压电线，故将绿道设置于北侧并贯穿植物密集区域，保留大规格植物，梳理绿化层次，打开景观视线，局部借用现状人行道；植物稀疏区域，结合节点空间丰富路径。

"多节点"：多个重要景观节点。节点一为烈士陵园节点。设计在路口设置红色记忆景观小品，以红色锈板材质为主，搭配不锈钢材质，象征着历史和现代的碰撞，红色锈板体现质朴的特色，以军礼形态，寓意着向烈士英雄致敬。整体设计大气庄严，展现过去艰苦奋斗的红色岁月。节点二为实验中学北侧节点。场地位于追溯历史区段，临近学校，以红色教育为主题，以"红色记忆"为主线，通过党建历史长廊特色地域铺装，科普、宣传红色历史文化及英雄人物事迹。

4.2 以紫云公园为例的口袋公园建设实践剖析

4.2.1 设计主题引入

依据平度市多河流的自然特征与紫云公园的名称，此次设计提取了河流、祥云两个自然元素，通过祥云的形态来补植空间场地，河流蜿蜒曲折形成全园环路，同时，将两部分元素运用于小品构筑中，丰富场地景观表现形式（图3）。

图3 紫云公园项目建成图片

设计提出"云梦紫境，咫尺自然"的设计主题，寓意为拉近自然与人的距离，通过场地特有元素"紫云"作为主要景观元素，结合多种景观体现形式，打造一个集景观性、实用性、功能性、生态性于一体的口袋公园。

4.2.2 人性设施布设

紫云公园周边用地以居住用地为主，人流量大，对休闲空间场地的需求较多。因此本次设计以祥云为元素，通过环形园路串联多个空间场地，打造一个绿色生态、功能丰富、有场地特色、满足多年龄层级需求的城市口袋公园。入口处设置紫云公园LOGO墙，背景为"云梦"特色构筑，强调公园特色。在林下广场区域设置马家沟芹菜展示区，利用芹菜叶片形态设计的叶片廊架和互动展示景墙宣传马家沟特色芹菜产业。设置健身球场、活动场地、云朵乐园等多种功能场所，满足各年龄阶层居民的需要。云朵乐园运用云朵铺装、流线廊架、多种互动设施，营造乐园活泼、童趣的游乐氛围。

5 结语

本文是在公园城市的理念下，基于城市存量更新的视角对城市公园规划路径的一次探索与尝试，因不同城市自身条件与资源不同，国家调控规范尚未健全，如何摸寻适合自己城市的规划路径是一场长远可调控的行动。希望本文能对业内同行有所帮助，并期待更多设计师能够参与到公园城市规划探索的行列中，助力美好城市建设。

[参考文献]

[1] 陈明坤，张清彦，朱梅安. 成都美丽宜居公园城市建设目标下的风景园林实践策略探索 [J]. 中国园林，2018，34（10）：34-38.

[2] 李金路. 新时代背景下"公园城市"探讨 [J]. 中国园林，2018，34（10）：26-29.

[3] 李晓江，吴承照，王红扬，等. 公园城市：城市建设的新模式 [J]. 城市规划，2019，43（3）：

50-58.

［4］马利波. 新时期城市定位研究：以平度市为例［J］. 泰山学院学报，2019，41（3）：132-138.

［5］凡傅，红李，赵彩君. 从山水城市到公园城市：中国城市发展之路［J］. 中国园林，2020，36（4）：12-15.

［6］孙奎利，谭啸，赵广宇，等. 新时期安国市总体城市设计探索［J］. 规划师，2023，39（5）：152-159.

［7］于光宇，吴素华，黄思涵，等. 从"千园之城"到"一园之城"：深圳公园城市规划纲要编制思路与实践［J］. 风景园林，2023，30（4）：69-77.

［8］BROWN G. A Theory of Urban Park Geography［J］. Journal of Leisure Research，2008，40（4）：589-607.

［9］GOLIČNIK B，THOMPSON W C. Emerging relationships between design and use of urban park spaces［J］. Landscape and Urban Planning，2010，94（1）：38-53.

［作者简介］

刘译浓，设计师，就职于青岛市市政设计研究院有限责任公司。

孙小力，就职于澳门城市大学。

鲁丹，设计师，就职于青岛市市政设计研究院有限责任公司。

沈勇，设计师，就职于青岛市市政设计研究院有限责任公司。

城市更新视角下滨河岸带景观提升策略探讨

——以辽源市东辽河岸带修复工程为例

□张明莹，王欣，许少聪

摘要：滨河岸带常面临生态破坏、水城割裂、亲水空间不足等一系列问题，具有涉及区域广、防汛要求高、周边人口密度大等特点，承载着维持生态平衡、激发城市活力等功能，因而如何保护、提升并利用滨河岸带空间，成为当前广泛关注的问题。本文以辽源市东辽河岸带修复工程为例，结合滨河岸带现状问题，在城市更新理念指引下，提出以生态修复、海绵城市建设、基础设施完善、地域景观彰显为核心的滨河岸带景观提升策略，形成水城共融、蓝绿交织的东辽河人居山水画卷。

关键词：城市更新；滨河岸带；景观提升；东辽河

1 引言

随着城镇化进程的加快，城镇体量空前扩大，在推动社会发展、提高居民收入的同时，也使城镇面临资源短缺、环境恶化、生态破坏等一系列问题。其中，由于城镇的无序扩张，城市滨河空间不断被挤压，岸带功能日趋单一化、简单化，已无法满足市民多样的生活需求。20世纪八九十年代以来，为适应城镇发展，开展了大规模城镇河道硬化工程，通过疏浚、裁弯、切割、砌石等工程措施，硬化坝体、驳岸以改善河道整体形态，虽在一定程度上提高了河道行洪能力，但客观上也引发了城水关系割裂、空间功能单一、景观风貌缺失等一系列问题。而河道作为城市中重要的线性空间，既是维持城市内外生态平衡的重要廊道，又是承载居民活动、激发城市活力的重要空间载体，这对滨河岸带空间质量提出了更高的要求，需要权衡安全、环境、社会、经济等多方面因素，使滨河岸带成为城市发展的助推器。因此，在当前大力实施城市更新行动的背景下，如何通过城市河道岸带景观提升来改善人居环境品质、推动城市高质量发展与开发建设方式转型成为关注的焦点。

近年来，辽源市在城市更新方面已取得一定进展，政府希望继续借助城市更新行动来推动城市转型发展，中心城区作为辽源发展的核心区，以交通主干道与河流生态岸线组成的"双十字骨架"为引领，补齐基础设施与民生短板，推动周边城区的高质量发展。东辽河作为骨架之一，横穿城市中心区，具有防洪、生态、景观等多元功能，对辽源市整体城市风貌提升具有重要现实意义。基于此，本文以辽源市东辽河岸带生态修复为例，从城市更新视角出发，探讨滨河岸带景观提升的策略方法，以期为其他城市河道岸带景观规划与设计提供参考与借鉴。

2 城市更新与滨河岸带景观提升的融合

我国城市发展已进入以快速发展和结构性调整并行互动为特征的转型发展新阶段，正在积极倡导以城市更新为主的城市发展转型策略。党的十九届五中全会明确提出实施城市更新行动，这是党和国家对进一步提升城市发展质量作出的重大决策部署。城市更新是一种将城市中已经不适应现代化城市社会生活的地区作必要的、有计划的改建活动，其总体目标为建设宜居、绿色、韧性、智慧、人文城市，有利于推动城市结构调整优化和品质提升、转变城市开发建设方式，全面提升城市发展质量，不断满足人民日益增长的美好生活需要，促进经济社会持续健康发展，故而城市更新不仅包含对城市物质空间的修复、功能活力的提升，还注重对城市人文环境的传承、彰显。

城市滨河岸带空间是指河流两侧的自然和人工空间环境，主要包括洪水位与常水位之间的可淹没区域、洪水位线以上的绿地集中区以及向城市内部延伸的部分绿地空间。目前随着滨河岸带空间开发活动的增多，人们逐渐认识到岸带是城市中蓝绿结合的独特空间资源，是激发城市活力的重要催化剂，其空间范围内建设活动应以雨洪安全为前提，在尊重自然的基础上，协调岸带空间自然资源保护与生态条件利用、城市功能激发的关系。

滨河岸带是落实城市更新理念的空间载体，两者相辅相成、相互促进。在城市更新八大任务中，滨河岸带凭借其在城市空间结构、历史文化脉络、生态景观格局中的重要性，成为城市功能完善、地域文化凸显、环境生态修复、区域韧性提升的重要媒介，城市更新为深度挖掘岸带价值提供了政策指引。此外，通过对滨河岸带空间的改造提升，充分发挥其生态、雨洪、休憩、运动等功能，可促进城市河岸沿线经济价值的提升，这为城市更新实践提供了新方向、新思路。

3 滨河岸带景观提升的内涵

随着社会经济的繁荣发展，滨河岸带空间的开发建设在城市发展中占据愈加重要的地位，因其空间的特殊性，通常具有防洪、排涝、生态、活动等一系列功能。然而在快速城镇化的推动下，城市中的河流经常表现出低强度、低质量、不完善的特征，现代城市发展所需的滨河岸带空间的特殊生命力、生态和功能价值尚未实现，故而开展与滨河岸带景观提升有关的研究和实践，对当下城市更新发展尤为重要。

城市滨水空间是城市中最具价值和开发潜力的公共空间资源，其开发与利用对提升城市生态环境质量、丰富地域景观风貌、激发城市空间活力、繁荣城市经济具有重要影响，是当今生态文明建设、城市更新发展的重要组成部分，也是现代城市向绿色城市、宜居城市、人文城市转型的良好契机。同时，滨河岸带空间以河流为中心向城市延伸，呈线性发展，由城外自然山体一直延伸入城，既是城市与自然联系的重要生态廊道，也是城内市民接触自然、感悟自然的重要空间场所，并且线性空间特征带来的视觉延伸性又使其成为感受城市特色、彰显地域文化的景观媒介。

因此，城市滨河岸带景观提升的内涵不仅仅体现在滨水本身的价值，更重要的是以其为空间基底所体现出的城市景观风貌、地域自然与人文特色以及社会文化环境之间的契合关系：一方面，从宏观视角出发，通过生态修复手段重塑滨河岸带空间在区域生态网络格局中的作用，使其在承担防洪排涝、雨洪蓄滞等生态功能的同时能发挥出更大的生态效益，提升城市建成区整体生态环境水平；另一方面，以滨河岸带作为空间载体，修补城区缺失的城市功能，包括完善基础设施、构建慢行体系、提升景观风貌与空间质量等，逐步释放城市公共空间活力，将市民日常需求、城市更新发展和滨河岸带空间开发建设有机地结合在一起。

4 东辽河岸带景观提升策略研究

东辽河岸带生态修复工程是辽源黑臭水体整治工程的补充工程，其范围西起财富桥、东抵高丽墓桥、南至工农桥，总面积约为 61.57 hm²，滨河岸带总长度约为 14.27 km，跨越整个中心城区，具有防洪、排涝、景观等多种功能。近年来，由于缺乏科学系统规划与管控，岸带整体品质、功能已无法满足辽源人民的物质文化需求，并且黑臭水体整治工程中截污干管的埋设也对岸带造成较大破坏。辽源市政府希望借城市更新行动契机，对东辽河城区段岸带进行改造，提升城市滨河风貌、改善城区环境、提高公共空间质量，并结合辽源"十四五"规划、发展要求及自身发展阶段，制定了宜居辽源、绿色辽源、韧性辽源、人文辽源 4 个切实可行的城市更新突破方向，这为东辽河滨河岸带更新提供了指导思路。

4.1 东辽河岸带景观现存问题

4.1.1 绿地系统性差，城市生境破碎

东辽河两侧分布有多处公园、广场、林地等公共空间，具有良好的绿色空间基底，然而现状受城市道路、铁路、市政设施等多方面因素影响，缺乏系统的梳理和规划，致使滨河绿地生态空间遭到挤压，碎片化严重。此外，滨河廊道连续性不佳，整体绿量不足，生物多样性较低，导致河道生态景观资源在城市生态景观格局中并未完全发挥应有的功能与作用，不利于区域尺度下城市生态系统的安全和健康。

4.1.2 雨洪问题突出，水体质量不佳

近年来，由于北方地区频繁的极端天气，城市内涝问题异常严峻，而现状岸带的设计通常只考虑防护隔离或景观游赏，缺乏海绵城市设计理念的指引与落实。具体而言，现状岸带对于雨水的吸纳和缓释作用较低，蓄滞、渗透、涵养能力不足，无法满足植被缓冲带径流污染消减功能，地表径流未经过滤、净化等流程直排河道，造成河道水体遭受污染的风险。

4.1.3 城水关系割裂，景观特色消弭

东辽河作为辽源的母亲河，是辽源人民的情感寄托，但滨河岸带作为城与水的生态、活力纽带未能有效连接城水关系。其中，滨水空间品质不佳、功能单一等问题降低了滨河岸带对市民的吸引力；滨水慢行系统不成体系，内部园路存在断头路，且与周边城市道路的慢行空间衔接不足，影响了东辽河岸带慢行系统的可达性，市民滨河慢行体验较差，继而致使滨河岸带利用率不高。此外，辽源自身有着独特的文化底蕴，魁星阁和栾架山等文化、自然资源点位于辽河周边，但现状河道风貌未能较好利用现有资源，缺乏地域特征，同时滨河界面整体性不佳，特色不足。

4.2 东辽河岸带景观提升思路及目标

针对东辽河岸带景观现存问题进行分析，以城市更新行动八大任务中与滨河区域相关的三项任务为指引，为塑造辽源市多彩生活、魅力水岸，形成水城共融、蓝绿交织的东辽河人居山水画卷，提出了滨河岸带景观提升思路：从国土空间角度统筹考虑，整合城市滨水岸带的空间格局，守住生态底线，保证辽源生态结构的完整性，做好区域生态基底建设；响应海绵城市、韧性城市理念，运用"渗、滞、蓄、净、用、排"等措施，提高城区防洪排涝能力；从城市功

能视角精准考量，识别滨河区域在城市发展中存在的问题并加以分析，结合目标导向，改造消极滨河空间、丰富市民活动场所，增强城市活力；挖掘辽源地域文化，借助城市中现存文化资源，建设具有辽源特色的滨水公共空间，形成城市独特景观风貌。

4.3　东辽河岸带景观提升策略

4.3.1　完善生态基础设施，推进生态修复工程

辽源自古便有"五山一水四分田"之称，生态基底较佳，通过 GIS 叠加分析，可以看出辽源共有 7 处重要生态斑块（6 座山体、1 处湿地公园）与 4 条水域河道，塑造了辽源中心城区"六山四水、一环一园"的总体空间结构（图1）。

针对东辽河岸带蓝绿空间格局破碎以及滨河生态空间遭受严重挤压、生态结构单一、生态设施不完善、植被覆盖率低等问题，提出相应修复思路：选择地域乡土树种，以及浆果类、蜜源类、蜂源类植被类型，形成乔、灌、草复合群落配置，营造林地、草地、湿地多种生境，涵养水源，增加生物多样性。具体分为三种类型：一是对于场地规模较大、限制条件较少的区域，设计多类型生境，如在临路侧区域设置生态防护林以发挥植被缓冲作用，在疏林灌草区域，优先选择浆果类小乔木、灌木等吸引鸟类，丰富植被群落、增加生物多样性，提高滨河岸带生态系统稳定性；二是对空间限制较大的建成区域，优先联通慢行系统，补植乔木，合理搭配灌木、地被，在城市中创造便捷自然的绿地系统；三是对于生态环境较佳的自然山体区域，坚持保护优先、低干扰设计原则，通过配置阔叶乡土树种，改善生态结构单一的常绿林，增加生态林地的多样性。

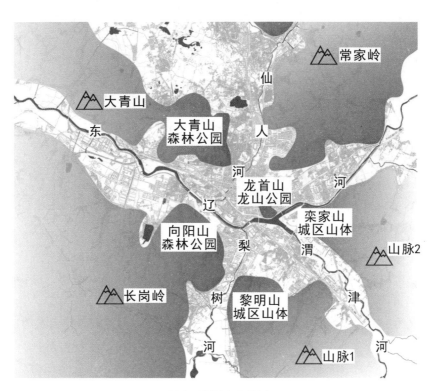

图1　现状山水格局

4.3.2 增强防洪排涝能力，建设海绵城市、韧性城市

辽源市早期城市建设采取高堤围河的方式，割裂了城水互融的关系，不利于目前滨河岸带的繁荣发展，并且在极端天气频发的当下，更易造成城市洪涝灾害，故而需践行海绵城市、韧性城市理念，增强城市防洪排涝能力。

以福民桥东侧、辽河大路南侧滨河岸带为例，在海绵城市理念的指导下，对于部分位于市政道路和堤岸之间的低洼地，转变植被缓冲带高于堤岸的常规模式，因地制宜，利用低洼地设置下沉剧场，塑造调蓄空间（图2）。设计后此处剧场最大高差达3.5 m，平均深度1.5 m，下沉面积约1.9 hm²，平日作为功能性活动场地以丰富市民生活，雨天可临时蓄积雨水，缓解城市内涝，蓄积量可达28000 m³，并且在内部设置景观桥，保证雨天市民通行，从而实现平日可游赏、雨天保平安、旱涝两宜的景观效果。

图2 利用现状低洼地设计下沉剧场

为缓解市政路雨水径流污染，将道路客水有组织地引入公园内的海绵设施，利用植草沟收集、传输雨水，经植被缓冲带进入生物滞留池、雨水花园进行渗透、净化，最终雨水可通过智能分流井进入河道或直接排入城市排水管网。全园总计设置6处生物滞留带，总面积2800 m²，可调蓄净化雨水约1120 m³；雨水花园7处，总面积1200 m²，可调蓄净化雨水约1450 m³（图3）。此外，为使公园大部分绿地空间具有雨水调蓄、植被缓冲作用，设计中多选择具有耐水湿、耐旱等特性的品种，如千屈菜、黄菖蒲、马蔺、萱草等地被以及红瑞木、水曲柳、郁李、白榆等灌木，同时注重植物搭配与城市绿地景观之间的协调性，兼具雨洪调蓄、休闲游赏、漫步闲谈等功能，融合生态价值与景观价值。

图 3　海绵设施建成概览

4.3.3　补足基础设施短板，增加公共活动空间

东辽河滨河空间由于缺乏系统规划，沿岸公共空间数量、规模明显不足，现有广场铺装破损、铺装面积大、功能单一、舒适性低，滨河道路可达性差、步行体验感不佳，沿岸基础设施陈旧、数量不足，服务范围存在空缺。针对以上问题，采取不同措施改善公共空间质量，完善滨河岸带功能，增强城市活力。

合理布局滨水空间，完善场地功能活动。例如，位于辽源城区核心地段的滨河广场空间，改造前被大面积停车场占用，杂乱无序，活力低下；改造后，将停车位移至广场两侧，在满足停车需求的前提下腾出整块滨河活动场地，设置绿地活动场所，增添公共服务设施，从而提升该片区环境舒适度，提升场地活力（图 4）。

图 4　半岛荟前广场改造后概览

丰富城水互动关系，打造滨水城市客厅。高质量滨河空间应综合考虑城市空间结构、周边用地功能等因素，预留城市未来发展空间，融合市民日常生活，推动周边城区发展。现状滨河岸带红线范围局限于滨河步道和绿化带区域，与周边用地缺少有效互动，空间模式较为单一。设计时将红线范围延伸至建筑底商，形成滨河步道与商业广场相结合的空间结构（图5），从而扩大公共空间面积，完善公共空间类型，丰富市民活动方式，如团体健步走、大型广场舞、打卡拍照、才艺比赛等。

图5　新建滨河岸带概览

　　完善滨河慢行体系，提高区域可达性。设置连续的滨河步道、自行车道，改造过陡台阶，在主要出入口处设置坡道，结合内部园路设计丰富的游憩路线，在增加路网密度的同时提升场地可达性与游览舒适度（图6）。

图6　慢行步道及岸带入口建成示意图

4.3.4 加强历史文化保护，塑造地域景观风貌

城市地域景观特征的消失往往源自于一幢历史建筑失却其周边环境、一片历史街区失却其天际轮廓、一座城市失却其依托的山形水势，故而应从细微之处全方位、整体性挖掘场地特征，凸显当地文化景观。针对东辽河岸带缺少风貌管控、未体现地域文化与城市特色的问题，设计从塑造景观风貌视角出发，关注城市重要节点，尤其是河道与城市轴线、山水资源、历史文化区交汇位置，作为重要设计空间，深入挖掘辽源地域文化，建设具有辽源特质的滨水景观界面。其中，坐落于龙首山上的华夏玄门第一楼魁星楼和东北最大的道观之一福寿宫，是辽源城市中的视觉焦点，设计综合考虑河道宽度、轴线关系、礼制秩序等因素，延续城市轴线，拓宽滨水广场，塑造多条景观视廊，打造辽源市滨河景观名片，并且塑造城市山水文化视廊，展现辽源地域文化，并将其融入市民生活，增强市民文化自信和地域归属感（图7）。此外，自然山水也是城市滨河风貌重要组成部分，在视线、游线设计中，运用对景、借景等手法，纳入真山真水，彰显辽源自然山水之美（图8）。

图7 半岛荟广场远眺魁星楼

图8 借景栾架山

5 东辽河岸带景观提升项目价值思考

5.1 多层级系统有机更新

系统性、多层级考量滨河更新改造类项目的实施路径，从流域和城市双重尺度找寻切入点，准确认识其在生态、功能、文化等方面价值，系统推动岸带可持续发展；同时进一步分区确定开发强度和改造力度，根据周边用地类型、人群类型、生态条件等因素合理布局、有序开发，摒弃大拆大建，优先选择乡土植被，使用地方石材等生态环保材料，坚持低碳、经济、节约原则，推动城市精细化改造与精明增长。

5.2 多功能激发城市活力

东辽河作为辽源城市重要骨架，串联周边办公、商业、居住等多个功能区，可开发利用潜力有待进一步挖掘，故而着重提升功能空间品质，复合雨洪调蓄、生态体验、运动休闲、文化科普等多元功能，植入活力特色主题，系统化建立连续完整的公共开放空间体系，从而激活滨河岸带、提升周边活力，推动城市高质量发展。

5.3 多价值强化文化自信

辽源因东辽河发源于此而得名，城市因河而生、因河而兴，在河岸及周边区域遗留下丰富文化遗产，如今在文化自信与逐梦中华民族伟大复兴语境下，赓续城市文脉，凝聚精神力量，是东辽河肩负的重要使命。依托东辽河优美的景观风貌，融合宗教文化、山水文化、围苑文化等多种文化元素，塑造新时代辽源文化体系，建设辽源文化精华带，激发市民文化认同感和地域归属感。

6 结语

与其他城市空间相比，带状滨河空间通常连续跨越远郊、城郊、城内多个区域，连山接城，尺度较大，同时城区河段又与市民日常生活息息相关，空间精细化程度直接影响城市宜居程度。因此，在辽源市东辽河岸带生态修复工程中从国土空间和城市功能双重视角入手，并以问题为抓手、目标为导向，通过完善区域生态格局、落实海绵城市理念、补足基础设施短板、加强历史文化保护等手段，全面提升滨河空间品质，激发辽源滨水岸线活力，通过东辽河岸带的有机更新带动城市健康发展。

[参考文献]

[1] 孔俊婷，刘菲，孙瑞. 城市重点地区线型水域空间微设计策略：以天津市海河中心段水域空间为例 [J]. 规划师，2017，33（12）：56-61.

[2] 刘祎绯，WANG Xi—yue. 城市历史景观 [J]. 风景园林，2017（6）：4-5.

[3] 阳建强. 城市中心区更新与再开发：基于以人为本和可持续发展理念的整体思考 [J]. 上海城市规划，2017（5）：1-6.

[4] 王敏，叶沁妍，汪洁琼. 城市双修导向下滨水空间更新发展与范式转变：苏州河与埃姆歇河的分析与启示 [J]. 中国园林，2019，35（11）：24-29.

[5] 李育辉，李天星，吴访，等. 南宁市那考河景观生态治理规划策略探讨 [J]. 规划师，2020，36

（14）：78-83.

[6] 郭榕榕，李沛，刘华，等. 基于生态修复理念的大型河流景观规划思考：以石家庄滹沱河生态修复工程为例 [J]. 中国园林，2021，37（S1）：139-144.

[7] 许少聪. 城市更新视角下北京德胜门城垣改造策略研究 [C] //中国风景园林学会. 中国风景园林学会 2017 年会论文集. 北京：北京林业大学园林学院，2017：64-68.

[8] 于松强，苗波涛. "城市双修"下干旱地区滨水空间生态策略研究：以乌海市海勃湾区滨水空间为例 [C] //中国风景园林学会. 中国风景园林学会 2019 年会论文集（下册）. 山东建筑大学，潍坊公路管理局公路养护工程处，2019：252-256.

[9] 蔡雪琪. 浅丘型城市河岸带生态防护与整治规划方法研究 [D]. 重庆：重庆大学，2019.

[作者简介]

张明莹，工程师，就职于中规院（北京）规划设计有限公司生态市政院。

王欣，副总工程师，就职于中规院（北京）规划设计有限公司生态市政院。

许少聪，工程师，就职于中规院（北京）规划设计有限公司生态市政院。

城市核心地段高校老校区空间更新策略研究

□席远

摘要：高等学校老校区有着悠久的历史，校园内的建筑、设备与场地等被一代代师生视作珍贵的文化财富，形成了校园宝贵的历史文化底蕴，蕴含着无数人的情感和记忆。西安工业大学金花校区是西安工业大学的老校区，由于建设时间久远、师生数量与日俱增，教学中心逐渐转移至未央校区，在对金花校区的处置和利用上面临着很多处置与管理的难题，职能调整也使得老校区建筑物及基础设施使用质量逐年降低。身处西安市长乐副中心的区位优势给予了金花校区巨大的机遇，但也带来了许多挑战。在这种背景下，通过对既有校园建筑及基础设施的更新改造，使之能以全新的功能形态实现其自身价值，对于活化、完善和利用老校区空间资源，提升其自身发展优势，促进城市更新进程及推动城市的可持续发展来说不可或缺。本文通过现状调研，归纳分析了西安工业大学金花校区的现状问题与优势，并在此基础上提出更新改造策略，探索高校老校区包括但不局限于教学功能的多种可能性，希望能为同类型高校老校区的更新改造提供参考和借鉴。

关键词：城市更新；高校老校区；校园空间；对外开放

1 背景研究

1.1 研究背景

我国拥有 2000 多所各具特色的高校，其中，许多高校拥有数十年甚至数百年的悠久历史。我国的高等教育从传统的精英式教育转变到更加普及的大众式教育，许多高校也在迅速拓宽其办学范围，建立起更加完善的校园环境，新校区应运而生。与高校新校区蓬勃发展的态势相比，老校区因其陈旧的面貌和破败的基础设施，逐渐走向边缘化，职能也往往会出现低端下滑倾向，与其良好的区域条件与完善的配套设施不匹配。

高校老校区是中国高等教育发展的重要见证，记录了高校初创、发展时期的过程，其中保有的历史建筑与历史事件都具有举足轻重的价值与意义。因此，对于高校老校区文物建筑价值的重新定位，并合理更新再利用校园空间已成为高校校园建设中的一个重要课题。

1.2 高校校园空间发展研究

在城市更新的战略部署下，高校校园空间逐渐转向复合性、开放性、创新性和健康性。校园更新规划更加注重空间再利用、结构强化与文脉塑造等。

1.2.1 空间复合

随着时代的发展，现代大学校园不断加强对沟通与交流的重视，并将其作为一个多元化的空间，以满足学科自身及不同学科之间交流的需求，并不断促进空间的碰撞。

1.2.2 对外开放

现代校园已逐步走向与城市空间双向融合的阶段。一是通过将城市与校园有机地融合，打破校园与城市的界限，让城市的功能得以更好地融入校园，同时利用城市的资源实现校园的城市化扩展。二是让城市社会面与校园共同参与，共享校园的设施，但并不彻底消除城市与校园之间的界限，而是要保留校园部分的原有功能，利用内部和外部的优势，开发新的功能，确保校园的独立性，使其通过提供优质的设施和服务，发挥校园自身的社会价值。

1.2.3 绿色发展

现代校区强调生态空间的保护和利用，包括改善小气候环境，建设自然雨洪调节系统，优化室外环境，美化建筑界面等可持续性规划设计策略。

2 西安工业大学金花校区校园更新现状研究

2.1 校区概况

西安工业大学金花校区位于西安市新城区，地铁一号线及三号线分别从研究范围的北侧和西侧穿过，周边设有长乐公园站和通化门站两个站点。金花校区周边有义乌商城、西安市北方医院、长乐公园、秦庄襄王墓遗址公园等重要城市节点（图1）。研究地段区位优越、交通便利，是西安市东部重要的城市发展中心。本文涉及的区域包括西安工业大学金花校区教学相关区域、家属区和春明路西侧现状小区，共 17.48 hm²。地块北侧长乐商圈附近为通化门地铁站，地块南侧长乐公园附近为长乐公园地铁站（图2）。地块地处长乐商圈和长乐公园的衔接过渡地段，对整个长乐地段的旧城更新改造具有重要作用。

2.2 校区现状问题与矛盾

西安工业大学金花校区历史悠久，但风貌陈旧、基础设施破败。随着新校区的建设，老校区建筑与基础设施使用率逐年降低，地位与作用有所下降，对其问题与矛盾进行梳理，总结为以下三点：一是设施老旧，校园环境承载力不足；二是边缘化，与城市核心地段定位不符；三是定位模糊，校园特色不足。

图 1　研究范围周边综合现状图

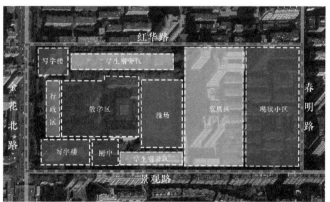

图 2　研究范围内部现状图

2.2.1 设施老旧，校园环境承载力不足

金花校区建设年代久远，设施老旧，基础设施落后，空间舒适度低，校园环境承载力有限，部分校园空间无法满足使用者的需求，也无法发挥公共空间集聚的意义，甚至处于消极的搁置状态。

2.2.2 边缘化，与城市核心地段定位不符

金花校区坐落在城市繁华地段，地理位置优越，人口密度大，公共交通便利，规划结构较为完整。但是，其缺乏可供扩建的土地、建筑设施老旧、景观风貌也较陈旧。由于高校重心的转移，金花校区出现边缘化的趋势，其日渐萧条的面貌与城市核心地段的定位不相符合，亟待更新改造。

2.2.3 定位模糊，校园特色不足

金花校区过去在校园建设中一直保持内敛、低调的风格。在最初的建设过程中，学校的特色与优势没有融入其中，学校历史、优势等缺乏展示空间，校园活力与特色不足。

2.3 校区面临的机遇与挑战

对于高校老校区来说，如何利用自身优势重获新生，是机遇，也是挑战。首先，金花校区毗邻幸福林带总部商务区，交通便利，区位优越，发展潜力巨大；其次，金花校区所处地段高校云集，教育资源雄厚，有丰厚的文化底蕴；再次，长乐特色街区作为西安东部副中心，给予金花校区发展机遇与潜力；最后，金花校区周边毗邻多个公园与全国最大的城市林带工程，绿化系统发展建设条件优越。随着社会的不断发展，校园乃至整个城市的更新手段多元化，金花校区如何抓住自身优势，突出自身特色，在学校重心转移与发展投入低的客观条件下转型是其面临的挑战。

3 西安工业大学金花校区更新定位研究

3.1 内部潜力：人才支撑

西安工业大学金花校区拥有宝贵的校园空间，其目前保留下来的艺术学院和高素质师生资源都是未来进行校园更新改造的动力与支撑。

3.2 外部动因：人流支撑

长乐商圈研究范围内分布有 3 座地铁站、9 处公交站点、8 处社会停车场，处于城市的核心地段，交通便利。地段内商业资源丰富，长乐商圈入驻于此，基地北侧主要以商品批发城为主，包括西部茶城和小商品批发市场；南侧为商业综合体，长乐荟城市生活广场和建国饭店均位于此，人流量密集。基地周围分布有长乐公园、兴庆公园及幸福林带 3 个城市重要绿化节点，绿化系统发展建设条件优越。以上优势都给予金花校区密集的人流量。

3.3 时代潮流：产业导引

时代潮流对于高校老校区的改造起到了关键的引领作用，主要包括西安"双创"政策以及"校园＋产业园"的新发展模式和疫情过后对城市建设的新要求。

首先是"双创"政策与"校园＋产业园"的新发展模式。西安域内现有多处以"双创"为定位的街/园/区，虽特色不同，但要素资源获取的来源相同，竞争压力较大。而金花校区地处

繁华的城市中心，拥有卓越的发展潜能，区域活力较强，具有较强市场竞争力。其次是后疫情时代的到来，打破了传统的城市发展模式，健康城市理念下的城市应更具韧性，在更新规划与实施过程中，要始终将韧性城市作为基本底线，着眼于未来更有品质、更健康的城市生活方式，这要求规划本身也要转型，在策略植入和规划设计时应充分考虑此要点。

综合以上，提出建设宜居乐活的健康街区、便捷高效的智慧街区、创意时尚的艺术街区三大街区理念互相融合以及互相联动、高度集成的大西安艺术设计创业街区。

4 西安工业大学金花校区校园更新策略实施路径

由于高校老校区传承和保留了一代又一代师生的情怀，结合现状金花校区仍在以教学功能而存在的艺术学院，将各种功能复合成为三大板块——展览、售卖和设计，提出功能复合、记忆保留的规划原则和载体优化、业态植入、活动营造三大策略实施路径。

4.1 载体优化

载体优化主要针对四个板块进行，分别是建筑街区改造、交通流线优化、公共空间塑造和配套设施完善。在建筑街区改造方面，对于现状行政楼和图书馆两大记忆建筑进行改造，保留具有记忆点的建筑，打造街区特色，重启街区活力。在交通流线优化方面，将"以人为本"的新型智慧社区原则放在首要位置，将现有的环形车道改造为步行廊道，提高居民生活品质，并在社区内增加运动跑道，方便居民活动。在公共空间塑造方面，对街区内部公共活动空间进行再梳理重塑造，增设儿童嬉戏广场，满足不同年龄段孩子的需求；增设休闲广场，增加居民活动空间，提高环境品质。在配套设施完善方面，增加科技零售商店，服务社区居民，方便快捷，面对突发情况时，弹性应对，为入驻的设计团队与工作室提供统一的艺术设计服务平台。

4.2 业态植入

街区应针对不同人群的需求，进行业态植入。共分为四个部分：智慧科技、运动健康、艺术文化、餐饮住宿。一在智慧科技部分，将互联网科技融入艺术产品体验与售卖中。二在运动健康部分，开放金花校区内部运动场地，增强居民身体素质，增加医疗体系建设，设置轻医疗体检站，在突发情况来临时，也可以作为机动场地。三在艺术文化部分，设置艺术设计服务平台和艺术家工作坊，以一种开放的形态，为艺术创作者提供文创空间，为艺术兴趣者提供体验秀场，打造"专业创造＋休闲体验"的文化艺术聚集地。四在餐饮住宿方面，打造轻食餐厅，以创新创业为内涵，配套创客公寓，打造全覆盖的智能出行系统，搭建智能基础设施和智慧民生系统，构建社交生活典范，实现智慧生活圈。

4.3 活动营造

基于业态植入，依托艺术街区，开展丰富多元的活动。例如，不定期开放文创产品交易集市，为艺术创作者提供文创产品的交易平台；开展艺术活动线下体验活动和艺术演出活动，吸引更多艺术爱好者和艺术创作者。同时，通过网站、App、艺术设计海报和标识牌设计对入驻的街区品牌、入驻设计团队进行宣传。

5 基于"三大街区"策略的城市更新

5.1 多元人群共享的街区

结合街区定位及现状地段人群构成提出新的多元人群共享模式（图3）。人群定位为青年创客、游客和居民；结合各类人群的需求提出人群行为构想主要为运动、参观、办公和创意；在此基础上融合健康、智能和艺术三大理念，构建出多元融合的艺术街区。从三大人群入手，将策略模块分配到五大片区：艺术设计街区、智慧商业街区、健康运动区、健康服务区和智慧社区。

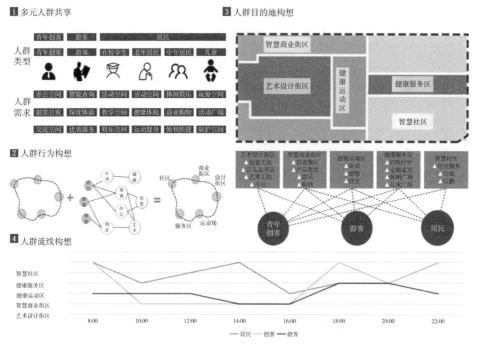

图3 多元人群共享模式图

5.2 建筑活化与功能设施布局

针对创客公寓，围合出公共活动场地，外围设置附属绿地；对于现状的家属院进行适当的改造，添加移动"智慧盒子"，且住宅和公共绿地围合出公共活动空间；对金花校区行政楼进行改造，局部退台，设置可活动屋顶，增加空间趣味性；原有校园图书馆改造为艺术书店，围绕图书馆引入水系，增加景观效果；基于健康城市理念，引入轻医疗所，将现状轴线上的两幢建筑进行改造，一幢用于轻医疗所，一幢作为家居设计所退台设计，通过建筑退台设计，增加空间自由感，并且有利于通风；建筑之间有公共空间和步道（图4）。

5.3 慢行优先的校园交通系统

基于慢行优先的原则，提出禁车、步行、引导、打通和系统五大策略。对步行街巷空间也进行了空间策略上的调整，使空间变化节奏更加丰富多元（图5）。

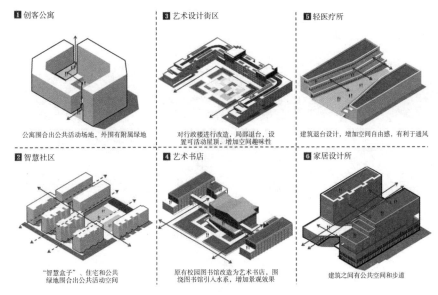

图4 建筑活化模式图

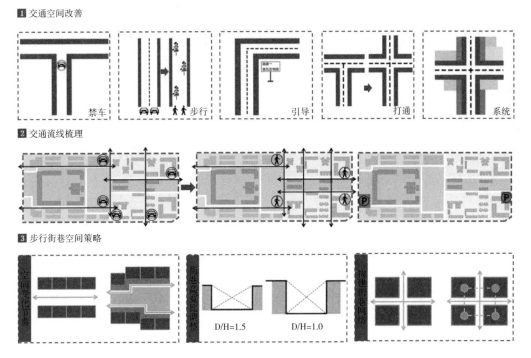

图5 慢行优先交通模式图

5.4 健康绿化环境营造

环境营造分别从水系、屋顶绿化和街区绿化进行分析（图6）。引入水系使建筑与水系相融合；增加局部退台与相邻建筑形成良好的视觉效应，屋顶退台增加绿化，提高绿地率。街区绿化主要分为三大类：一是整理绿化增加场地；二是场地切分，区分活动空间与绿地；三是整理绿化，划分步行道。通过以上三个方面的设计，塑造良好的街区环境。

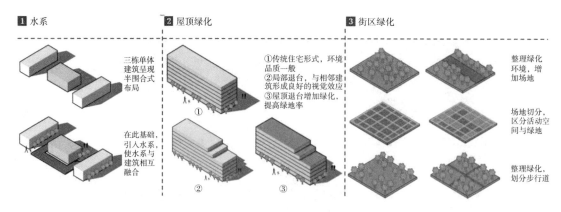

图 6　健康绿化模式图

6　结语

随着城市发展及城市更新的不断推进，对老旧建筑的研究和利用日益受到重视，保护和再利用高校老校区的问题也变得日益突出。本研究旨在深入探讨如何有效地利用有限的高校老校区校园空间，充分考虑校园结构、公共设施、科技改造、生态人文等因素，以发挥其最大的潜能，实现可持续发展。期望通过这项研究，为我国其他高校老校区的校园空间更新和改造提供一些可供借鉴的经验。

［参考文献］

[1] 刘福星，周慧. 城市双修视角下的大学校园更新规划策略探讨：以东北大学南湖校区总体规划为例 [J]. 城市住宅，2017，24（12）：58-61.

[2] 刘铮，王世福，莫浙娟. 校城一体理念下新城式大学城规划的借鉴与反思：以比利时新鲁汶大学城为例 [J]. 国际城市规划，2017，32（6）：108-115.

[3] 汪德根，杜金莹. 城市双修理念下大学校园开放的困境与突破：以苏州大学为例 [J]. 中国名城，2018（7）：57-64.

[4] 林林，顾逊. 基于触媒理论的校园创新创业文化景观设施研究 [J]. 山西建筑，2018，44（5）：3-4.

[5] 孙彤宇，王与纯. 创新驱动的大学校园空间城区化更新策略研究 [J]. 城市建筑，2019，16（25）：48-52.

[6] 周源. 基于慢行优先区高校老校区交通组织策略与实践 [J]. 交通与运输，2020，36（1）：9-12.

[7] 张洁芦，周珍琦，徐振. 基于需求特征的大学设施布局适宜性评价研究：以南京市部分高校为例 [J]. 现代城市研究，2020（4）：43-51.

[8] 王文胜，王沐. 既有高校校园更新与发展的可持续发展策略探究 [J]. 当代建筑，2021（8）：24-28.

[9] 任文静，邱大鹏. 高校老校区再生长和可持续发展 [J]. 山西建筑，2021，47（8）：31-32，35.

[10] 夏钰程，张垚. 触媒理论下大学校园空间更新策略研究：以四川音乐学院为例 [J]. 城市建筑，2021，18（30）：116-118.

[11] 罗伯特·西姆哈，纪绵. 为大学与时俱进的社会角色而设计：哈佛大学与麻省理工学院校园的比较分析 [J]. 时代建筑，2021（2）：36-39.

[12] 李锦，顾语琪，雷诚. 面向健康校园的大学环境更新设计策略研究：以苏州大学本部校区为例

[J]. 华中建筑，2022，40（1）：64-68.

[13] 王飞，顾浩. 高校空间更新规划的路径探索：以华中科技大学主校区校园总体规划设计为例 [J]. 建筑，2022（7）：78-80.

[14] 蔡强，王冬，唐大悦. 多维度与微更新的老校区城市设计研究：以昆明理工大学新迎校区为例 [J]. 建筑与文化，2022（5）：107-109.

[15] 蔚丹. 基于街区融合共生的大学新老校区对外开放的策略探究 [D]. 合肥：合肥工业大学，2018.

[16] 朱鹏颖. 基于功能置换的地方性高校老校区更新设计研究 [D]. 邯郸：河北工程大学，2020.

［作者简介］

席远，华侨大学建筑学院硕士研究生。

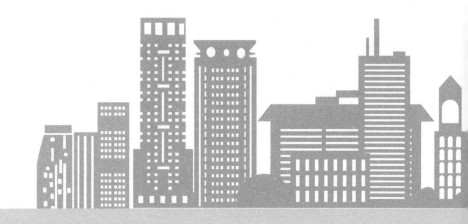

国土空间规划理论与方法

城绿共生：面向社会需求的高质量城市生态空间格局构建

□王昆，王秋杨

摘要： 城市生态空间的社会服务功能日益成为国家关注的热点，城市层面的实践探索也在稳步推进。城市生态空间正从过去的"绿化建设"走向"生态功能福祉溢出"，其规划研究需以自然需求为基础，同时面向社会需求，提供高品质、多层次、多类型的城市生态空间服务。国内外在城市生态空间自然服务功能上的认知已经较为系统深入，但在社会服务认知上具有明显的地域差异、国别差异和文化差异，我国城市生态空间的社会服务需面向个体需求，实现社会服务的精准供给。针对我国国情特点，我国城市生态空间的社会服务功能重点体现满足"基础型+改善型"两个层级的需求，"基础型需求"重点强化生态空间的均衡性优化、覆盖性优化、连续性优化；"改善型需求"重点关注面向老年、儿童、青年的全龄友好和面向外来务工人员、低收入人员等弱势群体的人文关怀。

关键词： 城绿共生；城市生态空间；高质量；社会需求；格局构建

1 引言：从"绿化建设"走向"生态功能福祉溢出"的城市生态空间

1.1 国家对城市绿地的规划建设重视程度不断提高

从我国近年来城市生态空间相关政策来看（表1），国家层面城市生态空间的法律法规不断完善，2001年《关于加强城市绿化建设的通知》中首次提出划定绿线，并"严格按规划确定的绿地进行绿化管理，绿线内的用地不得改作他用，更不能进行经营性开发建设"，以切实保证城市绿化用地。随后，2002年，《城市绿线管理办法》《城市绿地系统规划编制纲要》相继颁布，明确绿地系统规划编制和绿线管理要求。2007年颁布的《中华人民共和国城乡规划法》，将绿地列入城市总体规划强制性内容，明确"禁止擅自改变用途"。党的十八大以来，生态环境保护被提高到前所未有的高度，生态文明上升到国家战略层面，获得了前所未有的重视，城市生态空间作为其重要组成部分，2013—2023年，城市绿地的分类标准、规划标准、设计导则、服务要求等不断推出，同时针对居住区绿地、"口袋公园"等重点空间的建设引导也愈加完善。

表1 我国近年来城市生态空间相关政策梳理

年度	政策名称	关键内容或主要作用
2001	《关于加强城市绿化建设的通知》	划定绿线，并严格按规划确定的绿地进行绿化管理
2002	《城市绿线管理办法》	明确绿地系统规划编制和绿线管理要求

续表

年度	政策名称	关键内容或主要作用
2002	《城市绿地系统规划编制纲要》	明确绿地系统规划编制和绿线管理要求
2007	《中华人民共和国城乡规划法》	将绿地列入城市总体规划强制性内容
2012	提出"生态文明建设"	生态文明上升到国家战略层面
2013	提出"两山理论"	生态空间保护和发展得到了广泛重视
2016	《居住绿区设计规范（征求意见稿）》	明确居住区绿地组成及布局原则
2018	《城市绿地分类标准》	适应城乡绿地规划建设和管理需求，完善优化旧版标准
2017	《城市绿地规划标准（征求意见稿）》	健全标准体系，完善优化旧版标准
2017	《城市绿地防灾避险设计导则》	完善城市综合防灾体系，提升城市绿地防灾避险功能
2021	中共中央办公厅、国务院办公厅《关于进一步加强生物多样性保护的意见》	充分发挥生态系统自我修复能力，避免人类对生态系统的过度干预
2021	国务院办公厅《关于科学绿化的指导意见》	科学推进城市园林绿化工作，完善城市绿色生态网络
2021	中共中央办公厅、国务院办公厅《关于推动城乡建设绿色发展的意见》	实施城市生态修复工程，保护城市山体自然风貌，修复江河、湖泊、湿地，加强城市公园和绿地建设，推进立体绿化，构建连续完整的生态基础设施体系
2021	《公园服务基本要求》	规定公园服务总体原则及要求，应以自然和谐为目标
2022	中共中央、国务院《关于完整准确全面贯彻新发展理念做好碳达峰碳中和工作的意见》	巩固生态系统碳汇能力，提升生态系统碳汇增量
2022	住建部《推动"口袋公园"建设的通知》	以人民为中心，为群众提供更多方便可达、管理规范的公园绿化活动场地
2023	住建部《关于开展城市公园绿地开放共享试点工作的通知》	开展城市公园绿地开放共享试点，鼓励各地增加可进入、可体验的活动场地，完善配套服务设施，更好地满足人民群众搭建帐篷、运动健身、休闲游憩等亲近自然的户外活动需求

1.2 城市生态空间的社会服务功能愈发受到关注

近年来，国家在完善城市绿色生态网络、促进城市生态修复、留白增绿、提升碳汇能力等方面均提出了更高要求。同时，随着经济社会发展和人民生活水平不断提升，特别是受疫情影响，人民群众对城市绿色生态空间有了更多亲近自然、休闲游憩、运动健身和陶冶性情的需求，希望增加可进入、可体验的活动场地，希望有更多开放共享的区域和更多配套完善的服务设施，城市生态空间的社会服务功能获得了更高的关注度。

1.3 面向社会服务的城市生态空间优化完善的实践探索有序开展

通过"园林城市""森林城市""公园城市"建设，城市园林绿化建设由只重绿量增长向量质兼顾的生态模式转化，由推动城市生态环境建设向全面提高城市宜居性转变，城市生态涵养与环境承载在得到显著改善的基础上，也实现了"生态功能福祉溢出"。例如，2018年成都天府新区提出建设"公园城市"这一新型城市发展理念，通过将城市绿色空间转变为人居资本，支撑起整个城市的发展，打造以价值生产为主的"人与自然和谐共生"的城市绿色发展模式，之后成都市成立公园城市建设管理局，通过新增绿地、立体绿化、城市小微生态空间等赋予城市更多的生态空间。

1.4 城市生态空间正从"绿化建设"走向"生态功能福祉溢出"

城市生态空间是城市内部推动人与自然和谐共生的重要空间载体。一方面，与城市外围林地、湿地、滩涂等生态空间显著不同，城市生态空间是自然、人工和半人工生态单元的集合，是人和自然共同享有的空间，也是人与自然空间矛盾较为突出的区域。另一方面，城市生态空间具有生态、经济与社会文化等多维功能，从自然视角来看，它是山水林田湖草生命共同体的重要部分，与城市外围生态空间相连构筑起城市内外各类生物迁徙、觅食、生存的生境空间；从人的视角来看，它是满足人民美好生活需要的重要空间，对保障城市全体居民的有序社会活动，以及居民个体的安全健康、社会交往、文化娱乐具有重要价值。因此，城市生态空间的规划研究必须以自然需求为基础，同时面向社会需求，强化城市生态空间的"生态功能福祉溢出"，提供高品质、多层次、多类型的城市生态空间服务，以推动城市和社会实现高质量发展。

2 城市生态空间服务功能的研究进展

2.1 城市生态空间的概念界定

国外城市生态空间一般聚焦于公众可获得的绿色空间，主要的定义方式包括三类：第一类强调地物覆盖，认为是城市内包含零星农地、荒地在内的绿色植被覆盖的全部土地类型；第二类强调开放功能，将其定义为有植被覆盖的具有自然、享乐功能的城市开敞空间；第三类强调系统完整性，包括植被覆盖的开敞区域（如公园、体育场）和保护地（如森林）构成的完整系统。国内的城市生态空间概念界定主要基于两类：第一类是从是否具备生态功能的视角，认为城市生态空间是指城市内以提供生态系统服务为主的用地类型所占有的空间；第二类是从生态要素构成的视角，认为城市生态空间是城市中土壤、水体、动植物等自然因子的空间载体。借鉴以上概念，本文研究的城市生态空间，界定为城市建成区内人工、半自然或自然的植被及水体（森林、草地、绿地、湿地等）等生态单元所占据的并为城市提供生态系统服务的各种尺度的空间。

2.2 国内外在城市生态空间自然服务功能方面的认知已经较为系统深入

2005 年，联合国千年生态系统评估项目（MA）在之前学者研究的基础上，对生态系统服务进行了系统性梳理，将其划分为供给、调节、支持、文化 4 种服务类型。其中，前三项都是生态服务功能。也有的学者进一步将生态系统服务概括为供给服务、调节服务与文化服务三种主要类型。总体来看，城市生态空间自然服务的功能认知具有全球趋同性，重在将空间连通性作为研究重点，以实现生态环境信息的流转，同时已经形成了从理论依据到具体技术的完整体系，主流的技术分析手段也以此为重点。例如，目前评估生态系统服务功能的主流模型中，InVEST、ARIES、SWAT、MIMES、BGSESM 等模型仅评估支持服务、供给服务、调节服务中的生物物理过程，无法评估其文化服务，只有生态系统服务社会价值模型（SolVES 模型）侧重于评估和量化生态系统给人类提供的非物质和无形的惠益。

2.3 城市生态空间的社会服务认知具有明显的地域差异、国别差异和文化差异

国外不同社会文化背景下的学者对城市生态空间的文化服务的具体界定具有显著差异性

（表2），反映出其较为明显的地域色彩及主观倾向性。在整合归纳不同认识的基础上，联合国千年生态系统评估项目（MA）将文化服务归纳为"文化多元与文化认同、文化景观与遗产价值、精神服务、激励、美学、消遣与娱乐"六大类别。我国相关学者根据城市公园绿地生态系统文化服务类型识别指标，发现美学和游憩为主要服务类型，其次为运动、文化遗产服务，而灵感及科研教育服务为非主要服务类型。中国自古对城市生态空间具有自己独特的认知，其社会服务功能可概括为"精神标识、纪念、礼乐、游憩、宗教、教育"六方面的作用，赋予空间更加丰富的人文内涵。更加讲求"以景寄情"，空间不仅具备物质服务功能，还发挥着重要的寄托情怀作用，以体现园林的"意境美、自然美、诗境美"，如拙政园的"与谁同坐轩"，取自苏轼《点绛唇·闲倚胡床》中的"与谁同坐，明月、清风、我"。城市生态格局的塑造也体现了很高的精神礼仪性，如通过城市生态空间营造，旨在实现"致知、致乐、致敬、致思"的人居要求，达到"人聚、人居、仁居"的目标。

表2 不同学者对城市生态空间"文化服务"内涵的界定

代表学者	地区	文化服务类别
Daily	美国华盛顿州	支持多元人类文化；提供美学、智力激励与人文精神
Costanza	英国伦敦	提供非商业用途的机会（美学价值、艺术价值、教育价值、精神价值和科学价值）
De Groot	荷兰瓦格宁根	美学信息（魅力景观）、休闲（景观多样性）、文化和艺术信息、精神和历史信息、科学和教育
Boyd and Banzhaf	美国佐治亚州	美学（可视域中的自然风景）、遗产/精神/情感（如荒地、生物多样性、不同的自然土地覆盖）、存在效益（相关物种种群）
Wallace	澳大利亚	精神、哲学满足感；一个友好的社交团体；娱乐、休闲；有意义的工作；美学；机会价值、文化、生物进化能力（知识、教育、遗传资源）；文化艺术（灵感、宗教、故土情结）；知识意识（观测、研究和认识生态系统的科研教育）
Haines—Young and Potschin	英国诺丁汉	特色景观（自然风景秀美的地域）；文化景观（地方感）；荒原及自然地（安静、偏远）；神圣的地方或物种（林场墓碑、天空墓葬）；吸引人的、标志性的野生动物及栖息地（观鸟或赏鲸、保护活动、志愿服务）；狩猎或收集；科学（花粉记录、树木年轮记录、遗传模式）；教育（野生动物节目和书籍等）
Sagie	以色列	精神、传统（对音乐和艺术的灵感、对上帝的信仰）；心理健康（安全感、压力释放）；教育、科研（知识教育）；游憩、运动（骑马、骑自行车、越野）；美学（拍照、开阔的视野）；旅游（观光旅游、主题旅游）；地方感（地方归属感）
戴培超等	中国	美学、游憩、运动、灵感、科研教育、文化遗产等
王树声等	中国	精神礼仪：回应"致知、致乐、致敬、致思"的人居要求，可归纳为精神标识、纪念、礼乐、游憩、宗教、教育等六大类型

　　总体来看，国内外城市生态空间的服务功能研究中，面向自然需求的服务功能认知已经较为系统完整，面向社会需求的服务功能认知还处于探索阶段，且有明显的文化背景差异性。在以人为对象的社会服务的研究方法上，国外城市生态空间研究主要基于"还原论"思想，侧重

中微观的人文关怀，探析城市生态空间分布格局的公平性与居民福祉的联系；国内研究基于"整体论"思想，侧重宏观格局构建及实践应用，探析网络体系构建方法，并形成了基于空间总量、人均面积、覆盖度、可达性、连续性等的格局构建具体技术手段。但是也应该客观地看到，当前研究中的人类福利大多是空泛的，受益者没有具体的空间位置，也不能确定是哪些人群受益，在城市规划越来越走向"精准规划"的背景下，规划的服务对象也需要从群体走向人民个体，不再面向抽象的以人为本，而是面向个体的需求、满意度、幸福感、获得感、安全感，真正实现城市生态空间社会服务的"精准供给"。

3 面向社会需求的城市生态空间格局构建机制

3.1 总体技术框架

3.1.1 构建满足自然与人类双重需求的城市生态空间结构

基于城市生态空间的自然生态功能和社会服务功能双重视角，构建满足自然与人类双重需求的城市生态空间结构优化、质量提升、功能复合的协同耦合技术方法体系，以促进城市自然生态和社会服务的可持续发展（图1）。自然生态导向是基础，主要基于生物多样性保护、安全韧性保障的原则，并从生存生境、自我维持生境、多样丰富生境的维度，研究生态格局的构建与质量提升。

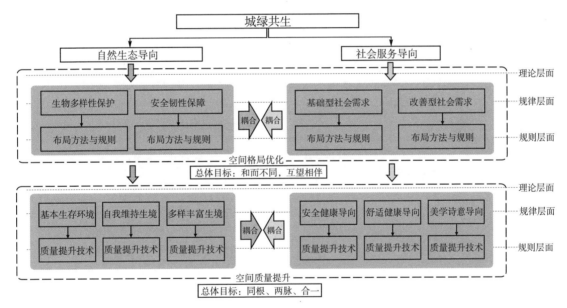

图 1 城绿共生的总体技术框架

3.1.2 强化社会服务导向的城市生态格局构建

空间格局优化上，主要从基础型社会需求、改善型社会需求的维度，明确布局方法与具体规则；空间质量提升上，主要从安全健康导向、舒适便捷导向、美学诗意导向的维度，研究质量提升技术。同时，针对当前研究只注重自然或社会单项要素研究、不注重集成耦合研究的现状问题，强化社会服务导向与自然生态导向的耦合，从而明确空间格局优化和空间质量提升的耦合技术集成手段，建立具体的技术指引体系。

3.1.3 明确社会服务导向的城市生态格局构建重点

在新的城市发展时期，社会服务导向的城市生态格局优化应该分为基础型需求和改善型需求两个层次（表3）。基础型需求应强化公平性和人本性，公平性上应该确保所有人都可以进入公园、使用公园，人本性上应从居民日常生活特点入手，切实分析居民的公园使用需求，以需求导向来指引公园布局与规划建设。改善型需求应强化包容性，重点是改变过去将人群视为"均一的人"的构建思路，承认并尊重差异，在不同社会群体分化、精细化需求供给的现实背景下，保障不同社会经济属性的多元人群能够公平享有公园的权利。

表3　社会服务导向的需求层次及空间格局优化内涵的对应关系

需求层次	空间正义的维度	具体内涵
基础型需求	公平性	确保所有人都可以进入公园、使用公园
	人本性	尊重人的需求，从居民日常生活逻辑入手，切实分析居民的公园使用需求，以需求导向来指引公园布局与规划建设
改善型需求	包容性	承认并尊重差异，改变以往将人群视为"均一的人"的思路，在社会空间分异和社会群体分化的现实背景下，保障不同社会经济属性的多元人群公平享有公园的权利

3.1.4　在两个需求层次的基础上明确具体内涵

基础型需求包括均衡性优化、覆盖性优化、连续性优化，并形成各自的优化提升重点。改善型需求包括关注"全龄友好"和关怀"弱势群体"，全龄友好方面重点关注老年、儿童、青年等人群，形成与之对应的生态空间格局优化重点（图2），弱势群体方面重点关注工业集聚区、老旧城区、棚户区等特定空间内的外来务工人员或低收入群体，提供其能享有的城市生态空间。

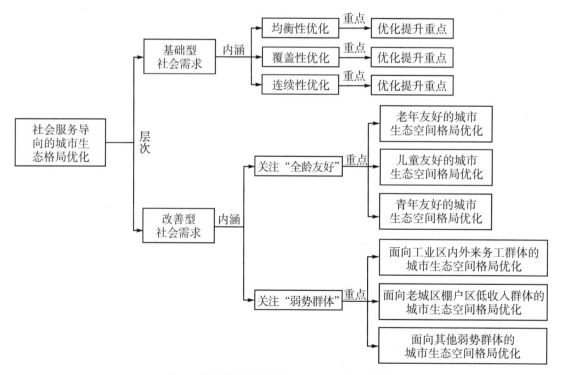

图2　社会服务导向的城市生态格局构建重点

3.2 面向"基础型需求"的城市生态空间格局优化

基础型需求包括对城市生态空间的均衡性、覆盖性、连续性等方面的要求。

3.2.1 均衡性优化方面，重点强化不同绿地空间分级分类的合理性

在当前综合公园、社区公园、专类公园、游园的城市公园分类基础上，根据城市体检等调查结论，优化我国城市生态空间的均衡性，应进一步加强体育公园、儿童公园等以康体和游憩活动为主题的空间建设。

3.2.2 覆盖性优化方面，重点优化小微绿地建设和立体绿化

一是强化小微绿地建设，扩大绿地服务半径覆盖范围。在对《关于推动城乡建设绿色发展的意见》发布一周年的评估过程中发现，各地口袋公园建设工作成效显著，如通过"逢空建绿""见缝插绿"等口袋公园建设方式，在拆除违规建筑、改造老旧小区的过程中增加绿化，推动城市有机更新行动，优化城区绿地空间布局。二是强化立体绿化，针对不同的空间类型，选择适宜的绿化植物，打造多维立体的城市绿色界面，并确保100%的居民在300 m范围内拥有绿色的公共休闲空间。面向"基础型需求"的城市生态空间格局优化模式如图3所示。

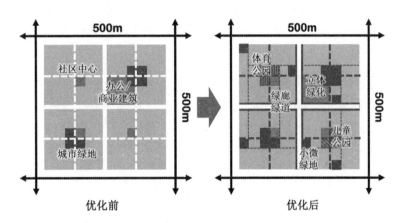

图3　面向"基础型需求"的城市生态空间格局优化模式

3.2.3 连续性优化方面，重点强化各类城市生态廊道的连续完整性建设

一方面，应保证绿道宽度的合理性。例如相关学者参考国际知名城市绿色和开放空间系统标准，建议所有开放空间的最小宽度为25 m，绿道宽度设置在30～50 m，绿廊宽度设置在50～100 m。另一方面，应注重不同层级的城市生态廊道的作用。例如城区级的廊道应在城市各组团内部成网，并与区域级廊道相衔接，与城市慢行系统紧密结合，与城市道路硬质隔离。社区级廊道应与城区级廊道相衔接，重点连接社区公园、小游园和街头绿地，主要为附近社区居民服务的支线绿道，串联社区内幼儿园、卫生服务中心、文化活动中心、健身场馆、社区养老院等设施，沿线应设置共享设施，并与公交站、地铁站接驳，同时通过标识、铺装、照明灯示意隔离。

3.3 面向"改善型需求"的城市生态空间格局优化

针对我国城市生态空间的社会需求，改善型需求的空间格局优化应重点集中在面向"全龄友好"和关注"弱势群体"。

3.3.1 面向"全龄友好"的城市生态空间格局优化

"全龄友好"的城市生态空间格局优化应重点关注三个群体：儿童、老人和青年。

第一，儿童友好的城市生态空间格局优化。2018 年 5 月，联合国儿童基金会出版《为儿童的都市化——儿童应答型都市计划手册》，交叉融合规划、城市设计、行为学、经济学、公共管理等多学科，探究城市如何更好地服务于儿童的真实需求。儿童友好的城市生态空间格局优化，应重点聚焦两个方面：一是顺应儿童心理行为需求，形成多层次的城市生态空间供给。伴随儿童年龄增长，活动空间以家庭为中心逐步扩展至社区、街道及城市，所需的城市生态空间的尺度也逐步变大。具体而言，学前和幼儿园阶段（6 岁以前）主要活动空间是社区、公园和街道，空间需求为尺度中等且多样的社区游园及交往空间；小学阶段（7～12 岁）主要活动空间为街道、学校，空间需求为尺度较大的场地以满足儿童群体活动需求；中学阶段（13～16 岁）主要活动空间为学校和城市，空间需求为偏向于图书馆、商场等知识性、功能性空间。城市生态空间应该基于儿童这三个阶段的需求差异，与这些空间紧密可达，如紧邻社区、学校、体育馆、图书馆、游泳馆、运动场、游乐场等设施。二是进一步优化整合，适应儿童的"高层次精神需求"。强化城市生态空间的串联作用，形成具备适宜步行、适宜骑行、适宜穿行的"儿童绿色空间活动流线"（图 4）。例如，荷兰代尔夫特政府将学校、家庭和游乐场等儿童活动频繁的节点串联成安全、有趣的路径，平衡儿童户外活动和机动车交通之间的关系，为步行、自行车出行和儿童户外独立出行提供更多的可能性。福德斯伦街区是代尔夫特建立的第一个"儿童出行路径"，路径将街区内 2 所小学、1 处幼儿园、5 处活动场地串联，在此条路径上儿童可以独立骑行或步行到任何目的地。

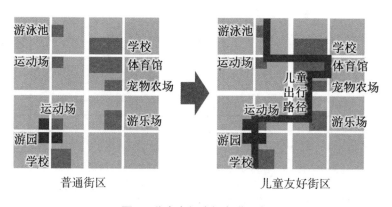

图 4 儿童出行路径串联示意

第二，老年友好的城市生态空间格局优化。老年人的行为特征与健康状况、生活环境等紧密联系，其中生活的便捷性与可获得性是老年人生存的外在条件和核心保障。一是强调城市生态空间协调选址、就近布局，"集中式"转向"大集中＋小分散"。"集中式"的城市生态空间布局模式使空间资源能集约化利用，"分散式"的布局可以弥补"集中式"生态空间通行距离增大、覆盖率低的不足。"大集中＋小分散"的空间布局方式有助于提高空间的利用率，在有限的范围内满足老年人多样的服务需求（图 5）。二是提高城市生态空间与老年服务设施的融合程度。例如，日本成城欧林邸社区将绿化空间与养老设施整合嵌入社区，丰富社区服务网络内涵，为老年人提供多样化的个性化服务及宜人的空间。特别是对于老年人集中的城市空间，如老年日常照护中心周边，可以结合屋顶花园、建筑前地布局"疗愈景观"以满足介护老人、失能老人的身心健康需求。老年人口占比较高的居住区，可以结合服务老年需求的沿街店面前空地、转角空间等小微空间布局绿地，满足自理老人、介护老人的社交需求。三是强化各级绿地与老年人日常生活的小区、服务设施之间的无障碍衔接，优化出行体验。例如，英国"终生社区、终生住宅"发展策略中，提出"本地可达的绿化带和可负担得起的自然环境"。

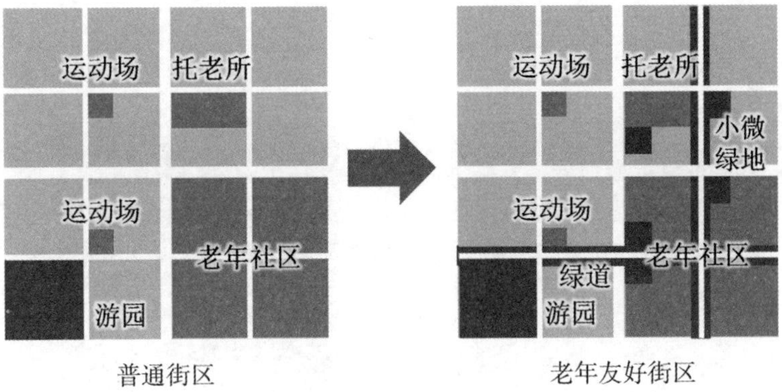

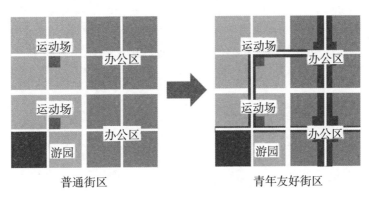

图5　老年友好街区城市生态空间优化示意图

第三，青年友好的城市生态空间格局优化。职场青年群体面临较高强度的职场工作，生理上会有体质衰弱的潜在风险，心理上普遍出现焦虑情绪及漂泊孤独感，社会交往呈现缺乏线下社交、邻里交往淡薄的情况，对强身健体、寻找归属感的需求较强。由于职场对于青年群体的绑定较强，职场青年对于城市生态空间需求集中体现在满足其即时性的健身、社交层面，因此在空间格局上，宜将城市生态空间布局在办公区周边，方便青年群体使用。空间功能宜动静结合，既有专业化的体育运动场所，又有日常休闲健身的空间，同时需要多元化的社交场景。空间尺度上，职场青年群体由于工作时间的限制，更加偏向于小范围内的运动及社交，因此可以通过提供多样化的小微空间满足其需求（图6）。

图6　青年友好街区城市生态空间优化示意图

3.3.2　关注"弱势群体"的城市生态空间格局优化

从社会保障、人文关怀的角度，应对弱势群体予以关注回应，强化城市生态空间的补充完善。

一是针对工业集聚区内外来务工群体的城市生态空间格局完善。国内针对外来务工群体等人群的城市生态空间供给的研究较少，通过对深圳工业集聚区等地区进行调研，发现此类地区的城市生态空间格局优化应特别注重经济实用性，可以探索现有道路两侧的生态空间改造提升。工业区出于污染防护、景观塑造的考虑，道路两侧都有较宽的绿化带，现有道路绿地本身的性质决定了这样的城市生态空间并不能为人的使用提供最基本的支持。因此，在外来务工群体居住或户外活动较为集中的地区，选取交通流量较小的城市支路、城市次干道两侧的道路绿地空间，通过增加一定量的休息设施、改变树木的种植方式和对空间进行简单的性质划分等方法，可以使现有绿地空间达到更加人性化的目的，并满足绿地空间生活性使用的需求，同时在周围300~500 m范围内布局商业、娱乐、休闲功能的公共服务设施，在工业区内部形成具有服务功能的城市生态空间（图7）。

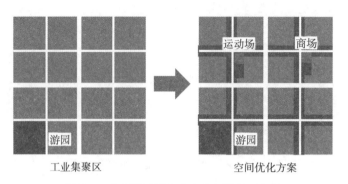

图7 工业集聚区城市生态空间优化示意图

二是针对老旧城区、棚户区等低收入群体的城市生态空间格局完善。这些地区的城市生态空间普遍存在斑块破碎、供需失衡、空间错配等问题，以往规划实践"重数量、轻质量"的路径无法让本就稀缺的绿地空间充分发挥社会服务功能和价值。这类地区的城市生态空间格局优化重点在三方面：一是"见缝插绿"，进一步通过存量用地更新改造等手段，扩大城市生态空间规模，根据我国城市空间特点，发掘潜力空间，构筑更加完善的城市生态空间。例如，丹佛、代尔夫特等城市将绿地、教育机构围墙打开，将内部活动场地作为城市共享空间，而我国老旧社区绿地少但是中小学资源丰富，因此可以探索试点开放老旧社区集中区域内的中小学空间作为城市生态空间的重要补充。二是提升城市生态空间的便捷性，强化城市生态空间与居民日常慢行交通体系、过街设施的布局协调性。三是协调满足多样化需求，通过更多精细化的设计，将更多的服务设施布局在更多人停留的区域，同时通过精细的使用时间引导，解决中老年广场舞、青少年运动、幼儿活动等不同群体的使用冲突（图8）。

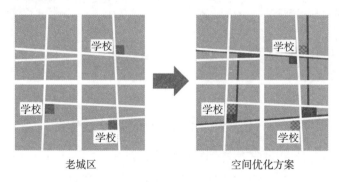

图8 老旧城区城市生态空间优化示意图

4 结语

未来，更加精准、更加完善的社会服务功能供给必将是城市生态空间建设的重点工作，特别是对于我国特大超大城市而言，高质量的城市生态空间是缓解"城市病"、建设健康城市，让市民亲近自然、拥抱绿色，提升市民绿色获得感和幸福感的关键空间载体。空间规划和城市建设也应按照新时代人与自然和谐共生的理念，适应人民新需求，形成"和而不同，互望相伴"

的城市生态空间愿景。

[参考文献]

[1] 肖伟胜. 焦虑：当代社会转型期的文化症候 [J]. 西南大学学报（社会科学版），2014 (5)：126-136.

[2] 王甫园，王开泳，陈田，等. 城市生态空间研究进展与展望 [J]. 地理科学进展。2017，36 (2)：207-218.

[3] 芮旸，唐蓓佩，王兴，等. 国家园林城市时空演变特征及其影响机理 [J]. 地理研究，2018，37 (1)：20-36.

[4] 吴承照，吴志强，张尚武，等. 公园城市的公园形态类型与规划特征 [J]. 城乡规划，2019 (1)：47-54.

[5] 周振坤. 试论中国古典园林中的诗情画意情景表现 [J]. 美术文献，2019 (10)：2.

[6] 李华香. 社会经济地位、线上活动时间与青年群体线下社会交往 [J]. 山东师范大学学报（人文社会科学版），2019，64 (2)：113-124.

[7] 张阳，刘志强，王俊帝，等. 1996—2016 年中国城市群人均公园绿地面积区域差异分析 [J]. 华中建筑，2020 (5)：65-70.

[8] 田丰，李夏青. 网络时代青年社会交往的关系类型演进及表现形式 [J]. 中国青年研究，2021 (3)：28-37.

[9] 施雯，黄春晓. 国内儿童友好空间研究及实践评述 [J]. 上海城市规划，2021 (5)：129-136.

[10] 韩若楠，王凯平，张云路，等. 改革开放以来城市绿色高质量发展之路：新时代公园城市理念的历史逻辑与发展路径 [J]. 城市发展研究，2021，28 (5)：28-34.

[11] 申嘉澍，李双成，梁泽，等. 生态系统服务供需关系研究进展与趋势展望 [J]. 自然资源学报，2021，36 (8)：1909-1922.

[12] 李思瑶，张创，张馨以，等. 中国森林城市建设现状、成效及趋势 [J]. 中国林业经济，2022 (2)：136-140.

[13] 秦岭，周燕珉，初楚. 适老化住房的建设：日本经验及其启示 [J]. 世界建筑，2022 (7)：26-32.

[14] 吴倩莲，李飞雪，张启舜，等. 基于网络分析的城市生态空间结构优化：以常州市为例 [J]. 应用生态学报，2022，33 (7)：1983-1992.

[15] 徐里格，熊章瑞，耿虹，等. 面向高质量发展的老城绿地空间系统供需评价：以广州为例 [J]. 华中建筑，2022，40 (11)：118-122.

[16] 叶林，王傲，王昕皓，等. 青年友好视角下的北美城市公园评价方法研究进展 [J]. 园林，2023，40 (1)：42-51.

[17] 戴培超. 城市公园绿地生态系统文化服务价值及其估算方法研究 [D]. 北京：中国矿业大学，2020.

[基金项目：国家“十四五”重点研发计划课题“城市生态空间控制和布局优化技术”（2022YFC3800203）。]

[作者简介]

王昆，高级规划师，注册城乡规划师，就职于中国城市规划设计研究院绿色城市研究所。
王秋杨，规划师，就职于中国城市规划设计研究院绿色城市研究所。

"双碳"导向下生态足迹法在国土空间规划中的应用

□玉智华

摘要：当前世界整体发展格局正经历百年未有之大变局，为应对全球资源和环境气候变化影响，包括我国在内已有120多个国家和地区提出了"碳达峰"和"碳中和"的"双碳"目标。国土空间规划作为指导城镇开发建设领域最重要的政策纲领和指南，其核心任务主要围绕高质量转型发展目标，科学谋划城与乡、山、水、林、田、湖、草等全域全要素空间格局的优化与治理，因此其必将对我国"双碳"战略目标的落地实施发挥着非常重要的作用和影响。然而当前在新一轮国土空间规划编制的过程中如何全面落实和响应"双碳"目标，尚缺乏系统性研究。因此，为探索我国新一轮国土空间规划编制中如何能全面支撑落实"双碳"目标，本文基于早已广泛成熟应用于区域可持续发展中的生态足迹法，拟将其研究生态供给－消耗盈亏评估的概念框架、核心技术算法和改进型模型引入国土空间规划编制体系中，力求能为我国新一轮国土空间规划在全面支撑"双碳"目标导向下，拓展新的技术思路和方法路径提供有益的理论研究和探索实践。

关键词：生态足迹法；国土空间规划；"双碳"目标；可持续发展

1 引言

当前世界整体发展格局正经历百年未有之大变局，为应对全球资源和环境气候变化影响，包括我国在内已有120多个国家和地区提出了"碳达峰"和"碳中和"的"双碳"目标。"双碳"目标的提出，体现了我国作为一个负责任的发展中国家，将对全球生态环境的可持续发展事业作出应有贡献和责任担当。习近平总书记在近年中央政治局学习会议上强调，推动"双碳"工作必须坚持全国统筹协调，把"双碳"工作纳入生态文明建设整体布局和经济社会发展全局，加快制定出台相关规划、实施方案和保障措施。新构建的国土空间规划作为统筹城与乡、山、水、林、田、湖、草等全域、全空间要素保护与开发最重要的政策纲领和行动指南，其必将对我国"双碳"目标的落地实施起到非常重要的基础支撑作用。目前业界内对我国正开展的国土空间规划编制过程中如何响应和落实"双碳"目标尚缺乏全面和系统性的研究，因此本文通过尝试把早已广泛成熟应用于研究可持续发展领域的生态足迹法的核心理念及改进型模型和算法，引入我国正在开展的新国土空间规划的编制体系和规划实施监督预警等相关领域工作中，拟通过发挥其计算数据模型算法逻辑直接简单、通用性强、可操作和实用性高的特点，为我国新一轮国土空间规划全面系统落实支撑"双碳"目标，助推国土空间治理高质量转型，拓展新的规划技术方法和路径，提供有益的理论研究和探索实践。

2 相关概念研究

2.1 "双碳"目标

"双碳"目标，即"碳达峰"与"碳中和"的简称。随着各国碳排放量和温室气体的快速增长，气候变化威胁已成为全体人类需共同面临的全球性问题。在此背景下，联合国频繁召集全球各国家一起应对全球生态环境持续恶化问题，共同商讨制定有效的行动纲领和应对计划，其中实现"双碳"目标是获得世界大多数国家普遍认同的应对计划之一。2020年，在第七十五届联合国一般性辩论会上我国明确提出了用将近30年时间实现"碳达峰"，再用30年时间努力实现"碳中和"的承诺。随后在国务院印发的"双碳"行动计划文件中要求国土空间规划需坚持生态发展理念，落实资源集约节约的低碳发展要求，妥善处理好山水林田湖草城等各自然生态空间资源要素的保护与城镇开发的关系，建立健全国土空间用途管制与监督预警机制，确保为实现我国"碳达峰""碳中和"的目标提供强约束力的制度保障与空间要素的基础支撑，同时为应对全球生态环境危机构建全球生命共同体，贡献中国智慧与方案。

2.2 生态足迹法

生态足迹法理论最初发源于20世纪90年代，是为解决区域可持续发展问题，由加拿大哥伦比亚大学规划与资源生态学教授提出并逐步在城市规划、区域资源消耗、生态和可持续发展等众多领域内衍生发展与广泛运用的一种生态供给—消耗盈亏评估的理论与方法。生态足迹的基础概念也可以同等理解为生态消耗，其基本理论表述为某个城镇、单位或个人在一定地域时空范围内，为满足其生存发展所需要消耗的粮食、木材、电力等各项能源资源转化为对应占用的耕地、林地、化石能源地等六类生态生产性土地资源面积来判断其发展是否可持续（生态赤字——超限不可持续、临近平衡——临界超限、生态盈余——不超限可持续）的一种定量分析方法（图1）。随着我国近40年改革开放的快速发展，国内很多城市先后迈入快速城市化阶段，这些城市或区域在整体社会经济等方面均取得很大发展和成就，但同时"城市病"和生态环境的可持续发展问题也日显突出。为应对这一问题，国内学界开始了广泛的讨论并寻找解决的方法与对策。具有逻辑简单、数据来源便捷且可操作强等显著特点与优势的生态足迹法，在国内"城市病"凸显的背景下逐步由新加坡等地的生态学界引入国内，并迅速在我国的生态安全研究、生态系统结构特征评价、低碳发展研究、生态城市建设等领域得到广泛的发展与应用。但从文献综述来看，目前其理念方法在我国新国土空间规划体系应用中的研究中尚不多。

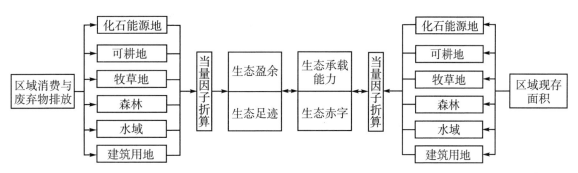

图1 生态足迹核心概念示意图

3 "双碳"背景下国土空间规划编制新要求

3.1 底线思维已成为重构国土空间规划体系最重要的底层逻辑

早在20世纪70年代，随着西方战后经济的恢复，城市化和工业化快速发展，一些发达国家逐步出现人口急速增长、能耗大幅增加和生态环境恶化等"城市病"问题。面对城市和区域可持续发展的问题，当时著名的全球性未来问题智囊研究组织——罗马俱乐部早在其撰写的《增长的极限》一书中便提出了"零增长"的思维，对后世影响一直延续至今。书中指出人类的文明发展虽然在科技进步和经济发展等方面取得很大成就，但是未来地球上的人们仍不得不同时面对四大问题：第一是人口持续不断增长；第二是粮食出现短缺；第三是资源极大消耗；第四是严重的环境污染。他们认为如果不采取措施，那么这四个因素一定会在某时期达到地球生态资源和环境所能承受的极限，到那时候经济和社会发展就会进入不可持续的状态而停滞不前。这份报告在当时的西方引起了强烈的反响和尖锐的争论，用来审视半个世纪后的今天，其四大问题恰和当前我国发展所面临的主要问题颇为相似。随着新一轮机构改革的完成，自然资源部的重组成立，坚持极限、底线思维，强化生态保护逻辑，限制城镇和资源无限蔓延增长及浪费，打造山水林田湖草全域、全要素生命共同体，构建国土空间生态安全新格局，便是当前重构新国土规划体系最重要的底层逻辑之一。

3.2 体现国家意志，实现紧约束下高质量发展已成为规划最重要的导向

我国虽然地大物博，但是从具体统计数据上看，我们不能不面对的实际问题就是自然资源条件先天不足，如我国的土地资源中，干旱半干旱等相对贫瘠的土地约占国土面积的52%，而人均水资源更是不到世界平均水平的四分之一。在这样的资源禀赋下，反观我国的城镇化历程，只用了约40年的时间便完成了国外100年的城镇化历程，在不断刷新城镇化发展速度的同时，也由于工业化和城镇化的急速发展，各地城市普遍出现黑臭河湖水体、PM2.5大气污染严重、农用土地重金属面源污染扩大等影响环境和人类健康的问题。进入高质量发展时代，可持续发展问题引起国内社会各界的高度关注，中央和各部委先后出台了关于建立国土空间规划体系并监督实施的若干意见18号文①、自然资发87号文等重要文件②，明确指出新国土空间规划需要顺应新时代发展的要求，体现国家意志，落实资源集约节约导向，强化全域全空间资源要素的科学评估与合理利用，防止走过去城镇空间和资源无限扩张与浪费的老路，向内涵式、集约型、绿色低碳的高质量空间治理转型。

4 "双碳"背景下国土空间规划引入生态足迹法的应用

4.1 引入生态盈亏（ED）模型，强化"双评估＋双评价"的结论性

当前我国空间规划制度的重大改革与创新，即在行使"多规合一"的要求下，统筹协调划定"三区三线"，构建我国国土空间的开发与保护新格局。因此，"三区三线"的科学划定是新国土空间规划编制体系内容中一项非常重要的工作。"双评估＋双评价"则为当前"三区三线"划定工作最主要的依据，但从全国各地实践来看，"双评估＋双评价"普遍存在以下问题：一是所要收集的数据较为庞杂且分散，获取上存在一定难度；二是模型数据标准权重全国各地存在差异性难以统一；三是最终叠加评价结果的结论性模糊。将生态足迹的理论框架引入"双评估＋双评价"内容体系中，则可较为便捷地通过把国土空间规划中现状山、水、林、田、湖、

草、城等空间资源要素一一对应，转化为一组基于森林地、水域、耕地、牧草地、建设用地等六类"生态生产性土地"面积的生态盈亏（ED）量化指标，来进行定量分析该地区目前城镇发展是否已超限（生态赤字）或尚未超限（生态盈余），进而可以为评估该城市或地区当前的可持续发展状态给出清晰的判断，具体数据模型如下：

生态盈亏（ED）＝生态承载力（EC）—生态足迹（EF），数值大于 0 则表述为未超限即生态盈余，数值小于 0 则表述为超限即生态赤字，数值接近于 0 则为临界超限，其中：

①生态足迹（EF）为：

$$EF = N \times ef = N \times \sum_{i=1}^{6}(\lambda_i \times A_i) = N \times \sum_{i=1}^{6}\left(\lambda_i \times \sum_{j=1}^{n}aa_j\right) = N \times \sum_{i=1}^{6}\left(\lambda_i \times \sum_{j=1}^{n}\left(\frac{c_j}{p_j}\right)\right)$$

式中：N 为总人口数；ef 为（某区域）人均生态足迹（hm²/人）；$i=1, 2, \cdots, 6$，代表 6 类生物生产性土地；λ_i 为第 i 类生物生产性土地的均衡因子；A_i 为（某区域）人均第 i 类生物生产性土地面积（hm²/人）；j 为消费项目类型，aa_j 为（某区域）人均第 j 种消费项目折算的生物生产性土地（hm²/人）；c_j 为（某区域）第 j 种消费品的人均消费量（kg/人）；p_j 为 j 种消费品的（全球）平均生产能力（kg/hm²）。[③]

②生态承载力（EC）为：

$$EC = (1-0.12) \times N \times ec = (1-0.12) \times N \times \sum_{i=1}^{6}(a_i \times \lambda_i \times \gamma_i)$$

式中：EC 为总生态承载力供给，N 为总人口数，ec 为人均生态承载力（hm²/人），a_i 为（某区域）人均第 i 类生物生产性土地面积（hm²/人），λ_i 为第 i 类生物生产性土地的均衡因子，γ_i 为产量因子。按联合国世界环境与发展委员会针对保护生物多样性提出的要求，最终生态足迹的人均生态承载力需保留出 12% 的缓冲空间，用以确保生物多样性的安全，具体如表 1 所示。

表 1　某县 2022 年生态足迹计算表　　　　　单位：hm²/人

土地类型（6 类）$i=1, 2, \cdots, 6$	人均生态足迹			土地类型（6 类）$i=1, 2, \cdots, 6$	人均生态承载力			
	人均面积 A_i	均衡因子 λ_i	均衡面积		人均面积 A_i	均衡因子 λ_i	产量因子 γ_i	均衡面积
耕地（1）	0.02	2.3	0.046	耕地（1）	0.03	2.3	1.7	0.1173
草地（2）	0.03	0.5	0.015	草地（2）	0.01	0.5	0.2	0.001
林地（3）	0.2	1.2	0.24	林地（3）	0.05	1.2	1.2	0.072
水域（4）	0.03	0.4	0.012	水域（4）	0.01	0.4	0.3	0.0012
建设用地（5）	0.002	2.4	0.0048	建设用地（5）	0.0002	2.4	2.9	0.01392
化石燃料用地（6）	0.06	1.3	0.078	化石燃料用地（6）	0	1.3	0	0
人均生态足迹 ef（hm²/人）			0.3958	人均生态承载力 ec（hm²/人）				0.20542
				生物多样性保护面积（保留 12%）				0.02450
				可利用的人均生态承载力 ec（hm²/人）				0.18077
ec（hm²）$-ef$（hm²）			−0.215	结论	生态赤字	初步判断		超限状态

例如，某南方县城经采用生态足迹法对其生态盈余评估，其 EC 结果为−0.215，表示其当前发展已出现生态赤字，处于超限状态。说明该地区的人类活动已过于密集，城镇化的持续增长对生态资源承载力将造成较大压力，正面临不可持续发展的状况。在区域发展总体战略上需着力围绕如

何大幅提高资源与能源效率，在逐步建立与该生态系统容量相适应的绿色低碳转型发展模式上做文章。其"三区三线"划定工作中的城镇开发边界划定工作的原则应是严格管控、限制增量、做强存量，对于其生态和生产空间则应着力优化布局，开展生态保护与修复和农田保护与复垦。

4.2 引入生态足迹评估框架，量化空间规划方案总体推演的合理性

当前国土空间规划的工作重点总体为在坚持生态理念和底线思维的导向下，通过统一行使"多规合一"和国土空间用途管制，统筹协调划定"三区三线"构建国土空间新格局（图2）。因此，"三区三线"的划定是新国土空间规划方案中最重要的核心内容。当前本轮国土空间规划在实际划定"三线"工作的推进过程中，虽遵循了每条线对应的管理事权部门自上而下各自的目标要求与划定规程，同时也强化了"三线"之间交叉重叠等矛盾问题的统筹协调性，基本上做到了消除矛盾，不交叉不重叠，但显然当"三线"各自完成目标任务同时也成功解决了相互之间的矛盾冲突后，由基本满足要求的"三大核心部件"其所整装起来的国土空间规划总体方案的整体性如何尚待考虑，需对总体方案开展整体性的推演验证和量化评估。针对"三线"遵循自上而下划定，强调个体分线管控而整体性评估欠缺这一问题，可以引入生态足迹法的评估框架，通过采用一组基于现状或单一时间尺度上"生态生产性土地"面积的数据构建量化模型，量化评估该城市或区域国土空间规划在一定时间截面上其方案总体上的可持续发展程度，进而用于辅助判断其方案整体的可行性。按上述思路只需对生态足迹数据模型稍微改进，把其引入与国土空间规划期所对应的时间截面上（如2025年或2030年），通过采集构建生态足迹所需的预期性规划数据（如各行业未来发展规划中谷类、豆类、水产品、电力、煤炭、天然气等生物资源和碳消耗数据），再匹配对应相同规划期内国土空间规划整体方案中所对应的各类国土空间资源承载数据（如规划的耕地、林地、牧草地、建设用地等生态生产性用地资源面积数据）开展生态盈亏（ED）量化评估，并依据评估结果反复对方案开展优化调整及推演验证，以达到提升国土空间规划总体方案整体性的目的。

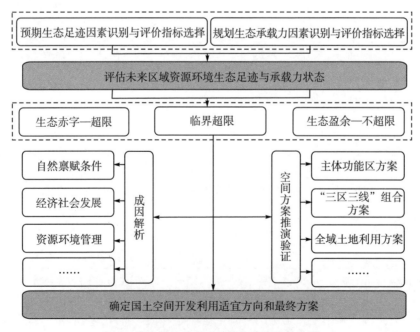

图2　生态足迹应用于规划方案评估结构图

4.3 引入国际发布的碳汇通用数据，为"碳交易"平台提供空间要素支撑

为真正落实"双碳"目标要求，国家出台了相关文件，明确指出要着力搭建全国"碳交易"平台，对内要逐步完善相关配套制度，推行"碳交易"转移支付，对外则需加强与外国金融组织或政府在联合国气候变化框架公约下积极开展对接、协商和谈判，最大限度争取国外的资金、技术及项目的支援，因此如何在掌管全域全要素的国土空间规划中构建一个联合国公认的"碳交易"空间要素基础支撑平台尤为重要。当前生态足迹法所采用的数据标准主要源于《联合国粮农组织有关生物资源的世界平均产量》和《中国生态足迹年度报告》等符合国际惯例的全球发布数据及标准，用其来搭建数据平台，通过把其数据模型引入某市或地区的国土空间规划中，便可把其国土空间规划中的全域全资源要素统一折算转换成国际通用的空间要素数据平台，进而为全国碳汇"碳交易"平台提供空间要素的数据支撑〔如以某地区谷物为例，其可引用联合国粮农组织有关谷物的全球平均产量因子为 2744 kg/hm²，某区域的谷物消费量为 2744 吨，则可把其换算为 1000 hm² 的耕地空间需求。同理对于化石燃料用地来说，全球煤炭的平均能源足迹为 55 GJ/hm²（1 GJ＝10⁹J），如某区域的能源消费为 5500 GJ 时，其对应的国际标准则换算为 100 hm² 的化石燃料用地空间需求〕。按上所述，在国土空间规划数据平台中通过生态足迹法引入联合国公认的通用数据标准，为国土空间规划的全域全空间资源要素数据接入"碳交易"平台提供了技术条件与基础支撑，同时还可进一步促使国内各级城镇，尤其是国际化大城市，其现状生态可持续发展水平及规划未来的贡献值衡量真正具有全球视野和区域可比性。

4.4 引入中宏观视角，强化规划实施监督与评估预警的整体性思维

当前国家关于构建新国土空间规划体系的相关目标文件中明确指出，未来至 2035 年前我国将完成构建全域、全要素、全生命周期管理的国土空间规划体系，并针对规划实施情况形成"一年一体检，五年一评估"的动态监测评估预警和监督监管机制。①关于如何开展规划年度体检评估工作，住建部与自然资源部均出台了相关规程文件与技术指南，但仔细分析无论是住建部还是自然资源部出台的城市体检相关编制要求和指南均存在体检过于针对条块局部分析且数据过于繁杂的情况，在整体性判断的框架设计上略显欠缺。例如，自然资源部 2021 年发布的城市体检评估规程涉及 122 项，其中 A 类指标 33 项，B 类指标 89 项，"国批"城市必选指标须达 81 项。而住建部发布的城市体检评估体系则主要涉及 8 个方面，同样涵盖了多达 65 项评估指标。城市体检评估首先不应该一上来就直接展开全方位、全指标的海细评估，而首先应是通过"望闻问切"及抽检其"血象"来总体判断其整体健康度及把脉其中存在的主要问题。因此，在国土空间规划的城市体检评估的技术上，可通过引入资料数据获取相对容易、数据模型逻辑清晰简单的生态盈亏分析，来初步判断该城市作为一个生命共同体其总体的可持续发展"健康"状态如何，再有针对性地对可能存在的问题开展该领域和跨领域多指标的专业性影响分析，进一步论证和查找相关问题的根源与症结，为城市下一步的良性发展开出真正对症有效的"处方"。在"双碳"背景下通过增加中宏观视角，强化规划实施监督与评估预警的整体性思维，把资料数据获取相对容易、数据模型逻辑清晰简单、紧密对位山水林田湖草等资源要素的生态足迹法引入和参与国土空间规划监督实施的体检评估体系中，可为进一步提升城市的生态安全风险监测和评估预警水平拓展一种新的技术思路和方法手段。

5 结语

国土空间规划作为指导城镇开发建设领域最重要的政策纲领和指南，其核心任务主要围绕

高质量转型发展目标下，如何科学谋划城市与乡、山、水、林、田、湖、草等全域全要素空间格局的优化与治理，因此其必将对我国"双碳"战略目标的落地实施，发挥着非常重要的作用和影响。然而当前在新的背景要求下，国土空间规划当中如何响应和全面落实支撑"双碳"目标，尚缺乏系统性研究。因此，本文尝试把早已广泛成熟应用于区域可持续发展中的生态足迹法应用于国土空间规划中，探索通过把生态盈亏（ED）模型引入国土空间规划中，以求强化"双评估＋双评价"的结论性；把生态足迹评估框架引入国土空间规划总体方案推演中，以求量化方案整体的合理性；把国际通用的碳汇标准数据引入国土空间规划数据平台中，为"碳交易"平台提供空间要素支撑；把中宏观视角的整体性思维引入国土空间规划实施监督与评估预警中，提升城市的生态安全风险监测和评估预警水平等四个方面的应用研究，力求能为我国新一轮国土空间规划全面践行生态发展理念，系统支撑落实"双碳"目标，助推国土空间治理高质量转型，拓展新的规划技术方法和路径，提供有益的理论研究和探索实践。

[注释]

①《中共中央、国务院关于建立国土空间规划体系并监督实施的若干意见》（中发〔2019〕18号），文件明确了新一轮国土空间规划的"五级三类"体系与推进工作的主要内涵、目标和时间任务表。

②《中共中央、国务院关于全面开展国土空间规划工作的通知》（自然资发〔2019〕87号），文件要求全面启动的各级国土空间规划要顺应新时代发展的要求，用生态文明价值观替代工业文明价值观。

③《注册咨询工程师实务教材》（第五章）（中国统计出版社，2021），解释了生态足迹模型中各数据名词解释，其中 N 为总人口数；ef 为（某区域）人均生态足迹（hm^2/人）；$i=1，2，\cdots，6$，代表6类生物生产性土地；λ_i 为第 i 类生物生产性土地的均衡因子；A_i 为（某区域）人均第 i 类生物生产性土地面积（hm^2/人）；j 为消费项目类型，aa_j 为（某区域）人均第 j 种消费项目折算的生物生产性土地（hm^2/人）；c_j 为（某区域）第 j 种消费品的人均消费量（kg/人）；p_j 为 j 种消费品的（全球）平均生产能力（kg/hm^2）。

④自然资源部2019年发布《关于开展国土空间规划"一张图"建设和现状评估工作的通知》，明确指出至2035年前需构建完善的国土空间规划体系并形成"一年一体检，五年一评估"的动态监督监测评估预警和实施监管机制。

[参考文献]

[1] 郑德高，葛春晖. 重塑边界：总体规划改革与地方实践 [J]. 上海城市规划，2014（2）：1-11.

[2] 曹冰昱，杨永崇，钟飞，等. 空间规划背景下的城镇增长研究 [J]. 测绘科学，2020（5）：5-10.

[3] 朱雷洲，谢来荣，黄亚平. 当前我国国土空间规划研究评述与展望 [J]. 规划师，2020（8）：34-39.

[4] 傅幸之. 市县级国土空间农业生产适宜性评价方法优化 [J]. 规划师，2020（8）：45-50.

[5] 孔雪松，朱思阳，金志丰. 国土空间用途管制刚性与弹性的互动逻辑及优化路径 [J]. 规划师，2020（11）：12-15.

[6] 黄征学，吴九兴. 国土空间用途管制政策实施的难点及建议 [J]. 规划师，2020（11）：24-30.

[7] 崔海波. 新时期政府整体性空间治理的理论与实践 [J]. 规划师，2020（12）：25-31.

[8] 陈妍新，袁媛，李宝儿. 国土空间规划中发展战略规划路径转变：框架、愿景到绩效 [J]. 规划师，2020（12）：66-72.

[9] 杨恒，何冬华. 国土空间总体规划中的用途留白策略探讨 [J]. 规划师，2020（12）：78-83.

[10] 许宏福，宁昱西，林若晨. 基于空间活力模拟的城镇开发边界划定研究 [J]. 规划师，2020

（12）：83-90.

[11] 吴斌. 底线约束导向下的城市开发边界划定与管理：以南京市溧水区为例 ［C］// 中国城市规划学会，杭州市人民政府：共享与品质：2018 中国城市规划年会论文集，2018.

［作者简介］

玉智华，正高级工程师，就职于株洲市规划测绘设计院有限责任公司规划研究分院。

基于第三方视角的县级国土空间总体规划技术审查的探索

——以云浮市新兴县为例

□陶小兰

摘要： 建立健全国土空间规划"编""审"分离机制，推动第三方独立技术审查，是规划行业行政体制改革的客观要求，也是提高规划编制质量和规划审批决策效率的有效手段。本文以第三方机构的视角，从第三方技术审查单位的工作职责入手，通过新兴县级国土空间总体规划的实践，从建立工作机制、理顺工作流程、制定工作细则三方面，提出了第三方机构开展技术审查的工作重点，以期为规划技术服务相关工作提供一定参考。

关键词： 县级国土空间总体规划；第三方技术审查；工作机制；工作流程；工作细则

1 引言

2020年5月22日颁发的《自然资源部办公厅关于加强国土空间规划监督管理的通知》（自然资办发〔2020〕27号）强调要规范规划编制审批，建立健全国土空间规划"编""审"分离机制，推动第三方独立技术审查。按照《中共中央、国务院关于建立国土空间规划体系并监督实施的若干意见》（中发〔2019〕18号）的要求，县和乡镇国土空间规划是本级政府对上级国土空间规划要求的细化落实，侧重实施性；规划审批按照谁审批、谁监管的原则，分级建立国土审查备案制度，精简规划审批内容，提高审批工作效率。

事实上，国土空间规划"编""审"分离、技术审查与行政审批分离伴随着党的十八大以来的规划行政体制改革，在不断探索与实践中。规划第三方独立技术审查工作，在经济发达地区的城市和省会城市开展较多，但以城市控制性详细规划、修建性详细规划以及建设项目总平面报建的审查为主，便于规划技术成果纳入城市规划管理信息系统统一规范管理；县级层面由于项目不多、技术力量薄弱以及信息化管理手段滞后等因素开展得很少，而从总体规划层面开展第三方独立技术审查的案例就更少。重庆市是国内对区县总体规划技术审查机制探索较为成熟的地区，从省级层面建立了技术支撑单位、外聘专家团队、市规划主管部门、区县规划主管部门四方联动的总体规划技术审查机制，对第三方机构参与总体规划技术审查全过程有较明确的要求。但从第三方机构的视角去探讨总体规划层面的技术审查工作，仍是少之又少。目前全国各地各级的国土空间总体规划在紧锣密鼓地开展着，面对不断出现的新理念、新要求、新政策、新任务，要高质量地完成国土空间总体规划的编制工作，不仅对编制队伍具有极大的挑战性，规划的组织、审查、审批部门也面临着极大压力，而县级的主管部门因行政编制、人员精力、技术力量等的限制，更是困难重重。因此，委托第三方机构协助技术审查，既是顺应了国家行政管理体制改革的趋势，又是提高规划编制质量和规划审批决策效率的有效手段。笔者以实践工作中的一些体会，从第三方视角对县级国土空间规划技术审查工作提出建议，以期能为规划技术服务的相关工作提供一定参考。

2 第三方技术审查机构的工作职责

国土空间规划"编""审"分离制度在县级层面未能开展，除了财力方面的制约外，更多的则是对第三方技术审查机构的职责认识不清。总体规划的技术审查，主要是解决规划的合规性、合法性和合理性这三个方面的问题。但这三个方面，行政部门、专家等不同审查主体审查的职责、侧重点各有不同，详见表1。

表1 不同主体对国土空间总体规划技术审查的职责和要点

主体	主要职责		审查要点
行政部门	合法性、合规性兼顾合理性	上级主管部门	是否符合上层次国土空间规划、区域规划、专项规划； 是否落实国家、省、市相关要求，侧重控制性审查，重点审查目标定位、底线约束、控制性指标、相邻关系等，并对规划程序和报批成果形式作合规性审查
		本级主管部门	是否满足县委、县政府对于城市发展的诉求，符合城市发展导向； 是否满足技术标准规范的要求； 编制和报批的程序是否合法； 技术审查意见、公众意见、人大意见是否有反馈
		本级相关政府部门	是否反映了本部门的发展设想与诉求； 是否与本部门的规划相协调； 和本部门的法律、法规、规章、规范性文件是否有矛盾
专家组	合理性、合规性兼顾合法性		是否落实了上层次规划的相关要求； 基础资料和基础数据是否可靠； 理念是否先进； 方法是否正确； 技术路线是否科学； 结论是否可信； 方案是否合理，是否有操作性； 内容是否齐全； 深度是否达到规范要求

虽然编制单位需要对编制成果的技术质量负全部责任，同时强调遵守合规性和合法性，但是基于时间、精力、技术水平、能力以及对编制过程信息了解等原因，无论是行政主管部门还是专家组，一个单独审查主体无法全过程全面仔细审查所有编制成果，而第三方技术审查机构可以更好地为各审查主体起到提前作准备的作用。作为第三方技术审查机构至少可以承担以下五项工作：一是全过程参与规划的各阶段技术审查工作；二是对规划材料完备性的审查，以及

规划成果合法性、合规性和合理性的审查，出具技术审查报告和成果审核报告；三是协助规划主管部门组织规划各阶段的研讨会、座谈会、咨询会、评审会、论证会等各种会议，出具会议意见和会议纪要；四是提醒、协助规划主管部门督促规划编制进度；五是整理国家、省出台的相关政策文件、法规和规范，并进行必要的解读，提供各方参考。

总而言之，第三方技术审查机构将规划行政主管部门从细节的技术性工作、琐碎的事务性工作、具体的行业管理工作中解放出来。

3 新兴县级国土空间总体规划的实践探索

新兴县是广东省云浮市下辖的一个县，位于广东省中部偏西，2020 年第七次全国人口普查总人口约 43 万人，相较于珠三角、大湾区的大部分区、县，经济相对落后。新兴县国土空间总体规划的编制工作于 2020 年 8 月开始，到 2021 年 5 月第三方技术审查机构介入时，该规划基本完成了前期调研和专题研究，刚开始开展"三区三线"划定和规划大纲的编制。为更好地开展第三方技术审查，重点要关注以下几个方面的工作。

3.1 建立三方认可的工作机制

规划编制组织部门的诉求是能够快速、高效、合法、科学地推进县级国土空间总体规划，并得到县委、县政府的认可和通过专家评审；而站在规划编制单位的角度，会认为第三方技术审查机构在代表业主方行使监督职责，是对自身工作的"挑毛病"，在心理上存在一定的抵触情绪；作为第三方技术审查机构，本着对业主负责、对自己负责、对新兴未来发展负责的态度参与规划编制、审批的全过程，能够让工作顺利推进非常重要。因此，第三方技术审查工作开展之初，建立三方认可的工作机制很有必要，工作机制应包括以下几项内容。

一是项目推进的会议制度，包括例会、推进会、咨询会、研讨会、征求意见会等的会议频次、组织主体、参会人员、会议形式（线上或线下）、会议议程、人员邀请方式、会议纪要出具的时间要求等。

二是各阶段相关技术资料和技术成果的审查制度，重点明确技术资料提供的方式、形式和时间要求，技术审查意见提交的时限要求和形式，审查意见采纳及反馈的时限要求及形式等。

三是信息沟通机制，需要明确三方主要技术人员的联系方式、工作群、公共邮箱、不同信息提交和沟通方式以及信息安全保障的要求等。

四是三方在技术审查工作中需要相互协调和相互配合的事项。

五是紧急情况的处理方式等。

建立工作机制，形成对参与工作各方的约束和监督机制，为新兴县国土空间总体规划更快速推进提供良好的前提。

3.2 理顺工作流程，明确各阶段的主要任务

理顺工作流程，首先要弄清楚规划编制的流程和各阶段的重点工作要求。尽管第三方技术审查机构介入时，新兴县已经基本完成了前期调研和专题研究，但基于对整个工作完整性的考虑，结合《广东省县级国土空间总体规划编制技术指南（试行）》（2022 年 5 月）对于县级国土空间总体规划工作阶段的划分，第三方技术审查机构也将工作划分为五个阶段：准备工作阶段、基础及专题研究阶段、规划方案编制与论证阶段、规划成果报批阶段、规划成果备案归档入库阶段。此外，公众参与作为贯穿整个规划编制工作过程的一项基础性工作，也需要进行一定的

审查。具体工作流程如图1所示。

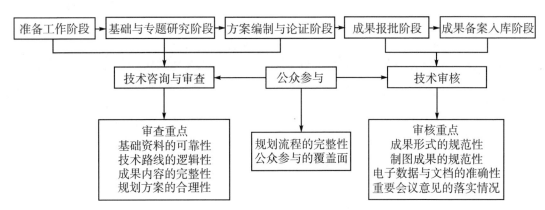

图1 县级国土空间第三方技术审查工作流程示意

具体的工作流程和工作任务,通过表2可以有更明确的认识。

表2 第三方技术审查的工作流程和重点任务表

	规划编制工作	第三方技术审查	工作方法
技术准备阶段	明确编制原则、技术路线、主要任务和内容、专题设置、成果形式与要求、工作计划、人员安排、调研工作组织	技术路线主要工作内容、成果形式是否符合相关规范与政策文件要求; 工作计划、人员安排是否与投标文件和合同要求一致; 调研工作组织、专题设置是否合理; 第三方技术审查的工作机制	协助自然资源局申请成立国土空间总体规划领导小组、工作小组; 协助自然资源局申请建立国土空间总体规划技术咨询专家库; 协助自然资源局申请政府召开动员大会
资料收集整理、重点地区和部门调研	收集基础测绘、自然资源、自然地理、社会、人口、经济、城乡建设、文化等基础数据和资料、相关规划成果等,对资料进行分析和研究	审查资料收集清单、调研内容是否满足相关规范的要求	对资料收集清单和调研内容提出意见和建议
	到重点地区和部门进行专题调研,通过研讨会、座谈会、问卷调查、现场勘察等方式,掌握重点地区、部门和行业的发展趋势和诉求	与编制单位一起到重点地区和部门开展调研,同步了解地区、部门的主要诉求及各地区、行业发展趋势	形成重点地区、部门调研要点总结

续表

	规划编制工作	第三方技术审查	工作方法
基础和专题研究阶段	底图底数、双评价和双评估、总体城市设计研究，拟定的各专题研究	是否以国家认可下发的最新"三调"数据为基础，底图、用地转换是否符合相关最新规则要求；基础研究是否突出问题导向的技术路线，是否清晰了解当地的自然地理特征，是否准确判断经济、社会发展所处的阶段与特征、所存在的风险等	协助自然资源局组织各类会议，出具相应的会议纪要，对提供的研究材料提供相应审查意见和建议
规划方案编制与论证阶段	按相关技术规范、技术导则、技术指南、政策文件的要求编制	各阶段成果构成是否完备；各阶段成果是否符合相关技术规范、政策文件的要求，其内容是否齐全、深度是否达到要求；各阶段成果是否充分反映了县的实际情况，是否充分考虑了各地区、部门的发展诉求，规划目标是否具有实施性，规划方案是否合理等	对各阶段成果组织专业技术力量进行审查，出具审查意见；协助自然资源局组织召开各类座谈、讨论会，出具会议纪要；协助召开政策文件的讨论与解读会议，提供意见
公众参与	各种形式的调查问卷，广泛征求广大市民、社会团体以及外来人员对县生产、生活、生态等方面的意见和建议，收集并整理意见和建议进行分析	与自然资源局、编制单位共同商定问卷调查的内容与形式	协助自然资源局汇总意见和建议，并初步整理
	各阶段成果的研讨、部门和地区的征求意见、专家咨询与专家评审，及时反馈和答复相关意见和建议	参与编制单位就各阶段方案与各地区部门的座谈会、讨论会；协助组织征求意见会、专家咨询会、专家评审会	对座谈会、讨论会出具会议纪要；对征求意见会、专家咨询会、专家评审会出具会议纪要
	规划公示文件的准备，公众意见的反馈与答复	协助收集公示文件的意见并汇总	公示文件的意见整理和简要总结，并对编制单位的答复意见提供建议
规划成果报批阶段	严格按相关技术导则、相关文件的要求提交相应的报批成果，并就县领导审定会、县人大审议会意见进行反馈与答复	对报批规划材料的完备性进行审核；成果合法、合规、合理性的审核	出具报批成果技术审核意见；协助自然资源局组织当地主要领导审定会、当地人大的审议会，并出具审定、审议意见初稿；协助自然资源局开展报批申请工作

续表

	规划编制工作	第三方技术审查	工作方法
成果备案归档入库阶段	成果经省政府批复及公告后，按省市相关文件要求，提交国土空间规划批复成果入库、归档	成果形式的规范性；制图形式的规范性；电子数据的规范性；归档成果的完整性	出具入库、归档成果的技术审核意见

3.3 制定技术审查工作细则，确定技术审查要点

国土空间总体规划编制的过程，也是国家制定各类技术标准规范的过程，涉及行业多，相应的技术规范和标准也多，因此第三方技术机构内部也需要结合县级国土空间总体规划的相关技术规程，制定内部的技术审查工作细则，明确各部分内容的审查要点，以便在第三方技术机构工作组中达成共识，形成相对统一的审查标准，规范整个技术审查工作过程。结合《广东省县级国土空间总体规划编制技术指南（试行）》（2022 年 5 月），新兴县国土空间总体规划从摸家底、定目标、优格局、强支撑、抓重点、重监管六个方面制定了技术审查细则。

一是摸家底：重点审查底图底数、现状问题识别和专题研究结论。

二是定目标：重点审查发展定位、目标、性质、重要指标以及区域协同内容。

三是优格局：重点审查生态、农业、城镇发展格局、国土空间保护与开发总体格局、各类底线管控、规划分区与用途结构调整。

四是强支撑：重点审查自然资源统筹保护利用、发展要素空间配置优化、乡村振兴与建设、国土综合整治与生态修复、基础设施与公共服务设施支撑。

五是抓重点：重点审查中心城区规划的相关内容。

六是重监管：重点审查实施保障中有关乡镇、专项规划的传导、近期重点行动计划等。

在技术审查的细则中，对于每个审查内容所涉及的技术规范或标准中与空间、用地、规模、建设标准有关的内容和管控要求进行了重点罗列，标注好技术规范或标准的版本号，由各专业审查人员进行动态更新。在此基础上，明确不同工作环节、不同审查内容的技术审查要点，作为参与第三方技术审查人员的基本工作手册（图2、图3）。

技术审查工作要点

规划材料完备性的审查

√是否包含文本、附表、图件、说明、专题研究、一张图数据库全套

√规划文本是否包含指南中所要求的 13 项基本内容

√重点审查是否有规划指标表、国土空间功能结构调整表、耕地和基本农田规划指标分解表、建设用地指标分解表、自然保护地一览表、历史文化资源一览表、中心城区建设用地结构规划表、国土综合整治与生态修复重大工程安排表等 8 个主要规划附表

√规划图件是否满足指南中所列的最基本的图件

√规划说明是否包含指南中底图底数、基础研究以及"3. 规划内容"的基本内容

√专题研究中是否按照合同约定的要求提供

√一张图数据库是否满足交会要求

图 2 规划材料完备性技术审查工作要点示意

技术审查工作要点

"三区"划定的审查

√ "三区"划定是否与双评价的结果进行了充分的衔接

√ 生态空间是否识别和划定生态屏障、生态廊道、生物多样性、重要鸟类迁徙通道等生态安全底线；生态系统保护格局和自然保护地体系是否体现地方特色

√ 农业空间是否识别特色农产品优势区，高标准农田和污染防治等重要管控地类并相应提出保护管控措施；是否识别出需要实施整治的农业空间，进一步优化农业生产空间质量

√ 城镇等级、规模和功能确定是否能适应城乡人口流动和产业布局趋势和要求；城镇体系结构是否层次分明、各具特色、功能互补；镇村体系、村庄分类和布局指引是否符合乡村振兴战略及上位规划要求并体现地方特色

图 3　"三区"划定技术审查工作要点示意

4　结语

新兴县国土空间总体规划虽然不是从项目开展之初就展开第三方技术审查，但是在近一年工作中，几乎每周一次的例会、每两周一次的项目推进会、多次的技术方案讨论会、县委县政府重点问题的审议会、专家咨询会，形成了 40 多份会议纪要、提交了 10 多份技术材料的审查意见、各月的月报和年度总结报告等材料。广东省作为"三区三线"的试划省份，在短短的半年时间里开展了三轮试划，笔者既是国土空间规划编制的参与者，又是第三方技术审查的参与者，能够深刻地感受到以下几点：一是国土空间总体规划层面的技术审查，政策性、综合性、系统性和逻辑性较强，需要参与工作的各个人员有较强的政策把握能力、较强的责任心、较强的学习能力、较强的团队协作能力以及足够的细心；二是在技术审查的过程中，由于相关的技术规范、政策文件的要求在不断更新中，常会出现编制单位、第三方技术审查机构、咨询专家对政策文件、规范、指南、规则不同的解读，某些问题会存在一定分歧，需要更多讨论、沟通与学习，达成共识的过程也是一个不断深化各自认知和扩展知识面的过程；三是随着国土空间规划编制审批体系、实施监督体系、法规政策体系、技术标准体系四个体系的建立与不断完善，"编""审"分离、规划审查审批工作也将不断深化，技术审查如何建立更高效的工作机制、更清晰的工作流程、更规范工作规则、更简明的审查要点仍需要各方的不断实践和探索。

[参考文献]

[1] 丁睿，杨潇. 在现行法律框架下城市总体规划的审查审批改革探索 [J]. 城市研究，2017 (5)：107-110.

[2] 李浩，徐超平. 城市总体规划"编审分离"实践探索 [J]. 城市发展研究，2017 (9)：1-6.

[3] 刘继华，胡章，王新峰. 城市总体规划"编审督"制度改革下的成都创新 [J]. 规划师，2017 (12)：11-17.

[4] 刘胜洪，刘培立，蒋伟. 重庆市区县总体规划技术审查机制探讨 [J]. 规划师，2018 (5)：35-40.

[作者简介]

陶小兰，正高级工程师，注册城乡规划师，就职于广州地量行城乡规划有限公司。

国土空间导向下的采煤塌陷地修复治理再认识

——以济宁市采煤塌陷地整治为例

□涂欣，甘宜真

摘要：采煤塌陷地作为因人类活动影响出现的大面积生态问题的特殊区域，对环境、社会和经济均产生较大影响。多年来，地方政府组织力量持续推动采煤塌陷地修复治理工作，取得了一定的成效，但以单体治理为主导的操作方式，难以实现系统性修复治理的长远目标，在新的国土空间规划背景下，需统筹考虑、重新定义采煤塌陷地修复治理的理念和方法。文章通过明确国土空间视角下采煤塌陷地内的重点修复整治对象，综合"双评价"识别采煤塌陷地存在的问题，针对不同的采煤塌陷地空间类型特征，建立差异化的修复类型模式，从市域、城区、塌陷区三个层面提出系统性修复方案，系统构建点线面结合、多功能互为支撑的国土空间生态格局；针对修复方案提出制订重点生态修复任务、推进生态修复重点工程、制定分期分类实施计划等策略，以期为构建国土空间安全格局和城市高质量发展提供有效路径。

关键词：国土空间；采煤塌陷地；系统性修复；分级分类治理；济宁市

1 引言

为解决采煤造成的地表被破坏、地质不安全、生态结构受损、用地破碎割裂等问题，我国在传统规划领域开展了各类采煤塌陷地的治理探索，并收获了一定的成果。虽然专项规划思路较明晰，内容较丰富，但更多的是单一土地政策导向下以项目为主的修复治理，未从国土空间的角度进行系统性规划和全局性修复，采煤塌陷地与国土空间格局的关系尚未理顺。因此，重新梳理国土空间背景下采煤塌陷地的系统性修复治理方法，加快推进采煤塌陷地生态治理、复垦治理和产业治理，是构筑煤炭资源开发与生态环境相协调的空间开发格局的有效路径，也是推动矿区生态文明建设和多产业协同发展的重要抓手。

2 传统规划导向的采煤塌陷地修复治理

2.1 传统规划导向的采煤塌陷地治理内容

从治理过程来看，采煤塌陷地治理主要经历了两个阶段。第一阶段主要以土地复垦为主，第二阶段更多的是发挥采煤塌陷地作为城市特色生态资源的重要作用，在兼顾土地复垦的基础上，更加强调营造场景和发挥生态游憩功能。

从治理内容来看，采煤塌陷地治理主要聚焦于土地复垦建设规模化农田、土壤污染治理、矿区修复技术、微景观塑造等方面，通过较为专业的技术方法对某一区域内的采煤塌陷地进行修复治理。

2.2 传统规划导向采煤塌陷地治理评价

传统的采煤塌陷地修复治理规划取得了一定的效果和收益，但难以实现全局性、系统性修复治理的最佳预期，存在治理理念、实施管控等方面的问题。

2.2.1 治理理念方面

一是重视场景性营建，轻视生态安全功能的系统性考量。以现阶段成果来看，采煤塌陷地治理过多地关注景观功能，重城市景观游憩场所营造，轻全域生态的安全格局修复，治理逻辑有误。采煤塌陷地的修复治理应优先关注安全功能，其次是生态功能，最后兼顾景观功能。

二是重视指标性修复，轻视规划过程中对全局的宏观战略性把控。在以往的修复治理实践中，主要的治理指标有复垦面积、复绿面积、污染土壤修复面积、重金属含量等微观尺度上的相关指标。由于过于注重微观层面的技术手段，中观及宏观尺度下空间布局的考量较少，缺乏宏观角度上的评价与把控。在这种修复理念的引导下，局部治理取得了良好效果，但整体修复效应弱、生态系统功能性提升不足，难以保持区域内生态系统整体稳定性。

三是重视土地整治数量，轻视土地整治质量和空间上的合理安排。恢复采煤塌陷土地的可耕性是土地整治工程所追求的目标，但是地方政府出于政绩压力，过度追求土地综合治理新增耕地的数量，缺乏从采煤塌陷地可持续发展的角度对土地整治后的空间用途作进一步统筹优化。

2.2.2 实施管控方面

一是规划非法定，空间管控有效性差。采煤塌陷地生态修复规划制定的初衷是对采煤塌陷地出现的各种生态问题进行统筹修复，在规划中能够较好地融合经济、社会的发展问题，但因为规划的部门性强、法定性不足，其执行力亦得不到保障，极大削弱了对采煤塌陷地有效的空间管控。

二是部门多掣肘，工程项目统筹难。从工程实践来看，采煤塌陷地治理工程存在着对象单一、多头独立推进、相互间统筹不够、工程衔接不足等问题。由于缺乏有效的系统和整体安排，没有建立统一的协调机构，治理工程大多由多个部门分散开展。以简单工程项目拼凑、碎片化开展的治理修复模式，难以有效缓解区域生态环境的脆弱程度。同时，因跨部门治理模式的割裂和空间治理缺乏统一布局，甚至导致边修复边破坏的情况。

2.3 小结

通过整理国内外的案例发现，采煤塌陷地大多是依赖单一的治理方式进行的，在这种导向下，采煤塌陷地治理工作对山水林田湖草生命共同体的认识不足，对宏观空间需要解决的问题梳理不清晰，修复的方式和方法具有很深的工程性思维定式。采煤塌陷地作为一个复杂且开放的生态系统，如果不能将涉及森林、植被、土壤、水域和生物多样性的多个环节进行系统的统筹和规划，并加以有效管理，将直接影响到国土空间整治及生态修复的有效开展。

3 国土空间背景下采煤塌陷地修复治理理念转变

3.1 政策调整促进理念转变

国土空间背景下，生态保护和修复由单一的土地政策向统一的自然资源政策体系转型，生态保护和修复对象从自然要素转向社会—生态要素，尺度从局地生态系统改善转向多尺度生态安全格局塑造，目标从生态环境功能优化转向人类生态福祉提升等。以国土空间总体规划为抓手，以"山水林田湖草"全要素修复为主线，相关主管部门开展了一系列国土空间整治和生态修复工作，并提出了明确的目标以及相应的政策和指导意见，为采煤塌陷地的修复治理工作指明了方向。

3.1.1 国土空间生态修复政策不断明确

生态修复政策理论不断强化，省级和市级国土空间规划指南中对生态修复提出了明确的要求。《省级国土空间总体规划编制指南（试行）》提出"以国土空间开发保护格局为依据，针对省域生态功能退化、生物多样性降低、用地效率低下、国土空间品质不高等问题区域，将生态单元作为修复和整治范围，按照保障安全、突出生态功能、兼顾景观功能优先次序，结合山水林田湖草系统修复、国土综合整治、矿山生态修复等类型，提出修复和整治目标、重点区域、重大工程"。同时，国家出台了关于国土综合整治与生态修复的法律法规和指导意见，包括《山水林田湖草生态保护修复试点工程指南（试行）》《全国重要生态系统保护和修复重大工程总体规划（2021—2035 年）》等。

3.1.2 国家部委强调加强落实修复工作

为了更好地推进生态文明建设，保障生态系统功能完整性，相关部门强化落实"山水林田湖草"生态保护修复的系统治理。自然资源部国土空间生态修复司强调，"山水林田湖草是一个生命共同体，是相互依存、相互影响的大系统。生态保护修复是一个系统工程，需要全方位、全地域、全过程开展。要从基础调查、规划引领、激励机制、修复工程、监管责任等方面开展具体工作"。

3.2 国土空间采煤塌陷地治理规划理念

近年来，相关文件和具体工作要求为国土空间背景下的生态修复治理明确了规划理念和发展方向，更加强调系统性、整体性、综合性，按照因地制宜的原则，通盘考虑未来生态修复与城市建设的关系。

参考相关文件要求和规划实践探索，采煤塌陷地的规划理念要从过去单一要素、单一目标的保护性修复过渡到多要素构成的国土空间生态修复，以国土空间生态修复为抓手，将"山水林田湖草矿"要素有机整合，带动修山、治水、增绿、理矿等一系列生态修复工程，驱动生态圈合理演变，共同组成生命共同体。衔接国土空间开发保护格局、规划分区、控制线以及绿色空间网络和山水格局，协调生态保护与城镇建设的关系，为国土空间格局优化提供支撑。

3.3 小结

采煤塌陷地治理并非一项独立的工作，在国土空间背景下，更加强调统筹生态、农业、城镇的发展格局，协调"三生空间"的关系，由单一的点状修复方式向系统性修复转变。在此背景下，通过系统性修复治理策略完善国土空间生态修复的内涵，一方面要明确有效应用系统性理念指引国土空间生态修复实践，另一方面需根据国土空间生态修复需求变化来深化系统性研究。

4 新语境下采煤塌陷地修复治理策略

4.1 建立采煤塌陷地修复治理总体工作框架

首先，厘定国土空间视角下的修复治理对象。其次，评估地质环境、灾害隐患和土地利用等方面的问题，并识别采煤塌陷地存在的空间矛盾。再次，针对不同的采煤塌陷地空间类型特征，建立差异化的分级修复治理模式，进一步研究重点区域修复指引方案并制订重点工程和实施计划。最后，加强政策保障，完善多元化的生态补偿机制。采煤塌陷地修复治理总体工作框架如图1所示。

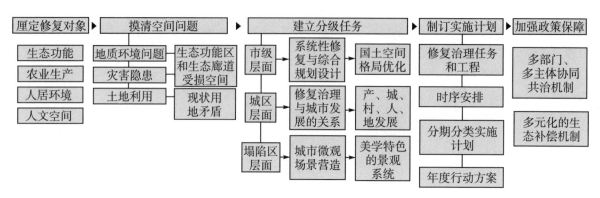

图1　采煤塌陷地修复治理总体工作框架

4.2　采煤塌陷地治理具体策略

4.2.1　厘定修复对象

在传统以土地复垦为主的采煤塌陷地修复的基础上，明确国土空间背景下采煤塌陷地内的生态功能、农业生产、人居环境和人文空间等综合性单元是重点修复整治对象，特别是要加强区域内生态受损严重地区和生态环境敏感区的保护和修复。

4.2.2　摸清空间问题

结合"双评价"结果，识别生态敏感区、生态重要区和生态受损空间，通过相关数据分析判断采煤塌陷地对水体、土壤、生物多样性等生态方面的影响。同时，聚焦采煤塌陷地造成的土地利用问题，对采煤塌陷地空间分布特征进行刻画，重点对生态保护极重要区、农业生产适宜区和不适宜区、城镇建设适宜区和不适宜区进行重点甄别，明确未来需要生态保护、适宜农业生产、可进行城镇建设等空间类别。

4.2.3　建立分级任务

从市域、城区、塌陷区三个层面展开采煤塌陷地修复治理工作。在市域层面，统筹考虑环境评价、水土保持、地质灾害、土地复垦、开发利用等环节的整体联动，将重点放在地质环境问题与灾害隐患的消除上，实施从地下到地上的修复治理；进一步围绕国土空间用地布局优化问题，对生态空间、农业空间、城镇空间等进行综合规划设计，系统构建点线面结合、生态功能互为支撑的国土空间格局。

城区层面将重点协调采煤塌陷地与城市发展的关系。通过甄别塌陷层级，明确水域、农地和可建设空间，挖潜存量建设用地，整顿现状部分工业和采矿点等低效用地，引导植入符合城市发展的功能类型，注入新动能产业，结合现有已形成规模的工业组团聚集发展。同时，以公共服务设施为支撑，盘活要素，激发城市活力，塑造城市高品质发展片区，实现产、城、村、人、地发展的多维共赢。

在塌陷区层面，按照因地制宜的原则，分类实现生态修复、农田复垦及场景营造等，对城区周边塌陷区遴选出的适合作为城市场景营造的地区，通过工程修复措施完成采煤塌陷地土地再利用，带动采煤塌陷地地块功能转变，将部分采煤塌陷地植入生活化场景，塑造可游、可赏的游憩空间。

4.4.4　制订实施计划

针对采煤塌陷地分区分类修复目标，安排重点修复治理任务和修复治理重点工程，制订时序安排、分期分类实施计划和行动方案并落实到年度。

5 实证分析：国土空间背景下济宁市采煤塌陷地治理探索

5.1 济宁市采煤塌陷地现状特征

济宁是典型的煤炭资源型城市，含煤面积 3920 km²，占全市总面积的 36.7%，11 个县（市、区）除泗水县外均有煤炭分布。已探明煤炭储量 149.7 亿吨，占山东省探明总储量的 45%。按照目前的开采速度计算，煤炭开采高峰期还有 10 年，到 2030 年逐步闭矿。

随着煤矿的大量开采，采煤塌陷地逐步显现。采煤塌陷地的分布特征可总结为以下三点：首先呈现出分布广、面积大的特点。塌陷地在 11 个县（市、区）均有分布，2020 年塌陷面积为 522.7 km²，积水区面积 176.05 km²，占塌陷面积的 33.7%；预测 2030 年塌陷面积达 588.67 km²，仍有近 66.7 km² 待塌，占市域国土面积的 5.3%。其次表现在时空分布的非均衡性。采煤塌陷地分布零散，大量位于城市边缘或内部的郊野地带，呈现出条块化、碎片化分布；在时间上，受降水量与地下水位影响，呈现出季节性差异。最后采煤塌陷存在一定的持续性与动态性，且随着时间的推移，重度采煤塌陷地的面积存在明显非等比扩增。

5.2 建立面向实施的济宁市采煤塌陷地生态修复策略

5.2.1 识别突出问题，预判重大风险

对采煤塌陷地地质环境问题与灾害隐患进行评价，应聚焦两大问题。一是生态环境影响。生态"因煤而损"。因采煤造成土地资源被破坏，引起的土壤裂缝导致土壤水分流失危及植物生长，原有地表植被遭到破坏变成沼泽洼地或废弃地；地下水层结构被改变，高潜水位地区地下水涌出形成水面，水资源蒸发损耗增大，加剧地区干旱；同时，部分地区矿坑水及受污染的地表水直接与地下水连通，采煤回填、地表堆放的煤矸石释放重金属等污染物，影响水体水质和周边土壤的环境质量。二是土地利用影响。采煤塌陷使得耕地、永久基本农田数量减少、粮食减产，用地破碎化严重；严重制约了重大交通设施廊道的选线与建设，引起城乡空间割裂、城际联系不便、发展严重受限等问题。同时，依据"双评价"成果，采煤塌陷地内生态空间、农业空间和城镇空间矛盾冲突图斑面积较大，需要结合国土空间格局作进一步调整。

5.2.2 形成分级治理目标

从市域、都市区、采煤塌陷地三个层面探索采煤塌陷地不同的治理路径，通过生态修复与空间治理策略，真正实现采煤塌陷地空间变废为宝，将塌陷区的"生态包袱"，转变为绿色发展的生态抱负，促进生态空间与城市空间品质双提升，支撑国土空间总体规划的实施落位。

（1）市域层面注重政策实验。结合国土空间规划的开展，在市域塌陷区范围内开展现状摸底、地类调整、生态管控、土地政策支撑等工作，优化国土空间开发与保护总体格局，为采煤塌陷地空间治理探索路径。

（2）都市区层面强化功能提升。重点对都市区采煤塌陷地区域进行规划，强化城、湖、河、绿的联系，推进生态要素向绿带内聚集、城市联动区域的"改性扩容"，实现生态空间和城市空间品质双提升，助力济宁城市转型发展。

（3）塌陷区层面关注形象展示。划定塌陷区管控边界，明确自然保育与人工修复空间，限定生物繁衍和人类活动空间，城区周边塌陷区突出城市文化基因，彰显"十二明珠耀济宁"的城市特色。

5.3.3 明确分级分类治理方案

基于问题和目标双导向，形成分级分类治理方案。

第一，市域加强"生态修复、重塑格局"。为构建市域范围内"绿带绕城、碧水串城、蓝绿空间点缀"的"山水林田湖草城"有机融合的国土空间总体格局，结合"双评价"，开展土地整治、生态修复和国土空间用地布局优化工作。首先推动土地整治和生态修复，根据对采煤塌陷地的塌陷程度、积水情况以及未来塌陷范围的分析，明确自然保育空间与人工修复空间，并利用工程措施开展土地整治。对于轻度塌陷区域，采用划分整平法，配套水利设施，重点恢复为耕地；对于中度塌陷区域，采用挖深垫浅法，将其中塌陷较深无法恢复耕种的区域继续挖深，取出的土方充填塌陷较浅区域逐步恢复耕地，而挖深区域则进行生态修复；对于重度塌陷区域，通过围湖造岸、植被覆盖、湿地营造等方式进行生态修复，逐步演替为水域或湿地生态系统。

同时，利用采煤塌陷地积水区设置雨洪蓄洪区并建设净化湿地，用来抵御干旱和改善水质，也为生物繁衍营造栖息生境。济宁市是南水北调东线二期工程的重要输水通道和中转站，为确保南水北调一江清水永续北上，保障区域水质水量稳定达标，利用采煤塌陷地布局6处蓄滞雨洪的湿地，形成储水的"水柜"，近期可调蓄雨水量1亿立方米。将湿地空间融入整体水网，一方面通过湿地净化上游河流水质，另一方面可以改善塌陷地积水区的水动力问题。

此外，对国土空间用地布局进行优化，按照"宜农则农、宜渔则渔、宜林则林、宜建则建"的原则，明确采煤塌陷地的最佳土地利用模式，并对"双评价"内与现状用地的冲突区域进行功能调整，提出"修田、还建、复生"三大策略，形成塌陷地内适宜农业发展区、适宜城镇建设区、适宜生态保育区三大分区，最终通过优化塌陷地内用地构成，扩大生态调蓄空间，实现修复山水林田湖生命共同体；协调生态、农业与城镇空间的关系，优化国土空间保护与开发格局。

第二，都市区落实"发展融合、用地增效"。构建以采煤塌陷地为主，联动周边生态用地、农用地及少量建设用地组成的环城生态绿带，实施绿带内外分层次处理。绿带内塑造内部特色发展空间，结合济宁市煤矿关停计划表，分序关停煤矿，迁出存在严重污染的或位于采煤塌陷地内部的工业企业。实施土地整治，腾挪位于重度或积水区塌陷区域用地面积10.52 km²，并将部分用地进行复垦。此外，在避让积水塌陷地和永久基本农田基础上，识别绿环内部潜力发展空间面积30.74 km²，引导植入配合城市发展的功能类型，重塑绿环内部空间。

绿带外打造城市高品质发展片区，加速周边零散工业入园，结合现已形成规模的工业组团聚集发展。通过增量识别与存量挖潜，盘活土地利用效益，筛选识别可平整修复的增量用地和可进行功能置换的存量用地，以此形成可开发利用的潜力片区，完善公共服务功能，塑造九大高质量发展片区。

将绿带内外治理有机结合，实现采煤塌陷地从生态价值向"双碳"价值转换。在绿带内采煤塌陷地周边布局光伏设施，为绿带外园区提供新能源供给，促进能源结构转型；同时采煤塌陷地周边地区强化林地、湿地修复，以增强碳汇固碳功能。生态绿环增加了城市边缘地区的土地价值，使城市从背绿发展到向绿凝聚，带动各组团融合发展，巩固城市结构。

第三，塌陷区实现"内涵提质、场景营造"。在塌陷区层面，充分发挥塌陷区域内耕地和水体空间构建的整体景观效益，鼓励土地复合化发展，建设集生态、文化、美学多种价值于一体的湿地景观。突出塌陷区微观方面的生态环境营造，形成具有美学特色的景观系统。通过构建一方自然乐园，营造多样栖息环境；塑造多条特色游线，建立多感游赏体系；打造多个文化之岛，建设多姿美丽绿洲等方案策划，建设"生态—农业—城市"相互融合的特色场景。

结合本土运河文化与儒家文化两大世界文化遗产，采取低干扰、点状探入式的生态文化展示利用模式，差异化融合多元文旅要素，形成以"文化＋体验"为特色的湿地公园，弥补城市绿地系统中文化展示的缺失。借势京杭大运河文化带国家战略机遇，融入全域旅游发展圈，打造主客共享的城市公园，争获"省级湿地公园"建设示范区（图2）。

十里湖　　　　　　　　　　　　　　　　少康湖

图2　济宁市采煤塌陷地治理后效果

第四，划定重点区域，规划修复治理重点工程。将规划确定的总体目标和任务进行分解，从生态修复、基础设施和功能提升三个方面，提出重点项目名称和工程设置的必要性并落实到重点地区；同时建立采煤塌陷地治理重点项目库，制订重点治理工程年度安排计划（表1）。

表1　采煤塌陷地修复治理重点项目工程分类分期实施计划表

项目分类	名称	工程必要性	重点区域	主要目标	近期	远期
生态修复	林地修复及河流缓冲带建设工程	涵养水源、过滤径流、改善水环境	现有低效、低质林区；泗河、洸府河、白马河、梁济运河等河流两侧	林地整体品质机水源涵养功能提升，水体面源污染得到有效缓解	▲	
	水系自然连通工程	河道局部断流，河道生态基流得不到保障，采煤塌陷地水域水动力差	泗河王庄村段、金庄镇段，白马河马家楼段等河道断流段	主要河道全线贯通、无断流，河道均实现自然连通	▲	
	采煤塌陷地滞蓄工程	地区防洪压力较大，水安全得不到保障	绿心湿地、九曲十里湖湿地、如意湖湿地和运河湿地4处滞蓄空间	在一定程度上缓解防洪压力，汛期缓解防洪压力，旱期实现补水	▲	
	采煤塌陷地净化工程	南水北调工程对地区水环境要求较高，目前水质存在污染风险	采煤塌陷地上游沿河排污口以及南四湖上游河流入湖区域	上游污水厂尾水得到进一步净化，采煤塌陷地水质提升，入湖河流水质均达到地表水Ⅲ类	▲	
	栖息地修复工程	保护生物多样性	绿心湿地、九曲十里湖湿地、如意湖湿地和运河湿地的浅水、滩涂区域	鱼类、鸟类等生物种类增加，物种多样性明显提高		▲

续表

项目分类	名称	工程必要性	重点区域	主要目标	近期	远期
基础设施	水动力保障工程	改善塌陷地水面水动力	采煤塌陷地内部水循环较差区域	主要采煤塌陷地积水动力增强，塌陷地和河道水体连通，水动力性明显加强	▲	
	防洪工程	确保防洪安全	沿绿心、九曲十里湖、如意湖和运河湿地4处雨洪滞蓄场所外围	采煤塌陷地吸纳部分洪水，较大减轻附近河道和下游水体的防洪压力	▲	
功能提升	对接济宁高铁北站、机场等枢纽设施	实现对外的快速联系	二十里铺街道、漕河机场	加强快速路北向联系连接高铁北站；北沿大禹北路，快速通达漕河机场	▲	
	快速路联通，都市区交通一体化	加强城市一体化建设速度	王因街道、太白湖东部	打通东西向崇文大道—国宏大道、石佛路—双唐路、光明路—曲阜南站	▲	
	4条慢行文化展示游线	城市文化展示路径	京杭运河线、洸府河线、泗河文化线、明珠环线	通过慢行人文路径建设，提升城市生活品质，打造以运河为核心的特色文化廊道空间	▲	
	内部现状部分工业和采矿点整顿	重塑绿环内部空间	葛亭煤矿、岱庄煤矿、许厂煤矿、田庄煤矿、杨村煤矿、二号煤矿采矿点；预测采煤塌陷地范围内工业	恢复基本农田、生态用地或储备为建设用地	▲	

5.3　用地管控与政策探索

5.3.1　用地管控注重"刚弹结合"

基于采煤塌陷地内现状用地的复杂性，在采煤塌陷地空间治理与生态修复过程中，从土地整治、空间布局与预留弹性空间三个方面提出相应的管控措施，探索"保护的刚性"与"发展的弹性"之间的有机关系，即在刚性层面，永久基本农田保护与生态修复指标管控绝对优先；在弹性层面，适当预留弹性用地和必要的服务设施用地，建议生态建设用地配置占比，用之有节。具体管控措施如下。

第一，生态优先。对于无法复垦的采煤塌陷区域，鼓励生态修复为湿地及林地，尤其是位于城区周边的采煤塌陷地，将探索分类公园建设，弥补城市绿地系统的不足。第二，"农"字当头。对于采煤塌陷地内宜农区域以复垦为主，优先保护，梳理采煤塌陷地内可复耕的林地等其他地类以补充耕地总量。第三，水域变更，动态核减耕地指标。针对永久性塌陷积水区土地性质作水域变更，耕地进行动态核减；而季节性积水区则根据修复利用方式判断是否变更及耕地核减。第四，针对区域生态廊道及中重度塌陷预测区内的村庄用地，鼓励村庄拆迁易地安置。

5.3.2 政策注重创新探索

借鉴国家及各省市创新性政策实践，结合济宁市本地特征与实际需求，提出以下四点创新性政策探索。第一，实施塌陷农用地只征不转政策。通过"只征不转"拓宽生态空间的实现路径，依法征收形成水面、无法复垦的土地且不转为建设用地。第二，提出建设用地指标配比的建议，建设用地用之有节。可借鉴《成都市环城生态区总体规划（2020—2035）》先进经验，在沉陷区内按5％、沉陷区周边按20％的比例配置建设用地。第三，建立多部门、多主体协同共治机制，加强不同部门之间的规划协同以及市县规划上下传导。第四，强化资金扶持，加大专项资金转移支付的力度，强化财政激励机制，有效调动市场力量。成立市环城生态带建设指挥部和专项资金，保障采煤塌陷地治理任务可实施。

6　结语

在国家层面强化国土空间生态修复的背景下，各地已逐步开展生态修复治理工作。值得注意的是，生态修复规划尤其是采煤塌陷地治理应更为注重问题导向与系统实施，一方面应注重从过去单一要素、单一目标的保护性修复过渡到多要素构成的国土空间生态修复；另一方面应注重采煤塌陷地治理的可实施性研究，加强政策保障，完善多元化的生态补偿机制。采煤塌陷地的治理不是一蹴而就的，而是一个漫长的过程，收益少见效慢，对社会主体而言，需要从规划管控、产权激励、财税支持等多个方面，真正建立采煤塌陷地治理的长效机制。

[参考文献]

[1] 黄铭洪，骆永明. 矿区土地修复与生态恢复 [J]. 土壤学报，2003，40（2）：161-169.

[2] 郭友红，李树志，高均海. 采煤沉陷区复垦景观格局分析 [J]. 矿山测量，2012（1）：63-65.

[3] 史衍智，郭成利，李士国，等. 济宁市环城生态带规划实践 [J]. 规划师，2018（10）：52-58.

[4] 倪庆琳，侯湖平，丁忠义，等. 基于生态安全格局识别的国土空间生态修复分区：以徐州市贾汪区为例 [J]. 自然资源学报，2020，35（1）：204-216.

[5] 崔婧琦，陆柳莹，王聪. 国土空间生态修复规划策略与青岛实践 [J]. 规划师，2021（增刊2）：11-17.

[6] 程可欣，王志芳，唐瑜聪. 国土空间尺度下生态修复空间优先级与策略探究：以矿山用地为例 [J]. 风景园林，2021，28（12）：10-15.

[作者简介]

涂欣，高级规划师，注册城乡规划师，就职于中规院（北京）规划设计有限公司规划设计一所。

甘宜真，规划师，就职于中规院（北京）规划设计有限公司规划设计一所。

东北老工业基地资源枯竭型城镇转型路径研究

——以长春市九台区东湖镇为例

□丁磊，罗凤龙，孙佳川

摘要：东北老工业基地作为新中国工业的摇篮，为国家的改革开放和现代化建设作出了历史性的贡献，其中资源型城镇作为东北老工业基地的重要组成部分，在工业化建设初期至今，为全国各地城市建设提供了丰富的能源和原材料。但随着改革开放的不断深入，东北资源型城镇出现了主导产业衰退、产业结构失衡、城镇经济衰退、空间环境质量低下等问题，在面临现代经济模式和资源枯竭危机双重挑战的形势下，资源型城镇发展开始出现瓶颈，甚至走向衰落。本文以长春市九台区东湖镇为例，在分析国家政策导向、城镇转型模式、成功转型案例的基础上提出四大发展策略，为面对产业结构单一、经济发展衰退、产业空间混乱、生态环境破坏等现象的资源枯竭型城镇探索转型发展之路。

关键词：资源枯竭型；小城镇；产业转型；东北老工业基地

1 引言

2021 年，在党的十九届五中全会提出，要"推进以人为核心的新型城镇化"，并明确了新型城镇化的目标任务和政策举措。同时《中华人民共和国国民经济和社会发展第十四个五年规划和 2035 年远景目标纲要》进一步强调，要"坚持走中国特色新型城镇化道路，深入推进以人为核心的新型城镇化战略"，为"十四五"和未来一个时期推进新型城镇化工作指明了前进方向、提供了基本遵循。由于资源型城镇的发展规律，必然要经历"建设—繁荣—衰退—转型—振兴或消亡"的过程，"以人为核心的新型城镇化"的提出，对于此类"衰退型"城镇面临的环境资源恶化、产业结构单一、城镇空间布局混乱、人居环境下降等问题提出了指导方向和解决思路，极大促进了资源枯竭型城镇转型的步伐。

东北老工业基地作为新中国工业的摇篮，为建成独立、完整的工业体系和国民经济体系，为国家的改革开放和现代化建设作出了历史性的重大贡献。其中，资源型城镇作为东北老工业基地的重要组成部分，从我国工业化建设初期至今，为全国各地城市建设提供了丰富的能源、原材料等，但随着改革开放的不断深入，东北资源型城镇的主导产业衰退、产业结构失衡、城镇经济衰退、空间环境质量低下等问题日益显现。

2021 年召开的国务院振兴东北地区等老工业基地会议提出，要"加快东北地区产业结构优化升级，加大对农业的支持，把国家粮食基地建设与新型城镇化结合起来，大力发展现代农业，运用市场化办法推动装备制造等产业加快转型升级,培育壮大新兴产业",这为东北资源枯竭型城镇转型提供了历史性机遇,对于城镇产业转型方向、资源环境保护、空间布局优化等方面有着重要的指导意义。

本文以吉林省长春市九台区东湖镇为例,在"推进以人为核心的新型城镇化"和"东北振兴战略"的发展背景下,分析东北资源枯竭型城镇产业转型过程中的关键问题,并结合具体实践探索资源枯竭型城镇产业转型发展路径。

2 资源枯竭型城镇产业转型模式及相关经验

2.1 转型模式分析

资源枯竭型城镇具有产业结构失衡、自然资源薄弱、空间结构单一等共性问题。但由于我国多数资源枯竭型城镇的发展现状、资源禀赋、经济结构不尽相同,因此本文以城镇的区位交通条件、经济产业基础、环境资源特征为依据,将资源枯竭型城镇划分为四种转型模式。

2.1.1 区位交通条件好,资源及产业相对完善的城镇

此类城镇具备转型升级的良好基础,推荐采用"区域合作、产业延展"的转型路径。利用交通区位优势,主动加入区域发展网络,为自身寻求发展机遇,加大城镇的基础设施和相关配套的建设力度,构建交通网络,加强产业协作,为城镇产业升级打下基础。

2.1.2 区位交通条件差,资源及产业相对完善的城镇

此类城镇具有区位较为偏僻、交通设施尚不完善,资源型产业尚处于上升期的特征。进一步分析其资源基础可以得出其发展路径:第一,资源条件相对单一的城镇。逐步关闭原有小产能资源企业,延伸并提高大型优势资源企业的产品价值链及附加值,以优势产业带动完善区域内交通设施,综合整治区域内自然环境。第二,除自然资源外,具备其他资源基础的城镇。通过资源潜力评价分析,优先培育新兴产业,为城镇的可持续发展建立根基。

2.1.3 区位交通条件好,资源匮乏、产业衰退的城镇

此类城镇由于自然及产业资源不具备再开发的条件,其转型发展路径应首先开展污染整治及环境治理工程,将城镇发展定位及产业发展目标着眼于周边城市的市场需求,抓住大中型城市产业外溢的机遇,进而借力转型;同时加强与周边乡镇产业协调合作,优化交通设施,形成区域合力,实现由独立发展向区域合作的转型。

2.1.4 区位交通条件较差,资源匮乏、产业衰退的城镇

此类城镇具有资源产能低效、自然环境恶劣、城镇基础设施落后等特征,属于典型的衰退型城镇。针对此类城镇,应以政府为主导加大对原资源产业空间的生态修复及环境治理力度和资金投入,依据综合评估采用"腾笼换鸟、筑巢引凤"的发展路径,以国家政策及市场需求为导向重点培育特色型替代产业。

2.2 相关经验

2.2.1 内蒙古元宝山镇——以空间优化促进产业可持续发展

元宝山镇隶属于内蒙古自治区赤峰市元宝山区,地处元宝山区东北部,镇内资源以煤炭矿产为主,是国家重要的能源基地。

作为传统的资源型城镇,在元宝山镇在转型提升过程中主要面临以下三个问题:第一,由于矿产资源的长期开采形成了多个面积较大的露天矿工作面,产生了大量的塌陷区、废弃地,

造成了土地资源的严重浪费。第二，长期依赖矿产独立发展，缺少与周边区域的产业协作，资源枯竭时城镇经济迅速下滑。第三，为配合矿产资源开采，市政设施及工业项目零散选址，导致城镇用地布局琐碎、空间结构混乱，严重阻碍了城镇升级发展。

对此，元宝山镇在产业转型升级的同时注重调整城镇空间结构，通过优化交通设施、加强区域合作、打造产业园区等方式，集约土地利用、修复自然生态等工程，重点发展无污染、绿色高效的新兴产业，合力实现城镇的可持续发展。

2.2.2 云南省绿汁镇——以特色小镇建设为导向的产业转型

绿汁镇隶属云南省玉溪市易门县，地处易门县西部，是典型的工矿资源型小城镇。针对城镇发展过程中第一、第二产业低效化、第三产业特色缺失，产业空间功能衰落、构成不合理等问题，提出了全产业融合发展模式予以应对。

首先，利用区位优势及产业基础，积极开发工矿产业的下游产业链，延伸发展循环经济及现代物流业，升级原有产业体系。第二，建设高原特色农产品生产基地，大力发展特色生态农业及农产品加工业，积极打造经济作物自主品牌。第三，以总体规划为引领，开发建设生态旅游和休闲农业，建设农旅创新示范区、文旅融合体验区、户外生态示范区等精品旅游景区。

2.2.3 杭州市良渚街道——以综合整治促进三产联动

良渚街道隶属于浙江省杭州市余杭区，地处余杭区中部。近年来，其发展面临矿产资源枯竭、生态环境破坏严重、生活环境质量下降等问题，针对以上问题，杭州市对原有废弃冶矿场地进行更新治理再利用。通过对原矿山作业面复垦植树、矿道的整治平整等工程，以"回归土地本源"为设计主旨，以矿坑聚集的天然水为本底，建设由百亩花海、超大草坪、茶园、儿童探险中心等组成的特色旅游景区。

从经济角度，通过保护工矿遗产，建立文创产业聚集区推动城市综合经济转型；从生态角度，通过污染物治理、废弃地修复、地表植被修复等方法，重塑资源型城市生态环境；从社会文化角度，对矿业遗产的保护再利用留住社会变革的情感记忆，同时建立成为城市旅游名片。

3 东湖镇概况及问题分析

3.1 现状概况

3.1.1 区位交通

东湖镇位于长春市九台区的西南部，西邻卡伦镇，南与二道区劝农山镇接壤，东与九台区波泥河镇相望，北接长春新区；西距长春市区 26.5 km，东距吉林市区 63 km。长春龙嘉国际机场坐落在镇域东北部。

东湖镇域内现有 3 条等级公路，分别是长吉高速、长石公路、龙双公路。长吉高速公路在东湖镇区的北侧设有机场出口，长石公路为域内重要的矿产运输通道（图1）。

图 1 东湖镇现状交通体系图

3.1.2 资源条件

东湖镇域土地面积 120 km²，土壤肥沃、有机质含量丰富，镇域内独立工矿区占比较高，主要源于煤矿的矿产开发及企事业单位用地。统计至 2019 年底，东湖镇既有煤矿产业主要为双顶山矿业股份有限公司和羊草煤业股份有限公司。其中，双顶山矿业股份有限公司于 1990 年建矿，拥有员工 1200 余人，年产量 40 万吨的综合型煤炭采掘区。羊草煤业股份有限公司拥有员工 2600 余人，年产量百万吨的综合型煤炭采掘区。东湖镇现状用地如表 1 所示。

表 1 东湖镇现状用地

类别名称		用地面积/km²	所占比例
镇域土地总面积		120	100％
建设用地	城镇建设用地	2.15	2％
	农村居民点	8.71	7％
	独立工矿区	2.39	2％
	交通运输及市政用地	5.17	4％
农业地	耕地	62.69	52％
	林地	17.28	15％
水域和其他用地		21.61	18％

3.1.3 经济产业

2020 年末,东湖镇生产总值达 52 亿元,同比增长 8.3%;第一产业实现增加值 0.44 亿元,第二产业实现增加值 1.76 亿元,第三产业实现增加值 1.80 亿元(图 2)。

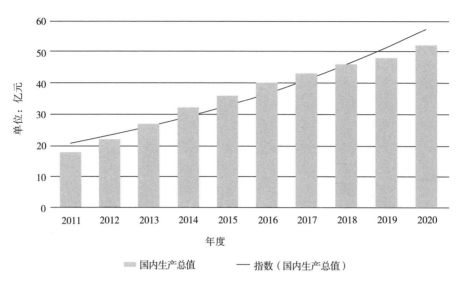

图 2　东湖镇 2011—2020 年国内生产总值分析

2020 年一般预算全口径财政收入突破 1.18 亿元、农民人均纯收入达 1.35 万元,地方税收 4800 万元,同比分别增长 13%、11%、46%。

3.2　问题分析

3.2.1　产业结构单一

由于东湖镇产业发展对于资源依赖程度较强,第二产业比重较高,产业结构长期处于 "Ⅱ＞Ⅲ＞Ⅰ" 的结构形态(图 3)。这种现象导致了资源型城镇在发展后期,第一、第三产业对于城镇的提升带动能力严重不足,严重阻碍产业转型的步伐。

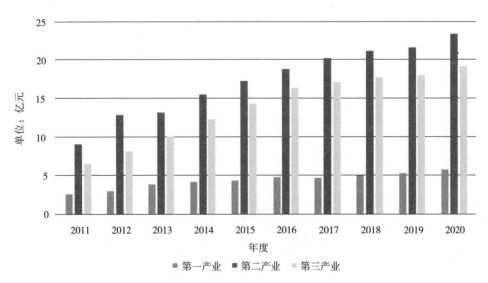

图 3　东湖镇 2011—2020 年三次产业构成变化情况

3.2.2 经济效益不足

东湖镇第一产业以玉米、水稻种植为主，缺少经济作物及特色农产品。第二产业除矿产资源型以外，主要以初级产品的传统加工、家具建材、普通机械制造等附加值低、关联效应差的企业为主，而且企业规模效益差，工业生产技术落后，部分企业流动资金短缺，周转困难，缺乏扩大再生产的能力，尚未形成规模企业。第三产业主要以传统的餐饮服务、集市贸易为主，发展缓慢且经济效益不明显（表2）。

表2　东湖镇现状主导产业分析表

村名	第一产业				第二产业	第三产业
	粮食作物	经济作物	棚室产品	特色农业		
放牛沟村	玉米	花卉	蔬菜	牧业、牲畜	工业、物流	商业
五一村	玉米、水稻	—	蔬菜	渔业、牧业	工业	—
新胜村	玉米、水稻	—	—	—	—	—
羊草村	玉米、水稻	—	蔬菜	渔业、蛋禽	工业	—
双山村	玉米、水稻	—	—	牲畜	—	—
黑林村	玉米、水稻	—	蔬菜	牲畜、蛋禽	工业	—
腰站村	玉米	—	—	牧业、牲畜	工业	—
甘家村	玉米	苗木	蔬果	牧渔业、蛋禽	—	—
团山村	玉米	—	—	牧业、牲畜	—	—

3.2.3 生态环境恶劣

东湖镇作为传统工矿资源城镇，由于多年遗留下的大量废弃矿场对区域内的山体景观、植被与生物多样性环境造成了不同程度的破坏，目前存在引发山体崩塌和泥石流等地质灾害的风险，已经成为危害城镇安全的隐患和影响形象的"伤疤"（图4）。

图4　东湖镇废弃矿山影像图及实地踏查照片

3.2.4 空间结构分散

由于长期受到土地掠夺式经营、建设用地低效化利用、产业项目零散化布局等多重因素的影响，东湖镇空间结构出现用地布局混杂、空间结构分散、交通网络不完善、公共服务设施低效使用等问题。

4 东湖镇产业转型提升策略

4.1 策略一：区域联动协作，打造特色小镇

充分利用区位优势，加强与空港经济区的产业协作，以"产城一体、组团优化，对接空港、联动合作"为空间发展策略，打造"一带、一轴、三区"的空间结构。

"一带"是依托原有矿产运输通道，在拓宽改造的基础上打造为景观公路，形成串联长春市莲花山生态旅游度假区—石头口门旅游区的休闲旅游发展带。"一轴"是以原矿产物流产业为基础，沿着龙双公路与机场路形成的，以发展临空产业为导向的"产城联动发展轴"。"三区"分别是利用原农林用地，转型升级发展现代农业、林下经济产业为主的生态农业区；矿山整治后形成的以生态景观为主的生态景观涵养区；依托临空经济打造的以临空产业、生活配套为主的临空产业配套区。

4.2 策略二：农业创新融合，培育替代产业

立足区位优势和土地资源优势，提升农业生产科技水平、强化农业设施建设，以市场为导向、以效益为原则，以"绿色、有机、无公害"为核心理念，以农业为核心与休闲旅游、乡村旅游等进行创新融合，打造"从餐桌到景区"的现代农业全产业链，建设"种植—加工—体验—消费"的现代田园综合体，合力推动东湖镇由传统农业种植向生态化、规模化、产业化、品牌化的现代产业转变。

4.2.1 无公害温室蔬菜

紧抓长春市城市菜篮子工程机遇，以域内西部乡村为主，在打造规模化经营的基础上，开展千亩棚膜蔬菜产业园、苗木花卉产业园等项目建设。

4.2.2 畜牧业

以中部乡村为主，发展生态养猪、奶牛饲养以及白鹅、育肥牛饲养等畜牧业，建设规模饲养并建设牧业小区，逐步实现畜牧业的集中化、区域化和品牌化。

4.2.3 林下产业

以中、东部乡村为主，依托林地资源和森林生态环境，大力发展林下种植业、林下养殖业、林下采集业和森林旅游业。

4.3 策略三：承接产业转移，延伸产业链条

依托既有产业基础，延伸拓展传统第一、第二产业链条，以强化临空指向性的高端产业为方向，建设临空物流园区、农业加工园，以项目支撑带动产业升级。同时，为承接长春市及空港区域产业的外溢，积极引入知名企业、寻求与科研院所、高校合作，打造多元化、高增长、高带动的工业产业体系，合力实现工矿小镇到临空小镇的转型。

4.3.1 临空物流业

利用交通优势，以打造"现代物流内陆港"为目标，重点发展具有"重量轻、体积小、技

术精、价值高"等特点的临空物流产业。

4.3.2 农副产品深加工

以"现代农业集聚区"为目标，依托东湖镇自身的农业基础、依靠生态整治机遇，发展农副产品深加工业。

4.4 策略四：开展生态整治，发展特色旅游

依托长春市近郊区位、高速交通等优势，以"矿山复绿"行动为契机、以消灾减灾为前提，按照"宜建则建、宜林则林、宜农则农、宜景则景"的原则，坚持矿山治理与生态修复、土地复垦、产业发展、城市建设相结合，打造"一带一廊、三镇七矿、五点十景"的特色旅游景区，进而填补东湖镇第三产业空白，全面提升城镇发展软实力。

5 完善资金保障机制

5.1 创新多元化投资机制

一是将基础设施建设引向市场。研究建立社会公益性项目的支出补偿机制，对一些经营性项目，如自来水厂、医院、学校等，鼓励企业和个人投资或参与投资建设，按政策规范和市场机制，允许投资者参与经营管理。

二是允许企业以市政交通设施建设为基础成立有限责任公司，负责筹资和建设或项目承包，并在建成后进行管理、维护和按政策收费。

三是实行财政包干，调整税费缴留比例。增强镇财力，使之有较大的自有财力用于基础设施建设，调节税收，优先扶持重点产业的发展。

5.2 探索城镇建设机制

一是政府投资。国家除将土地出让金及其他相关费用全部返回小城镇用于基础设施建设外，政府还应将城镇维护费等建设费按照一定比例进行提取，按计划返还用于城镇再建设。

二是招商引资。把招商引资作为吸引外地生产要素向小城镇流动的最主要的方式，在小城镇实行招商、安商、富商。

三是银信融资。金融部门利用国家对基础设施建设的优惠政策，在贷款资金上向小城镇倾斜，也可设立小城镇建设信贷担保基金，为小城镇建设获得贷款提供一个宽松的环境。

6 结语

综上所述，资源枯竭型城镇在产业转型发展过程中应当注重以下三个方面。第一，区域联合发展、产业空间重塑，实现由"独立"向"合力"的战略转型。第二，创新三产融合、延伸产业链条，城镇产业发展不能仅限于资源产业，要从现状基础、政策机遇、市场需求、发展前景、产业链延伸等多个因素进行综合考量。第三，环境资源整治、提升综合实力，将资源枯竭型城镇转型成为"环境有品质、文化有内涵"的可持续发展城镇。本文以长春市东湖镇为例，探索资源枯竭型城镇产业转型提升的发展策略及路径，旨在为国内同类城镇转型发展提供参考。

参考文献

[1] 刘津玉，闫琳. 资源枯竭型小城镇产业转型路径：以湖北省大冶市陈贵镇为例 [J]. 小城镇建设，2014（10）：91-95.

[2] 陈萍，车震宇. 特色小镇导向下的资源枯竭型小城镇发展探索：以易门县绿汁镇为例 [J]. 建筑与文化，2019（3）：189-190.

[3] 潘广栋. 资源枯竭型城镇产业转型与空间优化对策研究 [D]. 北京：北京建筑大学，2016.

[作者简介]

丁磊，工程师，就职于长春市规划编制研究中心（长春市城乡规划设计研究院）二所。

罗凤龙，副高级工程师，就职于长春市规划编制研究中心（长春市城乡规划设计研究院）二所。

孙佳川，工程师，就职于长春市规划编制研究中心（长春市城乡规划设计研究院）二所。

浅析全域土地综合整治推进思路

——以广州市从化区鳌头镇全域土地综合整治项目为例

□黄淼军，朱柳萍

摘要：全域土地综合整治作为解决城市、农村土地问题和促进地区安全、可持续发展的重要手段，受到了政府和公众的广泛关注。本文从全域土地综合整治的推进思路入手，分析了相关政策、技术和经验，并提出了建设性的建议。首先，应明确土地综合整治的目标和定位，强化政府的领导作用，提高公众参与度。其次，应加强技术支持，建立统一的数据平台和信息公开制度，增强规划和实施的可行性和可持续性。最后，应加强法律和制度建设，建立完善的制度体系，规范土地利用和管理行为，维护公共利益和生态环境。

关键词：全域土地综合整治；乡村振兴；土地政策；智慧农业；规划引领；可持续性；生态环境

全域土地综合整治，是指通过对城市、农村、生态等不同区域的土地进行统筹规划、综合治理的一种土地整治方式。克服单一要素、单一手段的土地整治模式，旨在一定区域范围内统筹推进农用地和建设用地的整理及生态空间修复。全域土地综合整治是探索实践乡村振兴战略的重要抓手，是贯彻落实习近平生态文明思想的重要实践，是探索农村土地整治政策的有效途径，是创新空间协同治理机制的有效探索。全域土地综合整治不仅可以优化土地利用结构，提升土地产出效益，还可以改善土地资源环境，提升人民生活水平。基于此，本文对全域土地综合整治的推进思路进行浅析。

1 充分调研评估

在推进全域土地综合整治的过程中，充分调研评估是必不可少的一步。调研评估可从以下三个方面展开。

一是了解土地利用情况。对全域内不同区域的土地利用情况进行细致的调查，明确土地利用的类型、面积、使用状况等，以及这些土地存在的问题，为后续制定整治方案提供数据支持。

二是掌握土地所有权情况。在全域土地综合整治的实践中，涉及的土地所有权问题较为复杂。因此在调研评估阶段，需要了解土地各方所有权的情况，为后续协商、征地拆迁等工作做好准备。

三是评估土地资源环境质量。全域土地综合整治的目的不仅是提高土地利用效益，还要完善土地生态环境，改善人居环境。在调研评估阶段，对土地资源的生态价值进行评价，对土地环境质量进行监测，为后续的生态修复、环境治理等提供基础数据。

2 制定整治方案

在调研评估的基础上，需要根据实际情况制定全域土地综合整治方案。制定整治方案主要从以下四个方面入手。

一是确定整治目标和任务。通过对调研评估结果的分析与比较，明确整治的目标和任务，为后续工作的落实提供指导。

二是划分整治区域。制订整治计划时需要将全域土地分成若干整治区，制定针对性的措施。

三是制定整治标准。在土地综合整治的实践中，需要确定相应的整治标准，如土地利用类型、土地建设密度、生态环境保护等。

四是考虑资源利用问题。全域土地整治实践中需要考虑土地的资源利用问题，包括种植业、畜牧业、渔业、旅游业等。合理规划土地利用，统筹发展产业，提高土地的利用效益。

3 依法依规推进

在全域土地综合整治实践中，需要遵循法律和政策的规范，通过法律手段规范土地利用和管理。具体做法包括以下三点。

第一，建立规范的土地管理制度。制定土地管理办法和规章制度，明确土地的所有权、使用权和流转权，保障土地资源的合理利用，切实维护土地资源的安全和稳定。

第二，严格土地用途管制。在整治过程中，要严格执行国家土地用途管制政策，确保不同区域的土地用途符合国家规定，保障土地资源的合理利用。

第三，加强土地执法监管。对于违反土地管理法律法规的违法行为，必须依法进行处理，保障全域土地综合整治工作的有序推进。

4 加强参与协商

全域土地综合整治是一个多方面的协调工作。在实施全域土地综合整治时，需要广泛开展各方面的参与和协商，使整治工作更具有可行性和可操作性。具体措施包括以下四点。

第一，加强政府内部各职能部门的协调。政府各部门在履行职责的过程中，往往会相互影响和交叉。如果没有好的协调机制，就容易导致工作效率低下，甚至出现职责不清、决策失误等问题。因此，政府应该加强内部协调，建立科学、有效的工作机制，通过制定明确的工作流程、规范的工作标准、系统化的数据处理方法等手段，保证各部门之间的信息沟通畅通、工作衔接无缝。

第二，加强政府与社会组织的协调。政府部门应积极与社会组织联系，做好信息共享与协调工作，共同推进土地综合整治工作。

第三，提升营商环境吸引企业加大投入。土地综合整治需要消耗大量的财力和物力，企业应积极参与土地综合整治工作，提升土地产出效益，也可获得更多的经济收益。

第四，保障农民的利益。土地综合整治的过程中，需要保障农民的利益，建立和完善相应的社保、医疗保障等制度，促进农民收入的增加。

5 加强宣传引导

宣传是土地综合整治的重要手段，可以提升整治工作的透明度，增强公众对整治工作的理解和支持。具体措施包括以下三点。

第一，制订宣传计划。制订宣传计划并将其实施，针对不同区域、不同人群开展宣传工作，让社会各界更加深入地了解土地整治的意义与作用。

第二，加强宣传媒体覆盖。在全域土地综合整治实践中，需要加强宣传媒体覆盖。通过各种宣传渠道，将整治工作的信息传递给更多的人群。

第三，开展宣传活动。通过形式多样的宣传活动，如讲座、展览、宣传片播放等，提高公众的认知和理解度。

6 广州市从化区鳌头镇全域土地综合整治项目浅析

6.1 项目背景

2019年12月10日，为贯彻落实习近平总书记对浙江"千村示范、万村整治"重要指示批示精神，按照《乡村振兴战略规划（2018—2022年）》相关部署要求，自然资源部发布《关于开展全域土地综合整治试点工作的通知》（自然资发〔2019〕194号），组织开展全域土地综合整治试点工作。

在生态文明建设、乡村振兴战略、耕地保护与粮食安全、"十四五"发展框架的项目背景下，从化区和鳌头镇建立两级全域土地综合整治试点专班指挥部，按照周例会的形式定期交流工作并总结经验。经过从化区全区的努力研究和宣导，如何开展全域土地整治试点工作在各层面逐渐清晰。经过激烈的竞争，鳌头镇入选乡镇单元国家级全域土地综合整治试点，从化区入选全国唯一一个县域单元的国家级全域土地综合整治试点。在"双试点"的政策背景下，先行启动项目谋划过程中经历多次征求意见，项目选址、范围、内容、模式等最终各部门达成一致意见。前期完成多个规划设计成果和地形图测绘成果，作为项目启动的先行条件。经过前期的巨大投入，项目实施内容逐步聚焦清晰。

6.2 规划构思

先行启动项目位于从化区鳌头镇，紧靠广连高速龙潭出入口，交通区位优越。充分衔接从化区总体规划、土地规划、村庄规划等上位规划及相关规划，不碰红线。规划整治范围包含高平村等16个行政村及1个社区（龙潭），核心区建设范围约1.3万亩。现状问题归纳为种植管理无序、防洪排涝不足、土壤质量下降、交通体系薄弱、人居环境不美，区域亟待整治提升（图1）。

图 1 现状非粮化问题与内涝水灾照片

针对现状问题，按照"1248"进行顶层设计，全域规划、全域设计、全域整治，将项目区打造成农田集聚强、碳汇价值高、产业模式新、文化融合深、风貌有特色的大湾区生态田园高质量发展示范区。两大目标分别是：

目标一：中国样板、湾区经验——大湾区全域土地综合整治与生态修复样板区。

目标二：城乡融合、共同富裕——乡村全面振兴试验区。

四类整治模式为"土地综合整治＋粮食安全"、人居环境、生态修复、三产融合。

八项工程要素包括山水林田路村文产，全要素综合打造。

总体功能结构为"一核一带七区"，"一核"为农业数智科创核，"一带"为潖江滨水生态带。紧抓全域土地综合整治项目和田园综合体叠加契机，融合多政策机遇对片区进行综合开发。打造集种养结合、生态循环、产销融合等多功能于一体的现代循环农业产业园，促进一二三产业深度融合，助力乡村振兴。打造现代农业，衍生休闲农业，拓展原乡度假产品，挖掘土地资源内在价值，激活乡村内生动力。

6.3 主要内容

本项目建设工程内容分为农田整治工程、河道整治工程、村庄整治工程三大类工程，细分为农田平整工程、灌溉与排水工程、人居环境整治提升工程等14个单项工程（图2）。

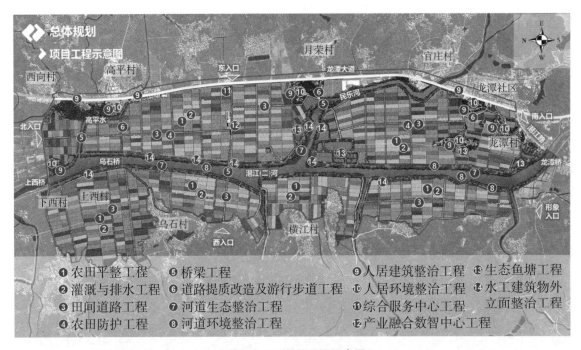

图2 项目工程总平面示意图

按照要素系统化、环境生态化、农业智慧化、碳汇减量化，描绘出整个项目区的宏伟蓝图。道路系统分为四级，为对外交通道，6米的田间一级道，4.5米的田间二级道，以及人行绿道（图3）。完善项目区道路体系，为产业发展提供基础。

图 3　项目整体鸟瞰图

　　设计盘活存量低效建设用地，重点打造数智产业服务中心，凝练农业科创核心。规划为田园智慧客厅，包含智慧展厅、展示、展览、展销、科研、办公等功能。结合项目区狭长的地块特性，协调周边"远山、村庄、田野"。

　　方案一从谷堆、斗升、稻草垛等汲取设计灵感，意向谷堆型建筑形体，寓意"五谷丰登"，呼应"北回归线上的粮仓"的设计理念（图 4）。设计树立风貌场景目标，体现全域现代农业精神的区域视觉标志，将建筑与乡野融合为大地的一部分。

图 4　数智产业服务中心方案一

　　方案二以五谷之丘、田园迷彩为设计理念，布置一条东西向的梦想长廊，串联各个小组团，功能上既融合又独立（图 5）。

图5 数智产业服务中心方案二

6.4 创新与特色

本项目是从化区全域土地综合整治试点工作的先行先试项目，着力把探索变成经验、把试点做成全省乃至全国示范的一项标志性工程。项目以国土空间规划为引领，以全域全要素为整治对象，探索实现项目集合、政策融合、资金结合，通过"小切口大示范""小步快跑"的形式为从化区全域土地综合整治探索先行先试经验。

项目重点提炼产业系统化、运管智慧化、要素生态化三大特色亮点。聚焦"4＋X"整治模式，对项目区范围内的田、水、农、林、村等多要素进行全域规划、全域设计、全域整治，集中整合碧道、绿道、水系、农田、文旅、研学等功能，引入智慧农业、现代文旅等多种产业综合运营，有力推进城乡融合、产城融合发展，塑造一二三产业融合发展的新形态，带动片区经济社会高质量发展，带动乡村振兴"满盘活"。

6.5 实施情况

本项目以片区产业发展规划为引领，以片区现状问题解决思路为导向，打破自然资源和规划、农业农村、水利、住建、交通等多个职能部门的行政边界，融合八大资源要素，创新联审决策、整体立项、分项审核、分步实施的流程机制，探索整体招标、系统设计、统一实施、分期动工的建设模式。项目由自然资源和规划局统一谋划并申报全域土地综合整治国家试点，由发展和改革局对多行业多归口项目统一立项，由乡镇作为项目建设单位统一招标，由区属国企作为后期管护单位统一运营。项目按照全过程思维系统性推进，将片区从低价值片区提质升级为高价值片区。

本项目建设模式采用全过程咨询管理＋EPC工程总承包模式，总投资约6.76亿元，于2022年12月开工，预计2024年底竣工。项目实施后将为区域发展带来良好的社会效益、生态效益和经济效益。通过新增水田指标产生的经济收益和项目总投资总体平衡，项目整体经济可行。以鳌头镇全域土地综合整治项目为抓手，标准化体系助力高效生产，数字化发展带来新生活力，全过程谋划促进全要素转化，美丽全域实现乡村振兴伟业（图6）。

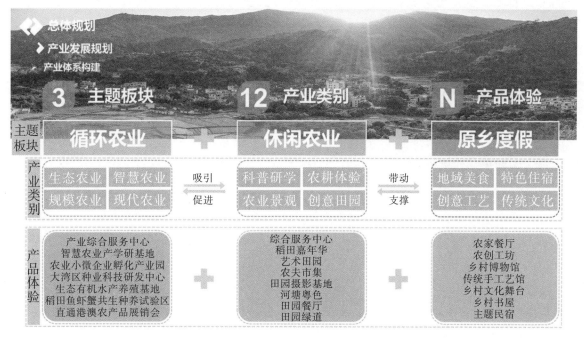

图6 产业体系构建

7 结语

本文阐述了全域土地综合整治的概念和意义，并从目标、技术和政策多个方面探讨了其推进思路。全域土地综合整治通过对城乡整体规划、土地利用和生态环境治理进行协调和整合，实现土地资源的合理配置和农村的协调发展。而全域土地综合整治的推进思路则应基于目标导向，结合技术手段和政策支持，从规划、建设、管理和制度四个方面入手，实现整体协同推进。推进全域土地综合整治须紧紧围绕四个具体目标，即优化土地布局、提高土地利用率、改善生态环境、促进农村经济发展，并强化全域土地综合整治的技术和政策支持，包括智慧城乡、养殖污染治理和生态修复等技术手段，以及新增指标交易等国家和地方政策支持等方面。以全域土地综合整治为抓手，探索乡村振兴是一项长期而艰巨的任务，需要各级政府和社会各界的积极贡献和支持。只有通过不断的探索和改进，才能实现城乡一体化、资源共享、环境友好、经济发展的宏伟目标。

［参考文献］

[1] 周远波. 全域土地综合整治若干问题思考 [J]. 中国土地，2020 (1)：4-7.

［作者简介］

黄淼军，工程师，就职于中国电建集团华东勘测设计研究院有限公司。

朱柳萍，工程师，就职于中国电建集团华东勘测设计研究院有限公司。

城市边缘自然山体湖泊低冲击开发策略

——以云南省曲靖寥廓—潇湘片区为例

□李霞，李迎彬，莫家宇

摘要：在新型城镇化背景下，城市边缘自然山体湖泊资源对于城市发展弥足珍贵。为更好地处理城市发展与边缘自然山体湖泊保护之间的关系，为城市居民留下一处"记得住乡愁"的地方，本文以珠江源城市曲靖西入口寥廓—潇湘片区为例，采用生态阻力、发展潜力分析方法，进行城市边缘自然山体湖泊土地保护与开发评价分析。一方面提出对自然山体湖泊的生态空间格局保护及自然空间的延伸；另一方面根据不同水平生态安全分析结果划定自然山体湖泊与城市发展之间的边界融合带，并进一步在边界融合带结合用地因素分析提出功能指引及活力节点开发策略，以这种低冲击开发的理念实现城市与边缘自然山体湖泊的相融发展。

关键词：城市边缘自然山体湖泊；低冲击开发；生态阻力分析；发展潜力分析；边界融合带；活力节点

1 引言

自然山水是城市发展的本底。从城市发展的历史来看，无数城市起源于自然山水之间，形成"山—水—城"的典型格局，蕴含了较高的自然景观价值。同时，这些山水空间依托较好的自然本底，伴随着城市发展中人类留下的各种痕迹，通常会形成大量的人文景观，成为城市发展重要的生命之源。在现阶段中国城镇化转型的特殊时期，依托山水脉络让城市融入自然成了提高城市品质的重要方向之一。但现实情况是，城市边缘自然山体湖泊由于受到城市建设发展带来的冲击，在经济价值的驱动下，逐步牺牲在城市开发与扩容的过程中。尤其是由于旅游业及房地产业的过度开发，使得很多具有较高价值的自然景观、人文景观被少数群体所掠夺。

城市边缘自然山体湖泊由于独特的地理位置及良好的生态本底，其承载功能具有一定的复杂性。一方面是其具有城市休闲游憩功能。2020年，中国休闲发展十大基础中的休闲消费支出从现在居民总收入的三分之一增加至二分之一，消费时间扩展为二分之一，城市居民对于休闲游憩的需求日益增长。与城市相邻，且拥有丰富的自然、人文资源的自然山体湖泊地区在国内大部分城市公园不足的情况下，成为城市居民重要的休闲游憩目的地。另一方面是其具有生态屏障功能。自然山体湖泊区域具有较高的植被覆盖率，是城市的天然氧吧，并且对于城市小气候具有重要的调节功能。

因城市边缘自然山体湖泊对城市发展的重要性，本文基于生态环境的完整性、历史文化与社会的连续性、地域单元的相对独立性，以及保护、利用、管理的必要性与可行性，通过对不同程度的生态阻力分析提出必须重点保护的生态空间格局，并根据分析将自然山水延伸至城市空间，确定自然山体湖泊与城市发展的边界融合带；基于生态阻力分析、发展潜力分析结果对边界融合带的功能、节点提出低冲击开发策略，使其成为城市发展的活力地段（图1）。

过去　　　　　　　　　　现在　　　　　　　　　　将来

图1　城市与边缘自然山体湖泊关系演变

2 生态阻力及发展潜力模型构建

2.1 基本思路

本文将生态评价与发展潜力评价相结合，构建生态阻力及发展潜力模型。从生态保护、发展潜力以及不确定性三个方面选取一定变量构建生态阻力指数 ERI（Ecological Resistance Index）和可开发指数 PDI（Potential Developing Index）。ERI 指数数值越低表示生态阻力越小，生态保护功能越强；PDI 指数数值越低表示开发潜力越小，生态保护功能越强。ERI 指数及 PDI 指数计算方法如下：

①ERI ＝生态阻力＋不确定因素

$$= \sum_{i=1}^{n} w_{ip} x_{ip} + w_u x_u$$

②PDI ＝开发潜力＋不确定因素

$$= \sum_{i=1}^{n} w_{ic} x_{ic} + w_u x_u$$

式中，w_{ip} 和 xi 分别指生态阻力指标权重及生态阻力指标值，$\sum_{i=1}^{n} w_{ip} = 1$；$wic$ 和 xic 分别是发展潜力指标权重及发展潜力指标分值，$\sum_{i=1}^{n} w_{ic} = 1$；$w_u$ 和 x_u 分别是不确定因素指标权重及不确定因素指标分值，$wx = 0.2$（辅助因素）。

本文的研究重点在于以下三个方面的确定。

一是确定区域自然山水格局及自然延伸空间。城市山水格局是城市发展的地脉。本文旨在通过对城市边缘山水空间的研究，进一步保护城市山水格局，让自然山水空间延伸到城市空间，实现城市融于山水的目的。从自然山水的延续性考虑，通过生态阻力分析方法，得到自然山水的延伸格局，作为城市发展的自然基底。同时，在考虑生态走廊延续的基础上，根据山体、水体等自然元素提炼出自然向城市延伸的方向与节点空间。

二是确定边界融合带。边界融合带是防止城市过度开发侵占自然山体湖泊的最重要地带，也是众多学者关注的地段。对于边界融合带的确定，有学者提出依据"景源的特征、生态环境的完整性、历史文化与社会的连续性、地域单元的相对独立性、保护利用管理的必要性与可行性以及人的认知因素"，确定为以道路等可识别物理界线为参照向外（两边）拓展 1 km 初步形成边界融合带。本文主要基于生态阻力分析，依据不同的生态安全水平来确定边界融合带（高生态安全水平与低生态安全水平之间所形成的差异空间地段即为边界融合带）。基于城市边缘山水空间对于城市重要的生态作用，为实现更合理的保护，本文所取生态安全水平临界值偏高。

低生态安全水平界定：生态保护范围为 ERI 指数数值低于 3.2（按照生态阻力系数最高值的 60％水平取）的区域范围。具体范围线以整体、连贯性原则进行适当调整。

高生态安全水平界定：生态保护范围为 ERI 指数数值低于 4.3（按照生态阻力系数最高值的 80％水平取）的区域范围。具体范围线以整体、连贯性原则进行适当调整。

三是确定边界融合带活力节点。在生态安全格局分析及边界融合带划定的基础上，进一步结合独立自然空间节点、水空间、文化因素节点与区域潜力分析结果的空间关系，确定边界融合带内的活力节点。活力节点分为以生态功能为主的生态斑块及以服务功能为主的开发节点。生态斑块主要选取 ERI 指数数值低于 3.2 的空间点；开发节点主要选取 PDI 指数数值高于 4.3 的空间点。

2.2 指标体系的构建

（1）指标体系。

一是源识别。本研究以保护自然山体湖泊景观为重点，故"阻力源"主要选择生态功能较强的地区。根据本研究区域的实际情况，确定寥廓山的核心地区（即寥廓山风景名胜区核心区范围）以及潇湘湖的正常水位水域面为"阻力源"（图2）；"潜力源"则主要选择研究范围内曲靖城市现状建成区（图3）。

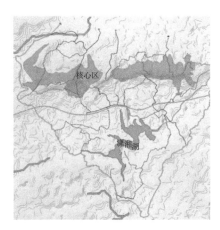

图2 阻力源

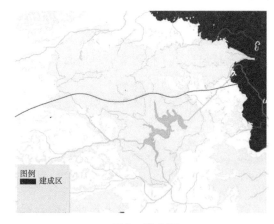

图3 潜力源

二是面确定。本文主要从地形地貌、用地类型、水文地质、生态敏感性、生态价值五个方面建立阻力评价体系（表1）。一般而言，地形地貌越复杂、水文地质越差、生态敏感性越强、生态价值越高则阻力值越低，生态功能要更加突出。反之，则城市开发潜力越高，生态功能较弱。

表1 生态阻力指标体系

一级指标	二级指标	生态阻力				
		1	2	3	4	5
地形地貌（0.2）	坡度（0.1）	>35	25~35	15~25	8~15	0~8
	地貌（0.1）	中低山	高丘陵	低丘陵	台地	平原

续表

一级指标	二级指标	生态阻力				
		1	2	3	4	5
用地类型(0.2)		林地、湖泊水库、荒草地	疏林地、耕地	灌木林地、园地	交通设施、水利设施、工矿用地	居民点用地
水文地质(0.1)		严重不良地质作用区	—	轻微不良地质作用区	—	无不良地质作用区
生态敏感性(0.3)	植被覆盖率(0.1)	大于80%	60%～80%	40%～60%	20%～40%	0～20%
	生态功能区(0.2)	风景名胜区、森林公园、饮用水源一级保护区	基本农田、饮用水源二级保护区			
生态价值(0.1)	与核心区距离(0.1)	0～100 m	100～200 m	200～300 m	300～400 m	>400 m
	与湖泊水库距离(0.1)	0～100 m	100～200 m	200～300 m	300～400 m	>400 m

本文主要从开发价值及地形地貌两个方面建立开发潜力指标体系，包括与现状城市建成区距离、道路可达性、坡度、地貌等因素（表2）。考虑研究区域主要以山地为主，在"城镇上山"的政策背景下，鼓励开发低丘缓坡地带，保护平坝耕地，故取坡度在8～25度的低丘陵为开发潜力值最大地区。

表2 开发潜力指标体系

一级指标	二级指标	开发潜力				
		1	2	3	4	5
开发价值 (0.6)	与现状城市建成区距离 (0.3)	>1200 m	900～1200 m	600～900 m	300～600 m	0～300 m
	道路可达性 (0.3)	>40 min	30～40 min	20～30 min	10～20 min	0～10 min
地形地貌 (0.4)	坡度 (0.2)	>25 度	—	0～8 度	—	8～25 度
	地貌 (0.2)	山地	—	平原	—	低丘陵

（2）不确定因素。文化因子是一类很难确定其为阻力因子还是潜力因子的因素。从自然山水保护来看，文化因素可以提升自然山水的人文价值，从而强化其保护价值，因此文化因子对于生态保护来说具有加强作用。从城市开发来看，文化因素是城市的灵魂，也是提升城市品质与形象的最重要因素，往往文化因素集聚的地方都成为城市发展的重点打造空间，成为城市的活力空间，所以文化因素对于城市开发同样具有催化作用。综上所述，文化因素并不能单独成为是促进"保护"还是"开发"的因素，而要取决于文化因子周边区域功能是以生态功能为主

还是以城市服务功能为主，文化因素的作用主要体现在功能的强化（表3）。

表3　不确定因素指标体系

一级指标	二级指标	生态阻力/开发潜力				
		−2	−1	0	1	2
文化因素（0.2）	与重点文化因素距离（0.2）	>50 m	50～200 m	200～300 m	300～500 m	500～1000 m
	与一般文化因素距离（0.2）	>50 m	50～100 m	100～200 m	200～300 m	300～500 m

2.3　研究方法

研究技术路线如图4所示。

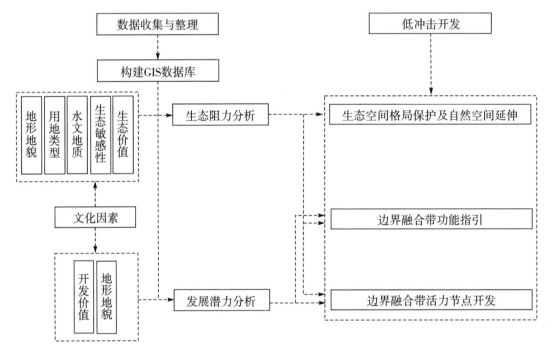

图4　研究技术路线

3　研究区域及数据

3.1　基本概况

曲靖市是历史上入滇的咽喉要塞，占据重要的地理位置和战略位置，现为云南省第二大城市。研究区域位于曲靖市西入口处，面积约 60 km²，是从昆明进入曲靖的必经之地。研究区域内现状主要为生态用地，包括寥廓山及潇湘湖，以及部分村庄建设用地、耕地、果林（图5）。村庄建设用地主要分布于潇湘湖周边，人口约 500 人，以农业人口为主，农民年人均纯收入约8000 元，主要收入来源为水稻、玉米、核桃、烤烟等种植业。

图 5 曲靖生态格局分析

从曲靖城市的发展以及寥廓—潇湘片区的地理位置、生态功能及与城市发展关系来看,研究区域从历史上就一直是曲靖城市发展最重要的生态屏障,曲靖古八景中就有"寥廓耸翠""潇湘碧柳"。区域地貌形成 200 万～300 万年。从潇湘湖向寥廓山攀登,可以看到典型的志留系—下泥盆统地层剖面真实地记录着寥廓区域和曲靖的历史,是承载了很多城市记忆的地区。但是近几年由于曲靖城市向北、向西拓展,沿昆曲高速公路有了大量的低质量建筑,严重影响了寥廓—潇湘片区的景观风貌。

3.2 数据来源及处理

本文的主要数据来源为曲靖市国土部门提供的 1：500 地形图和遥感影像资料、林业部门提供的植被覆盖情况、文化部门提供的文物古迹分布情况,以及规划局提供的曲靖相关城市规划资料和图纸。

本文分析主要以地形图为基础数据,并将相关植被分布数据、文物古迹分布数据、土地利用数据、城市规划建设相关数据(包括交通)载入地理信息系统,建立本文基础数据库。

4 分析结果及开发策略

4.1 生态空间格局及自然空间延伸

本文结合区域实际情况,主要以带状生态廊道及河流廊道来构建基本生态空间格局。生态廊道的适宜宽度的确定主要依据研究区域的现状生态基底,同时结合很多学者关于生态廊道宽度的相关观点。大部分学者认为 50～100 m 的生态廊道可以一定程度地保护河流及湿地生物多样性;100～200 m 的生态廊道可以保护鸟类,是保护生物多样性比较合适的宽度;600～1000 m 可以营造较丰富的生态景观;大于 1200 m 的生态廊道可以形成内部生境。本文确定带状生态廊道的宽度≥1200 m,河流廊道的宽度≥200 m。

带状生态廊道主要承担城市生态屏障功能,为小型动物提供迁徙路径,同时控制城市建设用地向西盲目拓展的趋势。

河流廊道主要承担将自然元素引入城市内部的功能。要注重河流两岸 200 m 控制范围内土地利用，同时要进一步考虑在沿河流适宜的位置设置生态斑块以及其他以城市服务功能为主的开发节点。

通过区域生态阻力分析以及水系分析结果，寥廓—潇湘片区将构建"三廊九带"的生态空间格局（图 6、图 7）。其中，寥廓山—烟墩山山体连绵带、潇湘湖—沙马山丘陵山体带及潇湘湖—喇叭沟丘陵缓坡地带同时又是曲靖城市山水格局"三横两纵"中重要的两横。城市的这些典型生态廊道，其本身就属于生态高敏感性地区，要基本禁止城镇化建设（尤其是工业发展）进行生态修复，适度开展生态旅游活动。整体生态格局的保护与控制是实现城市边缘自然山体湖泊低冲击开发的基础。

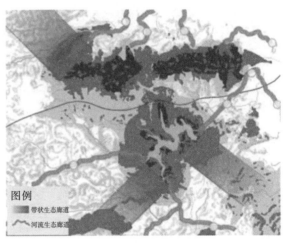

图例
带状生态廊道
河流生态廊道

图 6　区域水系　　　　　　　图 7　生态廊道及生态斑块构建

4.2　边界融合带功能指引

4.2.1　融合带边界划定

本文对于融合带边界的划定主要基于对低水平生态安全格局以及高水平生态安全格局的分析结果，并参考一定区域现实物理边界因素（如山脊、山谷、道路等因素）以及对整体性、连贯性的考虑进行适度调整来划定。寥廓—潇湘片区低生态安全水平范围主要为寥廓山核心区、潇湘湖水域面向外拓 1000～1500 m 范围，并且可以明显看到山体与水体东面沿快速路区域已经有被城市吞噬的迹象；高生态安全水平范围主要延伸范围除了生态廊道的三个延伸方向外，为东部临近城市建成区地块、寥廓山北部地块以及潇湘湖周边村庄聚集地块。

4.2.2　功能指引

边界融合带兼具生态与开发功能，是城市边缘山体湖泊保护的关键地区。为进一步研究该区域内生态保护功能与城市服务功能的关系，在前文进行生态阻力分析的基础上，进一步进行城市发展潜力分析。根据潜力分析结果了解到，该区域最大开发潜力地区主要位于寥廓—潇湘东部地区（即临近城市建成区地块）及寥廓山北部地区（临近城市经济技术开发区）。综合生态阻力—发展潜力分析结果，将边界融合带划分为七类地区提出发展指引（图 8）。

一类地区：属于连绵山体类型的生态廊道地区，应优先突出生态功能，以生态林为主。

二类地区：以生态农业功能为主，结合土壤质量分类开发。高品质的土壤尽可能实现有机作物的种植，结合生态休闲旅游，开发多样化的作物和果园；中等质量的土壤可以适当允许并控制使用化学肥料和农药，开发一般农作物；部分林地及草地可以进一步进行植被恢复，并允许发展康乐用途，进行远足、自行车等活动，为七类地区提供活动补充。

三类地区：临近城市，可以充分利用自然元素为城市居民提供服务，建议以城市公园功能为主。

四类地区：位于寥廓山南麓，且临近城市，可以在保护的前提下合理融入城市休闲功能。

五类地区：临近城市，地势平坦，用地完整，发展潜力大。可以集中开发旅游服务功能，作为区域旅游服务中心以及城市与自然山水的结合空间。

六类地区：位于寥廓山北麓，低丘缓坡地带，靠近城市开发新区，建议结合城市新兴产业开发为创意产业空间、休闲娱乐空间。

七类地区：环潇湘湖周边的村庄地区，以生态农业、特色村寨旅游功能为主，属于区域的小型开发节点。

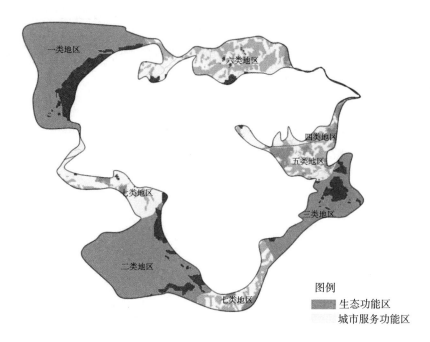

图8 边界融合带功能指引

4.3 边界融合带活力节点开发

4.3.1 独立自然空间

基于将自然空间引入城市的理念，强调通过生态阻力—发展潜力分析找到潜在的城市开发区域内自然空间节点。寥廓—潇湘片区边界融合带内的独立自然空间节点主要分为三类（图9）。

生态基底延伸空间：靠近低生态安全格局范围边界。这一类空间节点的功能主要延续生态基底的生态功能，以保护为主。

城市边缘自然空间：位于边界融合带的外边缘，紧邻城市建成区，一般由小型缓坡地带构成，城市服务功能明显，可结合休闲功能开发为城市公园。

开发地区自然空间：位于潜在开发地区的中心位置，具有较高的开发价值。这类自然空间尺度小，城市服务及旅游服务功能明显，是未来小片区潜在的公共空间，适合在周边布局城市公共服务空间，如文化中心、广场等。

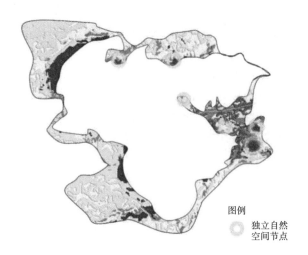

图 9　独立自然空间节点

4.3.2　水空间

曲靖为珠江源城市，水资源缺乏比较严重，在寥廓—潇湘片区开发的过程中也突出了对新的水空间的挖掘及打造（图 10）。本文主要通过汇水区分析，挖掘新的汇水空间。水空间的开发首先要以功能区指引为基础确定其主要功能。

保护型水空间主要作为生态涵养、农作物水源空间；城市开发性水空间主要结合公共服务功能开发为城市滨水空间，增加城市片区活力。

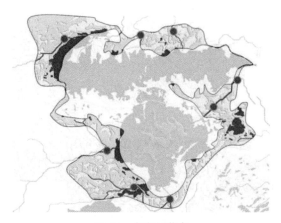

图 10　水空间节点

4.3.3　文化要素节点

曲靖已有 2000 多年的历史，寥廓—潇湘片区更是由于其独特的地理位置，成为古代军事要地，留下了丰富的文物古迹。寥廓—潇湘片区现有文物古迹点主要分为三类（图 11）。第一类分布于远离城市地区的生态廊道地带，主要结合周边丰富的森林自然景观资源及地质景观资源，打造成为旅游节点；第二类分布于生态底线区的边界，同时位于城市入口处，靠近城市潜力发展地区，应以保护为主，注重周边景观风貌营造，合理开发成为城市风景节点；第三类分布于潜力发展地区中心地带，应充分挖掘其历史价值，打造成为未来片区重要的公共空间。

在综合以上三类要素节点的基础上，结合考虑发展潜力分析结果，按照功能的差异性将融合带节点分为两类：以生态功能为主的生态斑块和以服务功能为主的开发节点图（12）。

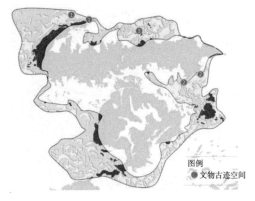
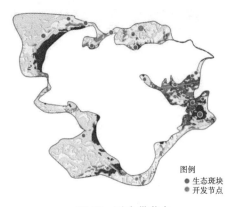

图例
● 文物古迹空间

图例
● 生态斑块
● 开发节点

图 11　文化要素节点　　　　　　　　　图 12　融合带节点

5　结语

在新型城镇化背景下，本文选取了"城市边缘山体湖泊的保护与开发"的视角来研究低冲击开发策略。从城市边缘山体湖泊的保护与开发存在的难点与现实问题出发，提出了从"生态格局的保护与延伸""边界融合带的确定""活力节点的开发"三个部分来阐述如何以低破坏、生态的低冲击模式来实现城市与山水空间的相互融合与发展。

[参考文献]

[1] 朱强，俞孔坚，李迪华. 景观规划中的生态廊道宽度 [J]. 生态学报，2005，25（9）：2406—2412.

[2] 王根生，罗仁朝，徐必胜. 城市型风景名胜区规划策略探析：以江苏三山国家重点风景名胜区为例 [J]. 城市规划，2005（2）：79—82.

[3] 邢忠，王琦. 论边缘空间 [J]. 新建筑，2005（5）：80-82.

[4] 董晶晶，李翅. 城市型风景名胜区"城""区"协调规划策略初探：以岳阳洞庭新城整体城市设计为例 [C] //中国风景园林协会. 中国风景园林学会 2011 年会论文集（上册），北京：中国建筑工业出版社，2011.

[5] 陈勇. 风景名胜区发展控制区的演进与规划调控 [D]. 济南：同济大学，2006.

[作者简介]

李霞，工程师，就职于昆明市规划设计研究院。

李迎彬，工程师，就职于昆明市规划设计研究院。

莫家宇，规划师，就职于昆明市规划设计研究院。

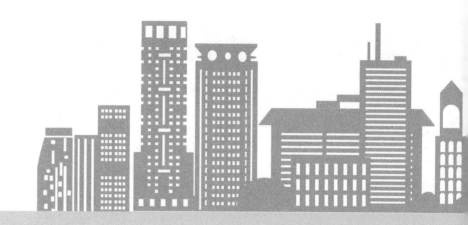

空间规划设计

国内外历史街区保护理论、实践与管理体系研究进展及启示

□石亚灵，赵艺洁，胡高伟

摘要：近些年，历史街区保护研究在理论和实践上卓有成效，但全球化、城镇化与信息化的发展使得历史街区保护面临新的挑战。而目前对历史街区的概念、保护原则、模式、技术方法及管理体系等仍有待统一认识，特别是针对未来的综合方法和适应性框架仍需要进一步探索。因此，本文通过系统回顾已有文献，首先在国际历史街区概念和宪章发展的基础上，总结出保护的真实性与可持续性原则，并提出适用场景。其次从立面化模式、适应性再利用、混合模式三方面总结历史街区保护落实的具体策略。最后从历史街区现状价值评估、使用后满意度评价、保护实践技术应用总结技术方法的优势与不足，并进一步从历史街区保护的立法系统、行政管理与资金保障制度方面对比保护实践管理体系，以此为历史街区保护与实践提供制度保障。

关键词：历史街区；保护理念；技术方法；管理体系

1 引言

历史街区是由具有历史价值、美学价值或社会文化价值的建筑物、结构和开放空间组成，构成城乡环境中古遗址的人居环境。历史街区因其可提高经济发展、加强邻里和社会关系而在城市更新和规划研究领域起着至关重要的作用。现有关于历史街区保护的文献集中在"社会""经济""政策""技术"方面。自2006年以来，有关专家学者发表的文献呈上升趋势，我国发表的文章数量最多（图1）。社会方面，学者通常讨论居民、政府、开发商和规划师等利益相关者之间的关系、家庭和社区结构、人口流失以及历史街区的"绅士化"。经济方面，学者集中于资本积累、商业化趋势和旅游业模式探讨。管理方面，主要分析了保护政策、管理结构、金融体系和历史街区的治理机制。技术方面，各界学者基于多属性价值理论、社会交换理论、社会网络分析、先验知识和模块化保护算法评估历史街区保护实践的价值和影响。此外，技术的应用涉及人工智能（AI）、虚拟现实（VR）和建筑信息模型（BIM）。但现有研究有着共同的局限性：不同国家和国际组织中，历史街区的概念和保护尚未形成统一认知；大多研究尚未将保护理论和实践有机结合，历史街区的保护缺乏对其保护原则、方法、技术和管理等方面认知的框架。

因此，本文旨在从概念、保护原则、方法、技术和管理方面比较国际背景下对历史街区的保护。首先，总结不同国家和国际组织的历史街区概念，以明确其基本概念。其次，比较不同阶段的历史街区保护国际宪章与原则，以确定历史街区的真实性、可持续性等保护原则。再次，分别从立面化模式、适应性再利用模式、混合利用模式探讨历史街区保护策略，进而总结涉及

自然、经济和社会因素的价值评估（POE）与使用后评估（PVE），以及用于数据收集、历史建筑的修复和保护管理的 VR、BIM 和 3D 技术。最后，从立法制度、行政管理和资金保障系统探讨保护管理系统。

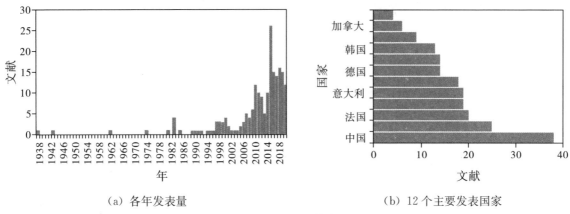

（a）各年发表量　　　　　　　　（b）12 个主要发表国家

图 1　"历史街区"关键词文献搜索结果（N＝199）

2　历史街区概念

表 1 总结了三个国际宪章和 12 个国家对历史街区的不同定义。其概念最早于 1976 年在《内罗毕建议》一书中正式提出。这些国际宪章将作为不同国家根据其实际情况提出特定历史街区概念的指南。

亚洲国家关于保护的概念更多地集中于历史街区的文化与价值。例如，我国的历史街区是指保存完好的文物、历史遗址和历史建筑物的区域，反映了一定历史时期的传统风格和地方特色。日本的历史街区则被定义为具有较高历史价值的建筑物及其周围街区，其中生产和生活活动的场所反映了其固有的历史和传统文化。韩国的历史街区概念则与具有重要历史、有形文化特征以及艺术价值和科学价值的古迹有关，历史庭院、寺庙、圣地、遗迹等有价值的建筑都属于历史街区。新加坡的历史街区包括具有建筑价值和美学价值的历史建筑区域，由商业住宅历史街区以及位于城市边缘的二级居民区组成。土耳其的历史街区主要是指《土耳其保护法》中列出的历史保护区，包括历史保护区、社区和地区。

欧洲国家从更大范围确立了历史街区的概念。法国的历史街区包括建筑、城市和景观保护。德国的历史街区则由建筑群、著名的街道、广场及其景观、历史公园、历史性生产设施以及历史中心和具有历史核心区的城镇等组成。意大利的历史街区与建于古代的具有历史价值、文化价值、艺术价值和环境价值的城市中心息息相关，"历史中心"是意大利城市规划和文化财产保护局的专用术语。英国的历史街区指具有特殊建筑和历史意义、其特征或外观值得保护的区域，包括注册的古迹、登录的建筑物、历史保护区。

北美与大洋洲国家和地区中，历史街区概念从历史街区及其周围环境的特征差异方面丰富内涵。例如，加拿大的历史街区是指具有与周围环境存在特殊特征或历史联系的区域；美国的历史街区主要指已注册的国家历史场所，包括国家历史地标、国家历史遗址和历史地段；澳大利亚的历史街区则是指对过去、现在或后代具有艺术价值、历史价值、科学价值、社会价值或精神价值的场所。

综上可知，不同国家历史街区的含义与历史进程中的文化、美学、历史特征和价值相关联，并显示出多样性。包括日本和韩国在内的大多数国家多关注传统文化保护，意大利等一些国家则更强调城市更新的观点。关于历史街区的分类通常涉及不同的规模尺度，从历史古迹或历史建筑到历史城镇景观，但鉴于世界各地对于历史街区分类标准尚未达成统一认识，本文从"建筑—街区—城市景观"三个等级对历史街区进行分类。

表1　国际与主要国家的历史街区概念

地区	宪章或国家	定义	分类
国际	《内罗毕建议》	包括在城市或乡村环境中具有考古价值、史前价值、历史价值、美学价值或社会文化价值的建筑物、结构、开放空间和人类住区	史前遗址、历史名镇、旧城区、村庄和小村庄以及纪念性团体
	《华盛顿宪章》	包含具有不同尺度的自然和人工环境的城镇和市区	包括历史名城、历史名镇和历史中心地区
	《维也纳宣言》	历史城镇景观是城镇文化、自然价值与属性的形成，历史街区的概念扩展到城镇背景及其地理环境	历史城镇、历史中心、历史城镇景观
亚洲	中国	指保存完好的文物、历史遗址和历史建筑物的区域，反映一定历史时期的传统风格和地方特色	文保单位（历史建筑）、历史文化保护区（历史文化街区）及历史文化名城（名镇、名村）三个等级
	日本	具有较高历史价值的建筑物及其周围街区，其中生产和生活活动的活动场所反映了其固有的历史和传统文化	历史建筑、历史街区
	韩国	具有重要历史、有形文化特征及艺术价值和科学价值的古迹有关	历史庭院、寺庙、圣地、遗迹等有价值的建筑及历史文化街区
	新加坡	包括具有建筑价值和美学价值的历史建筑区域	由商业住宅历史街区及位于城市边缘的二级居民区组成
	土耳其	指《土耳其保护法》中列出的历史保护区，包括历史保护区、社区和地区	历史建筑与历史社区
欧洲	法国	指包含历史建筑、城镇与景观遗产的保护区域	包括建筑、城市和景观保护
	德国	由建筑群、著名的街道、广场及其景观、历史街区、历史公园、历史性生产设施以及历史中心和具有历史核心区的城镇等组成	建筑群、著名的街道、广场及其景观、历史街区、历史公园、历史性生产设施及历史中心
	意大利	建于古代的具有历史价值、文化价值、艺术价值和环境价值的城市中心	历史中心、历史城镇、历史街区
	英国	指具有特殊建筑和历史意义、其特征或外观值得保护的区域	包括注册的古迹、登录的建筑物、历史保护区和历史名城（如巴斯）
北美洲	加拿大	指具有与周围环境存在特殊特征或历史联系的区域	历史街区，历史文化村、镇、城
	美国	指美国历史上具有建筑、美学、文化、工程等重要价值的地区、建筑物与地区	已注册的国家历史场所，包括国家历史地标、国家历史遗址和历史地段
澳洲	澳大利亚	指对过去、现在或后代具有艺术价值、历史价值、科学价值、社会价值或精神价值的场所	历史街区、历史景观、建筑群

3 历史街区保护阶段与原则

3.1 保护阶段

随着历史街区概念的产生和完善，国际现代建筑协会（CIAM）、国际古迹遗址理事会（ICOMOS）、联合国教育科学及文化组织（UNESCO）和国际建筑协会（ICU）等国际组织以及各个国家制定了历史街区保护相关的法规，分为三个阶段（图 2）。

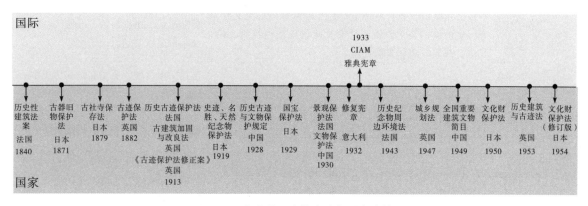

（a）1960 年之前：文物古迹与历史建筑

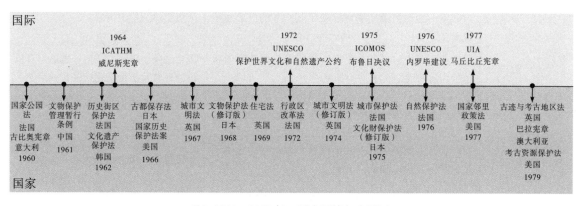

（b）1960—1980 年：历史环境与生活区

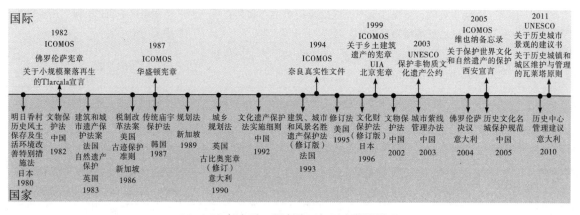

（c）1980 年之后：历史城区与历史城镇景观

图 2　国际与各国历史街区保护宪章

3.1.1　1960 年之前：文物古迹与历史建筑

如图 2（a）所示，法国、英国和意大利等欧洲国家从 1840—1960 年开始关注历史建筑和历史古迹等文化遗产的保护，在此期间，日本和中国等亚洲国家也制定了相关的法律。其中，法国于 1840 年颁布了第一部保护法《历史建筑法》。此后，世界各国制定了一系列法律以保护其文物古迹，包括《古器旧物保护法》（日本，1871 年）、《古社寺保存法》（日本，1879 年）、《古迹保护法》（英国，1882 年）、《纪念物保护法》（法国，1887 年）、《历史古迹法》（法国，1913年）、《古建筑加固与改善法》（英国，1913 年）、《史迹、名胜、天然纪念物保存法》（日本，1919 年）。20 世纪 20 年代以来，历史街区的保护条例开始涉及对文物、风景名胜区和自然古迹的全面保护，如《国宝保护法》（日本，1929 年）、《文物保护法》（中国，1930 年）、《景观保护法》（法国，1930 年）和《恢复宪章》（意大利，1932 年）。

为追求更好的住房、开放空间和基础设施，二战后的许多欧洲城市都拆除了大量旧城结构。为缓解此局面，《雅典宪章》（CIAM，1933 年）中明确提出对历史建筑的保护，强调单个历史建筑物或建筑群，都应受到保护而不被拆除。20 世纪 40 年代，更多国家提出关于历史古迹和建筑物保护的新法律，包括《历史纪念物周边环境法》（法国，1943 年）、《城乡规划法》（英国，1947 年）、《全国重要建筑文物简目》（中国，1949 年）、《文化财保护法》（日本，1950 年）、《历史建筑与古迹法》（英国，1953 年）和《文化财保护法》（修订版，日本，1954 年）。这些宪章的制定强调了保护文物古迹和历史建筑物的重要性。

3.1.2　1960—1980 年：历史环境与生活区

如图 2（b）所示，20 世纪 60 年代保护开始关注历史环境和历史生活区。《国家公园法》（法国，1960 年）、《古比奥宪章》（意大利，1960 年）、《历史街区保护法》（法国，1962 年）和《文化遗产保护法》（韩国，1962 年）相继颁布。《威尼斯宪章》（ICOMOS，1964 年）指出，应将古迹视为共同的遗产，并建议对历史古迹和遗址进行保护和恢复。该国际宪章包括定义、目标、保护、修复、历史遗址、发掘和出版物七个部分。随后，美国颁布《国家历史保护法案》（1966 年），旨在指导国家文物保护实施。

20 世纪 70 年代初，《世界文化和自然遗产保护公约》（UNESCO，1972 年）明确文化和自然遗产的定义，并确定了"世界遗产"的标准。布达佩斯提案（ICOMOS，1972 年）致力解决历史文化名镇中古建筑与现代建筑的矛盾。此外，《布鲁日决议》（ICOMOS，1975 年）概述了历史文化名镇保护的法规。《内罗毕建议》（UNESCO，1976 年）首次正式提出"历史街区"概念旨在保护历史街区生活环境。此外，《马丘比丘宪章》（UIA，1977 年）提倡保护文化遗产。20 世纪 70 年代，一些国家还试图将保护范围从文物古迹扩展到历史周边地区，如《古迹保护法》（新加坡，1971 年）和《巴拉宪章》（澳大利亚，1979 年）。总之，此历史阶段针对历史环境和居民生活环境的保护实践制定了更加系统的法规。

3.1.3　1980 年之后：历史城区与历史城镇景观

如图 2（c）所示，后工业时代出现了有关历史城镇和历史城镇景观保护实践的国际文献。1982 年，ICOMOS 发布《特拉斯卡拉宣言》和《佛罗伦萨宪章》，分别强调小型聚落和历史园林的保护和再生。1987 年，ICOMOS 颁布《华盛顿宪章》，侧重历史城市地区保护原则、目标和规划。随后，各国宣布一系列针对历史村落、古镇和历史环境的保护法案，包括《传统庙宇保护法》（韩国，1987 年）、《规划法》（新加坡，1989 年）和《古比奥宪章（修订版）》（意大利，1990 年）。1994 年，UNESCO 与 ICOMOS 共同发布《奈良真实性文件》，强调保护文化遗产的多样性和真实性。后来，UNESCO 和 UIA 致力发布解决亚洲国家发展与保护之间矛盾的相关法律文件。英国、法国、中国和日本等国也提出登录建筑和保护区的保护措施。

21世纪初，历史街区的保护实践开始涉及城市环境及其地理环境。2005年，ICOMOS发布《西安宣言》，概述了历史遗产环境的概念。同年，UNESCO在《维也纳备忘录》中对"历史性城市景观"进行定义。2011年，UNESCO发布《关于城市历史景观的建议书》，提出文化景观的概念并强调历史分层的重要性。为顺应这种国际保护趋势，西方和东方国家发布如《历史中心管理提案》（意大利，2010年）和《文物保护法》（中国，2002年）等法律法规。自此，历史城区和历史景观被纳入保护范围。

3.2 保护原则

作为现有历史街区保护中常用的两个原则——"真实性"和"可持续性"的应用案例包含构成、影响和设计等要素（表2）。此外，国际宪章对历史街区保护也提出了"整体性"和"均质性"等原则应用于历史街区的三个尺度。

表2　历史街区保护实践的真实性和可持续原则的适用案例汇总

历史街区名称（尺度）	城市和国家	原则	应用		
			构成	影响	设计
五大街（历史街区）	天津，中国	真实性			X
国子监（历史街区）	北京，中国	真实性	X		
宽窄巷子（历史街区）	成都，中国	真实性	X		
荔枝湾（历史街区）	广州，中国	真实性		X	
南锣古巷（历史街区）	北京，中国	真实性		X	
新天地（历史街区）	上海，中国	真实性		X	
芙蓉村（历史文化名村）	温州，中国	真实性	X		
北欧木镇（历史文化名镇）	科科拉，芬兰	真实性		X	
Bab Al-Saraya（历史建筑）	萨伊达，黎巴嫩	可持续性		X	
中央警局站（历史建筑）	香港，中国	可持续性			X
费特和巴拉特（历史街区）	伊斯坦堡，土耳其	可持续性		X	
田子坊（历史街区）	上海，中国	可持续性	X		
工业景观地区（历史街区）	布莱纳文，英国	可持续性		X	
双湾村（历史文化名村）	苏州，中国	可持续性			X
德孔波斯特拉（历史文化名城）	圣地亚哥，西班牙	可持续性	X		
桑给巴尔（历史文化名城）	桑给巴尔，坦赞利亚	可持续性		X	

3.2.1 真实性原则

1964年《威尼斯宪章》提出真实性原则，强调其为包含历史街区内部与外部信息价值在内的重要因素。历史街区保护实践可从其形式、材料、功能、环境和精神等方面来展示真实性原则。面对文化的全球化和同质化，1994 年奈良真实性文件进一步将真实性原则的适用范围扩展至历史街区的设计、物质、技术和体验。为阐明人类的集体记忆，在历史街区的保护实践中必须考虑真实性。真实性原则在历史街区保护规划和研究中发挥了关键作用。因此，真实性已被用作历史街区保护与发展之间的平衡原则，它可以帮助保存社会价值并获得更多的利润。根据历史街区的性质、背景和演变，真实性原则的应用应考虑文化差异和利益相关者的需求。例如，在历史街区的保护实践中，原居民从社会活动和文化连续性方面理解真实性，设计师（城市规划者）则倾向于将其理解为一种自然环境，而房地产开发商则更多从经济角度对其进行评估。真实性也已用作开发概念模型的基本原则进行价值评估。但历史街区的一些体现真实性的传统活动和生活方式已在旅游业和商业化过程中被破坏，威胁着历史街区文化的完整性和真实性。真实性原则的评估与制定需要考虑不同国家和地区的文化背景。

3.2.2 可持续性原则

可持续性原则于《关于历史城镇和城区维护和管理的瓦莱塔原则》（2011 年）中提出，该原则综合考虑历史街区的经济效益、社会效益和环境效益。经济可持续性是指适当利用历史街区的文化价值，使其在文化保护和经济绩效之间保持动态平衡。社会可持续性可通过加强社会互动、提供社区参与、打破社会绅士化以及维护游客、当地人和其他保护实践参与者之间的关系来实现。环境的可持续性要求在历史街区的护更新中考虑历史建筑的节能、交通运输系统和周围环境。现阶段，可持续性原则已被用于建立历史街区保护实践的评估框架和模型。例如，在城市保护项目中，通过建立分层模型来确定增强社会可持续性的关键因素；通过建立指数体系框架为可持续发展提供理论基础。但城镇化和旅游业的增加导致越来越多的陌生人涌入历史街区，对可持续性产生了一些负面影响。此外，可持续性原则也应用于如长期战略导向的政策保护管理中。简言之，城市更新应密切关注可持续性原则，适应不同历史阶段的文化、经济和环境特征。同时，可持续性和真实性原则的结合仍需在历史街区的保护中继续探索。

4 历史街区保护模式

表 3 为不同国家历史街区保护实践过程应用的立面化、适应性再利用、混合利用模式策略，也包括这些保护实践案例的尺度、城市、历史、规模、起止年份、功能变化等。

表 3 历史街区保护实践的立面化、适应性再利用、混合利用的应用案例

历史街区名称/尺度	城市和国家	历史/年	规模/m²	保护实践起止/年	功能：前/后	保护实践策略
仓敷（历史街区）	岗山，日本	400	40000	1979—1990	工厂/旅游	立面化
高山（历史街区）	高山，日本	400	25000	1980—1990	居住/旅游	立面化
宽窄巷子（历史街区）	成都，中国	300	66590	2008—2013	居住/商业、旅游	适应性再利用
La Croix Rousse（历史街区）	里昂，法国	1900	54000	1994—2000	居住/居住、旅游	立面化
Lexington（历史街区）	肯塔基州，美国	200—300	43000	2000—2005	居住/商业、旅游	混合利用

续表

历史街区名称/尺度	城市和国家	历史/年	规模/m²	保护实践起止/年	功能：前/后	保护实践策略
西街（历史街区）	都江堰，中国	1402	40000	2009—2016	居住/商业、居住	适应性再利用
贝肯山（历史街区）	波士顿，美国	400	10000	2000—2010	居住/商业、旅游	立面化
Bouquenom（历史街区）	Sarreunion，法国	1000	4300000	2005—	居住/居住、公共服务	立面化
五大街（历史街区）	天津，中国	1860	1917000	2012—2017	居住/商业、旅游	混合利用
古川町（历史街区）	Qibu，日本	431	45000—48000	1970—1990	防御/物流集散中心	立面化
Gorlitz（Altstadt）（历史街区）	萨克森，德国	1000	49070000	1991—	居住/居住	立面化
Kreta Ayer（历史街区）	中国城，新加坡	180	2300000	1989—1998	居住、商业/旅游、商业	适应性再利用
Marais（历史街区）	巴黎，法国	800	12600000	1965—1972	居住/居住、旅游	适应性再利用
南锣鼓巷（历史街区）	北京，中国	700	838000	2002—2007	居住/商业	混合利用
Pukchon（历史街区）	Pukchon，韩国	550	62000	2010—2014	房地产/商业	适应性再利用
田子坊（历史街区）	上海，中国	100	5000	1990—2008	居住、工业/商业、旅游	混合利用
亚尔瓦斯（历史街区）	伊斯巴达，土耳其	1700	1415000	2012—2017	居住/商业、旅游	混合利用
Hahoe（历史文化名村）	Hahoe，韩国	628	5000000	2002—2007	乡村农业/旅游	立面化
St. Paul（历史文化名村）	Marais，法国	400	10000	1972—1983	居住、商业/居住、商业	立面化混合利用
阿西西（历史文化名城）	阿西西，意大利	1000	910000	1950—1960	种植/零售与服务业	混合利用
Grainger（历史文化名城）	Newcastle，英国	200	80900	1996—2002	商业/混合功能	混合利用
Koeln（历史文化名城）	科隆，德国	1900	40500000	2002—2008	居住/居住	适应性再利用
丽江（历史文化名城）	丽江，中国	800	517000	1992—2003	居住/旅游	混合利用
锡耶纳（历史文化名城）	锡耶纳，意大利	1000	1700000	1959—1969	农业、手工/旅游、服务业	混合利用
乌尔比诺（历史文化名城）	乌尔比诺，意大利	1000	120000	1974—	手工、商业/管理与服务业	适应性再利用混合利用

4.1 立面化模式

历史街区保护中的立面化模式意味着其内部结构、材料和装饰可以现代化，但其外观须得到有效保护而不被破坏，主要应用于"建筑""街区"和"城镇景观"三个尺度。在建筑尺度上，立面化模式可以通过物质环境更新开展，包括保护外观、保留外部特征、改善建筑结构与整体邻里社区。在街区尺度，立面化模式主要指拆除破旧住房、改善当地生活条件、提供公共空间和设施以及保护进展中的结构重建。在城镇景观尺度，立面化模式集中于物质结构和周围特征。例如，Alan 等人通过评价历史中心基多的物质结构，探索了历史中心的振兴方案；Paolilloet 等人通过创建适应性地图为科莫历史中心寻找替代性保护实践方案。此外，费城城市规划委员会采用适度规划方法，达到保护历史名城底层历史文化特征与功能现代化的目的。同时，还有一些历史街区在保护实践过程中将三种尺度有机结合，如安大略省的保护实践鼓励对单体历史建筑物、城镇景观和居住环境进行整体维护。总之，立面化模式由于对历史街区保护有直接效果而被广泛使用，但过度立面化模式可能导致历史街区同质化而缺乏活力。

4.2 适应性再利用模式

适应性再利用方法是指在历史街区的保护中对其原始功能进行转换，以适应其现阶段居民和管理人员的需求。这意味着历史街区的传统民居可以适应性地用于商业或艺术目的。例如，台北剥皮寮历史街区的历史建筑翻新用作展览厅和艺术场所。土耳其 Sanliurfa 市的历史中心和韩国的 Hahoe 村也采用类似策略，复兴这些历史建筑用于艺术用途。此外，法国 Marais 历史街区的国家文物也已作为重要的文化遗址再次使用：HôtelSalé 改为毕加索美术馆，HôtelHénaultde Cantobre 成为欧洲摄影师的住所，Hôtelde Marle 成为瑞典文化中心，Hôtel 卡纳瓦雷大酒店和圣法尔古城堡乐团成为巴黎城市历史博物馆，拉莫尼翁酒店 Hôtel Lamoignon 成为巴黎城市历史图书馆。

历史街区的适应性再利用模式在保护实践中存在优劣势。一方面，历史街区的适应性再利用是在保护过程中满足经济、社会、文化和政治需求的有效途径。例如，适应性再利用的旅游业模式已被广泛认为是维持历史街区活力、改善地方经济和促进社区发展的经济复兴策略。因此，大量研究与实践已通过旅游空间、基础设施维护和传统模式转型来制定历史街区在旅游业发展中的适应性再利用。另一方面，由于历史街区的适应性再利用也会产生一定的负面影响，如历史街区在保护实践中，会出现房地产重建和资本积累中新功能与当地文化的不相容性。研究显示，历史街区的历史建筑的适应性再利用能有效地保持保护与发展之间的平衡，有效促进历史文化与现代功能融合。然而，过度的适应性利用也可能导致历史街区传统创造力的丧失与真实性的破坏。

4.3 混合利用模式

混合利用模式是指更新历史街区的功能用途，形成包含住宅、商业、工业和科学等各种功能。因此，与旅游相关的商业、零售、娱乐和艺术等功能要素已纳入历史街区的混合利用保护实践模式。可通过整合经济与振兴社会等措施促进历史街区的娱乐、商业和住宅区等功能混合利用。此外，历史街区的声景、热环境和光环境等物理环境的保护实践可通过不同领域的学者合作推进，还可通过在历史街区保护行动中加强对非物质文化遗产的应用来强化保护。具体而言，可将非物质文化遗产的元素应用于历史街区规划设计中，以增强文化的真实性和历史的可持续性；还应根据历史街区的功能，妥善保存历史街区的血缘关系、亲属关系、邻里关系等社会关系网络。因此，混合利用模式可创建历史街区的多种功能以满足人们的需求，但复杂的功能组成有可能导致历史街区丧失独特的历史文化特征。

5 历史街区保护技术方法

5.1 现状价值评估（PVE）

历史街区的现状价值评估考虑物质环境、经济和社会等因素。物质环境包括以下几个方面：一是历史街区内部和外部的外观、形式、样式、材料和装饰；二是历史街区及其周围环境之间的关系；三是历史街区随着时间的功能变化。另外，历史街区的物理环境，如排水系统、声景、热环境和光环境也在此范围内。经济方面体现在商业化和旅游化过程中历史建筑的经济价值，包括功能多样的发展。具有地理优势的历史街区需进行经济价值评估，以通过吸引更多游客来发展旅游业复苏经济。社会方面包括非物质文化遗产、人口构成和社会关系网络的评估。

5.2 使用后满意度评价（POE）

历史街区使用后满意度评价包括物质环境、经济、社会和管理因素。物质环境方面包括空间特征、环境影响和土地使用影响。空间句法、AI 技术和土地利用效率等用于评估不同的满意度要素。经济方面，POE 考虑了旅游业的利益、经济导向的发展和适应性再利用的影响。社会方面，包括居住环境的满意度、住房条件、利益相关者的合作和治理。管理涉及政府资助的项目或公私伙伴关系（PPP）模型、管理模式、保护政策、规划系统和监督等的实施效果。

已有的研究中涉及关于 PVE 和 POE 的定性与定量方法。定性模式常使用问卷调查和半结构式访谈来评估居民的公众参与。定量模式将因子分析（FA）、主成分分析（PCA）、模糊多准则（FMC）、层次分析法（AHP）、网络分析法（ANP）和数据包络分析（DEA）应用于历史数据、文化和空间评估，如内核密度分析确定旅游业发展的空间顺序和功能。指标方法被用来揭示文化价值、真实性和完整性。加权总和的分析被用于评估本地体系结构的潜在重用。PVE 为历史街区的功能定位和保护方法的选择提供了基础，而 POE 帮助优化了历史区域的当前保护实践。

5.3 保护实践的技术应用

历史街区的保护实践技术主要应用于数据收集、历史建筑的修复和保护管理中。在技术方面，大数据、VR 和全景技术方兴未艾。大数据技术由物理空间数据和社会空间数据组成，可用于历史街区的空间更新。随着 VR 技术的发展，历史街区的历史文化可被整体保存，从而形成一个整体的可持续遗产。全景技术也已应用于历史建筑的数据采集中。

历史建筑的修复可通过 BIM 和增强现实（AR）技术进行。BIM 技术可促进历史建筑的信息存储、可持续利用和维护设计。因此，BIM 已被用于协助修复历史建筑以及将历史街区转换为三维模型。AR 技术的应用有助于历史街区保护实践中路灯的选择、民意的收集和规划设计的比较。此外，数字仿真工具还用于历史建筑的结构保护。空间技术的应用有利于历史街区的数字化建设和保护管理。例如，通过利用 3D 激光扫描、全景图像、VR 技术和 3D 建筑投影，从多个角度完善历史街区信息，并构建数字信息管理平台。

将技术用于保护实践可帮助改善历史街区历史环境的真实性和保护措施的实施效率，最终实现动态监督和智能管理。但由于目前应用范围和普及程度仍不足，需进一步加强历史街区技术的推广应用。

6 历史街区保护管理体系

6.1 立法系统体制

各国历史街区保护的立法体系通常涉及国家立法、地方政府和邻里协会。法国立法系统整合了国家和地方立法，国家立法提出总体保护法，地方政府据此制定详细的保护法规。德国各州设立独立的保护法，与该国的基本联邦法不冲突。英国在国家立法层面建立历史街区三级法律，地方政府负责执行法律并向公众提供保护指导。日本的立法体系也结合国家和地方立法，重要历史街区的保护由中央政府通过国家法律制定，其他地区则由地方政府通过地方立法来保护。美国历史街区的保护立法则是国家立法、社区协会和地方组织合作，形成国家监督、政府指导和公众参与的保护框架。因此，国家法律应与保护系统相结合以形成保护实践的完整立法体系。立法制度将有助于明确国家、地方和社区组织之间的保护目标和范围、保护方法、管理程序以及各自的职责和关系，还可提高历史街区法律的可操作性。

6.2 管理系统体制

不同国家的行政管理系统存在"横向""垂直""混合"模式（图3）。例如，法国历史街区的保护实践管理系统由"中央""地方""私人"部门共同组成"垂直"模式，中央政府负责历史文物保护，地方机构则需要监督文物的维护。德国的管理体系属于"横向"模式，市文物局负责保护技术和管理，地区机构负责维护和拆迁工程。意大利历史街区的保护实践采用"垂直"管理系统，中央政府设立国家文化遗产部门，地方政府主要负责宣传和促进地方历史街区的保护管理。英国的管理系统是"垂直"模式，英国环境部负责监督保护政策的制定，美国地方规划部门则负责监督实施和日常管理。美国的历史街区管理系统也属于"垂直"模式，由美国内政部负责法律制定，美国国家公园管理局侧重政府指导方针的决策过程，地方政府的职能则是制定实施标准并提供技术支持。此外，个人或组织也可以开展保护行动。日本的行政管理体系则属于"混合"模式，保护工作由文化部门和城市规划部门共同管理，前者负责监督文物，后者负责管理古都和城市景观。中国的历史街区保护中不同部门的职能是"混合"的，住房和城乡建设部和国家文物局共同制定历史街区保护实践法规，在一定程度上由于职能穿插而降低了保护管理效率。因此，为避免职能重叠以及对行政管理职责的误解，在具体的保护实践管理操作过程中，建议设立专门的行政部门对不同规模的历史街区进行保护管理，地方城市规划局（地方规划部门）等其他相关部门可协助或监督（日常管理）保护措施。

6.3 资金保障系统

资金保障系统涉及国家财政、地方政府投资以及社会和私人资金。英国和日本已形成系统的资金保障制度，并具有以下特征：国家和地方政府的财政拨款是保护资金的主要来源；利用国家投资促进地方政府、社会团体和个人的合作；立法明确规定了保护对象的资金补贴数量，这为资金的长期可利用性提供了立法保障；相关政策的制定为税收保护提供了多层次的融资方法，如税收减免、贷款、公共事业资金和自筹资金。近年来，法国每年花费近3亿欧元翻新13000座历史建筑。意大利国家法律规定自1996年，将彩票收入的8％用于保护基金。德国的保护资金主要来自国家和州政府的投资以及社会资金。美国古城和历史建筑的保护资金主要来自社会和私人捐赠，包括房地产开发商。新加坡通过基础设施和免税计划促进社会参与历史建筑的保护。因此，为保证历史街区的保护实践，投资数量、筹资方法以及资金相关政策的合作和指导至关重要。

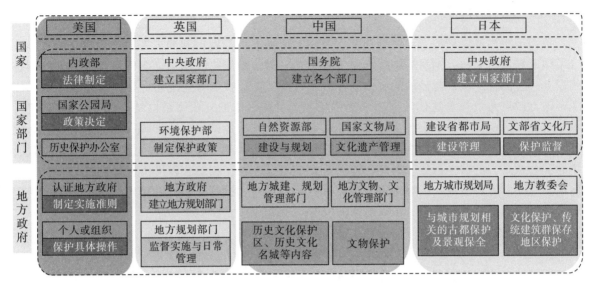

图3　美国、英国、中国、日本的历史街区保护管理体系

7　结语

本文通过系统回顾当前文献，对比分析发现历史街区的概念在不同国家和国际组织中的内涵亦不同，为加深对概念的理解，关于历史街区的保护宪章与规则相继制定，保护对象从文物古迹和历史建筑扩大到历史街区和历史中心，保护范围扩展到历史城镇和景观。在此过程中，历史街区的可持续性、真实性等原则仍需在其保护更新实践中进一步结合探索。

此外，通过梳理历史街区的保护实践模式，本文提出立面化模式应避免同质化，适应利用方式应注重不被过度使用，混合使用模式则需要保持历史街区的特定文化。对于历史街区的保护方法技术，PVE为选择保护策略提供基础，POE用于优化历史街区的保护。在历史街区的未来保护实践中，应加强通过大数据、BIM、AI、VR和AR技术在历史街区保护实践中的应用。同时，除立法、行政和资金保障系统外，各国应加强改善其历史街区保护实践的监督机制和公众参与系统。

[参考文献]

[1] CHEN F，ROMICE，O. Preserving the cultural identity of Chinese cities in urban design through a typomorphological approach [J]. Urban Design International，2009，14（6）：36-54.

[2] SU X. Urban conservation in Lijiang，China：Power structure and funding systems [J]. Cities，2010，27（3）：164-171.

[3] 张松. 历史文化名城保护制度建设再议 [J]. 城市规划，2011，35（1）：46-53.

[4] 肖建莉. 历史文化名城制度30年背景下城市文化遗产管理的回顾与展望 [J]. 城市规划学刊，2012（5）：111-118.

[5] ZHAI B，NG M K. Urban regeneration and social capital in China：A case study of the Drum tow-

er Muslim district in Xi'an [J]. Cities, 2013 (35): 14-25.

[6] FAN L. International influence and local responses: Understanding community involvement in urban heritage conservation in China [J]. International Journal of Heritage Studies, 2014, 20 (6): 651-662.

[7] GEPPERT A. Planning systems facing heritage issues in Europe: From protection to management, in the plural interpretations of the values of the past [J]. European Spatial Research and Policy, 2015, 22 (2): 5-8.

[8] VERDINI G. Is the incipient Chinese Civil society playing a role in regenerating historic urban areas? Evidence from Nanjing, Suzhou and Shanghai [J]. Habitat International, 2015 (50): 366-372.

[9] BONFANTINI G B. Historic urbanscapes for tomorrow, two Italian cases: Genoa and Bologna [J]. European Spatial Research and Policy, 2015, 22 (2), 57-71.

[10] ZHU Y. Cultural effects of authenticity: Contested heritage practices in China [J]. International Journal of Heritage Studies, 2015, 21 (6): 594-608.

[11] TAN X, ALTROCK U. Struggling for an adaptive strategy? Discourse analysis of urban regeneration process. A case study of enning road in Guangzhou city [J]. Habitat International, 2016 (56): 245-257.

[12] MARTÌNEZ P G. Authenticity as a challenge in the transformation of Beijing's urban heritage: The commercial gentrification of the Guozijian historic area [J]. Cities, 2016 (59): 48-56.

[13] SHIN H B. Urban conservation and revalorisation of dilapidated historic quarters: The case of Nanluoguxiang in Beijing [J]. Cities, 2017, 27 (9): 43-54.

[14] 兰伟杰, 胡敏, 赵中枢. 历史文化名城保护制度的回顾、特征与展望 [J]. 城市规划学刊, 2019 (2): 30-35.

[15] XIE S. Learning from Italian typology－and morphology－led planning techniques: A planning framework for Yingping, Xiamen [J]. Sustainability, 2019 (11): 1842.

[16] XIE S Y, GU K, ZHANG X L. Urban conservation in China in an international context: Retrospect and prospects [J]. Habitat International: 2020 (95): 102098.

[17] 石亚灵, 肖亮, 杨林川, 等. 中西历史文化名城保护历程、理论与方法的回顾与展望 [J]. 规划师, 2023, 39 (1): 56-65.

［基金项目：国家自然科学基金青年基金（52208044）、教育部人文社会科学青年基金（22YJC760077）、中国博士后基金面上项目（2023M731960）、青藏高原及其东缘人文地理研究中心开放基金（RWDL2022－ZD001）、成都理工大学哲学社会科学研究基金项目（YJ2022－QN026）、西部生态文明研究中心项目（XBST2022－YB006）。］

［作者简介］
石亚灵，成都理工大学地理与规划学院研究员，清华大学建筑学院博士后。
赵艺洁，成都理工大学地理与规划学院硕士研究生。
胡高伟，成都理工大学地理与规划学院硕士研究生。

社区旧物交换活动减碳量化分析

□牛亚楠，庞建伟，连亚荣，万操，贾丽雅，黄利娜

摘要：随着全球气候变化问题日益凸显，各国针对减少碳排放做出了一系列努力。2020 年我国提出"碳达峰、碳中和"的减排目标，并采取了一系列举措。社区是城市的重要组成部分，社区碳排放在城市碳排放中占有相当的比重，因此对于低碳社区的研究和建设很有必要。为探索低碳社区建设的不同途径，在北京某社区组织旧物交换活动，并尝试对整个活动的减碳量进行量化，以更好评估减碳效果。经统计计算，整个旧物交换活动可以实现减碳量 293.32 kg，对促进社区节能减排具有较好的效果。

关键词："双碳"；旧物交换；低碳社区；减碳量

1 引言

随着全球不断变暖，气候变化成为影响人类未来的重要全球治理议题，涉及各国政治、经济、外交、社会发展的方方面面，减少温室气体排放成为各个国家共同的责任。2020 年 9 月，习近平总书记在第七十五届联合国大会上宣布中国"碳达峰、碳中和"（简称"双碳"）的目标，即中国力争 2030 年前实现碳达峰，2060 年前实现碳中和。"双碳"目标是我国的重大战略决策，也是推动我国高质量发展的内在要求。这一目标的实现是一场广泛而深刻的经济社会系统性变革。

自"双碳"目标提出以来，各种地方性、行业性支持文件相继出台，学术界也展开了大量的研究与讨论，涌现出许多建设性的建议和相关成果，对于推动"双碳"目标达成发挥了积极作用。控制碳排放是实现"双碳"目标的关键，有关碳源碳排放的研究成果层出不穷。近十年来，每年的相关文献量均在 5000 篇以上，研究层面也实现了由宏观层面向各类中观及微观层面的延伸。随着研究的进行，关于社区碳排放的研究内容也逐渐充实。

张长鲁等人对"双碳"目标提出后国内涌现的大量相关研究成果进行系统量化的梳理，从整体把握当前"双碳"领域的研究主题和研究热点。其采用信息增益法，计算各关键词对各类主题的贡献度，并展示了 13 类主题中前五位高信息增益关键词，可以看出现在研究热点主要集中在气候问题、能源利用、行业分析、减碳技术等领域，而全面践行节约战略和推进社区碳减排等领域并不是研究热点。

实现"双碳"目标，不能仅依靠国家层面的行动纲领及行业内部的相关规范，还需要全社会的广泛参与，通过有效引导，形成全面践行节约战略的良好氛围。目前我国城镇化率已经达到 63.9%（截至 2020 年底数据），同时有研究资料表明城市居民的人均能源消费水平是农村居

民人均能源消费水平的近 4 倍。因此，城市居民是助力"双碳"目标实现的重要力量之一。

城市社区是组织城市居民共同参与节能减排的基础单元和良好平台，因此探索社区减碳途径对"双碳"目标的实现具有重要意义。本文旨在通过对北京某社区进行的旧物交换活动中的减碳量进行量化计算，研究社区层面的减碳潜力，丰富社区减碳途径，对社区层面的低碳建设进行一些探索。

2 减碳量计算原理和方法

2.1 生命周期评价（LCA）

本研究利用生命周期评价对产品生命周期中温室气体的排放进行评估。通过对生命周期各个阶段的温室气体排放数据进行汇总，得到产品"碳足迹"。

LCA 是采用 ISO14040/44 国际标准对一个产品系统的生命周期中输入、输出及其潜在环境影响的汇编和评价。生命周期包括某一产品（或服务）从原材料获取，经生产、加工、使用直至被处理的整个过程。LCA 起源于 20 世纪 60 年代，美国中西部研究所（MRI）对可口可乐公司的饮料瓶进行从原材料获取到最终处理整个生命过程的追踪和定量分析。LCA 包括四个部分：一是目的和范围的确定，二是生命周期清单分析（LCI），三是生命周期影响评价（LCIA），四是生命周期解释。

通过 LCA 可以对产品进行有针对性的分析，从而量化其对环境所产生的影响，包括资源的使用，排入环境空气、水及土壤的污染物等。

2.2 碳足迹

"碳足迹"指的是由企业机构、活动、产品或个人引起的温室气体排放的集合。它采用 LCA 的评价方法，只着重于评价对气候环境单一指标的影响，即碳排放带来的影响，以二氧化碳当量来度量。

社区的碳排放主要涉及建筑、交通和废弃物处理三个方面。而旧物交换主要是针对废弃物的重新利用，来获取减碳效果；减碳量的计算则是以产品的碳足迹为依据来进行。

2.3 计算方法

旧物交换主要是针对仍然具有使用价值的物品。废弃旧物经过交换之后被重新使用，这样就减少了一次新物品的购买，从而在整个社区层面上达到了减碳的效果，减碳量以二氧化碳当量计算。

$$整个活动的净减碳量 = \sum 交易物品产生的减碳量 \, i - \sum 活动投入产碳量 \, j$$
$$交易物品产生的减碳量 \, i = 物品的单位碳足迹 \, i \times 数量$$

式中，i 为活动中被交换产品的种类，j 为活动中投入的工具的种类。

活动投入产碳量为活动中所需要的各种工具的碳足迹之和以及参与人员的交通碳排放。在此次活动中，使用工具较少，参与者多为社区内部人员，因此不对活动中的产碳量进行统计。

3 旧物交换活动减碳量计算

3.1 活动概况

为探索低碳社区的建设途径，在北京某社区开展了旧物交换活动，并对活动中产生的减碳效果进行量化计算。整个过程分为前期准备、活动开展、数据整理、减碳量计算四个步骤。前期准备主要包括活动宣传、人员筹备、场地选取布置以及相关数据收集工作；活动开展期间需要对所有达成交易的物件进行分类登记，减碳量计算基于完成交易的物件进行；数据整理包括对登记结果进行处理，主要是针对活动出现的同一物品多次交易的现象，同一个物品只进行一次登记，避免计算时产生过大误差，然后对物品进一步归类；最后对交易活动产生的减碳量进行计算并作出分析。本次活动属于示范性活动，组织规模较小，对参与人数进行了一定的限制，最终统计的参与人数为 75 人。

3.2 活动数据收集及整理

在社区内开展的旧物交换活动，并没有对交换物品进行限定，居民可随意选择。活动中涉及的物品复杂多样，当前并没有十分全面的数据支持，因而无法得到所有物品全生命周期的碳排放数据，给减碳量的计算带来很大的不便。这就需要在整理数据时进行一定的简化归类，将具有同种特征的物品归为一类。例如，纸质产品生产材料和制作工艺比较简单，其单位产品碳足迹也比较小，可以将笔记本、图画书等所有纸质书籍均归为一个类别，其他纸质产品作为一类，不再将其做进一步划分。在计算时，对于某些类别的物品要忽略同一类产品中不同物品品牌、工艺、大小的差别，认为同一类物品具有相同的碳排放因子，这便给减碳量的计算带来了极大的便利，但是得到的数值会有一定的偏差，考虑到目前数据的限制，这样的假设是非常必要的。同时，对于一些数量少、工艺简单且不易归类的物品，可忽略其在整个活动中的减碳贡献。

在活动中，首先对交换成功的物品进行记录。在活动登记时，将物品分为三大类：服装、日常用品、其他。其中，服装类分为上衣、裤、帽、鞋；日常用品类分为洗漱用品、纸质用品、玩具用品、文体用品、洗涤用品；其他类按材料分为金属制品、塑料制品、纺织制品、橡胶制品、木制品、玻璃制品。活动共实现了二手物品交换 71 次，交换二手物品 153 件，涉及的物品众多，以玩具、图书为主。表 1 为"旧物活动登记表"的部分信息。

表 1 旧物活动登记表（部分）

物品	数量	类型Ⅰ	类型Ⅱ	物品	数量	类型Ⅰ	类型Ⅱ
弹力球	2	日常用品	玩具产品	包	1	日常用品	文体产品
音乐盒	1	日常用品	玩具产品	钢笔	1	日常用品	文体产品
水晶球	1	日常用品	玩具产品	彩笔	10	日常用品	文体产品
弹力球	1	日常用品	玩具产品	橡皮	1	日常用品	文体产品
洗衣机玩具	1	日常用品	玩具产品	洗手液	1	日常用品	洗护用品
拼接玩具	1	日常用品	玩具产品	洗手液	2	日常用品	洗护用品
手枪玩具	1	日常用品	玩具产品	护手霜	1	日常用品	洗护用品
毛绒玩具	1	日常用品	玩具产品	洗手液	1	日常用品	洗护用品
毛绒玩具	1	日常用品	玩具产品	护手霜	1	日常用品	洗护用品
毛绒玩具	1	日常用品	玩具产品	洗手液	1	日常用品	洗护用品
塑料玩具	1	日常用品	玩具产品	护手霜	1	日常用品	洗护用品
摇铃玩具	1	日常用品	玩具产品	护手霜	1	日常用品	洗护用品
塑料玩具	1	日常用品	玩具产品	护手霜	1	日常用品	洗护用品
洗衣机（玩具）	1	日常用品	玩具产品	绘画玩具	1	日常用品	纸质产品

续表

物品	数量	类型Ⅰ	类型Ⅱ	物品	数量	类型Ⅰ	类型Ⅱ
塑料玩具	1	日常用品	玩具产品	书籍	1	日常用品	纸质产品
娃娃（塑料）	1	日常用品	玩具产品	绘本	1	日常用品	纸质产品
暖手包	1	日常用品	玩具产品	绘本	1	日常用品	纸质产品
汽车玩具	1	日常用品	玩具产品	笔记本	1	日常用品	纸质产品
积木（塑料）	1	日常用品	玩具产品	绘本	1	日常用品	纸质产品
玩具	1	日常用品	玩具产品	绘本	2	日常用品	纸质产品
汽车玩具	1	日常用品	玩具产品	贴纸	1	日常用品	纸质产品
毛绒玩具	1	日常用品	玩具产品	书本	1	日常用品	纸质产品
毛绒玩具	1	日常用品	玩具产品	绘本	1	日常用品	纸质产品
毛绒玩具	1	日常用品	玩具产品	绘本	1	日常用品	纸质产品

根据活动中的实际情况对登记物品进一步分类并简化：

一是出现最多的玩具产品。根据材料性质分为毛绒玩具、塑料玩具、金属玩具三种类型，除此之外还有数量较多的弹力球，属于合成橡胶制品，将其归为一类单独计算。

二是纸质产品。将所有装订成册的纸质产品作为平装书归为一类，其余均作为其他纸质产品归为一类。值得注意的是，在实际交换中，会出现一张动漫卡片或贴纸与其他物品交换的现象，不考虑其收藏价值，单从其材料方面考虑，其对整个活动的减碳贡献可以忽略，不纳入减碳量计算中。

三是包、洗护用品等。均不考虑品牌不同导致的工艺上的差别，所有的包均归为一类。洗护用品分为洗手液、护手霜等，而笔则分为钢笔、其他笔。

四是某些不属常规类别且数量较少的小件物品。按其材料归到其他类别中，其他类别包括金属制品、塑料制品、纺织制品、橡胶制品、木制品、玻璃制品。

最终分类统计结果如表2所示。

表2　分类统计表

物品类别	物品	数量/件
玩具用品	毛绒玩具	23
	橡胶类玩具（弹力球）	10
	塑料玩具	37
纸质用品	各类书籍	44
洗护用品	洗手液	5
	护手霜	5
文体用品	其他笔类	10
	钢笔	1
服饰	包	1
	帽子	1
其他	金属制品	7
合计		144

在统计结果中，对一些物件进行了忽略，如小型卡片、贴纸等数量少、材料工艺十分简单的物品。

其他类物品，主要为一些小型金属物件，同样也忽略其制作工艺的差别，将其视为同种产品（表3）。

表3　其他金属制品统计表

物品	数量	类型 I	类型 II
金属盒	1	其他	金属
钥匙扣	1	其他	金属
手机托架	1	其他	金属
手环	1	其他	金属
胸针（金属）	1	其他	金属
印章	1	其他	金属

3.3　减碳量计算

针对分类结果查找所需要的碳排放数据，在减碳量计算的整个环节中，最烦琐的部分是碳排放数据的搜集。当前没有能够收录所有产品的数据库，依靠LCA原理来进行各类产品的碳足迹计算非常复杂，需要多种学科、多个行业部门的配合才能进行，并且在各个行业内也存在技术水平的差距，因此建立一个全面准确的数据库是十分困难的。碳足迹计算采用的数据一般以典型企业生产数据为主，目前有多个国家和地区的相关组织致力碳排放数据库的建立，并且已经有了较为全面的数据，如英国EA（Environment Agency）—EFDB（Emission Factor Database）、联合国政府间气候变化专门委员会IPCC（Intergovernmental Panel on Climate Change）—EFDB，中国—CLCD（Chinese Life Cycle Database）、CPCD（China Products Carbon Footprint Factors Database），美国USEPA（U. S. Environmental Protection Agency）—EFDB等。

本文所用数据均来源于已有的数据库以及一些国内外相关文献，由于国内数据不足，有些数据源自国外，暂不考虑材料和技术水平差异而引起的碳排放差异。为了能够顺利进行整个活动的减碳量计算，在数据收集和计算中对某些数据进行了假设。

在数据收集阶段做出以下假设：活动中除钢笔外的笔类全部按中性笔处理；洗手液按照650 mL进行取值；而其他类中的一些产品由于其碳排放数据难以获得，因此采用生产产品所用主要材料的生命周期碳排放数据来代替产品的数据，这就相当于忽略了产品加工销售阶段的碳排放量。比如对于很多塑料产品来说，生产加工使用的材料为ABS工程塑料，其他塑料制品直接使用ABS塑料的数据，经过一定的换算后进行计算，同样处理的还有活动中出现较多的弹力球，这种小型玩具的材料为顺丁橡胶，是一种合成橡胶，在计算中使用合成橡胶的碳排放数据。总之，假设的目的就是要利用已有的数据来完成整个活动的减碳量计算，并且计算结果要相对合理。计算中所用到的产品碳排放数据如表4所示。

表 4 物品/材料碳排放数据

物品/材料	碳排放因子	单位	备注	来源
笔	42.27	gCO_2eq/支	均作为中性笔	中国台湾
钢笔	110.00	gCO_2eq/支		中国台湾
玩具（塑料）	4.49	gCO_2eq/g	300 g/个	郑佳佳
玩具（毛绒）	10.90	gCO_2eq/g	300 g/个	叶大毅
洗手液	2.00	$kgCO_2eq$/支	650 mL	中国台湾
护手霜	6.00	$kgCO_2eq$/支		中国台湾
包	3.28	$kgCO_2eq$/个	使用挎包的数据	泰国 TGO
平装书	2.71	$kgCO_2eq$/本		Jean-Robert Wells
塑料	3.12	gCO_2eq/g		英国 EFDB
ABS 工程塑料	17.98	gCO_2eq/g		姜金龙
金属制品	3.98	gCO_2eq/g		英国 EFDB
合成橡胶	5.91	gCO_2eq/g	弹力球 40 g/个	日本环境省
纸产品	0.14	gCO_2eq/t		陈莎
帽子	12.17	gCO_2eq/g		李鑫

同样，在计算时也需要对收集的物品做一些假设，活动中涉及的玩具产品大部分为小型玩具，毛绒玩具和塑料玩具均按 300 g/个取值，弹力球按 40 g/个取值，而其他类中的一些小物件均按 30 g/个取值。

根据上述假设对物品碳足迹数值进行换算，统一单位为 kg CO_2 eq/unit。然后根据 2.3 中的方法进行计算。计算结果如表 5 所示。

表 5 减碳量计算结果

物品类别	物品	数量	碳排放因子 （kg CO_2 eq/unit）	减碳量 （kg CO_2 eq）
玩具用品	毛绒玩具	23	3.30	75.90
	橡胶类玩具（弹力球）	10	0.24	2.40
	塑料玩具	37	1.35	49.95
纸质用品	各类书籍	44	2.71	119.24
洗护用品	洗手液	5	2.00	10.00
	护手霜	5	6.00	30.00
文体用品	彩笔	10	0.04	0.42
	钢笔	1	0.11	0.11
服饰	包	1	3.28	3.28
	帽子	1	1.20	1.20
其他	金属制品	7	0.12	0.84
合计				293.32

经计算可知，整个旧物交换活动可以产生 293.32 kg CO₂ eq 的减碳量。在所有完成交换的物品中，玩具用品交换产生的减碳量为 128.25 kg CO₂ eq，占总减碳量的 44%；纸质用品（主要为儿童书籍）产生的减碳量为 119.24 kg CO₂ eq，占总减碳量的 41%。可以看出，在整个活动中出现最多的是儿童用品，这是因为儿童用品使用周期比较短，往往不会到达使用寿命就被废弃。在此类社区活动中，孩子的参与积极性普遍高于成年人，可以起到"以小带大"的效果，这也是将来进行此类活动的一个主要方向。

3.4 减碳效益分析

一是开展社区易物活动对低碳社区建设具有积极意义。整个易物活动减碳量为 293.32 kg CO₂ eq，活动中人均减碳量为 3.9 kg CO₂ eq。根据相关研究，目前我国人均年碳排放量为 1200 kg，可以看出旧物交换活动产生的减碳量远低于社区产碳量。根据张丽等人在苏州市绿色社区推算的数据，社区碳汇量最大的乔木一年的碳汇量为 8 kg/棵，对于一些绿化土地资源紧缺的社区，旧物交易活动可以在一定程度上分担社区碳汇压力。

二是减碳量分析对低碳社区建设工作，如活动主题与方向的选择具有指导意义。例如，本次旧物交换属于示范性活动，活动人数及交易规模受限，这就导致了交换活动中的物品以材料简单、技术含量较低的生活日用品为主，而这些物品可以贡献的减碳量远低于技术水平较高的电子电器产品。手机更新换代快、平均寿命期短、用户数量大，废弃手机已成为产生数量最多的一类电子废弃物。随着手机市场的不断发展，一部手机往往还未达到使用寿命便会被淘汰，一部废弃手机回收处理的碳足迹为 −60.38 kg CO₂ eq（负号代表对这一过程环境有正向收益）。因此，在此后的社区易物活动中，如果将电子类产品纳入活动范围，将会产生更显著的减碳效果。

三是开展社区易物活动等低碳社区建设活动对社区居民节能减排意识的培养具有重要作用。通过本次活动，共有近百位社区居民签署了社区节能减排倡议书，对加强社区居民低碳环保意识、养成节能节约习惯具有显著作用。本文计算的减碳量为活动的直接减碳量，考虑到活动对提高居民的节能减排意识后产生的潜在减碳行为，未进行进一步定量测算，相关活动造成的潜在减碳量计算有待进一步研究。

4 结语

总之，以充分利用废旧物品为目的的社区旧物交换活动，可以激发社区居民的低碳意识，促进低碳社区的建设，对于推动"双碳"目标的实现有重要意义。在形成直接减碳效益的同时，相关活动还能够通过促进参与者养成行为节能习惯，形成潜在节能减排效益。在社区低碳建设过程中进行以 LCA 为基础的减碳量计算，可以有效指导社区低碳建设活动开展，科学引导活动的主题与方向。

[参考文献]

[1] 姜金龙，徐金城，寇昕莉. ABS 工程塑料的生命周期评价研究 [J]. 郑州大学学报（理学版），2006（2）：59-63.

[2] 张丽，刘建雄，蒋妮姗. 社区碳汇林建设是区域碳中和的有效途径 [J]. 环境教育，2011（5）：42-44.

[3] 陈莎，杨孝光，李燚佩，等. 中国纸产品全生命周期 GHG 排放分析 [J]. 北京工业大学学报，

2014，40（6）：944-949.

[4] 宋小龙，李博，吕彬，等. 废弃手机回收处理系统生命周期能耗与碳足迹分析 [J]. 中国环境科学，2017，37（6）：2393-2400.

[5] 孙永平，张欣宇. 全球气候治理新变局与中国战略选择 [J]. 华中科技大学学报（社会科学版），2022，36（5）：46-48.

[6] 张长鲁，赵东燕，倪渊. 国内碳达峰、碳中和领域研究主题挖掘与热点探究 [J]. 价格理论与实践，2022（5）：110-113，206.

[7] 肖婧，刘化高，王希嘉. 面向"碳中和"目标的未来社区建设探索 [J]. 中外建筑，2022（6）：85-89.

[8] LI B，YANG J X，SONG X L，et al. Survey on disposal behaviour and awareness of mobile phones in Chinese university students [J]. Procedia Environmental Sciences，2012，16：469-476.

[9] WELLS J R，BOUCHER J F，LAURENT A B，et al. Carbon footprint assessment of a paperback book：Can planned integration of deinked market pulp be detrimental to climate？[J]. Journal of Industrial Ecology，2012，16（2）：212-222.

[10] ZHENG J J，SUH S. Strategies to reduce the global carbon footprint of plastics [J]. Nature Climate Change，2019，9（5）：374-378.

[11] 李启迪. 基于住区碳源碳汇分析的北京居住用地控规低碳指标研究 [D]. 北京：北京工业大学，2020.

[作者简介]

牛亚楠，高级工程师，就职于中规院（北京）规划设计有限公司。

庞建伟，华北电力大学能源动力与机械工程学院硕士研究生。

连亚荣，助理编辑，北京市海淀区甘家口街道建设部社区党委书记。

万操，高级工程师，就职于中规院（北京）规划设计有限公司。

贾丽雅，研究实习员，就职于中规院（北京）规划设计有限公司。

黄利娜，助理研究员，就职于中规院（北京）规划设计有限公司。

高质量发展背景下城市轨道交通线网运行特征分析及规划思路探讨

——以北京市为例

□段博韬

摘要：文章通过对满载率、旅行速度、车站换乘量等实际运营数据及客流分布数据分析，剖析了北京市城市轨道交通线网运行现状。结合既有线网优化提升区别于新线建设的特点、难点，分别从优化网络结构、提高旅行速度、提升线路运能、提升车站服务、推进提质增效、促进融合衔接等维度提出改造策略，并就具体实施措施开展分析研究，以期为首都轨道交通发展尽绵薄之力。

关键词：交通规划；城市轨道交通；运行特征；既有线网优化提升改造；发展思路；改造策略

作为我国第一个建设城市轨道交通的城市，北京既有轨道交通从1965年开始建设至今，经历了半个多世纪的发展，各条线路跨越不同发展时期，规划设计思路、建设投资资金、运营服务理念、建设标准等均有所差异。面对城市空间布局结构变化、城市各项交通政策调整、职住关系的发展，既有线网与不断增长的客流压力、更高服务水平需求以及新形势下城市空间布局调整之间存在一定的差距，亟待对线网运行特征进行分析、总结经验，以期更好地指导轨道交通高质量发展，满足人民日益增长的出行需求和新形势下首都轨道交通建设需要。

截至2021年底，北京城市轨道交通运营里程达783 km，运营线路27条，运营车站459座，以地铁为主，直线电机、中低速磁浮、现代有轨电车为辅，中心网络结构基本成型。

受新型冠状病毒疫情影响，2020年日平均客运量626.78万人次，仅为2019年日均客运量1085.6万人次（疫情发生前）的58%。为客观研究线网运行特征，本文对2020年以前的相关客流数据进行分析，以保证研究的客观性。

1 现状轨网运行特征分析

1.1 路网客流时空分布不均衡性较大

1.1.1 时间分布不均衡性

从路网整体全天各时段客运量分布来看，早高峰（7:00—9:00）占全天比例为41.2%，晚高峰（17:00—19:00）占全天比例为37.4%。早晚高峰承担了全天78.6%的客流压力。

1.1.2 线路去向分析

轨道交通路网进站乘客去往 10 号线（15.30％）比例最高，去往 1 号线（9.68％）、2 号线（8.38％）、4 号线（11.77％）、5 号线（8.51％）、6 号线（8.81％）、13 号线（6.09％）、14 号线东段（5.56％）的比例次之，即 74.10％的客流去往上述 8 条线路；去往其他线路客流比例均小于 5.00％，占路网客流的 25.90％。

1.1.3 线路来向分析

轨道交通路网出站乘客来自 10 号线（15.19％）比例最高，来自 1 号线（9.51％）、2 号线（8.20％）、4 号线（11.78％）、5 号线（8.63％）、6 号线（8.76％）、13 号线（6.23％）、14 号线东段（5.55％）比例次之，即 73.86％的客流来自上述 8 条线路。来自其他线路客流比例均小于 5.00％，占路网客流的 26.14％。

由客流空间不均衡性分布可以看出，占线路里程 26％的线路（10 号线、4 号线、6 号线、1 号线、5 号线、2 号线），均为路网的脊梁骨干线路，承载着全网 60％以上的客流。

1.2 高峰时段部分线路瓶颈常态化

8 条线路、46 个断面高峰小时最大断面满载率超过 100％，占路网各线的 33％（表1）。8 条线路中，28 座车站乘客出现站外排队，13 座车站采取站内限流，63 座车站存在站台滞留的状况，乘客在列车车厢内拥挤程度高。以上均暴露出北京轨道交通路网运力不足的问题，特别是轨网中的骨干线路。

表 1 高峰小时最大断面满载率超过 100％的线路

线路	高峰小时最大断面满载率	满载率超过 100％时段	满载率超过 100％区段	方向	断面数	限流排队/站	站内限流/站	站台滞留/站
27 号线	123％	7:00—9:00	沙河—西二旗	下行	4	4	0	3
4 号线	122％	7:00—9:00	高米店北—西单	上行	10	5	3	13
		17:20—18:50	宣武门—陶然亭	下行	2			
6 号线	122％	7:30—9:30	黄渠—呼家楼	下行	5	4	1	9
		18:10—19:20	金台路—十里堡	上行	1			
15 号线	121％	7:30—9:30	南法信—望京	下行	8	0	0	6
5 号线	119％	7:30—9:00	立水桥—惠新西街南口	下行	5	5	5	9
1 号线	112％	8:00—9:00	管庄—四惠东	下行	4	4	1	7
13 号线	107％	8:00—9:30	龙泽—五道口	上行	4	3	1	6
10 号线	105％	8:00—9:00	劲松—金台夕照	上行	3	3	2	10
合计					46	28	13	63

1.3 郊区线平均运距长，出行时耗高

北京市平均通勤时间约为 47 分钟，大于 60 分钟的占比超过 26％，六环内轨道交通平均出行时间是小汽车的 1.6 倍，达 75 分钟。郊区线平均运距 11.55 km，长距离出行占比高，其中房山线平均运距最高，约 15.33 km。早高峰时段（6:30—9:30）长距离出行（在轨时间超过 45

分钟）量占轨道交通总出行量约 33％，早高峰时段新城至中心城平均在轨时间约 58.3 分钟。

1.4 轨网换乘系数高，半径线被动换乘压力大

受"环＋半径线放射＋方格网"形态影响，全网换乘系数 1.91，高于国内外主要城市。64 座换乘站占路网车站总数的 18％，承担全网客流交换的 47％。集散量排名前 44 位车站均为换乘站，集中在商业办公区及远郊线路进入路网位置（表 2）。

环形骨架 10 号线线路联结了线网中的所有干线，承受巨大的换乘压力，受当年建设标准等因素影响，为 6B 编组，运能天生不足，给 10 号线的运营带来难以承受的换乘压力和安全隐患。

郊区线与城区线在中心城边缘换乘，导致大规模换乘客流，出行效率较低，对换入线路冲击较大。城市外围车站换乘比例较高，为 60％～95％，内部车站换乘比例 20％～40％，乘客出行需求与运输通道耦合度不高，换乘环节导致出行总时间增加。

表 2　分方向换乘排名

换乘站	早高峰主换乘方向	换乘量/人次	总换乘量/人次	占比
郭公庄	25 号线上行→9 号线上行	49793	52981	93.98％
金安桥	S1 线上行→6 号线上行	12586	13459	93.51％
阎村东	7 号线上行→25 号线上行	5805	6829	85.01％
七里庄	14 号线上行→9 号线上行	7538	11002	68.51％
西二旗	27 号线下行→13 号线上行	24930	36866	67.62％
西苑	16 号线下行→4 号线下行	21843	32766	66.66％
朱辛庄	27 号线下行→8 号线下行	12363	18774	65.85％
东直门	13 号线下行→2 号线下行	10140	16791	60.39％
西局	14 号线上行→10 号线下行	6897	13494	51.11％

1.5　部分出行区域之间缺乏轨道交通连通

现状 4 号线沿线与 9 号线沿线、总部基地区域联系紧密，从全方式出行量来看，早高峰 4 号线沿线客流前往总部基地区域聚集较为明显，前往丰台总部基地约 5.3 万人次/日，前往 9 号线沿线（不含总部基地）6.4 万人次/日，但轨道交通通达性较差，轨道分担率极低。现状大兴西红门地区与丰台科技园缺乏轨道交通联通服务，只能通过公交车 45 分钟或地铁换乘 3 次（4 号线—M10—25 号线—M9）兜一圈 1 小时 3 分钟；而且从线网结构中可以看出，此处属于线网结构对于职住功能直连点之间的轨道支撑缺失，因此也丢失掉了此部分轨道交通客流。

2　北京城市轨道交通既有线网优化提升的必要性分析

针对这些既有线网的运行特征及产生的问题，很难通过新建线路来得到根本解决。新线建设与既有线网优化提升分属于不同的范畴，有不同的时代烙印。例如，第一期建设规划已经构建了中心城、郊区城市轨道交通的 6B 骨干网络（10 号线、4 号线、5 号线、1 号线、13 号线等均是采用 6B 编组的标准），不论是系统运能、车站规模等都难以适应现阶段的大规模客流，所以造成了骨干线路的运能不足与高满载率，而且既有线网沿线的客流已经养成，新建线路对既

有线网的分流效果有限。例如，正在建设的 19 号线虽然也是南北向的线路，与 4 号线的走廊大致相同，但是与 4 号线在大兴区段分列于京开高速两侧，分流 4 号线客流的效果不明显，且不能满足大兴区西红门地区与丰台总部基地之间的联系。二期建设规划建成后，既有 6B 廊道断面客流仍旧居高不下，满载率持续突破 100%，主要功能区轨道交通服务依旧不足。车厢站立密度等服务标准也低于新线标准，需要持续提升轨道交通服务水平。综上所述，不可能仅仅依靠新线建设而达到解决既有线网存在问题的目的。既有线网问题的根本性解决需依赖优化提升改造。

此外，由于之前规划设计思路为单线建设、单线运营等历史性原因，轨道交通发展到一定规模后，其网络效能的发挥明显受到制约，因此轨道交通高质量发展必须坚持新线建设和既有线路改造提升并重的发展思路与原则。

现阶段，北京市已开始部分既有线网优化提升改造工程。如 1 号线和八通线的贯通工程，开启跨线运营模式，打通了半径线与中心城区线路的脉络，解决了被动换乘的问题，疏解了四惠、四惠东的换乘压力。25 号线和 9 号线在郭公庄站也在进行贯通改造，改造完成后可以减少乘客在郭公庄站的被动换乘，提升乘客出行体验。北京地铁 13 号线扩能提升工程，将 13 号线拆分为 13A 线和 13B 线，优化了线网结构。

既有线网优化提升改造项目应坚持尽可能保障现状运营、减少对运营的干扰、减少中断运营时间的总原则来开展工作。相较于新线建设而言，既有线网优化提升改造工作面临着很多困难，主要在于：现场工程条件更复杂，限制因素更多；立项管理、施工组织、调试验收等与新线建设均存在较大差距；主责部门尚不清晰、管理流程尚未明确；改造项目相关的技术标准尚未完善等。并且现状的既有线网优化提升改造项目，大多只是对既有设备系统进行更新升级，而对于网络层面的优化提升研究不足。

3 既有线网优化的规划思路探讨

针对北京市轨道交通发展情况，对既有线网优化提升实施措施的可行性进行分析，从规划思路角度提出优化提升策略，从网络优化层面进行统一考量，重点解决换乘系数高、被动换乘、覆盖水平低、网络衔接不畅等问题。主要包括以下四个方面。

3.1 新建外围重要放射廊道之间的跨线运营联络线

北京线网形态为"环＋半径线放射＋方格网"结构，由 10 号线大环线＋方格网状分布形成了中心城区线网"面状结构"，外围半径放射线构成外围新城与中心城区之间的轨道交通"线型"廊道。从线网结构来看，外围廊道与中心城之间的衔接较为紧密，但现状外围放射廊道之间的联系缺乏。建议详细梳理重要轨道交通廊道上沿线现状全方式出行客流量。

就北京市现状线网而言，主要需新建联络线的区域包括 4 号线沿线与 9 号线总部基地区域。该区域全方式交通出行联系紧密但现状轨道交通通达性极差，具有较强的连通需求。通过对线路配线形式分析，4 号线西红门至新宫区间部分高架敷设，联络线可从西红门站北侧出岔接轨，连接 9 号线郭公庄站预留配线处，在接轨处配线形式均可以实现互联互通过轨运输要求，从工程实施角度分析，初步判断具备可实施性。联络线建成后，西红门地区与丰台科技园地区通过轨道交通可以实现 15 分钟通达，比现状轨网换乘方案节省 48 分钟。

新建联络线可以填补重要职住廊道上的轨道服务空白，用较小的代价实现网络结构的补强，增加联系，提高线网直达性。

3.2 "一干多支",主干廊道在外围区域出支线,增加轨道交通覆盖

目前北京既有城轨网基本上是单一线路运行模式,尚未存在支线运营情况,即使是郊区长大线路,在城市外围也缺少支线。考虑到既有地铁线大部分采用地下线敷设,改造为"一干多支"的难度较大,需梳理线网有覆盖需求的节点车站配线形式是否预留条件及支线线路工程实施条件。

通过对现状轨网的梳理,海淀山后与27号线沿线、回龙观、上地—西二旗区域存在较强的连通需求。可以通过27号线新建支线的方式覆盖海淀山后区域,实现昌平与海淀山后之间的职住直联。就27号线出支线工程来看,可以对现状27号线生命科学园站(高架站)进行改造或重建生命科学园站待施工完成后进行拨线,此处接轨站也是属于高架接轨方式,配线形式可采用双岛四线,支撑主支线贯通运营方式,初步判断具备可实施性。

3.3 廊道集约化,局部复线化

从敷设方式上来看,北京地铁地面线仅占8.7%,高架占22%,地下线较多,且多沿城市道路建设,受道路宽度、地下管线、周边建构筑物影响,全线扩能提升增建复线的难度较大。建议在客流拥挤度较高的廊道内进行局部复线化改造,集约廊道资源,同时也可以结合线网规划在同一廊道中实现不同层级的轨道交通敷设。例如,线网规划中的东西向干线R1线,与既有M1号线为位于同一廊道,但分属不同的服务层级。R1线是轨道交通快线,M1号线为普线,在统一廊道内提供不同层级的轨道交通服务。同时,建议研究5号线出支线并行于东三环10号线的方案,形成东部双通道缓解10号线满载率,也可释放5号线运能。

随着非首都功能疏解的实现,建议结合客流变化特征适时研究分析具体线路复线化的必要性。

3.4 节点贯通改造,打通半径线过轨壁垒

北京的半径线规划建设过多,导致线网的被动换乘量过大,应对既有半径线尽可能实施贯通运营改造。

例如,就西南廊道7号线、25号线、9号线而言,早晚高峰时段25号线与9号线在换乘站郭公庄站的换乘客流量占本站总换乘量80%以上,郭公庄站换乘压力大,贯通需求强烈。郭公庄站配线如图1所示,配线形式为双岛四线,且预留了贯通条件,两线路均为6B车型,限界、站台长度等条件具备贯通条件,需进行通信信号系统、供电等改造,具备可实施性。

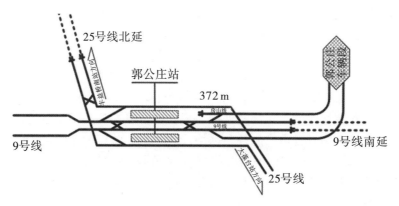

图1 郭公庄站配线

7号线与25号线的端头换乘站为阎村东站。阎村东站配线如图2所示，配线形式为双岛四线，已具备良好的贯通条件。二者贯通的主要限制在于信号系统制式不同：7号线采用基于LTE技术的全自动运行系统，支持无人值守下列车自动运行；25号线采用基于WLAN技术移动闭塞ATC系统，半自动列车运行。由于建设时无跨线运营规划，系统未进行互联互通相关预留，为实现两线贯通运营，需要进行车地无线通信设备、应答器设备、车载信号设备等改造，两线贯通运营双向过轨技术可行。

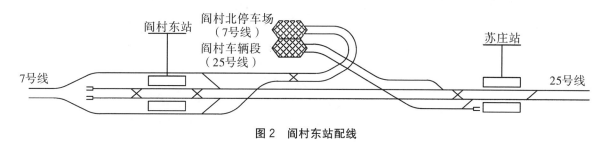

图2　阎村东站配线

3.5　完善快线层级，提高旅行速度

结合北京市空间发展结构，应针对服务范围，进一步分析交通特征，确定轨道交通各层次的服务功能需求、线网规模及模式选择，明确不同功能层次线路适合的服务范围和技术标准。以轨道交通服务支撑非首都功能疏解。外围70 km圈层近期依托市郊铁路，通过线路提速改造，运行速度70 km/h以上，实现1小时通勤。远期预留城轨快线服务条件。城区及近郊30 km圈层，对现状地铁网络特别是郊区新城线进行运营挖潜，局部区段增设避让线、提升过站速度、开行大站快车、降低站停时间等策略，提高运行速度，实现半小时通达。

4　结语

北京市轨道交通发展至今，对于人民便利出行、城市形态塑造、首都功能建设等方面都发挥了积极作用。本文结合实际运营数据分析了现状轨网的运行特征。在高质量轨道交通建设背景下，需更新规划设计理念、完善规范标准、建立评估体系、打通管理脉络，消除既有线网优化提升改造在机制体制、技术依据等方面的障碍。在具体规划思路层面应分别从廊道能力加强、主支线网络构建、节点贯通改造、快线层次完善等网络结构优化等维度展开研究，统筹规划，统一管理。

既有线网优化提升工作是一项闭环管理工作，需要持续性地评估线网以发现问题、解决问题、改造项目后评估、经验总结、指导后续改造项目和新线建设。笔者提出了一些不成熟的意见，希望抛砖引玉，与业内人士共同为北京市轨道交通高质量发展献计献策。

[参考文献]

[1] 杨兴山，李国庆. 既有线改造对运营的影响分析与对策 [J]. 现代城市轨道交通，2008（6）：14-16.

[2] 姚智胜，熊志华. 国外大城市轨道交通特征及对北京市的启示 [J]. 综合运输，2015，37（6）：23-27.

[3] 徐成永，李刚. 北京城市轨道交通网络化发展方向和模式探讨 [J]. 都市快轨交通，2017，30（4）：39-44.

[4] 姚智胜，熊志华. 北京市轨道交通线网规划若干问题探讨 [J]. 交通科技与经济，2018，20（1）：1-6，10.

[5] 徐成永，叶轩，宣晶. 轨道交通运行效果评估、客流特征分析和发展对策研究 [J]. 都市快轨交通，2019，32（6）：44-50，62.

[6] 于鑫，张凌云. 北京市轨道交通与铁路四网融合发展研究 [J]. 现代城市轨道交通，2021（1）：1-6.

[7] 徐成永，贺鹏，邱丽丽. 北京地铁13号线运能提升改造综合实施方案剖析 [J]. 都市快轨交通，2021，34（2）：54-58，70.

[8] 索明亮. 我国市域（郊）铁路发展现状及对策研究 [J]. 科技创新与应用，2021，11（22）：153-156.

[9] 姚智胜. 新发展阶段下北京市轨道交通线网规划研究 [J]. 现代城市轨道交通，2022（1）：1-6.

[10] 王晓军，李熙，张唯. 北京地铁车辆架修资源整合方案研究 [J]. 现代城市轨道交通，2022（1）：46-50.

［基金项目：北京市轨道交通设计研究院有限公司战略性课题"北京轨道交通高质量发展——既有线优化提升研究"（项目编号PJ210402）。］

［作者简介］

段博韬，就职于北京市轨道交通设计研究院有限公司。

城市韧性公共服务设施规划研究

——以成都市东部新区为例

□张要，宋正江，吴善荀

摘要： 新冠疫情让世界进一步认识到以医疗设施为代表的韧性公共服务设施对城市可持续发展的重要性。本文通过分析公共服务设施在系统建设、建设规模、空间落位、实施时序等方面存在的问题，提出提升公共服务设施体系韧性、规模韧性、空间韧性和实施韧性的应对策略，并以成都市东部新区为例，探索城市新区韧性公共服务设施规划，提高设施鲁棒性、可恢复性、冗余性和适应性，为城市可持续发展提供经验借鉴。

关键词： 公共服务设施；韧性；规划建设；成都东部新区

1 引言

2019 年开始的新冠疫情使全球城市的公共医疗设施备受考验，各城市在抗击疫情过程中形成了不同的路径。纽约、上海等发达城市依靠富有韧性的医疗设施体系，一定程度上缓冲了疫情冲击，保障了城市安全；中小城市医疗设施短期内受到较大冲击，但在疫情暴发后迅速建成了大批应急医疗设施，暂时性补足了医疗设施缺口，保障了城市公共卫生健康。我们应看到，在公共服务设施建设方面，国内多数城市在体系、数量、服务水平等方面与发达城市还存在较大的差距。提高城市公共服务设施韧性是国内城市未来一段时间内努力实现可持续发展的重要方向。

近年来，国内专家、学者已逐步在韧性城市公共服务设施规划建设方面开展研究与探索。如胡畔、张筠等人针对社区公共服务设施提出了强化时间弹性和空间弹性的策略；李伟丽从人口匹配、专项规划编制等维度总结了国土空间规划韧性公共服务设施建设的做法等。但现有研究多聚焦于某类设施或某一方面进行研究，对公共服务设施整体韧性的研究较少，系统性和全面性不足。因此，亟待对公共服务设施的安全韧性规划建设进行全面系统研究。

2 问题与挑战

对标韧性城市应具备的鲁棒性、可恢复性、冗余性和适应性等基本特征，从系统构建、规模测算等方面对国内公共服务设施规划进行多维度的分析发现，其主要存在系统失活、规模失据、空间失位及实施失序等问题，使得城市公共服务设施难以应对未来发展的不确定性，也是城市韧性公共服务设施规划亟待探索突破的重点方向。

2.1 系统失活

我国在公共服务设施配置方面已形成较多标准规范，但"全国一盘棋"的做法使得既有公共服务设施体系与地方实际发展需求和服务需求不匹配。尽管不同省份、城市根据地方需求出台了部分差异化标准，但以少量补充为主，与既有标准体系差别不大，导致系统僵化，失去活力，适应性减弱。

系统失活主要体现在以下两个方面：一是现有公共服务设施体系不能有效支撑城市发展定位，无法传导城市发展目标和蓝图。城市定位和发展目标的实现需要城市各个子系统提供支撑，而城市规划中城市定位和发展目标更多体现在产业、创新、枢纽等发展层面，与公共服务设施规划建设关联度低。现有的大型公共服务设施规划建设也多为以产业催动的发展模式，战略高度和系统性考虑不足，缺少能够有效提升城市核心功能的公共服务设施载体，无法支撑城市的高质量发展。二是均质化的公共服务设施配置模式与多元化、特色化的人口结构不匹配。从计划经济时代一路走来，我国不同地区的发展越来越具有本地化特征，人口结构和人口需求不断分化，千篇一律的公共服务设施体系和标准已难以满足不同人群的实际需求，且部分标配设施因与人口结构不匹配、缺少需求而闲置，造成公共服务设施短缺与闲置并存的局面。

2.2 规模失据

在既有标准体系下，城市规划从单纯以户籍人口规模确定公共服务设施规模的方式逐步转变为以常住人口规模确定公共服务设施规模的方式。但随着全球化和区域合作不断加深，交通设施快速化和便利化，城市中常住人口以外的服务人口成为公共服务设施需求的重要来源，如因工作、旅游、候鸟式养老等居住时间低于半年的暂住人口、流动人口等对文化、医疗等设施的需求。在当前以常住人口为依据的规模配置模式下，该部分人口未获得公共服务设施配额，导致与常住人口共享甚至抢夺资源，这是城市公共服务设施缺口形成的另一重要原因。公共服务设施规模严格按照常住人口配置，缺少类似市政基础设施"双通道""双电源"等冗余性配置，难以承受外界干扰带来的设施损坏冲击。而设施一旦停用，将形成服务缺口，导致周边设施承压，城市品质下降。设施规模依据的不匹配使得城市公共服务设施的鲁棒性和冗余性减弱。

2.3 空间失位

公共服务设施匹配服务需求落地实施是保障其能够发挥作用的关键，对规划空间布局模式、控制方式以及新增空间的供给提出了更高的要求。公共服务设施空间失位使其鲁棒性、冗余性和可恢复性减弱，主要体现在如下三个方面。

一是规划空间布局缺乏统筹。公共服务设施体系庞大，涵盖文教体卫等多个子系统，不同子系统的服务人群、相关配套等存在一定的逻辑关联，其空间布局应进行统筹考虑。除社区级公共服务设施以社区综合体为载体进行统筹布局外，城市其他高等级公共服务设施的空间布局选址"各自为政"，设施与城市周边功能组织关系复杂化，相互之间的交通等配套资源无法共享，"城市病"问题接踵而至。二是既有规划对公共服务设施空间布局的刚性与弹性控制把握不准。过于刚性的控制条件往往导致规划偏离实际需求空间，过于弹性的控制条件则往往导致规划难以实现。三是对未来需求预计和新增空间供给不足。在国土空间规划集中集约利用土地的导向下，城镇开发边界锁定，未来城市用地拓展空间受限。部分城市在对城市建设用地进行全局安排时，未留有协调空间，未来新类型设施或有较大突发性需求的设施将难以落地。

2.4 实施失序

在城市建设过程中，因缺少必要保障措施，城市难以建成与发展阶段相匹配的公共服务设施体系和规模，使得公共服务设施的鲁棒性、适应性减弱。实施失序主要体现在以下两个方面：一是缺少底图底数思维。在城市建设过程中不能对现状公共服务设施进行有效评估，而是按照项目配套思维，以新增项目需求配置公共服务设施，导致设施类型规模逐步偏离整体使用需求。二是公共服务设施建设方式单一。以政府为主体的建设方式难以敏锐判识和全面满足城市发展需求，导致城市公共服务设施服务品质不高。

3 建设韧性公共服务设施框架

针对当前公共服务设施规划建设存在的一系列问题，应按照系统协同、集约节约的理念，构建多维一体、以人为本、精准有效、有序实施的公共服务设施框架，提升城市系统鲁棒性、可恢复性、冗余性和适应性。

3.1 增强系统韧性，多维一体构建设施体系

为避免公共服务在城市发展过程中出现显著的短板，从公共服务设施"为谁服务"的战略目标出发，依据其所承载的重要功能，构建"重大＋基本＋特色"多维一体的全域公共服务设施体系。

第一，设置定位目标，建立重大公共服务设施体系。重大公共服务设施是为城市定位和发展目标服务的，能够为市民提供高质量服务和为城市赢取知名度和美誉度的，支撑城市高质量发展的战略性资源。在国土空间总体规划中，应建立"定位目标—分目标—重大公共服务设施体系"的传导路径，以城市定位和发展目标为引领，与同级城市进行充分对标，提出支撑城市未来发展所需要的重大公共服务设施体系。放眼全球，全体系公共服务设施应涵盖文教体卫、国际交往、商业消费等主要类别。城市能级越高，重大公共服务设施配置应越丰富。在实际规划中，设施应尽可能契合城市能级，避免贪大求全。例如，国家中心城市和区域中心城市应建立体系完整、全面覆盖的重大公共服务设施体系，国家中心城市全面配置高能级设施，区域中心城市在部分领域配置高能级设施，以提升城市知名度和美誉度；区域节点城市和小城市重点结合城市资源禀赋配置重大公共服务设施，建立重点突出、各具特色的重大公共服务设施体系，提升城市区域服务能力。

第二，保障基本功能，建立基本公共服务设施体系。按照既有公共服务设施标准规范，建立覆盖城乡、类别完善的基本公共服务设施体系，完整涵盖文教体卫、行政管理、交通商服、社会福利等各方面。

第三，服务特色人群，建立特色公共服务设施体系。通过全国人口普查、大数据辅助分析等手段，详细研究城市人口的性别、年龄、教育、职业、民族等结构特征。对于特定人群通过走访、调研摸清其实际需求，进行差异化的公共服务供给。例如，为创业者提供办公场地、网络空间等服务，为外籍人员提供文化交流及社交场所，为蓝领工人提供包含技能培训、休闲茶室、棋牌娱乐等设施的综合服务中心，为需错峰上班的职业人群提供全时社区托育场所等，建立适宜的特色公共服务设施体系。

3.2 增强规模韧性，以人为本平衡设施供给

为避免城市发展过程因供给规模不足导致整体服务质量下降或部分区域服务缺失，按照以人为本的发展理念，从公共服务设施"为谁服务"的战略目标出发，提出各类公共服务设施的规模标准，提升系统鲁棒性和冗余性。

重大公共服务设施的服务对象包括城市常住人口和外来人口。需从服务需求及区域竞争的角度综合研判设施规模，即应首先从区域角度研判某类公共服务设施的整体需求，同时分析与其他城市的竞争关系，梳理当前及未来该类公共服务设施的预期供给情况，最终确定该公共服务设施的规模。若在同一区域内可能存在多个同类型的公共服务设施，则需要考虑适当减少新建设施的规模。

基本公共服务设施的服务对象多种多样，应按照实际服务人群确定规模（表1）。其中，小学、幼儿园、职业培训学校等设施主要为区域内常住人口提供服务，应按照常住人口确定规模；综合医院、社区卫生服务中心等设施为区域内的所有人口提供服务，应按照服务人口（常住人口加上外来人口）综合确定规模。根据第七次全国人口普查数据，大城市服务人口与常住人口的比值通常可达到1.1～1.5，中小城市服务人口与常住人口的比例处于1.0～1.1之间。

特色公共服务设施面向特定人群服务，应利用大数据、现场调研等方式确定相应设施的实际服务人口类别和数量，按照实际服务人口确定设施规模。

表1　基本公共服务设施服务人口类型

类别	设施	服务人口类型
行政办公	街道办、派出所、社区服务中心等	服务人口
教育培训	职业培训学校、中学、小学等	常住人口
医疗养老	综合医院、社区卫生服务中心等	服务人口
养老	区域性养老服务中心、社区养老服务综合体等	常住人口
文化体育	单元文化中心、专业博物馆、单元体育中心等	服务人口
商业服务	单元商业中心、单元创新中心、农贸市场等	服务人口
市政交通	单元智慧指挥室、公交首末站、公厕等	服务人口
绿化空间	单元公园、社区公园等	服务人口

3.3 增强空间韧性，精准有效保障设施落位

为避免空间失位导致设施无法落地或"城市病"问题加剧，应从布局模式、控制方式、未来空间等方面提出提高公共服务设施空间韧性的策略，以提升系统鲁棒性、冗余性和可恢复性。

在空间布局模式上，推动公共服务设施按照功能协同、中心集聚的原则布局，强化功能复合兼容设置，支撑城市功能结构。其中，重大公共服务设施可在城市中心或集聚区内进行单体式、簇群式或聚落式的集中布局，形成规模效应，集中彰显城市特色，如巴黎核心文化聚落集聚了卢浮宫、蓬皮杜现代美术馆等众多大型博物馆，纽约曼哈顿岛中下城集聚了联合国总部、百老汇、哥伦比亚商学院等众多大型公共服务设施；一般公共服务设施可以社区综合体的形式进行集中集约复合化布置，实现不同功能的相互协同、融合。

在设施控制方式上，实施"实线＋点位"控制方式，强化刚弹结合控制。重大公共服务设

施因用地需求大，宜采用实线控制方式，在城市规划建设之初用地空间相对富余的条件下即锁定用地，避免未来无空间可落；基本和特色公共服务设施因服务范围有限，应紧邻需求地设置，采用点位控制方式，允许其在一定范围内根据周边功能变化进行适度调整，避免服务与需求分离。

在未来发展空间上，立足当前、着眼长远，实施空间留白战略，强化对不可预知的新增设施空间预留，在城市开发边界内划定留白用地，提高公共空间的包容性。

3.4 增强实施韧性，积极有序推动设施建设

增强公共服务设施实施韧性，建成与发展阶段相匹配的公共服务设施，避免资金浪费，提升系统鲁棒性、适应性。一是以片区开发模式形成分期计划弹性供给。推动公共服务实施主体从政府规划建设到政府、企业、组织等多主体参与，共谋共建，坚持开发一片、成熟一片的理念，形成分阶段弹性建设的方式。二是建立"总体目标—实施评估—纳入近期发展规划"的机制。通过现状调研、数据分析、居民问卷访谈等多种方式，与规划公共服务设施体系、规模等进行综合对比，评估设施服务能力和服务水平。借力实施评估对公共服务设施给予问题反馈和修正指导，提出空间优化方案。

4 成都市东部新区韧性公共服务设施规划实施

成都市东部新区是四川省政府批复设立的省级新区，是成都全面增强经济、人口等综合承载力的重要空间载体，总面积 870 km²，常住人口规模 152 万人，将建设成为成都东翼彰显公园城市特质的现代化新城。

4.1 构建支撑城市功能的公共服务设施体系

完善城乡基本功能，增强公共服务均衡性和共享性，构建"重大—基本—特色"三类公共服务设施体系（图1）。

构建东部新区重大公共服务设施体系。按照"定位目标—分目标—重大公共服务设施体系"的传导路径，基于国家向西向南开放新门户、成渝地区双城经济圈建设新平台、成德眉资同城化新支撑、新经济发展新引擎、彰显公园城市理念新家园发展定位，强化建设面向世界面向未来的现代化城市的发展目标，彰显东部新区独特魅力。东部新区重大公共服务设施应为市民提供优质高效、便捷完善的公共服务，支撑东部新区建设美丽宜居公园城市。因此，东部新区应重点强化文化展示、体育赛事、国际交往等功能设施的配置，补足商业、科教、政务服务等功能，形成东部新区重大公共服务设施体系。

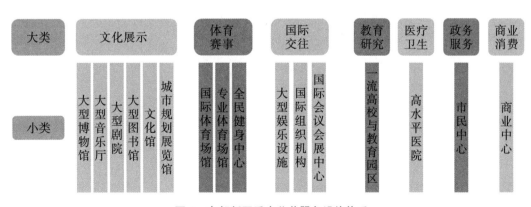

图1 东部新区重大公共服务设施体系

构建"片区＋社区"两级基本公共服务设施体系（表2）。保障全民基本公共服务，契合产城融合片区、公园社区两级城市单元，构建两级基本公共服务设施体系。其中，产城融合片区"8＋14"公共服务设施能级较高，使用频率较低，一般周均不大于2次；公园社区"8＋18"公共服务设施侧重日常服务，使用频率较高，一般日均大于1次。

表2　基本公共服务设施体系配置表

类别	产城融合单元"8＋14"公共设施	公园社区"8＋18"公共设施
行政办公	单元服务中心、派出所	社区服务中心、社区用房
教育培训	职业培训学校、中学	小学、幼儿园、幼儿托管
医疗养老	综合医院	社区卫生服务中心
养老	区域性养老服务中心	社区养老服务综合体
文化体育	单元文化中心、专业博物馆、单元体育中心	文化活动中心、社区图书馆、综合运动场、综合健身馆、居民健身设施
商业服务	单元商业中心、单元创新中心	农贸市场、社区科创中心
市政交通	单元智慧指挥室、公交首末站	公厕、再生资源回收网点、公交集中停靠站
绿化空间	单元公园	社区公园

构建"6＋24"特色公共服务设施体系（表3）。聚焦东部新区"空港新城、产业新城"发展特色，适配未来导入大量的航空航天、智能制造、新型物联、国际教育、现代医疗、创新服务、文化体育等产业人群和随迁人群，识别人群差异化需求，精准配置"6＋24"特色提升类公共服务设施。

表3　"6＋24"特色公共服务设施规划标准表

大类	小类	设施	大类	小类	设施	大类	小类	设施	大类	小类	设施
6类功能提升	社区服务	社区食堂	24类特色提升	社区服务	境外人员服务站	24类特色提升	文体服务	文体互娱工坊	24类特色提升	医养服务	医学研究室
	商业服务	基础便民型社区商业			创客空间			健身能量站			智慧康养中心
	儿童服务	社区托育园所			国际交流驿站			国际"5G＋"课堂			智慧消费中心
		儿童小型室外活动场所			蓝领之家		医养服务	安心驿站		商业服务	游客服务中心
	空间服务	社区绿道		文体服务	终身教育			一站式医疗信息中心			临空会客厅
		社区美空间			群宴用房			医疗康复科普平台			科技概念店

4.2　配置满足服务需求的公共服务设施规模

成都市将奋力打造为中国西部具有全球影响力和美誉度的社会主义现代化国际大都市，东部新区按照独立成市标准配置重大公共服务设施（表4）。一是参考伦敦、纽约、新加坡、巴黎、东京等全球一线城市的经验，分析重大公共服务类型配置数量，进行等比例配置；二是结合成都市规划重大公共服务设施及东部新区人口实际需求，综合确定东部新区重大公共服务设施 37项，其中文化展示类 14 项，体育赛事类 6 项，国际交往类 5 项，教育研究类 4 项，医疗卫生类4 项，政务服务类 1 项，商业服务类 3 项。

表 4 成都市东部新区重大公共服务设施一览表

设施类型	设施名称
文化展示	未来探索中心（科技馆）、中国公园城市博物馆、东部新区美术馆（东壹美术馆）、空港国际演艺中心、东部新区图书馆（天府图书馆）、简州图书馆、市民文化交流中心、沱江群艺馆、双城美术馆、东部新区规划展览馆、航空科技馆、天府演艺中心、科技城图书馆、科技城文化馆
体育赛事	四川省棒球垒球曲棍球运动管理中心、成都体育学院、天府国际赛道、空港区级体育中心、简州区级体育中心、成都天府国际竞技训练中心
国际交往	世园会、国际会都岛、天府国际交往中心、汽车科技文化世界、国家医学中心
教育研究	四川大学华西医学院新校区、国际教育园、民航飞行学院、吉利大学
医疗卫生	东部新区第三人民医院、空港医院、简州新城三级医院、科技城专科医院
政务服务	东部新区市民中心
商业服务	空港商业中心、简州商业中心、机场北商业中心

基本公共服务设施规模按照表1进行设置。其中，东部新区常住人口为152万人，参照广州（25％）、深圳（21％）、杭州（33％）、武汉（20％）等城市规划服务人口与常住人口比例关系，确定成都市东部新区服务人口将达到 20％左右，医疗养老、文化体育等基本公共服务设施按照服务人口配置。

特色公共服务设施配置规模按需设置。受各产城融合单元、未来公园社区的产业类型、新职业人群特征及其数量影响，特色公共服务设施布置数量根据需求因地制宜，不限定具体配置规模阈值。

4.3 规划兼具高效便捷的公共服务设施布局

在布局模式上，东部新区重大公共服务设施采用综合集聚的模式，总体形成"1＋5＋N"空间结构，即形成 1 个城市级重大公共服务核心、5 个重点片区级重大公共服务中心和若干重大公共服务功能节点，并引导重大公共服务设施沿三岔湖、绛溪河布局。基本公共服务设施依据不同设施特点和设置要求，强化平面和立体的复合化布局，特别是功能关联度高、噪声干扰小、卫生安全限制低的公共服务设施可叠建为社区公共服务设施综合体，并根据使用频率、室外联系等要求规划设施立体空间分布。

在控制方式上，实施"实线＋点位"控制方式。对东部新区全部重大公共服务设施进行选址，锁定 6.23 km² 建设用地，重大公共服务设施确需调整的，应进行充分论证。基本公共服务设施在产城融合片区和公园社区内落实点位，且允许在 13 处产城融合片区和 8 处公园社区内进行优化选址。

探索公共服务设施用地留白机制，全域预留留白用地 7 处，共 2.1 km²，提高公共服务设施规划的前瞻性和灵活性，为未来发展留有余地。

4.4　制定具备前瞻灵活的公共服务设施建设

东部新区以产城融合片区为基础，推动片区开发。公共服务设施建设适配片区开发计划，实施"增信主体、公共服务先行、开发集中"，引入国有、民营、外资企业等社会资本和社会团体以 BOT（建设—经营—转让）、BT（建设—移交）、TOT（移交—经营—移交）、PPP（政府和社会资本合作）等模式参与其中，有效避免项目建设分散、建设滞后、使用率不高等问题，为新区快速聚集人气和引入产业，助推新区开发一片、成熟一片，实现良性循环。

建立国土空间规划实施评估制度，将公共服务设施实施成效纳入地方年度绩效考评内容。对实施未达预期成效的相关设施，纳入下一年度政府重大项目，切实推动公共服务设施体系建设。

5　结语

公共服务设施治理面临着复杂多样的现实需求，强化公共服务设施韧性是提升城市治理能力的重要方向。本文系统研究了城市韧性公共服务设施规划的理论基础和规划策略，提出强化公共服务设施体系、规模、空间和实施韧性的理念与策略，并以成都市东部新区为例，构建了东部新区"重大—基本—特色"的韧性公共服务设施体系，按照常住人口和服务人口配置公共服务设施规模，强化平面、立体复合化布局，强化规划实施和评估反馈等强化公共服务设施韧性，希望为韧性公共服务设施规划提供成都经验。

［参考文献］

[1] 马星，原明清，王朝宇.公共服务设施专项规划编制思维与策略 [J].规划师，2021，37（3）：72-77.

[2] 李伟丽.新时代韧性城市公共服务设施规划研究 [J].《规划师》论丛，2022（1）：45-51.

[3] 恽爽，高珊，鲍茜.高质量发展导向下的公共服务设施研究：《雄安新区规划技术指南（试行）》公共服务设施篇章的探索 [J].城市规划，2022，46（4）：77-83.

[4] 刘晟，黄建中.超特大城市公共服务设施的特征与规划应对：以上海市为例 [J].上海城市规划，2022（5）：67-73.

[5] 李亚洲，张佶，毕瑜菲，等."人口—设施"精准匹配下的公共服务设施配置策略 [J].规划师，2022，38（6）：64-87.

[6] 胡畔，张筠，程嘉璐.社区公共服务设施空间弹性治理策略研究：以南京市为例 [J].规划师，2023，39（3）：44-50.

［作者简介］

张要，工程师，就职于成都市规划设计研究院规划七所。

宋正江，工程师，就职于成都市规划设计研究院规划七所。

吴善荀，高级工程师，就职于成都市规划设计研究院规划七所。

国际水产品交易基地概念规划与市场运营机制设计

——以福州（连江）国际水产品交易基地为例

□陈丽梅，董敬明

摘要： 高站位规划和建设福州（连江）国际水产品交易基地是践行 2022 年全国统一大市场建设战略、"海上福州"与"3820 战略工程"战略，打造国际竞争力现代海洋产业基地和我国科技兴海重要示范区，提升福州省会城市功能，开启高质量发展新篇章的重要支撑。本文通过对标国内国际优秀案例，以世界眼光和国际标准高点定位，围绕功能谋划、空间布局、形象塑造、市场运营及时序建设等方面，提出国际水产品交易基地的实施路径，以期为福州（连江）国际水产品交易基地的建设以及城市能级和区域辐射带动力及形象软实力的提升提供一定的思路。

关键词： 福州；国际水产品交易基地；实施路径

1 引言

为推进福州（连江）远洋渔业基地建设，福州市成立了"打造海上福州国际品牌指挥部"，要求在建设国家远洋渔业基地的同时，进一步建设国际水产品交易基地。福州市规划将粗芦岛整体作为交易基地的主要空间承载地，联动马尾、现代物流城、丝路海港城，整合资源，全产业链谋划，坚持生态、智慧、安全韧性、产城融合的理念高标准进行建设。

福州（连江）国际水产品交易基地建设是服务"一带一路"倡议重要节点，统一大市场、畅通大循环的支撑工程；是实现"海洋强省"战略目标的关键内容，推进闽台融合、深化产业合作重要载体；是建设"海上福州"战略前沿阵地，商贸服务型国家物流枢纽和现代化国际城市重要支撑；是向海图强，陆海协同，建设现代化国际城市坚强北翼的重要内容。

2 福州（连江）国际水产品交易基地概念规划

2.1 现状概况

福建省地处我国东南地区，经济发达，投资与消费强劲，对外贸易及开放条件优越，人口与劳动力充裕，交通与区位优势明显，资源与人文条件优势显著，海洋渔业产业基础扎实，是我国的海洋渔业大省。福州市渔业处于福建省领先地位。2020 年，福州市水产品总产量约为 284 万吨，占福建省水产品总产量的 34.09%。福州市连江县连续 40 多年稳居我国第二渔业大县，2020 年水产品总产量 122 万吨，分别占福建省、福州市的 14.65％、42.96％。福州市在我国远洋渔业产业中占有重要地位，是第三个国家远洋渔业基地，2020 年远洋渔业产量 40.25 万吨，约占全国远洋渔业总产量的 17.75％，其中连江县远洋渔业总产量约占福州市远洋渔业总产量的 56％。目前，除福州（连江）国家远洋渔业基地外，其他两个国家远洋渔业基地（浙江舟山、山东威海沙窝岛）都有配套的水产品交易市场。依托福州（连江）国家级远洋渔业基地建设国际化的水产品交易市场，是实现一体化现代渔业发展、建设"海上福州"的现实需求。

连江县拥有"中国海带之乡""中国鲍鱼之乡""中国鱼丸之乡"等地标品牌，已形成相当规模的养殖、捕捞及加工产业集群。福州（连江）国际水产品交易基地建设将充分利用连江县渔业资源，提升其渔业经济质量。

2.2 高点定位

2.2.1 发展定位

对标浙江舟山国家远洋渔业基地、山东威海（沙窝岛）国家远洋渔业基地先进案例，明确福州（连江）国际水产品交易基地发展定位为"国内一流、世界著名的国际水产品交易和集散中心、中国水产品定价和信息发布中心、中国渔业发展宣传展示中心、中国渔业碳汇交易示范中心"，是引领福建（福州）渔业转型升级高质量发展的产业龙头，带动福建（福州）海洋经济、区域社会发展的经济引擎。

2.2.2 发展目标

一是努力打造"四岛"——"贸易活跃，品牌响亮的开放之岛""要素集聚、产城融合的活力之岛""客货分流、保育韧性的安全之岛""山海协同、注重蓝碳的绿色之岛"（图 1）。

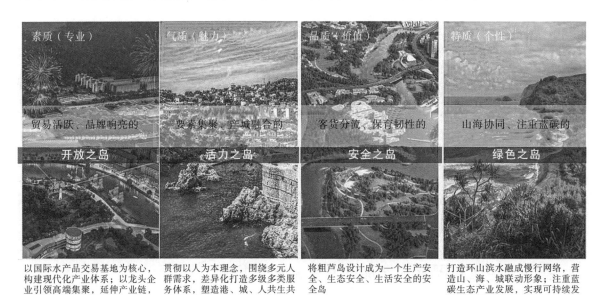

图 1 "四岛"示意图

二是交易规模目标。根据设计，到 2025 年，进驻商户数量达到 400 个，实现水产品年集散交易量 48 万吨，交易额约 135 亿元；到 2030 年，进驻商户数量达到 600 个，实现水产品年集散交易量 190 万吨，交易额约 620 亿元；到 2035 年，进驻商户数量达到 750 个，实现水产品年集散交易量 270 万吨，交易额约 1000 亿元。

三是定价功能目标。根据设计，到 2035 年，可以发布大部分交易水产品的价格指数，80%的商户和 80% 的交易量通过集中交易平台进行交易，重点水产品拍卖交易和期货交易。

四是品牌展示功能目标。将交易基地建设成国内一流水产品产地市场品牌和全球著名水产品市场品牌；进驻市场的区域公用品牌、企业产品品牌及国际水产品品牌数量分别达到 50 个、200 个和 20 个；建成影响力辐射福建省、全国乃至全球的渔文化博物馆；建成有 100 个以上电商企业进驻的电商产业园。

2.3 实施路径

2.3.1 区域协同，强化影响

一是打造"一带一路"双循环战略支点，协同沿海水产交易重要节点，拓宽"国内＋国际"双扇面影响。西向拓宽国内辐射扇面，链接长三角城市群、粤港澳大湾区、长江中游城市群，畅通国内大循环；东向扩大对外影响，开拓美洲、大洋洲、非洲等地的国际贸易市场，促进国内、国际双循环。

二是引领台海两岸、构建两岸海洋经济融合发展示范区，推进共同市场建设。抓住 RCEP（区域全面经济伙伴关系协定）新机遇，打造向海开放高地，以高标准建设现代化渔业专业母港，助力福建海洋强省建设；深化闽台融合产业合作，在近期强化与马祖列岛渔获交易、冷链物流、水产品加工、远洋捕捞等领域产业合作，远期引领福建，对接台湾全岛，建设闽台共同市场，打造闽台海洋经济融合示范基地。

三是提升基地能级、打响"海上福州"品牌，助力福州建设现代化国际城市、国际竞争力现代海洋产业基地和我国科技兴海重要示范区。建设提升能级，协同六大新城，打造临海经济引擎，助力福州现代化国际城市建设；市域水产交易产业协同，分工协作、差异竞争，融合发展，强化国际竞争力的海洋基地产业建设。

四是赋能增效、陆海统筹，全面拓展基地腹地空间，联动连江主城与黄岐半岛。拓展产业链条、整合信息数据、共享服务配套，打造半岛海洋与旅游经济带，助力连江奋力建设现代化国际城市坚强北翼。

五是网络融入，构建"公铁水空"多式联运快货物流圈。谋划 G639 国道和福马高速连接线（环岛路）两大通道，融入"五横五纵"公路网，强化公水空联系，构建 1 小时服务市域快货物流圈；超前谋划疏港铁路支线，融入"空铁水"网络，构建面向华南、华东的 1 日快货物流圈。

2.3.2 要素整合，提升能级

一是对标威海荣成、舟山案例，明确基地发展方向。以发展远洋渔业基地等临港基础设施和渔业经济为抓手，落实远洋渔业码头、渔船修造中心等临港基础设施，打造以水产品交易为核心，涵盖水产品精深加工、冷链物流、文化旅游、蓝碳生态的全产业链渔业经济。

二是以水产品贸易为核心，拓展上下游渔业产业链，实现一二三产业融合发展。保持原有船舶修造业良好基础，集中发展水产品集散交易，促进产业链、供应链、物流链融合发展，重点发展旅游业及相关服务产业，总体构建"1＋4＋N"的现代化主导产业体系，形成"南综合、北研发、东旅游、西制造"产业空间布局。

三是以市场交易为基础，以品牌运营为核心，实现项目利益最大化。统筹做好市场交易、金融运作和业务延伸拓展，建立明码标价机制、统一结算机制、信息发布机制、质量控制机制、新型交易机制 5 个机制。

四是空间结构转变，实现全岛要素统筹、港城岛一体发展。功能上从"扁平-分异化"向"网络-复合化"转变，形成"1脊（山林生态脊）为底、2心（国际水产品交易综合服务中心，新城综合服务中心）引领、4区（北城、南港、东游、西造）协同、2带（蓝色产业发展带、绿色综合发展带）"串联的空间格局（图2）。

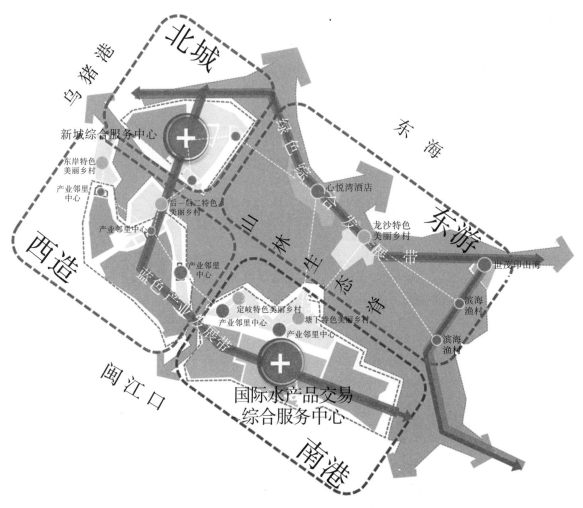

图2　福州（连江）国际水产品交易基地空间结构示意图

五是功能引领，节约用地、刚弹结合。协调国土空间"三线"控制，梳理可开发用地，优化城镇开发边界，全岛规划可开发经营性用地 174.13 hm²；刚性控制开发强度与建筑高度，门户区、产业功能区紧凑开发，控制山边、水边开发强度，形成智慧国际港、创新产业生态城两大地标区；弹性设置工业仓储综合用地及仓储工业综合用地，引导开发，保障用地兼容性，预留后二片区弹性发展空间，谋划产业、居住双发展导向（图3），增加发展可能性；远景增加填海用地，衔接货运线路。

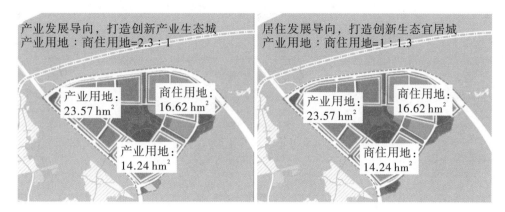

图 3　后二片区产业、居住弹性发展导向示意图

六是强化基地设施建设，构建"远洋渔业码头＋内贸散货码头＋船舶制造码头"现代化国际渔业母港，做到内外分离、客货分流、重点提升。谋划"一环一联三通道"日形骨架路网，粗芦岛环路南段以货运交通为主，北段以客运、旅游交通为主，重点提升六大节点通行能力，设置四大交叉节点类型控制，停车以建筑配建停车泊位为主，独立占地公共停车场为辅。

2.3.3　产城融合，激活人气

一是区域产城融合，构建 15 分钟产城融合区。协同琯头镇、江南镇打造"琯头—粗芦岛—中心城江南新城"15 分钟车行生活圈，强化周边片区商业、居住、医疗等服务支撑，服务配套陆海统筹共享。就近服务，划分 4 个产城融合单元。聚焦单元发展重点，与粗芦岛主导发展功能相结合，建立符合价值导向的产城融合单元。

二是差异服务，规划"活力村居、品质社区、人才公寓、商住公寓、职工社区、特色住区、度假住区"7 类居住空间，服务"本地居民、就业人群、休闲游客"3 类人群。内外服务，规划 3 处片区级综合服务中心、7 处组团级邻里中心，分别强化专业服务与生活服务，打造"3＋7"双层级商业商务服务体系（图 4）。均衡服务，构建行政、教育、文化、医疗、体育、养老全覆盖公共服务体系。

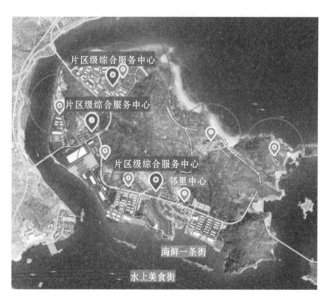

图 4　"3＋7"双层级服务中心分布图

2.3.4 生态突出，营造亮点

一是构建闽江口区域生态"山海连环多廊"生态体系，重点突出山体景观环、滨海景观环，强化以粗芦岛与琅岐岛、川石岛及琯头定安形成的景观视线廊道。分类管控，建立"沿海湿地、环岛绿道、山体公园"三层次陆海生态绿地保育系统，划定"严格保护、限制开发、优化利用"3类岸线（图5）。

二是结合山体、滨海资源以及远洋渔业产业资源发展，布局"1片滨海休闲带区、2片产业观光区、2片乡村旅游发展区"5片旅游功能区及"山地休闲旅游、海上观光旅游、陆地产业观光"3类旅游路线（图6）。

图5　岸线分类示意图

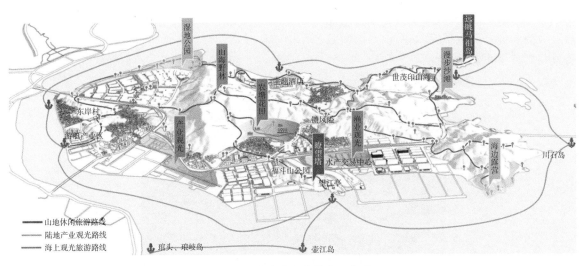

图6　3类旅游路线分布示意图

2.3.5 近远结合，短期见效

一是"近、中、远"三期结合，明确核心建设内容。近期重点突破、启动发力，在短期内形成规模集聚效应，主要包括：打造国际水产品交易综合服务中心，完善港口、粗芦岛环岛路北段、龙沙路、污水处理厂等基础设施建设，完善人才公寓和村庄环境等服务支撑，对接行业引领企业，全产业链招商，等等。中期功能完善，拓展产业空间、完善全岛服务配套，主要包括核心区战略备用地打造创新产业生态城;推进全岛乡村振兴,打造渔旅融合特色乡村;推进粗芦岛环岛路南端路网建设等。远期增效升级,赋能增效,拓展港口用地、谋划货运铁路建设,主要包括:拓展港口用地空间,增加远洋渔业母港二期用地;建设疏港铁路,明确上岛廊道及场站。二是聚焦智慧国际港、创新产业生态城、滨海旅游休闲带三大片区,拉开全岛核心功能框架基本框架。智慧国际港水产品作为交易核心承载区与远洋渔业基地核心区,将形成"一核、一环、三廊、三区、多点"的空间结构,承载水产品交易中心、水产品加工、冷链物流区等项目,建筑高度分三层次引导,整体控制在 120 m 以下(图 7)。创新产业生态城位于后二片区,将形成"一核、三廊、四区、多点"的空间结构,承载水产体验购物中心、片区商业中心、中心学校、医养综合服务中心等项目,建筑高度分三层次引导,整体控制在 80 m 以下(图 8)。滨海旅游休闲带将形成"一带多片区"的空间结构,结合滨海旅游休闲带游步道及东环岛路道路规划,串联各旅游片区,布局体现资源特色的旅游产品项目(图 9)。

图 7　智慧国际港远期鸟瞰图

图 8　创新产业生态城鸟瞰图

图 9　滨海旅游休闲带示意图

3　福州（连江）国际水产品交易基地市场运营机制设计

全面实施品牌化战略，以市场交易为基础，以品牌运营为核心，加大招商引商力度，统筹做好市场交易、金融运作和业务延伸拓展三方面的运营，实现资源利用最大化和项目利益最大化（图 10）。

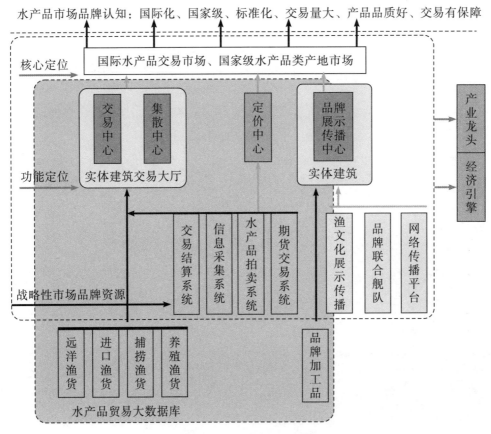

图 10　市场运营机制示意图

3.1　交易机制与品牌运营策略

建立明码标价、统一结算、信息发布、质量追溯与新型交易机制；建立全产业链品牌联合舰队，构建八项战略性品牌资源，加强联合舰队品牌推广运营力度，全力打造交易基地品牌和福州（连江）水产品品牌。建议招商与建设规划同步，制定有竞争力的招商政策，加强招商宣传，根据产业链品牌舰队建设规划选择入驻商户。

3.2　金融与资本运作

构建全产业链金融服务平台，建设统一结算系统，根据盈利来源设计盈利模式。盈利来源主要为房地产租赁收益、物业管理与服务费、特别服务费（如为企业提供品牌规划与广告设计）、场内和网络平台广告费、会议承办收入分成、国家和地方政策性补贴费、品牌商誉知识产权授权使用费、直接产品经营收入、交易结算平台的佣金、产业链金融平台融资服务收益等。

3.3　战略合作与管理运营公司机构设置

构建采购分销合作关系，积极拓展交易基地连锁和延伸业务；加强数据开放，形成独特的信息资源，与有关方面开展信息战略合作。根据交易基地定位与发展目标，交易基地管理运营公司应特别重视战略与品牌运营，为此，应设立市场战略与发展、大数据研究开发、水产品质量检测与管理及金融服务等方面的战略性组织机构。

4　结语

福州（连江）国际水产品交易基地核心区母港一期工程、人才公寓、出海便道等多个项目正如火如荼地建设中。福州省连江县作为全国县级水产第二大县、全省水产第一大县，正在积极发挥海洋资源优势，充分挖掘海洋潜力，培育壮大海洋新兴产业，促进海洋一二三产业融合发展，打造海洋经济新业态，构建海洋经济发展新格局，为福建省海洋经济高质量发展贡献力量。

［参考文献］
[1] 张婷. 国际城市评价指标体系研究与探讨［J］. 中国科技投资，2017（10）：88-92.

［作者简介］
陈丽梅，教授级高级工程师，就职于福州市规划设计研究院集团有限公司。
董敬明，福州市规划设计研究院集团有限公司副总规划师。

小区生活型街道行人停驻意愿的影响因素分析

——以北京市金沟河路、慧忠北路和花园路为例

□相龙，陈瑾羲

摘要：本文以北京市金沟河路、慧忠北路和花园路为例，梳理了小区生活型街道的人行道限定元素，并基于街景照片的问卷调研测度行人停驻意愿，再通过相关性分析量化人行道空间元素对停驻意愿的影响并分析其原因，以期为提高小区生活型街道的行人停驻意愿、促进街道活力的更新设计实践奠定基础。

关键词：小区生活型街道；人行道空间元素；停驻意愿

1 引言

封闭式小区是我国住宅区的主要形式之一，构成了本土城市重要的街区肌理。封闭式小区两侧分布限定的城市街道，往往由出入口、边界、底商、相关服务设施等构成，是街道两侧人行道的主要界面，本文称此类街道为小区生活型街道。小区生活型街道既承担一定的交通功能，为周边社区提供日常生活所需的服务设施，又是小区居民和市民重要的社交和休闲空间。研究小区生活型街道的人行道空间元素对于行人停驻意愿的影响，有助于通过改善元素设计以提升此类街道的活力和品质。这对于完成我国当前城市空间存量更新和品质优化的重要任务具有积极意义。

近年对国内外街道活力的研究较多。如 Reid Ewing 等、徐磊青等、胡亚飞、张章等分别通过实地调研、分析等获得案例街道人行和停留等活动的数据，以及街道物质空间环境的指标数据，并进行量化相关性分析，得出街道活力的影响因素，如人行道宽度、店面密度、功能密度、界面透明度等；Xiaojiang Li 等、Ennayat Miraei 等、钮心毅等、司睿等利用电子地图、LBS（Location Based Service）、城市热力值、行人活动轨迹等大数据计算街道活力数值，采用图像分割等人工智能新技术方法获得街道物质空间的品质测度，通过相关性分析指出活力影响因素如绿视率、天空可见度、功能混合度、街道围合度等的作用；唐静娴等、吴娴等采用街景地图数据进行街景照片停驻意愿测度，进而探究步行停留活动的影响因素。

在封闭式小区对城市街道空间的影响方面，缪朴、M Xu、王量量等和 David Kostenwein 等研究发现，小区的不透明边界、大尺度地块等对街道空间的活力和安全感等具有负面影响，但未进行量化分析。此外，针对中国街道的独特性，Aura-Luciana Istrate 等基于 3 条上海街道的案例分析，提出本土街道可步行性的要素分析框架，同时指出本土研究需提出本土框架，避免

盲目套用西方结论。

综上所述，近年围绕街道活力及其影响因素的研究已有较成熟的方法和路径，且侧重实证分析，但针对中国独特的由小区分布城市街道两侧形成的小区生活型街道的研究仍不多见。本文以北京市金沟河路、慧忠北路和花园路 3 条小区生活型街道为例，提出街道限定元素的框架，并对行人停驻意愿的影响因素进行分析，为后续通过调整元素提升街道活力的设计实践提供参考。

2 研究设计

2.1 案例选取

北京市金沟河路、慧忠北路和花园路 3 条街道由小区构成的边界均占 70%以上，且有活跃的商业服务活动，是典型的小区生活型街道。金沟河路位于北京市西四环以西，从采石北路到西四环路段两侧有 6 个封闭式小区，街道两侧小区边界（包含底商等）共长 1900 m，占街道边界的 79%；生活服务类设施如小型餐饮、便利店等占 51%。慧忠北路位于北四环以北，从北辰东路到北苑路路段两侧有 9 个封闭式小区，小区边界占街道边界的 71%，生活服务类设施占 43%；大型购物中心——太阳飘亮购物中心分布在道路南侧，是周边市民重要的商业活动场所。花园路位于北四环以南、北三环以北，从北土城西路到北四环路段两侧有 10 个封闭式小区，小区边界占街道边界的 81%。调研发现，3 条街道均为城市次干道，路面宽 20 m 左右，人行道宽度在 4～5 m 之间。这反映了小区生活型街道作为同一类型街道的共性特征。

如表 1 所示，3 条街道在北京的城市区位不同，两侧小区的建成时间、布局形态不同，现场调研时街道品质的观感亦不同，具有一定差异性。

表 1 案例街道基本情况

街道名称	所在区位	两侧小区建成时间	小区布局形态	街道品质调研观感
金沟河路	海淀区永定路街道	20 世纪 90 年代	行列式	较差
慧忠北路	朝阳区大屯街道	21 世纪初	行列式、周边式、点群式	较好
花园路	海淀区花园路街道	1980—2019 年	行列式、周边式	一般

2.2 技术路线

本文主要采用以下步骤进行研究（图 1）。

第一步，构建人行道空间限定元素框架。对 3 条案例街道进行实地调研，借鉴类型学方法分尺度观察，初步提取人行道空间限定元素及其指标。通过问卷调研，参考元素提及词频，结合相关文献完善元素指标框架。

第二步，调研街道停驻意愿。对 3 条案例街道的典型路段人行道进行人行视角的街景照片拍摄，并通过问卷调研法获得街景照片的停驻意愿评分。评分采用李克特七分量表法。

第三步，分析人行道空间元素对行人停驻意愿的影响。将停驻意愿评分结果和人行道空间元素指标进行相关性分析及回归分析，得到街道停驻意愿的影响模型及影响元素的排序。

第四步，分析高影响元素的作用、负影响元素的原因，总结规律并尝试提出改造策略。

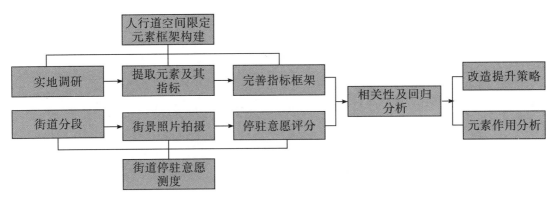

图1　研究技术路线

3　研究及结果

3.1　人行道空间限定元素指标框架构建

基于案例实地调研、分尺度观察及文献参考，梳理出小区生活型街道的人行道空间的限定元素（图2至图4）。其中城市尺度元素包括城市区位、与市中心距离等，街区尺度包括街块尺寸、路网形态等，建筑尺度元素包括退线、人行道宽度等，细部尺度包括铺地、城市家具等（表2）。

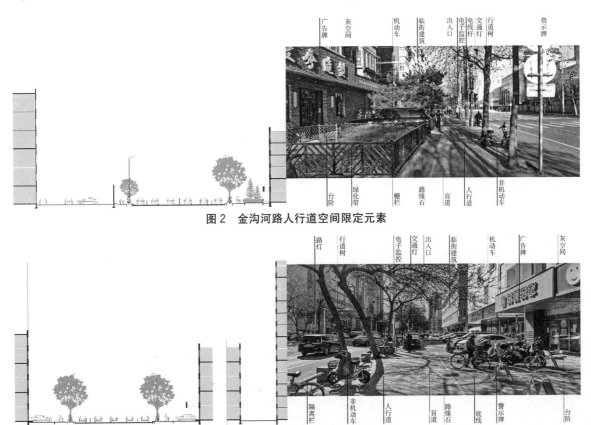

图2　金沟河路人行道空间限定元素

图3　慧忠北路人行道空间限定元素

图4　花园路人行道空间限定元素

表2　案例街道人行道空间限定元素指标

元素	指标	参考依据
区位	与城市中心距离/在城市空间结构中的位置/与城市特色街区的关系	唐静娴等对2005—2013年北京市更新类居住项目外围的街道空间的分析
街坊块	功能/密度/容积率/尺寸/边长/地块划分/边界形式/边界通透度	高彩霞等对南京城市街廓平面形态的分析
人行道空间（含退线）	人行道空间宽度/行道树高度/临街边界高度/宽高比	
人行道	长度/宽度/高差	
临街建筑退让红线	长度/宽度/高差	周钰等对街道界面形态控制指标的分析
行道树	位置/树种/高度/树冠大小/间距	Aura—Luciana Istrate等对上海宜居街道的分析
绿化带	长度/宽度/高度/高差	
停车位	长度/宽度/高差	
临街建筑	高度/面宽/进深/与人行道高差/功能/平面/立面/剖面	
底层界面	高度/面宽/进深/与人行道高差/功能/平面/立面/剖面/透明度	
围墙	高度/面宽/透明度	
出入口	等级/宽度	
铺地	材料/尺寸/图案/颜色/铺地变化	
城市家具	路灯/座椅/垃圾桶/红绿灯/指示牌/公交车站/共享单车停放设施	
临街建筑立面	立面材料/立面颜色/分缝尺寸/广告牌/空调外机/落水管	

　　本次调查共发放问卷32份，请受访者根据人行道街景照片填写3个限定元素。填写之前，向受访者解释停驻意愿影响元素的内容，并请受访者浏览案例街道的90张照片后再进行填写。

收回问卷32份，将所得文本进行词频分析后，得到词云图（图5）。按照频次从高到低排列的停驻意愿影响元素为：树木（11次）、马路（9次）、安全感（7次）、绿化带（7次）、道路（7次）、界面（7次）、高度（7次）。请受访者进一步解释限定元素作用时，23人次提到"行道树限定了人行道的边界""提供了荫蔽""提升了人行环境的安全感和围合感"；10人次提到"通透的界面更容易吸引行人""底层商业、绿化的透明性通常更高，围墙的透明性最差"；8人次提到"底层商业不仅更易吸引行人，还常常能够提供如灰空间等供人停留的场所"；10人次提到"停放在人行道上的机动车使街道变得拥挤、杂乱、喧嚣"。由此判断，"树木""绿化""商业"对行人的停驻意愿具有较高的正面作用，"机动车停放"则具有负面作用。下文的相关性分析将进一步以量化分析并验证访谈结论的有效性。

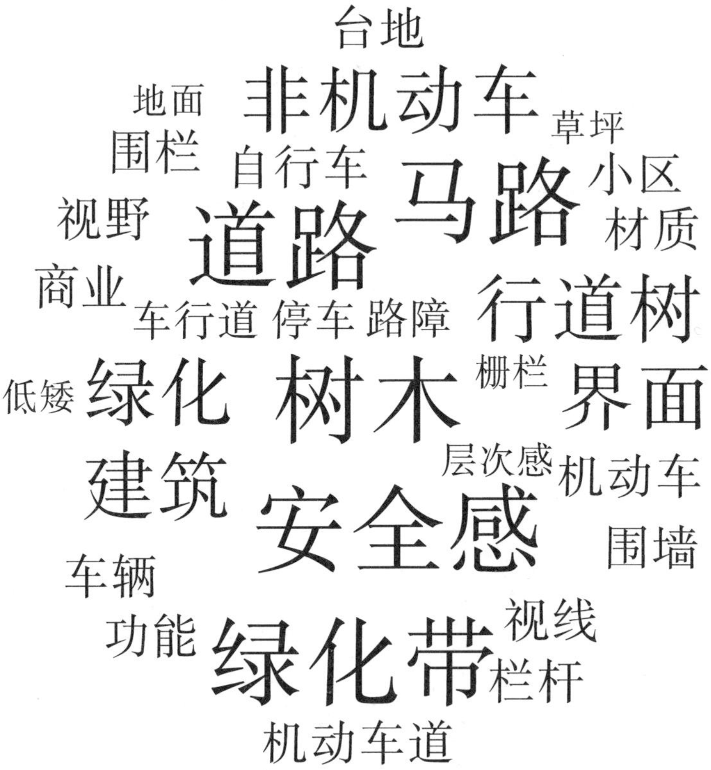

图5　问卷调研元素分析词云

此外，参考 Reid Ewing 等、徐磊青等、Xiaojiang Li 等、Ennayat Miraei 等对街道活力研究的结论，人行道宽度、店面密度、绿视率、天空可见度等元素对街道活力、停驻意愿影响显著。本文从小区生活型街道元素指标框架中选取"绿视率""天空可见度""车辆干扰指数""人行道宽度""可通行宽度""界面透明度""店面密度""功能混合度"8个指标，对停驻意愿的影响因素进行研究。各元素指标计算方式见表3。其中"绿视率""天空可见度""车辆干扰指数"采用图像分割[①]获取，"人行道宽度""可通行宽度""界面透明度""店面密度""功能混合度"采用实地调研获取。

表 3　各人行道空间特征计算方式

指标	计算方式
绿视率	街景照片图像分割中被识别为行道树、灌木、绿地等植物的像素数量占街景照片总像素数量的比值。街景照片中绿色植物所占比重越大，绿视率越高
天空可见度	街景照片图像分割中被识别为天空的像素数量占街景照片总像素数量的比值。街景照片中天空所占比重越大，天空可见度越高
车辆干扰指数	街景照片图像分割中被识别为汽车、自行车等所有机动车与非机动车的像素数量占街景照片总像素数量的比值。街景照片中各种车辆所占比重越大，车辆干扰指数越高
人行道宽度	本文人行道宽度中的人行道指不包括建筑退线部分的狭义人行道。以街景照片采样点路缘石至道路红线的横向宽度为人行道宽度
可通行宽度	本文可通行宽度指街景照片采样点路缘石至建筑控制线的广义人行道宽度去除设施带以及机动车停车位宽度后剩余的横向宽度
界面透明度	街景照片采样点前后 50 m 视线通透的界面如玻璃门窗、栅栏等所占比重
店面密度	街景照片采样点前后 50 m 所有店面的数量。店面数量越多，店面密度越高
功能混合度	街景照片采样点前后 50 m 所有店面所属功能的种类数量。店面所属功能的种类数量越多，功能混合度越高

3.2　街道停驻意愿测度

首先，在人行道上实地拍摄照片，以获得人本视角的街景测度。谷歌地图、百度地图等电子地图的街景照片反映的是机动车视角下的街道空间，而非人行活动空间的景观，不能反映真实的人本视角的街道空间图景，因而本文不予采用。参考郝新华等、叶宇等的拍摄点间距，本文以每隔 50 m 为采样点拍摄。选取 3 条案例街道的 1500 m 典型选段，在双侧人行道连续拍摄照片。在剔除其中内容重复较多的照片后，筛选出具有代表性的街景照片共 90 张。

其次，挑选其中街道停驻意愿评价具有明显差异的街景照片进行专家评分，作为后续问卷评分示例。

最后，将街景照片进行编号发放给被试者进行停驻意愿评分。为了提高实验结果的客观性，将各条街道、各采样点的街景照片随机排序。评分采用李克特七分量表法，分"非常低"（赋−3 分）、"低"（赋−2 分）、"较低"（赋−1 分）、"一般"（赋 0 分）、"较高"（赋 1 分）、"高"（赋 2 分）、"非常高"（赋 3 分）七个等级对街道街景照片的停驻意愿进行评价。

共回收有效问卷 32 份。计算各街景照片的街道停驻意愿评分平均值，各评分结果反馈的典型街景照片见表 4。90 张街景照片的街道停驻意愿评分平均分为 0.11 分，3 条案例街道的停驻意愿评分均处于一般水平。其中评分为−3～−1 分的有 15 张，主要集中于金沟河路南侧连续围墙段；评分为−1～1 分的有 54 张，主要为金沟河路北侧连续生活服务类设施路段以及慧忠北路小区边界较为封闭的路段；评分为 1～2 分的有 21 张，主要为慧忠北路生活服务类设施集中、道路绿化较好的路段；没有评分为 2～3 分的街景照片。

表4 街景照片停驻意愿评分典型对照表

停驻意愿评分	街景照片		
1~3分			
−1~1分			
−3~−1分			

3.3 人行道空间元素对停驻意愿的影响量化分析

在 SPSS 数据分析软件中，采用3种递进方法进行人行道空间元素对行人停驻意愿的影响量化分析。

3.3.1 双变量皮尔逊相关性分析

各人行道空间元素指标与停驻意愿评分之间的皮尔逊相关性和显著性见表5，其中 "**." 表示在 0.01 级别（双尾），相关性显著，即两种变量之间的相关程度强；" * ." 表示在 0.05 级别相关性显著，即两种变量之间的相关程度较强；而没有任何标记的则表示两种变量之间相关程度较弱。

表5 各人行道空间元素指标与停驻意愿评分的相关性

各人行道空间元素		绿视率	天空可见度	车辆干扰指数	人行道宽度	可通行宽度	界面透明度	店面密度	功能混合度
停驻意愿评分	ρ	0. 509**	−0. 484**	−0. 037	0. 344**	0. 367**	0. 752**	0. 382**	0. 375**
	Sig.	0. 000	0. 000	0. 730	0. 001	0. 000	0. 000	0. 000	0. 000

注：①ρ 为皮尔逊相关性；Sig. 为双尾显著性。

②**. 在 0.01 级别（双尾），相关性显著；**. 在 0.05 级别（双尾）相关性显著。

界面透明度、绿视率、天空可见度、店面密度、功能混合度、可通行宽度、人行道宽度与停驻意愿评分在0.01级别（双尾）相关性显著，即与停驻意愿评分之间相关程度强，且相关程度依次减弱。其中界面透明度、绿视率、店面密度、功能混合度、可通行宽度和人行道宽度与停驻意愿评分呈正相关，天空可见度则与评分呈负相关，车辆干扰指数与停驻意愿评分的相关程度较弱。

3.3.2 线性回归分析

将除"车辆干扰指数"外的各人行道空间元素指标分别与停驻意愿评分在 SPSS 中进行线性回归分析，通过绘制标准化残差散点图和带正态曲线的柱状图或 P-P 图，判断残差方差齐且近似正态分布，各人行道空间元素指标与停驻意愿评分的回归结果见表6。

表6 各人行道空间元素指标与停驻意愿评分的回归结果

| 元素 | 类型 | 未标化系数 | | 标化系数 | t | 显著性 | B 的 95.0% 置信区间 | |
		B	标准错误	Beta			下限	上限
绿视率	常量	−0.863	0.197	0.509	−4.379	0.000	−1.255	−0.471
	自变量	0.030	0.005		5.554	0.000	0.019	0.041
天空可见度	常量	0.429	0.110	−0.484	3.894	0.000	0.210	0.648
	自变量	−0.070	0.014		−5.185	0.000	−0.097	−0.043
人行道宽度	常量	−1.036	0.348	0.344	−2.979	0.004	−1.727	−0.345
	自变量	0.271	0.079		3.437	0.001	0.114	0.427
可通行宽度	常量	−0.752	0.253	0.367	−2.975	0.004	−1.255	−0.250
	自变量	0.197	0.053		3.698	0.000	0.091	0.303
界面透明度	常量	0.103	0.069	0.752	1.489	0.140	−0.034	0.239
	自变量	0.367	0.034		10.712	0.000	0.299	0.435
店面密度	常量	−0.172	0.121	0.382	−1.420	0.159	−0.412	0.069
	自变量	0.168	0.043		3.879	0.000	0.082	0.255
功能混合度	常量	−0.178	0.123	0.375	−1.443	0.153	−0.423	0.067
	自变量	0.224	0.059		3.791	0.000	0.107	0.341

以绿视率为例，观察分析结果可知，其与停驻意愿评分之间存在线性关系，$F(1, 88) = 30.846$（$P < 0.001$）。绿视率可以解释停驻意愿评分变异的 26.0%，影响程度较高（调整 $R^2 = 25.1\%$）。每增加 1% 绿视率，停驻意愿评分增加 0.030（95%CI：0.019~0.041）。回归方程为：停驻意愿评分 = −0.863 + （0.030 * 绿视率）。各人行道空间元素指标与停驻意愿评分的回归变量据图6至图13，可知，停驻意愿评分较高点集中分布在绿视率为 20.00%~60.00% 之间，较低点的绿视率均为 30.00% 及以下。

3.3.3 多元线性回归分析

在对人行道空间元素与停驻意愿进行双变量皮尔逊相关性分析时，也可以得到各人行道空间元素之间的相关性。其中，绿视率与天空可见度、人行道宽度与可通行宽度等均在 0.01 级别（双尾）相关性显著，即各人行道空间元素指标之间存在着共线性问题。本文采用岭回归分析，规避共线性问题引起的误差。由图14可知，当 K 为 0.2 时人行道空间元素指标的标准化回归系数均趋于稳定。

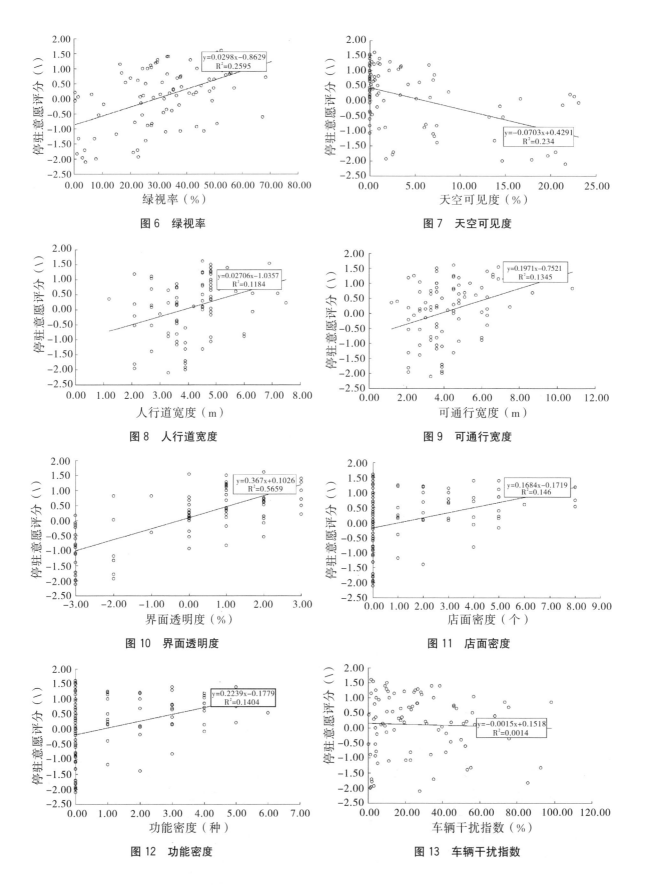

图 6　绿视率

图 7　天空可见度

图 8　人行道宽度

图 9　可通行宽度

图 10　界面透明度

图 11　店面密度

图 12　功能密度

图 13　车辆干扰指数

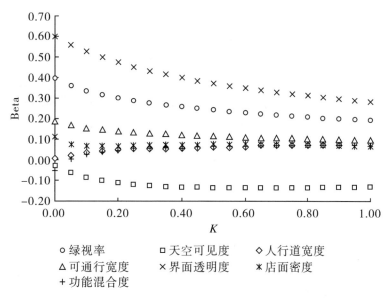

图 14　各人行道空间元素指标与停驻意愿评分的岭迹图

以 0.2 为最佳 K 值，将各人行道空间元素指标与停驻意愿评分在 SPSS 中进行岭回归分析，回归结果见表 7。可知，回归模型具有统计学意义，$F=33.904$，$P<0.001$，调整 $R^2=0.21$。得到回归模型为：停驻意愿评分 $=-0.976+0.018\times$绿视率 $-0.016\times$天空可见度 $+0.039\times$人行道宽度 $+0.075\times$可通行宽度 $+0.230\times$界面透明度 $+0.030\times$店面密度 $+0.027\times$功能混合度。其中，绿视率的回归系数值为 0.018（$t=5.778$，$P=0.00<0.01$），绿视率会对停驻意愿评分产生显著的正向影响关系；可通行宽度和界面透明度也会产生显著的正向影响关系；天空可见度则会产生显著的负向影响关系，但影响程度较低；而人行道宽度、店面密度和功能混合度并不会对停驻意愿评分产生显著的影响关系。比较各人行道空间元素指标的标准化回归系数，则可知对停驻意愿评分影响程度由强至弱依次为：界面透明度、绿视率、可通行宽度、天空可见度、店面密度、人行道宽度、功能混合度。

表 7　各人行道空间元素指标与停驻意愿评分的岭回归结果

元素	未标化系数		标化系数				
	B	标准错误	Beta	t	R^2	调整 R^2	F
	-0.967	0.221		-4.366			
绿视率	0.018	0.003	0.299	5.778			
天空可见度	-0.016	0.008	-0.113	-2.176			
人行道宽度	0.039	0.040	0.049	0.973	0.743	0.721	$F(7,82)=$ 33.904, $P=0.000$
可通行宽度	0.075	0.027	0.139	2.745			
界面透明度	0.230	0.025	0.472	9.091			
店面密度	0.030	0.020	0.068	1.489			
功能混合度	0.027	0.027	0.045	1.008			

3.4 停驻意愿评分与热力图对照

选取节假日 2022 年 5 月 3 日（星期二）上午 10 点的百度热力图，将其从紫色到红色的 7 个类别——紫、淡紫、蓝、绿、黄、橙、红转换为高、中、低 3 个等级，作为街景照片所在采样点的街道活力值参考。将问卷反馈的停驻意愿评分进行统计，同样将－3～3 的分值分为高、中、低 3 个等级。如表 8 所示，将采样点停驻意愿评分与活力值进行比较。

表 8 停驻意愿评分与活力比较

采样点编号	金沟河路				慧忠北路				花园路			
	北/西侧		南/东侧		北/西侧		南/东侧		北/西侧		南/东侧	
	意愿	活力	意愿	活力	意愿	活力	意愿	活力	意愿	活力	意愿	活力
01	中	中	中	中	中	中	中	中	中	中	中	中
02	中	中	中	中	高	中	中	中	中	中	中	中
03	高	中	低	中	高	中	中	中	中	中	高	中
04	中	中	低	中	中	中	中	中	中	中	中	中
05	中	中	低	低	高	低	高	低	中	中	高	中
06	中	低	低	低	高	低	高	低	中	高	中	高
07	中	低	低	低	中	中	低	低	中	中	中	中
08	中	中	低	低	高	中	低	低	中	中	中	中
09	中	低	低	低	高	中	高	中	高	低	中	中
10	高	中	低	低	高	中	中	中	中	中	中	高
11	高	中	低	低	高	中	中	中	低	中	中	中
12	中	低	低	低	中	高	中	中	中	中	低	中
13	中	低	低	低	中	中	高	中	中	中	中	中
14	中	低	中	低	中	中	中	中	中	中	低	中
15	低	低	中	中	中	中	高	中	中	高	中	高

从表 8 可以看出，90 个采样点中，停驻意愿和活力值处于同一水平的有 50 个占 55.56%，但存在差异的占 44.44%。其中相差一个等级的有 35 个采样点，如慧忠北路北侧 12 号采样点，活力值高，但停驻意愿评分中等。有 5 个采样点街道停驻意愿评分与活力值处于完全相反的水平，均为街道停驻意愿评分较高，但活力值较低。街景照片的停驻意愿评分与实际热力统计之间存在相当的差异性。

4 结语

综上所述，本文以 3 条北京市小区生活型街道为例，提出该类型街道的元素框架，并通过街景照片停驻意愿评分，分析元素对停驻意愿的影响作用。其中界面透明度、绿视率、可通行宽度和天空可见度对街道停驻意愿有显著影响。

第一，界面透明度具有高影响力。在小区生活型街道中，通透的人行道界面使建筑或围墙内部的活动易与街道内的活动产生互动，吸引行人驻足停留观察，促进人们的交流交往提高街道活力。这与雅各布斯在《伟大的街道》中对临街建筑底层界面通透性对优秀街道具有重要作用的结论一致。陈泳等（2014）、覃茜等（2015）的研究也表明界面透明度对步行停留活动具有显著的正向影响。反映到街道设计中，临街建筑底层应尽量采用玻璃，围墙应采用栅栏等通透材质提高界面透明度。

第二，绿视率具有较高影响力。这与问卷访谈反馈的行道树和树木是高频次提及的停驻意愿影响元素结论一致。绿色植物如行道树不仅限定了人行道的边界，还提供了荫蔽，可以提升人行环境的围合感和安全感，从而增强行人停驻意愿。国内外相关实证研究如徐磊青等、Dong-hwan Ki 等的研究也表明绿视率对街道空间品质、行人停留活动等具有显著正向影响。反映到街道改造中，应尽量增加街道空间中绿色植物的数量，采用草木、灌木、乔木混合的多层次设计，以提高人行道空间品质。

第三，人行道可通行宽度具有积极影响。较宽的人行道有充足的相向而行的空间，也为行人在人行道上停留、观察和交谈提供了场所，对停驻意愿的提高具有积极作用。雅各布斯在《伟大的街道》中对西班牙格拉西亚大街的研究也指出 10 m 宽的人行道对该街道优秀空间品质的积极作用。徐磊青等、胡亚飞等研究表明商业街人行道宽度在 6~8 m 时，最有利于促进行人步行停留活动。北京小区生活型街道人行道空间现状较为复杂，如被共享单车、违章停车占用，还有部分被单位大院占用道路红线挤压等，应合理安排各种设施如共享单车停放、垃圾桶、灯具布局等，规范机动车停放，释放人行道空间，提高小区生活型街道的停驻意愿。

第四，天空可见度具有负面影响。高的天空可见度具有两个原因，一是街道宽高比大，即街道更加开阔，空间围合感较弱。二是缺乏行道树对天空的遮挡，则绿视率低。正如前文分析指出在小区生活型街道中，绿视率与天空可见度两个元素具有显著负相关性。反映在街道设计中，要控制街道空间的宽高比尽量不超过 2。而当宽高比大于 2 后，可用行道树来加强街道限定，提高空间围合感对停驻意愿的影响。

上述结论对小区生活型街道的改造设计具有参考价值。可以通过对临街建筑底层界面透明度、围墙形式、树木、人行道宽度元素的调整，提高街道的行人停驻意愿。但需要指出的是，本文分析也揭示了停驻意愿评分与热力图呈现的活力值存在 44.44% 的差异。这可能是由于街景照片停驻意愿评分无法取代实际停驻意愿，热力图的活力测度不够精确，不仅包括人行道，也涵盖了街道中机动车道中的热点数据。此外，树木随季节变化对绿视率的影响等因素也需要考虑，这些还需要在后续研究中进一步明确。

[注释]

①本文采用的图像分割模型为由 DeepLab-V3＋利用城市景观数据集（Cityscapes Dataset）训练出来的模型 xception71 _ dpc _ cityscapes _ trainfine。DeepLab-V3＋，是将空洞卷积原理及条件随机场（Conditional random field，CRF）原理整合到端到端神经网络系统中开发出的进一步优化的最新一代神经网络算法。其算法识别综合了像素的局部光谱信息和像素的全局整体结构信息来提取图像特征，可以较为精准地识别各种形式的照片，包括有部分形态变形的照片。

[参考文献]

[1] 雅各布斯. 伟大的街道 [M]. 王又佳，金秋野，译. 北京：中国建筑工业出版社，2009.

[2] LAMPUGNANI V M. ATLAS ZUM STÄDTEBAU：Band 1：Plätze；Band 2：Straßen [M]. Munich：Hirmer Verlag GmbH，2018.

[3] 缪朴. 城市生活的癌症：封闭式小区的问题及对策 [J]. 时代建筑，2004 (5)：46-49.

[4] EWING R，HANDY S. Measuring the unmeasurable：Urban design qualities related to walkability [J]. Journal of Urban design，2009，14 (1)：65-84.

[5] 徐磊青，康琦. 商业街的空间与界面特征对步行者停留活动的影响：以上海市南京西路为例 [J]. 城市规划学刊，2014 (3)：104-111.

[6] 陈泳，赵杏花. 基于步行者视角的街道底层界面研究：以上海市淮海路为例 [J]. 城市规划，2014 (6)：24-31.

[7] 王量量，韩洁，王庆. 以上海太平桥片区为例用综合方法分析封闭居住小区对城市步行交通的影响 [J]. 建筑师，2015 (3)：24-31.

[8] 郝新华，龙瀛，石淼，等. 北京街道活力：测度、影响因素与规划设计启示 [J]. 上海城市规划，2016 (3)：37-45.

[9] 唐婧娴，龙瀛，翟炜，等. 街道空间品质的测度、变化评价与影响因素识别：基于大规模多时相街景图片的分析 [J]. 新建筑，2016 (5)：110-115.

[10] 高彩霞，丁沃沃. 南京城市街廓平面形态与土地使用规定的关联性研究 [J]. 建筑学报，2017 (增刊 1)：1-6.

[11] 徐磊青，孟若希，陈筝. 迷人的街道：建筑界面与绿视率的影响 [J]. 风景园林，2017 (10)：27-33.

[12] 叶宇，张灵珠，颜文涛，等. 街道绿化品质的人本视角测度框架：基于百度街景数据和机器学习的大规模分析 [J]. 风景园林，2018，25 (8)：24-29.

[13] MIRZAEI E，KHEYRODDIN R，BEHZADFAR M，et al. Utilitarian and hedonic walking：examining the impact of the built environment on walking behavior [J]. European transport research review，2018，10 (2)：1-14.

[14] LI X，SANTI P，COURTNEY T K，et al. Investigating the association between streetscapes and human walking activities using Google Street View and human trajectory data [J]. Transactions in GIS，2018，22 (4)：1029-1044.

[15] 钮心毅，吴莞姝，李萌. 基于 LBS 定位数据的建成环境对街道活力的影响及其时空特征研究 [J]. 国际城市规划，2019，34 (1)：28-37.

[16] 张章，徐高峰，李文越，等. 历史街道微观建成环境对游客步行停驻行为的影响：以北京五道营胡同为例 [J]. 建筑学报，2019 (3)：96-102.

[17] 司睿，林姚宇，肖作鹏，等. 基于街景数据的建成环境与街道活力时空分析：以深圳福田区为例 [J]. 地理科学，2021，41 (9)：1536-1545.

[18] ISTRATE A L，CHEN F，KADETZ P，et al. Developing an analytical framework for liveable streets in Shanghai [J]. Urban Design International，2021，26 (1)：3-20.

[19] KOSTENWEIN D. Between walls and fences：How different types of gated communities shape the streets around them [J]. Urban Studies，2021，58 (16)：3230-3246.

[20] Ki D，Lee S. Analyzing the effects of Green View Index of neighborhood streets on walking time using Google Street View and deep learning [J]. Landscape and Urban Planning，2021 (205)：103920.

[21] 周钰，张玉坤. 面向开放街区的街道界面形态控制指标研究 [J]. 时代建筑，2022 (1)：38-42.

[22] XU M. Gated communities in China：urban design concerns [D]. Cardiff：Cardiff University，2009.

[23] 覃茜. 现代生活性街道界面对步行停憩活动影响研究 [D]. 重庆：重庆大学，2015.

[24] 胡亚飞. 城市生活性街道步行停留活动影响因素分析及其应用研究 [D]. 重庆：重庆大学，2017.

[25] 吴娴. 基于视觉交互的哈尔滨城区街景测度与停驻意愿相关性研究 [D]. 哈尔滨：哈尔滨工业大学，2020.

　　［基金项目：国家自然科学基金青年科学基金项目"基于建筑类型学的北京城市街道类型划分及要素作用研究"（51708320）；清华大学教学改革与研究项目《城市设计元素导读》"十四五"教材编写和出版（DX09_01）；清华大学教学改革与研究项目，结合现场实践教学的"城市设计导读"课程优化（ZY01_01）。］

［作者简介］

相龙，就职于清华大学建筑学院。

陈瑾羲，通讯作者，副教授，就职于清华大学建筑学院。

低碳理念在城市设计层面的实践探索

——以南京江宁区数字生态链城城市设计为例

□刘曾独秀

摘要： 在全球气候危机与国家大力倡导低碳发展的大背景下，本文从减少碳排放与增加碳吸收两个方向出发，着重阐述了南京江宁区数字生态链城所使用的七大减碳设计策略，包括增加土地使用功能的多样性、适当提高开发强度、采用单向二分路与小尺度街区、通过空间布局引导改善微气候、改善慢性环境、增加绿植面积和提高绿地系统的生态稳定性，希望能为低碳城市的研究与实践发展提供参考。

关键词： 低碳；城市设计；碳排放；微气候

1 引言

从 100 多年前"温室气体"这一概念被提出开始，人们逐渐认识到人类活动与环境变化之间的关系。"低碳"一词最先于 2003 年在英国的能源白皮书《我们能源的未来：创建低碳经济》中出现，书中希望能通过减少温室气体的排放来减少对自然环境的影响。近年来极端天气频发，严重影响了全球经济发展，甚至是人类生命安全。减少由人类活动造成的碳排放以实现人类文明的可持续发展已成为世界范围内的共识，世界各国、各界纷纷提出了自己的减碳策略。2020年 9 月，我国在联合国大会上做出了 2030 年前碳达峰、2060 年前碳中和的承诺，体现了我国应对全球气候问题的担当与决心。城市是人类活动的主要场所，也是碳排放的主要源头，作为城市问题的研究者，在推进低碳发展这件事上，城市规划师有着不可推卸的责任。目前城市规划行业内已有新城市主义、绿色建筑等方面的研究，但在城市设计领域的实践还处于起步阶段。本文希望通过对南京江宁区数字生态链城的城市设计项目介绍来探讨城市设计领域低碳理念的实践途径。

2 项目背景

围绕强心扩核的战略定位，南京提出"一主三副"的结构建设，江宁区成为南京城市功能外溢的核心区，承载创新、智能、制造、文化等核心功能，地处秦淮河西岸、西连百家湖生活中心、东连市民活动中心的数字生态链城未来将成为江宁区的综合服务中心。数字生态链城占地面积 138 hm²，地铁 1 号线毗邻其西侧和南侧界面，规划的 12 号线从西往东穿过其腹地，未来这片区域内将会有 3 个地铁站。这片区域现为江宁区的制造业名企聚集地，西门子、百事可乐等大公司的工厂都在此地，这与南京主城区南部中心的定位严重不匹配，亟待重新规划。

这些年我国一直在积极履行减排承诺，可再生能源的规模在全球名列前茅，碳排放的增长也已经放缓，但我国依旧是全球温室气体排放量最高的国家，温室气体排放量占全球总排放量四分之一以上，减排压力巨大。作为六朝古都、长三角重要城市的南京，若能给世界提供一个低碳城市的范本，对于我国的减排事业无疑是一针强心剂。

3 设计思路

要想实现低碳目标，需要从减少碳排放和增加碳吸收两方面入手。城市的碳排放主要来自交通和建筑自身能量消耗，通过一些城市设计手法可以减少人们的机动车出行需求，从而有效降低交通碳排放；合理的空间布局也能大大改善城市微气候，从而降低建筑因调节室内温度与湿度造成的碳排放。现阶段，城市碳吸收则主要通过城市绿化来实现，城市设计可以通过增加绿化面积和提高绿化质量来促进碳吸收。

3.1 减少碳排放

交通是城市碳排放的重要源头。2021 年的《北京宣言》指出，交通领域的碳排放占全部碳排放的 25%。因此，减少交通领域的碳排放是我国实现"双碳"目标的关键所在。为此，我国大力推广新能源汽车的运用。而城市设计可以从根本上转变交通需求，比如通过适度混合用地、紧凑开发、控制街区尺度等来缩短出行距离，通过完善低碳交通基础设施、改善环境、提升土地利用与交通系统的适配度来鼓励低碳交通出行等。

建筑能耗是城市碳排放的另一个重要源头。国际能源署《2020 年全球建筑和建造业状况报告》指出，建筑运行过程中的碳排放占全部碳排放量的 35%～38%。绿色建筑、可再生能源建筑等概念已不断为人所熟知，但这些减少碳排放的措施都在提高能源利用效率层面。如果可以通过合理的空间布局改善城市微气候，就能有效降低建筑调节气候的需求，从而从根本上减少建筑碳排放。

3.2 增加碳吸收

城市的绿地系统是城市碳吸收的主要载体，所以低碳城市应尽可能地增加绿地面积、提高绿色碳汇固碳量，同时也要注意提高绿地系统的质量，让绿地空间成为稳定、可持续的自然生态系统，减少对人工干预的依赖。

4 设计方法

4.1 增加用地功能的多样性

市民的出行目的主要分为工作通勤、饮食购物、休闲娱乐 3 类，因此各功能点空间布局是城市交通的基础。通过把不同的功能布置在一个紧凑的空间范围内，可有效缩短居民的日常出行距离，从而提高步行、非机动车等低碳出行方式的比例。

数字生态链城在功能布局上并没有严格的分区，而是让各类建筑功能比较均衡地分布在整个区域。数字生态链城被分成 3 个 5 分钟生活圈，每个生活圈都有丰富的居住、工作、购物、休闲空间可供选择（图 1）。在单个地块上，数字生态链城同样鼓励混合，大量采用了商办与商业混合用地、住宅与商业混合用地。

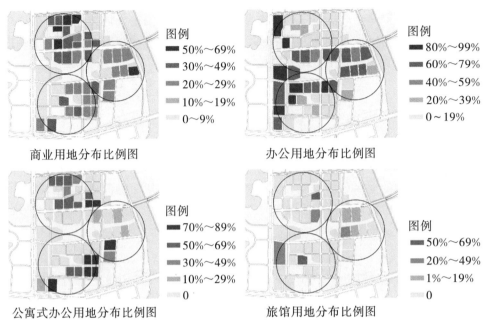

图1　各用地功能占各生活圈比例分布图

4.2　适当提高开发强度

　　用地容积率越高，土地使用效率就越高，这样不仅能保留更多的未开发用地，也能将更多的功能集中在相对集中的用地上，从而缩短市民的出行距离。当绿地率与建筑密度相同时，城市的热岛效应会随着容积率的增高而降低，因为当容积率增高时，建筑高度也会增加，这样一方面提供了更多的阴影面积，另一方面提升了城市下垫面的蓄热能力。因此，提高建成区的容积率同样符合低碳城市的目标，而契合 TOD 理念将容积率最高的地块放置在轨道站点附近的做法将更进一步地提高城市运行效率、减少城市碳排放。根据《江苏省城市技术规划管理规定》（2019 年版），城市新区一般居住用地的容积率上限为 3.5，商业用地的容积率上限为 5.5，办公用地的容积率上限为 5，而数字生态链城将部分商住用地的容积率提高到了 4.0，靠近地铁站的商办混合用地容积率提高到了 10.0。

4.3　采用单向二分路和小尺度街区

　　单向二分路指成对的单向道路，它消除了左转弯相位，允许信号同步来实现"绿波"交通。新城市主义代表彼得·卡尔索普提倡采用单向二分路来提高交通运行效率，其在纽约、波特兰等地取得了良好的实践效果，因此数字生态链城大胆地将单向二分路应用在规范范围内的支路系统上。这种道路系统与 60～200 m 的街区尺度相适配，当街区处在这一尺度之间时，机动车出行优势降低，适合步行。我国 2016 年发布的《关于进一步加强城市规划建设管理的若干意见》提出了"窄马路、密路网"的城市道路规划理念，鼓励采用单行道路的交通组织方式，促进土地的节约利用。数字生态链城大量采用了单向二分路和小尺度街区的模式（图 2）。整个项目内街区一共有 49 个，规划街区 37 个，其中 27 个街区尺度控制在 60～150 m 之间。

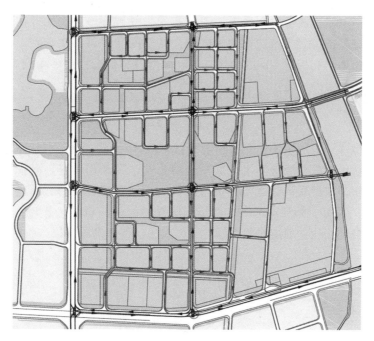

图 2　机动车道路流向规划图

4.4　通过空间布局引导改善微气候

　　建筑的能耗占比中，空调能耗占很大比例。而南京夏季闷热潮湿，冬季寒冷，人们对空调尤为依赖。建筑内的温度是由局部地区的微气候决定的，巧妙布置的建筑布局和精心选择的最优建筑体量能通过改变风的轨迹来改善微气候，不仅能提高室内的舒适度，减少人们对空调的依赖，也能延长人们的户外活动时间，从而提高空间利用率。以微气候模拟软件为依据，数字生态链城的建筑体量设计充分考虑了风的动态特质，通过分散而均衡地布置高度不同的建筑物，可以阻挡大部分冬季风，并保证步行空间有微风。

　　区域内的超高层塔楼会导致大量的下降气流，大面积地布置中低层建筑则不利于风的形成，而通过平衡建筑物的高度并巧妙地分布中型塔，数字生态链城可以确保场地通风良好。在底层的建筑设计上不建议采用大体量的裙房式建筑，而应该采用通透的设计方式，留出小街巷与小广场，让建筑空间更人性化，同时也有助于空气流动，缓解城市热岛效应（图 3）。

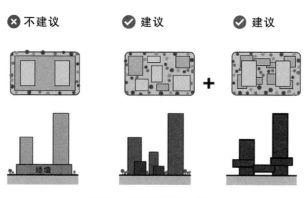

图 3　底层建筑设计建议

精心设计的种植策略也能很大程度上改善城市的微气候环境。例如，在夏季通过高杆树引入更多凉风以及通过种植树冠茂密的树种为城市公共空间和建筑提供荫蔽；在寒冷的冬季，种植层次丰富的常青植物遮挡特定方向的冷风，或利用落叶林的特性使冬季阳光能轻松穿过树枝，从而在冬季提供舒适的室外环境。

4.5　改善慢行环境

低碳交通有两种——大运量快速交通和慢行交通，后者也被称作"最后一公里"，是前者的基础。数字生态链城内的公共绿地不仅内部与各类公共空间紧密相连，而且连接了基地周边的教育中心、交通枢纽、自然资源和重要城市公共空间。这意味着人们可以通过步行或骑自行车轻松而快速地通勤（图4）。地块内部的交通组织同样遵循这一策略，重要的空间节点之间都有绿色廊道相连，而公共文化建筑就布置在绿谷之中，居民将逐渐养成以步行为主的交通方式。

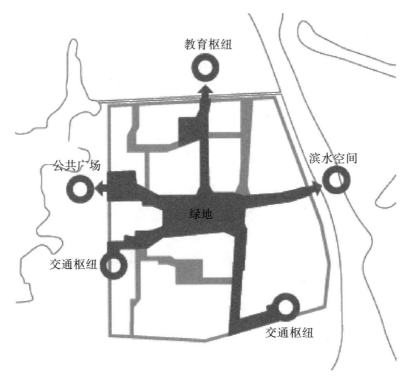

图4　绿地空间连接周边主要交通节点示意图

4.6　增加绿植面积

绿植可直接吸收二氧化碳，也可通过调节周边气候减少能耗来实现碳汇。有相关研究指出，后者的碳汇能力比前者还要高。例如，洛杉矶的模拟研究发现，一棵乔木一年能吸收 4.5～11 kg 碳，但它通过调节气候减少的碳可达 18 kg。数字生态链城最显著的特征之一，就是其有中心面积约 10 hm² 的中央公园。为了使中心公园的面积尽可能的大，公园与南北两侧的多个商办建筑直接连接，这样也能进一步鼓励步行，改善环境；东西向则采用架空结构穿越主干道路，使得中央公园能从数字生态链城的最西边延续到最东边。最终绿地面积从原控规的 13.2 hm² 增加至 20.3 hm²。

丰富建筑的立体结构可对绿色碳汇进行三维扩容，数字生态链城在建筑体量设计的引导上鼓励建筑形体的多元化、小尺度和穿插，这样可以增加建筑表面积，提供更多的屋顶、垂直绿化空间（图5）。

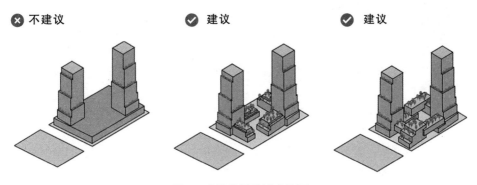

图5　建筑体量设计建议图

4.7　提高绿地系统的生态稳定性

要想城市绿地能稳定地发挥碳汇功能，需要提高绿地系统的生态稳定性。因此，打通各绿地，使城市绿地系统成为有自我调节能力、物种丰富的自然生态圈是必不可少的。首先，数字生态链城建立了基地西侧的百家湖与东侧的秦淮河之间的联系，用一个东西向的超级雨水公园重新连接起江宁两大重要的水体生态圈，并在交通干道上设置了生态天桥。其次，在数字生态链城的各个节点绿色空间均设置了绿色廊道，主要廊道宽30 m，次要廊道宽20 m，这些廊道可以让数字生态链城的各类生物有范围更大的生存空间，从而成为更为多元、活力、稳定的生态系统（图6）。

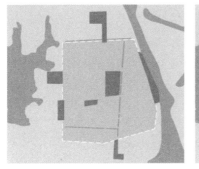
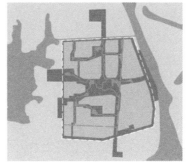

数字生态链城绿地系统现状　　　　数字生态链城绿地系统规划

图6　数字生态链城绿地系统现状图及规划图

5　结语

现在很多城市规划在提到打造低碳城市时，会重点提到需要采用的节能技术或建筑材料等，虽有引导意义，但专业性欠缺，因为这不是在几个月的城市规划项目周期内就能决定的事情。本文所提到的城市设计手法都是顺应城市生态系统的规律，针对城市空间布局提出的调整建议，这些正是城市规划工作者能发挥力量的地方，也是设计的魅力所在，即在不增加过多成本的前提下，对原有的要素进行调整，使效果有很大的提升并具有长期效益，希望这样的设计理念能成为各位规划同仁的共识。同时，希望未来能有更多的研究，将低碳城市的碳循环过程量化，这样不仅能更好地评判和鼓励低碳城市设计手法，也能更好地将低碳与经济发展、文化传承、城市形象、生态景观等其他城市设计目标相平衡。

[参考文献]

[1] Victor Olgyay. Design with climate：Bioclimatic approach to architectural regionalism [M]. Princeton：Princeton University Press，1963.

[2] Douglas Farr. Sustainable urbanism：Urban design with nature [M]. Newyork：John Wiley& Sons，Inc，2007.

[3] Edward Glaeser. Triumph of the city：How our greatest invention makes us richer，smarte，greener，healthier，and happier [M]. London：Penguin Books，2012.

[4] 彼得·卡尔索普，杨保军，张泉. TOD在中国：面向低碳城市的土地使用与交通规划设计指南 [M]. 北京：中国建筑工业出版社，2014.

[5] 游晓婕. 典型空间形态指标对广州市中央商务区热环境的影响 [D]. 广州：华南理工大学，2021.

[作者简介]
刘曾独秀，规划师，就职于上海联创设计集团股份有限公司。

小区紧急避难场所空间布局及优化策略探讨

——以南京市钟阜路小区为例

□柯子林，成佳霖，李可欣

摘要：城市紧急避难场所占地面积小、布置灵活且步行可达，为小区防灾减灾的重要环节，其布局将影响整个小区的防灾效果。本文以南京市钟阜路小区为例，从可达性与有效性两个维度对该小区现有的场所布局进行评价，得出这一区域内空间布局较差、场所可达性不高、场所内部实际可用面积占比较少、总人口与场所实际服务人口比例差异大的结果，然后基于现状，对老城小区紧急避难场所配置提出初步建议。

关键词：小区；紧急避难场所；GIS 服务半径

1 引言

目前全球自然灾害频发，给各个国家的发展带来严重威胁。2017 年联合国发布了 *Economic Losses，Poverty and Disasters*，该报告指出，1998—2017 年中国因自然灾害引起的经济损失排名全球第二，仅次于美国。我国老城小区建筑、人口密度较高，一旦发生灾害，受灾风险更大。近年来，小区防灾逐渐引起国内外重视。例如，第三届世界减灾大会出台的《2015－2030 年仙台减轻灾害风险框架》明确提出应加强个人、小区的防灾能力，培养预防文化；我国第二个防灾减灾日也将"减灾从社区做起"作为主题。

应急避难场所指为应对突发事件设置的、供居民避难的场所。这些场所按等级主要分为三类：中心避难场所、固定避难场所与紧急避难场所。紧急避难场所为临时、过渡性场所，主要包括小公园、小广场或邻里绿地。其因布局灵活、步行可达的特点，为居民就地疏散提供了可能性，已成为小区防灾的重要环节。

2 相关研究综述

2.1 名词解释

紧急避难场所是供避震人员临时或就近避震或疏散的场所，也是避震疏散人员集合并转移到固定避震疏散场所的过渡性场所，主要包括城市内的小公园、小花园、小广场、专业绿地、高层建筑中的避难层等。要求人均有效避难面积不小于 1 m^2，用地不宜小于 0.1 hm^2，服务半径宜为 300～500 m，步行范围约 10 min。

2.2 研究综述

国内诸多学者对应急避难场所开展了相关研究。在研究尺度方面，魏东、唐楠及徐姗构建了均匀度、服务重叠率两项指标，对西安市中心固定避难场所布局进行评价；吴超、王其东和李珊等构建了"最短路径模型"与"最大覆盖范围模型"，对广州市中心避难场所可达性进行定量研究，并提出空间优化措施；刘少丽、陆玉麒和顾小平等以徐州市为例，从服务重叠率、人均可达避难场所面积与人口配置缺口等五个方面，探讨该城市应急避难场所空间分布合理性。在研究方法层面，张培、张靖岩、王佳和朱立新基于数学模型，对北京市某小区的应急避难场所布局进行优化探讨；王伟、张杰和万杰以划定缓冲区构建泰森多边形的方式，分析了合肥市避难场所布局；张威涛、迎运霞通过划定缓冲区、等权叠加的方式对天津市沿海地区避难场所的配置与布局进行了探讨。但就总体而言，应急避难场所的研究尺度集中于宏观层面，对城市总体的大型避难场所研究较多，微观层面涉及较少，采用的方法大多为划定缓冲区，对于实际路网约束下的辐射范围探讨较少。

本文将从小区级紧急避难场所这一微观尺度出发，以南京市钟阜路小区为例，利用 GIS 对其现有空间布局进行研究，并初步提出相关对策。

3 小区紧急避难场所布局评价

3.1 数据准备及处理

本文主要准备了钟阜路小区的兴趣点（POI）数据和路网数据。

3.1.1 POI 数据

为了获取 10 min 步行范围内的紧急避难场所的个数，本文通过数据爬取软件获取百度地图上居住小区及避难场所的 POI 数据，每条 POI 数据涉及名称、地址、省区市、经纬度等多个属性。

本文以钟阜路小区为研究对象，以每栋居民楼为基础单位，最终获取住宅楼数据 119 条。

3.1.2 路网数据

本文通过 OSM 平台（Open Street Map）获取了钟阜路小区城市道路数据，将实际路网中步行所及空间导入 ArcGIS 平台，构建出这一范围内的道路数据集。

3.2 研究方法

本文的研究方法主要有网络分析法和空间叠加法。

3.2.1 网络分析法

网络分析法指通过 ArcGIS 平台，使用其中网络分析（Network Analysis）工具，以道路网络数据为基础，通过服务区功能（Service Area）计算出从某一点出发，相同距离所覆盖的范围。本文划定 300～500 m 的服务范围。

3.2.2 空间叠加法

空间叠加法指通过 ArcGIS 平台将不同图层的数据进行叠加，得出其关联性。本文将住宅楼的服务半径图层与避难场所 POI 图层进行叠加；得出具体服务范围（300～500 m）内所涵盖的小公园、广场。

3.3 评价指标

本文将从可达性、有效性两个维度，对这一小区的紧急避难场所空间布局进行评价。

3.3.1 可达性

可达性即通过某种交通方式到达某一场所的便捷性，常以时间、距离等作为衡量指标。紧急避难场所作为小区避难的重要环节，其可达性直接关系到居民安危。本文通过网络分析法与空间叠加法，衡量紧急避难场所的空间布局合理性。

3.3.2 有效性

除可达性外，有效性也是紧急避难场所的一项重要评价指标，衡量灾害发生时，紧急避难场所在人数、人均面积等方面可否达到预期避难效果。

一是人口配置缺口。本文引入人口配置缺口这一理念，计算应急避难场所的服务范围内，钟阜路小区总人口与紧急避难场所服务范围所覆盖的人口总数之差（按人均 1 m² 计算）。

计算公式：

$$G = S - \sum SP$$

式中，S 为这一小区总人口数，$\sum SP$ 为所有避难场所可容纳的人口数量，G 为两者之差。

二是开放空间比。小广场、公园范围内包含一定面积的树木、杂草，真正可用于避难的区域为硬质铺装，这与实际有效的避难面积存在差异。本文通过对开放空间的计算，得出避难场所实际可容纳的人口数量。

三是人均避难场所面积。钟阜路小区步行可达的紧急避难场所面积与场所服务范围内可以容纳的总避难人口之商。

计算公式：

$$AP = \sum SI / \sum SP$$

式中，$\sum SI$ 为总的避难场所面积，$\sum SP$ 为住宅楼 300～500 m 可达范围内，避难场所可容纳的人口数。

4　实证研究

4.1　研究区概况

南京市位于长江下游黄海地震带上，历史上无破坏力度较大的地震，但常发生小地震。钟阜路小区位于南京市老城鼓楼区西北部，北抵金川河、南至福建路、西至铁路北街，总面积约为 0.456 km²；建筑密度较大，居民 2808 户，总人口为 12752 人。区域内用地类型较丰富，主要包括学校、医院、部队、住宅等用地。

4.2　可达性不高

经实地调研发现，该小区范围内无可用于紧急避难的公园、广场；小区外围公园、广场数量极少，仅存在两处，一处是位于西南角的南洋劝业会文化广场，另一处是位于西边的铁路北街广场。进一步通过路网与叠加分析，两处避难场所可达性不高，300 m 与 500 m 步行范围内，其覆盖居民楼数量分别为 14 栋、38 栋，均不足总楼数的 20%。由于两处避难场所均分布在小区西边以及受到内部道路的阻隔，东部片区居民楼不在服务范围之内，可达性较低（表 1、图 1）。

表1 钟阜路小区紧急避难场所可达现状

居民步行距离/m	可达紧急避难场所居民楼数/栋	居民楼总数/栋	达标率
300	14	199	7.04%
500	38	199	19.10%

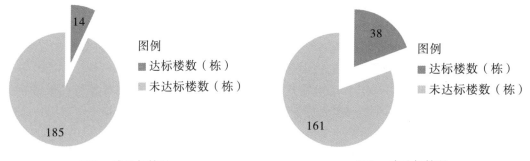

图1 钟阜路小区300 m、500 m达标楼数情况

4.3 有效性状况堪忧

4.3.1 人口配置缺口较大

南洋劝业会文化广场面积为1251 m²，铁路北街广场面积为5042 m²。根据公式 $G = S - \sum SP$（按人均1 m²），与总人口相比，尚有6459人无处避难，占总人口数1/2。主要由于该地区位于老城区，建筑密度较大，无多余土地可用于建设公园、广场等开敞空间，仅有两处位于外部的场所，故人口配置缺口较大（表2、图2）。

表2 钟阜路小区周边紧急避难场所理想可容纳人数一览

钟阜路小区周边紧急避难场所	面积/m²	人均紧急避难面积/m²	可容纳避难人数/人	可容纳总人数/人
南洋劝业会文化广场	1251	1	1251	6293
铁路北街广场	5042		5042	

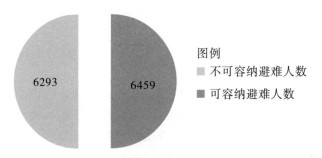

图2 钟阜路小区紧急避难场所人口配置情况

4.3.2 实际开放空间缺口更大

两处避难场所内部均种植大量树木，设置较多草地等软铺装，除去这一类，实际可用于避难的面积仅为3233m²，有效避难面积大幅降低；而南洋劝业会文化广场实际避难面积不足1/4（表3）。基于实际可用于避难的面积，对可容纳人口数进行计算，实际可容纳总人数为3233人，即人口配置缺口率高达74%（表4、图3）。

表3 钟阜路小区周边紧急避难场所有效性一览

钟阜路小区周边紧急避难场所	面积/m²	易于容纳人群区域面积/m²	难以容纳避难人群区域面积/m²	有效率
南洋劝业会文化广场	1251	334	923	26.70%
铁路北街广场	5042	2899	2143	57.50%

表4 钟阜路小区周边紧急避难场所实际可容纳人数一览

钟阜路小区周边紧急避难场所	实际有效面积/m²	人均紧急避难面积/m²	可容纳避难人数/人	可容纳总人数/人
南洋劝业会文化广场	344	1	334	3233
铁路北街广场	2899		2899	

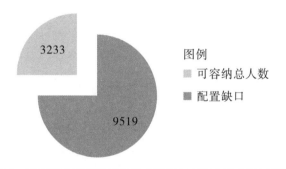

图例
■ 可容纳总人数
■ 配置缺口

图3 钟阜路小区周边紧急避难场所实际可容纳人数示意图

4.3.3 人均紧急避难场所面积不足

通过对步行范围可达的居民楼的家庭人数进行预估，对应至实际避难场所面积，结果发现，该小区人均紧急避难面积与国际标准存在一定差异。南洋劝业会文化广场本身面积较小，除去绿化等面积，在300 m与500 m的步行范围内人均紧急避难面积分别为0.45 m²、0.21 m²，远低于我国相关标准，避难场所内部实际安全性也大大降低。铁路北街广场面积稍大，虽可容纳人数较多，但周围居民楼数量较多，若同时作为多个小区的紧急避难场所，则服务效率更低（表5）。

表5 钟阜路小区周边紧急避难场所实际人均避难面积一览

钟阜路小区周边紧急避难场所	实际有效面积/m²	居民步行距离/m	范围内居民楼数量/栋	范围内居民人数/人	人均紧急避难面积/m²
南洋劝业会文化广场	344	300	7	735	0.45
		500	15	1575	0.21

续表

钟阜路小区周边紧急避难场所	实际有效面积/m²	居民步行距离/m	范围内居民楼数量/栋	范围内居民人数/人	人均紧急避难面积/m²
铁路北街广场	2899	300	7	735	3.94
		500	23	2415	1.20

5 开放潜在紧急避难场所

5.1 小区开敞空间较多

该小区建筑密集,且无多余空间建设绿地、广场等。虽小区范围内无专用应急避难场所,但潜在避难场所较多,涵盖教育设施5处,医疗设施1处,再加上运动场所及其他开放空间,共计22812m²(表6)。

表6 钟阜路小区潜在紧急避难场所一览

类型	名称	场所面积/m²
中学	南京育英外国语学校篮球场	808
	树人国际篮球场	858
大学	南京财经大学入口广场	3075
	南京财经大学篮球场、网球场	7661
	南京财经大学足球场	9084
医院	南京市第二医院花园	1326
合计		22812

5.2 可达性大幅提高

若对小区内运动场所等空间进行开放,不仅能增加小区内避难场所数量,还缓解了原先避难场所仅集中在西部所造成的空间分布不均匀的问题。从具体数据来看,300 m步行范围内的达标居民楼数为原先的10倍,500 m步行范围内居民楼可达数也增加了3倍,小区整体避难情况有了较大转变(表7、图4)。

表7 钟阜路小区改善后紧急避难场所可达情况

防灾生活圈半径/m	现状达标居民楼数/栋	居民楼总数/栋	达标率
300	158	199	79.40%
500	164	199	82.41%

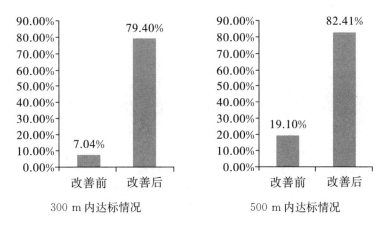

300 m 内达标情况   500 m 内达标情况

图 4   钟阜路小区改善前后紧急避难场所达标情况对比

5.3   有效性大幅提高

有效性主要衡量实际可服务的人数与人均避难面积，该区域内运动设施较多，可用空地较多。若进行开放，则实际服务人数达 26045 人，远大于该小区总人口数（表 8、图 5）。

表 8   钟阜路小区现状和潜在紧急避难场所一览

类型		名称	场所面积/m²	人均避难面积/m²	可容纳避难人数/人	可容纳总人数/人
教育	中学	南京育英外国语学校篮球场	808		808	
		树人国际篮球场	858		858	
	大学	南京财经大学入口广场	3075		3075	
		南京财经大学篮球场、网球场	7661	1	7661	26045
		南京财经大学足球场	9084		9084	
医疗	医院	南京市第二医院花园	1326		1326	
其他		南洋劝业会文化广场	334		334	
		铁路北街广场	2899		2899	
合计			26045		26045	

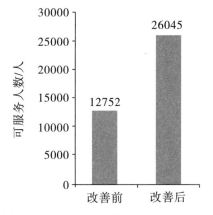

图 5   钟阜路小区改善前后紧急避难场所可服务人数对比

6 结语

综上,本文以南京市钟阜路小区为例,通过网络分析、空间叠加等方法,从可达性与有效性两个维度分析了该小区紧急避难场所的空间布局。总体来看,该小区紧急避难场所位于小区范围之外,数量较少且均位于西部,可达性不高;同时,存在实际面积下可容纳的避难人数较少、人均避难场所面积过小的问题。整体布局上需进行进一步优化。

基于上述问题,有以下几点建议。

第一,改善思路。充分利用现有资源改善为紧急避难场所。针对现状可达性与有效性较低的问题,可充分就地利用小区内部资源,除一般广场、绿地外,将学校操场等开敞空间纳入其中,保障紧急避难场所的规模与质量。老城区范围内用地集约,可缓解紧急避难场所在数量与分布上的压力。

第二,改善途径,灵活打破物质阻隔。出于对安全与安静氛围的考虑,学校大多设置围墙或门禁与外界隔离。当灾害发生时,也可能存在由于围墙等实体空间的阻隔,延误避难最佳时间。针对这一问题,可对门禁设施等进行灵活的管理:平时封闭,遇灾时开启,以满足不同情况与不同人群需求。

第三,思考紧急避难场所与居民密度的匹配问题。对于紧急避难场所的布置,除考虑服务半径外,还应与实际居民数量相匹配。避免内部空间过度饱和或浪费。

[参考文献]

[1] 田雨灵,孙黎,李彬,等.成都市防灾公园绿地规划设计探讨 [J].四川建筑科学研究,2010,36 (6):232-236.

[2] 阎波,翁少彬,谭文勇.重庆沙坪坝单位密集城区防灾绿地系统规划策略初探 [J].自然灾害学报,2012,21 (3):136-143.

[3] 刘少丽,陆玉麒,顾小平,等.城市应急避难场所空间布局合理性研究 [J].城市发展研究,2012,3 (19):113-117,120.

[4] 朱丽娟,赵亚敏.郑州市公园绿地防灾避难能力研究 [J].现代城市研究,2013 (2):1-4.

[5] 赵怡婷,毛其智."防灾社区"概念及相关实践探讨 [J].减灾指南,2013 (3):43-47.

[6] 范一大.我国灾害风险管理的未来挑战:解读《2015—2030年仙台减轻灾害风险框架》 [J].中国减灾,2015 (4):18-21.

[7] 魏东,唐楠,徐珊.基于均衡原则的城市应急避难场所布局合理性评价:以西安市中心城区为例 [J].现代城市研究,2015 (5):43-50.

[8] 张培,张靖岩,王佳,等.城市小区应急避难场所区位配置模型研究 [J].中国安全科学学报,2015,25 (6):172-176.

[9] 顾慧娜,唐波.基于GIS的应急避难场所空间布局及优化:以河源市中心城区为例 [J].华南地震,2017,37 (3):35-40.

[10] 乔鹏,翟国方.韧性城市视角下的应急避难场所规划建设:以江苏省为例 [J].北京规划建设,2018 (2):45-49.

[11] 吴超,王其东,李珊.基于可达性分析的应急避难场所空间布局研究:以广州市为例 [J].城市规划,2018,42 (4):107-112.

[12] 郑丽,谭龙生.覆盖城乡全局的应急避难场所规划探讨:以重庆市巴南区应急避难场所规划为

例 [J]．重庆建筑，2018，17 (6)：21-25．

[13] 屠梦慈，朱颖．基于空间句法的城市防灾公园空间可达性研究：以苏州桐泾公园为例 [J]．中国城市林业，2019，17 (1)：16-20．

[14] 张威涛，运迎霞．灾害危险叠加分异视角下避难场所的配置和布局：以沿海港口城市为例 [J]．城市问题，2019，(8)：41-50．

[15] 吴信仪．防灾生活圈创设之研究：以台中市震灾为例 [D]．台中：逢甲大学，2002．

[16] 涂佩菁．都市生活圈防灾规划原则之研究：以士林生活圈为例 [D]．台北：台北科技大学，2002．

[17] 戴晴．基于 GIS 的应急避难场所适宜性评价：以深圳市地震应急避难场所为例 [D]．北京：中国地质大学，2010．

[18] 王清银．台北市防灾公园灾时安全管理之研究：以青年公园为例 [D]．台北：中华科技大学，2012．

[19] 赵怡婷．防灾社区规划与建设方法探索 [D]．北京：清华大学，2013．

[20] 刘卿婧．城市可持续防灾社区系统建构研究 [D]．武汉：华中科技大学，2015．

[21] 王婷杨．城市防灾生活圈绿地空间研究 [D]．广州：华南理工大学，2016．

[作者简介]

柯子林，成都市规划设计研究院助理规划师。

成佳霖，澳门城市大学创新设计学院博士研究生。

李可欣，北京清华同衡规划设计研究院有限公司助理工程师。

文旅融合规划与发展研究

国家公园统合下的我国风景旅游区保护利用研究进展

□康勇卫

摘要：从对近年来的风景旅游区保护利用相关研究文献的梳理来看，深耕案例地研究是主要推动方式，而不同区域案例地之间的比较研究正成为趋势。风景区规划逐渐形成稳定的团队，其保护思想、利用方式等阶段性特征日益突出。在风景旅游区环境教育开展的研究中，多学科、跨区域合作的研究趋势越发明显，其科普价值将受到更多的关注。中国国家公园的多区域试点、少量批复结果，在一定程度上给众多风景旅游区的保护和利用提出了新命题。国家公园如何统合已有的风景旅游区及其他自然保护地，值得进一步关注。

关键词：风景旅游区；保护利用；国家公园

风景旅游区是以自然风景为主，经过一定程度的开发，成为集游览、观赏及休养、疗养于一体的环境空间，抑或能提供综合旅游服务的专门地域单位。风景旅游区有别于倚重人文景观的名胜旅游区，但二者统一于风景名胜区中。崔凤军认为，风景旅游区还应包括历史遗产。实际上，纯自然的风景旅游区很少，基本上每个风景旅游区都有人文痕迹。相较于所在地的生态保护系统，风景旅游区一般不大，但范围较为确定。有些风景旅游区内部各组成部分不连片集中，但交通方便。风景旅游区规划内容涉及多个自然保护地类型，如国家公园、森林公园、自然保护区、旅游度假区、湿地公园、沙漠公园、风景名胜区、世界遗产地等。本文主要围绕风景名胜区、自然保护区、国家公园3个类型来梳理风景旅游区的保护及利用问题。

1 风景旅游区保护利用研究及相关实践

1.1 风景旅游区保护的相关研究

该方面的研究成果多以"国家公园""森林公园""自然保护区""风景名胜区"主题呈现，这些主题大多包含风景旅游区的保护立法及配套的专项保育规划和整体环境保护规划。研究阶段主题基本覆盖旅游环境容量（1997年）、环境问题（2000年）、资源的保护利用（2002年）、分区保护（2003年）、分区保护原则的探讨（2005年）、中外管理比较研究（2007年）、森林风景资源的保护问题（2011年）、多类型保护区的优化整合（2019年）、生态补偿问题（2020年）、严格保护路径（2021年）和国家公园中动物群体及全球气候变化下海洋生态系统的保护（2022年）等内容。当前，国家公园生态系统的保护主题成为研究的热点。

由上可以看出，风景旅游区保护分类及分区研究趋于内容精细化、保护手段多元化、保护原则严格的特点。诸多研究都对风景旅游区保护价值给予多维评价，并提出解决不合理利用问题的办法。随着景观更新技术的不断升级，风景旅游区保护精度、效度都将随之提升。鉴于各地域保护情况存在差异，建立区域可比较的平台很有必要。该平台可聚合区域小尺度差异，以此提炼大尺度平台上的共性话题。

风景旅游保护区研究中较重要的还有围绕具有世界影响力的风景遗产地的保护影响研究。此类研究的不少成果都提及了不利于风景遗产地保护的因素，如突发事件、水灾以及旅游发展对保护工作产生不小的影响。旅游的深度开发使得风景遗产地的保护工作变得日趋艰难，由旅游活动引起的风景遗产地小气候变化也引起了研究者的关注。

一般来说，园林类旅游景区小气候的调试不仅应有自然影响，也应有人为干预，最终目标是将此种保护惯性延续下去。因人为的积极影响及产业盈利的本能驱动，相关保护法律有了相应的跟进，其中又以城市古典园林景区法律保护最为典型。园林类旅游景区气候舒适度评价（自然方面）的相关研究较为显著。比如，刘景宏从苏州大气候出发，对冬冷夏热、湿润地区的气候特点进行总结。园林景区小气候的影响主要体现在地形、水体、植物、人工建筑等方面。益霖露对气候舒适度的评价标准和应用研究进行了对比分析，总结出适应苏州地区的评价方法。研究者还通过现场实测验证环境模型获得园林微气候参数，如空气温度、相对湿度、风速等，并通过改变覆盖度或密度来重新设计园林中的水体、树木和建筑，以此对重新设计方案的小气候参数、有效温度值与实际花园进行比较，进而提出若干可行的改善城市绿地小气候和热舒适调节效应的策略。改善园林类旅游景区的小气候，在某种程度上是保护园林风景区旅游的可持续发展机会。

1.2 风景旅游区利用相关研究

对风景旅游区利用相关研究的梳理可从风景旅游区的利用前置规划、开发管理规划两方面展开，二者统一于相关理论的总结，或者重于背后运作机制的提炼。发展旅游是风景旅游区的主要利用方式。随着国家"双碳"目标的出台，较多研究者开始关注风景旅游区的"碳足迹"主题。

1.2.1 风景旅游区规划相关研究

编制相关规划是风景旅游区资源利用或发展的必要前提。就风景旅游主题规划来说，可从两个视角展开：一是从修建性规划视角谈某栋建筑小品或旅游场所的设计风格及文化表达；二是从总体发展规划视角，以某个风景旅游区为突破口，分析它的规划设计思想。比如，唐军从旅游规划视角，对沙家浜芦苇荡风景区的风景地域特色的重构与再现进行了梳理。

围绕景观生态学理念，研究者设计了一套核心指标，结合水平视角（规划主题、领域及社会交流）和垂直视角（公众参与、适宜管理、过程工具包）来有效协助规划理念的实现。对规划理念的引进、消化吸收、再创造也得到研究者的关注。比如，张越从日本"里山"及共生、规划概念入手，构建了"新里山"共生规划体系，并以西安杜陵风景旅游区进行实践探索。以小见大式的归纳总结研究及以全局指导具体景区的成果也有出现。比如，周志红以广西大明山景区为例，对山地风景旅游区规划设计作部分探析。另外，Oleksandr Karaso 结合环境心理学和景观生态学研究动态，提出景观一致性与景观价值指标呈正相关关系，对景观规划具有一定的参考意义。

从以上相关文献梳理中发现，该主题研究多从风景旅游区较为宏观的旅游发展规划视角及微观产品设计角度来切入，控制性规划研究相对较少。如何推进严格规划政策的落实及改进相关规划技术还有待研究者深入探索。

1.2.2 风景区旅游利用相关研究

风景旅游区是风景区中较为特殊的区域，是自然保护地系统旅游高质量发展的主要力量，对该方面的研究围绕"生态旅游"主题展开。从旅游营利视角，贺昭和、张昊楠对自然保护区生态旅游开展做出梳理，从不同方面对开展旅游存在的问题进行阐释，并提出相应对策。从生态公益视角，李柏青提出开展生态教育、发展森林旅游的观点。

风景旅游区保护与利用之间的空间尺度转换问题得到了长期的关注。单就风景旅游区开发问题，研究者已延伸至景区景观历史与未来转换问题、地方社区场景—背景在场所创造与场所整治中的适应——迭代转换问题、景区内外协调问题、城乡协调问题、新景区开发问题及开发适宜性评价问题。风景区发展旅游之后的保护矫正（2021）、特殊事件对旅游发展的影响等相关研究（2021）也有研究者关注。对于保护刚性要求较高的风景旅游区，旅游者个性化的体验需求日增。

在"双碳"目标的约束下，如何实现景区本身发展的平衡，需要引进尺度转换平台。实际上，全过程的碳监测可以建立保护与利用中转平台。从主动利用来说，风景区可对旅游者碳足迹进行监测。王环采等人认为旅游碳足迹应包括旅游产业碳足迹、旅游者碳足迹和旅游经济碳足迹。卢宏则针对旅游碳足迹的测算，提出应建立测算标准及测算项目体系。多个案例的研究均给出具体的减碳建议。比如，Annarita Paiano 以意大利某港口旅游者包装袋的改变来检测、评估降碳效果，并在 2010 年与 2018 年比较评估基础上提出减碳建议；María Á. Cadarso 用投入产出方法评估西班牙旅游业的碳排放情况，给后续的旅游投资提供参考；Gudrun Obersteiner 从旅游者产生的废物垃圾的碳排放及管控来梳理引导旅游者减碳。对旅游碳监测背后机制的解释也有相关研究。比如，Ya-Yen Sun 解释环境扩展的投入产出模型推动解决旅游碳管理的多方面问题，并在识别碳足迹、数据、经济模型变化跟踪的基础上，提出通过旅游卫星账户框架和进口产品嵌入式排放处理来提高应用一致性的建议。

被动式的风景区生态系统中碳通量系统的监测多是以定点或半定点方式进行，通过专门仪器来测量，目的是在碳汇、碳流指标上为景区提升利用效率提供参考，也为生态系统的保护提供提前干预的可能。相关研究以硕士、博士论文居多，多从研究者熟悉的案例地展开。预先干预需要生态系统的碳通量系统研究成果的支撑，案例地多选在农田，与水通量统筹来考虑。以风景区碳通量观测研究为例，主要围绕观测方法来展开，如无线传感器、涡动相关技术，案例地多选在森林公园，对其生态系统进行观测。比较系统的研究有于贵瑞的《中国陆地生态系统碳通量观测技术及时空变化特征》（2008 年）。总之，以碳元素为媒介，运用多种监测手段，可尝试建立风景区内人地之间碳流平台，从而为保护与利用建立转换监测平台。

因不同部门对风景区的旅游利用诉求不同，风景区易出现多头开发的问题。实际上，精细化的管理及数字化监测正成为风景区管理者新的目标。区域案例地或某个类型的案例地所遇情况有较大差异，因此对案例地的探索仍具有重要实践意义。在某种程度上，对案例地的认识越深刻，对其利用原则及思想的总结就越成为可能。

1.3 案例地研究

关于案例地文献的研究占研究成果的大多数，几乎每一篇文献都有案例地的身影。也就是说，不论是谈保护还是谈利用，都绕不开案例地研究的支撑。至于某个案例研究结果是否有普遍的推广价值，则需要多方评估。此研究方式仍是必要的，因每个风景旅游区所遇到的情况不一样，故典型案例的意义仍具有参考价值。以武夷山景区为例，研究者主要从旅游开发的角度来展开研究，如游憩资源价值评价、旅游开发的生态影响等。也有一些基础性调研成果呈现。自然方面的多以教学实习或某一自然要素研究成果呈现，如《武夷山风景区不同土地利用的土壤生态环境质量》（2018 年）；人文方面多以资料集呈现，主要以《武夷山世界文化遗产的监测与研究》（2005 年）、《武夷山文学：武夷山世界文化遗产的监测与研究第 4 辑》（2010 年）为代表。旅游利用主题集中在福建片区；江西片区则偏重保护议题，但有深度的区域比较研究文献比较少，或者影响较大（跨学科、跨区域）的研究成果较少。这与旅游资源的分散性和保护制度的区域差异性有直接的关系，但利于跨尺度景观格局的追踪研究，研究结果有助于指导该风景区生态旅游的开展。

1.4　国家公园统合下的风景区旅游保护利用研究

《关于建立以国家公园为主体的自然保护地体系的指导意见》（2019 年）中提出编制自然保护地规划，明确自然保护地发展目标、规模和划定区域。国家公园建立后，在相同区域一律不再保留或设立其他自然保护地类型。未来，国家公园统合下的风景区保护体系将得到进一步的显现。

关于国家公园，在部分风景区的英文翻译中译为"National Park"，如庐山景区。1936 年，国民政府的国家公园计划就是从庐山景区开始的。旅游业兴起以来，关于庐山景区旅游开发与周围环境保护的研究一直被关注，系列的保护规划、资源调查、评价及旅游规划一直没有断。2016 年，庐山规划有调整，旅游主题规划及空间分区规划提上日程。围绕庐山规划，金笠铭团队追踪庐山国家公园的发展历程。相关研究还有王兴中的三清山案例，总结出大型山岳风景旅游地规划设计系统的空间分析方法及模式。2003 年，杨锐教授以梅里雪山、滇西北国家公园为例，展开国家公园的系统研究。

2013 年被认为是中国国家公园元年，在这一年，党的十八届三中全会提出建设国家公园体制。2012 年，张海霞对国家公园旅游规制的制度安排及其实践进行探索（以沙雅胡杨林国家森林公园为例），提出"系统的旅游规制方案是中国国家公园健康发展的基础"。其后，王梦桥梳理了 VERP 理论（以游客使用对游客体验和公园资源的影响为重点的规划和管理框架）在美国拱门国家公园游憩管理中的应用。陈东军等人综合 PSR 评价模型、位序—规模法则、耦合协调度模型对青藏高原国家公园群的多元功能类别、等级结构、功能结构特征进行解析。

闵庆文团队对国家公园的综合管理理论、方法进行系统探索，并以三江源国家公园及神农架国家公园为例，探索文化遗产的保护与生态环境监测、灾害风险管理、社区管理等问题，以及案例地生态经济功能协同提升问题。相关研究成果的呈现形式以国家规范或标准、研究系列丛书为主，后者以国家公园与自然保护地研究书系为代表。此外，中国生态学会组织编写了"新时代中国生物多样性与保护"丛书，如《中国国家公园与自然保护地体系》。

不同精度或不同时间段的风景旅游区旅游规划内容是前后相延的，但需要不同尺度的空间进行衔接安排，由此衍生出多层次空间尺度的转换问题，而多个尺度能否有效对接直接关系到规划能否顺利执行。为实现多种空间尺度的自由转换，需要对景区的空间转换规律进行探索。就某自然保护地生态系统中的风景旅游区来说，在利用过程中有时存在时空两方面转换的问题，即在时间上实现可能的传承，在空间上是否能置换出新的发展地。一般来说，时空尺度转换问题在不同层级或规模的风景旅游区有较大的差异，如何实现差异之间的联系及相异空间之间的转换将是研究的难点。

2 风景旅游区的保护、规划、利用研究

围绕风景旅游区的保护与利用问题衍生的主题较多，旧的主题多以新案例地的增量研究出现，新的主题则通过相关新学科的介入，外延得到相应的拓展。当前，研究者对风景区的研究不再局限于相近学科视角，而是走向更为复杂的学科群集成系统研究。对于风景区的保护利用研究更加注重不同层级的有效统筹及不同阶段诉求的尺度转换问题，由此可从以下三方面展开述评。

2.1 风景旅游区保护思想三阶段

风景旅游区保护工作历来是重要主题。从多个方面来看，保护关注点不断在拓展，从资源单体到单体周边的环境保护、从分区分级到综合协调保护、从不定期的人工巡查到全天候的数字化监测保护等。其间，风景旅游区的保护思想大概历经可持续发展思想、价值共享思想、人与自然和谐共生思想三个阶段。可持续发展思想是风景旅游区发展的基本前提，以保护为重；价值共享思想是对有限旅游资源的深度挖掘，以利用为主要导向，旨在满足旅游者的价值期待；人与自然和谐共生思想是美丽中国建设、生态文明建设的重要支撑，其主要载体是风景旅游区的旅游资源，该阶段人地关系并重，多种效益协同并进。三个风景旅游区保护思想是逐渐更替的，即在不同区域各有侧重甚至叠加出现，但总的趋势是更迭式的。构建以国家公园为主体的自然保护地体系，是风景旅游区保护发展的新方向。

2.2 风景区旅游规划的地域性、学科性特征明显

风景旅游区所在的自然保护地系统相关规划一般涉及核心区的保护、缓冲区的实验、外围区的利用3个主题，每个主题对应一个主导学科。比如，核心保护区的规划工作主要是保护保护地的生态系统，生态学起主导作用；缓冲区的核心工作是协调人地关系，地理学起主导作用；外围区以游憩价值开发为主，园林规划应扮演重要作用；这是风景旅游区规划的着力点所在。3个学科在风景区规划实践中形成学科团队，如围绕风景区规划，生态学以中国科学院地理科学与资源研究所、北京林业大学团队为代表，地理学以北京大学、中山大学、南京大学、北京师范大学团队为代表，园林规划以清华大学、同济大学、北京林业大学团队为代表。从以上梳理中可以看到，学科团队与案例地具有一定的地域匹配度，或者说某个区域得到某个学科团队的长期关注，每个学科团队所规划的区域各有侧重，在不同的科研园地中形成自己的规划风格。

2.3 风景区旅游开发利用三阶段

一般来说，旅游开发有三阶段论，以资源导向性、市场导向性、综合开发三个阶段为代表。那么，其在归纳风景区旅游开发时是否适用呢？风景区的旅游开发具有天然的优势，不存在劣势一说。同样，风景区多依附于更大的保护区，保护是整个自然地系统的第一要义，不存在市场导向的命题。于是，风景区旅游开发三阶段（资源即产品阶段、产品创意升级阶段、人地和谐并进阶段）也就十分明显了。资源即产品阶段是以观光为主的大众旅游阶段，产品创意升级阶段是风景区得到非常高的评价后所提出的更高的要求，人地和谐并进阶段是旅游的发展要兼顾人地和谐关系，重保护，应需求，二者达成和谐，便可进入长久的可持续发展阶段。前面相关研究文献的梳理，一定程度上印证了三阶段论的正确。

综上，风景旅游区的保护与利用研究进入一个新阶段。在新阶段，风景区的建设、发展过

程及其演化规律的总结、空间格局的演进、不同层面规划空间尺度的转换及多种时空尺度的转换的系统研究亟待深入推进，以期在处理资源保护和旅游开发冲突中能找到一些学理支撑。具体来说，应从时间视角处理保护的问题，在空间层面处理发展的问题，在时空尺度转换层面同时处理保护与发展协调的问题。同样，分属不同管理部门的风景旅游区在保护利用中存在协调问题，需要完成时空尺度转换。这是以国家公园为主体的自然保护地系统旅游开发必须回答的问题，对跨区域的案例地研究具有区域整合及小尺度对比的意义。

3　研究趋势

基于风景旅游区研究文献、规划实践的梳理及述评，未来风景旅游区研究应把握以下三点。

3.1　多学科的集成研究

风景区的研究主要涉及保护与利用两个主题，其中保护议题涉及多个学科，如生物学、风景园林学、生态学、地理学等，利用主题可能涉及的学科有规划学、旅游学、心理学、环境学、管理学等。要在风景旅游区中处理好保护和利用关系，必须走多学科合作研究之路。特别是在全球变暖的大背景下，如何协调保护与共享的矛盾，让人地关系走向较为稳定的动态平衡，应抛开学科之见，从多个视角、多个侧面来破解风景区的发展问题。在学科融合加速的进程中，学科的两两融合是第一步，如景观生态学就是融合的典范。集成研究的目标是形成旅游区景观治理的行业规范及设计标准。

3.2　跨地区、跨部门治理研究

通过世界遗产地及国家公园或自然保护地系统将全球风景区相关研究串联起来，虽然这些研究区域性特征明显，但是共同关注的话题却很多，特别是风景旅游区的价值共性，如遗产价值、游憩价值应是研究者关注的重点。由此，未来围绕风景旅游区的跨国研究将成为趋势。事实上，已有相关合作出现，如北京林业大学与新西兰林肯大学、清华大学与美国哈佛大学、同济大学与德国高校之间的合作，可见国家公园主体显然是合作的重要内容。在全球变暖的大背景下，如何减少碳排放，风景旅游区是重要的监测点，而监测的方法及监测结果是否能与全球尺度达成一致则需要全世界研究者共同参与进来。已有的相关非政府组织正在推动开展相关的工作，如世界遗产组织、人与生物圈组织等。

在中国，合作研究是新趋势，部分风景旅游区横跨两省或几省，应先建立统一的保护屏障。同一个风景旅游区往往由不同部门共管，是否要开展部门大联合调查研究，答案是肯定的。不同管理部门诉求各有侧重点，但终极目标是一致的：人与天调，和谐共生。

3.3　风景区游憩及教育价值的展示研究

多方参与的风景区研究，其成果更有推广价值，而通过研究成果向公众展示是研究的出发点之一。由此，风景旅游区的科普解说将是未来研究的重要方向，其过程将通过发展旅游来推进，其研究成果不仅仅是满足旅游者增长见识的目标，更应是低碳行为。一般来说，人与自然和谐共生应是风景旅游区研究不断追求的目标。公众通过游览国家公园，可能会受到一些启发或震撼，至于他们是否会积极参与国家公园的保护事业，需要长期的跟踪评估，不过仍会减少公众一些不当的破坏行为，这本身就是节约保护成本的体现。在游憩价值与教育价值的提炼中，对生态价值的坚守不能忽视，由此有必要建立诸多价值秩序，最终通过保护、利用、管控来实现民生价值。比如，《三江源国家公园总体规划（2023—2030年）》中，在强调保护管理体系建设的同时，也注意教育体验平台的建设。

总之，风景旅游区是一个大系统，又可分成多个子系统，涉及面较广，是个复杂的研究工程。因此，多学科、多部门、多区域的集成研究将成为趋势。因风景旅游区资源禀赋高、旅游者体验需求高的特殊性，使保护与利用门槛不断提高，由此，相关研究成果在服务公众期待及发挥科普解说价值的要求也在提高。国家公园本身是一个复杂的人地关系系统，承载了上述诸多期待，推进相关研究是一个重要的突破口。

[参考文献]

[1] 岳怀仁. 风景旅游区经营与管理 [M]. 昆明：云南大学出版社，1998.

[2] 中国风景园林学会. 中国风景园林学会2011年会论文集（上册）[M]. 北京：中国建筑工业出版社，2011：29-33.

[3] 王唯山. 从历史社区到世界遗产：厦门鼓浪屿的保护与发展 [M]. 北京：中国建筑工业出版社，2019.

[4] 骆培聪. 武夷山国家风景名胜区旅游环境容量探讨 [J]. 福建师范大学学报（自然科学版），1997（1）：94-99.

[5] 彭翔. 武陵源风景名胜区环境问题的现状、成因及对策 [J]. 旅游学刊，2000（1）：43-46.

[6] 唐军. 沙家浜芦苇荡风景旅游区规划设计的思考 [J]. 中国园林，2001（3）：31-34.

[7] 仇保兴. 风景名胜资源保护和利用的若干问题 [J]. 中国园林，2002（6）：4-11.

[8] LEITAO A B, AHERN J. Applying landscape ecological concepts and metrics in sustainable landscape planning [J]. Landscape and Urban Planning, 2002, 59 (2)：65-93.

[9] 周年兴. 自然遗产地保护分区模式探讨：以武陵源风景名胜区为例 [J]. 中国园林，2003，19（7）：17-19.

[10] 王兴中. 三清山风景名胜旅游区规划与设计 [J]. 山地学报，2004，22（1）：66-72.

[11] 谢凝高. 国家风景名胜区功能的发展及其保护利用 [J]. 中国园林，2005，21（7）：1-8.

[12] 周武忠. 旅游定位与城市新区开发：以湖州东方好园风景旅游区为例 [J]. 东南大学学报（哲学社会科学版），2005（1）：72-77.

[13] ANTROP M. Why landscapes of the past are important for the future [J]. Landscape and Urban Planning, 2005, 70 (1-2)：21-34.

[14] 孟宪民. 美国国家公园体系的管理经验：兼谈对中国风景名胜区的启示 [J]. 世界林业研究，2007，20（1）：75-79.

[15] 贺昭和，秦卫华，王智. 我国自然保护区生态旅游发展的存在问题及对策 [J]. 生态环境，2007（1）：253-256.

[16] 许丽忠，张江山，王菲凤. 熵权多目的地TCM模型及其在游憩资源旅游价值评估中的应用：以武夷山景区为例 [J]. 自然资源学报，2007，22（1）：28-36.

[17] 李柏青，吴楚材，吴章文. 中国森林公园的发展方向 [J]. 生态学报，2009，29（5）：2749-2756.

[18] 文雅香，钟全林，夏金林. 旅游对武夷山景区灌木林物种多样性及其根系生物量的影响 [J]. 地理科学进展，2009，28（1）：147-152.

[19] 周志红. 山地风景旅游区规划设计探析：以广西大明山风景旅游区总体规划为例 [J]. 规划师，2011，27（6）：64-71.

[20] 程芳欣, 田涛. 城市近郊风景旅游区中城中村环境整治研究 [J]. 小城镇建设, 2011 (6)：41-46.

[21] 李如生. 中国世界遗产保护与发展模式探讨 [J]. 世界遗产, 2014 (7)：22-23.

[22] 陈坚. 苏州传统私家园林气候设计的历史经验研究 [D]. 西安：西安建筑科技大学, 2014.

[23] 石垚, 张微, 任景明. 生态敏感区旅游开发适宜性评价及生态制图方法 [J]. 生态学报, 2015, 35 (23)：7887-7898.

[24] 张越, 文静. "新里山" 共生规划的构建与应用探讨：以西安杜陵风景旅游区规划为例 [J]. 资源开发与市场, 2016, 32 (2)：219-225, 封 3.

[25] 张昊楠, 秦卫华, 周大庆. 中国自然保护区生态旅游活动现状 [J]. 生态与农村环境学报, 2016, 32 (1)：24-29.

[26] CADARSO M Á, GóMEZ N, LóPEZ L A. Calculating tourism's carbon footprint：measuring the impact of investment [J]. Journal of Cleaner Production, 2016, 111, 529-537.

[27] 赵斐. 风景区与景区内乡村协调发展的对策探析：以广西百色市田东县十里莲塘风景旅游区为例 [J]. 小城镇建设, 2017 (2)：84-88.

[28] MURPHY D J, YUNG L. Rethinking climate change adaptation and place through a situated pathways frame work：A case study from the Big Hole Valley, USA [J]. Landscape and Urban Planning, 2017, 167, 441-450.

[29] 卢宏. 旅游碳足迹的测算研究进展与展望 [J]. 旅游研究, 2018, 10 (2)：75-83.

[30] REIMANN L, VAFEIDIS A T, BROWN S, et al. Mediterranean UNESCO World Heritage at risk from coastal flooding and erosion due to sea-level rise [J]. Nature Communications, 2018 (9)：4161.

[31] 马童慧, 吕偲. 中国自然保护地空间重叠分析与保护地体系优化整合对策 [J]. 生物多样性, 2019, 27 (7)：758-771.

[32] 陈世苹, 游翠海, 胡中民, 等. 涡度相关技术及其在陆地生态系统通量研究中的应用 [J]. 植物生态学报, 2020, 44 (4)：291-304.

[33] YANG Y, YAO C X, XU D L. Ecological compensation standards of national scenic spots in western China：A case study of Taibai Mountain [J]. Tourism management, 2020, 76 (2)：1-17.

[34] XIONG Y, ZHANG J P, XU X Y. Strategies for improving the microclimate and thermal comfort of a classical Chinese garden in the hot-summer and cold-winter zone [J]. Energy and Buildings, 2020, 215, 109914.

[35] KARASOV O, Vieira A A B. Landscape coherence revisited：GIS-based mapping in relation to scenic values and preferences estimated with geolocated social media data [J]. Ecological Indicators, 2020, 111, 105973.

[36] PAIANO A, CROVELLA T, LAGIOIA G. Managing sustainable practices in cruise tourism：the assessment of carbon footprint and waste of water and beverage packaging [J]. Tourism Management, 2020, 77, 104016.

[37] SUN Y Y, CADARSO M A, DRIML S. Tourism carbon footprint inventories：A review of the environmentally extended input-output approach [J]. Annals of Tourism Research, 2020, 82, 102928.

[38] 闫颜, 唐芳林, 田勇臣. 国家公园最严格保护的实现路径 [J]. 生物多样性, 2021, 29 (1)：123-128.

［39］王梦桥，王忠君. VERP理论在国家公园游憩管理中的应用及启示：以美国拱门国家公园为例［J］. 世界林业研究，2021 (1)：25-30.

［40］SHAKER M, HERMANS E. Identification of key measures to promote and enhance cycling for visiting National Parks：A case study of Peak District National Park, England ［J］. Journal of Outdoor Recreation and Tourism，2021，35，100406.

［41］SOUZA C N, RODRIGUES A C, CORRETA R A, et al. No visit, no interest：How COVID-19 has affected public interest in world's national parks ［J］. Biological Conservation，2021，256，109015.

［42］OBERSTEINER G, GOLLNOW S, ERIKSSON M. Carbon footprint reduction potential of waste management strategies in tourism ［J］. Environmental Development，2021，39，100617.

［43］HALSTEAD B J, RAY A M, MUTHS E, et al. Looking ahead, guided by the past：The role of U. S. national parks in amphibian research and conservation ［J］. Ecological Indicators，2022，136，108631.

［44］ABE H, MITSUI S, YAMANO H. Conservation of the coral community and local stakeholders'perceptions of climate change impacts：Examples and gap analysis in three Japanese national parks ［J］. Ocean & Coastal Management，2022，218，106042.

［45］欧阳怀龙，周伶玲. 匡庐规划多华章：庐山风景名胜区规划的历史沿革［C］// 金笠铭等. 问道庐山：论庐山风景名胜区规划. 北京：科学出版社，2021：14-43.

［46］王颖. 基于无线传感网的森林生态系统碳收支研究［D］. 南京：南京大学，2016.

［47］闫敏. 森林生态系统碳通量多模式模拟与动态分析［D］. 北京：中国林业科学研究院，2016.

［48］刘玉莉. 两种典型竹林生态系统碳收支动态及驱动力分析［D］. 杭州：浙江农林大学，2018.

［49］益霖露. 风景园林小气候设计的气候分析方法初探［D］. 西安：西安建筑科技大学，2019.

［基金项目：中国博士后科学基金课题（2022M722407）；江西省社科"十四五"（2023年）（23LS01）。］

［作者简介］
康勇卫，副教授，就职于江西师范大学历史文化与旅游学院。

新型城镇化语境下民用航空对云南旅游城镇发展的影响

□简海云，林晓蓉，熊帼，李迎彬

摘要：在新型城镇化背景下，丰富的旅游资源与相对发达完善的民航机场体系使民用航空成为克服时空阻隔，推进云南旅游与城镇化创新发展的动力因素。风景资源的旅游价值加上航空运输的高可达性，吸引更多游客、旅游相关产业从业者、设施、资本在旅游目的地聚集，形成旅游城镇的规模经济和边际效益，促进"飞地型城镇"的发展。在对云南的实证研究中，经过相关性分析、耦合协调度分析、GIS空间分析方法后，发现民用航空与云南旅游业和城镇发展呈现高度正相关关系。受当地机场"枢纽—轮辐式"的体系结构和"东轻西重"的非均衡空间分布特征影响，形成以滇中的昆明为旅游枢纽城市，以滇西北的丽江、迪庆，滇西南的西双版纳，滇西的大理、腾冲为地区旅游中心城市，其他旅游城镇为旅游节点的三级旅游城镇体系。沿边地区的旅游开发尚未得到良好的航空服务支撑。进而从机场布局、航线优化、基于全域旅游概念的"多规合一"等方面提出促进航空与旅游城镇协调发展的改进建议。

关键词：民用航空；旅游城镇化；可达性；枢纽—轮辐式；飞地型城镇

1 引言

新常态下，国内经济增速放缓，产能过剩、资源约束趋紧的宏观环境倒逼城镇发展由增量扩张向存量提质转型。在此背景下的新型城镇化，更强调以创新发展逐步替代导向型传统工业的路径依赖，实现产品生产型的"重经济"与服务消费型的"轻经济"的融合互补。旅游城镇化作为新型城镇化的创新模式之一，以其对资源的低消耗、生态环境的低冲击，以及吸纳大量劳动力就业和对关联产业链的带动优势，为西部欠发达地区城镇化注入新的活力，契合以云南为代表的中国西南地区自然环境良好、旅游资源丰富的地域资源禀赋优势。

旅游城镇化的概念起源于福特主义（Fordism）时期的高工资和大众消费。1991年，澳大利亚学者帕特里克·马林斯（P Mullins）在研究阳光海岸和澳大利亚黄金海岸两座海滨城市的基础上提出，"旅游城镇化是20世纪后期在西方发达国家出现的、基于后现代主义消费观和城市观的一种城市形态"。国内学者将其内涵界定为：旅游城镇化是以旅游业为主导或支柱产业，带动旅游区非城镇人口向城镇转移和聚集，旅游城镇的数量不断增加、规模不断扩大、质量不断提高，城镇在人们旅游活动中的作用逐渐增大的现象。

旅游城镇化的发展离不开便利快捷的交通条件支撑。云南地处西南内陆，与内地的空间距离阻隔及交通联系困难长期制约其旅游业的发展。与此同时，云南民用航空在国内具有悠久的历史。近年来的机场属地化改革在体制上保证了航空业与地方发展的融合。随着2012年昆明长水国际机场的建成运营和省内支线机场的持续扩建，云南形成国内较为发达完备的"枢纽－轮辐式"[①]（Hub-spoke）民航机场体系，在空间与设施上具备了民用航空业促进本地区旅游城镇发展的独特优势与发展潜力。为此，本文从民用航空角度研究讨论航空可达性改善与云南旅游城镇发展的关系。

2 民用航空对旅游城镇化的作用与意义

2.1 旅游城镇化对地方发展的作用

旅游城镇化的核心是旅游产业带动下的农村人口、空间向城镇转移，并吸引游客与产业、资本、设施在城镇聚集。旅游城镇化能够促进旅游中转城市、旅游目的地城市、旅游小城镇的发展建设，如公共服务与基础设施的完善、旅游相关就业服务岗位的创造、城镇空间与景观风貌品质的提升、城市地域文化特色的保护与展现等，还会促进旅游业与第一、二、三产业的多元融合，推动旅游城镇的投资消费升级，创造大量就业岗位，实现人口就地城镇化。

据世界旅游业理事会统计，2013 年全球旅游收入占全球 GDP 的 9%（图 1），创造全球 9% 的工作岗位。而世界旅游组织的统计资料显示，旅游业能够直接或间接地带动和影响第一、二、三产业中超过 110 相关行业的发展，旅游业 1 美元的增加值可为社会带来 4.3 美元的财富，旅游产业增加值每提高 10 个百分点，就会推动国内生产总值增长 0.8 个百分点。我国是旅游大国，2012 年接待入境游客总数 13240.53 人次，规模总量继续保持世界第三位，仅次于法国和美国；实现旅游外汇收入 500.28 亿美元，继续保持世界第四位，旅游发展潜力巨大。

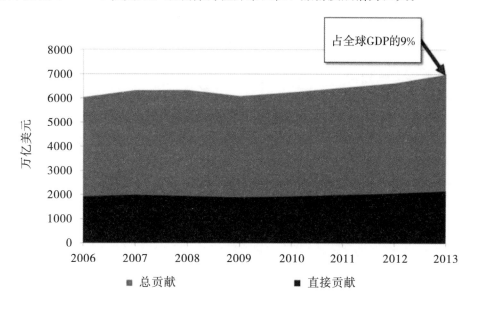

图 1　2006—2013 年旅游业对全球 GDP 的贡献

资料来源：WTTC，Travel & Tourism Economic Impact 2014，page7。

传统工业化带动的城镇化需消耗较多的能源和自然资源，并会增加环境污染排放风险，面临着成本高昂的转型升级压力。相比之下，旅游业属于体验性的消费经济，对自然资源消耗少，能够创造就业服务岗位并吸纳大量农村剩余劳动力，对环境污染风险小，对经济的持续拉动作用强。

2.2　民用航空与旅游城镇发展的关系

美国城市规划理论家刘易斯·芒福德（Lewis Mumford）在为霍华德（Ebenezer Howard）的著作《明天的田园城市》再版写导论时认为，田园城市与飞机是人类文明从 19 世纪向 20 世纪迈进的两大重要发明。卡萨达（John D Kasarda）提出的经济发展"第五波理论"认为，航空业是几百年来，继海运、运河和水运、铁路、高速公路之后，在 21 世纪成为推动全球城市和经济发展的第五波热潮，机场将成为一个地区和城市经济增长的发动机。航空运输带来的时空收敛效应，使其成为距离超过1000 km的长途旅行和国际旅行的主要交通方式，也使得客源地城镇通过航空网络与旅游目的地城镇交流联系日益快捷密切，在大大提高旅游景区可达性的同时，也促进旅游目的地城镇的发展。李柏文以张家界、丽江、腾冲三地机场为例，认为旅游交通的改善为旅游城镇化过程中生产要素的流通和集聚提供了重要的基础保障，有利于旅游产业的空间集聚与扩散。许多国内外的知名旅游城市均通过与航空业紧密合作，带动旅游业和城市本身的发展。

常言道，无限风光在险峰。旅游作为体验类的消费经济，其效用在空间上的可替代性通常较小，不同的风景需要旅游者亲临旅游目的地实际体验感受。旅游资源和旅游城镇往往存在空间布局分散、可达性差的问题。随着经济收入的提高和生活水平的改善，旅游者对旅游时间成本敏感性和旅游舒适性的要求不断提高。根据 Prideaux（2000）的旅游交通费用成本模型（图 2），在给定旅游时间消费预算的前提下，旅游者会根据旅行成本、时间成本和舒适度成本选择不同的旅游目的地。

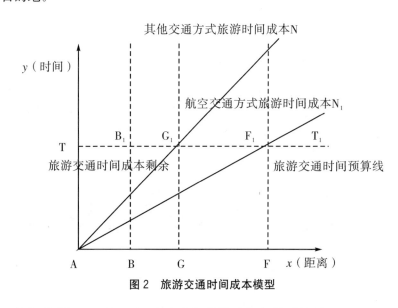

图 2　旅游交通时间成本模型

资料来源：根据 Prideaux（2000）的旅游交通费用成本模型绘制。

在图 2 中，y 轴代表旅游的时间成本，x 轴表示旅游距离。A 为旅游客源地，B、G、F 是与客源地 A 距离不同的 3 个旅游目的地。A－N 代表其他交通方式（如公路、铁路等）的较高交通时间成本，A－N_1 代表航空交通方式时间成本。从旅游消费的层面来分析，在旅游交通时间预算线和交通时间成本共同作用下，旅游者只能在 B 地和 G 地之间选择旅游目的地；当旅游交通方式改为航空方式时，旅游目的地的可选范围扩大到更远的 F 地，从而获得更大的旅游体验。在航空日渐成为"说走就走"的大众消费的今天，民用航空大大降低了旅游的时间成本，激发了更多的旅游消费需求，使得旅游者可以跨越时空障碍，去到更多、更远的旅游目的地，从而提高旅游体验。风景资源的观光价值加上航空运输的快捷特点，吸引了更多游客、旅游相关产业从业者、设施、资本在旅游目的地及旅游城镇聚集，实现旅游城镇的规模经济和边际效益递增，促进其"飞地型城镇"的发展。一方面，民用航空的速度经济与全球网络特征大大改善了机场所在区域周边的旅游目的地，尤其是边远旅游区的可达性，为旅游资源的开发、旅游者和外部投资的聚集、旅游城镇的发展提供交通保障与支持；另一方面，旅游业的振兴、旅游城镇的良性发展也为民用航空带来了稳定的客流和可靠的收入（图3）。

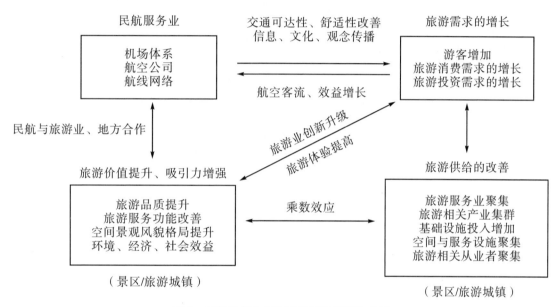

图 3 民航服务业与旅游城镇发展互动关系

3 民用航空与云南旅游城镇发展的实证分析

3.1 研究对象、研究方法、研究数据

3.1.1 研究对象

本研究的对象为云南省域范围内全部 16 个地州（市）和其主要风景旅游区，以及省内目前已建成并投入运营的 12 座民用航空机场。

云南省位于中国西南部，2010 年总人口 4596 万，总面积约39.4 万 km²，占全国面积的 4.11％，其中平原坝区面积约占全省面积的 6％，山区半山区面积约占全省面积的 94％，是典型的山地省份。与云南省相邻的省区有四川、贵州、广西、西藏。云南省东西最大横距864.9 km，南北最大纵距990 km，陆地边界线长4060 km，是我国少数民族种类最多的省份，少数民族人口占全省总人口的 1/3，少数民族人口数量占全国少数民族人口数量的 1/7。

云南省是我国旅游资源最丰富的省区之一，拥有世界文化遗产 5 处，国家级和省级风景名胜区 57 处、国家级和省级森林公园 22 处、自然保护区 5 处、国家级和省级历史文化名城 9 个、全国重点文物保护单位 187 处，初步形成了一批以高山峡谷、现代冰川、高原湖泊、石林、喀斯特洞穴、火山地热、原始森林、文物古迹及少数民族风情为特色的旅游开发区。

云南省的航空业在全国具有悠久的发展历史，创建于1922年的昆明巫家坝机场是中国第二个机场。抗日战争时期，云南曾先后建设了55个军用机场作为美国飞虎队和驼峰航线的主要基地，有力地支援了全国的抗战。截至2014年，云南省共有民用航空机场12个（不含在建机场4个），其中枢纽机场1个、中型机场2个、支线机场9个；机场密度达到3.0个/10万km²，显著高于全国平均机场密度值（1.9个/10万km²），形成较为完善的以"枢纽—轮辐式"为主的地方机场体系。昆明长水国际机场处于国际航路A599、A581、G212交汇点，2014年开通始发航线367条，其中国际航线50条；通航城市137个，其中国际通航城市34个。云南民航客运量增长比例连续多年居全国第一位，2014年客运吞吐量超过4000万人次，位列全国第4，位列西部省份第1，其中昆明长水机场年客运吞吐量突破3000万人次，在全国排第7位。云南"枢纽—轮辐式"的航空网络结构以省会城市枢纽机场为核心，以400km为半径的区域分布较为密集发达的支线机场群。云南省域西部的机场密度较高，95％以上的省内航空出行客流集中在滇中地区到此区域范围。

3.1.2 研究方法

本研究主要采取以下定量研究方法。

一是航空绩效与各旅游片区旅游业收入、城镇化水平相关性分析。借助SPSS19.0软件，分别对各地州（市）2007年至2013年城镇化水平与其最近机场航空客运吞吐量、2007年至2013年旅游总收入与其最近机场航空客运吞吐量进行相关性分析，并在此基础上建立影响旅游收入增长的旅游资源与航空客运量要素多元线性回归分析模型，以判断航空业绩效与旅游业收入、旅游城镇化发展水平之间的关系。

二是航空绩效与旅游发展的耦合协调度分析。为研究航空可达性和旅游业发展之间的耦合协调度，本文借鉴已有学者的研究成果，构建反映各旅游发展片区航空绩效与其旅游业发展关系的耦合协调度模型，即

$$D(x,y)=\sqrt{(C\times T)}$$
$$C=\{(u_1\times u_2)/[(u_1+u_2)\times(u_1+u_2)]\}1/2$$
$$T=\alpha u_1+\beta u_2$$

其中，$D(x,y)$为耦合协调度，C为耦合度，T为综合协调指数，u_1为旅游业发展指数，u_2为航空可达性指数，α、β为待定系数。由于旅游发展系统与航空可达性系统具有同等重要性，这里α和β均取0.5。

三是基于ArcGIS10.0的数据空间分析与可视化表达。在定量分析过程中，将航空客运量、机场可达性、县（市）旅游业收入、旅游收入占GDP比重等相关数据，通过ArcGIS10.0的Network Analyst Tools、Spatial Analyst Tools、3D Analyst Tools、Cartography Tools等模块做数据的空间分析与可视化表达，以进一步直观呈现航空对旅游城镇发展的空间影响效果。

3.1.3 研究数据

城镇化数据、地州及县（市）经济数据主要来自云南省统计年鉴和地州（市）统计年鉴。旅游业发展数据包括地州（市）、县（市）年接待游客总量，国内外游客数，年旅游收入等主要来自云南旅游年度报告。主要旅游资源包含截至2012年底各地州（市）的AAA级以上景区、国家级历史文化名城（镇村）、国家级自然保护区、国家公园、国家级风景名胜区及世界文化遗产。机场航班、航线、航空客运吞吐量数据主要来自云南机场年刊。

3.2 民用航空在云南旅游交通中的优势

云南地处中国西南地区，旅游资源丰富，与长三角、珠三角、京津冀、华中等地区的主要城镇群的空间距离均超过1500 km。长期以来，交通联系困难、可达性较差的瓶颈一直是制约云南旅游业发展的主要因素之一。在多山、地理阻隔严重、城镇布局分散、城镇人口密度低的特定条件下，云南铁路、高速公路等地面交通基础设施需要在线网、节点等方面投入建设，经济成本与时间成本高昂。相比之下，航空网络的建设则主要集中在节点—机场的建设上，航路上的投入很少，具有初期建设成本的集约性。据测算，在云南修建高速公路的平均造价为每公里4000多万元，甚至部分地区的高速公路每公里造价为5000万～6000万元，中国高铁的平均造价约为1.5亿元/km，而修建一个支线机场的资金总额仅3亿元到4亿元。也就是说，修建10km高速公路的费用或修建2～3 km高铁的费用，就可以在云南建一个支线机场。可见，云南航空相对于铁路、公路的建设成本优势明显，并且机场也显著提高了旅游资源和旅游城镇的区域可达性，为飞地型的旅游城镇化发展奠定基础。对比可知，滇中地区之外的民航机场显著提高了滇西北、滇西、滇西南、滇东南的旅游资源可达性，上述机场邻近地区的城镇化水平也往往较周边地区高。

3.3 民用航空对云南旅游业与城镇发展的带动

旅游资源丰富的云南，立足自身优势，创新城镇化模式，以民用航空驱动旅游城镇化发展，不仅将机场作为交通基础设施，而且作为旅游门户进一步与旅游城镇功能相融合，使得旅游城镇实现快速的客流、物流、信息流、资金流的规模聚集，从而促进城镇化提速与提质，成为云南实现新型城镇化目标的重要抓手。

统计数据表明，云南旅游业在航空业的带动下实现了快速发展。2005—2013年，云南旅游业总收入由420亿元增长到2111.24亿元，年均增幅达到50.3%。年入云南游客总数由7011万人次增长到2.44亿人次，年均增幅达到31%。旅游业是云南稳固的支柱产业，旅游业收入占全省GDP比重始终超过10%且份额逐年加大。近年来，云南旅游业经济一直呈现快速发展的态势，成为带动地方经济较快发展的强劲动力（图4至图7，均根据云南省统计年鉴数据）。

图4　2007—2013年云南省国内游客数

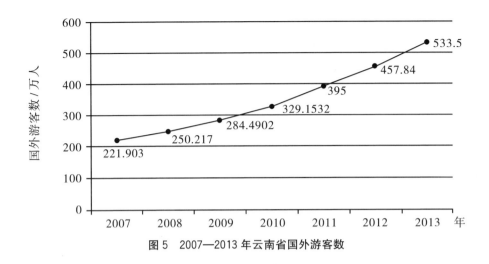

图5　2007—2013年云南省国外游客数

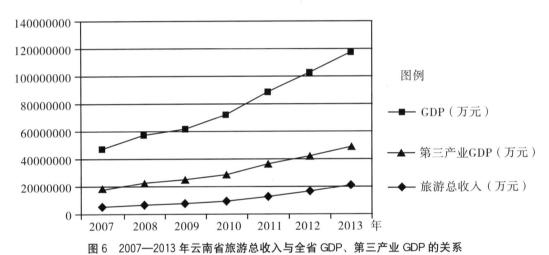

图6　2007—2013年云南省旅游总收入与全省GDP、第三产业GDP的关系

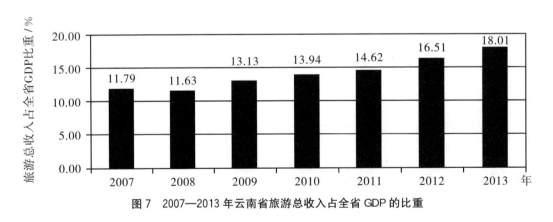

图7　2007—2013年云南省旅游总收入占全省GDP的比重

3.3.1　民航客运量与旅游业收入、城镇化水平相关性分析

首先，从全省整体层面研究，以云南省各地州（市）的旅游总收入、城镇化率与吞吐量数据标准化后进行相关性分析发现，发现民用航空客运量的增长与旅游业的发展和城镇化水平存

在高度正相关性的关系（图8、图9、表1，均根据各年份云南统计年鉴绘制）。相比而言，云南的国内游客数对旅游总收入影响比入境游客数影响更大。

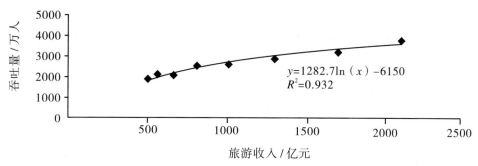

$$y=1282.7\ln(x)-6150$$
$$R^2=0.932$$

图8　云南省航空客运吞吐量与旅游收入的关系

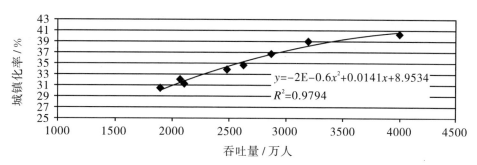

$$y=-2E-0.6x^2+0.0141x+8.9534$$
$$R^2=0.9794$$

图9　云南省航空客运吞吐量与城镇化水平的关系

表1　云南省旅游总收入、城镇化率与民航客运量的相关性分析

类型	国内游客数	国外游客数	旅游总收入	GDP	三产 GDP	人均 GDP	城镇化率	吞吐量
旅游总收入	0.999＊＊	0.997＊＊	1	0.994＊＊	0.993＊＊	0.993＊＊	0.987＊＊	0.983＊＊
	0	0		0	0	0	0	0
	7	7	7	7	7	7	7	7
城镇化率	0.986＊＊	0.992＊＊	0.987＊＊	0.990＊＊	0.991＊＊	0.990＊＊	1	0.963＊＊
	0	0	0	0	0	0		0
	7	7	7	7	7	7	7	7
吞吐量	0.988＊＊	0.978＊＊	0.983＊＊	0.965＊＊	0.968＊＊	0.964＊＊	0.963＊＊	1
	0	0	0	0	0	0	0	
	7	7	7	7	7	7	7	7

注：＊＊表示相关性在0.01水平显著。

其次，从分地区层面研究，通过对云南六大旅游片区采用 SPSS19.0 软件分别做各地州（市）2007—2013 年城镇化水平、旅游总收入与其最近机场航空客运吞吐量的相关性分析，结果如下（表 2）。

表 2　云南六大旅游片区民用航空吞吐量与城镇化水平/旅游收入的相关性分析

旅游片区	所在地州（市）	最近机场所在地	民用航空吞吐量 & 城镇化水平相关性	民用航空吞吐量 & 旅游收入相关性
滇中	昆明	昆明	0.973	0.979
	曲靖	昆明	0.959	0.969
	玉溪	昆明	0.965	0.983
	楚雄	昆明	0.963	0.989
滇东南	文山	文山	0.475	0.42
	红河	文山	0.471	0.411
滇西北	丽江	丽江	0.908	0.939
	大理	大理	0.605	0.76
	迪庆	迪庆	0.693	0.869
	怒江	保山	0.72	0.911
		腾冲	0.787	0.679
		大理	0.488	0.723
滇西南	普洱	普洱	0.671	0.545
	临沧	临沧	0.65	0.715
	西双版纳	西双版纳	0.877	0.904
滇西	德宏	芒市	0.903	0.97
	保山	腾冲	0.512	0.778
		保山	0.71	0.834
滇东北	昭通	昭通	0.125	0.249

由表 2 数据可以看出，民用航空吞吐量与城镇化水平相关性、民用航空吞吐量与旅游收入相关性两类指标，皆为滇中片区最高，其次是滇西北、滇西南片区，再次是滇西片区，最低的是滇东北、滇东南片区。表明昆明长水国际机场对滇中片区旅游发展的辐射影响力最大，昆明长水国际机场充分带动了滇中片区的城镇化和旅游发展。滇中片区经济在省内最为发达，其对旅游的带动作用也最明显，并且昆明长水国际机场的门户枢纽机场地位和地面交通系统的完备性最高，也进一步促进了旅游城镇的发展。滇东北和滇东南片区的机场密度在全省最低，尤其是滇东北的昭通机场是全省近年来唯一航空客运量不升反降的机场，加上这些片区机场地面交通衔接最薄弱，造成相关性最低。研究表明，滇东南和滇东北地区航空对旅游业的带动作用并不明显。

按分地州（市）情况来看，也总体呈现同样的规律。滇中片区昆明、玉溪、曲靖、楚雄四大城市的相关性普遍高，得益于经济总量和昆明作为交通枢纽的机场、地面交通的共同作用。丽江三义国际机场和德宏芒市国际机场对地方旅游发展和城镇化的促进作用也十分明显，而昭通机场发展与地方城镇化和旅游发展的相关性不高。

3.3.2 旅游收入增量与旅游资源、航空客运能力的关系

在前述相关性分析的基础上，进一步研究旅游总收入年平均增量与航空客运吞吐量年平均增量、旅游资源到最近机场耗时方差、片区旅游资源数量三方面的影响关系。对上述三个自变量进行多元线性回归分析，得到以下回归方程模型：

$$y=0.437x_1+0.122x_2+0.556x_3$$

注：数据均为标准化数据

y 为旅游总收入年平均增量，表示片区旅游发展整体状况。

x_1 为片区航空客运吞吐量年平均增量，表示旅游目的地附近机场的航空客运能力，也间接表征了旅游目的地的航空可达性。

x_2 为旅游资源到最近机场时间的方差，表示旅游资源点空间分布与机场所在地之间的离散情况，方差越大，空间离散度越大，在区域内的旅游资源多样性概率也越大。

x_3 为片区内旅游资源数量，表达了旅游资源的丰度。

模型采取强迫进入变量法，决定系数 $R^2=0.994$，表示三个变量共可解释"旅游总收入"的99.4%。回归模型的变异量显著性检验的 F 值＝106.613，显著性检验的 P 值为0.009，小于0.01，表示回归模型整体解释变异量达到显著水平。共线性检验中，自变量之间共线性问题不明显。综上，认为该回归模型有效。

以上回归方程模型说明，云南旅游收入的年平均增量与航空客运能力（航空可达性）、旅游资源的丰度和多样性有十分密切的关系。优质的旅游资源是旅游业发展的根本，航空可达性是旅游业快速发展的有力支撑。

3.3.3 民航可达性与城镇化水平、旅游收入的耦合协调分析

耦合是指两个或两个以上系统或运动形式，通过各种相互作用彼此影响以至协同的现象，是在各子系统之间的良性互动下相互依赖、相互协调、相互促进的动态关联关系。

本文采用耦合协调度模型 $D(x,y)$ 来分析民航可达性与城镇化水平、旅游收入的关系。根据研究需要与数据的可获取性，航空可达性主要通过民航客运吞吐量、100 km机场覆盖范围内主要旅游资源比重两个指标来表征（表3），旅游业发展主要通过旅游总收入变化量、国内游客数变化量两个指标来表征，变化量为2013年值减去2007年值。通过数据标准化和因子分析，得到航空可达性指数和旅游业发展指数，代入耦合协调度模型 $D(x,y)$ 得到分析结果（表4）。

表3 云南民航机场对旅游资源的覆盖范围与地面交通条件的影响

旅游片区	旅游资源个数				片区旅游资源总数	100 km 范围内旅游资源比重	旅游资源与机场联系道路路网密度/km·km^{-2}
	小于 50 km	50～100 km	100～150 km	150～200 km			
滇中	12	13	15	5	45	55.56%	0.072
滇西	14	2	—	—	16	100.00%	0.052
滇东南	2	4	9	7	22	27.27%	0.060
滇西北	33	12	5	2	53	86.54%	0.041
滇西南	10	7	6	—	23	73.91%	0.047
滇东北	—	—	1	1	2	0.50%	0.054

表4　航空可达性指数和旅游业发展耦合协调度

旅游片区	旅游 & 航空发展耦合协调度
滇中	0.5319
滇西	0.6534
滇东南	−0.4315
滇西北	0.5021
滇西南	0.0314
滇东北	−0.5343

其结果与相关性分析结论基本相一致，区别在于剔除地方经济规模因素后，机场可达性与旅游资源自身的吸引力因素对旅游业发展的影响更为明显。滇西片区机场密度的优势使之与旅游发展的耦合协调度最高。滇中、滇西北、滇西南片区也有较高的耦合协调度，进一步发展航空驱动型的旅游业和旅游城镇的优势、潜力较大。滇东南和滇东北片区耦合协调度最低，需要进一步在机场体系建设布局、旅游资源开发两方面加大投入。

3.3.4　云南旅游城镇体系空间格局分析

综合前文分析，航空客运量居前的昆明、丽江、大理、西双版纳、香格里拉（迪庆）也是旅游业收入较高的地区。云南当前以昆明长水国际机场为核心，东轻西重的省域"枢纽—轮辐式"机场网络呈现出自昆明向西辐射的航空运输扇面，高可达性的航空网络促使云南初步形成了以滇中的昆明为旅游枢纽城市，以滇西北的丽江、迪庆（香格里拉），滇西南的西双版纳，滇西的大理、腾冲为地区旅游中心城市，其他城镇为旅游节点的三级旅游城镇空间体系。

3.3.5　旅游业占地区生产总值（GDP）比重的空间分布

从空间层面分析，云南旅游业收入占GDP比重较高的地区往往也是自然风景资源优异，但经济相对落后、位置偏远、地面交通联系困难的沿边地区，机场对当地的旅游资源开发与城镇集聚发展相比经济发达、地面交通便利地区具有更为关键的作用。目前，泸沽湖机场即将建成运营，元阳、蒙自机场也正在积极筹备建设中。优化旅游机场体系空间布局，密切机场地面交通联系，提高边远旅游区的可达性，无疑对促进当地旅游支柱产业升级和旅游城镇发展具有积极的现实意义。

4　结语

第一，民用航空的快速发展与云南的旅游业和城镇发展呈现高度的正相关关系，充分契合了云南旅游资源和旅游城镇空间分布离散的特点。民用航空运输和地方经济发展水平、旅游资源丰度和价值等因素都是云南旅游业快速发展的重要影响因素。相比较而言，除文山、红河、普洱3个地州外，云南省大多数地区（13个地州）机场与地方旅游收入的相关性强于其与城镇化水平的相关性。

第二，云南"枢纽—轮辐式"的机场体系从机场密度到航空客运量都呈现显著的"东轻西重"的非均衡格局。云南省六大旅游片区的发展所存在的空间差异也一定程度上受此格局影响，形成了以滇中的昆明为旅游枢纽城市，以滇西北的丽江、香格里拉（迪庆），滇西南的西双版纳，滇西的大理、腾冲为地区旅游中心城市，其他城镇为旅游节点的三级旅游城镇空间布局。

滇西、滇中、滇西北、滇西南片区相比其他片区，旅游业和旅游城镇发展受航空运输驱动的特征更为明显，耦合协调度更高。

第三，云南旅游业收入占GDP比重较高的地区往往也是自然风景资源优异，但经济相对落后，位置偏远，地面交通联系困难的沿边地区，机场对沿边地区的旅游资源开发与城镇集聚发展作用相比其他地区更为关键。但目前机场体系布局对滇西北的怒江、滇西南的孟连及滇东南的河口、元阳等沿边旅游资源富集地区的机场100 km有效服务半径航空覆盖还存在不足，需要进一步合理优化机场布局，根据旅游客流潜在需求以支线机场和旅游通用机场强化对沿边地区的航空服务支撑，强化机场与铁路、公路等地面交通系统的空地一体化交通高效换乘衔接，进一步提高旅游景区和旅游城镇的可达性。

第四，云南机场"枢纽-轮辐式"的机场网络体系结构虽然具有航空运输效率较高的优势，但是放射型网络普遍存在的边缘区之间连通度低的特性，决定了外围节点间的连通大多需通过昆明中转来实现，较大限制了游客的流向，使游客在云南旅游区完成旅游必须依赖昆明转机以飞往不同旅游区，花费大量时间和金钱，这显然不符合旅游出行的需求，也导致没有直达航线的各旅游区资源不能得到充分开发，更无法发挥旅游资源网络优势。对此，建议适当增加热点旅游目的地城市的省外旅游包机直飞航线和省内旅游片区间的环飞航线。

第五，云南旅游业和旅游城镇发展的地区国际影响潜力还有待进一步发掘，在"一带一路"背景下，应该着力强化与东盟自由贸易区（CAFTA）、大湄公河次区域（GMS）旅游合作，以及孟中印缅经济走廊（BCIM）等区域开放旅游合作。依托航空口岸，争取口岸机场的第五航权和72小时过境免签政策，配合专门定制的游线产品，以及行李直挂、异地进出港（72小时过境国际旅客不必从同一空港进出境，避免走回头路，提高旅游效用）等服务，吸引更多国际旅客入境云南游旅。

第六，进一步完善基于航空驱动型的旅游枢纽城市、地区旅游中心城市、旅游节点城镇的三级云南旅游城镇空间体系建设。针对云南地域特点，创新整合机场－景区－城镇一体化的"全域旅游"发展思路，探索以旅游价值链为核心、以机场为旅游形象门户、以景区和旅游城镇空间为载体、以空地一体多模式的综合旅游交通网络为联系、以"互联网＋旅游"为媒介平台，全方位拓展多元化的旅游服务体验。实现旅游景区规划、旅游产业规划、城乡规划、民航与综合交通规划的"多规合一"。通过空间优化与设施对接，促进航空导向型的旅游城镇化良性发展。

[注释]

①"枢纽—轮辐"模式是指通过枢纽辐射各个站点，让整个系统的运输更有效率。这一概念最早由美国达美航空（Delta Air Lines Inc.）于1955年提出，20世纪70年代经联邦快递（FedEx）得以推广。

[参考文献]

[1] 刘明. 航域无疆：云南机场发展的探索与实践 [M]. 北京：中国民航出版社，2009.

[2] 国家旅游局旅游促进与国际合作司，中国旅游研究院. 中国入境旅游发展年度报告 2013 [M]. 北京：旅游教育出版社，2013.

[3] 刘峰，杨晓东，黄斌. 旅游驱动新型城镇化，湖北武当山特区发展模式研究 [M]. 北京：中国工人出版社，2014.

[4] 李柏文. 以旅游为产业动力的少数民族地区特色城镇化道路研究 [M]. 北京：中国社会科学出版

社，2014.

[5] Mullins P. Tourism urbanization [J]. Journal of Urban and Regional Research. 1991，15（3）：326-342.

[6] Kasarda J D. The fifth wave：the air cargo-industrial complex, In Portfolio [J]. A Quarterly Review of Trade and Transportation，1991，4（1）：2-10.

[7] Prideaux B. The Role of the Transport System in Destination Development [J]. Tourism Management. 2000，21（1）：53-63.

[8] 程小康. 支线航空对云南旅游业发展的影响 [J]. 成都：西南民族大学学报（人文社科版），2008（8）：129-131.

[9] 生延超，钟志平. 旅游产业与区域经济的耦合协调度研究——以湖南省为例 [J]. 旅游学刊，2009，24（8）：23-29.

[10] 王先锋. 飞地型城镇发展：基于落后地区城镇化道路研究 [D]. 北京：中国社会科学院，2003.

[11] 褚楠楠. 我国高速铁路成本效益研究 [D]. 石家庄：石家庄铁道大学，2013.

[12] 中共北京市委研究室、北京市旅游局. 旅游产业作为世界第一大产业发展状况研究 [EB/OL]. （2010-05-28）[2023-09-22]. https：// fashion. ifeng. com/news/detail_2010_05/28/1563130_0. shtml.

[作者简介]
简海云，副院长，就职于昆明市规划设计研究院。
林晓蓉，同济大学博士研究生。
熊帼，规划师，就职于昆明市规划设计研究院。
李迎彬，规划师，就职于昆明市规划设计研究院。

从生态景观营造策略角度探讨县城的山水城市实践路径

——以吉林省梅河口市、福建省上杭县、江西省吉安县为例

□项冉，赵静，王莹

摘要：随着产业升级、科技创新带动经济转型发展，出现返乡和进城人口向县城流动的趋势，县城作用得到高度关注。中共中央办公厅、国务院办公厅印发的《关于推进以县城为重要载体的城镇化建设的意见》指出，在全国范围内基本建成各具特色、富有活力、宜居宜业的现代化县城，并提出加强历史文化和生态保护、提升县城人居环境质量等方面要求，为县城、县域发展指明方向。智者乐水，仁者乐山，寄情山水是中国文化传统。早在 1990 年，"山水城市"的概念首次出现在钱学森写给吴良镛的信中，自此"山水城市"思想与"人居环境科学"成为指导中国城市规划建设的理论基石。中国山水规划设计建立在中国式山水观念基础上，并不断吸纳西方生态园林的科学方法，随着实践探索而不断推广和延展。本文列举 3 个不同地域的县城生态景观营造案例，通过研究因地制宜的城市绿色开敞空间组织方式，探讨县城"寄情山水、相映成趣、生境营造"的 3 个层次生态景观营造策略，展示县城对山水规划设计认知不断深入的过程，以及新时代"山水城市"理念指导下的生态景观营造对县城及区域发展的带动意义。

关键词：生态景观营造；山水城市；县城；梅河口市；上杭县；吉安县

1 引言

县治所在的城镇一般统称县城。截至 2021 年底，我国约 9.1 亿人为城镇常住人口，其中 1472 个县城常住人口约 1.6 亿，394 个县级市常住人口约 0.9 亿，县及县级市数量占县级行政区划数量约 65%，县城及县级市城区人口占全国城镇常住人口的约 30%。2022 年 5 月 6 日，中共中央办公厅、国务院办公厅印发《关于推进以县城为重要载体的城镇化建设的意见》，指出县城是我国城镇体系的重要组成部分，是城乡融合发展的关键支撑，对促进新型城镇化建设、构建新型工农城乡关系具有重要意义。古语曰："郡县治，则天下安。"时至今日，县城对于城镇化和乡村振兴也非常重要。县城，不仅作为城镇化的重要承载空间，同时还为乡村振兴提供了重要支撑。然而我国县城发展也正面临着诸多的拐点，如城镇化速度的拐点、机动化拐点、碳排放拐点、城市人口深度老龄化拐点等。县城建设为人民美好生活提供重要保障，有助于提升整体民生质量。如何在生态文明建设中做好县城振兴的发展规划，不仅需要时代政策的支撑，更需要新时代规划师设计思想的根本转变。立足"山水城市"的设计理念，谋求县城真正的生态化景观营造，是本文回应生态文明建设的要求、实现县域经济与生态可持续发展的实践探索。

2 "山水城市"理论与县城规划

2.1 "山水城市"理论的核心思想

中国古代族群的生存方式多以所处地的地理条件和气候特征为决定因素，代表自然环境的"山水"文化是中国传统文化的重要组成部分。不少古籍的记载能体现这一点，如《管子·乘马》的"凡立国都，非于大山之下，必于广川之上"；《管子·度地》的"故圣人之处国者，必于不倾之地，而择地形之肥饶者，乡山，左右经水若泽⋯⋯"，等等。古人在城市的相地、选址、营建的过程中，逐渐形成了"天人合一"的自然观和朴素唯物的生态价值观。顺应地形地势，依山傍水营建，成为"山水城市"理论的思想基础。

早在 1990 年，"山水城市"的概念首次出现在钱学森写给吴良镛的信中。钱学森以生态城市为山水城市的物质基础，将中国古代园林、山水画和山水诗词融为一体，创造性提出了"山水城市"的理论。钱学森认为，人离开自然又要返回自然，山水城市主张把自然"请回"城市。"山水城市"概念中的"山水"狭义上主要为大自然中的山体和水体，而广义上则是指大自然，体现了尊重自然、敬畏自然、人与自然和谐相处的理念。正如鲍世行概括的山水城市的核心精神："尊重自然生态，尊重历史文化。重视现代科技，运用环境美学。为了市民大众，面向未来发展。"仇保兴也曾经评价钱学森先生的山水城市理论，认为是超前构想的城市理想模式，富有传统文化的底蕴并且传承了传统的哲学观念，是具备中国特色的生态城市理论。

吴良镛在前人对于山水城市的探讨上进行深入研究。他认为，"山水城市"提倡人工环境与自然环境的协调发展，最终目的在于建立"人工环境"（以"城市"为代表）与"自然环境"（以"山水"为代表）相融合的人类聚居环境，故提出山水城市的讨论超出山水美学的范畴、关乎生态保护，山水城市的核心是如何处理好城市与自然的关系的观点。

2.2 县城规划面临的时代挑战

2020 年 5 月，国家发展改革委印发的《关于加快开展县城城镇化补短板强弱项工作的通知》中，将县城定位为我国推进工业化城镇化的重要空间、城镇体系的重要一环和城乡融合发展的关键纽带。对于县城空间的重要作用，我国众多学者也进行了分析和判断。刘炳辉等人认为，县城是新时代中国城镇化转型升级的关键空间布局。雷刚分析了县城的纽带功能、驿站特性，并探讨了以县城为重要载体的城镇化策略。苏红键从县域城镇化经济分析的角度指出主要重点任务包括优化县域人居环境，增强县城人口吸引力；优化县域产业体系，增强县城就业吸纳力；优化县域空间格局，增强县城人口承载力；优化县域城乡关系，增强县城辐射带动力；等等。李晓江也提出，与发达国家相比，当前我国城镇体系的一个突出问题是大城市显著"强势"与乡村地区显著"弱势"并存，而中间层次的城市，人口数量较少和城市功能不足严重影响了整个城镇体系正常功能的发挥。

县城的枢纽作用如此重要，但县城的规划却经历一系列的挑战。城市体制改革后，中心城市和大中城市的经济优势和行政优势日益显著，而县城无论从经济规模上还是从地域上，都仍处于发展的劣势。尽管在 21 世纪初期，国家也颁布了一些促进小城镇发展的政策，但中国的城镇化在事实上形成了以大城市为中心的圈层模式，小城镇的发展特色被掩盖。如今，粗放扩张型的开发时代已成过去，用地紧张的存量时代已经到来，如何科学地对县城空间格局进行优化，充分挖掘地域特色，仍然是新时代县城规划与建设面临的巨大挑战。

3 县城"山水城市"的营造策略

基于县城在城镇体系中承上启下的重要枢纽作用，县城的营造策略既可以融合城市地区，也可以兼顾乡村地区，是城市与乡村融合发展的典型代表。本文从生态景观营造策略的角度，阐述县城地区规划"山水城市"的营造策略，总结出从最初以"山水为名，寄情山水"而传承山水文化的规划手段，到"因借山水，相映成趣"而借势就形地将山水引入城市景观之中，再到"修山复水，生境营造"成为新时代山水城市规划理想3种不同层次、代表着"山水城市"理论的逐渐成熟和与时俱进的营造策略，并辅以3个实践案例进行举例说明。

3.1 山水为名，寄情山水

"山水城市"起源于中国几千年传承下来的山水文化中，如山水画、山水诗词、古典园林等，饱含了中国文人对祖国名山大川的独特情感。依托这份情感和弘扬山水文化的因素，山水名城往往借山水之名来发展城市，如"山水甲天下"的桂林、"四面荷花三面柳，一城山色半城湖"的济南、"气蒸云梦泽，波撼岳阳城"的岳阳，以及"七溪流水皆通海，十里青山半入城"的常熟。这些城市的名山大川本身就是一张亮丽的名片，通过传承地域优势和资源优势塑造城市特色，能够成为著名的山水名城。

3.2 因借山水，相映成趣

在古代山水美学、山水诗词文化的熏陶之下，城市发展因借山水，通过借景、对景、山水互通、近山临水等方式，将自然山水的美景融入城市建设当中。不主张因为城市发展而局部改造或者破坏自然山水，而是通过因地制宜、巧于因借的手法将山水引入城市当中，通过梳理山水、置陈布势，形成山水、城市、人文相互渗透的宜居环境。城市设计应结合自然山水，使城市形态较为自由，充分尊重自然，从而达到城市形态与山水自然相得益彰、相映成趣的效果。

3.3 修山复水，生境营造

经历过快速城镇化的发展阶段，许多城市因过度开发而导致山体被挖、植被破坏，或者水体污染、断流的现象极其严重，此类现象在县城地区也不胜枚举。随着城市建设进入存量更新的时代，"城市双修"（修补和生态修复）、"城市双评价"（资源环境承载力评价和国土空间开发适宜性评价）、生态价值资产核算和"三区三线"的划定等已经成为当下规划的技术手段。通过山水生态空间的修补和修复，主动依托生态理论进行再次生境营造，帮助被破坏的自然地区快速恢复生态效益，实现城市和野境共生、共存，实现生物多样性和生态系统的稳定升级，是"山水城市"建设更高层次的追求。

4 吉林省梅河口市——山水为名，寄情山水

4.1 梅河口市山水资源

梅河口市地处长白山向松辽平原过渡地带，位于哈达岭与龙岗山脉之间，海拔高度300～900 m，相对高度100～200 m；西南方向最高峰为鸡冠砬子山，海拔969.1 m，中部最低为新河镇双胜村一统河口处，海拔300.4 m。地貌表面呈现出低山、台地、丘陵、河谷平原4种类型，是梅河口市独有的地貌形态。辉发河、梅河、莲河等松花江上游支流自西南向东北从城市中心

穿越，给城市注入"血液"。中心城区范围内现有水泡、湖泊共计 153 处，水面率达 6%（江南水乡地区为 8%），湖泊星罗棋布的布局特征明显，因此梅河口市也被誉为"百湖之城"，是典型的"山水城市"地貌，因山水而闻名。

4.2　梅河口市发展困境

虽然作为北方城市获"百湖之城"的美誉成为梅河口市独一无二的优势，但是由于区域整体经济发展滞后，当地人口流失、产业失活，梅河口市的"山水城市"发展面临着艰难的困境。一是规划区内已批的居住区域密度过高，预留公共绿地和开放空间欠缺，成片、可利用的公共绿地稀缺，绿化景观不足。二是核心区的高层标志不强烈，有个别体量较大，重要节点观山望水视线被遮挡。三是新区内现有沿街绿化环境品质较低，开放性不足，山水景观利用不足。

4.3　主要规划技术方法

通过 ArcGIS 软件进行空间模型识别，辨识主要的山水视廊空间，延续城市独有的多类型地貌特征，并结合用地适宜性评价，确定适宜开发建设的区域。保护敏感性较高的外围山体，结合城市主要观景节点和山水空间特征，保持山体景观的开阔视野。进一步对城市水体进行识别，分级分类划定水系用途。一级水体为城市主河道，周边用地规划以景观用途为主，在城市建设中退让一定的休闲绿化空间，保持水域廊道的开敞性；二级水体为稻田和灌溉干渠，主要为一产服务，同时具有保持水土的作用；三级水系为支流及山体沟渠，主要为毛细连通和补水作用，能够保持城市水体的活性。通过对山水空间的整体识别与保护，达到对"山水城市"整体格局的延续（图 1）。

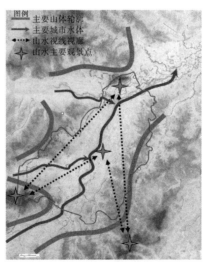

图 1　梅河口市山水视廊分析图

资料来源：《梅河口市城市总体规划（2009—2030 年）》。

4.4　山水城市营造策略

4.4.1　激活河湖岸线用地

辉发河景观的塑造对城市功能的完善和城市形象的提升极为重要。规划充分利用辉发河资源，加强对滨河岸线景观的营造，打造城市滨水休闲娱乐走廊和城市生态游憩带，形成沟通梅河公园—滨河公园—辉发河、梅河公园—游乐公园—体育公园—五莲山、梅河公园—莲花湖公园的绿化视觉通廊，进一步连通商业街步行街和城市公共活动中心，激发城市活力，带动城市发展。

4.4.2 控制城市三维秩序

明确城市天际线总体形象与特征，挖掘"山、水、城"自然特色，重点引导水体景观塑造，严格控制城市新区和景观敏感地的建设环境，重点控制建筑高度、体量、色彩和建筑形体，凸显山水城市的景观风貌特色，达到以背景山体为底色、中景建筑相协调、近景滨水可亲近的观山、近水的城市形象，最终做到合理营造城市特色天际线、强化城市结构、突出山水格局。

4.4.3 强化区域本土特征

以万隆大街为依托，以旅游服务中心为核心，规划城市内部形成南北向水景绿地空间，将远景五莲山景观与城东自然开敞空间有机联系起来，组织周边用地功能，形成水景旅游发展轴；轴线依托自然水系、滨水绿化与两岸开放空间环境，为游客及市民提供舒适、休闲的空间场所，并延续地区传统的建筑、文化、商业及生活环境氛围，强化地区环境的本土特征。

4.5 小结

通过利用"百湖之城""珊瑚城市"之名，梅河口市经过十年的实践，逐渐实现了产业的转型升级，由原来的农业、工业型城市成功转变为以旅游、服务产业为支柱的宜居之城，也是近年来我国北方城市唯一一个人口呈正增长的县城。通过寄情山水的城市建设提升滨水区城市土地价值，进而激活滨水区活力，带动城市整体转型，实现城市整体品质的提升，是梅河口市"山水城市"建设的生动写照。

5 福建省上杭县——因借山水，相映成趣

5.1 上杭县山水发展历史

福建省上杭县作为"客家祖地"，不仅拥有悠久的客家民俗历史传统，还是土地革命战争时期古田会议的举办地，是中央革命根据地的重要组成部分和重要的革命文化圣地。清康熙年间《上杭县志》卷首就有八景图图景，即金山晓旭、袍岭朝云、西安牧笛、通驷樵歌、七峰拥翠、洪渡波恬、石潭秋月、三折回澜，史称"杭川八景"。八景图用木刻版画形式充分记录了古时上杭县"山—水—城—人"的关系。上杭县城建总体格局延续至今。地理方面，其纬度低、日照足、降水丰沛、草木繁盛、生物多样性丰富，尤其是"八山一水一分田"的地理环境，形成了独特"近山近水"的城市山水格局（图2，本节图片均源自《上杭县城总体规划修改（2013—2030年）》）。

5.2 上杭县山水城市问题

自20世纪90年代后，上杭金矿得以大规模开采，城市从内河港口商贸城市迅速转变为以金、铜矿业为主要职能的城市，城市人口迅速翻倍。但采矿破坏了山水自然的生态环境，简单粗糙的城市建设方式，致使人与自然的关系迅速恶化，近山地区被大量开发建设，城市山水风貌与生态良性循环遭到大肆破坏，山水与城市矛盾凸显。

第一，山与城的矛盾。一是城市景观山体被遮挡，远景山体视线不通透，产生了"只见房不见山"的视线障碍，丧失了原本良好的山水城市的居住体验。二是近景山体未充分考虑山体保

护与利用，导致"山体疤痕"频现，不仅破坏了城市生态，也容易造成山体滑坡等城市安全风险。

第二，水与城的矛盾。一是上杭县母亲河——汀江，由亲近变疏离，河流两岸现代化改造破坏了原本的水城景观和水文特征，拉开了人与水的距离。二是城内小河小溪或淤塞，或管渠化明显，不仅阻隔了城市的微循环，而且割断了人与水之间的感情。

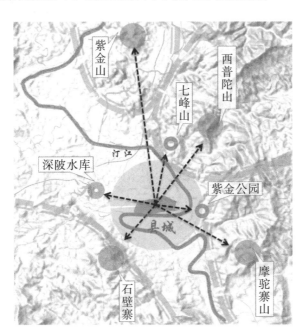

图2　上杭县"山—水—城"空间关系图

5.3　主要规划技术方法

利用 GIS 软件对上杭县进行高程、坡度、水文的分析和灾害易发区的识别（图3），进一步梳理上杭县"山水城市"的空间格局。首先识别规划范围内的现状山体，进一步对山体进行分类（分为中景山体和近景山体），并梳理拟保留的山体部分，最终形成规划方案的山体。其次以同样的方式识别规划区内的水体，进一步对水体分类，形成河流、水渠、水塘三类，并梳理拟保留的水体部分，最终形成规划方案的水体。通过 GIS 的综合识别、分类与梳理，确定最终的城市山水构成（图4）。

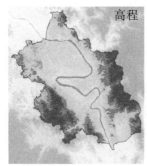

图3　上杭县生态本底条件分析图

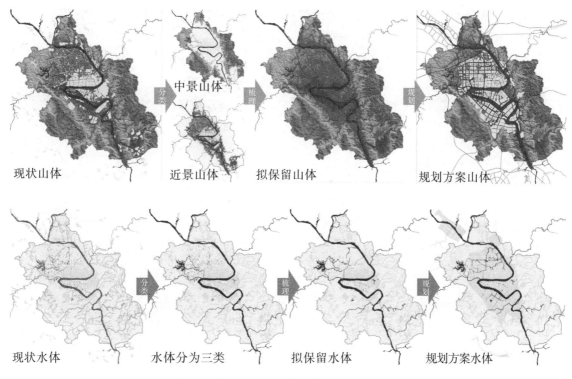

现状山体   近景山体   拟保留山体   规划方案山体

现状水体   水体分为三类   拟保留水体   规划方案水体

图4 上杭县山体、水体规划方案生成示意图

5.4　山水城市营造策略

5.4.1　山体营造策略

将各类山体划分为三个空间层次，并对山体周边建设用地开发强度提出严格管控要求。一是远景山体分层引导，环山建设严格控制。县城周边视线可达的紫金山、七峰山、摩陀寨山、石壁寨等，以县城重要开放空间和主要交通干道等视廊基点为控制要点，通过控制新建建筑与拆改违建，严格控制视线廊道范围内建筑高度，确保观山视线廊道无遮挡。二是中景山体结合湿地，构建环城公园体系。修建七峰山文化生态公园、深陂水库生态公园、马鞍山休闲生态公园、石壁寨文化生态公园和龙湾体育生态公园，形成环县城生态公园体系。同时，建设环城慢行系统，串联环县城生态公园、历史城区、生活区、商业中心区及汀江等重要功能区域和城市开敞空间，凸显"山水入城"的城市特色。三是近景山体依托地势，衔接城市休闲空间。城市建设用地范围内的浅山低丘，利用"分层台地"的方式修复破坏的山体，保留山体空间形态。同时，在城内浅丘周围规划绿化用地、生态空间和水系用地等休闲空间，建立城市蓝绿通廊，达到"人近山水"的规划目标（图5、图6）。

5.4.2　水系营造策略

通过分级分类、因地制宜的规划策略，满足城市临河近水的现实需求。一是综合评估水网，因地制宜利用。区域性河流及其支流等天然水体流量较大，应发挥防洪排涝作用，现有水库作为地方灌溉水源和县城重要的调蓄空间，现有水渠及水塘主要发挥雨水排涝、蓄滞的作用。二是丰富水岸景观，塑造开敞空间。建设符合不同防洪标准的阶地，提高河岸空间在多时段的利用率；恢复近自然的柔性亲水岸线，满足生态循环和生态景观的需求。三是结合老城更新，延续汀江文脉。充分利用历史建筑、文保单位塑造历史风貌区，结合局部地块改建，形成汀江历史文脉展示带；采用微更新手段，保留水城门、古树、码头等多种文化元素，凸显汀江沿岸地区的历史文化价值（图7、图8）。

图5　上杭县远景山体视线廊道系统图

图6　上杭县近景山体环城公园系统图

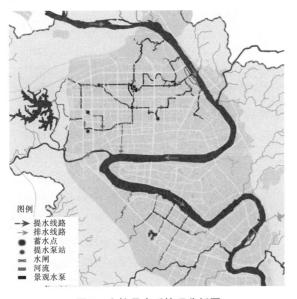

图7　上杭县水系梳理分析图

图8　上杭县滨水用地规划图

5.5　小结

相比于标准化的方法和系统化的指标，上杭县规划坚守"尊重历史"和"因地制宜"的原则。在对"山—水—城"关系的梳理中，分析上杭县山水城市建设的问题与不足，研究传统客家聚落的布局模式，对县域和县城的建设策略提出设想。在县域层面，提出保护有价值的古村聚落，打造区域绿廊；在县城层面，通过因借山水，重塑层次清晰、特色鲜明的新上杭生态山水格局，实现"山水入城，相映成趣"的规划梦想。

6 江西省吉安县——修山复水，生境营造

6.1 吉安县山水生态背景

吉安县位于江西省吉安市，距离井冈山革命根据地约 90km，是红色革命的起点。县城内红色文化与传统文化氛围浓厚，有庐陵文化广场、文天祥纪念馆、革命英雄纪念碑、圳头古村等重要文化胜地。空间上，吉安县城南接西陇山、娑罗山、真华山，东邻斑鸠岭、旗岭、天玉山，西邻金城山、龙须山、武华山，北邻桐山，形成外围良好的山体生态空间（图9）。县城外围由西侧泸水河和禾水河汇合后从城北流入东侧赣江，县城内部由君山湖、龙湖、杜家湖、迎宾湖和湿地水系构成城市内湖，形成独特的河湖水网格局（图10）。山水生态空间共同构成吉安县优质的生态环境，同时 70% 的优质生态本底空间也成为维持城市生物多样性的重要支撑。

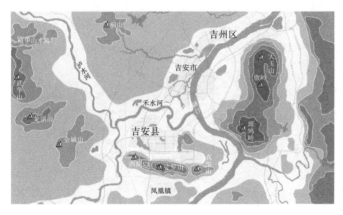

图 9 吉安县生态本底条件图

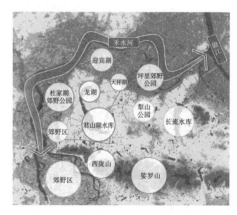

图 10 吉安县山水生态空间示意图

资料来源：图 9、图 10 均源于《吉安县城北新区控制性详细规划和重点片区城市设计（2021—2035 年）》。

6.2 吉安县城优劣势分析

通过查阅历史资料、多次实地踏勘与无人机高位摄影等方式，综合分析吉安城市发展现状。优势包括生态本底条件优越、生物多样性较为丰富、生态廊道空间充足、古树名木得到良好的保护、当地居民对于保护生态环境和传承传统文化有良好的意识。这些优势不仅利于在城北新区形成山水空间生态网络系统，而且有利于营造高品质的城市空间，创造宜居共生的县城典范（图11）。

除了优势，城北新区也有诸多劣势。比如，地形地势不利，城市内涝频繁；河底及岸线硬质化过多，雨水不易下渗，加剧内涝风险，并严重阻隔生态良性循环；底栖无生物，水质自净差，出现黑臭水体等污染性水体；街区景观风貌单调，缺乏特色空间；等等。这些劣势不仅成为居民生活中的痛点，严重破坏了生态良性循环，也在无形之中影响着生态空间的品质，进而影响城市形象和城市整体活力（图12）。

图 11 吉安县城北新区绿地、廊道与古树现状

图 12 吉安县城北新区河湖水体现状

资料来源：图 11、图 12 均源于《吉安县城北新区控制性详细规划和重点片区城市设计（2021—2035 年）》。

6.3 主要规划技术方法

基于 ArcGIS 平台，结合第三次全国国土调查（简称"三调"）结论，并采用《生态环境状况评价技术规范》（HJ 192－2015）中生态评价标准，综合评价吉安县城及城北新区不同用地属性的生态价值及其对城市生物多样性的影响，主要包括吉安县及城北新区的植被覆盖率评价、水网密度分级评价、生境质量评价。对城市现有用地进行综合生态价值评估，能够充分尊重城市生态现状，为保留优质山水生态空间和维护城市生物多样性发挥重要的基础作用，从而进行城市片区微观层面的生境营造。

6.3.1 植被覆盖度评价

应用 ArcGIS 软件，对县城的卫星图栅格数据进行植被覆盖率识别，结论为吉安县整体植被覆盖率较高，多在 40%～80%；覆盖率较高的区域主要为临河及河滩地、城市未建低洼区、湿地及农田区和城市公园等区域，由此形成沿禾河的滨河高植被覆盖带。规划应注意对禾河生态廊道（600～1200 m）的保护与提升，这是贯通区域的生态廊道和维护城市生物多样性的重要生态空间。据此，进一步给出城北新区的绿化建议：一是保留部分城市未建区植被覆盖率较高的区域，有条件处进行生境条件改善；二是加强高植被覆盖率区域之间的多级廊道联系；三是构建外围成环、内部成网的空间格局。

6.3.2 水网密度分级评价

应用 ArcGIS 软件，对县城的"三调"用地类型中的水域用地进行分级评价，采用《生态环境状况评价技术规范》（HJ 192—2015），分析水域湿地对生境质量影响的分级评价：河流（0.1）、湖泊（0.3）、滩涂湿地（0.5）、永久性冰川雪地（0.1）。其中，河流类型为低级，湖泊类型为中级，滩涂湿地类型为高级，吉安地区不涉及永久性冰川雪地用地类型。进一步对城北新区的水网密度进行评价，给出对城北新区水网规划的建议：一是保留部分现有水网密度高的区域；二是加强水域之间的连通性，构建生态、畅通、优质的城市水环境。

6.3.3 生境质量分级评价

应用 ArcGIS 软件，对县城的"三调"用地类型的生物丰富度进行分级评价，标准采用《生态环境状况评价技术规范》（HJ 192—2015），对"三调"不同用地类型进行生物丰富度指数权重赋值。进一步对城北新区生境质量进行评价，给出城北新区生境空间规划的建议：一是网络布局。将生物丰富度高的区域通过生态廊道串联形成网络布局。二是增加斑块。增加城市内部生境斑块数量，提高斑块密度。

6.3.4 生态价值综合评价

结合斑块、廊道、基质生态空间要素，构建城北新区"斑—廊—基"的生态网络格局，形成网络状复合生境，并给出相应的生境斑块尺度和廊道宽度，为生态网络的综合规划提供评价建议。

斑块尺度规划建议：一是小型斑块。面积小于 500 m² 和 500～2000 m²，生物服务功能以边缘种主导，人口服务半径为 300 m。二是中型斑块。面积为 2000～5000 m² 和 5000～10000 m²，生物服务功能以内部种主导，人口服务半径为 500 m 和 1000 m。三是大型斑块。面积为 1 万～10 万 m² 和大于 10 万 m²，生物服务功能以内部种主导，人口服务半径为 1500 m 和 2000 m。

廊道宽度规划建议：一级廊道宽度建议值为大于 60 m 或 30～60 m，这样能够基本满足动植物迁移和传播及生物多样性保护的功能，并且含有较多草本植物和鸟类边缘种，利于保护鱼类、小型哺乳类、爬行类和两栖类动物。二级廊道宽度建议值为 12～30 m 或 3～12 m，3～12 m 能够区别线状和带状廊道；12～30 m 能够包含草本植物和鸟类多数的边缘种，但多样性较低，只能基本满足鸟类迁移和保护鱼类、小型哺乳动物和无脊椎动物种群（图 13）。

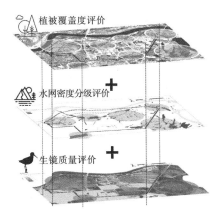

图 13　城北新区生态网络格局综合评价图

资料来源：《吉安县城北新区控制性详细规划和重点片区城市设计（2021—2035 年）》。

6.4　生态空间营造策略

6.4.1　水网廊道串联

规划连通两条水廊，一是君山湖—龙湖—龙湖渠—清怡渠—禾河的水廊，二是龙湖—吉州渠—天祥湖水系—坪里公园水系—禾河的水廊。同时，注意暗渠的布置方向和尺度应满足城市排涝的需求，河道的必要处应建设水量调控设施，积极营造城内排水有序、水廊贯通、水量可调的水网系统（图 14）。

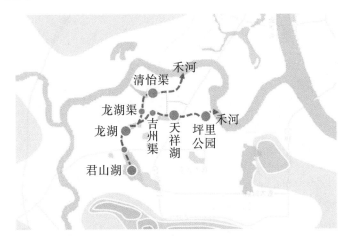

图 14　吉安县水廊连通示意图

资料来源：《吉安县城北新区控制性详细规划和重点片区城市设计（2021—2035 年）》。

6.4.2　绿色基础调蓄

充分利用立体绿化、透水铺装、下凹绿地、植草沟、生物滞留池、雨水花园、人工湿地等城市绿色基础设施解决城北新区内涝问题，减少灰色基础设施的使用。利用生态浮岛、曝气复氧装置等净化水质，充分利用自然手段管理雨水、提升水质，可节约城市管理成本，也为野生动物迁徙与栖息提供充足的生态空间。

6.4.3 滨水空间舒朗

生态化改造现状混凝土水岸护坡，设计自然宜人的滨水环境，结合岸线特征规范河岸两侧建筑布局、高度和体量形态，打造起伏有致、灵动舒朗的山水城市界面。增加河岸通廊数量，提升滨水空间可达性，创造亲水互动和观赏空间，营造水城共生的宜居生活。

6.5 小结

在设计方面，吉安县项目充分利用"三调"结果，通过ArcGIS平台对项目的生态本底进行充分评估与分析，保留部分现状优质的山水生态空间，并结合"斑块—廊道—基质"的生态学原理，模拟自然生态空间构成条件，给出微观生态空间营造的最优解。在落实方面，城市建设以"和美新家园"的目标提出营造要求，将山水空间的营造与城市建设共同考虑，利用控规指标提出管控要求，纳入最终成果中，成为下一步土地出让的控制条件，从而达到设计与管控的高效衔接。

7 结语

本文通过总结我国县城"山水城市"理论发展的三个层次，并以吉林省梅河口市、福建省上杭县、江西省吉安县为例，具体阐述了"山水城市"的营造实践。从最初梅河口市寄情山水，借以提升城市滨水地区的土地价值、激活城市活力为建设动机而进行的景观塑造，到上杭县山水相映成趣，以延续城市山水空间文脉、守住山水格局而进行的梳山理水的分类评估与因地制宜的规划，再到吉安县的生境营造，以维护人与自然和谐共生、提升城市山水生态空间品质为动机而进行的山水生态本底评估、生态廊道与网络的系统规划，展现了县级城市从追求经济产业转型，到对历史文脉、自然生态的充分尊重，体现了从注重山水形态到以生态文明为本的思想观念的转变过程，是"山水城市"理论随着时代的发展而不断升级的过程，也是时代的缩影和规划思想的进步。

[参考文献]

[1] 吉安县县志编纂委员会. 吉安县志 [M]. 北京：新华出版社，1994.

[2] 武廷海. 规画：中国空间规划与人居营建 [M]. 北京：中国城市出版社，2021：79.

[3] 鲍世行. 山水城市：21世纪中国的人居环境 [J]. 城市住宅，2005 (12)：114-117.

[4] 朱强，俞孔坚，李迪华. 景观规划中的生态廊道宽度 [J]. 生态学报，2005 (9)：2406-2412.

[5] 李昊，孙倩. 文化·生态·景观：中国"山水城市"理念的历史内涵与当代诠释 [J]. 建筑与文化，2013 (8)：18-22.

[6] 李晓江，尹强，张娟，等.《中国城镇化道路、模式与政策》研究报告综述 [J]. 城市规划学刊，2014 (2)：1-14.

[7] 柴燕妮，魏冠军，侯伟，等. 空间视角下的多尺度生态环境质量评价方法 [J]. 生态学杂志，2018，37 (2)：596-604.

[8] 仇保兴. 以县城为重要载体的城镇化建设需关注的拐点 [J]. 中国乡村发现，2021 (4)：17-23.

[9] 刘炳辉，熊万胜. 县城：新时代中国城镇化转型升级的关键空间布局 [J]. 中州学刊，2021 (1)：1-6.

[10] 苏红键. 中国县域城镇化的基础、趋势与推进思路 [J]. 经济学家，2021 (5)：110-119.

[11] 饶丽，周利军，曾红娟，等. 2000～2019年北京市生态环境状况评价和趋势分析 [J]. 四川环

境，2021，40（5）：102-107.

[12] 李月辉，胡远满. 动物移动网络研究对景观生态学的贡献 [J]. 生物多样性，2021，29（1）：98-108.

[13] 县域城镇化进入新时代 《关于推进以县城为重要载体的城镇化建设的意见》印发 [J]. 中国合作经济，2022（5）：59-63.

[14] 雷刚. 县城的纽带功能、驿站特性与接续式城镇化 [J]. 东岳论丛，2022，43（3）：138-145.

[15] 董晓娟. 钱学森山水城市思想研究 [D]. 南京：南京理工大学，2017.

[16] 清研智库. 从钱学森"山水城市"到吴良镛"人居环境科学" [EB/OL]. （2021-6-22）[2023-09-27]. https：//baijiahao. baidu. com/s? id=17032617106659929263&wfr=spider&for=pc.

［作者简介］

项冉，就职于中规院（北京）规划设计有限公司。

赵静，就职于建设综合勘察研究设计院有限公司。

王莹，就职于南京市六合区规划编制研究中心。

以"胜景"为线索的中国式城市设计
与在海南博鳌亚洲论坛特别规划区的规划实践

□郭嘉盛

摘要：本文从中国传统城市的文化气质出发，以"胜景"这一范畴为线索，从胜景的文化意涵、城市"八景"文化、胜景与认知地图等角度探索中国式城市设计手法。文章以位于海南省琼海市的博鳌亚洲论坛特别规划区的系列规划实践为例，围绕规划中的城市设计内容，通过"明本源"的方式明确博鳌"非正式"的文化内涵及地方文化源点，通过"察形胜"的方式明确规划区的总体山水形胜与胜景体系，通过"精营造"的方式在建筑群体尺度上加以推敲和升华，从而探索具有中国气质的城市设计路径，为破解当前我国城市中普遍存在的风貌问题提供思路。

关键词：胜景；八景；传统文化；城市设计

城市设计作为城市空间营造的重要手段，以提升城市空间体验为核心目标。现代城市设计被普遍认为起源于西方文艺复兴时期的城市建设实践活动，并直到第二次世界大战之后才正式发展为一门独立学科。美国作家凯文·林奇在其所著的《城市意象》中总结出了著名的"城市设计五要素"，被业界奉为圭臬，深刻影响了全球化时代的城市建设。

实际上，中国城市营造自秦汉起就体现出了极高的审美水平，并留下了诸多以文学、绘画等形式为载体的艺术作品，成为我国灿烂文明的重要组成部分。然而在儒家文化主导的环境之下，中国传统城市营造与其他诸多技术一样，缺乏系统化、理论化的升华与整理，在当代城市规划领域之中仍然只能套用西方城市设计理论体系中的语汇对传统城市进行描述和归纳，如此一来，在文化气质方面不免失之偏颇，并难以发展出能够进一步在新时代指导本土城市形象营建的理论。

本文即以传统城市文化中的"胜景"这一范畴为线索，以在海南博鳌亚洲论坛特别规划区（以下简称"博鳌特别规划区"）的系列规划实践为例，尝试从传统文化角度对中国式城市设计进行探索。

1 胜景文化与城市设计

1.1 胜景的文化意涵

胜景，本意为"优美的风景"。我国传统语汇中的胜景，既包含自然景观，又包含人文景观，且二者的分野十分模糊，更多的是具有自然—人文双重属性的"复合型景观"。

中国传统文化在审美中一贯重视"师法自然"，对自然景观的审美在世界文明之中独树一帜，但并非机械的原始自然审美。中国式的山水审美从不拒绝对自然景观的人工改造，甚至在某种程度上普遍认为：原始的自然景观只有叠加了人文积淀，才能够真正升华为胜景。

自然胜景中的人文积淀也体现在两个层面，即人工实体的叠加和文化概念的叠加。

1.1.1　人工实体叠加胜景

当一处胜景中原始的自然景观在审美上存在某种缺憾时，则可以也应当运用人工实体加以修补。匠心独运的人工修补在不破坏自然景致的同时，还能够以人文色彩提升审美品位，最能体现胜景营造的玄妙境界。

如杭州西湖的苏堤，即是苏轼在任杭州知州时，利用疏浚西湖挖出的葑草和淤泥堆积而成。自然状态下的西湖本是单纯的开阔水面，虽然优美静谧，但与别处的湖面相比无特别突出之处。增加了这一道人工堤岸后，水中便多出了一个赏景的视角，而其中的映波、锁澜、望山、压堤、东浦、跨虹6座桥梁又构成了在岸上、舟中观览湖景的视觉焦点，人工实体与自然景观由此相映成趣、相得益彰，"苏堤春晓"以此成为"西湖十景"之首。

与此类似的还有著名的泰山摩崖石刻、武当山宫观建筑群，均是胜景在添加人工实体之后较原始自然景观"更胜一筹"的典范。

1.1.2　文化概念叠加胜景

文化概念与胜景的叠加多体现在命名之上。汉语博大精深，各类典故浩如烟海，每个典故背后都蕴藏着一个历史的片段，乃至延展出深邃的哲思。在胜景的命名上，文人墨客往往会对这些典故旁征博引，力求以小见大。

如北京北海公园中的濠濮间，"濠"与"濮"分别对应着《庄子》中的两个典故："濠"，是指庄子与惠子驻足于濠水的桥上，彼此争论"子非鱼，安知鱼之乐"的逸事；"濮"，是指庄子在濮水边钓鱼时，以龟自喻，宁愿"曳尾于涂中"而婉拒楚王征召之事。因此，本来只是一处由牌坊、九曲桥、水榭、连廊构成的寻常景观，在被以"濠濮间"命名后，便能让人联想到战国时那位隐士的智慧与豁达。这即是文化概念叠加胜景所形成的"画龙点睛"效果。

1.2　城市"八景"文化

中国文化长于记录，历朝历代的地方政府均有编纂地方志的职能与义务，这为我国古代的城市文化保存了大量珍贵的文字资料。我国的地方志在明清时期已经形成固定体例，其中普遍存在的对"八景"的记载即是对城市"胜景"的官方评判。

1.2.1　"八景"文化的渊源

"八景"是胜景组合的一种，亦有十景、十二景、十六景等，因各地以八景居多，故一般统称为"八景"。

"八景"文化的肇始一般认为是南朝文学家沈约的八咏诗，每一首诗3句，以吟咏一个特别的景物为主题。此后，"八景"文化见于宋迪的"潇湘八景图"中，谓之"潇湘八景"，北宋沈括在《梦溪笔谈·书画》中对此进行了记载。自元至明清，"八景"逐渐发展成为一种普遍存在的地域文化景观，在全国各地广泛出现。

"八景"中每一景的命名一般由四字组成，通常前两字为景观所在地名称、主要景观标志物名称或描述特定景观特征，后两字则体现季节、时点、天象、气候或情境等内容。

根据山西师范大学高丽瑛、贾文毓对中国古代"八景"中天象类景观的数据分析，在其收集的19478条"八景"景观资料中，天象类"八景"景观可以分为地貌类、水文类和建筑类。在地貌类中，"日"类369条，"月"类177条，"日"与地貌所成景观约占总数的68%，其中"日—山"景观占到"日"类地貌景观的84%以上。在水文类中，"日"类66条，"月"类335

条,"月"与水文所成景观约占总数的84%。在建筑类中,"日"类186条,"月"类161条。

此外,地方"八景"多有图画和诗文相配,以彰显胜景意境。具有高知名度的地方"八景",更会吸引慕名而来的著名文学家争相为之赋诗,如作为"八景"文化滥觞的"潇湘八景",不仅有我国历代文人为之赋诗,甚至引来远在日本的禅宗高僧隔空为之赋诗。这些诗文与描绘胜景的山水画作一并成为士大夫阶层的重要收藏,一些因年迈、病体或拮据而不能亲往的士人,便在室内观赏这些画作,并称其为"卧游"。

"八景"也并非一成不变,许多地方曾在不同的历史时期进行过多次"八景"的评选,入选胜景随着时代的变迁也产生了差异,而这些差异主要反映了人文风貌的变迁,以及时人活动范围的变化。

1.2.2 "八景"文化的延伸

"八景"体系的命名方式及相应的诗文,表面上主要描述"景观点"及其周边的情形,实际上往往还隐含着"观景点"的风貌信息,而这两点之间的时点、风物、意境也包含其中。

根据河北工程大学张昱朔的景观评价模型,模型分 X(时间轴)、Y(空间轴)、Z(景观要素轴),以"西湖十景"为例,X、Y、Z 轴共同组成景观变动要因,诠释其景观特性。

由此,"八景"构成一种以胜景为核心、包容各种细腻文化体验的城市风貌体系。

1.3 胜景与认知地图

在当代城市设计手法中,广泛采用一种被称为"认知地图"的分析方法。"认知地图"这一概念最早见于美国心理学家 E. C. 托尔曼所著的《白鼠和人的认知地图》(1948)一文,在城市设计领域则特指个体或人群基于自身对某一区域的感性认知所形成的空间概念。由于人的行动轨迹和认知能力有限,认知地图与真实地图相比,往往会存在相当程度的失真。

由于以官员、儒生为主体的编纂者普遍缺乏科学的测绘知识,因此古代地方志中的"舆地图"往往是写意式的认知地图。绘图者对自身所生活的府(县)城具有最明确和强烈的感知,所以在一般的"舆地图"中,府(县)城的范围普遍会远大于实际尺度。相应的,作为府(县)城中人日常郊游去处的胜景,其感知程度较周边一般地物强烈,在图中的表示也会更明确,也通常会在尺度上形成失真。

从城市设计的本源来看,根本在于人的认知塑造空间体验,因此在认知地图中尺度失真的胜景,正是城市设计中的"关键节点"。

2 博鳌特别规划区规划实践

博鳌特别规划区位于海南省琼海市,以一年一度的"博鳌亚洲论坛"闻名于世。博鳌亚洲论坛永久会址坐落在万泉河入海口处的东屿岛上。

2017年,博鳌作为重要的政商对话平台,需营造非正式、舒适、和谐的会议氛围。为此,海南省重新组织编制了博鳌特别规划区的总体规划、控制性详细规划和城市设计。

习近平总书记指出:"文化自信,是更基础、更广泛、更深厚的自信。"博鳌亚洲论坛作为我国对外展示的重要窗口,在空间营造中体现中国文化内涵、彰显中国文化自信是规划的题中之义。因此,在博鳌特别规划区系列规划之中,即围绕"胜景"这一线索,结合博鳌特别规划区的本底条件,以"明本源、察形胜、精营造"为设计方法,探索具有中国气质的城市设计路径。

明本源,即通过调查研究与文献分析,明确规划对象的核心文化内涵,从而确定胜景在人文层面所应承载的地方气质。

察形胜，即梳理规划对象所在区域乃至更大范围的自然山水格局，并以此为基础，在宏观尺度选定胜景的位置和彼此间的景观关系。

精营造，即以具体的设计手法，在中微观尺度精心推敲人工建（构）筑与胜景的关系，并通过管控和引导手段使其真正落实于建设之中。

2.1 明本源

2.1.1 "非正式"的文化内涵

"非正式"作为博鳌亚洲论坛的关键词，也是本次规划实践通过胜景这一线索，在文化气质层面落实中央要求的一把钥匙。

中国传统文化中，对应正式与非正式场合分别存在"礼制文化"和"田园文化"一对范畴（图1）。

礼制文化内核以儒家精神为代表，追求"井然有序"，强调仪式感。　　　田园文化内核以道家情怀为代表，向往"逍遥自在"，强调亲和力。

图1　礼制文化与田园文化内核

礼制文化源于儒家精神，强调"井然有序"，在建筑空间布局中注重轴线与中心感，突出空间的秩序性。礼制文化在传统城市设计中主要体现在都城、宫殿等城市和建筑群营造中。

田园文化则源于道家情怀，向往"逍遥自在"，注重与自然环境的融合，突出空间的趣味性。田园文化在传统城市设计中主要体现在园林营造之中。

博鳌特别规划区以营造"非正式、舒适、和谐"的空间氛围为目标，自然应围绕田园文化内核，凸显"虽由人作，宛自天开"的意趣。

2.1.2 博鳌的地方文化原点

博鳌特别规划区范围自元代属于乐会县辖区。元大德六年（1302年），乐会县的治所迁至东屿岛上游的乐城岛。博鳌文化始于乐城岛而兴于东屿岛，两岛相望，呈现出"古今相承"之势。

乐城岛乐会故城的城墙始建于明代，后世多有修筑，毁于抗日战争时期，今环城墙基、壕沟、南门楼土墩尚存，县衙前的石鼓、石狮保存完整，具备为政商对话平台提供历史文化特色服务的基础。

此外，乐会县在明清时曾两度评选出"乐会八景"，其中六景两次当选、四景一次当选，所以古"乐会八景"实为十景。十景之中，又有八景位于博鳌特别规划区范围内，分别为双溪交流、圣石捍海、榜山耀日、石莲花墩、炉峰生烟、金牛偃月、万泉合派和泮沼回澜（图2）。

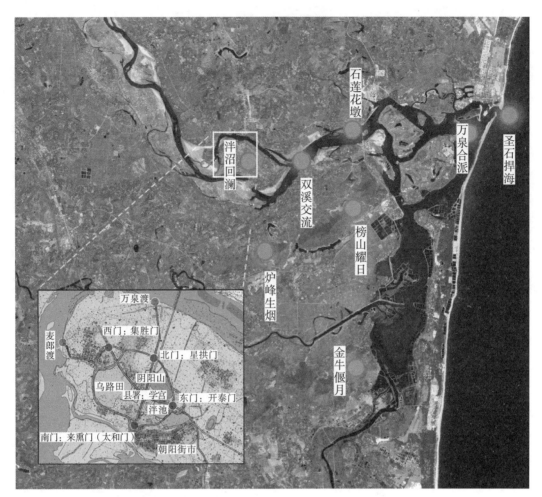

图2　乐城岛"乐会故城"与位于博鳌特别规划区范围内的古"乐会八景"

2.2 察形胜

2.2.1 山水相依以成"势"

博鳌特别规划区位于万泉河入海口附近，具有"二岭分三江，内外成两海"的山水形胜格局，有山水相映、古今相录、虚实相生的特点（图3）。

所谓"二岭"，即炉峰山—龙潭岭—田埇岭与六连岭—金牛岭2条主要的山体脉络；"三江"，指万泉河、九曲江与龙滚河3条水系及其支流；"两海"，则指三江所汇成的沙美内海和外洋大海。

山形格局的保护重点在于对山体制高点和山体连绵形态的整理和保护。山体制高点作为视觉焦点应注重提升景观识别性，山体连绵形态作为底景应注重提升植被覆盖的完整性和一体性。

水系格局的保护重点在于对流水和静水水体的保护和提升。"三江"作为流水主体，应重点保护自然河道的蜿蜒形态；"两海"作为静水主体，应重点保护开阔、开敞的景观氛围，并提升周边能够形成倒影的景观要素。

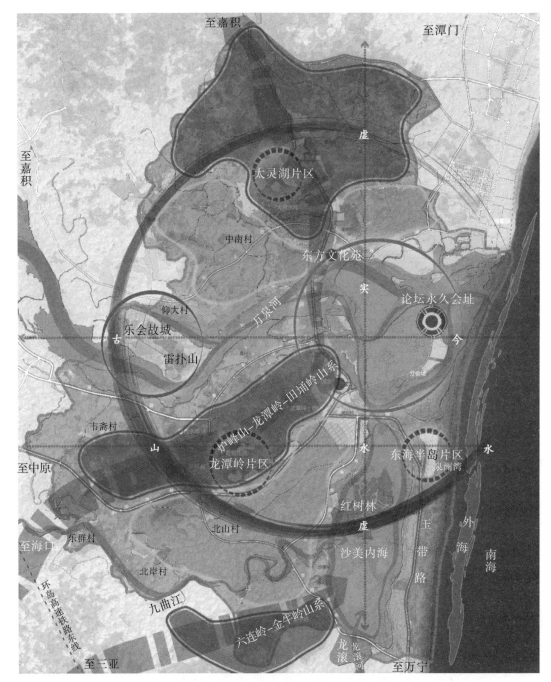

图3　博鳌特别规划区山水形胜格局与规划空间结构

2.2.2　胜景相望以定"形"

　　博鳌特别规划区在规划中采用中国式传统空间布局设计理念，对区域内自然生态与历史人文景观进行梳理，并根据不同景观的特点进行赋值，寻找最优景观区域，遵循"赏景不占景"的原则进行功能布局（表1）。

表 1　博鳌特别规划区景观分类与赋值规则

景观分类		赋值规则
自然生态类	山（地形标高大于 50m 的区域）	自身范围内 10 分；向外 100m 范围内 8 分； 向外 100～200m 范围内 6 分； 向外 200～300m 范围内 4 分
	丘（地形标高在 20m 到 50m 之间的区域）	自身范围内 6 分；向外 100m 范围内 4 分
	河、湖水系	向外 100m 范围内 8 分；向外 100～200m 范围内 4 分
	岛屿	8 分
	海	向外 100m 范围内 10 分；向外 100～200m 范围内 6 分
	农田	自身范围内 6 分；向外 100m 范围内 2 分
	林地	自身范围内 6 分；向外 100m 范围内 2 分
历史人文类	乐会故城	10 分
	乐城岛	8 分
	有历史记载的胜景	5 分

在此基础上，规划以博鳌亚洲论坛为契机，再次以"古今八景"之名构建区域胜景体系。

首先，发掘、保护和提升历史上的"古乐会八景"。包括万泉河入海口的"万泉合派"、大乐大桥西侧的"石莲花墩"、特指圣公石的"圣石捍海"、旧乐会县学宫的"泮沼回澜"、乐城岛东端万泉河交汇处的"双溪交流"、炉峰山北麓的"炉峰生烟"、龙潭岭北麓的"榜山耀日"及金牛岭主峰的"金牛偃月"。

其次，延续传统精神，塑造新"博鳌八景"。包括东屿岛论坛永久会址的"东屿来朋"、龙潭岭国宾馆的"龙潭宴宾"、东方文化苑万佛塔的"鳌塔览胜"、龙潭岭奇甸山庄的"奇甸远眺"、东海半岛泉澜湾的"泉澜闻浪"、大灵水库灵湖园的"灵湖游憩"、培兰洋农业公园的"田洋观稼"、沙美内海红树林湿地公园的"内海泛舟"（图 4）。

图 4　新"博鳌八景"分布

2.3 精营造

2.3.1 推敲与雕琢

师法中国传统营造哲学，规划采取赏自然、融田园、小尺度、微建设的方式安排空间，围绕景区空间主线组织布局，提升自然胜景的文化价值（图5）。

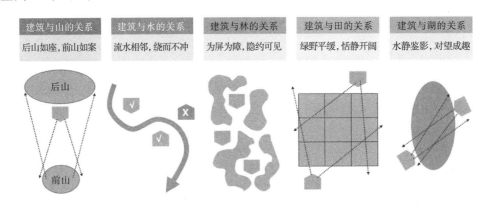

| 建筑与山的关系 | 建筑与水的关系 | 建筑与林的关系 | 建筑与田的关系 | 建筑与湖的关系 |
| 后山如座，前山如案 | 流水相邻，绕而不冲 | 为屏为障，隐约可见 | 绿野平缓，恬静开阔 | 水静鉴影，对望成趣 |

图5　建筑布局与自然地物的关系

建筑与山的关系，遵循"后山如座，前山如案"的原则。即建筑与近处山体形成环抱或倚靠的关系，而远处山体则作为眺望时的视觉焦点。在这一原则下，"后山"选择龙潭岭、田埇岭连绵山体周边较为舒缓的坡地区域，使连绵山体成为建筑底景；"前山"选择龙潭岭、金牛岭主峰作为建筑主要的对景要素，面向主要界面及具有观景功能的门、窗、洞。

建筑与水的关系，遵循"流水相邻，绕而不冲"的原则。在建筑布局中应能观赏河流水系形态，并以河流自然弯曲形态降低水流速度，避免出现直冲式河道，形成静谧、柔和的审美形象。规划在"三江"基础上保留现有支流、沟渠，以之为依托布置亲水体验景观，作为会议功能和美丽乡村的景观要素，恢复九曲江河口处的自然河道形态。

建筑与林的关系，遵循"为屏为障，隐约可见"的原则。建筑应被林地掩映，从外部仅能看到部分细节，使人有想象空间，而非一览无余。规划依托龙潭岭、炉峰山、田埇岭周边坡地的林地密集区布局重要功能建筑，建筑或建筑群以林木遮挡，形成"见林不见屋"的景观意趣。

建筑与田的关系，遵循"绿野平缓，恬静开阔"的原则。建筑位于广阔田园的一角，使田园景观作为建筑观景面的底景，让观景者具有开阔的视野。依托培兰洋、大路洋等区域主要田洋，结合农业公园设施在田洋周边区域布局重要功能建筑和景观体验空间。

建筑与湖的关系，遵循"水静鉴影，对望成趣"的原则。以欣赏临湖建筑的倒影作为主要的审美意趣，使建筑和景观通过水面的镜像关系，形成无限延伸的意境。规划依托沙美内海、三埇水库、大灵水库布局重要建筑功能和景观体验空间，在静水周边的建筑和景观设计中应重点考虑对景观廊道及水中倒影的景观效果。

2.3.2 点睛与升华

在物质空间以外，规划同样重视以文化概念叠加胜景所带来的点睛与升华，特别体现在各建筑群的命名方面。

如位于龙潭岭片区的非正式会议场所，在规划中被命名为"奇甸山庄"。"奇甸"一词取自明代丘濬的《南溟奇甸赋》："爰有奇甸，在南溟中。邈舆图之垂尽，绵地脉以潜通。山别起而为昆仑，水毕归以为滇渤。"丘濬在孝宗一朝官至文渊阁大学士，其作为海南人对家乡有特别的感情，一般认为"甸"是指古代以文明圈层所构建的"五服"体系中的"甸服"，是紧邻中央"王畿"的文明核心之地，以"奇甸"称海南岛，表现出"虽远在海外，却有如中原地区一般浓厚的文明浸染"之意，因此"奇甸"一词最能代表博鳌这一外交窗口的中华文明本底和海南文化特色。

除此之外，在规划引导中，对各类与论坛相关的建筑均以与会议主旨、氛围或海南文化有关的典故加以命名，以充分彰显文化内涵（图 6、表 2）。

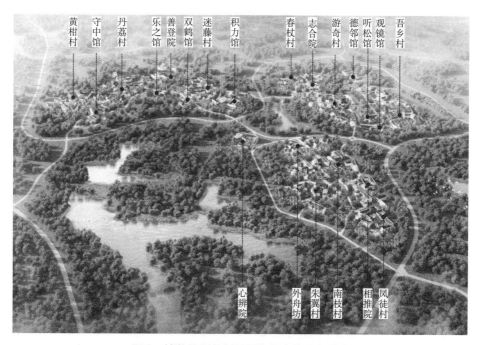

图 6　博鳌特别规划区灵湖园建筑群鸟瞰图

表 2　灵湖园建筑群部分建筑命名及出处

名称	出处
德邻馆	《论语》：德不孤，必有邻
众行院	魏源《默觚·治篇八》：孤举者难起，众行者易趋
吾乡村	苏轼《与友》：他年谁作舆地志，海南万里真吾乡
听松馆	刘长卿《听弹琴》：泠泠七弦上，静听松风寒
观镜馆	王粲《仿连珠》：观于明镜，则疵瑕不滞于躯；听于直言，则过行不累乎身
游奇村	苏轼《六月二十日夜渡海》：九死南荒吾不恨，兹游奇绝冠平生
志合院	《抱朴子》：志合者，不以山海为远
春杖村	苏轼《减字木兰花·己卯儋耳春词》：春牛春杖，无限春风来海上

3 结语

城市设计是基于人的感知行为，针对城市的文化属性和社会心理属性进行空间设计与营造。作为城市中人们关注和感知的焦点，"胜景"这一范畴一直存在中国传统文化中。由于对胜景的营造准确把握了人的认知特性，对于提升城市形象和塑造城市印象往往具有事半功倍的效果。另外，胜景具有自然和文化的双重属性，体现我国传统文化在"师法自然""顺乎自然"的同时，更重视"虽由人作，宛自天开"的营造哲学。

在此次博鳌特别规划区的规划实践中，通过中国文化的思维方式，围绕胜景塑造空间，以胜景体系为骨骼，对点、线、面的逐级设计进行推敲和雕琢，并进一步挖掘和叠加地域文化意向，从而形成良好的空间意向和风貌意涵，或可为破解当前我国城市中普遍存在的"千城一面"等现象提供思路。

[参考文献]

[1] 俞孔坚. 理想景观探源 [M]. 北京：商务印书馆，1998.

[2] 王其亨. 风水理论研究 [M]. 天津：天津大学出版社，2005.

[3] 陆元鼎. 岭南人文·性格·建筑 [M]. 北京：中国建筑工业出版社，2005.

[4] 刘晓明. 论北海公园濠濮间的造园艺术特色 [J]. 北京林业大学学报，2000，22 (3)：68-71.

[5] 胡耀文. 国家治理现代化进程中的城市设计控制思考 [J]. 城市规划，2015，39 (9)：16-20.

[6] 王先龙. 景观感知视角下的中国传统八景现象研究 [J]. 中外建筑，2017 (3)：51-54.

[7] 张俊哲. 卧游：中日潇湘八景诗的山水描写与地理信息 [J]. 外国文学评论，2019 (3)：103-129.

[8] 高丽瑛，贾文毓. 中国古代"八景"中天象类景观的成景规律 [J]. 山西师范大学学报（自然科学版），2019，33 (4)：124-128.

[9] 陈汪丹. 宋代苏轼兴造苏堤与苏堤风景园林化考析 [J]. 风景园林，2019，26 (6)：114-118.

[10] 张昱朔. "八景"山水文化景观研究：以"西湖十景"为例 [J]. 建筑与文化，2020 (3)：115-117.

[11] 秦柯，孟祥彬. 由虚入实：中国古代城市人居环境"八景"模式的嬗变 [J]. 中国园林，2021，37 (12)：26-31.

[12] 刘志聪. 党史中的地名博鳌 [J]. 中国民政，2021 (24)：23.

[13] 张仲伍. 遍在景观的特点、类型及成景方式：基于中国"八景"景观 [J]. 地理研究，2022，41 (6)：1671-1683.

[14] 潘莹紫，余思奇，万敏. 泛东亚地区八景文化研究进展 [J]. 中国园林，2022，38 (5)：121-126.

[15] 谢璕. 苏东坡水环境营建思想及其实践研究 [D]. 西安：西安建筑科技大学，2019.

[作者简介]

郭嘉盛，高级工程师，就职于中规院（北京）规划设计有限公司。

整体视角下的文旅规划设计方法重构与探索

——以国家玫瑰公园总体规划设计为例

□涂波，袁松亭

摘要： 文旅产业已成为我国国民经济战略性支柱产业，是实现高质量发展、"双循环"及"双碳"目标的战略示范，其规划设计也备受关注，特别是文旅开发专项规划在国土空间规划引领的"多规合一"管控衔接要求下，以及文旅融合等新时代复合背景下，文旅开发缺乏整体视角下的空间与文旅融合策略。本文以文旅开发规划设计为例，从采集认知资源市场、混合用地协同城乡、情景文化构想策划、运营前置预判模拟及空间形态赋能驱动五大策略间的叠加演进来提升规划设计的科学性和落地性，从开发整体视角下系统更新重构规划设计体系，并结合国家玫瑰公园总体规划设计进行实践，以期推动我国文旅产业在新时期高质量发展，为相关开发研究和规划设计提供新视野和新路径。

关键词： 整体视角；文旅规划设计；文旅融合；高质量发展；国家玫瑰公园

国务院印发的《"十四五"旅游业发展规划》和文化和旅游部发布的《"十四五"文化和旅游市场发展规划》，均指出旅游业在服务国家经济社会发展、满足人民文化需求、增强人民精神力量、促进社会文明程度提升等方面作用更加显著。当前，我国的文旅产业发展仍处在加速上升阶段，同时文旅深度融合使文旅产业要素供给与整合能力显著提升，在统一规划、市场整合、资源共享等方面发挥协同整合效应，产业效益得到充分发挥，各地涌现出一批文化旅游特色产品和项目。然而文旅开发作为专项规划，空间融合度很高，因此与其上位"五级三类"的国土空间规划体系关联紧密。国土空间规划是统筹国土空间开发、保护、整治的总体部署，是统筹所有空间规划的基础性规划，伴随传统文旅产业开始全面联动升级，应当系统整合文旅各类市场资源条件以形成闭环，使城乡规划、产业规划等在国土空间规划"一张蓝图"的引导下与文旅开发进一步融合。

虽然前几年受新冠肺炎疫情影响，出境游全面受阻，国内跨省游也时断时续，但是透过周边郊区游及微度假市场繁荣景象，可以看出大众仍持有强烈的出游意愿。后疫情时代文旅产品供给体系直接关乎行业生存发展，前些年发展火爆的特色小镇、主题乐园等项目大部分都折戟下马，少部分则艰难维系。文旅开发项目应当在整体视角下充分研判市场资源，如开发项目是否能够带动所在地产业联动区域发展、与国土空间规划如何衔接协同、策划运营与实际预期如何、构想内容与场景塑造匹配程度如何等。而传统旅游规划编制更多聚焦主观概念创意，缺乏客观科学定量分析，导致不少文旅开发规划编制只能"墙上挂挂"。基于上述背景，本文尝试从文旅开发的整体视角下更新重构规划设计框架体系，并以国家玫瑰公园总体规划设计为例进行实践探索，以期为行业发展提供新的思路和决策路径。

1 文旅开发与规划设计新使命

从整体上推动文旅开发的规划设计更新，需要厘清文旅开发内涵和市场趋势，应用新的规划技术手段、科学分析资源、研判开发条件，更好地衔接和融入国土空间规划体系，依据市场开发逻辑塑造内容与场景贴合的主题形象。

1.1 文旅规划设计的概念

文旅的概念源自文化和旅游融合，两者的融合发展在现实操作层面早已有之。旅游是文化产业化的重要转化路径，文化则为旅游产品充实新鲜的内容，是旅游的灵魂。作为经济产业，旅游产业与其他产业相比具有很强的文化特性，文旅融合开发模式聚焦于资源挖掘和赋能驱动。虽然当前文旅开发有大量规划设计项目，但是以文旅开发为主的规划设计概念在理论层面并没有明确定义，同时也缺乏整体视角下的技术实施路线。对文旅开发而言，文旅规划设计承载内容与场景落位是文化和旅游及空间融合开发整体过程的转化途径和实现方法，涉及开发定调、市场调研、资源研判、国土衔接、城乡协同、情感文化、构想策划、前置运营、选址布局、开放结构及场景形象之间的叠加演进，并以全过程整体视角构建规划设计体系（图1）。

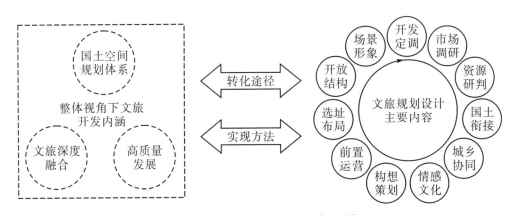

图1 整体视角下文旅规划设计内涵图解

1.2 文旅规划设计研究意义与任务

"十四五"是我国向社会主义现代化迈进的关键时期，为文化和旅游融合发展创造良好的环境，文旅产业是加速经济转型升级、促进消费、提升人民生活品质的重要途径。同时，文旅行业被誉为"无烟工业"，以其为主体的"1＋n"模式可以联动上百个行业，这也是央企和国企纷纷成立文投基金的原动力。因此，文旅产业需要协调配置产业要素，合理规划发展空间，完善结构调整和优化布局，形成供给侧结构性改革和高质量发展的示范，助推国家现代化进程。

整体视角下的文旅开发规划设计应从全局出发，基本任务包括基于市场特征和资源特征，采集大数据科学分析定调战略目标，形成可持续发展的产品策划内容体系；主动对接国土空间体系采用混合用地协调内容构想，通过前置运营模拟预判内容构想的可行性，综合应用规划技术手段进行功能单元划分与空间落位，完成场景氛围营造和意象形态搭建。

1.3 与传统旅游规划的区别

《旅游规划通则》（GB/T 18971—2003）对早期旅游市场有重要规范作用，但近 20 年未更新，已经难以指导行业的发展。当前文旅行业发展需求更加多元化和精准化，这是因为"以文促旅，以旅彰文"两大功能是文旅融合原动力，文化本就是多元丰富的，旅游往往是非常个人的行为。文旅开发需要从整体视角出发，全面梳理产业与空间融合路径，而传统的旅游规划编制偏重概念化，同时传统旅游规划工作者大多没接触过项目落地的实施过程，致使传统旅游规划编制在实践应用中作用甚微。文旅融合正处于时代前沿，这也为文旅规划设计提供了变革契机，从整体视角下更新构建内容与场景适宜的规划设计体系将更加契合时代需求。

2　文旅规划设计方法更新重构

基于整体视角下的文旅开发新趋势与新需求，以文旅开发规划设计为例，从五个方面设计重构整个体系：一是定量研判市场资源为项目定性，包括旅游市场数据采集综合应用及场地条件科学分析综合应用；二是内容场景主动对接国土空间规划，采用混合用地灵活调整场景布局，与城乡协同发展形成区域发动产业；三是构建符合市场预期和场所精神文化、富有极致体验的产品内容体系；四是前置运营思维预判策划内容与场景匹配度，推广品牌传播影响力；五是从宏观自然山水界面到微观邻里街道，塑造内容与场景协调的空间意象（图 2）。

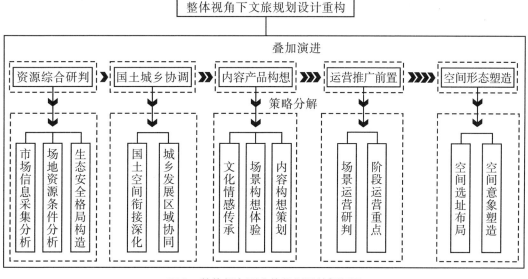

图 2　整体视角下文旅规划设计框架图

2.1 资源条件综合研判

资源条件综合分析是文旅开发的核心价值研判，包括旅游市场和开发条件调查，通过大数据采集分析资源市场、找准市场方向及分析场地条件，为后续产品体系和场景落位提供安全可靠保障。

2.1.1 市场信息采集研判

旅游资源是一个不断发展、完善的动态概念，虽然旅游资源市场信息非常繁杂，但面向游客进行规划的逻辑起点和实现旅游产业发展的逻辑一直未变。当前对旅游资源解读分析主要依靠规划师的经验判断，以定性分析、经验分析为主，缺乏定量的数据支撑，容易因规划师个人主观因素影响后续规划设计。要改变目前行业对于客源市场和目的地流于形式的调查分析不力局面，应基于大数据采集，应用层次分析法筛选影响客源地与目的地关键要素。这些关键因子可以为后期动态运营管理建立评价更新工具。数据采集方法是通过关键词搜索和基于 python 构架（一种起源于搜索引擎的开源免费编程语言）对 url（网络地址）进行采集筛选，可以选择自主采集分析（如 pycharm 自检补全编辑器）或专业网站提供的检索后分析。本文采用专业网站提供数据采集功能。

目的地和客源地市场是文旅行业最重要的两端，通过深入检索采集旅游目的地社会经济、配套设施、到访评价等旅游资源信息是对现状供给侧进行定量摸底，客观掌握所在地行业发展水平，为产品开发方向与模式提供依据的关键所在。客源地市场数据采集包括不同级别市场、行业分布、年龄结构、收入水平、消费偏好等客群属性、客群行为及 LBS 数据。通过目的地和客源市场两端分析，基于市场导向研判需要突破的产品体系核心问题（主导产品、开发规模等）及确立目标客群画像，为文旅项目、产品研发定调和规划设计提供决策支持（图3、图4）。

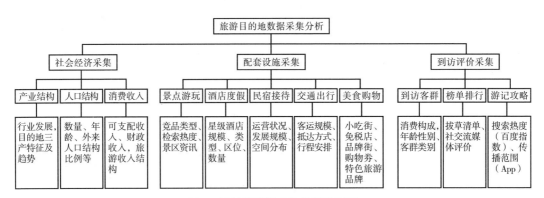

图 3　目的地数据采集类型分析图

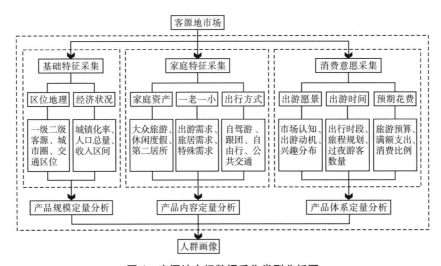

图 4　客源地市场数据采集类型分析图

2.1.2　场地资源条件评价分析

对于场地周边资源类型的评价，通常参照《旅游资源分类、调查与评价》（GB/T 18972—2003）进行，其关注点聚焦辨识度、优美度、整体性、科学价值及艺术性等。但是目前通用的评价体系在类型和范围方面都有局限，缺乏对度假和文旅开发条件价值评判，在整体视角下无法涵盖文旅产业当下需求（自然人文资源评价除外），如区位交通可达性、服务设施配套完整性、土地条件合规性及场所空间主题性等，因此场地资源禀赋价值判断过程除了对资源亮点梳理筛选，重点是更新研判文旅开发的适应性条件。

场地周边开发条件评价可以通过 GIS 拓扑分析、网格分析等方法进行，如利用 Landsat 数据、高程、等时圈等模型与资源条件研判叠加，甄选优先开发区域；利用 GIS 空间网格分析遴选最优线路、酒店等服务设施的选址布局等；通过分析 DEM 数据检测可见区域视觉敏感度，对标志物空间位置、开发体量控制、廊道界面选择等景观风貌资源进行研判。所有评价应坚持以科学定量分析为主、定性分析为辅。综上所述，GIS 平台综合应用可在资源禀赋研判与旅游价值评价中发挥链接作用，由梳理资源环境和场地开发分类评价判别出旅游发展空间，推进旅游功能价值识别及布局发展落位，形成科学的工作图的基础。特别是文旅开发多集中在自然资源富集地，能够客观反映出开发条件的优先操作区间。

2.1.3　生态安全格局构建

生态安全格局是建立自然保护地、整治全域土地、规划国土空间和优化城乡建设的生态屏障和基本要求，是构建生态红线的重要依据，因此在空间规划中被广泛采用。构建生态安全格局须利用现场调研，依托规划技术手段将基地划分为核心保护区、缓冲区、廊道等管制区域，通过遥感卫片数据、地形图及迁徙轨迹数据等信息综合采集，利用 GIS 空间分析技术方法叠加，可以对生态安全格局实施时空动态过程模拟，实现数据整合一体化处理。

在实际建设过程中，生态安全格局对项目选址、土地规划及空间落位等规划决策起到支持作用。通过判别不同程度的安全水平，划分场地周边的源—生物核心栖息地、地质灾害易发区等。比如，通过分析地表水文条件、径流等贯通区域篮网，强化整体调蓄能力，划分雨洪缓冲区；扩大基地研究范围，识别物种多样性保护途径，从宏观大尺度空间建立多样性保护路径与格局，构建山水林田湖草持续的生境廊道及边缘缓冲地带，以保持区域内栖息地完整性与生态系统健康稳定；地质灾害（滑坡、泥石流等）严重威胁生态环境与区域安全，辨识多种灾害成因要素及空间分布，确定地质灾害的源并结合易发区内土地利用分析，能够划分起防护关键作用的区域和空间联系。因此，需通过生态安全格局对文旅开发空间架构及布局形态塑造均提出限制保护要求及重点防治措施。

2.2　国土空间与城乡协调

国土空间规划是国家空间发展和空间治理的战略性、基础性、制度性政策工具，通过调控和引导空间资源优化配置、集约利用，实现国土空间开发保护更高质量、更有效率、更加公平、更可持续的发展，从城市规划、城乡规划到国土空间规划专业名称的变迁，显示出空间规划的关注点聚焦于区域"三生"空间协同和共同富裕。

2.2.1　国土空间优化衔接

区域资源与场地开发条件综合评价是文旅开发决策与选址的依据，同时文旅融合、区域协同发展要求以"文旅＋"的模式与社会经济密切关联。伴随文旅市场的蓬勃发展，需要推动文旅规划设计在国土空间规划体系内与各类专项规划对接融合，而当前法规标准内并没有"旅游用地"类型，相似的仅有"风景名胜设施用地""文物古迹用地"，无法满足旅游业态需要。部分地区已开展的点状供地试点结合城市用地中的混合开发模式或许可以破解文旅用地困局，尤其在乡村振兴整治过程中，通过新建用地兼容村庄公共服务与村庄产业用地共享混合，将村庄旅游服务与公共服务功能融合，以达成用地的集约与产业的融合。

鉴于国土空间从上到下的刚性传导和文旅用地的现实困境，文旅开发首先要积极对接国土空间规划，同时采用混合用地模式灵活调整内容与用地间的弹性，利用点状供地建设必要的配套设施，从"存量"发掘潜力，提高土地利用价值，如文旅项目较为集中的乡村地区，可在规划保持土地性质不变的前提下盘活宅基地与农用地，对集体建设用地进行空间改造提升，完善配套。积极推动乡村振兴，可以以集体土地入股的方式让农民参与文旅运营，引导农民发展共享农创项目。丰富农用地"三权分立"的实施途径，依托全域土地整治升级高标准农业生产，将文旅酒店、公寓及度假区等高附加值项目融入城镇开发边界开发、建设，实现地方发展、"三线"管控与土地资源之间的平衡。

2.2.2 城乡发展区域协同

增长极核理论指出，区域经济最活跃的中心镇在增长极核通过"极化"作用将区域经济发展要素向某一特定区域转移，并且极核影响周围地区不断传播扩大，使得特定区域城镇体系内生产要素在各城镇间转移、扩散，因此科学布局生产空间、生活空间、生态空间，推动产业小城镇的建设已经成为各地城镇化进程的重点。核心在于产业培育上，加速产城融合发展步伐，必然带动周边城乡有机联动，形成区域发动产业。进一步提升乡镇一级公共服务水平，其溢出效应不仅可以吸纳周边留守妇女、老人就业，而且可以吸引"新乡贤"回归和"新能人"创业，引导乡镇发展高品质微度假、文创等，推动共同富裕和社会经济全面发展，实现城乡协同。

2.3 文化情景内容构想

文旅产业核心是能够提供契合市场需求的文旅产品。如前文所述，文化是旅游的灵魂，文旅产品体系（尤其是文创产品）必须依托文化进行赋能活化。文旅项目体验感必须依托场景营造，场景营造与在地文化、体验层及场景画面联系密切。

2.3.1 文化情感传承

通过市场资源调查研判、对接国土空间与区域协同，发掘和转译在地文化，是文旅内容的重要载体。广义上讲，文化是人类有意识地在自然与社会中产生的活动，是自然与人文创作过程中积累的成果，包含物质文化和非物质文化两个方面。文化是项目属地携带的天然因子，也是公众对地域的认知和预期感受。关于如何有效融合传承文化，文化和旅游部艺术发展中心副主任孔蓉提出："以文化旅游融合为依托，以文化基因和文化元素提炼为核心，以创意和再生设计为手段，对属地特色自然资源、人文资源、产业资源等关联性资源进行一体化深度整合后，以系统化的特色文化标识为指向而构建的文化、生态、生活、产业有机融合的生态型空间体系，并使其成为具有历史记忆、文化传统、现代时尚、面向未来的生命体。"因此，文旅规划设计必须发掘自然人文环境的潜质并转译为情景，使体验者经过内容与场景氛围的感染后能够穿越时间与空间，感悟当下，憧憬未来，体验古往今来的变迁。这需要通过"触景生情"的营造手法呼应自然与人文风貌，刻画空间意境的主题，展现出文化传承与文化自信实施途径，从而实现文化情感传递。

2.3.2 场景引导体验

场景是一系列令人身心愉悦的经历所组成的体验环境总和，是情感宣泄和具有自然或人文气息氛围的场所,能够持续影响、感染体验者,直至产生共鸣。美国学者约瑟夫·派恩和詹姆斯·吉尔摩所著的《体验经济》一书首次提出"体验"的概念,作者通过观察人们参与程度差异和环境状况,梳理总结出娱乐、教育、避世、审美四种类型的体验感。这些体验感并不一定孤立,经常是相互渗透以便获得更加丰富的体验感受,若能够同时涵盖这四方面体验感,则被称为"甜蜜地带"。旅游体验中的娱乐、教育、避世及审美是递进关系,最高层次仍是精神享受的经历,这包括了解自然、敬畏自然及了解文化并尊重文化。可以说旅行就是人生的修行,是通过场景体验将旅程转化为心灵成长的过程。

场景构想需要营造出画面感,尤其是在自媒体流量时代,优美的场景可以使品牌传播力倍增。中国传统画论中对山水场景有关高远、深远、平远与留白等的著名论断可以引导构建场景的画面感。另外,场景构想必须考虑摄影美学基本原理,画面构图焦点及画面层次(前景、中景、背景)组织原则对于场景的构建也至关重要,如处理场景中空间焦点及制高点,场景布局的画面感在摄影中逆光、顺光及侧逆光的光影及色彩效果感染力等,这些都是文旅规划设计需要重点关注的内容。

2.3.3 内容构想策划

基于在地文化情感与场景体验引导,产品内容策划构想将更加具有针对性和落地性,策划构想要参考文旅市场的量化分析以明晰趋势,减小旅客与目的地之间的双向认知差异有利于精准传播营销。后疫情时代,为避免产品内容形成单一的旅游模式,应以产业驱动为主,形成由产业收益占主导地位、旅游为辅的多元盈利模式,或者至少需要保障低限度运营,这是因为除头部资源和顶流IP项目外,在一个消费力不足的城市中,"生产者"才是自我造血的动力之源。

扩大品牌形象与品牌影响力的传播能够实现游客转化。通过品牌传播策划,构建综合节事营销、社会化营销、品牌合作等多种营销形式的传播方案,为输出品牌定位、提升知名度、优化运营效果提供切实路径。朱强华、张振超在《旅游景区品牌管理模型研究》一文中指出,品牌传播就是目的地景区的品牌形象在营销网络和客群旅游者中推广的过程,也是潜在客群旅游者通过传播媒介激发其心向往之的过程。这一过程需要依托主要内容品牌定位、品牌形象与战略口号、系列主题活动创新安排和国际化传播策略与营销模式。此外,内容策划场景结合运营进行前置模拟预判也至关重要。

2.4 运营前置思维

运营是文旅项目在商品市场中能否得到认同的关键,文旅开发必须遵循市场逻辑,提前将运营环节前置植入规划设计阶段(运营思维介入),从市场大数据、场地开发条件、内容产品体系、品牌推广传播等层面,充分模拟研判文旅项目在现实运营中需要的环境场景和氛围。

2.4.1 场景运营预判

当前,行业前期的策划规划与后期运营大多处于"两层皮"的状态,加剧了规划实际落地后的冲突,由此引发的浪费、亏损等问题格外突出。场景营造和内容构想根据运营要求,促使规划设计和投资找到两者耦合的触媒点,并深化、完善相关的技术内容。这种贴近使用者需求的功能布局方式,在实践中更容易被跨行业和领域的社群所接受,因此运营前置是检验未来策划内容和场地营建落地性的试金石,可将投资收益与分工合作纳入规划设计一体考量范畴,在规划设计引领前提下管控宏观与中观层面的项目安排,进行产业预招商、主力店预招商模拟预判。

2.4.2 阶段运营重点

从项目立项、策划阶段开始到规划设计完成是前期运营阶段，开展工程设计到完成建设是筹开期阶段，加上开业后的运营管理阶段，形成包括规划设计管理、资源招商、文创企划宣发、工程管理、商户管理、物业管理、产业指引、社区生活八个方面的运营体系。在规划设计层面，主要聚焦前期运营，如刘岩根据陶溪川DIBO保护利用全流程总结出以下五个方面具体内容：一是发掘具有发动效应核心文化IP，进行二次开发，形成核心品牌；二是进行市场调查和核心资源预招商，同时针对特征区分重资产和轻资产"两本账"；三是按照不同业态的市场规律对规划设计进行指导；四是以产品线为核心进行招商；五是尝试不同的活动类型，找到适合触媒点特征的活动类型，逐渐培育其成为自有品牌活动。

产业运营需要有高辨识度的空间形象与氛围，如前文所述必须塑造核心文化IP传播形象，其中创新型业态场景应当结合场地资源特点凸显个性，通过提高场景观赏性和艺术性使其更具可读性，利用文化IP再造与放大品牌传播价值；传统制造业场景氛围应当依托业态优势转化为趣味性与互动体验空间，体现产城融合的特征；旅游小镇大多属于优质资源富集地，场景空间应当烘托出资源条件特质，凸显山、林、湖、塘、镇内外优美景致，于自然环境中感受人文气息，强化五感印象，营造主题性的空间氛围。

2.5 开放空间与形态塑造

空间和形态是文旅内容与场景的载体，是从空间识别、空间诊断到空间塑造的全过程演变，包括对资源环境、场地条件空间识别，以及场景营造和产品空间塑造，同时也伴随着宏观自然山水空间、中观地块布局空间、微观场所空间各个意象间渗透关联、整合重塑的过程。

2.5.1 空间选址布局

资源条件评价、生态安全格局、国土空间协同应用形成文旅布局的基本发展框架，场景构想与策划运营一体，进一步构成环境氛围要求。文旅项目大多位于自然人文资源富集地，中国传统自然山水文化反映古人对自然山水格局的总结。龙彬在《中国古代山水城市营建思想研究》中指出，中国的山水文化造就了城市特有的山水景观，从自然山川河流滋养出山水田园诗，同时也积淀出城市意象的山水文脉。研究古代的城市堪舆图会发现，中国传统城镇的选址布局其实是一种空间意象展示，重视与自然的关联而非刻板写实，其描绘出城市与自然山水融合共生的画卷，也体现出自然山水思想对于城市营建的深远影响，通过对周边相关联的山水空间与地景进行翔实调查研判，依靠直观体验的方式来感知、了解环境特征，发掘良好的人居环境与优美的自然地貌，从而建立传统城镇选址布局与自然山水间的联系。

充分认知选址地山水环境条件，自然山水格局承载着物质空间与山水文脉非物质空间，构建具有连续性与完整性的自然人文空间体系，通过资源识别评判，参考生态安全格局管控引导，将自然界面与能量流动安全、恰当地关联选址地，以优化山水形胜格局，使传统山水文脉得到继承与发展。因此，基于自然山水格局的选址布局要与资源环境高度契合，用地划分避免机械，应具有弹性，体现出高度的自然融入。

不同选址布局也是开放空间结构的形成过程。山水背景、镇区街道、河流及小微空间依托"留白"的灰色空间分割出虚实有序的段落节奏，这种"留白"式虚空间也是场景渗透的关键性廊道，镇区布局应体现出产业兴旺与职住平衡的鲜活力。街道与河流具有战略引流作用，其沿线界面的空间品质是业态场景内容与氛围的关键，其选线原则必须考虑与自然人文空间要素——峰、谷、楼、阁关联协调。点状分布的小微空间应当通过绿道联通系统组网。开放空间使区域自然山水、建筑景观及生态环境融合为可辨识、持续性的形态结构。

2.5.2 空间意象塑造

意象塑造是基于内容构想、运营前置及开放空间进一步融合深化。凯文·林奇在《城市意象》中指出，城市空间意象五要素包括区域、边界、节点、路径、标志物。为方便理解，结合上文提出面、线、点开放空间结构体系，本文将 5 类元素分别归纳为面域空间意象、线性空间意象及斑块空间意象，分层推进塑造空间形态。

面域空间意象为整体形象定下基调，从背景、边缘、天际、区域等宏观的尺度描绘全域风貌。山水格局是场地天然背景，通过选址优化、生态构建、空间渗透、蓝绿交织，形成包容、层次丰富的复合背景；边缘空间意象是多界面交互过渡区，是自然边界向市商边界渗透的过程，也是场镇空间对外昭示的象征；天际轮廓线必须具有画面感，利用场景体验引导将山形水势、人工界面及留白段落预设层次鲜明、律动有序的天际线；区域场所是链接生态、生产、生活等各类资源一体化的空间，意象塑造应该更加关注职住平衡、活力吸引和产城融合的可持续性。

线性空间意象是基于面域空间意象确定的大范围内发掘轴线或者带状管廊式连续空间。视域廊道和景观大道就是典型，前者是功能相对单一留白式虚空间，视线两端需要精心组织实现两者相对均有完美角度；后者为多功能混合线性空间，如街道、河流、带状公园绿地等，其路径选择和场景空间要兼顾美感度与功能需要（如疏风送爽通廊与绿地结合）。由于线性空间与沿线交会界面节点较多，应当利用"留白"控制尺度与节奏。功能廊道往往是多种业态场景的集中承载区域，空间意象塑造应当强化观赏性与参与性，甚至营造夜游氛围等。

斑块空间意象是基于面域和线性结构系统完善，包括节点、标志物及各类丰富的小微空间，通过策划构想与运营前期阶段充分沟通，实现内容与运营需求的布局场景化。比如，主建筑群、标志物应在开放空间体系形成多元中心场景；构建多元化的生态人居环境场景，实现"三生"空间有机融合；按照圈层打造高质量服务场景，满足产业人、本地人及游客各得其所的需求；文化遗产资源的保护利用、非物质文化遗产资源的转译可以扩充文旅空间内涵，形成文化布景构建。通过以上宏观、中观到微观开放空间结构搭建，以及面—线—点空间意象系统化营造，形成贴合场景构想与运营前置的完整空间形态。

文旅开发大多位于自然人文资源富集区域，应从整体视角下认知开发条件，发掘资源禀赋闪光点，并以此为抓手，协同各要素强化导向特点，重构规划设计体系。这一过程要求规划设计者善用科学工具对客观世界进行细致的观察总结，提炼出契合空间环境的主观感受；同时，规划设计者应当热爱自然和生活，形成对山水形胜的辨识与传统文化的积淀，才能以敏锐的洞察力体察出自然山水之美。

3 国家玫瑰公园总体规划设计

国家玫瑰公园以整体视角下文旅规划设计方法进行实践，对市场、资源依托数据平台和科学工具进行充分研判，以定量分析为主、定性分析为辅的方式明确市场预期和开发条件，采用混合用地方式衔接国土空间规划，并引导当地居民共同发展，基于市场和场地情感文化构想策划产品开发体系，前置运营思维完成内容和场景的空间意象塑造。

3.1 国家玫瑰公园概述

国家玫瑰公园由国家林业和草原局认定，位于四川省绵竹市，地处成都平原与川西高原交接地带。基地紧邻九寨新环线及 S216 旅游专线，目前主导产业以种植（20000 亩大马士革玫瑰）、加工及科研为主，周边旅游资源丰富但相应配套不足。现由绵竹市与银谷集团合力打造为国家玫瑰产业城镇度假目的地。

3.2 总体规划设计策略

3.2.1 市场资源采集评价

通过对基地周边现状配套和业态采集调查发现，餐饮零售及休闲产业发展较快，且分布向沿山和市区集中（表1），但酒店住宿品质欠佳、留宿不足。分析四川五大代表性旅游目的地（九寨沟、都江堰、峨眉山、阆中、乐山）客群属性，显示本省游客在除暑期之外为国家玫瑰公园目的地潜在主力客群，对项目地周边一级、二级客源市场利用数据采集分析得到潜在客群特征及兴趣分布（表2、表3），形成客源地潜在人群画像作为产品体系与内容构想研判基础。需要指出，由于数据采集网站还不能完全提供定制化采集服务，仍须进一步完善后台数据链，部分数据（如评价反馈）仍须从旅游网站查询获得（图5、图6）。

表 1 国家玫瑰公园周边配套业态要素分析表

业态种类	业态构成比重	业态分布	业态形式
餐饮	19.57%	城内、沿山聚集	快餐厅、中餐厅、奶茶饮品、面包甜点、小吃快餐、咖啡、火锅、其他
零售	42.85%	均匀分散	服装配饰、家电厨卫、潮流数码、综合超市、黄金珠宝、生活用品
车辆服务	5.96%	城内聚集	汽车维修、汽车美容养护、汽车电子娱乐、汽车租赁
养生	5.61%	沿山、城内聚集	瑜伽馆、美容spa、足疗按摩
金融保险	1.53%	城内聚集	金融服务、保险理赔
生活服务	13.72%	城内聚集	美容服务、美发造型、照相馆、视力保健
运动健身	67.00%	城内聚集	健身会所、体育运动场所
教育培训	2.78%	城内聚集	培训机构、早教机构
休闲娱乐	7.31%	城内、沿山聚集	影院、酒吧、书店书吧、KTV、网咖电玩

表 2 潜在目的地客群属性及消费特征分析表

序号	分析要素	特征
1	地域分布	以四川、广东、山东、江苏、浙江为主
2	年龄分布	全龄
3	性别分布	男性偏多
4	出行关注点	聚焦于国内游，关注景点、景点类型及远途出行方式
5	餐饮服务消费特征	聚焦于菜品种类、烹饪方式、口味等
6	休闲娱乐消费特征	偏好于艺术类消费

表3 一、二级市场客源地客群属性及消费特征分析表

序号	客源市场分析要素	高频数据分析
1	居住人群年龄结构	19～55 岁（青中老年）
2	办公人群年龄结构	25～50 岁（青中年）
3	旅游人群年龄结构	18 岁以下、35～44 岁、55 岁以上（全龄）
4	收入水平	3000～15000 元之间（中位数 6500）
5	消费偏好	以美食、购物、养生为主，休闲偏弱

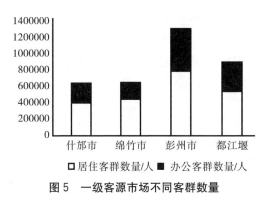

图5 一级客源市场不同客群数量   图6 5 km 范围内二级客源市场不同客群数量

3.2.2 资源条件综合评价

国家玫瑰公园所在地有深厚的人文景源与独特的自然风光景源，物产丰富，综合区位良好。通过 GIS 辨识场地开发条件指导选址布局、场景转化锚固国家玫瑰公园的主体特征（表4），利用 GIS 平台辨识基地重要生态源及潜在地质灾害易发区，划分出浅山区、平坝区及湖区三类安全水平；通过蓝绿廊道贯通林盘、湖塘与场镇，搭建必需的缓冲区，形成基地多层次、连续性安全保障和生态支撑系统。

表4 国家玫瑰公园项目地资源综合评价表

序号	评价因子	指标评定	备注
1	用地适宜性	适宜	地基承载力大，景观优
2	生物多样性	高	生物资源丰富
3	交通可达性	强	—
4	生态敏感性	山地高度敏感，浅山区中度敏感，平坝区低度敏感	—
5	地质灾害危险性	沿山局部有地质灾害易发区	地形较简单，地貌类型单一
6	水资源丰富度	较丰富	水资源丰富，水质良好

3.2.3 国土衔接城乡协调

采用混合用地策略，灵活调整产业布局与国土空间规划衔接，保持绝大部分土地性质不变；采用点状供地建设配套设施，保留玫瑰种植核心区两处川西林盘村庄，按业态构想与运营需求

对原有集体建设用地空间进行改造提升，村民可以宅基地入股方式参与公园运营，引导发展民宿、书苑等共创项目，将酒店、商业及度假区等高附加值项目集中布置于场地三水汇流处。国家玫瑰公园是九寨新环线重要节点，产业社区和度假目的地与周边城镇协同能够形成发动产业，其溢出效应不仅可以吸纳周边留守妇女与老人就业，还可以有效吸引成渝经济双圈优秀人才回乡创业，发展高品质微度假等产业，带动共同富裕，增加地方综合收益，推进绵竹沿山地区社会经济全面发展。

3.2.4 激活赋能内容驱动

将场地最具人文浪漫价值的亨利·威尔逊川西之路"世界历史花园 IP"与场地壮美的雪山玫瑰自然景致相结合，通过市场前测进行业态内容赋能，打造延续上位、符合市场、满足开发的场地内容构想"雪山玫瑰·浪漫圣地"的品牌传播形象。国家玫瑰公园基于文旅、广电、体育、农旅等多元融合，形成一站式双中心（文化吸引中心及消费利润中心）度假产品体系，包括超级工坊类、农创体验类、研学教育类、自然探险类、爱情主题类、养生度假类等多维体验产品体系，构成五大核心项目，在满足业态场景氛围构想的前提下，打造产业小城镇度假目的地多元化产业发展模式（表5）。

表5 国家玫瑰公园旅游产品谱系表

序号	产品构成	产品体系
1	浪漫庄园	品牌引领型
2	艺术研学	
3	玫瑰风情	
4	康养胜地	
5	玫瑰产园	
6	川西之路	地域特色型
7	川西风情	

3.2.5 运营前置预判模拟

通过在国家玫瑰公园举办第八届中国月季大会，扩大核心品牌传播影响力。利用数据采集形成工具箱，建立前期运营体系，对园区各运营环节进行模拟"打压试验"。采用混合经营，将园内村民纳入运维培训管理闭环，发掘招引"新乡贤""新农人"在本土创业，激发村民荣誉感和参与度，构成国家玫瑰公园末端自发管护体系，逐渐形成轻重两条线的资产模式，推进资源产业预招商，推广品牌 IP 创建及宣传活动安排等。

3.2.6 开放空间意象塑造

宏观尺度下开放空间是产业城镇与场地"峰谷"形成连续视廊、构建内外空间渗透的山水格局；中观尺度下则通过综合条件辨识、生态格局、国土协同、情景引导、布局形态之间叠加策略打造"一轴双翼"的空间格局（图7）；微观尺度下，延续川西长街、窄巷与长河相融的传统空间组合模式，形成复合线性功能空间并联通组网小微邻里单元系统。

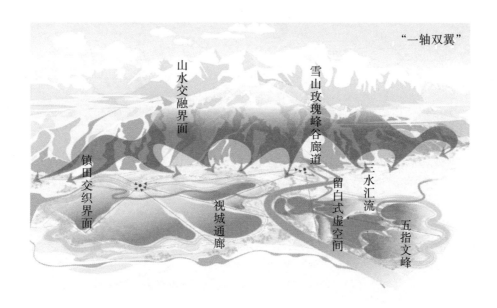

图 7　国家玫瑰公园开放空间格局分析图（梁棚、冯艳杰绘）

　　整体上将基地划分为五大功能板块，包括共享入口板块、爱情海度假板块、玫瑰庄园板块、工坊小镇板块、田园农创板块（表 6）。基地五大功能板块选址布局突出功能配置、场景体验与产业环境契合度，如在三水汇流处形成"水聚天心"，将城堡酒店组团、香氛街坊组团、玫瑰社区组团等组团围湖展开，将基地极具震撼的雪山玫瑰轴线引入湖区布局价值较高商业板块，最大化外溢高品质的环境价值，保留原川西林盘村庄并改造为玫瑰工坊小镇（图 8）。依托山前天然小丘形成的视觉中心布局玫瑰轻奢庄园，梳理场地植被及农田肌理，构建玫瑰田园农创的震撼效果等（图 9、图 10）。

表 6　国家玫瑰公园项目体系表

分类	分区	项目名称
核心板块	爱情海度假板块	玫瑰伊甸园、接待中心、"川西之路"玫瑰博物馆、皇家花园、玫瑰剧院、玫瑰精品酒店、浪漫尚湖岛、玫瑰爱情社区、玫瑰香氛街、川西美食体验中心
	玫瑰庄园轻奢板块	林溪庄园民宿、星路教堂、玫瑰"轰趴"馆、粉黛云台、星野咖啡厅、玫瑰音乐节、星空酒店、三溪禅修院
	入口服务区板块	国家玫瑰公园入口、天心景湖、关锁胜境、游客服务小镇
支撑板块	工坊小镇创客板块	玫瑰国际论坛、艺术创展中心、川西诗画水坊、玫瑰文创体验中心、婚庆影视中心、玫瑰产研基地、工坊互动展销中心、文创教育论坛
	玫瑰田园农创板块	大马士革玫瑰主产区、精油梦工厂、玫瑰大地艺术、玫瑰森林机车、浪漫营地、花海乐坊

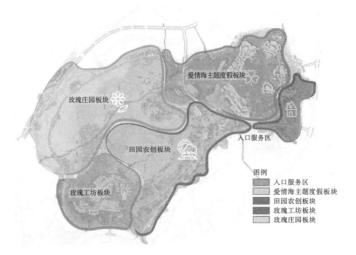

图 8　国家玫瑰公园功能分区图（郭小虎绘）

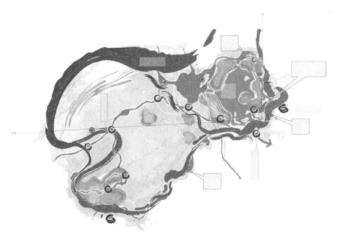

山水格局分析图

空间结构分析图

图 9　国家玫瑰公园山水格局与空间结构分析图（郭小虎绘）

图 10 国家玫瑰公园效果图（梁棚绘）

4 结语

本文通过采集认知市场资源、混合用地协同城乡、情景文化构想策划、运营前置预判模拟及空间形态赋能驱动五方面内容间的叠加推进，构建契合市场和场地条件的产品项目体系，激活场地触媒，扩大品牌传播影响力，延续场所精神，实现文旅空间意象与自然山水环境重塑融合，重构文旅规划设计体系，突出整体性与导向性。在当前国内高质量发展新时期及文旅开发建设的蓬勃阶段，期望能为文旅产业建设、新型城镇化及乡村振兴战略带来新思考和新方法。

[参考文献]

[1] 王其亨. 风水理论研究：第 1 版. [M]. 天津：天津大学出版社，1992：26.

[2] 派恩，吉尔摩. 体验经济 [M]. 毕崇毅，译. 北京：机械工业出版社，2012（113）：11-12.

[3] 金海龙，章辉. 我国文化产业与旅游产业融合研究综述 [J]. 湖北理工学院学报（人文社会科学版），2015，32（2）：23-28.

[4] 林坚，宋萌，张安琪. 国土空间规划功能定位与实施分析 [J]. 中国土地，2018（1）：15-17.

[5] 李鹏，王英杰，虞虎扩，等. 基于 GIS 格网化分析支撑的旅游空间规划技术方法研究：以青岛市为例 [J]. 自然资源学报，2018，33（5）：813-827.

[6] 席建超，刘孟浩. 中国旅游业基本国情分析 [J]. 自然资源学报，2019，34（8）：1569-1580.

[7] 蒋勇军，况明生，齐代华，等. 基于 GIS 的重庆市旅游资源评价、分析与规划研究 [J]. 自然资源学报，2004，19（1）：38-46.

[8] 周国忠，张春丽. 我国海洋旅游发展的回顾与展望 [J]. 经济地理，2005，25（5）：724-727.

[9] 王保忠. 景观资源美学评价的理论与方法 [J]. 应用生态学报，2006，9（17）：1733-1739.

[10] 俞孔坚. 北京市生态安全格局及城市增长预景 [J]. 生态学报，2008，29（3）：1189-1204.

[11] 胡晓艳，李喜娜. 浅析 GIS 技术在旅游规划中的应用 [J]. 科技信息，2010，55（10）：80，85.

[12] 徐勤政，刘鲁，彭珂. 城乡规划视角的旅游用地分类体系研究 [J]. 旅游学刊，2010，25（7）：54-61.

[13] 潘竞虎，从忆波. 基于景点空间可达性的中国旅游区划 [J]. 地理科学，2014，34（10）：1161，1168.

[14] 涂波，端木岐. 基于景观为先的特色小镇规划实践：以中国玫瑰谷概念规划为例 [J]. 中国园林，2019，35 (4)：69-74.

[15] 侯兵，杨君，余凤龙. 面向高质量发展的文化和旅游深度融合：内涵、动因与机制 [J]. 商业经济与管理，2020 (10)：86-96.

[16] 龙江智，朱鹤. 国土空间规划新时代旅游规划的定位与转型 [J]. 自然资源学报，2020，35 (7)：1541-1555.

[17] 钱建农. 后疫情时代的文旅变局 [J]. 旅游学刊，2020，35 (8)：3-5.

[18] 李丽，徐佳. 中国文旅产业融合发展水平测度及其驱动因素分析 [J]. 统计与决策，2020 (20)：10.

[19] 徐桂芳. 山地型旅游特色乡村用地整治规划方法研究 [J]. 小城镇建设，2020-01-15，63-37.

[20] 朱鹤，张圆刚，林明水，等. 国土空间优化背景下文旅产业高质量发展：特征、认识与关键问题 [J]. 经济地理，2021，41 (3).

[21] 张杰，刘岩，魏炜嘉. 遗产地保护利用全流程实施的"DIBO方案"：以景德镇河东老城工业遗产保护利用系列项目为例 [J]. 城乡规划，2021 (增1)：9-17.

[22] 杨振之. 再论旅游的本质 [J]. 旅游学刊，2022，37 (4)：140-152.

[23] 许仁毅. 以体验式旅游为导向的景区规划设计方法研究 [D]. 合肥：合肥工业大学，2012.

[24] 厉建梅，文旅融合下文化遗产与旅游品牌建设研究：以山东天上王城为个案 [D]. 济南：山东大学，2016.

[25] 赵磊. 旅游产业与文化产业融合发展研究 [D]. 合肥：安徽大学，2016.

[26] 欧定华. 城市近郊区景观生态安全格局构建研究 [D]. 成都：四川农业大学，2016.

[27] 王仕刚. 岳西县温泉特色小镇建设策略研究 [D]. 合肥：安徽大学，2017.

[28] 周成. 区域旅游创新研究：要素解构、能力评价与效率测度 [D]. 上海：华东师范大学，2018.

[29] 何勇奇. 基于体验式旅游的文旅特色小镇营建策略研究 [D]. 合肥：安徽建筑大学，2019.

[30] 薛锋. 旅游规划纳入"多规合一"体系的探索和实践 [EB/OL]. 中国旅游报，2017-12-26 (3). http：//news. ctnews. com. cn/zglyb/html/2017/12/26/content_312605. htm? div=-1.

[31] 田娜. 时代需要怎样的旅游规划 [EB/OL]. 中国旅游报，2013-10-11 (011). http：//www. ce. cn/culture/gd/201310/12/t20131012_1611106. shtml.

[作者简介]

涂波，注册城乡规划师，高级工程师，就职于笛东规划设计（北京）股份有限公司。

袁松亭，注册城乡规划师，教授级高级工程师，就职于笛东规划设计（北京）股份有限公司。

齐长城国家文化公园研究现状及建设规划建议

□李艳伟，张一恒，郝赤彪，王虹影

摘要：以国家文化公园建设为背景，长城国家文化公园的研究与实践日趋重要。本研究梳理了北大核心和 CSSCI 来源期刊对齐长城的研究文献，重点聚焦现有文献研究的不足，并对齐长城国家文化公园的建设和规划提出建议。其中，合理确定齐长城国家文化公园的建设范围，全面调研齐长城沿线的文化遗产资源并推进文化遗产数字化，充分利用和有效保护文化遗产，适应线性遗产特征以规划齐长城国家文化公园历史游径，是齐长城国家文化公园建设亟待解决的问题和有效建设途径。

关键词：齐长城；国家文化公园；规划；线性遗产；历史游径

1 引言

国家公园是以保护具有一定面积、典型的自然生态系统为主要目的，经国家批准后设立的保护并合理利用的特殊区域。根据世界自然保护联盟的定义，国家公园为大面积自然或近自然区域，用以保护大尺度生态过程及这一区域的物种和生态系统特征，同时提供与其环境和文化相容的科学的、精神的、教育的、休闲的和游憩的机会。国家公园是一种特殊类型的保护区，是由美国率先设立，而后发展到其他国家和地区。国家公园的历史最早可追溯到 1860 年，美国一众保护自然的先驱，因优诗美地（Yosemite）山谷中的红杉巨木遭任意砍伐而集体向国会申请保护该地区。在他们的努力下，1864 年美国总统林肯签署了相关公告，将优诗美地区域划为第一座州立公园；1872 年，美国国会公告了世界最早的国家公园——黄石国家公园（Yellow-stone），而优诗美地也在 1890 年调整为国家公园。

2013 年 11 月，党的十八届三中全会第一次提出建立国家公园。2017 年 9 月，中共中央办公厅、国务院办公厅印发《建立国家公园体制总体方案》。2019 年 6 月，中共中央办公厅、国务院办公厅印发《关于建立以国家公园为主体的自然保护地体系的指导意见》。2021 年 10 月，我国正式设立三江源、大熊猫、东北虎豹、海南热带雨林、武夷山首批 5 个国家公园。而后，为了传承中国优秀文化，为国民创造高质量的游憩环境，在此基础上，我国又提出了国家文化公园的建设。

2 国家文化公园简述

国家文化公园和国家公园既有联系又有区别。国家文化公园是我国对国家公园的创新，是基于中华文明独特的文化基因、中国文化遗产保护开发实践及新时期文化强国战略目标而提出的新概念、新理念，具有全新的内涵和功能。国家文化公园既是中国国家级的 IP、国家表征，又是国家级的文化载体，是中华民族最具代表性、最具影响力的文化遗产，承载着中华文化独特的内涵与精髓；既是国家级文化空间、中华文明最具代表性的展示窗口、中国人进行重大仪式活动的重要场所、最具中国范的文化休闲空间，又是促进文化资源整合转化的枢纽平台和推动文化高质量发展的驱动器。2017 年 1 月，中共中央办公厅、国务院办公厅印发《关于实施中华优秀传统文化传承发展工程的意见》，提出建设规划一批国家文化公园，使其成为中华文化重要标识。2019 年 12 月 5 日，中共中央办公厅、国务院办公厅印发了《长城、大运河、长征国家文化公园建设方案》。2020 年 10 月，党的十九届五中全会提出建设长城、大运河、长征、黄河等国家文化公园。国家文化公园的建设是推进实施的国家重大文化工程。修建于春秋战国时期的齐长城，是中国长城的重要组成部分，也是我国现存准确可考、年代最久的长城遗迹。为响应国家号召，山东省积极推进齐长城国家文化公园的建设。2022 年 4 月，齐长城国家文化公园（锦阳关段）项目在雪野街道国家文化公园指挥部举行开工仪式。2023 年 1 月 1 日，山东省正式施行《山东省齐长城保护条例》。

国家文化公园既是国家对自然文化遗产资源保护和再利用的创新尝试，又是新型公共文化空间；既要有体现中国精神、中国风格、中国魅力的传统文化内容，又要有体现新时代、新理念、新特色的文化内容。国家文化公园要打造成国家精神的重要空间载体，文化是其最突出的特色和最重要的功能，这就表明，需要运用文化符号来塑造国家文化形象，用有代表性的文化基因来讲述国家文化故事。自"国家文化公园"概念提出以来，国家文化公园建设已取得了阶段性进展，法律法规和体制机制等顶层设计不断完善，各省区重大工程项目相继开工或已完工投入使用，大众对于国家文化公园的认知逐渐提升。近期，学界对于国家文化公园的研究也掀起了一股热潮，取得了相应的研究成果，并逐渐达成一定共识。学界普遍认为：第一，建设国家文化公园的实质内涵是该区域文化记忆的传承和重构，其关键因素是要将该区域文化整合进行再生产和再传播，以助力文化自信和民族自强；第二，国家文化公园具有线性和区域性特点，其建设是一项复杂的工程，有的跨越多个省市和地区，涉及多个线形的区域，在建设过程中应该明确界线，进行整体性保护；第三，国家文化公园以公园化的形式来创新遗产保护，核心是要让大众能感受和获取到文化信息的传递，引起共鸣，形成对国家和民族的文化自信。另外，国家文化公园的建设应充分结合数字技术，完成数字化信息，以便于后期运营的宣传和管理，扩大国家文化公园的影响力，达到继承和弘扬传统文化的最终目的。

在此背景下，很有必要对齐长城国家文化公园展开研究。作者基于北大核心和 CSSCI 来源期刊的现有研究文献，对有关齐长城的研究文献进行整理综述，以探讨齐长城国家文化公园建设的相关问题。

3 齐长城现有研究概述及分析

3.1 现有研究概述

齐长城虽然建设年代较早，但是由于其现存遗迹不能成为完整的系统，未被开发旅游价值，因此在国内的知名度相对较低，也未引起国内外学术界的足够重视，相关研究较少。2023 年 2 月 2 日，作者以关键词"齐长城"在中国知网上搜索期刊文献，共找到 225 条结果，其中北大核心和 CSSCI 来源期刊论文共 35 篇（图 1）。

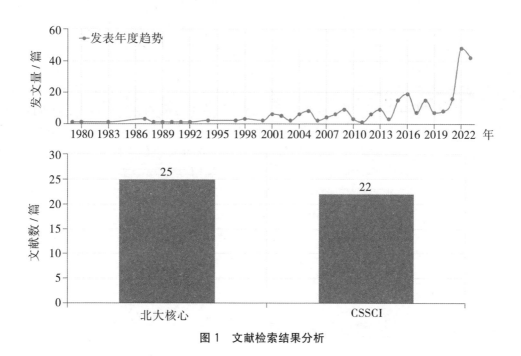

图 1　文献检索结果分析

北大核心和 CSSCI 来源期刊论文代表了国内期刊的最高水平。因此，作者在参考其他论文的基础上，从以下几个方面重点梳理了现有的北大核心和 CSSCI 来源期刊论文。

第一，现有的部分研究文献溯源了齐长城的形成机制和过程，分析了形成原因，研究了建设智慧，调研了遗址保存现状。齐长城建于春秋战国时期，是国内现存较早的长城，它的两端分别在济南长清区和青岛黄岛区，全长 620 km 左右，穿越了山东省 8 个地级市，现有保存状况较好的遗址长度约 400 km。

第二，之前的学者比较热衷于对齐长城有关传说的研究。王雁、刁统菊、毕雪飞等诸多学者分别在不同的文献里梳理和分析齐长城沿线的多种孟姜女哭长城的传说，指出这些传说具有原始性、地域性和交互性等特征，并解读了这些传说的特征与齐鲁文化之间的关系，探讨了其在现实社会中的价值和意义。

第三，早期，学者们对有关齐长城的研究存在一些争议问题，2008 年清华简的出现则为齐长城的研究提供了更多的史料。一批学者通过对清华简的研究解答了有关齐长城的部分疑问，并再次证实了齐长城的初始修筑时间，否定了之前提出的齐长城的修筑目的源于堤坝，肯定了其主要目的是用于军事防御。

第四，齐长城是齐国当时高超土石建筑技艺的集中代表及春秋战国时期王侯之间频繁战争的见证，是齐文化不可分割的一部分。部分学者从不同角度挖掘了齐长城的技术性、文化性和艺术性，并阐述了齐长城遗迹的社会价值，提出加强保护的必要性。也有学者在此基础上深挖齐长城遗迹的旅游价值，并分析了其当前所面临的困境。

第五，国家提出建设国家文化公园之后，仅有一篇文章对齐长城的建设展开研究，初步探讨了建设齐长城国家文化公园所能体现的文化内涵和展现的时代价值。

3.2　现有研究不足

齐长城国家文化公园的建设是一项系统而复杂的工程，它不仅仅是简单的文物保护和机械的长城景区提质升级，更重要的是将历史文物等文化遗产有机融合，使人们的生产生活与长城遗产有机共生。为此，我们需要展开全方位的翔实研究。通过前文所述，参考学界共识，结合时代背景和需要，作者注意到了有关齐长城研究存在的几个问题。

一是有关齐长城的研究以描述性文献为主，深度不够。特别是在齐长城文化方面，研究内容比较狭隘，缺少广度和厚度，更缺少多层次的整合和艺术性的创造。长城文化公园建设的内涵重在展示、保护和继承与长城相关的传统文化，打造出弘扬民族精神、传承中华文明的重要标志。然而，现有的齐长城文化的研究对齐长城国家文化公园建设的支持度明显不足。

二是缺少对齐长城详细保护边界的研究。齐长城全长约 620 km，跨越多个行政区域，沿途地形多变，情况复杂，因此两侧的保护宽度也会大小不一。然而，目前尚缺少合理的保护边界，这给齐长城的保护工作和国家文化公园的建设带来了不确定性。

三是缺少对齐长城数字化的研究。齐长城的数字化可以达到相关信息的一次采集、多方面共同使用的目的，并且能保证数据的真实性、完整性和准确性。然而，目前有关齐长城数字化方面的研究还处于空白，这既不利于齐长城国家文化公园当前的建设，又不利于后期的文化、旅游等方面的宣传和推广。

4 齐长城国家文化公园建设规划建议

任何工程建设，规划要先行，谋定而后动。习近平总书记多次强调，规划科学是最大的效益，规划失误是最大的浪费，规划折腾是最大的忌讳。每个城市的建设，都离不开切实可行的统一规划，齐长城国家文化公园的建设亦是如此。要想建设好齐长城国家文化公园，必须有一个统一有效的整体规划，以协调各个方面的关系，整合不同城市内的建设，为具体方案的落实创造前提条件。本文参考已有文献的研究，结合齐长城现有遗址调研的实际情况，考虑到齐长城国家文化公园建设的需要，以及未来旅游、宣传和运营管理等多方面的需求，对齐长城国家文化公园建设规划提出以下建议。

第一，合理确定齐长城国家文化公园的建设范围。齐长城全长约620 km，现有的长城遗址跨度区域大，穿越众多的城市，沿途两侧涉及的区域地形地貌复杂，情况多变。因此，齐长城国家文化公园建设的首要任务是确定适当的覆盖范围，应依据齐长城的遗迹位置和走向，结合所在地域的地形地貌、空间特征等，研究齐长城合理的保护范围，勾勒出可行的保护边界，为齐长城文化公园的建设落实具体的空间。

第二，全面调研齐长城沿线的文化遗产资源，制作遗产地图，推进文化遗产数字化。借助文献研究、田野调查等多种研究方法，全面查询和搜集齐长城沿线文化遗产特别是物质文化遗产的名称、位置、建设年代及与其相关的历史文化等基本信息，访谈专家和沿线居民以拓展相关内容，并用文字、影像等多种形式全面记录所获信息。加大对齐长城沿途文化的深挖、保护、开发和利用力度，采取多种途径强化长城传统文化的传承和保护，尽快实现"遗产多样、文化浓厚、富有特色、多方受益"的综合目标，促进中国长城文化繁荣发展。建议将所获信息进行综合整理，转换成数字模型，并把相关信息和数字模型等统一整合到诸如 GIS 等系统内，制作出文化遗产地图，将文化遗产信息数字化，以支撑齐长城国家文化公园的建设和后期的运营管理及形象宣传等。

第三，充分利用和有效保护文化遗产。齐长城相关文化遗产信息，是齐长城国家文化公园建设成败的关键。在前期调研的基础上，借助数字化模型、相关信息和遗产地图，综合运用模型模拟、定性分析、定量测算等多种研究方法，对齐长城沿线的文化遗产进行多维度整合和艺术性创造，在有效保护文化遗产的基础上，梳理文化脉络，拓展文化内涵，并加以充分利用，以推进齐长城文化公园的建设。

第四，规划齐长城国家文化公园历史游径，营造文化公园建设的空间载体。历史游径概念最早起源于美国。美国国家历史游径是指尽可能沿袭具有国家历史意义的原初道路或路线而延伸的游憩通道，其目标是为鉴别、保护历史道路及其遗址与文物为公众使用和欣赏，与国家游憩游径、国家风景游径、连接或辅助游径、国家探索游径、国家地质游径共同构成美国国家游径系统。历史游径是对线性遗产的再利用，齐长城国家文化公园属于典型的线性遗产，非常适合历史游径的建设。历史游径的构成要素主要包括历史环境、历史节点和历史事件等。历史环境能为历史游径提供动态体验，历史节点突出历史游径的文化实践，历史事件强调历史游径的场所记忆。历史游径的物质文化遗产要保持要素的真实性、文脉的延续性和意义的整体性，因此作为跨区域尺度的线性文化遗产，齐长城国家文化公园历史游径需要通过历史发展线或者在同一文化主题下去认知，依托于存留或消失的历史实体路径，通过空间关联、事件关联和功能关联等多种联系方式，对沿线形成的历史文化资源片进行保护和创新利用（图2）。齐长城国家文化公园历史游径的规划，可以将沿途丰富的历史文化资源串联成一个整体，让民众在享受自然风景和行游乐趣的同时，还能够了解和认识那些对国家和地区有重要意义的历史事件和文化遗产，而且在保护与利用文化遗产、提供大众休闲游憩空间、开展历史文化教育、促进沿线经济发展等方面也具有重要作用。

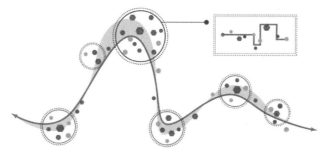

图2　历史游径概念图

[参考文献]

[1] 国光红. 齐长城肇建原因再探 [J]. 历史研究, 2000 (1): 182-185.

[2] 张越, 张要登. 齐国建筑艺术及其特色 [J]. 山东社会科学, 2008 (12): 77-83.

[3] 何德亮. 中国历史上最古老的长城: 齐长城 [J]. 中原文物, 2009 (2): 64-70.

[4] 刁统菊, 郭海红. 孟姜女传说"在地化"后的传承特征分析: 以山东淄河镇的孟姜女传说为例 [J]. 民俗研究, 2009 (4): 39-56.

[5] 毕雪飞. 民间传说的文化解读: 淄河语境中的孟姜女传说 [J]. 民俗研究, 2009 (3): 24-38.

[6] 孙超.《孟姜女传说》与齐鲁文化: 兼谈其中的主要文化素 [J]. 管子学刊, 2011 (1): 64-69.

[7] 邵彬. 论春调《孟姜女》的形成及其社会价值 [J]. 民族艺术研究, 2012, 25 (4): 22-27.

[8] 吕京庆, 张玉坤, 叶青. 东周齐国军事防御体系研究 [J]. 建筑学报, 2013 (S2): 178-181.

[9] 王永波, 王云鹏. 齐长城的人字形布局与建制年代 [J]. 管子学刊, 2013 (2): 33-39, 64.

[10] 陈民镇. 齐长城新研：从清华简《系年》看齐长城的若干问题 [J]. 中国史研究，2013（3）：5-19.

[11] 杨子江，林雷，王雅金. 美国国家公园总体管理规划的解读与启示 [J]. 规划师，2015，31（11）：135-138.

[12] 王雁. 齐长城遗产廊道构建初探 [J]. 理论学刊，2015（11）：115-121.

[13] 代生. 清华简《系年》所见齐国史事初探 [J]. 烟台大学学报（哲学社会科学版），2015，28（1）：88-94.

[14] 陈民镇. 驫羌钟与清华简《系年》合证 [J]. 考古与文物，2015（6）：82-87.

[15] 杜雁，吕笑，薛晓飞. 美国国家历史游径管理和规划评述 [J]. 中国园林，2015，31（8）：40-44.

[16] 王雁，宣兆琦. 齐长城沿线孟姜女哭长城传说及其特性 [J]. 理论学刊，2017（4）：161-168.

[17] 张溯，梁洪燕. 清华简《系年》与齐长城考 [J]. 中国国家博物馆馆刊，2017（1）：34-43.

[18] 任会斌. "济水之防"与齐长城 [J]. 南方文物，2018（4）：167-170.

[19] 孙文韬. 齐长城遗迹的山水画呈现 [J]. 美术观察，2018（4）：86-89.

[20] 高佳. 文化遗产旅游地的媒介形象传播困境与对策：以齐长城的媒介传播为例 [J]. 青年记者，2020（20）：88-89.

[21] 李西香，高爱颖. 国家文化公园视域下齐长城的文化内涵与时代价值 [J]. 济南大学学报（社会科学版），2021，31（6）：26-31，173.

[22] 程遂营，张野. 国家文化公园高质量发展的关键 [J]. 旅游学刊，2022，37（2）：8-10.

[23] 刘鲁，郭秋琪，吴巧红. 立足新时代，探索新路径："国家文化公园建设与遗产活化"专题研讨会综述 [J]. 旅游学刊，2022，37（8）：150-158.

［基金项目：国家自然科学基金项目（批准号 52068067）。］

［作者简介］

李艳伟，注册城乡规划师，副教授，就职于济南大学土木建筑学院。

张一恒，高级工程师，注册城乡规划师，就职于珠海市城市规划设计研究院国土空间规划二所。

郝赤彪，教授，就职于青岛理工大学建筑与城乡规划学院。

王虹影，云南大学建筑与规划学院硕士研究生。

中国传统村落的更新与保护

——以安徽省黟县宏村镇宏村为例

□李文睿

摘要：本文以安徽宏村的更新与保护为例，通过对宏村的发展现状进行分析，探讨中国传统村落更新与保护过程中遇到的问题，从而引发政府政策对传统村落更新与保护作用的思考。通过具体分析宏村城市更新与保护过程中凸显的矛盾及政府的相应解决办法，引出传统村落更新与保护之间的矛盾的协调办法。结合其他传统村落更新历程中相关问题及解决办法探究发现，必须在政府的主导下带领群众结合当地实际情况进行村落的更新与保护，这样才能充分调动各方的积极性，实现可持续发展。本文的研究成果对中国传统村落的城市更新与保护具有一定的指导和启示作用，对未来的相关研究和实践具有一定的参考价值。

关键词：传统村落；更新与保护；宏村；政府政策；公众参与

1 引言

1.1 研究背景

传统村落作为重要的人居社群，其发展建设是落后于城市的。大部分传统村落面临着以下问题：基础设施和公共服务设施相对落后、房屋修缮较为简陋、村民收入来源单一、房屋土地之间的产权不清、历史文化保护不当等。在传统村落更新的过程中，找到针对这些问题的解决办法一直是政府工作的要点。很多地方政府都倾向于通过各种商业化操作来入手，意图获取传统村落更新与保护的资金。然而过度的商业化操作往往伴随着一系列的问题出现，厘清这些问题本身就是一件较为繁杂的工作，找到合理的措施来平衡更新与保护更是难上加难。安徽宏村是中国著名的传统村落之一，因其独特的明清徽派建筑风格和美丽的自然风光而闻名于世。作为传统村落知名代表之一，当地政府 40 多年前就开始利用传统村落的优势来引导宏村的发展。在此过程中发生的一系列典型问题引起了众多政府工作人员及专家学者的关注。因此，在宏村的更新与保护工作过程中凸显出来的问题与成果具有较高的研究价值。

对于在传统村落的更新与保护过程中出现的矛盾与解决办法，作者拟以安徽宏村为例，采用案例分析法、文本分析法、文献分析法来进行研究，同时结合其他传统村落发展过程中的经验来补充解决办法（图1）。

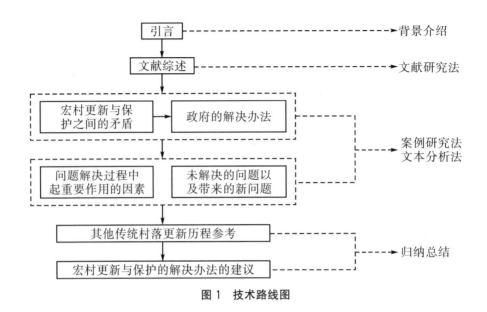

图 1　技术路线图

2　传统村落的发展

2.1　发展需求

随着中国城市化进程的加速,传统村落面临着前所未有的挑战。在这种社会变迁的过程中,传统村落也应顺应发展需求进行相应的更新。而在这个过程中,基础公共设施的改善是首要前提,经济增长则是发展的关键驱动因素。目前,旅游业是许多传统村落重要的经济来源,据此而衍生的一系列产业会进一步带动传统村落的建设发展。然而由谁来主导旅游,谁来提供旅游的价值,不同的地方政府采用了不同的办法。

2.2　发展现状及策略

如何在保护传统文化和历史遗产的前提下推进城市更新与发展,成为中国城市规划和文化遗产保护领域的热门话题。根据相关文献及政策,作者对传统村落的城市更新与保护过程中最主要的几个问题进行简要综述。

传统村落具有悠久的历史和独特的文化价值,是中国传统文化和历史遗产的重要组成部分。在城市化进程中,传统村落面临着一系列的问题,如基础设施老化、环境污染、人口外流等,这些问题不仅影响着传统村落的保护,也影响着当地经济和社会发展。传统村落的城市更新与保护需要综合考虑文化、经济、社会等多方面因素。在保护传统文化和历史遗产的前提下,需要注重城市设计和建设的创新性与可持续性,同时需要结合当地实际情况,制定符合实际的政策和措施,提高传统村落的发展活力和吸引力。一直以来,政府在传统村落的城市更新与保护中扮演着重要的角色。在传统村落发展过程中,政策的帮扶在传统村落的基础公共设施的改善、文化遗产的保护及经济发展中都起到了极其关键的作用。政府需要充分调动各方资源,发挥其领导力量的优势,制定更加灵活和切实可行的政策。除了提供资金支持和技术支持,同时应注重与当地居民的沟通和协商,协调各方面的利益关系,实现城市更新与保护的可持续发展。

古村落的城市更新与保护是一个复杂的问题,政府在其中扮演着重要的角色,而全社会的共同参与也是关键所在。我们应该积极探索古村落城市更新与保护的新思路和新方法,保护传统文化和历史遗产的同时，实现城市化进程和社会发展的双重目标。

3 宏村相关问题研究

3.1 申请建立保护规划受阻

安徽省文化厅（现安徽省文化和旅游厅）曾于 2013 年和 2018 年两次报请审核《宏村古建筑群文物保护规划》，国家文物局暂不同意该规划，并提出修改意见。

根据国家文物局的回复，在保护方面，当地政府并没有提出妥善、具备可操作性的规划措施，没有体现对宏村的整体保护，保护规划的文件编制不合格。在发展过程中，当地政府对于游客数量过载导致的一系列问题没有恰当处置。此外，也没有处理好遗产保护与村落发展之间的矛盾，还有部分产权也没有明确归属方，进一步导致了利益纠纷。以上问题主要是由于宏村过度注重商业化，没有兼顾好居民需求与遗产保护，使得当地原生态的徽派建筑遭到破坏，对持续发展造成了根本性的破坏。

3.2 宏村更新与保护之间的矛盾

宏村保护规划没有被通过，其根本原因是当地政府没有协调好宏村更新与保护之间的矛盾，更新和保护之间的平衡暂未有妥善的解决方案。作者通过查阅相关文献及调查当地发展状况，总结出了以下主要的矛盾。

3.2.1 宏村发展与保护之间的天然矛盾

为提高村民的生活水平，宏村需要发展旅游、特色农业等产业。保护需要资金和资源，而这些资源又大多来自于上述开发项目。然而，过度的开发可能会对宏村的文化遗产和历史建筑造成损害，这在一定程度上与保护文化遗产的目标相矛盾。因此，当地政府需要在开发和保护之间进行平衡，以实现可持续发展。

3.2.2 古徽派建筑的保护与村落发展的矛盾

宏村始建于南宋绍兴年间，现保存明清民居 140 余幢。宏村的古徽派建筑以砖木结构为主，抗风雨侵袭及抗灾能力较差，许多古民居都发生了不同程度的腐烂，墙体开裂、倾斜，众多祠堂、民宅都面临着倒塌的威胁。在宏村发展的过程中，过度和无序地追求经济效益加剧了古徽派建筑的破坏。为了吸引游客，宏村部分商家过度商业化，使得原本具有历史价值的建筑失去其原有的文化特色。村内房屋密集，随着基础设施的无序建设，村内的电线杆及错杂的线路给村内埋下了巨大的火灾隐患。此外，为了应对游客的日益增长，道路、供水、通信设施的建设破坏了大量的民居。宏村的三雕"木雕、砖雕、石雕"具有很高的价值，在部分拆迁工作中这些文物没有得到妥善的保护。自宏村发展之初，黄山市当地媒体就报道了"三雕"遭到文物贩子的猖獗盗窃，甚至部分居民也自盗自卖。

3.2.3 环境保护与村落发展的矛盾

旅游业是宏村发展的重要经济来源，但是过度开发旅游资源对当地生态环境造成不可逆的影响。2016 年，宏村游客量达到了惊人的 240 万人次，游客数量过载，给宏村带来了很多生活垃圾，河滩上的垃圾随处可见，宏村最具特色的古老水系"牛肠、月沼、南湖"面临着生态破坏。来宏村写生的学生随意将有毒的颜料水倾倒，这些含有大量重金属的物质进一步加剧了水系的破坏。随着游客的增多，各类生活污水的排放量已经超出了宏村的处理能力。宏村的厕所容量明显不足，给厕所卫生及粪便的处理带来了很大困难。此外，为了容纳人流而过度地开发道路也破坏了当地的植被生态，尤以宏村际泗公路、际儒公路的修建为甚，而游客带来的噪声污染也给当地居民的生活带来了很大的困扰。

3.2.4 村民利益与村落发展和保护的矛盾

村民是传统村落的主体，他们的利益需求与传统村落的保护往往存在冲突。宏村村内的居住空间有限，但是村外房价颇高，政府补贴不够。宏村部分村民为了提高生活水平，在古建筑附近兴建新式住宅，导致传统村落的风貌受损。此外，由于历史原因，宏村的土地、房屋等产权关系可能并不明确。

产权带来的利益分配是宏村项目开发参与各方长期以来关注的焦点，也是矛盾所在。由于黟县政府占用宏村的古民居旅游资源和古祠堂群建设项目土地使用权，自1998年中坤科工贸集团介入开始，村民、政府与企业之间的产权与收益的矛盾一直存在，主要涉及以下几点。

征地补偿不公。在土地征用过程中，由于产权关系不明确，部分村民无法获得应有的补偿，导致他们的利益受损。

传统建筑保护与使用权的冲突。在保护传统建筑时，政府需要平衡公共利益和私人产权。如果政府未能妥善处理产权关系，可能导致村民在使用、维护和修缮传统建筑时受到限制。

村民之间的纠纷。宏村的发展带来了巨大的经济效益，由于产权不清，村民之间可能会因为土地、房屋等财产产生纠纷，影响村落的和谐稳定。

3.2.5 宏村传统技艺传承与现代生活方式的矛盾

宏村作为中国著名的传统村落，拥有丰富的传统技艺，如木雕、砖雕、石雕、壁画、闹灯花等。然而，在现代生活方式的影响下，宏村传统技艺的传承面临诸多挑战和矛盾。

随着全球化和现代审美观念的传播，宏村年轻一代对传统技艺的兴趣逐渐减弱。年轻人更倾向于现代设计和工艺，这对传统技艺的传承构成挑战。现代生活节奏加快，人们对于时间的需求越来越紧张。学习和掌握传统技艺需要长时间的投入和实践，这与现代生活节奏形成矛盾，导致人们对传统技艺的兴趣降低。现代生产方式往往追求快速、高效和规模化，而传统技艺往往需要熟练的技艺和长时间的投入。在现代市场竞争中，传统技艺可能逐渐被现代生产方式所取代。由于上述原因，许多年轻人选择放弃传统技艺，转向其他行业。传统技艺从业者的年龄结构逐渐老化，对传统技艺的传承形成威胁。

3.3 政府解决办法

为了解决上述矛盾，当地政府出台了一系列的政策与解决办法。

3.2.1 宏村发展与保护之间天然矛盾的破局

为了解决这个天然存在的矛盾，当地政府想到的最有效的破局办法就是引进外来资金。据调查，当地政府积极申请各项国家拨款，引进有实力的大企业来扶助宏村的建设与文化遗产的保护，如争取800万元生态拦截和1000万元民宿污水收集处理中央水环境污染防治专项资金等。此外，2007年黄山市含宏村在内的5个保护项目得到了总投资为5165万元的资助，其中中央投资补助3099万元，地方配套资金2066万元，中央投资补助资金占全省资金数的52%。除积极争取国家文保和省专项保护资金外，每年通过县、镇、村三级投入和个人自筹，共筹措资金1亿元以上，投入遗产保护工作中。此外，黟县政府与中坤科工贸集团长期合作，对方前期投入了大量的资金以获取租赁权限，这些金额超过了20亿元。以上资金大都用于宏村的发展与保护，成为外来的"活水"。

3.2.2 徽派建筑的保护与发展的协调

当地政府对核心保护区内所有房屋建筑的维修，严格履行申请、勘察、方案和公示等9项程序，确保维修古建筑不破坏原有风貌。对于建筑的修缮资金，除上述国家文保和省专项保护资金和县、镇、村三级投入及个人自筹外，每年从旅游门票收入中征收20%的文物保护资金，共筹措资金16378万元，投入遗产保护工作中。有了充足的资金，对于建筑的保护修缮就有了充足的保障。当地民居的使用主体是当地居民，为了调动居民对古徽派建筑修缮保护的积极性，政府出台了相关政策：村民修缮古民居可以通过以奖代补的方式获得修缮资金40%的补助，这一政策大大调动了当地居民的积极性。针对"三雕"被盗，宏村设立了大量的道路监控及加强相关法规和政策的完善，当地公安部门也把文物被盗作为重点侦查案件。

3.2.3 环境保护与村落发展的协调

宏村在改善环境保护方面采取了一系列措施。这些措施包括：为无法接入市政管网的民宿和农家乐建设小型污水处理终端，共有32户已进入项目评审阶段；在镇内设立5个临时颜料水收集点，并购置800个颜料垃圾桶，由专人收集后统一运输至污水处理站；要求餐饮经营户在厨房安装油水分离器，并安排专人回收处理厨余垃圾。针对电线及通信线路凌乱，政府牵头对空中的"三线"进行了地埋、内设、隐蔽处理，对室内电线进行更新改造。此外，2018年宏村投入约3000万元建立了一个综合消防安防监控中心，这是全国首个将古村落消防和安防功能整合在一起的智能预警处理平台；同时，组织有能力的党员负责联系周边1至2幢古民居，定期检查用火、用电和维修等方面的情况，并进行常态化的登记管理，如此大的人力、物力从技术上消灭了火灾隐患。为了恢复建设带来的生态破坏，当地政府对白蚁进行了科学防治；对周围山体进行封山育林，提高了周边绿化覆盖率。

3.2.4 村民利益与村落发展和保护的协调

当地政府牵头与中坤科工贸集团及村民协商重新划定利益分配，有效缓解了村民的不满情绪。据报道，2020年村民人均获得"旅游分红"约4500元，要求居民对所居住的古建筑负起保护责任。但是，对于相关产权的厘清始终止步不前，这一矛盾的隐患并没有得到根本性的解决。不过中坤地产大量的旅游及文化项目为宏村带来了大量的游客。依托于此，宏村超过300个家庭参与了旅游相关的业务，占全村人口的83%，旅游业为村民贡献了67%的收入。现如今，宏村共有30多家村民自行开设的旅馆和餐馆，村内及周边的客栈提供了超过12000个床位，还有300多个各式摊位和商店。景区内外的商铺共创造了超过10000个就业岗位，为当地居民提供了丰富的就业机会。

3.2.5 宏村传统技艺传承与现代生活方式的协调

"十四五"期间，宏村镇准备实施一系列关于非物质文化遗产保护与传承的项目。这些计划包括定期组织非遗展览、在校园推广非遗活动，支持卢村、金家岭等有条件的村庄建设非遗展示空间，设立一系列非遗教育、传习和研究基地。同时，通过实施非遗传承人培训计划和"名师带徒"工程，促进传统技艺的保护和传承。此外，宏村还以传统工艺为重点，依托各类非遗项目，将非遗与旅游发展、乡村振兴相结合。比如，开发具有精湛手工技艺、面向大众的传统工艺品及运用非遗元素的各种衍生产品，创建一批宏村传统工艺品品牌；将非遗传习基地纳入优质文化旅游路线，与游客开展体验式互动，形成一系列非遗主题的文化旅游精品线路。

3.2.6 宏村发展与保护的其他政策

为了保护宏村古民居，宏村采取了"村内做减法，村外做加法"的创新策略。2016年，与宏村一街之隔的宏村艺术小镇作为国家级特色小镇正式建成。小镇深入发掘古建筑、文化、遗产等传统艺术元素，并拓展产业链，目前已经吸引了近千家各类经营主体，成为宏村服务业的集中区域。这种做法有效地将对资源消耗大、环境压力大、影响遗产地风貌的业态限制在宏村之外，降低了商业对古村落风貌的影响，从而保护和传承了宏村的徽派文化特色，也对宏村的风貌破坏形成了源头上的制止。此外，为了减少游客过载的问题，当地政府出台了游客人数限制措施，将宏村单日最大纳客量控制在 1.8 万人以下，这一策略缓解了因游客过载而带来的一系列问题。

总之，以宏村的问题来看，地方政府不但需要协调好各方的职责和权利，如谁来承担保护成本、谁来进行文物保护工作等，还需要联合各方制定平衡的更新与保护规划。以过度商业化对传统村落文化遗产的破坏而带来的更新是必不可行的。引进外来"活水"固然是好事，但是如何盘活传统村落的更新与保护这潭"水"，必须要生活在这潭"水"里的"鱼"积极参与才行。如果这些问题得不到解决，是不利于当地传统村落的长远发展的。

3.4 解决上述问题的核心因素

通过总结，不难发现上述部分问题得到解决的关键在于政府通过遏制过度商业化，积极优化基础设施建设，用资金和政策调动村民的积极性来保护文化遗产。

3.5 未解决的问题及带来的新问题

当然还是有一些问题是没有解决和优化的。比如，公共厕所布局太少、卫生打扫疏忽导致游客不得不去村民家上洗手间；夜间照明设施不足、指示牌很少导致游客屡屡打扰村民；作为宏村主体的村民在宏村的改造过程中获益较少，导致他们对文物保护的认同感较低，自盗自卖的现象屡禁不止。而对古民居修缮投入的资源不够充足，导致大量古民居没有得到应有的修缮，持续被自然灾害破坏。限制村内商业化之后也带来了村民就业发展动力不足的后患，新建的宏村艺术小镇没有给村民带来真正的实惠，较大的利益被商业集团拿走。依托宏村更新而发展起来的企业成了最大的受益方，对宏村保护回馈却不足。

政府应当与当地企业及村民重新商谈，对村民的积极性调动予以充分的关注，只有生活在宏村的村民本身在更新与保护的过程中获得了真正的实惠，才可能营造出宏村的可持续发展之路。

4 其他传统村落更新历程的参考

宏村的更新与保护是政府主导引入大型企业进行旅游、文化和地产开发来带动当地的更新，同时将获取的资源回馈于村落保护的典型。但是在整个过程中削弱了公众参与更新的过程，参与感的缺失同样不利于保护工作的开展。除这种传统村落更新模式外，还有一些其他的模式。

社区参与型——四川丹巴藏寨。丹巴藏寨位于四川省甘孜藏族自治州丹巴县，以其独特的藏族民居和美丽的自然风光而著称。丹巴藏寨的社区居民通过民间协会等形式参与村落保护和发展，以保护当地的文化遗产和生态环境。

文化产业驱动型——北京五道营胡同。五道营胡同位于北京市东城区，历史悠久，拥有丰富的文化资源。通过发展文化创意产业，五道营胡同实现了传统建筑风貌的保护和居民就业机会的提供。

生态旅游型——云南石林。石林位于云南省昆明市石林彝族自治县，因独特的喀斯特地貌和丰富的民族文化而成为著名的旅游胜地。石林通过发展生态旅游，实现了当地经济发展和自然环境及传统文化保护的统一。

非政府组织（NGO）参与型——安徽省黟县西递村。西递村位于安徽省黄山市黟县，拥有徽派建筑和古村风貌。全球绿色基金会支持西递村进行村落更新与保护，为其提供资金、技术和管理支持。

以上这些案例都是中国各地传统村落更新与保护的成功实践，它们在不同程度上实现了村落的可持续发展，为其他村落提供了宝贵的借鉴经验。各地方政府应该结合自身村落的实际情况，在保护文化遗产的基础上进行充分的更新，保障民生。

5 结语

从宏村的更新与保护的历程来看，政府作为主导者充分调动了各方资源，如历史文化资源、政策资源、企业资源及公众的积极性。这些资源之间的合理调动有利于缓解传统村落发展与保护之间的矛盾，但是就具体工作而言，还是有一些不足之处。比如，政府引入强力的企业，降低了村民的参与度，对增强村民自治意识、保护意识及形成和谐稳定的乡村社会环境造成了一定的阻碍，对于保护区的规划设计成为宏村的顽疾；由于宏村开发建设特别早，部分产权出租时限过长，导致一些建筑在拆、修时受到多方面的阻碍。这些问题都有待于当地政府进一步统筹规划，拿出合理的解决方案。不过值得学习的是，宏村当地的规划者意识到了过度商业化、基建混乱及公众参与度低带来的弊端之后，随即采取了相应的有效措施来应对。不过作为宏村主体的村民在更新过程中获取的利益较少，导致村民保护宏村风貌的积极性没有被充分释放。传统村落的更新与保护不是一朝一夕的事情，当地政府应当立足于村落的实际情况，在保护的基础上进行更新，充分调动各方资源，只有这样才能实现可持续的发展。

[参考文献]

[1] 朱光亚，黄滋. 古村落的保护与发展问题 [J]. 建筑学报，1999（4）：61-64.

[2] 杨晓蔚. 古村落保护：新农村建设中亟待重视的问题 [J]. 中国党政干部论坛，2006（11）：42-43.

[3] 郭伟，潘芳，刘惠. 古村落旅游业发展中政府作用的经济学分析 [J]. 商业研究，2006（22）：192-194.

[4] 卢松，张捷. 世界遗产地宏村古村落旅游发展探析 [J]. 经济问题探索，2007（06）：119-122.

[5] 余汝艺，梁留科，李德明，等. 旅游种群的入侵、继替与古村落空间秩序重组研究：以徽州古村落宏村为例 [J]. 经济地理，2013，33（8）：165-170.

[6] 刘旺，蒋敬，王燕林. 民族社区居民关于旅游活动对乡土特征影响感知的实证研究：以四川丹巴县甲居藏寨为例 [J]. 乐山师范学院学报，2015，30（1）：73-77，93.

[7] 董天倩，吴羽. 村落文化保护传承中民间力量与政府角色分析：以安顺吉昌村"抬汪公"活动为例 [J]. 贵州民族研究，2016，37（9）：68-72.

[8] 刘建，吴理财. 政府嵌入、村落秩序与村民集体行动：村落治理结构转换的路径及逻辑——基于赣南G村道路修建事件的分析 [J]. 南京农业大学学报（社会科学版），2017，17（5）：39-47，151.

[9] 金准. 利益相关者格局与古村镇旅游：基于制度分析的视角 [J]. 中国社会科学院研究生院学报，2017（5）：68-74.

[10] 苏梦蓓，宋学友. 传统村落外部公共空间类型及居民行为活动模式研究：以安徽省黄山市黟县

西递村为例 [J]. 长江大学学报（自科版），2017，14（18）：24-27，4.

[11] 刘芝凤. 逆城市化进程中古村落保护与开发的若干问题研究：以闽台历史文化名村为例 [J]. 中南民族大学学报（人文社会科学版），2018，38（4）：43-47.

[12] 庄晓平，尹书华，孙艺萌. 旅游地居民对政府信任的影响因素实证研究：以世界文化遗产地开平碉楼与村落为例 [J]. 旅游学刊，2018，33（6）：24-35.

[13] 陈晓华，鲍香玉. 旅游开发对徽州传统村落保护发展影响研究 [J]. 原生态民族文化学刊，2018，10（2）：100-107.

[14] 陈兴贵. 传统村落振兴的关键问题及其应对策略 [J]. 云南民族大学学报（哲学社会科学版），2021，38（3）：82-91.

[15] 王淑佳，孙九霞. 中国传统村落可持续发展评价体系构建与实证 [J]. 地理学报，2021，76（4）：921-938.

[16] 刘鑫. 基于居民旅游影响感知的胡同游发展对比研究 [D]. 北京：北京林业大学，2012.

[17] 黄晓晓. 历史文化古镇保护和开发中的政府作用研究 [D]. 福州：福建农林大学，2015.

[18] 谢畅. 石林彝族自治县真实发展指标动态研究与可持续发展评价 [D]. 昆明：云南师范大学，2016.

[19] 安徽这个老爷爷曾上过央视，如今年近 60，篆刻手艺却无人继承 [EB/OL]. （2020-01-02）[2023-4-11]. https：//www. 163. com/dy/article/F1SL5HP10517QQKD. html.

［作者简介］

李文睿，就职于澳门城市大学创新设计学院。

就地城镇化背景下传统村落文化带规划路径策略研究

——以云南省建水县泸江河沿岸传统村落规划体系构建为例

□龙运军，彭坤，李迎彬，曾德强

摘要： 本文以就地城镇化较为明显的泸江河沿岸传统村落集中连片发展带为研究对象，通过对用地增长、产业转型、风貌协调规划、基础设施的特色化引导、村落整体环境建设引导与保护、泸江河水系整体、传统古村落保护、区域地段保护、群落保护、个体保护、民俗文化等多个方面的规划实施路径研究，为传统村落规划体系的构建探索方法。

关键词： 就地城镇化；泸江河；产业转型；特色设施；传统古村落

1 建水泸江河沿岸传统村落发展基础与特征分析

1.1 泸江河沿岸传统村落所处的县域区位环境特征

1.1.1 县域环境

建水县文化底蕴深厚，在历史发展过程中以彝族、苗族、壮族、汉族等为代表的民族文化绚烂多彩，物质文化遗产和非物质文化遗产也异常丰富。随着历史的发展，建水县积淀了儒家文化、宗教文化、边地文化、民俗文化、市井文化、紫陶文化、美食文化等类型多元、特色突出的人文资源。

建水县历史悠久，人文荟萃，素有"滇南邹鲁""文献名邦"的美誉。建水县旅游资源丰富，景点集中，亮点突出，县域内文物古迹荟萃，风景名胜众多，拥有元、明、清各朝代建成的寺、庙、塔、楼、桥和民居百余处，融山水风光、民族风情、人文景观为一体的景区景点更是多达 120 多处，是云南五大精品旅游城市之一。

1.1.2 泸江河概述

泸江河源出石屏异龙湖，横贯建水中部坝区。1730 年沿泸江河堤植柳以固堤，使得泸江河沿岸一派生机。清雍正续修《建水州志》中的古志八景、旧志十景均以"泸江烟柳"表述，如"两岸密柳，烟幕浮游"。民国时期，因柳树被大量砍伐，景观遭到人为破坏，故泸江河堤现存古树极少。

泸江河现存古桥多座，是建水古桥分布数量最多的区域。这些古桥既是人们与自然灾害抗争的历史物证，又是各族人民用智慧创造的历史遗产，它们或高大雄伟或质朴平和，与河道、村落融为一体，不仅是联系泸江两岸的交通设施，同时具有较为深刻的文化意义，是当地历史文化积淀、风俗风情、建筑技术与艺术水平的集中反映（图1）。

图1　泸江河沿岸村落

1.2　泸江河沿岸乡村聚落历史发展

泸江河沿岸规划区内的乡村聚落基本均为历史悠久的古村落，其形成的准确年代难以精确考证。从农耕社会聚落形成动因分析，古村落的形成过程与建水古城的大致相同。人类因农耕定居而产生居民点，随社会生产力的提高、社会组织及人际联系的发展和加强，以及对外防御的要求而逐渐聚集，再因区位交通、政治、经济、文化及产业（如手工业、商业）的产生和聚落规模的扩大，部分聚落从原来地位相仿的众多聚落中脱颖而出，逐渐形成城市和集镇。泸江河沿线的乡村聚落，部分为以原居住民为主的农耕居民点（阿瓦寨、鹧鸪村），但大多为因明代驻兵屯田而发展起来的军屯村落，或因古道交通而兴盛的枢纽，大部分聚落在清末至民国时期因个旧矿业的繁荣而经历了一个建设发展的高峰阶段，聚落发育加快，手工业、商业经济逐渐产生和发展，部分聚落区发展至相当规模，功能也日趋完善，已进入由农耕村落向手工业、工商业集镇、市镇过渡的初型阶段。因社会和历史变迁的背景及区位交通等因素的变化，抗日战争爆发后社会经济少有发展，聚落发育发展停滞不前，加之离古城较近，受古城辐射制约，商品经济及服务功能发展受到裹夺，但由于近代个旧矿业经济的反哺，因此聚落虽以农耕形态保存，但其构成的物质实体遗存已超越农耕经济的范畴，达到和代表了中国农业文明的巅峰水平。

1.3　泸江河沿岸乡村发展特征总结

1.3.1　景观资源特征要素丰富

根据区域景观资源类型的构成要素、保存状况、价值特征等，对各类型景观资源价值进行综合评价（表1）。

表 1　各类型景观资源价值

类别		主要构成要素	现状概况	价值特征	综合评价
泸江河水系景观	自然景观	水系河道、河堤、古树、古桥	水量渐少，河床、河堤除象冲河段外，历史风貌基本不存，尚存少量古树，古桥原貌尚存	保留历史原状，蜿蜒自然的河道、古朴的河堤、古树、古桥	一般
农田湿地田园景观	自然景观	稻田、藕塘、鱼塘、菜地、果园	总体保持自然生态状态，具有优良的乡土景观氛围，局部因采沙而有破坏现象	具自然生态、乡土氛围的农耕环境	良
历史交通景观	人文景观	青石铺砌路面、古桥、铁轨、路基、桥隧、车站	古道原貌基本不存，古桥尚存，蒙宝铁路原貌尚存，乡会车站破损严重	保留历史原状	良
传统古村落景观	人文景观	村落历史格局和形态、历史风貌、传统历史建（构）筑物、古树、古井	西山寺以上区段格局、形态基本保持原貌，历史风貌、传统历史建筑保存情况各村参差不一，保护状况差异较大，西庄境内较好	保留历史原状的空间、形态、风貌，类型丰富的历史建筑物遗存承载丰富的历史信息	优
民俗文化	人文景观	民风民俗、节日庆典、历史人物、民间传说、地方物产	缺乏系统挖掘整理	丰富的历史人文信息	一般

泸江河规划区内 30 个自然村落，主体为明代屯田发展形成的农耕聚落，各村落在发展过程、历史功能类型、历史遗存保存数量及其质量水平、历史风貌完整度等方面均有较大差异，其历史文化景观价值也有所不同。根据现场调研，将各村落的历史景观价值由高至低划分为"价值较高、价值高、价值一般、价值低"四个等级（表2）。价值较高的有 3 个（团山村、新房村、荒地村），价值高的有 5 个（汤伍村、街子村、马坊村、棠梨村、老易屯村），价值一般的有 9 个（宗家寨、绍伍村、马家营村、铺庵村、金华寺村、高营村、白家营村、阿瓦寨、西山寺村），其他 13 个自然村因历史遗存数量少、质量差，历史风貌破坏严重，景观价值低。

表 2　规划区自然村落景观价值评述情况

序号	自然村名	聚落形成年代	历史功能类型特征	历史聚落形态特征	现存遗存类型及质量水平	历史风貌保持状况	历史景观价值简评
1	团山村	明代	血缘宗族农耕村落	呈片状，紧凑布局于山丘上，形态空间肌理保持历史原状	寺庙、宗祠、家庙、寨门、寨墙及遗址、古井、牌坊遗址、传统民居、古树。遗存数量较多，质量较高	整体格局风貌保持完整	价值较高
2	王家寨	不详	农耕村落	呈片状，紧凑布局于古道旁，傍山丘，形态空间肌理保持历史原状	传统民居。遗存数量少，质量较差	历史风貌差	价值低

续表

序号	自然村名	聚落形成年代	历史功能类型特征	历史聚落形态特征	现存遗存类型及质量水平	历史风貌保持状况	历史景观价值简评
3	宗家寨	不详	农耕村落	沿历史古道呈带状紧凑布局,形态空间肌理保持历史原状	宗祠、传统民居、古树。遗存数量少,质量一般	风貌一般	价值一般
4	绍伍村	明代	农耕村落	呈片状紧凑布局,形态空间肌理保持历史原状	大庙、宗祠、传统民居。遗存数量少,质量尚可	整体风貌不存,局部地段风貌保持尚可	价值一般
5	马家营村	明代	农耕村落	沿历史古道呈片状紧凑布局,形态空间肌理保持历史原状	大庙、宗祠、古井、传统民居、古树。遗存数量少,质量尚可	整体风貌不存,局部地段风貌保持尚可	价值一般
6	打坝沟村	不详	农耕村落	片状紧凑布局,规模较小	传统民居遗存数量少,质量较差	历史风貌差	价值低
7	汤伍村（上、下汤伍）	明代	农耕村落,兼有手工业、工商业功能	沿历史古道呈带状紧凑布局,形态空间肌理因公路建设而有所改变,总体格局尚存	大庙、宗祠、古道遗址、古井、传统民居、古树。遗存数量尚可,质量较高	整体风貌不存,局部区域和界面风貌保持较好	价值高
8	铺庵村	不详	农耕村落,兼有工商业、交通服务功能	沿历史古道呈片状紧凑布局,形态空间肌理保持历史原状	马店、传统民居、古道遗址。遗存数量少,质量一般	风貌一般	价值一般
9	街子村	不详	古道集市	沿历史古道形成街集,布局紧凑	财神殿、马店、店铺、集市碑刻、传统民居、寨门遗址、古桥。遗存数量尚可,质量较高	风貌一般	价值高
10	蒋家坡村	不详	煤矿居民点	呈片状疏散布局于山坡上,形态空间肌理保持历史原状	传统民居数量少,质量差	历史风貌不存	价值低
11	马坊村	不详	农耕村落,兼具手工业、工商业功能	沿历史古道呈片状紧凑布局,形态空间肌理因公路建设而有所改变,总体格局尚存	大庙、宗祠、古道遗址、古井、寨门、传统民居、古树。遗存数量尚可,质量一般	整体风貌不存,局部区域和界面风貌保持较好	价值高
12	荒地村	明代	农耕村落	沿历史古道呈片状紧凑布局,形态空间肌理因公路建设有所影响,总体格局保持历史原状	大庙、宗祠、古井、河堤、古树、传统民居。遗存数量尚可,质量较高	整体风貌不存,有较完整区域,风貌保持较好	价值较高

续表

序号	自然村名	聚落形成年代	历史功能类型特征	历史聚落形态特征	现存遗存类型及质量水平	历史风貌保持状况	历史景观价值简评
13	金华寺村	明代	农耕村落	依山呈片状紧凑布局，形态空间肌理被公路贯穿一分为二，基本保持历史原状	寺庙、大庙、古井（含龙王庙）、传统民居、古树。遗存数量少，质量一般	整体风貌不存，局部地段风貌保持尚可	价值一般
14	下坝村	不详	农耕村落	沿历史古道呈带状紧凑布局，形态空间肌理基本保持历史原状	大庙、传统民居、古树。遗存数量少，质量一般	历史风貌差	价值低
15	棠梨村	不详	农耕村落	沿历史古道呈带状疏散布局，形态空间肌理保持历史原状	大庙、革命纪念旧址、古井、古道遗址、古树、传统民居。遗存数量尚可，质量较高	整体格局风貌保持完整	价值高
16	老易屯村	明代	农耕村落	沿历史古道呈片状紧凑布局，形态空间肌理保持历史原状	镇衙（乡会镇公所）、石牌坊、大庙（关圣宫）、宗祠、传统民居、古井、古树。遗存数量尚可，质量较高	整体风貌不存，有较完整区域，风貌保持较好	价值高
17	新房村	明代以前	农耕村落	沿历史古道呈带状紧凑布局，形态空间肌理保持历史原状	大庙、宗祠、传统民居、古井、古树。遗存数量较多，质量较高	整体格局风貌保持完整	价值较高
18	高营村	明代	农耕村落	呈片状紧凑布局于山地缓丘，形态空间肌理保持历史原状	寺庙、大庙、宗祠、寨门遗址、传统民居、古井、古树。遗存数量较多，个体质量较高	整体风貌和地段不存，有较为完整的区域，风貌保持较好	价值一般
19	纪伍村	明代	农耕村落	沿历史古道呈片状紧凑布局，形态空间肌理保持历史原状	寺庙（月印寺）、传统民居。遗存数量少，质量一般	历史风貌差	价值低
20	白家营村	明代	农耕村落	沿历史古道呈片状紧凑布局于山丘上，形态空间肌理保持历史原状	大庙、宗祠、寨门及遗址、寨墙（局部）、传统民居、古井、古树。遗存数量尚可、质量尚可	整体风貌不存，有较完整的区域和地段，风貌保持较好	价值一般
21	水打营村	明代	农耕村落	沿塔冲河堤组团紧凑布局，形态空间肌理保持历史原状	寺庙、（青莲寺）、传统民居。遗存数量少，质量低	历史风貌差	价值低

续表

序号	自然村名	聚落形成年代	历史功能类型特征	历史聚落形态特征	现存遗存类型及质量水平	历史风貌保持状况	历史景观价值简评
22	阿瓦寨	明代以前	原居民农耕村落	呈片状紧凑布局于缓坡上,形态空间肌理保持历史原状	大庙、宗祠、传统民居、古井、古树。遗存数量少,质量一般	风貌一般	价值一般
23	鹧鸪村	明代以前	原居民农耕村落	布局疏散自由	土掌房为主。没有价值历史遗存	风貌一般	价值低
24	西山寺村	不详	农耕村落	沿历史古道呈片状紧凑布局,南靠西山寺山体,形态空间肌理保持历史原状	寺庙(西山寺)、大庙、宗祠、传统民居、古井、古树。遗存数量少,质量一般	风貌一般,西山寺山体是区域景观特征标志物	价值一般
25	石河埂村	不详	农耕村落	呈带状,紧凑布局	无有价值历史遗存	历史风貌差	价值低
26	丁家庄	不详	农耕村落	布局疏散自由	宗祠(丁氏祠堂)。其他无有价值历史遗存	历史风貌差	价值低
27	河湾村	不详	农耕村落	呈片状紧凑布局	无有价值历史遗存	历史风貌差	价值低
28	灵官庙村	不详	农耕村落	布局疏散自由	无有价值历史遗存	历史风貌差	价值低
29	苏家营村	清代	清代屯营	呈带状紧凑布局,形态空间肌理保持历史原状	传统民居。无有价值历史遗存	风貌一般	价值低
30	周家庄	不详	农耕村落	呈带状疏散布局,形态空间肌理保持历史原状	寺庙(桃园庙)、传统民居。无有价值历史遗存	风貌一般	价值低

1.3.2 社会经济发展非农产业发展比重增加明显

由于近几年泸江河沿岸传统村落建设保护得力,区域内村庄的非农产业比重增加显著,就地城镇化趋势较为明显。以团山村为例,2007 年其第三产业占农村经济总收入比重仅为 32%,到 2016 年已达到 64%(图 2)。

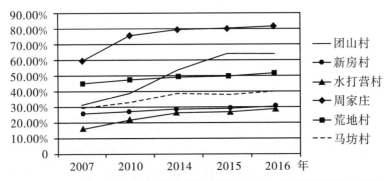

图 2　2007—2016 年泸江河沿岸典型村落第三产业占农村经济总收入比重

在第三产业中，主要来源构成可以分为三类：其一为村庄距离建水古城与建水县城较近，积极利用泸江河与滇越铁路旅游辐射机遇，大力发展观光体验等综合旅游业，该部分内容收入比重约占第三产业的 60%；其二为产业转型带来的转移性收入，约占第三产业的 20%；其三为县城周末出行带来的旅游收入，约占第三产业的 20%。

1.3.3 村落历史文化价值集中

村落较为完整、真实地保留和展示了临安府城与周边乡村历史村落地缘格局体系，是滇南现代社会经济文化发展的历史见证。

古村沿泸江河呈线性群落分布，与临安古城相互依存，相互之间有着密切的经济、社会、文化联系，历史人文信息丰富，具有较高的社会历史文化综合研究价值。

古村聚落类型及历史遗存资源类型多样，数量众多，具有较高的历史、文化、科学和艺术价值。真实记录了中国近代农耕文明在工商矿业反哺下的巅峰建设成就。

以古村群落、历史遗存为核心主体的丰富多样的景观资源组合，是建水国家历史文化名城拓展历史文化游览内涵、带动地方经济发展的不可复制的珍贵历史遗产资源。

2 建水泸江河沿岸传统村落整体发展目标

以特色村寨和传统村落建设为重点，全面实施"美丽乡村"工程，实施农村危房改造和抗震安居工程，以特色小镇、美丽乡村示范点、民族团结进步示范村、民族特色村寨、传统村落为主要抓手，着力打造一批特色民居、特色村寨。继续推进"中国传统村落集中连片保护示范区"建设，加强全国传统村落保护与发展。

3 建水泸江河沿岸传统村落规划路径探索

3.1 低冲击开发的用地增长模式

结合区域村庄整体发展情况突破村委会辖区界线，以集中整合发展为原则，分为七个片区单元预测各自发展规模。其中，马坊片区单元发展纳入特色小镇镇区规划统一考虑，西门古镇以东区域纳入城市总体规划统一安排。由于现状村庄多已超标，除部分特色村庄外，均不再考虑新增村庄建设用地，并结合基本农田保护范围线明确村庄建设用地发展底线，把村庄新增新建对村落整体风貌的影响降到最低。

3.2 产业转型路径落实

依托丰富的历史文化资源和生态资源，主动融入昆玉红文化旅游产业经济带，以旅承文、以文活旅，坚持"打基础、强宣传、拓市场、创品牌"的发展思路，着力打造中国历史文化名城、国家重点风景名胜区、千年建水紫陶三张名片，进一步扩大孔子文化节影响，全面推进古城 AAAAA 级景区建设，并加大发展生态、休闲、度假、康体等旅游产品的力度。加快旅游产业转型升级，推动旅游业由"景区旅游"向"全域旅游"发展模式转变，构建新型旅游发展格局，着力打造世界重要的旅游目的地、国家全域旅游示范区和云南旅游新方向，努力建成国际化文化旅游城市。同时，加强道路交通、供水供电、信息工程、教育文化、医疗卫生、社会保障的建设，实现城乡基础设施和公共服务均等化目标；积极发展、优化提升为经济发展作贡献的金融服务业、商贸服务业、现代物流业等行业。

3.3 风貌协调规划引导

村庄风貌建设应遵循现状，严禁建设现代或与村庄整体风貌相冲突的建筑。

村庄建筑形式、选材、文化符号应以村庄民族建筑为主导，集中体现泸江河整体传统村落民居的风格，形式以当地已有民居建筑为主，选材时更多选用传统民族建筑石材、木材等。

乡土环境建设着重体现村庄原有特质，整体提升以村庄原有要素（竹林、溪水、果林等）为主，保留村庄原有韵味。

3.4 基础设施的特色化引导

乡村地区分一级生活服务圈（中心村）与基本生活服务圈（基层村）两级配套公共服务设施。乡村地区公共服务设施配套内容包括农村社会管理类、教育类、医疗卫生类、文化体育类、社会福利与保障类、商业服务类、公用营业网点类及公共绿地类共 8 大类 15 小类，各项建设内容可根据实际情况集中建设；设置公共服务中心，并结合云南省建水县实际，由公共服务中心承担本村的公房功能。

本次规划结合农村社区建设的要求，重点加强中心村、特色村的公共服务设施配套，基层村根据实际情况合理配置。中心村和特色村的公共服务设施配置应当能够满足本村及周边一定范围内村民的基本公共服务需求，特色村可以在某些特色服务上有所加强。特色旅游村应配置旅游设施，如旅游公厕、旅游标识等。

结合建水村现状特色、旅游产业"十三五"发展规划等，将村庄分为生活型村庄、产业型村庄、旅游特色型村庄、城市发展型村庄四类。生活型村庄配置基础的公共服务设施；产业型村庄在配置基础公共服务设施的基础上可增设产业公共服务设施；旅游特色型村庄配置基础和旅游公共服务设施；城镇周边村庄有较好的发展条件，可依托城镇适度超前配置城乡共享型服务设施，使其融入城镇发展。

建水县传统村落及具有文化历史价值的村落在县域内分布较多，为此应制定文化保护、传统文化保护宣传等内容。

4 村落整体环境建设引导与保护

4.1 泸江河水系整体保护

泸江河规划以保持最大限度的自然乡土环境特色为思路，强化堤岸绿化，以斜坡、小丘、山石结合榕树、皂角、清香、皮哨子等孤植，形成具有乡土特色的自然堤岸绿化，减弱人工硬质化倾向，以期展现"泸江烟柳"的历史景观场景；象冲河段保持现有自然生态形态，不得人工硬质化，堤岸绿化增植攀枝花树，重现"双虹桥红灯万盏雨打不息"的历史场景。

河道沿线分布的十余座古桥是河道线性景观节点空间标志，严禁在周边新增建（构）筑物，已有建筑应按历史风貌进行整治改造。古桥区段增植乡土树种，适度距离外可设路亭、石台等乡土小品设施，供游人驻足休憩。

4.2 传统古村落保护

4.2.1 整体保护

针对评价为历史价值较高的团山、新房、荒地 3 个自然村，采用整体保护的思路，对村落与自然环境的和谐依存关系、村落形态空间格局、街巷肌理及空间尺度、历史建（构）筑物格局及历史风貌等方面，进行系统性的整体保护，系统、完整、真实地展现古村落的历史文化风貌。

4.2.2　区域地段保护

针对评价为历史价值高的汤伍、街子、马坊、棠梨、老易屯 5 个自然村，以及评价为价值一般，但历史建筑遗存数量多且相对集中，通过保护整治能够形成一定规模区域的历史风貌区域地段的绍伍、高营、白家营 3 个自然村进行区域地段的保护。根据历史遗存分布状况，划定完整连续的区域，在区域内对破坏历史景观的建（构）筑物等进行清理整治，形成一定规模、历史景观风貌完整连续的区域地段。尤其对于具有异质性历史景观内涵的街子村（古道站口、集市为古临安第二街集，有别于农耕村落），应加强保护整治，突出历史文化景观价值特色。

4.2.3　群落保护

对于评价为价值一般的宗家寨、马家营、铺庵、金华寺、阿瓦寨、西山寺 6 个自然村，依据历史遗存群落的分布来进行群落保护。在对历史遗存群落严格保护的同时，对其周边的建筑及环境也应进行整治控制，力求独立的群落有机连结，使碎片化的历史景观形成一定的连续序列，并有一定范围空间的历史风貌环境烘托。对于具有特殊景观价值内涵及分布特殊的村落，应有针对性地开展保护控制整治。

4.2.4　个体保护

对于评价为景观价值低的王家寨、打坝沟、蒋家坡、下坝、纪伍、水打营、鹧鸪、石河埂、丁家庄、河湾、灵官庙、苏家营、周家庄 13 个自然村，依据其历史遗存分布进行历史建（构）筑物的本体保护（部分村落无）。对村内分布的历史建（构）筑物格局、形制、历史真实性风貌等进行严格的本体保护，同时划定外沿 30 m 作为建设控制地带。对于区位特殊的王家寨、水打营，应严格控制村落历史风貌，避免对团山古村、双龙桥历史景观氛围产生不利影响。

4.2.5　民俗文化保护

规划区民俗文化，因其具有较强的汉文化特征而未受足够重视，缺乏系统的挖掘整理。其保护首先须进行全面的系统挖掘整理，应特别关注作为民俗文化载体的古村、大宅院近代所发生的地缘人文事件及发展脉络故事。通过出台特殊政策，鼓励重修、续修族谱、家谱，补齐近代滇南社会经济高速发展的社会人文影像，同时结合节庆、礼仪等方面的整理，形成较为丰富多彩的民俗及社会人文内涵，作为未来旅游开发利用的民俗文化资源。

5　结语

本文通过对建水泸江河沿岸传统村落建设进行整体评价，重点从用地增长、产业转型、风貌协调规划、基础设施的特色化引导、村落整体环境建设引导与保护、泸江河水系整体、传统古村落保护、区域地段保护、群落保护、个体保护、民俗文化等多个方面研究传统村落的规划实施路径，为传统村落文化保护规划提供一定的借鉴。

［作者简介］
龙运军，工程师，就职于昆明市规划设计研究院。
彭坤，助理工程师，就职于昆明市规划设计研究院。
李迎彬，工程师，就职于昆明市规划设计研究院。
曾德强，助理工程师，就职于昆明市规划设计研究院。

常德太阳山片区民宿开发与设计

□覃伟，熊蛟，陈佳昊

摘要：常德太阳山片区作为当地乡村建设重点打造对象，依托周边相关旅游景观资源及片区内部的基础建设条件，具有开发民宿的优势。本文以太阳山片区为研究对象，分析探讨出符合太阳山片区发展水平的民宿开发与设计模式，以期将太阳山片区打造为"民宿十"的乡村旅游度假区。利用 ASEB 栅格分析法进行矩阵分析，得出影响太阳山片区民宿开发的主要因素是对地域文化挖掘深度不足这一结论，但太阳山片区在人文与自然景观资源上具有较好的优势，因此确定三种开发模式：点状融合模式、面状介入模式、集群化模式。太阳山片区民宿的设计从民房改民宿、新建民宿、民宿景观营造 3 个主要方面进行，在设计中要注重对建筑与景观的融合，以及对传统建筑语汇的转译与传承。

关键词：民宿开发；民宿设计；太阳山片区

1 引言

民宿作为一种乡村产业形态，对促进乡村振兴战略的实施起到积极作用，同时伴随着乡村旅游业的不断深入发展，人们对乡村优美、自然、生态的居住环境产生向往，民宿则为实现这种意愿提供了载体。民宿成为当前热议话题并非偶然，民宿对场地环境有着较高的要求，这样使得民宿对保护环境起到了促进作用，同时也为贯彻乡村生态宜居树立标杆；此外，民宿可作为新时代下乡村旅游的升级与转型方向。综合以上，各地大力推进民宿产业的发展不是盲目跟风，而是为推进乡村发展的一种自上而下的方式。常德太阳山片区作为当地乡村建设重点打造对象，依托周边相关旅游景观资源及片区内部的基础建设条件，具有开发民宿的优势。因此，本文以太阳山片区为研究对象，分析探讨出符合太阳山片区发展水平的民宿开发与设计模式，以期将太阳山片区打造为"民宿十"的乡村旅游度假区。

2 太阳山片区概况

2.1 民宿空间分布特征

因太阳山片区民宿仍处于萌芽和起步之中，目前鲜有官方机构对片区内民宿产业的空间分布进行数据统计，所以采用开放数据对太阳山片区民宿的空间分布特征进行分析。鉴于高德地图稳定的后台数据和成熟的运营体制，可以较为客观地反映太阳山片区民宿的信息，故利用高德地图为专项搜索工具，首先获取了 21 条民宿信息，其次获取这些民宿的地理位置坐标，制成太阳山片区民宿空间分布图（图1）。通过太阳山片区民宿空间分布图可以看出，民宿主要集中分布在太阳山东南侧，呈不规则环状，且以红旗水库和郑太有机农场作为分布圆点。

太阳山片区民宿空间分布呈现出这种特征并非偶然。以红旗水库作为分布圆点的原因在于此处是太阳山东侧出入口，交通便捷；另外，红旗水渠与太阳山支脉在此形成了较好的山水景观格局，具有较好的自然环境。因郑太有机农场作为太阳山片区乡村旅游的先行者，已具备了较好的基础配套设施，进而促进周边民宿的出现。

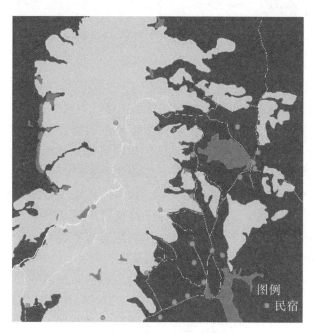

图1　太阳山片区民宿空间分布图

2.2　民宿所处场地环境类型

通过对太阳山片区民宿的实地调研，发现主要有依山型、依山临水型、平地型三种场地类型。

依山型场地特征主要表现为场地一侧紧贴山体或被山体围绕，整体呈现出极强的自然气息，可借助山体成为建筑背景，起到烘托效果。譬如，片区内的松桂园三面紧贴山体，身处其中可感受到大自然的环抱之势；通过纵向布局，使建筑与山体形成轴线关系，融合在场地环境之中，且在山体的掩映下更加突出（图2-a）。

依山临水型场地的主要特点是场地夹在山体与水域之间，让场地具有了最原始的"山—水"景观格局，为场地的整体规划铺垫了思路。片区内的金荷花庄园西侧倚靠太阳山支脉，东侧毗邻红旗水库，主体建筑位于两者之间，形成"山—场地—水"的场地格局关系（图2-b），且建筑内部的景观朝向均面对红旗水库，将外部空间渗透进来，扩大原建筑的空间感受。

平地型场地并非绝对意义上的平地，是相对于片区内另外两种类型而言，这是由于某些民宿所处的场地既没有紧邻山体，又无水域连接，周围地势相对平缓，但仍能远眺山体。例如，片区内的盈翠山庄周边地势低平，仅与穿插性出现的林地相邻（图2-c），但从场地西北、西南侧能远观太阳山主峰和支脉，且与场地周边的林地及内部建筑形成"远—中—近"层次关系，场地内部后期布置的水域也与远山遥相呼应。

图2　太阳山片区民宿所处场地类型

2.3　民宿已有基础建设

综合太阳山片区内已建成民宿的实际情况，其基础建设主要体现在以下三个方面。

交通便捷，通达性高。片区内多数民宿均在主要乡道的缓冲范围内，紧邻乡道，且道路硬化质量较好，同时也有一定的绿化，具备了基础的道路景观。然而，民宿内部的交通层级欠丰富，一条主园路贯穿其中形成闭环，缺少二级、三级园路进行穿插，无法形成互通网格。

新建筑缺少地域特色，改造建筑形象欠美观。片区内新建民宿多为徽派民居或明清民居风格，尽管建筑外观视觉效果较好，但与常德本土传统民居风格不符。部分由老房改造而成的民宿，仅对原有建筑的外墙进行简单的粉刷装饰，未对建筑造型进行改变，并且由于空间不足而在主体建筑两侧另外搭建民宿，导致整个建筑形象缺少美观。

民宿外部场地庭院化。结合片区内其他民房前院后屋的布局特点，因此将民宿的外部场地划分为不同的小庭院，共同组成整个民宿的景观空间。通过对片区内多处民宿景观的调研发现，其景观空间中均出现了一定面积的水域，环绕水域进行景观布置，注重营造山水庭院的景观效果。

3　太阳山片区民宿开发设计的研究内容与方法

3.1　研究内容

针对太阳山片区民宿开发与设计的重点研究内容：宏观层面上，从民宿空间分布特征、民宿所处场地环境特征、民宿已有基础建设三个方面，对太阳山片区已有民宿进行前期分析；中观层面为研究方法的建构，先利用 ASEB 栅格分析法进行矩阵分析，得出影响太阳山片区民宿开发与设计的因素，接着利用在地性设计要素来建构在地性民宿设计法；微观层面主要是详细介绍太阳山民宿的开发模式与设计模式（图3）。

3.2　研究方法

3.2.1　ASEB 栅格分析法

ASEB 栅格分析法是用于旅游学研究的新兴方法，在分析过程中与旅游学传统的 SWOT 分析法结合形成矩阵来进行综合分析（表1）。在该矩阵中，横轴表示 ASEB 栅格分析的四个层次，即活动、环境、体验、利益；纵轴表示 SWOT 分析的四个层次，即优势、劣势、机遇、威胁。横轴与纵轴相互交错形成从 SA（对活动的优势评估）到 TB（对利益的威胁评估）16 个单元矩阵，并按顺序逐次进行研究分析。

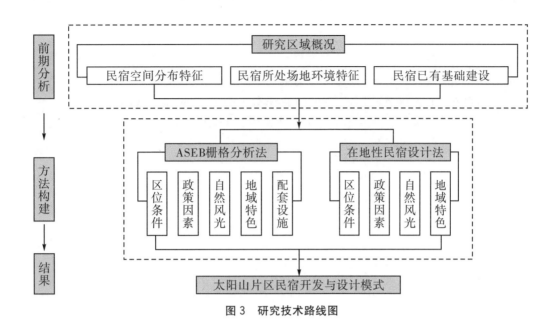

图 3　研究技术路线图

表 1　ASEB 栅格分析矩阵

	活动	环境	体验	利益
优势	SA	SS	SE	SB
劣势	WA	WS	WE	WB
机遇	OA	OS	OE	OB
威胁	TA	TS	TE	TB

依据 ASEB 栅格分析法对太阳山片区进行分析，得出该区域内进行民宿开发与设计的有利资源与不足之处（表2）。

表 2　太阳山片区 ASEB 栅格分析

	活动	环境	体验	利益
优势	太阳山森林公园可观日出、日落、云海，片区内田园综合体提供农事活动体验，大型寺庙群可听教礼佛	与柳叶湖度假区形成泛旅游圈 植物覆盖率高，具有"氧吧美育"之称 自然村落众多，田园风光较好	较好的自然生态环境让人们身心放松，感受自然的气象变化之美，体验型农事活动加强了人们对农耕的感受	游客量增加，景区知名度逐步提升 提高当地经济收入 游客获得较好的体验，留下美好回忆
劣势	以自然观赏活动为主，受不可抗力因素影响较大，活动内容缺少多样性	交通荷载量欠缺，旺季交通堵塞情况严重，公交交通工具可达性弱	部分当地居民的不合理经营、叫地起价等行为影响游客体验感	自然观赏活动须进入太阳山森林公园内部，有时因其他原因难以入园，使得游客不能获得体验感

续表

	活动	环境	体验	利益
机遇	太阳山片区作为美丽乡村和乡村振兴的示范点，并邻接柳叶湖度假区，具有可开发优势	国家对乡村政策导向，以及人们对较好自然环境的追求使其发生巨变，吸引人们去游览	应抓住太阳山片区生态宜人的体验优势，进一步提升体验感，并将其植入民宿空间中	促进太阳山片区旅游业的发展，为打造具有太阳山片区当地特色民宿提供机会
威胁	片区内暂未出现真正意义上的民宿，并未形成客源群体，加上柳叶湖度假区较好的配套设施，对于其开发有一定影响	太阳山片区乡村风貌较好，生态环境宜人，应让民宿融入村落布局之中，减少对环境的破坏	民宿的体验感不能停留在表面，应当深度挖掘文化，以满足城市精英人群的需求	民宿带来的经济收益，游客使用后的评价，民宿环境氛围的营造好坏

3.2.2 在地性民宿设计方法构建

在地性设计法较多运用在建筑设计领域，是指在设计中将场地内的各要素作为影响设计的因素，让建筑与场地融为一体，其中主要利用地理环境要素、主体需求要素、文化语境要素构成一个设计系统。民宿设计由布局选址、建筑造型、景观营造、室内装饰构成系统，将在地性设计法的范围扩大，移植到民宿设计上，可构建出在地性民宿设计方法（图4）。采用这种设计方法能够避免民宿设计同质化的出现。

地理环境要素指在设计中要尊重原有场地的形态特征，放大场地所特有的形态，让人为设计以介入的方式植入场地。若民宿的布局选址要融入场地，就必须考虑这一要素，设计时应考虑原有村落的布局特征，以此为据，进行总体布局。

主体需求要素是从空间使用者的角度出发，将不同人群的空间需求与当地的环境特征进行融合。民宿景观氛围营造和室内装饰表达正是空间使用者的需求具体化，若这两类空间在满足使用需求的同时，又能将场地周边可以利用的优势借用过来，则可以让空间产生别样效果。

文化语境要素强调的是设计中对地域特征的再利用与延续。民宿的建筑造型、景观、室内都可以作为传达地域性的载体，民宿对文化元素的利用不仅让民宿本身形成特有的个性，而且让民宿体验者获得情感共鸣。

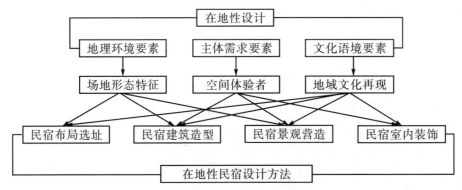

图4 在地性民宿设计方法构建图

4 太阳山片区民宿开发设计的结果分析

4.1 太阳山片区民宿开发模式

4.1.1 影响因素与资源优势

民宿开发受配套设施、区位条件、政策因素、自然风光、地域特色五个主要因素的影响。结合太阳山片区的实际情况，分析发现片区内的基础与公共服务设施基本满足需求，交通便捷，靠近城区边缘，且毗邻景区，具有较好的生态环境；同时，太阳山片区的发展有当地的相关政策支持。

然而，影响太阳山片区民宿开发较为重要的因素是地域文化特色，因此须深挖文化元素，打造具有太阳山地方特色的乡村民宿。首先，民宿建筑应有较强的特色，切忌照搬其他地区的民宿建筑样式，可以常德本土的瓦屋和窨子屋为设计元素进行民宿建筑的再设计。其次，挖掘当地的饮食文化，食与宿相结合，依据太阳山片区的文化特点开发特色食品。此外，可以活化一些民俗活动和农事活动，增强体验感，带动民宿的文化氛围。

太阳山片区之所以能形成民宿，得益于其具有的人文与自然资源优势。人文资源主要是片区内部的宗教寺庙景观，以太阳山佛教建筑、阳山壁雕为主；再次是邻近柳叶湖的唐风景观，如为纪念刘禹锡而建造的司马楼等唐风建筑群落。自然资源主要体现在太阳山片区内部望山见水的自然环境。结合太阳山片区所具有的资源优势，可以注重民宿主题类型的开发，如禅宗主题民宿、唐风主题民宿、野奢主题民宿等，将资源优势最大化，打造出具有太阳山片区特征的民宿。

4.1.2 开发模式

根据目前太阳山片区民宿主要有个人经营、企业经营两种经营方式，确定出三种开发模式，即点状融合模式、面状介入模式、集群化模式。

点状融合模式。针对个人经营方式的民宿开发模式，可以把村落中单栋民房改造成民宿，改造后的民宿呈点状形态自由分布在村落之中（图5-a）。因单体建筑体量较小，能够较好地融入村落的整体布局肌理之中。这种民宿开发模式使得民宿空间的视野较为开阔，能形成自由独立的院落，还能够联动民宿产业的持续发展，形成由点带面、由面带片的发展模式。鉴于太阳山片区民宿处于萌芽起步阶段，可以先重点打造2～3个民宿示范点，利用示范点来带动其他民宿的建设，为形成面状民宿布局打下基础。

面状介入模式。以企业经营为主的民宿，由于具备充实的资金条件，通常以4～5栋民宿为群组进行开发，使得民宿布局呈现出面状形态（图5-b）。这种面状介入模式使得民宿与原有村落存在着明显的划分，让民宿所处范围成为独立的单元，在其内部形成丰富的街巷、院落空间。以面状介入模式开发民宿能够带动其他乡村产业，形成"民宿＋"的效果，促进乡村经济产业的发展。就太阳山片区现有民宿的开发情况而言，面状介入民宿开发模式需要等太阳山片区民宿进入持续发展阶段时才可进行，但目前可以借助片区内的田园综合体、大型农庄等产业形式实现面状民宿开发。

集群化模式。民宿开发模式的最高形态，结合村落的各项产业及资源优势形成民宿旅游村（图5-c）。集群化民宿开发模式可以看作是面状介入开发的区域化，是将整个村落开发为民宿。作为新时代乡村旅游的转型升级，这种开发模式受到较多因素影响，一是村落本身已经具有了乡村旅游的积淀，二是村落内部有着较为丰富的土地可开发资源。目前，太阳山片区作为常德乡村旅游重点打造区域，依据民宿开发影响因素，可选择某个小规模的村落作为集群化民宿开发的初探，结合当下太阳山片区乡村旅游发展指导思想，打造太阳山片区民宿旅游村。

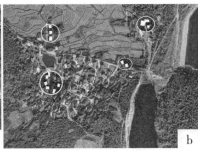

图5　太阳山片区民宿开发模式

4.2　太阳山片区民宿设计模式

4.2.1　民房改民宿

将民房进行功能置换与重组后形成民宿，是普遍所用的设计方法，而在改造过程中，对于不同结构类型的民房须采取不同的形式。通过对太阳山片区多个自然村的建筑调研发现，片区内的民房可以分为三种类别。

类别一是20世纪90年代之前的红砖房（图6-a）。这类建筑的外观形象具有较强的时代特征，建筑平面呈规整的"一"字形，左右对称，屋顶出檐较深形成檐廊。在改造这类民房时，要将保护好原建筑风貌特征摆在首位，再结合现代生活习惯重新组织内部功能空间，同时需要对原建筑的承重结构进行加固处理。这类红砖房改造成民宿后，能较好地展现出乡村的淳朴气息，让住客感受到乡土文化的魅力。

类别二是90年代的砖混结构二层楼房（图6-b）。这类建筑的前后主要建筑立面通体铺设小块白色瓷砖，或者是水泥外墙通体刷白，整个建筑形象很简洁。这类建筑在内部空间的功能布置上较为合理，建筑质量也符合安全标准，只需要稍作改变。需要重点思考内部空间的氛围营造，对于建筑外观可保持原样，对外墙进行清洁养护。

类别三是2000年之后的带有欧式元素的小洋楼（图6-c）。这类建筑在结构质量上很高，功能空间安排合理，不足之处是建筑的外观形象与乡村淳朴的风貌特征不匹配。因此，在改造中应着重解决建筑的外观形象，可以从前两种类别中提取设计元素，或者从常德传统建筑中提炼出建筑外观的改造要点。

4.2.2　新建民宿

新建民宿一般分为两种形式：旧址新建和新址新建。对于新建民宿需要重点关注如何将外部的自然景观借入到内部空间。前文中已提及太阳山片区的民宿场地具有一个共同的特征——群山环绕，因此在设计民宿时应该利用建筑界面的消散处理，将山景渗透到室内，以扩大室内的心理空间范围，提升住客的空间体验感，达到野奢的效果。此外，新建民宿的建筑外观切忌过于突兀，不能破坏村落的整体风貌，应将民宿建筑作为带动乡土建筑更新的载体，对常德本土民居元素进行创新与再设计，凸显地域特色，同时传承当地建筑文化（图7）。

4.2.3　民宿景观营造

民宿景观空间作为住客对民宿产生体验感的第一场所，具有重要的作用。根据前期调研发现，太阳山片区已有民宿的景观营造初显山水庭院的雏形，尝试营造出具有中国古典私家园林的意蕴。因此，在民宿景观营造过程中应坚持建筑与景观融合共生的设计理念，将外部场地化整为零，让子景观空间相互形成对比、渗透等，并将子景观空间进行连接，构建空间序列。同时，注重对外部景观的临借，将太阳山主峰引入民宿景观空间之中，延展观景视线，提升民宿景观空间的造景层次。

a   b   c

图 6　民房改民宿的三种类别

带天井的传统住宅　　　　　　各独立功能空间　　　　　空间围合，出现天井

盥洗室　门厅
客厅　卧室
　　　卧室
观景阳台

卧室　盥洗室　门厅
卧室　天井　客厅
观景阳台

原型　　　　　　　　　　转译　　　　　　　　　　呈现

原型建筑体块　　　　　　　　　转译后建筑体块

图 7　新建民宿对本土民居的传承

5 结语

民宿作为乡村旅游产业的附属产业，在一定程度上对乡村振兴起到了积极作用。常德太阳山片区作为当地乡村振兴建设的重要示范点，不能忽略片区内现有民宿带来的作用与影响。因此本文专门针对太阳山民宿的开发与设计作出一定研究，并得出以下结论。

第一，空间分布特征与场地类型。太阳山片区的民宿主要集中在太阳山东南侧，呈不规则环状，出现这种空间分布特征的原因在于交通位置与区位条件。片区的民宿场地主要有依山型、依山临水型、平地型三种。另外，太阳山片区民宿的通达性较高、交通便捷，但目前民宿建筑形象不突出，景观营造缺少细节处理。对分布特征的研究有利于从宏观的角度对太阳山片区民宿进行把控与规划管理，而场地类型的划分则为微观的设计提供一定指导，利于形成具有太阳山片区特色的民宿。

第二，基于 ASEB 栅格分析法的开发模式。利用栅格矩阵的 16 个因素对太阳山片区进行分析，发现太阳山片区民宿开发的主要影响因素是地域文化特色的不足，而在人文与自然资源方面占有较好优势。最终得出三种开发模式：点状融合模式、面状介入模式、集群化模式。这三种开发模式相互关联、层层递进。因此，可先打造某一个具有主题特色的示范点，在遵照主题特色的前提下进行面状扩展，形成由点及面的效果，进一步强化主题。

第三，在地性民宿设计模式。针对太阳山片区的民宿设计提出了两种：一是民房改民宿。在改造前应对建筑进行年代、类别的划分，不同时期的民房采用不同的改造手法，最大化地保留可利用之处。二是新建民宿。要求消散建筑与外部环境之间的界面，将自然景观引入室内空间，形成空间渗透效果，同时也应注重对传统建筑语汇的转译与传承。民宿景观营造主要是景观空间的序列组织，以及对外部自然景观的借用，更重要的是民宿建筑与景观的融合。

常德太阳山片区民宿开发与设计在研究内容上形成了宏观层面的前期分析、中观层面的方法构建、微观层面的开发与设计模式分析。研究思路清晰，但仍需要进一步深入思考两个问题：一是对太阳山片区民宿数据的统计整理与分析；二是对太阳山片区民宿开发的影响因子细化分析。本次研究由于篇幅所限，未能精准细化地分析思考太阳山片区民宿的开发模式，此为本文的不足之处。在后续的研究过程中，将进一步深化该片区的民宿开发研究。

[参考文献]

[1] 王枫. 基于 ASEB 栅格分析的乔家大院体验式旅游的开发研究 [J]. 西北农林科技大学学报（社会科学版），2011，11 (1)：85-89.

[2] 陶虹佼. 乡村振兴战略背景下发展民宿的路径研究：以江西省为例 [J]，企业经济，2018，37 (10)：158-162.

[3] 覃伟. 滨水民宿景观设计研究：以湘乡市泉塘镇育泉河民宿为例 [J]. 中外建筑，2018，207 (7)：153-154.

[4] 王珺玥，马妍，沈振江，等. 厦门市民宿空间分布特征及空间布局优化思考 [J]. 规划师，2019，35 (1)：71-76.

[5] 张海洲，陆林，张大鹏，等. 环莫干山民宿的时空分布特征与成因 [J]. 地理研究，2019，38 (11)：2695-2715.

[6] 王时原，代小梅，刘九菊. 乡土聚落保护更新下的民宿开发与设计研究 [J]. 建筑与文化，2019 (9)：214-215.

[7] 沈令婉，王洁. 传统村落活化视角下民宿开发模式的实证研究：以浙江松阳县为例 [J]. 中外建筑，2020 (6)：128-131.

[8] 许广路. 基于 Entropy-DEMATEL 模型的乡村民宿开发影响因素分析 [J]. 江苏农业学报，2021，37 (4)：1058-1063.

[9] 覃伟，陈洁，贺扬博，等. 乡村田园综合体与旅居养老一体化设计探讨 [J]. 重庆建筑，2021，20 (12)：11-13.

[10] 王璐，皮常玲，郑向敏. 民宿发展中的"温度"与"体验温感"研究 [J]. 旅游研究，2021，13 (6)：1-14.

[11] 何成军，赵川. 乡村民宿集群驱动乡村振兴：逻辑、案例与践行路径 [J]. 四川师范大学学报（社会科学版），2022，49 (02)：98-105.

[12] 覃伟，陈佳昊，王红兵，等. 基于在地性设计理念的乡村民宿设计模式研究：以常德市太阳山片区民宿为例 [J]. 重庆建筑，2022，21 (11)：21-25.

[13] 覃伟，刘长青. 江南古典园林造园要素与民宿景观的异质同构设计 [J]. 中南林业科技大学学报，2022，42 (4)：183-190.

[14] 刘长青，覃伟. 民宿景观空间的植物配置与选择 [J]. 中南林业科技大学学报，2022，42 (6)：160-167.

[15] 鲁强. 当代建筑师的乡村建筑"在地性"策略研究 [D]. 厦门：厦门大学，2017.

［基金项目：湖南省教育厅科学研究项目"基于栅格分析法的常德太阳山片区乡村民宿设计模式研究"（22C1198）；常德市社科成果评审委员会课题"乡村振兴战略下常德乡村民宿的设计模式研究"（CSP22YC08）。］

［作者简介］
覃伟，讲师，就职于湖南应用技术学院设计艺术学院。
熊蛟，讲师，就职于湖南应用技术学院设计艺术学院。
陈佳昊，讲师，就职于湖南应用技术学院设计艺术学院。

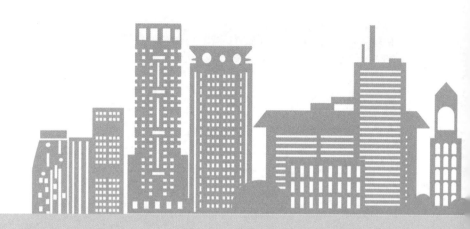

昆明国土空间规划研究

城市绿地规划生态策略研究

——以《昆明生态园林城市绿地建设规划（2014—2020）规划概要》为例

□向瑜，廖红菊，李迎彬

摘要：城市绿地是城市生态系统的重要组成部分，除美化环境外，还承担着净化水质、调节微气候、减弱噪声、减少自然灾害等重要生态功能。城市绿地规划如何在满足规范标准的同时充分发挥绿地的生态功能是本文主要研究的问题。在总结相关文献关于绿地布局对绿地生态功能的影响的基础上，本文结合昆明城市绿地布局现状情况，提出在宏观尺度上构建城市规划区的绿地空间结构，并进行绿地分区管控；在中观尺度上确保中心城区绿地布局满足总量规模、位置、面积及宽度的要求；在微观尺度上对局部绿地设施采取分区管理、科学选择树种、改善植被结构的措施进行优化；最后从不同尺度提出昆明城市绿地规划的生态策略，以期为昆明绿地建设规划提供参考。

关键词：城市绿地；生态功能；景观安全格局；绿地布局

1 引言

在全球气候变化的大背景下，中国目前的城市化进程面临诸多生态环境问题，如城市热岛效应、生物多样性减少、环境污染、水资源匮乏等。近年来，为贯彻党的十八大提出的生态文明建设要求，国家不断探索人与自然和谐发展的城市化途径，先后提出了"生态园林城市""海绵城市""城市双修"等城市规划理念。《昆明生态园林城市绿地建设规划（2014—2020）规划概要》响应国家生态园林城市的申报标准，通过城市绿地建设，一方面提升城市景观，另一方面发挥绿地生态功能改善城市生态环境。作为前期专题研究，本文基于对城市绿地生态功能和绿地布局关系的分析，梳理昆明城市绿地生态系统特征及问题，分析城市绿地规划应采取哪些生态策略才能在美化城市环境、提供休憩场所的同时充分发挥绿地的生态功能。

本文以昆明城市绿地生态系统为研究对象，需确保地理单元的完整性，因此选取涵盖整个滇池流域的昆明城市规划区为研究范围，总面积 4060 km²。

2 城市绿地生态功能与绿地布局的关系

2.1 城市绿地特征

城市绿地的生存环境及自身生长过程受人类活动的影响较大，绿地的植被结构、组成和动态演化与自然环境中的植被相比有较大差异，主要表现在以下四个方面。一是植被生境的特化。城市特殊的地质、大气、气候、水文和土壤特点造成了其与自然环境截然不同的生境，较为突出的是城市道路的铺装地表对其下土壤的结构、物理及化学性质造成影响，使得城市植被完全处于一种特化生境中。二是结构单一化。城市植被结构分化明显，并且趋于单一化。城市道路两侧的防护绿地尤为明显，基本只有乔木，缺乏灌木和草木。三是原生树种较少。城市绿地为保证植被生长速度、成活率、树冠大小及为营造特殊景观的需要，人为引进的外来树种较多，代表本地特色的树种较少。四是演替过程人为干扰大。城市绿地的形成、更新和演替过程都是在人为干扰下进行的，除草、修剪枝叶、清理枯枝落叶等人工辅助措施对绿地植被形态的变化影响巨大。

2.2 城市绿地生态功能

城市植被在生态循环中为城市提供了多种生态服务功能，如固碳、吸收污染物、降温增湿、保护生物多样性等。具体可以概括为以下四个方面。一是微气候调节。城市植被通过降低太阳辐射、减少地表径流、增加水汽蒸发量、改变风向风速等方式调节城市局部气候，改善城市热岛效应。二是净化环境。城市植被具有吸收二氧化碳及有毒气体、滞留烟尘、降低环境噪声等功能；湿地类城市绿地能有效过滤和沉淀污染物，改善水质。三是保护生物多样性。具有一定面积或宽度的城市绿地为城市生物多样性提供了重要生境，也是物种扩散和迁移的重要通道。四是涵养水源。城市植被是雨水下渗的重要途径，其具有吸水、蓄水及净水等重要功能。

2.3 绿地布局对绿地生态功能的影响

2.3.1 对微气候调节的影响

城市绿地的降温增湿效果与绿化覆盖率、绿地面积等因素密切相关。城市热岛效应研究国际研讨会上曾对绿化覆盖率提出指标要求：绿化覆盖率达到30%以上，绿地才有缓解城市热岛效应的作用；绿化覆盖率达到40%以上，热岛效应可减少3/4；绿化覆盖率达到60%以上，热岛效应基本被控制。而单个绿地能发挥降温功能的最小面积在$2\sim3\ hm^2$，且面积越大，降温效果越好。大面积集中的绿地（如城市森林、大型公园绿地等）降温效果明显高于面积小的绿地（如街头绿地）。

绿地的微气候调节能力还与其形状有关。绿地形状可用形状指数来表征，即绿地周长与等面积的圆周长之比值。当比值为"1"时说明该绿地斑块为圆形，比值越大说明该绿地斑块周边越发达、形状越复杂；带形、条形、楔形绿地具有较大的绿地形状指数。相关研究表明，绿地的降温作用随着绿地形状指数的增加而增强。因此，绿楔、绿廊等形状的绿地在改善局部微气候方面比小型块状绿地具有更好的效果。

此外，绿地郁闭度也对微气候调节产生影响。郁闭度指乔木树冠遮蔽地面的程度。研究表明，郁闭度高的绿地斑块能有效减少太阳辐射，同时产生较大蒸发量，通常具有较好的降温效果，如乔木林、灌木林。

2.3.2 对环境净化的影响

城市绿地的碳汇能力取决于植物的光合作用。如不考虑植被组成和结构差异，绿地的面积越大则意味着有更多的绿量提供光合作用，碳汇能力就越强。同时，不同树种的碳汇能力不同。陈硕等对北方城市几种常见绿化树种的碳汇能力进行研究后发现，石榴、枣、苹果等经济树种单位叶面积的碳汇能力较国槐、白蜡、法桐等要强。

带状滨河绿地、带状湿地等绿地廊道过滤和截留水体污染物的效果与其宽度及植物种类有关。滨河绿地宽度在 15 m 以上时能控制河流浑浊度，在 30 m 以上能有效截留氮素。另外水生植物对水质污染物的吸附作用也存在差异。

在减少交通噪声污染方面，绿化带宽度、郁闭度与绿化带降噪效应呈正相关。有效减噪的绿化带最小宽度应为 16 m，乔木和灌木隔行混合种植形式的减噪效果要好于前灌木后乔木混合种植形式。

2.3.3 对生物多样性保护的影响

城市绿地的生物多样性保护功能与绿地斑块的面积及绿地廊道的宽度、联系度均有关系。一般而言，物种多样性随着斑块面积的增加而增加。大型斑块有利于生境敏感种的生存，能维持与自然环境更相似的生态体系；小斑块作为生物在城市景观中移动的"踏脚石"，可以增加绿地景观的连通度，有助于维持生物多样性。因此，在条件允许的情况下，应布局大型绿地斑块（如城市外围山林地带、城市片区间的生态隔离带），城市内部以综合公园等小型绿地斑块构建"踏脚石系统"，并以滨河绿地等廊道加强斑块间的联系。

就廊道宽度而言，俞孔坚等对生物保护廊道的宽度及功能进行了总结，指出绿地廊道宽度在 12 m 以下的不具备生物多样性保护功能；宽度在 12～600 m 基本能满足动植物迁移传播和生物多样性保护功能；宽度在 600～1200 m 能够创造物种丰富的景观结构。

2.3.4 对水源涵养的影响

目前关于绿地布局对水源涵养功能影响的研究比较缺乏。Gill 等通过大曼彻斯特模拟研究表明，居住区绿地覆盖增加 10% 可减少地表径流 4.9%，再增加 10% 类似绿地覆盖，可减少地表径流 5.7%，这表明绿地水源涵养功能与其面积有一定关系。伍海兵等调查发现，不同植被类型的绿地土壤入渗大小顺序为灌木＞竹林＞草地＞乔木＞裸地，说明绿地的植被类型对水源涵养功能也会造成影响。从技术角度出发，城市绿地的布局可结合植草沟、下沉式绿地、屋顶绿化、透水砖等技术手段，在有限的空间内增加绿地面积，增强绿地蓄滞雨水的能力。

3 昆明城市绿地景观对生态功能的影响

本文重点从城市规划区和中心城区两个尺度，分析昆明现状绿地景观的规模、结构、联系度等空间布局情况是否能有效发挥绿地的生态服务功能。

3.1 城市规划区现状绿地景观对生态功能的影响

昆明城市规划区绿地景观现状主要依据土地利用现状图进行判断。从生态功能的角度来看，能发挥微气候条件、净化环境、生物多样性保护和水源涵养功能的主要是林地、园地和湿地（沼泽）等土地利用类型，农田和草地不划为绿地景观。通过图纸判读可发现以下四点。

一是昆明城市规划区范围内，林地、园地等绿地景观主要分布在城市外围山头，坝区基本为城镇村庄等建设用地和农田，绿地景观破碎化较为明显，无法形成连续和完整的物种生境。

二是源于 20 世纪 60 年代的围湖造田使滇池水面缩小，湖滨湿地已多数被农田和建设用地取代，造成水生动植物生境减少，入湖污染物质不能被有效过滤，严重威胁到滇池生态环境的安全和健康。

三是流经昆明的河流上游的水源涵养区分布有农田、村庄等不利于水源涵养的土地景观，对河流径流量及水质都会造成负面影响。流经昆明的河流多数都流经城镇人口密集区，河流植被缓冲带被改造成建设用地，地表径流携带污染物入河，导致水质变差，最终影响滇池水质；

河流沿岸绿地由于景观性质的改变,生物多样性保护功能变差。

四是城市片区之间特别是主城和呈贡新区间无明显的生态隔离带,城市连片发展的趋势明显,阻断了外围山体和滇池水体间的物种联系通道,不利于生物多样性安全。

3.2 中心城区现状绿地景观对生态功能的影响

昆明中心城区包含昆明主城、呈贡新区和机场,总面积为 1 722 km²。中心城区现状绿地景观对生态功能存在以下影响。

在缓解城市热岛效应方面。昆明中心城区绿化覆盖率为 41.78%,对缓解城市热岛效应有一定作用。但从斑块分布来看,中心城区面积大于 3 hm² 的公园绿地斑块数量占全部公园绿地斑块数量的 36.4%,面积小于 3 hm² 的公园绿地斑块数量占 63.6%。面积在 3 hm² 以上的绿地斑块数量少,且多分布在主城建成区外围,不利于市中心和呈贡新区热岛效应的缓解。而现状林荫路(按照《国家生态园林城市分级考核标准》,林荫路指绿化覆盖率达到 90% 以上的人行道、自行车道)数量较少,同样不利于缓解城市热岛效应。

在环境净化效应方面。流经建成区的河流多数缺乏滨河绿地。盘龙江、船舫河、宝象河等河流现有的滨河绿地连续性差、宽度不足,不能有效过滤入河污染物;环滇池无连续性湿地缓冲带,无法有效过滤入湖污染物;多数城市主干道和跨越城区的铁路两侧无足够宽度的防护绿地,无法有效隔离噪声污染和大气污染。

在生物多样性保护方面。中心城区外围有郊野公园、森林公园等植被类型较为丰富的大型绿地斑块,是重要的物种生境。但这些斑块由于城市发展造成的阻隔,相互间的空间联系度较差;滇池周边的湿地生态系统破坏较为严重,水生物种的生物多样性受到威胁;中心城区建成区内部有动物园、翠湖、西华园等多个大型综合公园,可作为物种迁移的"踏脚石",但与外围山林、滇池水体间缺乏滨河绿地及林地生态廊道的连接,物种迁移和物质能量交换的通道受阻。

在水源涵养效应方面。作为城市饮用水源水库的松华坝周边分布有农田和村庄,对涵养水源造成一定的负面影响。

4 昆明城市绿地规划生态策略

本文基于对昆明城市绿地现状的梳理,在宏观、中观和微观三个层面提出城市绿地规划的生态策略。宏观层面构建城市规划区绿地空间整体结构,并按照绿地的位置及主要生态服务功能进行分区管控;中观层面对中心城区各类绿地的规模、布局、面积、宽度等提出要求;微观层面对重点绿地设施提出优化措施(表1)。

表 1 昆明城市绿地规划各尺度下的生态策略

尺度	空间范围	生态策略
宏观	城市规划区	空间结构＋分区管控
中观	中心城区	总量规模＋布局＋面积＋宽度
微观	重点绿地设施	局部分区＋树种选择＋植被结构

4.1 城市规划区形成稳定的绿地空间结构，加强分区管控

4.1.1 景观安全格局分析

在城市规划区的宏观尺度上，以景观生态学的理论为基础，采用 GIS 建立模型对昆明城市水安全格局、生物保护安全格局、水土保持安全格局、视觉安全格局等重要的景观过程进行分析，判别对这些过程的健康和安全具有关键意义的景观元素、空间位置和联系，从而形成综合景观安全格局（图 1）。

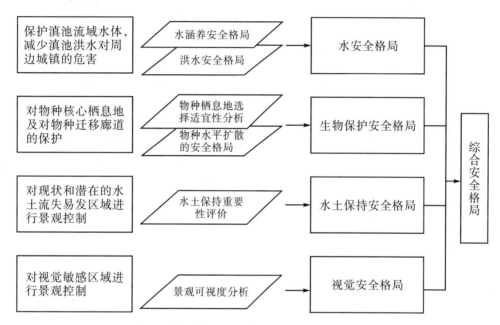

图 1 昆明城市规划区景观安全格局分析过程

昆明城市规划区综合景观安全格局在不同的发展模式下会形成低水平和高水平两种景观安全级别。在低安全水平下，滇池流域内坝区平地基本被用于城镇发展建设及农业生产，城市片区连片发展趋势明显；外围山林有多个城镇斑块，绿地景观破碎化，外围山体和滇池水体间缺乏生态廊道系统，绿地斑块空间联系度低。在高安全水平下，城镇组团式发展的趋势明显；外围山体内城镇建设量少，绿地较为完整和连续，外围山体和滇池水体间有多条生态廊道，绿地斑块空间联系度高。按照昆明"一湖四片"的组团式发展思路，本文建议选择高安全水平的景观安全格局作为判别城市规划区生态基础设施（绿地）的依据。

4.1.2 城市规划区绿地空间结构

在高安全水平的景观安全格局下，昆明城市规划区生态绿地形成"圈层＋廊道"的空间结构（图 2）。滇池圈层——滇池水体及周边湿地构成城市的生态核心，是重要的生物栖息地。山林圈层——山体、林地景观基质构成山林圈层，其外围具有物种栖息地和水源涵养等重要功能；临近城市建成区的区域是城市重要的自然景观界面。廊道系统——入滇河道及盆地内山体构成的廊道系统，形成联系山林圈层和滇池圈层间的通道及城市片区间的隔离带。

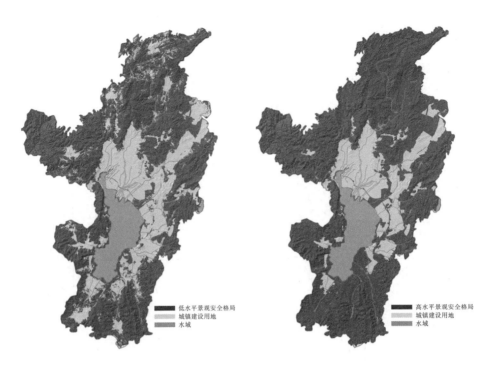

图2　不同安全水平下昆明城市规划区景观安全格局

4.1.3　城市规划区绿地分区及管控策略

根据生态绿地在城市景观安全格局中的位置和主要生态功能，昆明城市规划区生态绿地可划分为山林生态区、水源涵养区、生态隔离带、湿地保护区、景观协调区、河岸缓冲带六个分区，各分区生态绿地建设策略具有不同的侧重点。山林生态区应严格保护现有原生植被，加强天然林保护、退耕还林等工程建设，适度发展林业产业和生态旅游项目。水源涵养区应加强生态修复和环境保护，禁止改变林地用途，对一级保护区内的现状村庄实施搬迁。生态隔离带内应禁止规模化城乡建设，严格控制现有村庄规模，开展植树造林，结合生态绿地建设适度发展文化体验、生态旅游、农业观光等低强度旅游产业。湿地保护区应充分利用坑塘、湿地、农田、林地等大片绿化种植空间，构建连续的湿地带，加强湿地生态保育，为湿地生物提供理想的栖息地。景观协调区应对现状石漠化地区、水土流失严重地区、"五采区"等生态环境脆弱地区实施封山育林、荒山造林，恢复地表植被；风景名胜区、森林公园等设施应按照法律、法规加强管理。河岸缓冲带应保护现状植被，并选择耐水湿、抗性强的植物进行补植，充分利用垂直空间生态位资源，建立树种组成和结构较丰富的滨河植物群落，打造连续的滨河绿带。

4.2　中心城区绿地布局应满足总量规模、位置、面积及宽度的要求

在总量规模上，昆明中心城区绿地建设应将60％的绿化覆盖率作为规划目标，以有效控制城市热岛效应。各类绿地布局应充分考虑微气候、水源、环境、生物多样性等生态功能的布局需求。城市外围保留碧鸡山、长虫山等大型山林斑块，以涵养水源、保护物种；城市建成区内保留圆通山、翠湖等小型斑块，形成物种迁移的"踏脚石"；河道两侧、交通廊道两侧预留足够宽的绿地廊道以保护河流，并为物种提供迁移通道；滇池环湖形成连续湿地，提供生境并保护滇池水体。同时，各类绿地应满足面积、宽度的要求（表2）。

表 2　昆明中心城区绿地布局要求

绿地类型	位置	主要功能	布局要求
环湖湿地	滇池湖滨	入湖污染物过滤、生物多样性保护、碳汇	宽度不小于 30 m，形成连续湖滨湿地带
建成区内的公园、街头绿地、附属绿地等市区绿地斑块	残留的山体植被斑块（如圆通山、云南大学），物种移动高阻力地区（市中心、呈贡新区），河流景观节点	生物多样性保护、缓解热岛效应、碳汇	用地条件允许的情况下不小于 3 hm²，在市中心用地较为紧张的情况下，结合入滇河道布局带状公园绿地
滨河带状公园	中心城区入滇河流两侧	缓解热岛效应、过滤污染物、碳汇	最小宽度不低于 15 m
城市道路绿网	主要交通干道、城区铁路两侧、联系主要公园绿地的道路	缓解热岛效应、降尘杀菌、碳汇、降噪	交通防护绿地的宽度应大于 40 m，最小不低于 16 m，并且交通量大的区域防护绿地宽度应相应增加；提高林荫路比例
郊野公园、森林公园	外围山林	物种核心栖息地、水源涵养、碳汇	以水源涵养林、水土保持林等非城市建设用地为主，配建必要的游赏设施

4.3　中心城区优化

中心城区绿地设施以分区管理、科学选择树种、改善植被结构的方式进行优化。

4.3.1　滇池环湖湿地的分区管理

环湖湿地是滇池生态系统的重要组成部分，为确保湿地动植物生境得到有效保护，同时提供湿地游赏和科普的价值，应对环湖湿地进行分区管理。滇池一级保护区范围内的湿地应划定为湿地保育区，以科学手段恢复完整的湖滨生态群落结构，严格禁止公园设施、慢行车道及步道的修建；仅允许在不影响野生动物活动的条件下配置少量科考观测点，尽量减少人类活动对野生动植物的干扰。一级保护区以外的湿地可向公众开放，配建适量的栈道和观景点；交通便捷的位置可设立湿地公园，并配建相关设施。

4.3.2　科学选择植物种类

一方面，应加强本地物种的保护。中心城区绿地设施规划设计应遵循植物应用的地带性、科学性和乡土植物多样性，提高本地树种所占的比例。本地珍稀濒危植物如扇柄巢蕨、福建柏、云南梧桐等应根据实际情况，应用于城市绿地建设中。另一方面，根据生态防护功能选择适宜的植物种类。道路绿带、防护绿地、河岸缓冲带、环湖湿地等具有滞尘、降噪、水体净化功能的绿地，应依据功能要求选择适宜的植物种类。

因此，应针对昆明中心城区绿地建设开展相关研究，结合昆明气候特征，挖掘本地物种净化降噪等方面的功能，为绿地建设过程中科学选择树种提供参考依据。

4.3.3　改善绿地植被结构

昆明中心城区的绿地设施在规划设计时应利用乡土物种构建生物多样性高的复层群落结构，提高城市绿地生物的多样性，增加城市绿量。绿地设施的群落结构设计应考虑垂直和水平两个方向。

森林公园、郊野公园占地面积较大，主要依据地形变化在水平方向上合理配置乔木、灌丛和草丛，提高绿地设施生物多样性；湿地公园、带状滨河公园应根据距离水体的远近来合理配置水生植被。

城市综合性公园、街头绿地等绿地设施位于城市建成区内部，用地紧张，应着重在垂直方向上配置合理的乔木层、灌木层和草本植物层，以增加单位面积内植物群落多样性。

5 结语

为应对全球气候变化、自然灾害对城市的威胁，城市绿地建设不仅需要满足城市景观提升及公众休憩的需求，还应更多地考虑城市生态安全需求。目前相关文献对于绿地设施的宽度、面积、形态等单一要素对生态功能的影响虽有一定分析，但从多角度综合应用这些结论的规划研究较少。本文尝试从绿地生态功能视角出发，在不同尺度上对昆明现状绿地布局与功能要求间的差异进行分析，并提出绿地建设规划的生态策略，为相关规划和研究提供一种新的思路。

[参考文献]

[1] 杨小波，吴庆书，等. 城市生态学 [M]. 北京：科学出版社，2000.

[2] 邬建国. 景观生态学：格局、过程、尺度与等级（第二版）[M]. 北京：高等教育出版社，2001.

[3] 俞孔坚，李迪华，刘海龙. "反规划"途径 [M]. 北京：中国建筑工业出版社，2005.

[4] 陈辉，古琳，黎燕琼，等. 成都市城市森林格局与热岛效应的关系 [J]. 生态学报，2009，29（9）：4866-4874.

[5] 贾刘，强邱建. 基于遥感的城市绿地斑块热环境效应研究：以成都市为例 [J]. 中国园林，2009（12）：97-101.

[6] 王慧，郭晋平，张芸香，等. 公路绿化带降噪效应及其影响因素研究 [J]. 生态环境学报，2010，19（6）：1403-1408.

[7] 陈硕，王琪，任志刚，等. 城市绿地碳汇能力研究 [J]. 山东林业科技，2011（6）：21-23.

[8] 余红兵，杨知建，肖润林，等. 水生植物的氮磷吸收能力及收割管理研究 [J]. 草业学报，2013，22（1）：294-299.

[9] 孔繁花，尹海伟，刘金勇，等. 城市绿地降温效应研究进展与展望 [J]. 自然资源学报，2013，28（1）：171-180.

[10] 王玮璐，郭小平，汪明勇，等. 绿化带对交通噪音衰减效果的研究进展 [J]. 西北林学院学报，2013，28（1）：240-244.

[11] 伍海兵，方海兰，彭红玲，等. 不同配比改良材料对典型城市绿地土壤物理性质的影响 [J]. 土壤，2014，46（4）：703-709.

[12] 伍海兵，方海兰. 绿地土壤入渗及其对城市生态安全的重要性 [J]. 生态学杂志，2015，34（3）：894-900.

[13] 刘娇妹，田育红，张林波. 北京城市绿地面积与生态响应关系的研究 [A]. Conference on Environmental Pollution and Public Health，2010.

[14] 吴菲，张志国. 城市绿地形状与温湿效益之间关系的研究 [A]. 2011北京园林绿化与生物多样性保护，2011.

[作者简介]

向瑜，工程师，就职于昆明市规划设计研究院。

廖红菊，工程师，就职于昆明市规划设计研究院。

李迎彬，工程师，就职于昆明市规划设计研究院。

昆明城市住宅空间与价值分布的环境偏好

——基于安居客房网大数据的研究

□简海云，申俊霞，李迎彬

摘要： 自我国进入住房商品化时代以来，城市住宅价值在逐步升高的同时也开始成为城市用地空间经济价值的重要表征。城市不同地区的交通可达性、公共服务设施配套水平和自然环境质量等的差别投射到空间中，造成土地价值的差异，并进一步通过住宅价值展现出来。昆明市作为旅游城市，住宅价值空间分布规律具有自身鲜明的环境偏好特征。本文以昆明市房价大数据为基础，分析不同房价价值区段在昆明市主城区、呈贡新区和都市区范围内的空间分布特征和规律，以期验证昆明市居住空间与价值分布的 EOD（Environment-Oriented Development，EOD）模式的存在，为昆明市住房建设、城市更新、环境品质提升、服务设施配套等一系列规划建设活动提供决策依据。

关键词： EOD 模式；居住空间；大数据；昆明市

1 研究背景

房价作为城市土地价值的直观反映，其分布与变化规律受到土地使用空间分布与价值变化规律的显著影响。对城市土地使用的空间分布与价值变化的经济学研究，以西方地租理论为主要代表。威廉·配第的古典地租理论认为地价是由土地获得的地租资本化后所得出（即绝对地租），这一理论奠定了地租理论的基础；亚当·斯密在这一理论的基础上将对地租的研究由农业用地扩充到非农业用地上，推动了城市地租的研究发展；詹姆斯·安德森继亚当·斯密后创立了级差地租理论；马克思在其基础上将级差地租分为因土地肥力和位置不同而产生的级差地租Ⅰ和因投资的生产率不同而产生的级差地租Ⅱ。现代西方地租理论延续了古典地租理论的基本假设，并就 19 世纪后期世界范围内城市化进程中产生的城市土地问题进行了深入的研究。

对城市土地使用的空间分布与价值变化的地理学研究，则以空间区位理论为主要代表。空间区位理论的发展历经杜能农业区位论、韦伯工业区位论、廖什市场区位论到克里斯塔勒中心地理论的演变发展，对城市不同功能的空间区位选择做出了持续而深入的研究。空间区位理论认为，人类的经济社会活动始终倾向于选择总成本最小的地区进行布局，空间的自然地理区位、经济地理区位和交通地理区位在空间地域上有机结合，构成了空间的区位特征，成为引导社会经济活动空间选择的重要因子。

美国经济学家威廉·阿隆索在其著作《区位与土地利用：关于地租的一般理论》中建立的

竞租模型是新古典城市区位理论与地租理论的里程碑。阿隆索将空间关系和距离因素引入经济学领域中，首次引进了"区位平衡"（location equilibrium）这一概念，成功解决了城市地租计算的理论方法问题。阿隆索的地租模型认为，城市的各种活动在使用土地方面是彼此竞争的，决定各种经济活动区位的因素是其所能支付的地租，通过土地供给中的竞价决定各自的最适区位。在城市中，商业具有最高的竞争能力，可以支付最高的地租，因此商业用地一般靠近市中心；其次是工业；然后是住宅区；最后是农业。这样就得到了城市区位分布的同心圆模式（图1）。

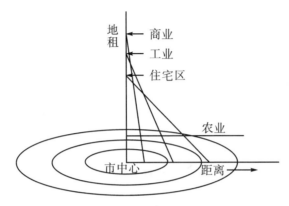

图1　阿隆索地租模型地价曲线示意图

阿隆索的地租模型明确了城市地价以市中心为峰值向边缘区递减的变化趋势。随着现代城市的多元化发展，城市功能已从单一的生产、交易功能为主扩展到具有生活、消费、文化、交流等复合功能。多重功能的诉求与复合要素的规模聚集使得城市呈现多中心的发展趋势。不同资源禀赋特征与发展路径的城市，其公共产品的投入和生态环境、文化传承等稀缺资源的分布都有可能吸引城市资本开发在城市特定区域（而非仅仅是传统几何空间意义上的城市中心区）聚集，从而形成价值区段意义上的"中心"——城市地价的峰值区域，进一步影响城市住宅的空间分布与价值分布。

2 城镇住宅的空间分布与价值分布的关系分析

毫无疑问，城市空间价值的提升很大程度上依赖于资本的空间生产（Henri Lefebvre，1974；David Harvey，1973）与政府公共产品的持续投入。随着城镇化模式的日臻成熟，国内也出现了 TOD（Transit-Oriented Development）、SOD（Service-Oriented Development）、EOD（Environment-Oriented Development）等多种现代城市发展模式。在不同发展模式的引导下，城市住宅的空间与价值分布也呈现出不同的规律特征。

2.1 TOD模式下的住宅空间与价值分布

TOD（Peter Calthorpe，1993）模式即公共交通导向型开发模式，指以城市公共交通站点为核心，10分钟步行路程作为社区的有效影响边界，形成以公共交通站点为中心的环形放射状路网；以公交站点为中心依次向外布局商业用地、绿化与开敞空间及住宅用地，形成一个用地紧凑、开发强度高、以步行交通为主的社区空间（图2）。

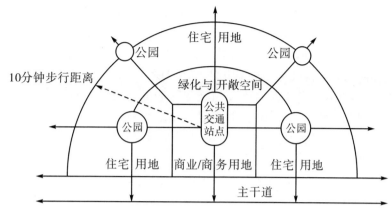

图 2　TOD 模式开发示意图

在 TOD 模式的引导下，城市公共交通站点成为一个地区内的开发中心，多条公共交通路线交会的地区也更容易成为城市中心，引导大量城市商业空间、公共空间和住宅空间聚集，并形成城市地价分布的峰值区段。

2.2　SOD 模式下的住宅空间与价值分布

SOD 模式即公共服务导向型开发模式，是城市政府利用行政权垄断的优势，通过城市规划和政府信用等公共政策、金融工具吸引社会资本合作，将行政中心或其他城市功能向新区进行空间迁移，从而使新开发地区的市政设施和社会设施同步形成，最终形成城市外溢式发展新的增长极，获得空间要素功能调整和所需建设资金。

SOD 模式引导下的城市公共服务设施聚集的地区自然形成城市中心和土地高价值区段，若在外围布局住宅用地，住宅用地的价值也将随着与公共服务设施中心距离的增加而逐渐衰减（图 3）。

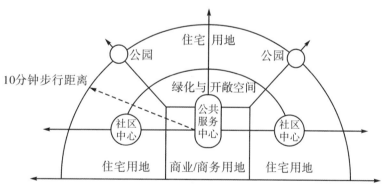

图 3　SOD 模式开发示意图

2.3　EOD 模式下的住宅空间与价值分布

"德者择善而居"，和谐的人居环境是人们对居住环境品质的共同追求。在国内城镇化逐步进入中后期，发展模式由增量为主转入存量为主的新时期，比起生态环境与文化资源的稀缺性，城市资本与技术的稀缺性逐渐降低。类似 TOD 模式和 SOD 模式等通过资本和公共产品的提供，改善人工设施环境，从而提升城市空间价值的传统路径在越来越普遍的同时也越来越容易被低成本模仿复制，导致许多城市建成区环境的趋同，形成"红海竞争"。相比而言，城市的生态环境与文化资源不仅高度稀缺而且具有空间的不可替代性，其潜在价值在新时期的城市建设中不断凸显，成为新一轮城市竞争所青睐的空间，因而也催生了EOD。

EOD即环境导向型开发模式，是指城市以生态环境优越、景观环境优美的地区形成城市土地的高价值区段和开发热点，前提是对生态与文化资源的有效保护与合理开发，避免对环境先破坏再修复的传统发展路径依赖，以和谐的人居环境赢得发展先机与空间红利。国内许多经济欠发达而生态环境良好、文化旅游资源丰富的城市恰恰具备这样的后发优势与潜力。

EOD模式与TOD模式、SOD模式不同的是，其更多地依赖于城市自然山水与历史文脉条件，对昆明、丽江、大理等旅游城市来说，EOD模式的趋势更为明显，即城市生态环境区位与物业价值存在较明显的相关性。本文以昆明市为例，探讨EOD模式引导下城镇居住空间与价值的分布规律。

3 关于昆明市的实证研究

昆明市地处中国西南地区的云贵高原，是首批国家历史文化名城、著名旅游城市，旅游资源丰富，低纬度高海拔的特殊地理特征使昆明气候宜人，享有"花开不断四时春"的"春城"美誉。昆明市三面环山，南濒滇池，湖光山色吸引了大批的国内外游客前来旅游、观光。

3.1 研究方法

本文基于大数据的视角，通过Python编程对网络房价数据进行抓取，得到Excel格式的地产名称、房价和地理坐标数据，然后导入ARCGIS中与城市的总体规划、控制性详细规划的用地与设施空间布局关系进行叠加，采用相关性定量分析等方法得到分析结论，以解释和探讨EOD模式对昆明市城镇居住空间与价值分布的引导作用。

3.2 研究数据

研究数据主要抓取安居客网站2017年9月14日昆明都市区范围（中心城区盘龙、五华、官渡、西山、呈贡5个区及安宁、嵩明、宜良、富民4个县市）的3433条地产房价与地理坐标数据作为居住空间分布与价值分布的基础数据，结合昆明城市近期建设规划现状城市建设用地数据、昆明城市控制性详细规划现状城市建设用地数据进行空间叠加分析。

3.3 研究发现

本文将昆明市整体房价数据进行价值区段划分作为后续研究基础，高于15000元/m²为高价值区段，7000~15000元/m²为中价值区段，低于7000元/m²为低价值区段。从整体比例上看，昆明市高、中、低3种价值区段房屋数量比约为9.41∶78.84∶11.75，中价值区段占比接近80%，整体价值区段分布呈纺锤形规律明显（图4）。

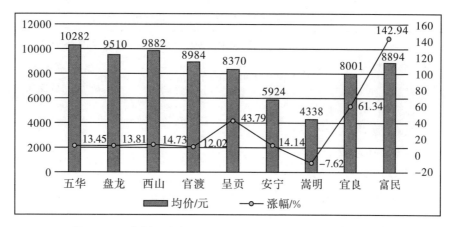

图4 2017年昆明市各县（市、区）住房均价及涨幅统计情况

与成都、重庆、贵阳等城市房价水平相比，昆明市房价在西南地区直辖市及省会城市中处于第二位，仅次于成都；从房价增速来看，昆明市过去一年中房价增速为12.2%，低于成都28.77%和重庆13.03%的房价增速，略高于贵阳12.07%的增速水平（图5）。

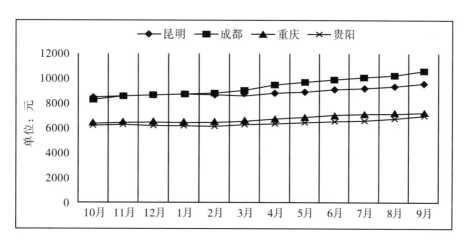

图5 2016年10月至2017年9月西南四市住房均价增长对比情况

3.3.1 EOD视角下的中心城区住宅价值分布规律

通过将昆明市中心城区房价数据导入GIS系统对昆明市房价空间分布规律进行初步判别，可以看出，昆明市房价高价值区段主要分布在滇池滨水地区、翠湖周边、世博园—金殿周边、东白沙河度假区、瀑布公园片区、西山风景区和大渔度假区等片区。房价高价值区段的分布与昆明市"龟蛇相交"的传统地理风貌和大小"三山一水"的空间格局高度契合，以长虫山一脉延伸至滇池的轴线上，聚集了昆明市大量高价值区段的住宅分布，成为昆明市房价断面中平均价格最高的区域。

为了更加明确地分析昆明市住宅价值分布的EOD趋势，本文首先提取昆明市高环境质量的空间为住宅价值中心，通过SPSS相关性分析测算住宅价值和与中心距离之间的关联度，结果更加直接地显示出昆明市住宅价值与高环境质量空间之间的相关性（表1）。

表 1　昆明市高环境质量住宅价值中心住宅价值相关性统计表

序号	名称	特征	与中心不同距离地区的住宅均价/元				相关性分析		相关性分析结论
			500 m	1000 m	2000 m	5000 m	相关系数 R^2	显著性检验结果	
1	滇池	高原明珠，国家级旅游度假区	20914	16475	13046	11253	−0.984	0.008	显著负相关
2	翠湖	昆明市中心重要观光点	15800	13727	11925	10177	−0.999	0.000	显著负相关
3	世博园	国家 AAAAA 级景区	19895	14702	12136	10319	−0.970	0.015	显著负相关
4	金殿	国家 AAAAA 级景区	21158	16481	16011	10484	−0.96	0.020	显著负相关
5	东白沙河	昆明东部新兴山水园林片区	12288	10824	10810	9433	−0.952	0.025	显著负相关
6	嘉丽泽星耀水乡	珍稀高原泥炭湿地，休闲度假区	11522	11522	11522	11522	—	—	
7	安宁温泉	有"天下第一汤"之称的著名休闲度假区	8026	8026	8026	6340	—	—	
8	阳宗海	省级风景名胜区	11117	10043	10043	10043	—	—	

从表 1 可以看出，排除嘉丽泽星耀水乡、安宁温泉和阳宗海三地周边住宅分布较少、住宅价格均值维持不变的情况外，其他多个片区均出现了明显的以高环境质量空间为核心，住宅价值随着空间距离的增加而衰减的规律。可以说，以高环境质量空间为中心，昆明市住宅价值的空间分布呈现出较为明显的 EOD 趋势。

3.3.2　主城高、低价值区段空间分布规律

为更准确地对昆明市中心城区房价空间分布规律进行分析，本文选取野生动物园—金殿（世博园）—滇池和长虫山—滇池两个南北向剖面、眠山—金马山这一东西向剖面对昆明市住宅价值分布进行剖面规律的梳理。

从以上三个住宅价值分布剖面的分析可以看出，昆明主城住宅高价值区段处在一环路以内及滇池北岸滨水地区和北市区世博片区周围，总体呈现南北向依山靠水组团分布和南北长、东西短的特征，与昆明"龟蛇相交"的传统风水格局呈现一致性；一环、二环之间建筑质量总体老旧及公共设施与公共空间缺乏导致其价值区段不高，土地区位价值未得到合理体现；主城低价值区段多分布在茨坝、凉亭等传统第二产业片区周边。

从主城高、低价值区段的空间分布规律可以看出，昆明市主城范围内住宅价值分布呈现明显的 EOD 导向特征。

3.3.3　都市区价值区段分析

在昆明都市区范围内采用同样的方式对东西向、南北向住宅价值剖面进行分析（图 6），可以看出，除昆明主城外，昆明都市区内高价值住宅主要分布在安宁温泉度假区、太平新城、阳宗海度假区、嘉丽泽星耀水乡等地区；低价值区段则集中于安宁禄裱、大桃花物流园、经开区

等工业、物流片区。都市区层面住宅高价值区段东西向长于南北向，且东西向外围城镇住宅价值区间总体高于南北向外围住宅价值区间，这与昆明都市区内主要风景旅游资源东西向分布为主的规律一致。从都市区住宅价值剖面分析同样可以看出，昆明都市区住宅价值的空间分布在高环境质量地区明显聚集，呈现出显著的 EOD 特征。由此可得出结论，都市区外围城镇东西发展轴的城镇住宅经济价值总体要高于南北发展轴的城镇住宅。

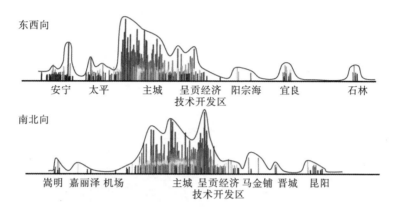

图 6　昆明都市区东西向、南北向住宅价值剖面图

3.3.4　呈贡价值区段分析

呈贡新区作为昆明市近年来主要发展建设的城市新区，与主城之间有生态隔离带隔离。呈贡新区的发展建设以昆明市级行政中心和大学城的外迁及其周边相关教育、医疗设施的配套作为主要驱动力。通过对呈贡新区住宅价值的空间分布分析可以看出，高价值区段的住宅呈现明显的向市级行政中心和大学城聚集的趋势，与国内新区建设中普遍的 SOD 模式特征相契合。

同时，呈贡新区另一个住宅价值波峰则出现在滇池度假区大渔片区。这一波峰的出现，体现了 EOD 模式在呈贡新区同样具有一定的影响力。而地铁一号线、四号线站点周边则未出现TOD 模式引导下住宅价值的分布特征，可以看出地铁一号线和四号线对呈贡新区住宅价值的影响尚未凸显（图 7）。

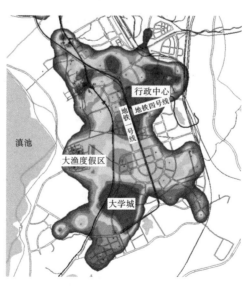

图 7　昆明呈贡新区住宅价值空间分布分析图

3.3.5　物业形式对住宅价值的影响分析

考虑到不同住宅物业形式中，别墅与普通住宅基础价格差异较大，别墅区的分布可能会对住宅价值的规律判断产生干扰和影响，故在上述分析的基础上，本文采用同样的分析模式，剔除别墅区的相关数据，对昆明普通住宅的价值分布进行了再次分析。

剔除别墅相关价格数据后可以看出，第一，昆明住房价值峰值明显降低，高价值区段住房明显减少，这也印证了别墅自身价值基数高于普通住宅的一般规律；第二，高价值区段别墅住宅集中分布于昆明市内主要的高环境品质区域；第三，普通住宅在昆明的价值分布也同样呈现明显的 EOD 趋势（图 8、图 9）。

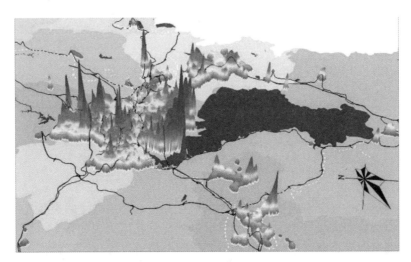

图 8　昆明市住宅价值分布鸟瞰图（含别墅）

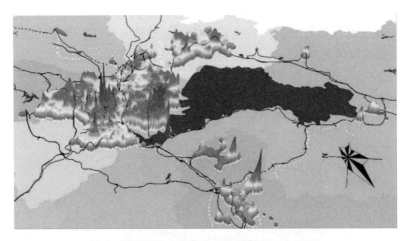

图 9　昆明市住宅价值分布鸟瞰图（不含别墅）

因此，在排除不同物业形式对住宅价值分布规律的干扰后仍然可以看出，环境品质是昆明市影响住宅价值的最主要因子，昆明住宅价值分布呈现显著的 EOD 导向特征。

4　结语

通过对昆明主城、呈贡新区和昆明都市区等不同层面的住宅价值分布规律的分析可以看出，与一般城市中常见的 TOD、SOD 导向的住宅价值分布规律不同，昆明高价值区段的住宅分布明显契合了昆明"三山一水"的自然格局，整体住宅价值的空间分布呈现出明显的 EOD 导向特征，这与昆明高原湖滨城市的特征是吻合的，也反映了昆明人自古以来对自然生态环境的亲近与热爱。

住宅价值的高低分布在一定程度上反映了城市居民的居住价值取向，也揭示了昆明居住空间价值分布的内在规律。但稀缺的优质生态环境资源不能被城市建设无节制地透支滥用，在当前昆明生态修复、城市修补等一系列城乡空间治理的实践中，应当坚守"绿水青山就是金山银山"的理念，恢复、连通、扩充城市内外的生态基面、生态廊道与公共绿地斑块，通过绿脉水网的连接，营造城市建成环境与自然生态环境更具亲和力的交互界面，使更多居民能够"开门见绿，出门享绿"。将保护城市山水格局与生态环境、传承地域文化价值、提升城市空间环境品质均好性作为重点，进一步提升昆明整体人居环境水平，充分彰显昆明高原湖滨旅游城市的特色与魅力。

同时，还应进一步完善《滇池保护条例》等地方立法和运用多规合一空间规划"一张图"等公共政策工具，强化纵向到底、横向到边的城乡空间管治，协调好生产、生活、生态空间，守住生态环境底线，防止城市建设透支生态环境资源，避免环境高价值区段的空间为少数高收入群体所独占。通过规划、政策的引导，在优质生态环境地区保证城市公共空间与市民大众共享，真正使城市望得见山、看得见水、记得住乡愁，也真正使本地居民与外地游客进一步增强获得感、认同感和幸福感，为春城昆明的和谐、宜居、宜游奠定坚实基础。

[参考文献]
[1] 王青. 以大型公共设施为导向的城市新区开发模式探讨 [J]. 现代城市研究，2008 (11)：47-53.
[2] 张伟，张宏业，张义丰，等. 对土地竞租曲线形态及其变化的再认识 [J]. 地理科学进展，2009，28 (6)：905-911.
[3] 王成芳. TOD 策略在中国城市的引介历程 [J]. 华中建筑，2012 (5)：9-12.
[4] 胡畔，张建召. 基本公共服务设施研究进展与理论框架初构：基于主体视角与复杂科学范式的递进审视 [J]. 城市规划，2012 (12)：84-90.
[5] 刘鹏，马丽丽，朱黎明，等. E-TOD 理念下的都市边缘区轨道交通站点周边开发策略 [J]. 规划师，2017 (7)：142-148.

[作者简介]
简海云，正高级工程师，就职于昆明市规划设计研究院。
申俊霞，工程师，就职于昆明市规划设计研究院。
李迎彬，工程师，就职于昆明市规划设计研究院。

面向空间管理的昆明城市增长边界研究

——以昆明市城市增长边界划定为例

□和艳，向瑜，熊帼，李迎彬

摘要：当前城市的转型发展和创新发展为进一步梳理空间规划体系、创新空间管理模式提供了机遇，而城市增长边界是协调多部门进行空间管理的重要突破口。广义的城市增长边界包括城市增长边界和生态底线边界，并以此明确生产空间、生活空间和生态空间。本文以昆明市为例，通过梳理法定生态保护区、分析生态安全格局，确定生态底线边界；通过分析城市空间发展战略、发展规模趋势、空间支撑条件，确定城市增长边界，探寻促进城镇可持续发展的空间管理有效方法。

关键词：空间管理；城市增长边界；生态底线边界

1 引言

随着中国经济发展进入新常态，城市发展也正在从追求规模、速度的粗放型发展向追求品质、效率的集约型发展转变，探索和创新城市发展新思路、新动力已经成为当前城市发展的关键问题，这个变化为城市空间管理模式的创新和转变提供了机遇。长期以来，国内主要的空间管理方式包括以下几种：发改部门通过主体功能区规划确定重点发展区、生态保护区；国土部门在土地利用总体规划中明确允许建设区、有条件建设区、限制建设区和禁止建设区，并重点对农田保护区域和建设用地规模进行管理；规划部门则侧重城市规划区内对具体建设用地类型和布局的安排；此外，环保、水务、林业等部门对水源保护区、水体保护空间、林地保护空间进行规划和管理。然而，由于各部门之间缺乏有效的沟通机制，造成规划和管理过程中出现不一致的情况。在过去投资拉动型经济增长和依托土地财政的城市发展情况下，多部门管理的情况不利于空间的有效管理，项目建设不断挑战各类空间规划，造成规划不断调整，生态底线不断失守，不利于城市的可持续发展。目前国内已经开始进行多规合一的实践工作，很多城市都在对多规合一的方法、成果进行探索。本文通过对昆明城市增长边界的研究，发现通过城市增长边界优先划定生产空间、生活空间、生态空间，是对落实多规合一、实现多部门协同空间管理的有效突破口。

2 城市增长边界应用于空间管理的策略

城市增长边界（Urban Growth Boundary，UGB）源于西方国家以控制城市无序蔓延、明确城乡空间为目的而提出的一种空间规划管理措施。1973年，美国俄勒冈州最先提出"城市增长边界"概念，将其应用于区域土地管理并一直执行至今。目前国内没有对城市增长边界的明确定义和法定地位，且未在空间管理中单独进行使用此概念，而现有的三区（禁止建设区、限制建设区、适宜建设区）、四线（绿线、紫线、蓝线、黄线）、城市生态隔离带、非建设用地等相关规划管理概念与"城市增长边界"的概念比较相似。关于城市增长边界的相关学术研究已经有很多年，相关研究包括对国外经验的借鉴、对国内城市增长边界规划体系的探索、对城市增长边界动力机制的研究及利用GIS技术对城市增长边界进行空间模拟分析的研究等。将城市增长边界作为空间管理工具，应用于空间规划和管理过程中，应重点考虑以下四点。

2.1 划定生产、生活、生态空间

面对空间管理的需求，城市增长边界应界定为广义的概念，既包括城市生活、生产所需建设用地的城市增长边界，又包括应该严格坚守的生态底线边界。通过正向和反向控制、弹性和刚性控制两手抓，体现城市发展过程中建设空间边界的动态性和可持续发展过程中生态底线边界的稳定性。城市增长边界划定城镇建设用地及产业园区建设用地的范围，生态底线边界划定各类重点保护的生态功能区。空间划定过程中应综合协调各类空间规划，形成统一的边界供各部门共同执行（图1）。

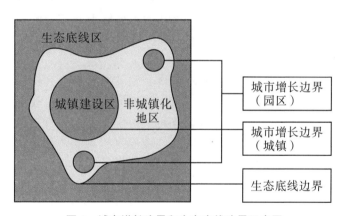

图1　城市增长边界和生态底线边界示意图

2.2 明确三区管理内容

两条城市增长边界之间将形成城镇、乡村、生态三个区域。城市增长边界以内为集中城镇建设的用地空间，应按照城市规划的要求进行建设，规划部门应积极发挥管理的主导作用；生态底线边界以内为生态保护的空间，应按照相关法律、法规的要求严格执行保护，林业、水务、环保等部门应对管辖的区域进行严格管理，必需的建设应获取相关部门的审批。城市增长边界与生态底线边界之间是非城镇化地区，以乡村的形态存在，包括大量的农田、林地、水域和村庄，同时也包括区域性设施、采矿用地和特殊用地等少量建设用地，国土部门在该区域的规划和管理中应发挥主导作用。

2.3 确定城市增长边界的管理机制

城市增长边界是空间管理的有效政策工具，城市增长边界划定过程需要政府牵头、多部门协调、公众共同参与,上级政府应建立起协调管理机制,落实责任主体,统一划定城市增长边界,将生态底线边界作为刚性边界要求各部门严格执行,对于弹性城市增长边界则进行定期更新和调整。城市增长边界经上级政府划定和公布后由下级政府负责执行。城市增长边界应该作为各部门用地审批、项目建设的依据进行严格遵守,并做好监督工作。

2.4 建立数据管理平台

优先搭建面向政府空间管理的统一数据平台、统一地理坐标、统一数据格式,建立用地空间信息基础数据库。城市增长边界作为各部门数据库中共同的基础数据之一,是各部门必须执行的空间管理要求。城市增长边界数据有调整时应做到统一及时更新。各部门根据专业管理需要纳入其余空间管理信息数据,需要时其余数据可在各部门之间进行无缝对接和共享。

3 城市增长边界划定方法

增长边界策略和底线策略是空间管理的应对策略,也是促进土地集约利用、生态空间保护的有效措施,划定城市增长边界和生态底线边界是实现城市增长边界管理的第一步。研究认为,城市增长边界应针对城镇建设较为集中、规划管理权限明晰的城市规划区进行规划,而市域的其余县区和城镇也应对各自的城市规划区划定城市增长边界。

生态底线边界的划定包括对法定生态保护区梳理和生态安全格局分析两个部分。一是将有关法律、法规明确的法定生态保护区进行明确,作为不可调整的生态底线区;二是通过生态安全格局分析,将生态重要性高的区域划入生态底线区,对法定生态保护区域的补充形成系统性的生态保护格局。

城市增长边界划定包括城市空间发展战略分析、发展规模趋势分析、空间支撑条件分析三个部分(图2)。城镇空间发展战略分析结合城市空间发展历程、相关政策要求,通过情景模拟和发展潜力分析,对未来城市空间发展方向、空间结构模式进行分析,指导用地增长模式和方向。发展规模趋势分析是对未来城市阶段性的用地规模进行预测,预测内容与人口、就业、产业分布相关,国内通常采用人口预测和人均用地指标进行预测。空间支撑条件分析是对用地拓展条件的分析,包括从正向的适宜性和逆向的拓展阻力进行分析,确定最终的增加用地范围。

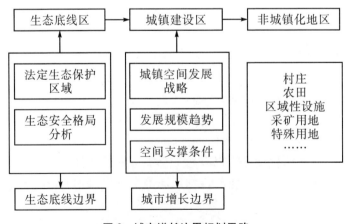

图 2 城市增长边界规划思路

4　生态底线边界划定生态空间

4.1　法定生态保护区

为确保生态底线边界在范围确定和管理控制方面具有较强的可操作性，本文以昆明地区各类法规及法定规划确定的生态保护区作为生态底线划定基础。通过梳理，本文确定昆明地区以下法定生态保护区作为生态底线Ⅰ类区，是必须严格执行保护，禁止与环境保护无关建设的区域，主要包括Ⅰ级、Ⅱ级保护林地，滇池国家风景名胜区一级保护区，滇池一级保护区、滇池二级保护区禁止建设区，城镇饮用水源水库一级保护区和25°以上陡坡地。

4.2　生态安全格局分析

昆明地区法定生态保护区分布较为零碎，未形成较连续的生态保护空间，同时缺乏外围山体和水体间的有效联系，不利于生态防护功能的发挥，需通过GIS构建生态安全格局分析，以形成系统性较强的生态保护空间。

昆明生态系统现状分析表明生物生境保护、水体保护和水土保持是昆明生态控制的重点。因此，本文对生物保护安全格局、水体保护安全格局和水土保持安全格局三个生态安全格局进行分析，由此形成昆明综合生态安全格局，结合城市规划区"圈层＋廊道"的保护性空间结构，对昆明生态保护空间进行补充和完善。法定生态保护区以外的生态保护空间作为生态底线Ⅱ类区，是以生态保护为主，允许开展村庄建设、旅游活动的区域。其主要包括底线Ⅰ类区以外的水源涵养林、水土保持林、环境保护林、水土流失易发区、石漠化地区、出入滇河流沿岸的植被缓冲带等生态敏感区及部分城市生态隔离带。

5　城市增长边界划定生产、生活空间

5.1　昆明市城镇空间发展战略分析

从历年城市用地扩张的情况上看，近几年昆明市城镇建设发展十分迅速，从2010年到2013年，昆明市建成区面积从180平方公里扩展至409平方公里，增长了127%。其用地空间变化主要特点：主城区向四周蔓延至山体、水体边缘，城市空间进一步向东南的呈贡新区组团、东北的空港新区组团蔓延，新建园区数量迅速增加，总体上建设用地粗放扩张，未与人口聚集、产业发展及基础设施支撑相适应，土地经济效益较差，城市发展不可持续。因此，本文从用地拓展情景模拟和增长潜力两个方面分析昆明市城镇空间发展战略，对昆明市城镇发展方向提出建议。

5.1.1　从粗放式增长到集约型增长

基于昆明市地处具有敏感的生态环境和有限的资源环境承载力特点的滇池流域，本文对昆明市未来用地扩张进行三种方式的情景模拟：情景一，"边界增长＋自发增长"模式；情景二，"边界增长＋廊道式扩张"模式；情景三，"新中心增长＋边界增长"模式。

情景一，以项目建设为主导的城市空间拓展，用地规模大、分布分散，对生态干扰较大，导致土地资源浪费，不利于基础设施建设；情景二，城市用地沿边界向外扩张的同时沿主要交通走廊方向形成重点扩张方向，形成环滇池连片建设发展，造成部分生态廊道被打断，城市周边资源景观降低，用地低效；情景三，通过政策导向将用地集中在新中心区域，同时通过绿化开敞空间维持城市组团形态，能够在保护周边自然环境的同时促进城市组团内部土地集约利用。因此，在划定城市增长边界的过程中昆明市应采用情景三的模式，在维持主城区的适度增长的

同时，用地增长应集中在城市重点建设区域，同时注重组团空间形态的维持，杜绝用地的遍地开花（图3）。

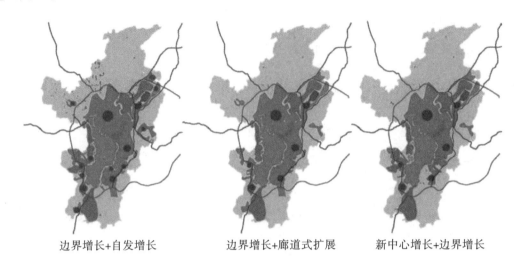

边界增长+自发增长　　　　　边界增长+廊道式扩展　　　　　新中心增长+边界增长

图3　城市空间拓展模式情景模拟

5.1.2　城镇、园区节点的增长潜力分析

除城市主要集中区外，规划区内还分布了大量的镇和产业园区。通过对各个节点发展的SWOT条件分析，确定未来发展的潜力，结合相关规划，将其分类为限制发展型、一般发展型和重点发展型，以此支撑各个节点增长边界的划定。昆明市的建设用地增长除了主城区有所拓展，重点建设空间应集中在呈贡区、空港新区，其余城镇节点根据综合潜力评价重点安排团结、西翥、双龙三个片区，以及高新区马金铺片区、经济技术开发区、官渡产业园区和呈贡信息产业园区四个园区，远期对晋城南城和昆阳、海口西城予以一定预留。

5.2　发展规模趋势分析

昆明市流动人口在城市总人口中的比重较大，除常住人口的自然增长外，外来人口带来的机械增长将极大地促进昆明市城镇人口的增加。云南省人口基数大，城镇化水平低于全国平均水平，人口自然增长率高于全国平均水平，云南省剩余劳动力迁移将持续推进昆明市人口的增长。随着城镇化水平的不断提高，未来昆明市的城镇人口将不断增加。根据2030年预测城镇人口规模，按照100 m²/人的城市用地标准，即可推算2030年相应的城镇建设用地规模。此外，其余的工业园区应按照已经审批的规划，确定分阶段的用地规模和范围。

5.3　空间支撑条件分析

空间支撑条件分析包括正向的用地适宜性分析和逆向的空间拓展阻力分析。用地适宜性分析综合考虑对土地利用性质、地形条件、地质灾害风险三个因子进行分析，空间拓展阻力分析考虑对滇池保护要求、生态保护要求、距城镇中心的距离、交通可达性四个因子进行分析，通过两个分析综合评价用地拓展的优先等级。

5.4　城市增长边界划定

按照新中心增长和边界适度增长相结合的用地增长模式，基于空间支撑条件分析中获得的用地优先等级,在节点增长潜力最大的地区按照近期、远期分别安排新增建设用地空间,用地总量规模保持与预测的发展规模相一致,由此划出到 2030 年昆明城镇建设用地的范围和城市增长边界。

结合生态底线研究划定的生态底线Ⅰ、Ⅱ类区,以及城市增长研究划定的 2030 年城市增长边界,形成完整的城市增长边界范围图,将城市规划区内的生态空间和生产、生活空间进行划分。其中,生态底线Ⅰ类区是严禁生态保护无关建设的区域,生态底线Ⅱ类区是以生态保护功能为主的区域,环保、林业、水务等部门应对职责内各类型的保护区域进行管理;城市增长边界内区域是 2030 年内城镇、园区建设规模和空间的控制,未来的城镇建设应在城市增长边界内按照城镇、园区规划集中开展,分期有序推进;生态底线边界和城市增长边界之间的区域作为乡村地区,是开展村庄建设、农业生产、区域性基础设施建设的区域,应严格按照土地利用总体规划进行用地管理。

6 结语

生态底线边界和城市增长边界是划分为城镇、乡村、生态三个空间的重要边界,是多个部门在安排城乡建设、生态保护时的重要依据,能够作为协调多部门空间管理的重要抓手和实现多规合一的先行突破口。生态底线边界通过法定禁止建设区梳理和生态安全格局分析两个方面进行划定,作为以生态功能为主的保护区。城市增长边界通过城市空间发展战略分析、发展规模趋势分析、空间支撑条件分析进行划定,以此作为阶段性的城镇、园区建设用地空间。利用刚性的生态底线边界、弹性的城市增长边界,搭建统一的空间管理标准,是促进城市增长边界内建设用地集约、高效利用,生态底线边界内生态保护,乡村地区有序发展的重要途径。

[参考文献]

[1] 郭鹏,薛惠锋,赵宁,等. 基于复杂适应系统理论与 CA 模型的城市增长仿真 [J]. 地理与地理信息科学,2004,20(6):69-72,80.

[2] 吴冬青,冯长春,等. 美国城市增长管理的方法与启示 [J]. 城市问题,2007(5):86-91.

[3] 龙瀛,韩昊英,等. 利用约束性 CA 制定城市增长边界 [J]. 地理学报,2009(8):999-1008.

[4] 段德罡,芦守义,田涛. 城市空间增长边界(UGB)体系构建初探 [J]. 规划师,2009,25(8):11-25.

[5] 聂婷,肖荣波,王国恩,等. 基于 Logistic 回归的 CA 模型改进方法:以广州市为例 [J]. 地理研究,2010,29(10):1909-1910.

[6] 张润朋,周春山. 美国城市增长边界研究进展与述评 [J]. 规划师,2010(11):89-96.

[7] 李咏华. 生态视角下的城市增长边界划定方法:以杭州市为例 [J]. 城市规划,2011,35(12):83-90.

[8] 张学勇,沈体艳,周小虎. 城市空间增长边界形成机制研究 [J]. 规划师,2012,28(3):28-34.

[作者简介]

和艳,就职于昆明市规划设计研究院。

向瑜,就职于昆明市规划设计研究院。

熊帼,就职于昆明市规划设计研究院。

李迎彬,就职于昆明市规划设计研究院。

基于层次分析法与 GIS 的城市地下空间开发适宜性评价

——以昆明市为例

□解智强，彭俊婷，侯至群，李迎彬，陈云波

摘要：随着城市的高速发展、人口的急剧增长、生态环境的日趋恶化，城市发展自始至终面临着如何拓展城市空间容量的问题。向地下要空间已成为解决这一问题的主要手段，亦是增强城市功能、改善城市环境的重要措施。同时，地下空间作为城市发展过程中的一项重要资源，不仅是城市功能开发的重要空间载体，同时也是交通、市政、综合防灾的重要空间。本文利用层次分析法、GIS 技术，对昆明市主城区及周边重要区域地下空间的开发适宜性作出评价，为昆明市中心城区的地下空间科学规划与开发建设提供支持。

关键词：层次分析法；GIS；地下空间；开发适宜性；昆明市

1 引言

随着城市的高速发展、人口的迅速增多、人类居住环境的日趋恶化，城市的进一步发展面临着巨大的空间压力，全世界都在需求更多的城市空间。当今全世界人口已超过 70 亿，其中超过一半的人口居住在城市。并且在未来 10 年，人口的增长速度还会加快，保守估计到 2050 年，世界总人口将达 90 亿，人口城镇化率也会大大提高。这样一来，对于政府而言，维持城市生活的宜居性是一大挑战。在地上空间的规划开发中，市政设施等各种构筑物的规划设计变得越来越困难，地下空间的利用对于扩展城市空间容量来说非常关键。地下空间为城市的基础设施、生活服务设施提供了新的空间，且不以消耗宝贵的地面空间为代价，为城市保留珍贵的地面公共空间。当然，城市周边的区域，也具有较强的地下空间开发利用价值。为此，国际隧道协会提出了"开发利用地下空间，开始人类新的'穴居'时代"的口号。地下空间已成为炙手可热却又尚未被充分利用的资源，非常珍贵。

地下空间是城市可持续发展的重要资源，具有资源有限性、系统复杂性、设施隐蔽性的特点。此外，地下空间开发还具有不可逆性，开发成本与技术难度高于地面空间。地下空间开发规划需要遵循严格约束、规范管理、因地制宜、科学引导的方针。因此，城市地下空间开发适宜性的研究和评价就显得非常重要。

2 城市地下空间开发适宜性评估方法研究

灰色关联分析方法、模糊综合评估法及 AHP——层次分析法或将这些方法结合的方式被各

研究者大量用在城市地下空间开发适应性评价中，得到的结果具有实用性。

2.1 灰色关联分析法

灰色关联分析法是统计学上的以灰色系统理论为基础的一种多要素解析方式。它是按照系统中各子系统（或要素）之间相似或不同的发展趋势，即"灰色关联度"，来描述子系统（或要素）之间强弱、大小及顺序的一种动态解析方式。根据样本信息要素间的发展态势可以判断各要素间的关联度值，如果发展态势基本相同，关联度值会较大；相反，就会较小。这种分析方法的优点在于将系统的发展状态定量化，适用于动态历程解析；需要的样本数据较少，数据处理工作量较小。但其缺点是客观性较弱，较难给定指标权重最优数值。

2.2 模糊综合评价法

模糊综合评价法是美国学者扎德在 1965 年提出的模糊集合理论的综合判定方法。它按照模糊数学的原理把定性问题定量化，采用模糊理论对由各种因素影响的对象作出综合评判。模糊综合评判具有较强的系统性，结论清楚明了，其将较难定量化的定性难题定量化，再将定性与定量相结合，适合处理各种模糊的、较难定量化的对象。

2.3 AHP——层次分析法

这种分析法是一种分层权值决策求解方式，具体是指一个较难的多项目决策难题被看成整个系统，再把各项目分为多个小项目，进而分为很多个因素的一些层次，将定性的指标定量化，再解算出层次单排序（权数）与总的排序，可以用来作为目标、对象优化策略的系统性方式。层次分析法的优点是简洁实用、系统性强等。

城市地下空间的特点是构造复杂、开发不可逆、划分界线模糊，致使地下空间开发的定量分析具有一些难度。地下空间开发的影响条件难以用具体数据来定量化。通过对各种评价方式的比较，本文利用层次分析法、GIS 空间分析法相组合的综合评估方式来对昆明市中心城区地下空间开发适宜性作出评估。

3 城市地下空间开发适宜性评估实例研究

3.1 实例区域概况

3.1.1 研究区域地理概况

昆明市中心城区包括主城区、呈贡新区与空港经济区，总面积为 1722 km²。主城区是以商贸、金融、旅游服务、文化、信息服务等现代服务业及高新技术产业为主的综合型城区。呈贡新区是行政区和国际商贸区，重点发展现代新型制造业、科研文教产业和旅游产业，建设以花卉产业为特色的生物产业基地和城市物流业中心。空港经济区以昆明长水国际机场为依托，以临空经济为特色，大力发展航空物流业、空港配套服务业、临空高科技产业、国际商务会展业、生态康体休闲业、现代都市型农业，建成生态化、现代化、国际化的昆明东部产业新区；建成面向东南亚、南亚，连通欧亚大陆的国际航空客流、物流中心，云南省重要的高端产业发展区，临空产业基地。

3.1.2 昆明市中心城区地下空间开发概况

一是地下轨道交通。目前地下空间利用的主要趋势是结合地铁建设而进行相关开发。昆明市中心城区地铁线网规划呈放射状分布，由九条地铁线构成，是将来城市地铁交通线网的主要路线。由昆明市主城区到呈贡新区可通过地铁1号线到达，地铁2号线服务主城区南北方向，地铁3号线则服务主城区东西方向，4号线连接主城区西北—东南方向，5号线为主城区东北—西南方向线路，6号线则为主城区到机场的专线，7号线主要为主城西市区和南市区服务，8号线为盘龙区茨坝至三个半岛区域的线路，9号线为官渡区大板桥至晋城的线路。

二是地下商业街。昆明市城市总体规划、商业网点规划中确定的主要商业中心、商圈、商业街区将是地下商业文化设施建设的重点地区，其中部分涉及轨道地下站点。人流聚集地区的商业中心，地下空间开发时仍作为区级地下商业中心建设地下商业设施。

三是地下市政管线。地下市政管网也被比喻为"城市血脉"，它的稳定运行与人类正常作息息息相关。昆明市的市政管网，包括供水管网、排水管网、电力工程、地下综合管廊等。昆明城市地下综合管廊的建设应与轨道交通建设相结合，在建设轨道的同时进行地下综合管廊的相关建设。

3.2 昆明市中心城区地下空间开发适宜性评估

3.2.1 数据获取

本文选取《昆明城市地下空间开发利用专项规划》中的8个重点区域作为评价对象，探究昆明市中心城区范围的地下空间开发适宜性。利用德尔菲法（delphi method），采用问卷形式对长时间致力地下空间开发规划设计及有关方面的学者进行调研，以建立昆明市城市地下空间开发适宜性评估指标体系。

3.2.2 昆明市中心城区地下空间开发适宜性评价指标体系

选取城市工程地质条件、地下水文条件、地质活动影响三个主要地质环境指标对中心城市地下空间的开发适宜性实行评估。

第一，工程地质条件。昆明市地质构成与新构造活动丰富。东西向与南北向的控制大断裂运动剧烈，第三纪与第四纪的堆积层下方隐藏着很多和断陷盆地生成相关的断裂。

不管是大的控制性断裂还是次一级断裂的节理裂隙系统，对各种项目，比如较大的水利项目、地铁项目、地下空间开发都有直接作用。因此，断裂结构对城市的成长的作用较明显，其对昆明市各种项目的实施有一定作用，同时也威胁建筑安全。

根据昆明盆地内基本地质条件给地下空间开发应用带来的作用，对昆明城市地貌单元与地下空间开发应用之间的作用进行分析评价（表1、图1）。

第二，地下水文条件。昆明城市地下水的赋存、分布和运动，受该区地层岩性、地质构造、地貌和新构造运动的综合控制。综合考虑昆明城市地下水资源分布情况，以及地下水的脆弱性及富含地下水区域工程措施防护需要等方面，对昆明城市的地下水文地质条件分析其影响，将地下空间资源划分为低危险范围、中低危险范围、中危险范围、中高危险范围和高危险范围五类。

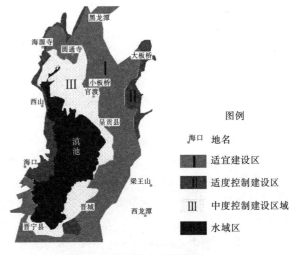

图1 工程地质条件评估图

表 1　工程地质评价表

地质因素	特征	分布范围	有利于地下空间开发	不利于地下空间开发
地形	相对较平坦	整个昆明盆地	√	×
构造	活动断裂发育	南北向和东西向断裂控制着整个昆明盆地	×	√
软土	湖相沉积软土	昆明马街—梁家河—小板桥—呈贡—晋城一线向滇池一侧区域	×	√
岩溶	溶沟、石芽、溶蚀洼地	西山、海口、圆通山、黑龙潭、大板桥附近地区	×	√
天然建材	丰富的土料、砂、碎石块、石材	昆明盆地周边	√	×
地震	小于 6 级	整个昆明盆地	×	√
其他地质灾害	盆地内基本无泥石流、滑坡、崩塌等	整个昆明盆地	√	×

第三，地质活动影响。地质活动断层对地下空间的规模开发有较大的影响，中心城市范围内可能影响地下空间开发的地质活动断层主要有以下 7 条，在地下空间建设时需要引起重视：一是普渡河—西山断裂（断裂 1）；二是普吉—韩家村断裂（断裂 2）；三是蛇山断裂（断裂 3）；四是黑龙潭—官渡断裂（断裂 4）；五是白邑—横冲断裂（断裂 6）；六是呈贡—富民断裂（断裂 13）；七是大春河——朵云断裂（断裂 15）。

3.2.3　层次分析法

和积法：

（1）将判断矩阵 A 的元素按列归一化，得到矩阵 $B = (b_{ij})_{m \times n}$，其中

$$b_{ij} = \frac{a_{ij}}{\sum_{i=1}^{n} a_{ij}}, \quad (i, j = 1, 2, \cdots, n) \qquad \text{式（1）}$$

（2）将矩阵 B 中的元素按行相加，得到向量 $C = (c_1, c_2, \cdots, c_n)^T$，其中

$$c_i = \sum_{j=1}^{n} b_{ij}, \quad (i, j = 1, 2, \cdots, n) \qquad \text{式（2）}$$

（3）对向量 C 进行归一化处理，得到特征向量 $W = (w_1, w_2, \cdots, w_n)^T$，其中

$$w_i = \frac{c_i}{\sum_{k=1}^{n} c_k}, \quad (i = 1, 2, \cdots, n) \qquad \text{式（3）}$$

（4）求最大特征根 λ_{max}：

$$\lambda_{max} = \frac{1}{n} \cdot \sum_{i=1}^{n} \frac{(AW)_i}{\omega_1} \qquad \text{式（4）}$$

一是输入判断矩阵（图 2、表 2），求出每一列的和。

二是根据公式，先后按次序作出归一化后的矩阵、求行和、求归一化后的权重，计算矩阵乘积、矩阵对应元素与权重向量元素求商，得到最大特征值。

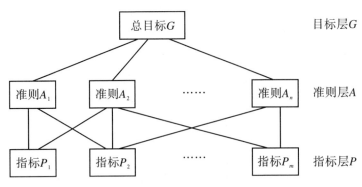

图2 层次分析法判断准则

表2 两两比较重要性评分法则

分值a_{ij}	定义
1	元素i与元素j同等重要
3	元素i与元素j稍微重要
5	元素i与元素j明显重要
7	元素i与元素j强烈重要
9	元素i与元素j极端重要
2，4，6，8	元素i与元素j比较结果处于以上结果的中间
倒数	元素j与元素i的比较结果是元素i与元素j比较结果的倒数，即$a_{ji}=1/a_{ij}$

3.2.4 地下空间开发适宜性综合评估

通过对地质因素作用、地下水文情况、地质活动作用三个要素进行数据的统一化整理，依托评价模型开展空间叠加分析，得出昆明中心城市建设区地下空间开发适宜性综合评价，作为地下空间建设的支撑基础（表3）。

表3 地下空间开发适宜性评价指标表

评估因素	评估指标	评估级别	分值
工程地质条件	适宜建设区	优	7
	适度建设区	良	5
	中度控制建设区	中	3
	滇池	差	1
地下水文条件	岩溶与孔隙水共同影响区	差	1
	孔隙水富水块	中	3
	岩溶水富水块	差	1
	其他地区	良	5
地质活动影响	断裂带200米范围	差	1

通过ArcGIS的Model-Builder构建评价模型，利用层次分析法软件YAAHP确定工程地质条件、地下水文条件、地质活动影响各因素的权重，设定模型参数，集成评价工具，支撑评价

工作。权重确定见表4。

表4　地下空间开发适宜性因素指标权重

适宜性要素	工程地质条件	地下水文条件	地质活动影响	W_i
工程地质条件	1.0000	1.0000	1.0000	0.3333
地下水文条件	1.0000	1.0000	1.0000	0.3333
地质活动影响	1.0000	1.0000	1.0000	0.3333

地质环境因素评价，判断矩阵一致性比例为0，对总目标的权重为1.0000。

通过创建数据库，依托Model-Builder构建评估模拟结构，对地下空间开发适宜性进行评价，步骤如下（图3至图6）：

第一，数据库建立。

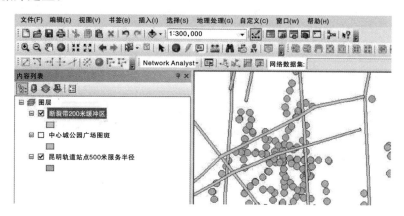

图3　评价因素局部分布图

第二，评价模型构建。

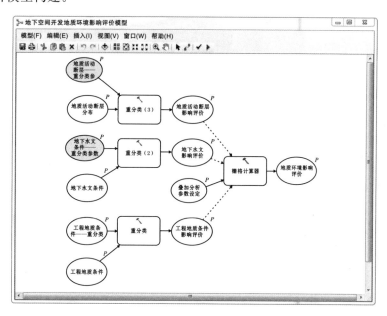

图4　评价模型构建流程图

第三，地下空间开发适宜性评价模型的运行。

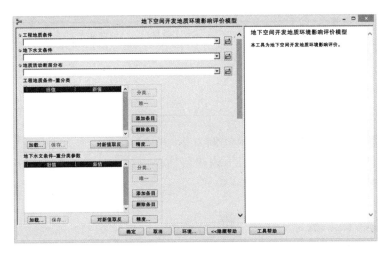

图 5　评价工具图

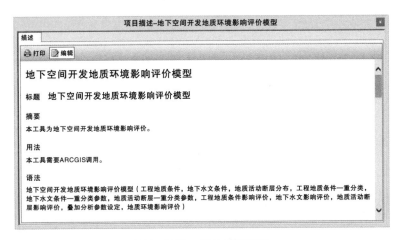

图 6　评价工具使用说明图

4　结语

现代城市发展，城市空间容量扩充离不开地下空间开发。本文应用科学的评价手段，针对"契合昆明实际"的目标，结合本文所做的地下空间开发适宜性评估结果，对昆明市重点规划的8个区域由重点区域向周围发射扩散的方法进行重点开发，充分完善地下空间功能，这些成果能够在一定程度上科学指导城市地下空间规划与开发建设。

［参考文献］

［1］王文卿. 城市地下空间规划与设计［M］. 南京：东南大学出版社，2000.

［2］钱七虎. 迎接我国城市地下空间开发高潮［J］. 岩土工程学报，1998（1）：112-113.

［3］钱七虎. 城市可持续发展与地下空间开发利用［J］. 地下空间与工程学报，1998（2）：69-74.

［4］Fisc，王华. 地下空间规划［J］. 隧道及地下工程，1999（4）：3-9.

［5］马立平. 层次分析法：现代统计分析方法的学与用（七）［J］. 数据，2000（7）：38-39.

[6] 闵庆文，余卫东，张建新. 区域水资源承载力的模糊综合评价分析方法及应用 [J]. 水土保持研究，2004，11 (3)：14-16.

[7] 金菊良，魏一鸣，丁晶. 基于改进层次分析法的模糊综合评价模型 [J]. 水利学报，2004 (3)：65-70.

[8] 吴殿廷，李东方. 层次分析法的不足及其改进的途径 [J]. 北京师范大学学报，2004，40 (2)：264-268.

[9] 童林旭. 中国城市地下空间的发展道路 [J]. 地下空间与工程学报，2005，1 (1)：1-6.

[10] 侯学渊，柳昆. 现代城市地下空间规划理论与运用 [J]. 地下空间与工程学报，2005，1 (1)：7-10.

[11] 郭建民，祝文君. 基于层次分析法的地下空间资源潜在价值评估 [J]. 地下空间与工程学报，2005，1 (5)：655-659.

[12] 张吉军. 区间数多指标决策问题的灰色关联分析法 [J]. 系统工程与电子技术，2005，27 (6)：1030-1033.

[13] 束昱，柳昆，张美靓. 我国城市地下空间规划的理论研究与编制实践 [J]. 规划师，2007，23 (10)：5-8.

[14] 郭金玉，张忠彬，孙庆云. 层次分析法的研究与应用 [J]. 中国安全科学学报，2008，18 (5)：148-153.

[15] 欧孝夺，杨荣才，周东，等. AHP法在南宁市地下空间开发地质环境适宜性评价中的应用 [J]. 桂林工学院学报，2009，29 (4)：474-480.

[16] 彭建，柳昆，郑付涛，等. 基于AHP的地下空间开发利用适宜性评价 [J]. 地下空间与工程学报，2010，6 (4)：688-694.

[17] 周臻，吴文博，李晓昭. 基于GIS的苏州城市地下空间开发综合价值评价 [J]. 中国水运月刊，2013，13 (12)：86-88.

[18] 孙瑾. 城市规划区地下空间开发适宜性评价 [J]. 建筑工程技术与设计，2014 (19).

[19] 王兰化，马武明，李明明，等. 天津滨海新区地下空间开发适宜性评价 [J]. 地质调查与研究，2015，38 (4)：299-304.

[作者简介]
解智强，正高级工程师，就职于昆明市城市地下空间规划管理办公室。
彭俊婷，就职于昆明市城市地下空间规划管理办公室。
侯至群，正高级工程师，就职于昆明市城市地下空间规划管理办公室。
李迎彬，就职于昆明市规划设计研究院。
陈云波，正高级工程师，就职于昆明市规划编制与信息中心。

昆明市中心城区自行车交通网络构建

□李迎彬，邓正芳，简海云，朱晓清

摘要：自行车交通作为绿色交通的重要组成部分备受国内众多大城市关注，但是传统的以定性为主的规划方法已无法满足当今自行车交通发展需求。在此背景下，本文立足昆明城市特色和交通发展现况，以 GIS 地理信息系统和空间句法软件为手段，考虑交通聚集程度、地区功能定位、大中型公共服务设施服务半径、交通设施条件、骑行坡度等影响因子，构建交通评价模型，辅助自行车交通分区分级划定及线网布局；从量化分析的视角探索城市自行车交通网络规划的路径与方法，是一次"以数据定规划"的新尝试。

关键词：GIS；自行车交通；空间句法；特色廊道；昆明市

1 引言

随着机动车交通的高速增长，城市交通拥堵问题日益凸显。在此背景下，由公共交通加上非机动交通构成的绿色交通方式被寄予厚望。鼓励自行车出行成为众多城市乐于尝试的新交通理念。而城市自行车交通系统也逐渐成为城市品位的象征和衡量城市公共空间质量的最佳指标。

国外一些城市的自行车交通已形成较为成熟的经验。哥本哈根结合城市指状公共交通网络发展自行车交通，配套出台了一系列保障措施，成为全球出名的自行车之都；阿姆斯特丹通过在市内规划安全便捷的自行车道、鼓励市民购买自行车等系列举措，成为欧洲自行车最普及的城市；波特兰不仅划出自行车道，还划分快慢车道，较好地衔接公共汽车与轻轨，成为美国公共交通的示范城市。

受到机动车增长带来的交通压力，中国城市开始关注非机动交通尤其是自行车交通发展。最早明确提出发展非机动交通理念的是《上海市城市交通白皮书（2002 版）》。紧随其后的广州、杭州、厦门等城市出台相关政策，促进城市自行车交通体系建设。2010—2015 年，住房和城乡建设部共启动三期城市步行和自行车交通示范项目建设，并于 2013 年 12 月颁布《城市步行和自行车交通系统规划设计导则》，这是中国第一部专门针对步行和自行车交通规划设计的技术导则。与此同时，公共自行车系统发展迅速，自杭州市实施首个成规模的公共自行车系统后，中国已有超过 400 个市、县配备了公共自行车系统。

此外，国内许多学者与专业人员结合项目开展自行车交通规划的理论与方法实践。李黎辉等探讨武汉市公共自行车的布局规划思路并予以实践；朱玮等总结法国公共自行车系统的布局方法；姚遥等研究杭州市公共自行车系统的布局方案；李晔基于上海市非机动交通系统规划，提出城市自行车交通系统规划的技术路线与主要内容；龚小林等基于城市功能区、城市用地特征、速度要求、自行车出行需求特点等对南京市六合区的自行车交通系统进行规划；刘生军等以毕节市中心城区非机动交通规划为例，打造不同主题的自行车交通系统。

总体而言，中国在以步行与自行车为主的非机动交通方面的研究与实践虽有基础，但多为传统定性分析，规划定量分析较为薄弱。本文以昆明市中心城区自行车交通系统规划为例，应用 GIS 与空间句法（Space Syntax）等技术手段，通过构建量化分析模型辅助城市自行车交通网络与特色廊道规划布局，探寻一条科学合理的城市自行车交通规划路径。

2 昆明市自行车交通概况

2.1 发展现状

昆明市作为国家历史文化名城、高原湖滨生态旅游城市，山水交融，旅游资源丰富，城市肌理与街巷尺度适中，长期秉持与延续公共交通优先发展战略，在城市道路建设中，均有非机动车道的配置考虑。昆明市的轨道交通建设、入滇河道整治等措施为自行车交通设施提供了良好的发展基础。2010 年 6 月，昆明市积极参与住房和城乡建设部首批城市步行和自行车交通系统示范项目。

截至 2014 年底，昆明市电动自行车、自行车保有量分别达 110 万辆和 200 万辆；至 2018 年，昆明投放公共自行车 1.5 万辆、共享单车 24 万辆。中心城区非机动车道路网骨架基本完成，城市主、次干路均设置有非机动车道。但受"摊大饼"式的城市形态与"环形＋放射"的道路网结构影响，昆明市主城区的非机动车道连续性较差，在很多区域被高速公路和城市快速路、环路及河道阻断。同时，城市自行车廊道缺乏与周边大山大水格局的有机联系。

2.2 优势特征

基于气候特点、地形地貌及城市形态等因素，昆明市自行车交通发展具有三个方面的优势特征。

2.2.1 独特的气候条件

昆明市地处云贵高原昆明坝区，属北亚热带低纬度高原山地季风气候。年平均气温 16.5℃，无霜期 278 天，气候温和，夏无酷暑，冬无严寒，四季如春，气候宜人，是世界少有的"春城"气候特征。

2.2.2 山水城相融的形胜格局

昆明拥有众多自然山川和水系。宏观层面形成了背靠长虫山、左依金马山、右接碧鸡山、滇池为案前水的"大三山一水"格局。城市依山就势，方位轮廓皆与历史地形吻合，充分利用盘龙江、莲花池等自然水体作为营城水体，形成"北圈三山一湖、南串四坊两塔、中依五华一庙、山望湖楼一线、半城山水半城街巷"的城市格局。

2.2.3 合适坡度条件及城市尺度

昆明中心城区主要由主城区、呈贡新区和空港经济区组成，各区尺度适中、布局紧凑。主城区位于昆明坝区北侧，城市内部除少量山体外，其他区域地形相对平坦。主城区为"环形＋放射"的城市形态，道路网密度较高，城市发展集约紧凑，从核心区到周边地区的距离适中，较适合自行车出行。

3　规划思路与研究方法

3.1　规划思路

自行车交通系统兼具交通和公共空间的双重特性：作为公共交通的有益补充，以短途出行解决公共交通"最后一公里"的问题；作为城市重要的线性空间，其能串联众多重要的公共空间节点形成网络，是市民活动的热点区域。无论哪一种特性，自行车交通均是以人的出行和活动为基础的，这就需要分析人流的出行热度、交通便捷程度与可达性等多方面的影响因素。结合各级道路现状进行定性分级的方法俨然已无法满足现今自行车交通规划的需求。因此，本文应用GIS地理信息系统和空间句法与数据分析方法，从自行车出行热度、网络便捷性和可达性、山水景观资源等方面对城市自行车交通系统进行分区分级，从而制定依托城市道路的非机动车道网络及依托山水环境的自行车特色廊道（图1）。

其中，自行车交通分区主要通过对自行车出行热度及基于空间句法的道路网空间吸引力、空间开放程度等因素的综合分析进行划定。非机动车道分级主要通过对出行热度高值区之间的成本最低连接通道、百度热力图峰值区主要道路情况等因素进行分级，构建完善的自行车交通网络。自行车特色廊道主要基于城市公共空间及城市休闲旅游热点之间成本最低的交通连接通道、城市山水格局等因素构建特色廊道网络。

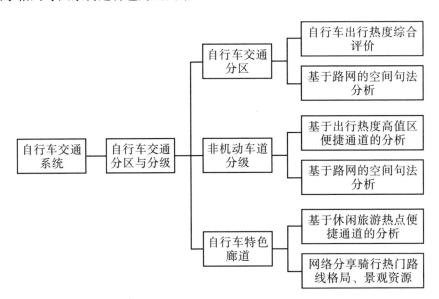

图1　自行车交通系统主要规划思路

3.2　研究方法

本文通过构建交通评价模型，从自行车出行热度、基于空间句法的道路网空间吸引力与空间开放程度、基于出行热度高值区的便捷通道、基于休闲旅游热点的便捷通道等方面进行综合分析评价，形成规划成果数据库，辅助自行车交通网络构建。

3.2.1　自行车出行热度综合评价

自行车出行热度是最能反映出行需求的因素。应选取交通聚集程度、地区功能定位、大中型公共服务设施服务半径、交通设施条件、骑行坡度等作为出行热度的评价因子。评价等级分为"优、良、中、差",意为适宜、较适宜、一般适宜和不适宜自行车出行,分别赋值3,2,1,0(表1)。然后进行空间平均加权叠加分析(Weighted Overlay),得到自行车系统的出行热度综合评价结果。

表1 自行车出行热度综合评价指标

	评价因子	评价指标	评价等级	赋值
交通聚集程度	非机动车道路网密度/(km·km⁻²)	10～<16	优	3
		7～<10	良	2
		4～<7	中	1
		<4	差	0
	非机动车道路网间距/m	<170	优	3
		170～<250	良	2
		250～<400	中	1
		=400	差	0
	地区功能定位	商业集中区、公共服务集中区	优	3
		居住区、旅游度假区	良	2
		其他区	中	1
		工业、物流仓储集中区	差	0
	大中型公共服务设施服务半径/min	<10	优	3
		10～<20	良	2
		20～<30	中	1
		=30	差	0
	交通设施条件	轨道交通车站500 m范围内	良	2
	骑行坡度/%	<2.5	优	3
		2.5～<5	良	2
		5～<15	中	1
		=15	差	0

交通聚集程度以非机动车道路网密度和间距作为评价指标,以300 m×300 m的方格网进行采样,通过插值的方法(Interpolation)计算非机动车道路网密度;对非机动车道路网进行欧氏距离分析(Euclid Distance),用街区做分区统计(Zonal Statistics)得出非机动车道路网间距。

地区功能定位以城市功能为评价指标。针对不同城市功能,如商业集中区、公共服务集中区、居住区、旅游度假区、教育科研集中区、工业和物流仓储集中区等,对自行车出行的吸引力进行分类赋值。

大中型公共服务设施服务半径以与公共服务设施的距离作为评价指标。考虑到自行车出行距离的影响,分"<10 min""10～<20 min""20～<30 min""=30 min"四个出行范围计算设施服务半径。

交通设施条件以与轨道交通车站及重要公共汽车站距离为评价指标。车站周边500 m范围作为城市人口和活动较为集中的区域，是城市开发的热点区域，也是自行车交通设施建设的重要区域。

骑行坡度以道路坡度大小为评价指标。骑行坡度分为"＜2.5%""2.5%～＜5%""5%～＜15%""≧15%"四个范围，计算坡度对自行车骑行的影响。

3.2.2 基于空间句法的中心城区道路网分析

应用空间句法软件（Depthmap）[1]，选取城市道路网连通度、整合度、全局深度[2]作为评价指标，建立城市道路网交通模型。

3.2.3 基于出行热度高值区便捷通道的分析

基于道路、绿地、公共设施、住宅等用地的可通过性，以成本距离模型计算出行热度高值区之间通道的成本距离，作为非机动车道分级的重要参考。

3.2.4 基于休闲旅游热点便捷通道的分析

基于城市景区、景点、公园、绿地、河道湖泊等公共空间的可达性与连通度，以成本距离模型计算旅游热点之间通道的便捷性，作为特色廊道和一级非机动车道选线的重要参考。

4 基于GIS的自行车交通网络构建

4.1 自行车交通分区

对交通聚集程度、地区功能定位、大中型公共服务设施服务半径、交通设施条件、骑行坡度五类评价因子进行重分类处理使其标准化，然后进行空间叠加分析，用以表征自行车出行热度。评价结果显示，昆明市主城区核心区域、北京路与人民路沿线地区、草海地区、巫家坝地区、三个半岛、呈贡新区核心片区出行热度高，经济技术开发区、空港经济区北部组团出行热度低。

应用空间句法分析中心城区道路网连通度、整合度、全局深度。道路网连通度分析结果显示，以方格网道路为主的呈贡新区核心片区和巫家坝地区、白塔片区及主城西部片区道路网的连通度高。整合度分析结果显示，昆明市主城东西向、巫家坝西南东北向、呈贡西南东北与西北东南向、马金铺南北向主要干路可达性较高。全局深度分析结果显示，主城区核心区域及火车站片区、呈贡新区核心片区开放程度较高。

根据自行车出行热度综合评价结果，结合现有条件及城市道路网的空间句法分析结果，对中心城区进行自行车交通分区。将城区分为三类区域，将评价值＞7.5的区域划分为自行车Ⅰ类区，评价值为2.5～7.5的区域划分为自行车Ⅱ类区，评价值＜2.5的区域划分为自行车Ⅲ类区，并对各类区域提出具体建设引导要求。

自行车Ⅰ类区。优先考虑自行车出行的区域，非机动车道路网络密度高，非机动车交通设施完善，集中于主城区核心区域、大商汇片区、国贸会展中心片区、巫家坝地区、三个半岛地区、新亚洲体育城地区、新螺蛳湾地区、度假区、呈贡新区核心片区、呈贡老城区、马金铺服务中心区，以及轨道交通车站和重要公共汽车站周边地区。

自行车Ⅱ类区。兼顾自行车和机动车出行的区域，非机动车道路网络密度较高，非机动车交通设施较完善，集中于大学城地区和城市大型居住区。

自行车Ⅲ类区。应对自行车出行予以基本保障的区域，主要为上述两类自行车交通分区以外的地区，集中于经济开发区、马金铺、空港经济区。

4.2 非机动车道分级

一是规划基于道路、绿地、公共设施、住宅等用地的可达性，构建成本距离栅格，提取自行车出行热度高值区作为起点和终点，通过成本距离模型计算出行热度高值区之间通道的成本距离，表征通道的便捷性，并据此将非机动车道分为三级。评价结果显示，便捷通道评价值较高区域的主要道路通道及跨越绿地通道的成本距离值较低，作为一级非机动车道首选通道。

二是借助百度热力图，分析热力峰值区工作地、居住地覆盖的主要道路情况，作为道路分级决策的补充和校正，完善非机动车道分级。

三是基于空间句法的道路网连通度、整合度、全局深度分析，补充、核对呈贡新区核心片区和巫家坝地区、白塔片区及主城西部片区连通度高的通道，以及主城东西向、巫家坝西南东北向、呈贡西南东北与西北东南向、马金铺南北向干路等整合度高值区域的通道，再次完善非机动车道分级，形成完善的方案。

4.3 自行车特色廊道构建

规划基于道路、绿地、公共设施、住宅等用地的可通过性，构建成本距离栅格，以休闲旅游为出发点，选取城市景区、景点、大型公园和广场绿地等作为起点和终点，通过成本距离模型计算起点、终点之间通道的成本距离，表征通道的便捷性，作为城市内部特色廊道重要参考。评价结果显示，便捷通道评价值较高区域的主要道路通道及跨区域绿地通道的成本距离值较低，可作为城市休闲旅游特色廊道的首选通道。

借助互联网提取热门的自行车骑行爱好者骑行路线（昆明拥有众多自行车骑行爱好者自发形成的主要目的地，如富民、西山、筇竹寺、团结乡、双龙野鸭湖、阳宗海等地区，这些目的地是城市自行车休闲建设开展的主要吸引点），可作为城市外围自行车特色廊道选取的补充。

廊道主骨架，可供步行者、骑行者及旅游管理用车使用。两环：环山特色廊道、环水特色廊道。十射：沿环山廊道向外延伸至周边景区、景点的特色廊道。十三连通：环山和环水特色廊道之间的连通线。

形成昆明城市特有的文化、旅游资源的自行车特色廊道布局，建设郊野拓展道、滨水特色廊道和城市休闲特色廊道。

一是郊野拓展道。依托城市周边山体，串联周边森林公园、风景名胜区、城市生态隔离带，形成自行车环山、观城、望水的旅游休闲、观光、健身廊道；同时依托昆明周边独特的旅游资源，沿环山廊道向安宁温泉镇、长虫山、富民、团结乡、双龙乡、嘉丽泽、阳宗海旅游度假区等旅游热区放射状延伸，作为昆明地区自行车出行、自行车比赛的特色廊道。

二是滨水特色廊道。依托滇池、草海水体，串联城市湿地公园，形成环滇池特色廊道；依托翠湖和昆明主要入滇河道，形成环湖、亲河道的滨水特色廊道。

三是城市休闲特色廊道。依托城市文化元素，利用城市道路、河道绿化通道、米轨铁路绿化通道等串联主要公园、历史文化景点、城市主要公共空间，形成昆明城市休闲特色廊道。

5 结语

本文以强化量化分析为主要思路，以 GIS 地理信息系统和空间句法软件为手段，构建交通评价模型，同时结合百度热力图等大数据，辅助自行车交通分区分级划定及线网布局。

由于数据资源受限，在构建昆明市中心城区自行车交通网络时，规划中考虑的评价因子有限。在空间功能识别上，用地功能混合性的分析有待提高。此外，共享自行车运行数据、百度热力图、手机信令等大数据技术的分析应用不足，如何更好地辅助自行车交通规划有待进一步探索。

规划实施至今，昆明环湖非机动车道已完成主城区、呈贡新区段的建设，其他城市道路非机动车道改造也伴随城市道路景观提升工程同步跟进。依托得天独厚的气候环境，各类共享自行车（昆明市公共自行车、摩拜、永安、ofo、哈罗、青桔）落户昆明，给市民出行带来了很大的便捷。昆明城市自行车交通建设正进入一个全新的时期，昆明打造"国际慢城"目标又前进了一步。

[注释]

①伦敦大学学院开发的空间句法软件。

②连通度表示系统中某个空间相交的空间数，值越高，丰富性越高；整合度衡量一个空间吸引到达交通的潜力，值越高，可达性越高；全局深度指系统中某一空间到达其他空间所需经过的最小连接数，表示城市空间开放程度，城市空间深度较浅的区域，有利于经济活动的开展。

[参考文献]

[1] 李晔. 慢行交通系统规划探讨：以上海市为例 [J]. 城市规划学刊，2008 (3)：78-81.

[2] 姚遥，周扬军. 杭州市公共自行车系统规划 [J]. 城市交通，2009，7 (4)：30-38.

[3] 李黎辉，陈华，孙小丽. 武汉市公共自行车租赁点布局规划 [J]. 城市交通，2009，7 (4)：39-44，38.

[4] 姜洋，陈宇琳，张元龄，等. 机动化背景下的城市自行车交通复兴发展策略研究：以哥本哈根为例 [J]. 现代城市研究，2012，27 (9)：7-16.

[5] 龚小林，过秀成，陈玥，等. 南京六合生活片区慢行交通系统规划研究 [J]. 现代城市研究，2012，27 (9)：28-36.

[6] 刘生军，江雪梅. 烂漫都市，多彩慢行：毕节市中心城区慢行交通规划 [J]. 规划师，2014，30 (4)：75-83.

[7] 朱玮，何京洋，王德. 法国公共自行车系统布局方法与实证研究：以巴黎和里昂为例 [J]. 国际城市规划，2015，30 (S1)：64-70.

[8] Copenhagen Technical and Environmental Administration, Traffic Department. The City of Copenhagen's Bicycle Strategy 2011—2025 [R]. Copenhagen：Technical and Environmental Administration，2011.

[9] 昆明市城市交通研究所. 昆明城市交通发展年度报告 2014 [R]. 昆明：昆明市城市交通研究所，2015.

[10] 中国产业信息网. 2017 年中国公共自行车行业发展历史、现状趋势和行业规模分析 [EB/OL]. 2017 [2019-12-25]. https：//www. chyxx. com/industry/201704/513812. html.

[11] 杨官荣，陈昆. 昆明 1.5 万辆公共自行车运营一年多零报废 [N/OL]. 云南网—昆明日报，2018-06-05 [2019-10-16]. http：//society. yunnan. cn/html/2018 - 06/05/content _ 5238441. htm.

[12] 刘嘉，高伟. 昆明街头已投放共享单车 24 万辆 乱象咋解决？ [N/OL]. 中国新闻网，2018-03-10 [2019-10-16]. http：//news. China. com. cn/live/2018-03/10/content-39137469. htm.

[作者简介]

李迎彬，高级工程师，就职于昆明市规划设计研究院。

邓正芳，就职于昆明市规划设计研究院。

简海云，就职于昆明市规划设计研究院。

朱晓清，就职于上海同济城市规划设计研究院有限公司。

GIS 量化支撑下的用地竖向规划方法架构与实践

□李迎彬，林玉婷

摘要：为有效解决城市竖向规划工作方法老旧、量化支撑不足等问题，本文提出在 GIS[①] 技术驱动下，通过构建以道路、用地为代表的城乡用地竖向规划决策支撑，以建立数字决策模型；通过数字地形分析（DTA）[②]、地理空间分析[③]和地理信息资源挖掘、统计、仿真模拟等技术手段，基于量化与空间模型的方法，全面认知道路、用地竖向空间资源条件，探求数字高程模型(DEM)[④]及其扩展属性特征，准确把握山地丘陵地区高程、坡度空间分布规律及属性特征，为项目提供二维、三维模型和相关技术指标量化分析及统计，以支撑项目的决策及实施。实践结果表明，此方法在项目设计中提高了生产效率、提升了科学性，合理降低填挖方工程量，提高对挖方资源的利用，降低工程实施成本和其他风险，有助于协调好城镇各方建设需求。本次方法创新与实践为山地丘陵地区竖向空间资源利用的决策提供了一种新的解决方案。

关键词：竖向；资源；GIS；地理空间分析；数字地形；方法创新；实践

1 引言

竖向空间资源利用是目前国土空间资源利用的重要基础和组成部分，对城乡建设尤其是山地丘陵地区建设具有极其重要的指导意义。科学合理开展城乡基础设施建设，提升城乡竖向空间资源利用决策质量，是非常必要且十分紧迫的。我国地形多种多样，山地丘陵面积广大，城镇发展因地形条件影响而受到制约。以城乡道路、用地为代表的竖向空间资源利用应用在山地丘陵区域，因缺乏更为科学性、系统性的安排，造成规划道路与现状地形地貌及基础设施建设条件的衔接不畅，从而导致生态环境破坏，产生城市内涝等安全隐患。这不仅影响着城市的安全防护、土地利用效率、道路建设、城市排水、景观塑造等多个城乡生态文明建设环节，而且会增大项目建设投资。针对这些制约城乡建设的问题，传统工作方法和技术手段无法满足现有工作的需要。

戴琳、李儒涛通过 ArcGIS 对现状地形进行模拟分析，主要包括高程分析和坡度分析，通过坡度和高程值的设定，推断出适宜建设区、不适宜建设区、禁止建设区，辅助竖向规划设计；张方方提出基于 Civil 3D 的山区城市用地竖向规划设计优化方法，对城市竖向规划设计进行优化探索；汪芳利用 GIS 技术分析地形地貌，提出合理的用地选择与道路网布局方案；王强在竖向规划中，增加内涝风险模拟评估环节，对城市道路和场地竖向规划的初步方案进一步优化利用；董佳驹从城市排水角度提出确定城市竖向规划的设计方法；周杨军和谢磊通过与城市设计、土石方管理等方面进行交叉研究进行城市竖向规划；潘红卫提出一些适合山水城市处理城市竖向规划与城市治涝的技术思路与方法；刘小连结合规划管理中存在的问题进行分析，对如何实施竖向规划进行探讨。

总体而言，在目前的道路竖向、用地竖向空间资源规划中，主要利用 GIS 等提取地形图高程信息要素，构建 DEM 模型，进行相对基础的高程、坡度、坡向分析及统计，以及地形剖面分析、叠合道路分析、用地图层的三维鸟瞰分析等，局部辅助竖向空间资源利用项目的编制。

同时，因受跨专业的技术手段限制，在项目设计中，对现状、规划等定量分析的支撑决策存在如下问题。一是对自身的竖向空间资源及分布规律认知不足。现状分析主要以基本的高程、坡度、坡向分析，以及曲率、地形坡面分析等为主，缺乏对与竖向空间资源利用息息相关的水文、用地地质构成（土层、岩层）、场地淹水区等地质方面进行深入量化分析及模拟。二是对整体道路、分段道路、地块的高程、坡度量化分析不足。目前项目中对于道路地块高度坡度的信息提取，以感官的看图采集数据及部分零星软件的信息提取为主，对于整体道路、分段道路、地块要素等一些有用的信息及规律（平均值、众数值、标准差、分位数、最大最小值、道路趋势曲线等）的挖掘深度及认知不足，缺乏系统性综合考虑，难以更加科学地支撑竖向空间资源利用决策。三是对规划方案的科学性、合理性的验证有待提高。相对于二维平面空间，竖向规划因涉及竖向立体空间的改造而更加复杂。目前的规划成果以平面二维成果为主，难以满足三维立体空间改造需求。二维成果可以通过指标来看是否满足规范要求，但是三维空间直观地展示相互关系，更有利于问题的反馈（图 1）。四是项目设计精准度不够，生产质量有待提升：目前的城乡竖向规划项目，多数采用局部采样定量结合经验分析对道路、用地竖向空间资源利用进行方案决策。但局部采样定量方法无法满足山地丘陵区域的竖向空间精准化设计需求；同时土石方工程涉及对土方和石方资源的工程处理，无法准确地对总量进行分解及细化，对后续工作的指导有一定的限制，亦无法对项目投资进行较为准确地掌控。

图 1　修规场地竖向方案阶段模拟图（过程版）

综上所述，如何合理利用山地丘陵地区的竖向空间资源，对充分发挥山地丘陵地区便利的排水条件、丰富的景观内容和建筑材料资源以及良好的通风基础，协调好设施建设、建筑物日照、建（构）筑物建设安全方面场地的需要等具有十分重要的意义。本文以《昆明恒大御景新城项目竖向及大土方平衡设计》为例，通过实例论证 GIS 量化支撑下的用地竖向规划方法架构与实践，为项目决策提供一种新的解决方案。

2　GIS 驱动下的山地丘陵地区竖向空间资源规划构架

2.1　构思

以节约资源和保护环境思想为本，运用地理设计理念（看得见、可记录、可查询的设计全过程，现状、分析、规划空间与信息一体化），采用统计学、地统计学、空间统计学、数学模型量化方法，构建竖向空间规划设计决策支撑系统。通过汇总专项和专业需求，建立设计模型，多益加成、多需合一，全方位统筹协调进行竖向空间规划设计，形成科学、合理的竖向空间规划设计方案，从而提高项目生产质量。

信息化管理是未来的发展趋势和必备途径，将规划成果进行分类存储，转换其数据格式为通用 GIS 数据格式，同时构建数据元数据，记录数据来源、坐标系情况、数据精度、数据处理、分析过程、成果使用说明等信息以进行补充。这有利于未来入库国土空间规划大平台和智慧城市智慧竖向平台，留足对未来各种需求的支持，提高成果的实用性。

2.2　规划构架

"调查研究是谋事之基、成事之道。没有调查，就没有发言权，更没有决策权。"这句话强调了现状认知对于决策的重要性。

对于信息时代的项目设计，没有详细的现状数据量化分析做支撑，就不是一个合格的规划设计。在城乡竖向空间规划中，构建数字高程模型，根据地形要素的关系特征和计算特征，对其主要内容地形曲面参数、地形形态特征、地形统计特征进行数字地形分析，对决策尤为重要。通过分析，充分挖掘和认知现状建设用地信息，认清道路、场地高度信息及其规律，所谓"知己知彼，百战不殆"，如此才能有效提升项目规划的成功率与质量。

依托 GIS 强大的空间分析、统计和信息挖掘能力，可以让规划师充分、详细、多维度、多视角地认知场地现状特征，实事求是地对场地整体的坡度、高程、水文和地形复杂程度进行量化分析；对道路、地块高程、坡度进行平均、众数、标准差、最大最小值、中位数等量化与统计分析，认知其空间特征及规律，对比标准规范差异，模拟规划方案，最终形成二维、三维的可视、可查询的数字仿真模型，为竖向规划方案的决策提供新的技术支撑（图 2）。

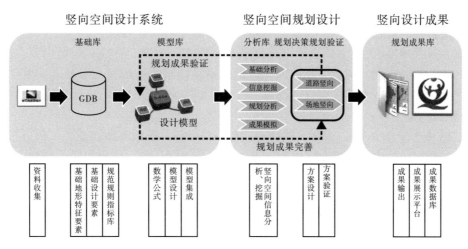

图 2　竖向空间资源规划技术路线图

3 GIS 驱动下的山地丘陵地区竖向空间资源规划实践

《城乡建设用地竖向规划规范》指出："竖向规划不仅仅是平整土地、改造地形的简单过程，而是为了使各项建设用地在布局上合理、高程上协调、平面上和谐，以获得最大的社会效益、经济效益和环境效益为目的。"城乡建设用地竖向规划主要从高程上解决城乡用地建设、道路交通建设、地表排水及美化环境四个方面的问题。

依托 GIS 强大的空间分析能力、模型构建能力，为城乡道路、用地竖向空间资源的保护利用和分配布局等复杂的竖向空间工作提供科学的量化支撑方法，从而提升项目决策的科学性，提高项目的生产效率、生产质量和成果的实用性。

本文基于以上思考、规划构架和项目实践，依托多年实际工作项目，以工作流为主线进行阐述。实践内容以竖向空间规划技术部分为主，包括基础库、模型库、分析库、规划决策、规划验证、规划成果库六部分内容，支撑竖向空间资源规划决策。

3.1 项目概况文献

项目位于滇中新区东区军长片区核心区，包括职教园区、杨林工业园及嵩昆大道以西，御景新城已建区域周边。具体范围东至在建的嵩昆大道及待建长松园 10 号路，北至待建的阳光半岛小区及经贸学院南侧，西至俊发项目和半山云府项目，南至现状金山生态园。项目包括居民住宅、商业住宅、商业等功能，总用地面积 470.72 hm²。

项目场地高度为西部及中部较高，东侧及南侧较低，制高点位于北侧山头，高程 2051.1 m，中部废弃采石场高程 2029 m，片区最低点位于片区南侧范围边，高程 1965 m。

项目场地坡度为典型山地丘陵特征，坡度破碎，嵩哨路与军长路以北及以东区域较陡，南侧大部分坡度小于 15%，嵩哨路与军长路以北及以东区域的大部分坡度在 15%~25% 之间，局部大于 25%。

3.2 项目技术实践

3.2.1 基础库构建

收集带有标高属性特征的 DWG 地形图、地勘资料、规划用地、交通相关规划及施工图图件及《城乡建设用地竖向规划规范》《云南省山地城镇市政道路设计导则》的道路用地指标规范等，通过格式转换、信息入库，完成基础库建设。基础库主要包含现状要素库（现状地形分类分要素提取、现状地勘）、规划要素库（规划道路、铁路、轨道、管线、用地边界、用地属性、外部影响的相关规划要素）及标准规范库（城镇道路机动车车行道规划纵坡表、城乡主要建设用地适宜规划坡度表、城乡建设用地土石方工程定额指标表等竖向规划涉及的各类指标）。

3.2.2 模型库构建

基于 GIS 模型库及 Python 编程，构建全流程分析模型，形成分块自动化工作流。形成基础地形地貌分析模型、洪涝灾害淹水区模型、水文模型和道路、地块信息提取、挖掘、评价模型，以及规划道路标高预测模型、道路竖向三维模型、用地竖向三维模型，构建竖向空间规划模型库。

3.2.3 分析库构建

一是现状分析。进行区域高程、坡度、坡向、曲率分析和水文分析、场地洪涝灾害风险分析、地形剖面分析、地质构造分析、地形模拟分析、三维仿真分析，构建竖向空间现状分析库，充分、深入地认知场地资源、特征及规律。

高程、坡度、坡向、曲率分析。高程分析，数字高程模型作为基础工作中的基础。由于测绘地形图或多或少都存在高程点和等高线及其他高度信息标识错误问题，前期的数据处理需要进行校核，以保障基础数据的准确性。DEM 模型生成后，需对照原始地形、卫片及现场调研，核查及完善 DEM。高程、坡度、坡向是地表竖向空间规划及建筑物朝向布局的基础分析内容。

水文分析。作为确定道路和用地排水趋势、方向、分区工作的基础。

场地洪涝灾害风险分析。山地丘陵地区的地貌复杂，属凹地区域，常年受雨季的雨水淹泡，影响其承载强度和建筑物地下防水。凹地区域的场地利用，需结合用地情况进行相应处理。

地形剖面分析。分析区域场地横向、纵向地形整体的定量数据特征，作为整体认知场地的工作内容。

地质构造分析。土方涉及对土壤层和岩石层的空间资源利用，构建数字地质构造图，能更好地认识场地承载体资源，利于后续合理利用资源，作为精准竖向设计的基础（图 3、图 4）。

地形模拟及三维仿真分析（图 5）。作为数字化呈现和展示真实场景过程的基础，直观易懂，可以多角度或采用动画进行观测。通过展示，可在工作过程中更容易识别且避免一般性错误。

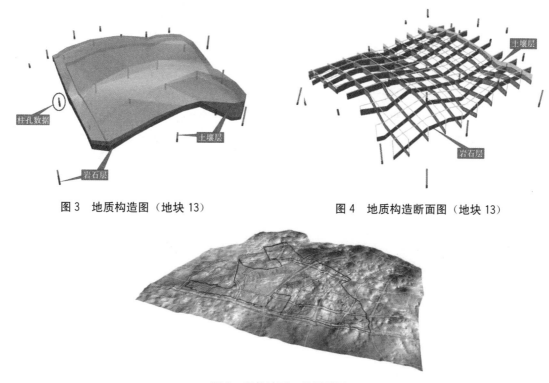

图 3　地质构造图（地块 13）　　　　图 4　地质构造断面图（地块 13）

图 5　现状地形三维模型图

二是规划分析。基于规划道路线形及等级、用地及控制指标（容积率、建筑密度、建筑高度、绿地率、停车位配置、出入口控制）的特征，引入统计学及数学模型，充分挖掘整条路线及分段道路、完整地块及细分地块的高度、坡度趋势情况及定量特征，构建竖向空间规划分析库。

带入规范设计参数，结合现状特征模拟，通过建立设计模型模拟符合规范要求的道路控制高度的区间值，规划决策需满足的区间要求，在特殊要求下可进行局部调整。

3.2.4　规划决策库构建

树立尊重自然、顺应自然、保护自然的生态文明理念，坚持节约、集约利用资源的观念，以现状、现状分析、规划分析结果构建三维仿真模型；结合道路标高预测模型模拟得出符合规范标高的区间值，在区域区间内进行二次模拟，区间均值作为初步标高参考值；在此基础上结合现状道路、地块现状指标评价结果，以及现状三维模型的真实反映和工作经验，以数字化定量分析、规划模拟为基础支撑，结合大片区排水要求、周边确定的刚性高度控制等要求，敲定初步设计方案，并且通过构建的模型库模型，带入初步设计方案的道路标高及地块控制标高参数，同步形成二三维信息一体化的初步模型。

一是道路。输入道路标高参数，把初步方案道路模型更新至现状三维模型中，查看、分析道路与周边地块的切割长度，评价道路地块匹配度。匹配度低的区域，考虑是否增加变坡点或调整标高（图6）。

图6　现状场地＋规划道路模型图（过程版）

二是用地竖向。输入地块四角控制标高参数，把初步方案场地模型更新至现状三维模型中，查看、分析周边地块与道路的切割深度。评价地块道路匹配度。匹配度低的区域，考虑是否增加分台或者调整标高（图7至图9）。

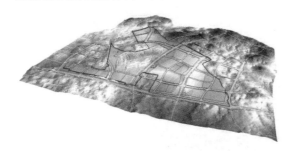 

图7　规划场地模型图（过程版）　　　　图8　规划地库底部模型图（过程版）

图9　规划地库底部模型图局部（过程版）

3.2.5 规划验证模型构建

将敲定后的初步规划方案参数，输入竖向空间规划决策支撑系统，建立规划数字仿真模型。通过分析规划场地标高、坡度、建筑场地朝向、水文等改造情况，结合填挖方情况（整体情况、地库情况、分土方和石方情况）等，从空间模型直观判断和数据指标量化判断，验证方案的合理性。针对问题区域进行标高调整，重新返回规划决策阶段进行完善，以满足生态文明建设需求。

一是空间模型验证。首先，查看构建的规划三维竖向模型（图10），通过三维竖向空间模型可以直观地核查其相对关系情况；其次，把现状竖向空间模型与规划竖向空间模型进行叠合，查看现状与规划关系，以视觉及经验判别方案；再次，查看改造后的竖向空间对周边景观是否有明显的影响。

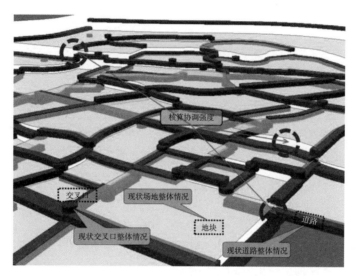

图10 现状点、线、面、体整体情况三维空间叠加分析图

二是规划分析验证。分析规划后的规划场地标高、坡度、建筑场地朝向、水文等改造情况，查看指标情况、建筑场地朝向的改善情况、水文地貌的改造情况，判断是否会造成新的灾害产生，同时评估相关风险，完善应对方案。

三是场地填挖方验证。在视觉及规划分析方案基础上，增加量化及模型仿真验证，根据工程经济指标平衡情况进行方案校正。按照项目深度和要求，由粗至细分为至地面填挖方平衡、至地库填挖方平衡和至地库分土石方填挖方平衡（表1、表2），以满足不同需求的方案要求。

至地库分土石方填挖方平衡（分土壤和岩石统计），在土石方施工阶段，计价挖填方工程，以土方工程为主，石方量一般可以作为建筑材料资源产生收益。不同地方由于地质构造不一，土石比存在较大的差异，对竖向方案影响较大。在地形条件和地质构造复杂的区域，建议先进行地勘，弄清现状空间资源情况，以增加决策的科学性和可行性，避免重复工作和不必要的资源、资金浪费。

山地丘陵地质复杂区，受道路纵坡限制，一般填挖方工程量比平坝地区大，需要充分利用土石资源。从方案的不同深度统计表结果来看（表1至表3），填挖方方案差异较大，在细化统计中，应考虑石方情况，这对实施结果的影响非常大。大地块四角标高控制的方法在山地丘陵区有一定的局限性，应增加内部控制标高，以提高方案的准确性。有建筑物的方案，也会对竖向空间有一定影响，需结合实际情况进行多方案细化验证。

表 1 规划地面竖向填挖方统计表（过程版）

地块编号	细分编号	规划表面填挖方平衡情况/m³	规划表面挖方/m³	规划表面填方/m³
13	R2－8	－1503514	－1505115	1601
13	G1－22	－110671	－111819	1148
合计		－1614185	－1616934	2749

表 2 规划地库竖向填挖方统计表（过程版）

地块编号	细分编号	规划地库填挖方平衡情况/m³	规划地库挖方/m³	规划地库填方/m³
13	R2－8	－1683509	－1683550	41
13	G1－22	－110671	－111819	1148
合计		－1794180	－1795369	1189

表 3 规划地库竖向填挖方统计表（分土方和石方，过程版）

地块编号	细分编号	规划地库填挖方平衡情况/m³	规划地库挖方/m³	规划地库挖土方/m³	规划地库挖石方/m³	规划地库填方/m³
13	R2－8	－931909	－1683550	－931950	－751600	41
13	G1－22	－89115	－111819	－90263	－21556	1148
合计		－1021024	－1795369	－1022213	－773156	1189

3.2.6 规划成果库构建（规划输出、规划管理）

通过多轮方案的调整与验证，形成规划方案，并输出规划成果内容（图 11）。同时按照规划管理数据库要求，进行规划成果入库，以在未来入库国土空间规划"一张图"系统。

图 11 竖向规划方案图（三维过程版）

4 结语

本文以 GIS 为平台，基于量化与空间模型的方法，通过数字地形分析（DTA）、地理空间分析和地理信息资源挖掘、统计、仿真模拟等技术手段，构建城乡竖向空间资源利用决策支撑系统，针对城乡道路、用地竖向空间资源的利用和分配布局的决策工作进行构架创新和实践；实现了项目规划设计环节的信息化半自动设计工作，提出基于GIS的科学决策和精准规划设计的方法，从而解决实际工作中因工作方法不当导致的生产效率不高、因技术缺乏导致的方案科学性及设计精准度不够、因成果质量不高及管理不足导致的智慧城市建设及国土空间规划数据库建设需求无法满足的问题；提升了项目决策的科学性，提高了项目生产效率、生产质量以及成果的实用性。

通过上述研究，以期为今后道路规划、用地规划、高标准农田建设等用地竖向空间资源利用项目，尤其是为山地丘陵地区复杂地形下的城镇和农业发展项目的支撑决策和成果纳入未来国土空间规划"一张图"系统管理，提供一种更为科学、合理、高效的思路、构架、技术方法和规划管理，为涉及竖向规划的修改工作提供参考与借鉴。

未来，在人工智能背景下，用地竖向规划决策将迎来新的趋势和变革，从仅符合规范要求至精准设计下的最适宜，还需要借助信息科学技术的发展进一步完善。以GIS为平台，以大数据分析为基础，以地理设计为框架，不断融入更新的信息技术，实现国土空间的智慧规划、智慧管理、智慧服务，以实现节约、集约合理利用土地资源，更好地为生态文明建设提供支撑。

[注释]

①地理信息系统（Geographic Information System GIS）作为一种信息技术，是在计算机硬件、软件的支持下，以地理空间数据库（Geospatial Database）为基础，以具有空间内涵的地理数据为处理对象，运用系统工程和信息科学的理论，采集、存储、显示、处理、分析、输出地理信息的计算机系统，为规划、管理和决策提供信息来源和技术支持。

②数字地形分析（Digital Ter rain Analysis，DTA），是在数字高程模型上进行地形属性计算和特征提取的数字地形信息处理的理论和方法。

③地理空间分析：是基于地理对象的位置和形态特征的空间数据分析技术，其目的在于解决地理空间问题而进行的数据分析与数据挖掘，是从GIS目标之间的空间关系中获取派生的信息和新的知识，从一个或多个空间数据图层中获取信息的过程。

④数字高程模型（Digital Elevation Model，简称DEM），是通过有限的地形高程数据实现对地面地形的数字化模拟（即地形表面形态的数字化表达），它是用一组有序数值阵列形式表示地面高程的一种实体地面模型，是数字地形模型（Digital Terrain Model，简称DTM）的一个分支，其他各种地形特征值均可由此派生。

[参考文献]

[1] 潘红卫. 城市竖向规划与城市治涝：福州市中心城竖向规划的探索与实践 [J]. 城市规划，2004 (5)：83-85.

[2] 周杨军，谢磊. 微丘型城市竖向综合专项规划探讨：以新余仙女湖竖向排水专项规划为例 [J]. 城市规划学刊，2012 (S1)：241-244.

[3] 董佳驹，柴宏喜，徐建杰，等. 城市排水与城市竖向规划关系研究 [J]. 市政技术，2013，31 (3)：93-96.

[4] 戴琳，李儒涛. 四原则法在广西低丘地区用地竖向规划中的应用：以中泰（崇左）产业园竖向规划为例 [J]. 广西城镇建设，2015 (3)：117-120.

[5] 张方方. 基于Civil 3D的山区城市用地竖向规划优化方法探讨 [J]. 上海公路，2016 (2)：20-

23，10-11.

[6] 汪芳. 山地城市道路和用地竖向规划研究：以六盘水水城经济开发区中部核心区控制性详细规划
　　为例 [J]. 交通与港航，2017，4 (2)：50-54，80.

[7] 王强，刘子龙，曾玉蛟. 基于内涝防治的城市竖向规划技术方法研究 [J]. 给水排水，2018，54
　　(4)：36-40.

[8] 刘小连. 山地城市道路与场地竖向规划研究 [D]. 重庆：重庆交通大学，2009.

[作者简介]

李迎彬，高级工程师，注册城乡规划师，就职于云南云金地科技有限公司。

林玉婷，就职于昆明市规划设计研究院。

景观生态安全格局模型在滇池流域空间研究的应用

□和艳，李迎彬

摘要：滇池流域是昆明市城市集中发展的主要区域，是昆明都市区建设的核心区，但滇池流域具有生态敏感、环境承载力有限的特点，随着城市的建设和迅速扩张，其生态环境遭到破坏，关于滇池流域生态保护和可持续发展方面的研究非常迫切。本文从景观生态学的角度出发，利用最小累积阻力模型分析昆明滇池流域景观生态安全格局，重点对滇池流域外围山体和中心滇池水体之间的生态廊道进行分析，并通过城市生态隔离带建设对景观阻力值最小的生态廊道空间进行保护，确保城市生态安全。

关键词：景观生态安全格局；最小累积阻力模型；城市生态隔离带；滇池流域

1 城市景观生态安全相关研究

城市作为一个复杂的系统，是自然生态和人类活动相互作用的过程。随着城市经济发展、人口增加、建设规模扩大，生态环境的压力越来越大，出现山体破坏、森林减少、水体污染等一系列问题，生态的破坏反作用于城市，导致出现环境恶化、热岛效应加剧、城市用水紧张等问题。因此，对城市系统的景观生态过程进行分析，引导城市与生态环境的协调和可持续发展已经成为当前规划研究的热点。俞孔坚的"反规划"方法提出后，先底后图的规划方法被广泛应用，城市景观生态安全的研究成为支撑城市可持续发展研究的重要方法和依据。

目前有一些专家和学者利用地理信息系统（GIS）从景观生态安全的角度采用生态基础设施、景观多样性分析、生态安全格局等方法对城市生态保护的相关问题进行研究。其中，最小累积阻力模型（MCR）作为景观生态研究的重要方法之一，在物种保护管理中有广泛的应用，目前也有一些学者将其用于土地适宜性评价、自然保护区生态功能区划、城市扩张分析、城市空间管制等方面的研究，发现通过最小累积阻力模型能够对研究区的生态景观过程进行有效的空间分析，为生态景观要素的提取提供科学依据。

景观安全格局以景观生态学理论和方法为基础，通过景观过程（包括城市的扩张、物种的空间运动、水和风的流动灾害过程的扩散等）的分析和模拟，来判别对这些过程的安全与健康具有关键意义的景观元素、空间位置及空间联系。这种关键性元素、战略位置和联系所形成的格局就是景观安全格局。本文从景观生态学的视角出发，将滇池流域的景观生态安全格局作为研究对象，运用最小累积阻力模型进行分析，以将其用于指导重要生态廊道的保护，保障滇池流域可持续发展。

2 滇池流域空间发展面临的问题

昆明城市建设主要聚集在滇池流域内，城市空间结构发展经历点状积聚期、块状发展期、组团跳跃发展期、放射组团式发展期、同心圆圈层拓展期。目前在滇池北岸形成了人口密集、城市活动集中的主城区，城市建设已经基本扩展到山脚区域，同时部分山体受到五采区和城市建设项目的破坏，滇池流域已经面临土地有限、山体、水体生态环境破坏，水资源紧缺的问题，主城区已经无法承担城市空间拓展的需求。

目前昆明提出多组团的城市空间发展方向，除主城外，中心城区增加呈贡新区和空港经济区，此外还规划在环滇池地区形成"一湖四片"的发展格局，推进滇池流域城乡一体化发展，构建昆明都市区核心区。现在城市扩张和新区的建设非常迅速，因此研究滇池流域的景观生态安全，确定不可建设的空间并将其建设为城市生态隔离带，是指导城市空间结构发展的重要依据，也是本次研究的主要内容。

3 滇池流域景观生态安全格局研究

3.1 研究方法

本次研究在昆明组团式城市发展格局的总体战略思想下，通过现状山体、水体和城市发展景观特征，初步构建滇池流域景观格局，然后从山体、水体生态安全两个主要的生态过程，运用最小累积阻力模型，建立景观生态阻力面，并综合二者进行廊道分析，得到景观生态安全中廊道评价，以此选取辐射道，作为昆明城市生态隔离带建设的指导和依据，以推进生态建设和城市可持续发展（图 1）。

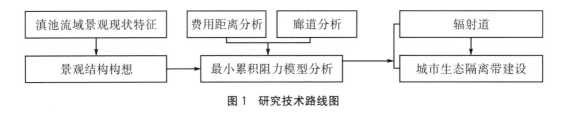

图 1 研究技术路线图

3.2 滇池流域景观生态特征

3.2.1 山水景观风貌

昆明主城东、北、西三面都有山体环绕，呈围椅状面向南侧的滇池。同样在整个滇池流域范围内，多数城市都具有背山面滇池的景观特色，如历史上"龟背城""三山一水"的设计，闻名于世。同时，自然的山体不仅成为城市重要的背景，延伸向滇池的中低山也是重要的城市景观，为城市空间格局的发展提供了自然屏障。对山水景观格局的保护是昆明延续城市历史文化、构建城市景观生态安全格局的重要内容。

3.2.2 滇池流域圈层景观格局

滇池流域是昆明最重要的城市聚集区，流域外围是山体自然空间，城市建设分布在滇池湖滨的低山丘陵地区，目前主要包括滇池北部主城区、东部呈贡区、南部晋城、西部海口和昆阳 5 个集中区。随着对滇池污染治理和城市生态环境保护的重视，滇池周边开始进行环湖湿地和环湖路的建设，严格控制环湖路内的城乡建设行为，并通过湿地建设为滇池流域生态安全设防，提高水体的自净和生态修复能力。整个滇池流域从内到外形成滇池水体、环湖湿地自然生态空间、城乡建设区、外围山体的圈层景观格局。

3.2.3 放射状入滇生态廊道

滇池周边有35条入滇河道和1条出滇河道连通滇池，这些河道大部分经过城乡建设区，成为城市中宝贵的绿色空间和生态廊道，但它们也面临着被城市建设破坏的风险。此外，部分山体从滇池流域外围向滇池延伸，这些山体与河流一起形成以滇池为核心的放射状生态廊道景观格局。

3.2.4 滇池流域景观结构构想

基于以上滇池流域主要的景观特征，滇池流域城市空间发展应该满足以下要求：注重以滇池为核心的水体环境保护；对植被覆盖状况较好、具有重要战略地位和景观作用的山体进行保护；在滇池边上留下能够与外围自然山体相通的生态空间，避免城市建设将滇池完全围合。因此，滇池流域应形成"环形＋放射状"景观格局，在滇池周边环湖湿地形成生态内环，由植被状况较好的山体在滇池流域外围形成生态外环，通过城市组团之间的绿色廊道连接内环和外环(图2)。

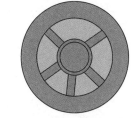

图2 滇池流域景观结构构想

3.3 景观生态安全格局分析

在以上景观生态安全格局构想的基础上，运用最小阻力模型，对滇池流域的用地情况和自然生态情况进行综合评价，获取阻力最小的生态连接廊道位置，以此确定生态内圈和外圈之间的廊道位置，作为城市空间结构布局的底图。

本研究以最小累积阻力模型（MCR）来建立阻力面，需考虑三方面的因素，即源、距离和景观界面特征，公式如下：

$$MCR = f_{\min} \sum_{i=n}^{i=m} (D_{ij} \times R_i)$$

其中，f 是正函数系数，反映空间中任一点的最小阻力与其所有源的距离和景观基面特征的正相关关系；D_{ij} 是物种从源 j 到空间某一点所突越的某景观的基质 i 空间距离；R_i 是景观 i 对某物种运动的阻力。

这一公式根据 Knaapen 等人的模型和地理信息系统中常用的费用距离修改而来。阻力面反映了物种运动的潜在可能性及趋势，是衡量人们从源到空间某一点的某一路径的相对宜达性指标。

阻力系数表示生物在相互交流和扩展运动中通过空间某一点的难易程度。不同景观因素对城市扩展所造成的阻力是有差别的，这种差别可以通过分析景观格局对城市用地扩展的不同影响来实现。本研究考虑滇池流域山体和水体生物过程，认为其主要影响因素包括坡度、地物类型（林地、农田、城乡建设用地、城市绿地、工矿用地、水系、道路等）。本文参考有关研究对不同用地类型生态价值以及景观阻力值的研究，对以上因子进行阻力系数赋值（表1）。

表1 阻力系统赋值情况

因子	权重	分类	阻力系数赋值
坡度	0.4	＞25°	1
		15～25°	100
		＜15°	3000

续表

因子	权重	分类	阻力系数赋值
地物类型	0.6	林地、草地、滩涂	1
		耕地、园地、其他农用地	2
		自然保留地	100
		水域	100
		城乡建设用地、道路	3000

源点的确定：根据以上滇池流域景观特征对滇池流域外圈的生物、水体源地向滇池内部迁移的景观生态过程进行分析。设定源点时，将滇池流域外围山体，即受人类干扰较小、生物分布较密集的区域，与滇池互为源和汇。

MCR 模型计算：MCR 模型能够测定多种空间运动过程，实质上反映了景观对某种空间运动过程的景观阻力。本文研究以滇池和滇池流域外围山体为源，分别利用 GIS 做费用距离分析，获得阻力系数在空间上的分布构成阻力面。通过廊道分析工具，获得从滇池流域外圈到滇池之间的生态廊道综合评价。根据综合评价的结果可知，颜色越深的部分为该地区景观阻力值越小的区域，具有更重要的景观价值。

4 滇池流域生态廊道保护

4.1 重要辐射道的确定

辐射道的确定，可以识别以某些源为中心向外辐射的低阻力谷线，一切有助于生态发展的活动和建设应尽量避免布置在辐射道的方向。本文在以上获得的景观廊道评价的基础上，综合考虑滇池流域各区县已有的城市规划，确定在滇池流域景观生态安全格局中比较重要的辐射道。

辐射道是未来城市发展和扩张中应该严格保护的生态空间，是滇池流域景观生态安全格局中以滇池为中心的放射状生态廊道，同时也是城市各组团之间的一个生态隔离空间。为确保这些廊道得到保护，昆明将重要的生态廊道逐步划定为城市生态隔离带，以确保其在城市扩张过程中不被破坏。

4.2 城市生态隔离带建设

昆明市从 2009 年开始进行城市生态隔离带建设，到 2011 年共规划形成 8 条城市生态隔离带，主城—空港、主城—呈贡、空港—呈贡 3 条相互连接的隔离带作为主城区、呈贡新区和空港经济区组团之间的绿心和隔离，并延伸至滇池。另外在滇池流域东侧和南侧地区依据廊道分析结果划定呈贡—度假区—马金铺片区、马金铺—晋城、晋城—昆阳 3 条隔离带。滇池西岸流域范围较小，因此考虑滇池流域以西地区的地形条件，以滇池为源点，选择阻力最低的地区为起点，向外划定昆阳—海口、海口—安宁—西山 2 条城市生态隔离带。这些城市生态隔离带内严格禁止新增建设用地，现有的建设逐步外迁，保证城市生态隔离带内以林地、草地、耕地、果园等为主的生态价值高、景观阻力小的用地类型，使其成为昆明城市组团式空间发展格局的重要生态廊道保障。

4.3 对于城市可持续发展的意义

城市生态隔离带的建设能够对滇池流域景观生态安全格局中最为重要的生态连接廊道进行严格保护，防止城市建设无序扩张，保障城市生态安全，对城市的可持续发展具有重要意义。其主要作用表现在：保护林地生态空间，为野生动植物提供生存空间和连接廊道；有利于水土保持、水源涵养；保护自然水体，改善水环境；改善城市环境和景观风貌；调节微气候，缓解城市热岛效应；改善空气质量等。

5 结语

作为典型的资源环境承载力有限的高原湖滨城市，研究滇池流域景观生态安全格局，协调生态安全和城市建设之间的关系对昆明尤为重要。本文结合昆明城市生态隔离带规划的实例，从景观生态学的视角出发，运用最小累积阻力模型分析滇池流域的景观生态安全格局，并在廊道分析的基础上划定城市生态隔离带，为保障滇池流域生态安全，引导城市向多中心组团式空间发展，促进滇池流域可持续发展提供参考。

[参考文献]

[1] 俞孔坚，李迪华，韩西丽. 论"反规划" [J]. 城市规划，2005，29（9）：64-69.

[2] 刘存丽，陆铭峰. 南京市景观生态空间格局演化分析 [J]. 国土与自然资源研究，2006（4）：56-58.

[3] 李纪宏，刘雪华. 基于最小费用距离模型的自然保护区功能分区 [J]. 自然资源学报，2006，21（2）：217-224.

[4] 周昕. 昆明城市空间形态演变研究 [J]. 规划师，2008（11）：71-76.

[5] 俞孔坚，奚雪松，王思思. 基于生态基础设施的城市风貌规划：以山东省威海市城市景观风貌研究为例 [J]. 城市规划，2008（3）：87-92.

[6] 俞孔坚，王思思，李迪华，等. 北京市生态安全格局及城市增长预景 [J]. 生态学报，2009，29（3）：1189-1204.

[7] 刘孝富，舒俭民，张林波. 最小累积阻力模型在城市土地生态适宜性评价中的应用：以厦门为例 [J]. 生态学报，2010，30（2）：421-428.

[8] 胡道生，宗跃光，许文雯. 城市新区景观生态安全格局构建：基于生态网络分析的研究 [J]. 城市发展研究，2011（6）：37-43.

[9] 陈燕飞，杜鹏飞. 基于最小累积阻力模型的城市用地扩展分析 [C] //中国城市规划学会. 和谐城市规划：2007 中国城市规划年会论文集. 哈尔滨：黑龙江科学技术出版社，2007.

[10] 胡云. 基于景观生态安全格局的武汉市绿地系统规划研究 [D]. 武汉：华中科技大学，2007.

[11] 雷忠兴. 基于景观生态安全格局的空间管制规划：以"帽儿山"为例 [D]. 长沙：中南大学，2008.

[作者简介]

和艳，工程师，就职于昆明市规划设计研究院。

李迎彬，规划师，就职于昆明市规划设计研究院。

基于 GIS 的历史村落保护更新规划的应用

——以昆明市高新区马金铺化城村历史文化保护与更新规划为例

□李迎彬

摘要：城市规划历来是以地理空间信息为设计与管理的基础，强调有据可依，需要建立在更为科学的信息支持基础上。GIS 以其强大的地理信息空间分析功能，在城市规划项目中发挥着越来越重要的作用，它的发展与城市规划设计领域的实践是相互促进的。在 GIS 中可以打破传统的二维规划，实现三维空间规划，体现了 GIS 在城市规划设计中的优越性。GIS 在村落保护与更新规划中也有一定的优越性。本文以昆明市高新区马金铺化城村历史文化保护与更新规划为例，依托 GIS 强大的空间分析能力和三维模拟及统计能力，通过对马金铺化成村进行全方位的场地分析、建筑物分析、环境三维模拟、建筑物保护综合评价等以辅助村落保护与更新规划。此外，本文研究对村落（历史街区）保护更新规划、详细规划、城市设计等方面有一定的实践意义，可提高类似项目的工作效率，同时为科学决策提供优越的方法与平台。由于城市规划设计涉及内容庞大、复杂，因此如何更好地发挥 GIS 在城市规划设计领域中的作用，仍需进一步分析探讨。

关键词：GIS 技术；历史村落；保护更新；场地；建筑；分析评价

1 引言

自 20 世纪 90 年代以来，中国各方面快速发展，伴随着城市规模的快速扩张，城市人口数量、建成区面积也在快速增长，带来了城市的扩张，同时给城市规划设计行业带来前所未有的机遇和挑战。目前，城市规划工作涉及内容广泛、复杂，规划调整频繁，如何同时保证其效率与质量，创新城市规划设计方法等，给城市规划设计人员带来巨大的挑战。传统城市规划设计的技术和方法已经无法满足现代城市规划设计的要求。

城市规划是作为人类在城市发展中维持公共生活空间秩序的一种未来空间安排的意志。从更本质的意义上看，城市规划是人居环境各层面的、以城市层次为主导工作对象的空间规划。因此，城市空间要素的分析十分重要，空间信息技术发展可为城市空间分析与决策提供技术和方法。GIS（地理信息系统）拥有强大的空间分析功能，能够处理海量数据，作为城市规划师的工具箱与数据库，它能够提高工作效率与质量，能为规划设计人员的科学决策提供有效保障。

2 GIS 概述

2.1 GIS 的基本概念

地理信息系统（Geographic Information System 或 Geo-Information system，GIS）有时又称为"地学信息系统"或"资源与环境信息系统"，是一种特定的十分重要的空间信息系统。它是在计算机硬件、软件系统支持下，对整个或部分地球表层（包括大气层）空间中的有关地理分布数据进行采集、储存、管理、运算、分析、显示和描述的技术系统。GIS 处理、管理的对象是多种地理空间实体数据及其关系，包括空间定位数据、图形数据、遥感图像数据、属性数据等，用于分析和处理在一定地理区域内分布的各种现象和过程，解决复杂的规划、决策和管理问题。

2.2 GIS 的核心问题

GIS 要解决的核心问题包括位置、条件、变化趋势、模式、模型。位置，即在某个特定的位置有什么；条件，即什么地方有满足某些条件的东西；变化趋势，该类问题需要综合现有数据，以识别已经发生或正在发生变化的地理现象；模式，该类问题是分析与已经发生或正在发生事件有关的因素。地理信息系统将现有数据组合在一起，能更好地说明正在发生什么，找出发生事件与哪些数据有关；模型，该类问题的解决需要建立新的数据关系以产生解决方案。

2.3 GIS 的主要研究内容

2.3.1 输入

大多数的地理数据是从地图输入 GIS，常用的方法是数字化和扫描。

目前 GIS 的输入正在越来越多地借助非地图形式。遥感就是其中的一种形式，遥感数据已经成为 GIS 的重要数据来源。地理数据采集的另一项主要进展是 GPS 技术。

2.3.2 存储

GIS 中的数据分为栅格数据和矢量数据两大类，如何在计算机中有效存储和管理这两类数据是 GIS 的基本问题。大多数的 GIS 系统中采用分层技术，即根据地图的某些特征，把它分成若干层，整张地图是所有层叠加的结果。在与用户的交换过程中只处理涉及的层，而不是整幅地图，因而能够对用户的要求做出快速反应。

2.3.3 地理数据的操作和分析

GIS 中对数据的操作提供对地理数据有效管理的手段。对图形数据（点、线、面）和属性数据的增加、删除、修改等基本操作大多可借鉴 CAD 和通用数据库中的成熟技术。通过 GIS 提供的空间分析功能，用户可以从已知的地理数据中得出隐含的重要结论，这在许多应用领域中是至关重要的。

2.3.4 输出

将用户查询结果或数据分析结果以合适的形式输出是 GIS 问题求解过程的最后一道工序。输出形式通常有两种：在计算机屏幕上显示或通过绘图仪输出。

2.4 GIS 的特点

2.4.1 空间可视化

空间地物轮廓特征可视化。信息系统是对现实世界的计算机模拟，而地理信息系统则突出它对现实世界空间关系的模拟，使人们对空间中各事物的状态有一个非常直观的感受。无论是在屏幕上展示一幅可以无级缩放和信息查询的地图，还是展现一幅三维的地形模型，都使人们对现实世界空间关系的认识更为直观、具体。

2.4.2　空间导向

利用 GIS，人们不仅可以纵览研究区域的全域，还可以利用缩放和漫游等 GIS 所提供的基本功能深入到人们更感兴趣的区域。一个完善的 GIS 可提供空间数据库功能，使人们可以以小比例尺查看全局，以中比例尺查看局部，以大比例尺查看细部。在比例尺不断增大的同时，展现给用户的空间信息内容也会不断更新。

2.4.3　空间思维

GIS 的空间数据库在存储各地物空间描述信息的同时，还存储了地物之间的空间关系，这一特点为进行空间分析提供基础。GIS 的空间思维，就是要利用 GIS 数据库中已经存储的信息，通过 GIS 的工具（例如缓冲区分析、叠置分析），生成 GIS 空间数据库并求存储的信息。GIS 将许多空间分析工具集成起来，提供二次开发工具。在进行空间分析时，用户将各种分析工具按所研究领域的专业模型组织成一个程序（即计算机可以识别和操作的思路），交由 GIS 完成，最后由 GIS 提供空间可视化的分析结果。

GIS 的空间思维功能使人们能够完成揭示空间关系、空间分布模式和空间发展趋势等其他类型信息系统所无法完成的任务。

3　GIS 与城市规划设计

城市规划设计工作中的核心内容是对充实建设中的多方面问题进行现状调查分析，做出科学合理的预测，并对相关问题的解决和未来发展方向做出科学决策。GIS 自身具有的技术手段和技术优势为城市规划决策提供独特而强有力的支持。GIS 辅助城市规划决策是 GIS 应用于城市规划设计中的一个研究重点。

3.1　GIS 与 CAD

如今，城市规划设计行业大多依托计算机辅助设计（CAD）进行设计，CAD 促进产生建筑物和基本建设的设计和规划。虽然目前 CAD 已经扩展至可以支持地图的设计，但是在管理和分析大型的地理数据库方面仍有局限性。

首先，GIS 是图形和属性的结合体，而 CAD 是单纯的图形，很难和大数据量的属性信息关联；其次，GIS 中的图形有拓扑信息，可以进行各种复杂的矢量和栅格空间分析，而 CAD 图形要素之间的关系是松散的，没有空间的概念；再次，GIS 可以做多种基于图形或属性的查询统计，也能制作各种表现形式的专题图，而 CAD 一般不能；最后，GIS 能处理大数据量，甚至是高达数 10 G 的海量数据，也能读写存储于数据库中的空间图形，而 CAD 则不能。

3.2　GIS 技术在城市规划中的作用

3.2.1　GIS 为规划提供直观和理性的工具

GIS 由于其对空间数据与属性数据的统一管理与分析能力，弥补了原来城市规划纯图形、纯文字的缺陷，使空间数据的图形表达与属性数据的空间分析有了很大的提高，为城市规划师提供一个直观和理性的工具。

3.2.2 GIS 对规划数据的存储管理与分析功能

GIS 可以管理大容量的数据，支持多种形式的空间数据，提供良好的数据维护更新能力，以及查询、叠加、聚类、网络、邻近空间信息的能力，对城市规划空间分析的理性化具有重要意义。

3.2.3 GIS 辅助规划决策

GIS 对空间数据具有强大的分析能力，可以辅助规划师更好地通过对规划方案的模拟、选择、评估等进行规划决策。

3.2.4 GIS 使城市规划过程动态、实时

GIS 由于数据更新的快捷性、空间分析的实时性，为城市规划的动态调整提供了良好的技术支持。借助 GIS，可以对城市规划的实施进行监督反馈，及时对规划方案进行调整，使城市规划处于一个通畅的良好循环状态。

3.3 GIS 技术在城市规划设计应用中的纯技术性分析

GIS 技术在城市规划中的应用，可以分为城市规划管理与城市规划设计两大主要领域。在城市规划设计领域，从 GIS 的纯技术角度考虑，其应用主要有以下方面。

3.3.1 GIS 技术在城市规划设计中的应用

按照城市规划设计业务的纵向过程，城市规划工作分为规划前期准备、规划方案编制、规划成果包装 3 个阶段。从技术可能性的角度分析，GIS 技术在这 3 个阶段的应用如下。

一是信息统一管理。在规划的基础资料收集阶段，建立规划地区范围的 GIS 现状基础信息库，为规划前期的各种分析，提供现状空间与属性信息的统一管理、查询检索和动态更新服务。

二是规划分析决策。基于 GIS 环境的空间查询、统计、分析等功能，利用各种基础数据资料，为各类规划编制的条件分析、方案制定与评价选择提供空间分析支持和决策辅助。

三是规划数字成果。在规划最终成果的制作阶段，提供基于 GIS 标准的规划成果数字产品，使规划管理部门可以得到直接为 GIS 系统所接受的规划成果，方便规划管理部门更好地利用 GIS 技术优势，为城市建设与规划管理实现办公自动化服务。

3.3.2 应用分析

一是信息统一管理。其主要的工作量集中在规划前期收集用于 GIS 数据库的基础资料，统一高效地管理规划区域的空间信息和社会经济等属性信息，最终服务于规划编制阶段 GIS 技术的应用，为其提供辅助规划分析决策所需的 GIS 基础数据库。其主要特点是基础工作量巨大，数据库的规范化设计有赖于相关信息的国家技术标准的进一步完善，人力物力投入巨大，其效益依赖于规划编制阶段分析决策过程中对 GIS 基础数据库的充分利用程度。

二是规划分析决策。其所有的工作建立在 GIS 数据库的基础上，利用 GIS 数据与分析功能，针对规划方案制定过程中的具体问题，提供信息参考与决策支持。其主要特点是技术难度大，目前尚处于研究探索阶段，离实际应用还有一定的距离。同时，辅助规划决策有利于提高规划方案的科学定量化水平，这也是 GIS 在城市规划设计领域应用的关键问题和最高目标。

三是规划数字成果。其致力建立符合 GIS 技术标准的规划数据产品，可以直接为基于 GIS 的规划管理信息系统所利用，有效地避免 GIS 数据库建设中规划数据的瓶颈问题。主要特点是直接依赖于数据标准化工作的完善，在标准化的基础上建立空间数据库文件和属性数据文件，从而使在 CAD 环境下制作的规划成果，可以同时满足 GIS 技术的数据标准，为规划管理领域的图文办公自动化等系统有效利用。

3.4 GIS 在城市规划设计各层面中的应用

GIS 在城市规划设计的各层面中广泛应用，覆盖范围广泛，以下是 GIS 在市域城镇体系规划、城市总体规划、详细规划 3 个方面的应用。

3.4.1 GIS 在市域城镇体系规划中的相关应用

GIS 在市域城镇体系规划中应用如下：各城镇发展优势度分析（宏观为区位、交通，微观为人口、经济、资源），确定优先发展的城镇；各级城镇人口规模、用地规模、经济规模比较分析；各级城镇第一、第二、第三产业产值的量与构成比例分析，产业结构布局，人均、地均产值比较分析；各级城镇城市化水平分析，非农人口比例总量分析；各城镇主导产业类型和数量分析，确定优先发展产业和产业的整合与聚集；各城镇的人口构成分析（年龄、性别、职业、文化程度），比较分析各城镇的社会发展水平；各级城镇的经济影响区划分，确定各级城镇的辐射范围，进行相应的城镇等级结构调整等。

3.4.2 GIS 在城市总体规划中的相关应用

GIS 在城市总体规划中应用如下：现状地形地貌分析（坡度、坡向、高程、水文）；现状用地分析，用地构成及空间分布情况；用地适宜性评价分析，城市建设用地的发展方向，可拓展用地分析、用地潜力分析；设施服务区分析（交通设施、商业设施、医疗设施、中小学及其他公共服务设施和市政公共服务设施）；流域分析（自然水系汇流、汇流盆地、流程等）；人口密度、经济密度（人均、地均）分析；城区不同年份的空间扩展研究（耕地变化，水域变化，绿地变化，各类用地变化，新增建设用地分布，未变部分，转移部分），分析城市发展的脉络与动力机制及存在问题；交通规划分析（各级道路比例，路网密度，各区的路网密度，交通流量计算及交通组织）；防灾规划分析（疏散通道、防灾设施服务区的确定）；各种技术指标的统计计算和图表制作等。

3.4.3 GIS 在详细规划中的相关应用

GIS 在详细规划中应用如下：现状地形地貌分析（坡度、坡向、高程、水文、地形曲率、地形剖面）；现状道路分析（功能、等级、质量、宽度），路网密度和各级道路比例分析；建筑质量分析；建筑高度分析；拆迁量计算；用地开发强度分析；竖向规划（道路竖向现状标高的自动提取，挖填方的计算）；技术经济指标计算、用地平衡表计算；基于空间实体的三维再现；视线、视域、视线通廊分析；建筑高度、体量、色彩与周围环境的关系分析；各三维建筑的属性信息及查询，等等。

GIS 虽然功能强大，但也不是万能的，应该树立对 GIS 作为新兴技术的正确认识，将 GIS 放到一个合适的地位去理解和应用。在现阶段，规划师还应根据实际情况，在规划设计过程中注重 GIS 与 CAD 的集合应用，GIS 偏重管理和分析，而 CAD 侧重于制图，两者在功能上的着重点不同，应促成两者在规划设计工作中的有效配合，从而使城市规划设计工作更高效、更科学。

4 基于 GIS 的昆明市高新区马金铺化城村历史文化保护与更新规划的应用

在历史文化保护与更新规划的项目中，现状调研、场地分析、建筑分析统计、建筑保护价值评价所用时间占整个项目用时的比重很大。其中建筑分析统计、评价等内容由于建筑数据庞大、复杂，而且面临编制过程中信息的实时更新问题，传统的技术手段在 CAD 中采用分图层数据录入、统计的方法，耗费了大量的人力物力；在 GIS 中，其属性数据与空间数据融合，加上其强大的分析工具，能在很大程度上提升工作的效率与质量。

在项目实施过程中，根据项目定义属性域，建立建筑信息属性字段，然后将数据库分发的项目组成员进行数据录入，通过建立数据库结合数据进行相关叠加分析，能够快速录入相关数据及信息（如点击建筑，可以查看此建筑的建筑年代、建筑质量、建筑高度等信息），能够同时了解建筑物的各种信息，作为分析评价、决策支持的基础。

本文从现状场地、建筑物分析、空间环境三维模拟分析、建筑物保护价值综合评价四个方面阐述 GIS 在昆明市高新区马金铺化城村历史文化保护与更新规划中的应用。

4.1　马金铺化成村的场地分析

用地形图中有标高信息的数据建立场地数字高程模型，通过空间分析，对高程、坡度及坡向、水文、场地进行三维模拟分析，作为规划、市政板块工作的决策支撑基础。

4.2　空间环境三维模拟

提取地形图中的各类信息如地形地貌、水体、植被、道路交通、建筑物等，模拟真实三维世界，多方位、多角度地审视历史村落的高度和风貌，实现在三维仿真的空间环境中进行规划设计（图 1 至图 7），直观易懂，以提升空间分析的能力，为决策提供支持。

图 1　化城村北立面图

图 2　化城村东立面图

图 3　化城村西立面图

图 4　化城村南立面图

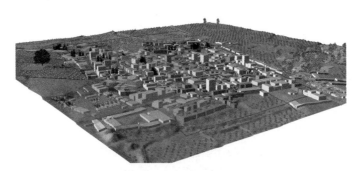

图 5　化城村东北部鸟瞰图

图 6　化城村西部鸟瞰图

图 7　化城村北部鸟瞰图

4.3　建筑物分析

通过对录入的属性字段的符号化得出建筑物相关分析图（鸟瞰图通过在 ArcScene 中根据建筑高度属性拉升形成体块）；根据属性字段统计出建筑相关量的数据（建筑物相关统计，在传统的 CAD 中，需要花费巨大代价才能够完成；在 GIS 中，建筑面积的统计只需要新建一个双精度字段，输入类似"建筑基底面积 * 层数"的表达式，进行汇总，能快速准确地统计出建筑面积，工作效率高效）。

4.3.1　现状建筑年代调查与评价

按照范围建筑特征，规划范围内的建筑年代分为以下四类：明清时期、清末民国时期、中华人民共和国成立至 20 世纪 80 年代及 20 世纪 80 年代后（表 1）。传统建筑数量有一定基础，但现代建筑的更新，给传统建筑的保护带来挑战。

表 1 现状建筑年代分类统计表

建筑年代分类	建筑数量/栋	建筑基底面积/m²	建筑面积/m²	建筑面积所占比例/%
明清时期	16	1776	2961	1.99
清末民国时期	340	14980	29135	19.59
中华人民共和国成立至20世纪80年代	158	9197	15961	10.73
20世纪80年代后	750	50409	100661	67.69
合计	1264	76362	148718	100.00

4.3.2 现状建筑的传统风貌和历史文化价值调查与评价

按照范围建筑的风貌特征，规划范围内的建筑风貌可分为四类：一类风貌、二类风貌、三类风貌、四类风貌（表2）。传统风貌不协调的建筑（四类风貌）较多，未来完善和改造的任务较重。

表 2 现状建筑风貌评价分类统计表

建筑风貌分类	建筑数量/栋	建筑基底面积/m²	建筑面积/m²	建筑面积所占比例/%
一类风貌	23	1989	3387	2.28
二类风貌	54	2787	5493	3.69
三类风貌	432	21082	39403	26.50
四类风貌	755	50504	100435	67.53
合计	1264	76362	148718	100.00

4.3.3 现状建筑质量调查与评价

按照范围建筑的质量特征，规划范围内的建筑质量可分为四类：质量好的建筑、质量良好的建筑、质量一般的建筑、质量差的建筑（表3）。传统建筑整体的建筑质量较差，新建的现代建筑整体建筑质量较好，传统建筑物需改造提升建筑质量的数量较多。

表 3 现状建筑质量分类统计表

建筑质量分类	建筑数量/栋	建筑基底面积/m²	建筑面积/m²	建筑面积所占比例/%
好	408	33809	75531	50.79
良好	232	15015	27617	18.57
一般	402	18633	34716	23.34
差	222	8905	10854	7.30
合计	1264	76362	148718	100.00

4.3.4 现状建筑结构调查与评价

按照范围建筑的结构特征，建筑结构可分为四类：框架结构、砖混结构、土木结构、土坯和临时搭建（表 4）。村民美好生活需要的现代建设和传统历史文化的传承与保护冲突较大。

表 4　现状建筑结构分类统计表

建筑结构分类	建筑数量/栋	建筑基底面积/m²	建筑面积/m²	建筑面积 所占比例/%
框架结构	421	34884	78489	52.78
砖混结构	190	11397	18819	12.65
土木结构	492	24128	45457	30.57
土坯和临时搭建	161	5953	5953	4.00
合计	1264	76362	148718	100.00

4.3.5　现状建筑层数调查与评价

现代建筑总体以一层、二层建筑为主，可以看出村落总体的建筑高度较为协调（表 5），部分高层数的建筑是未来整治提升的重点之一。

表 5　现状建筑层数分类统计表

建筑层数/层	建筑数量/栋	建筑基底面积/m²	建筑面积/m²	建筑数量 所占比例/%
1	375	15481	15481	29.67
2	799	51490	102983	63.21
3	79	8409	25226	6.25
4	5	344	1375	0.40
5	1	176	882	0.08
6	5	462	2771	0.40
合计	1264	76362	148718	100.00

4.3.6　现状建筑功能调查与评价

村落内的建筑以居住用途为主，功能单一，复合性不足，其综合服务设施难以满足村民及游客基本的服务需求，未能发挥历史村落的文化价值和旅游价值（表 6）。

表 6　现状建筑功能分类统计表

建筑功能分类	建筑数量/栋	建筑基底面积/m²	建筑面积/m²	建筑面积 所占比例/%
R4	1103	60979	117808	79.22
R42	8	687	1074	0.72
C12	12	1394	3903	2.62
C21	55	4575	10000	6.72
C24	1	92	275	0.19
C25	5	999	1966	1.32

续表

建筑功能分类	建筑数量/栋	建筑基底面积/m²	建筑面积/m²	建筑面积所占比例/%
C36	8	511	1003	0.67
C7	22	1908	3349	2.25
CR	29	2600	5620	3.78
E7	11	1561	2205	1.48
W1	10	1056	1515	1.03
合计	1264	76362	148718	100.00

4.4 建筑物保护价值综合评价

选取建筑风貌、建筑质量、建筑年代 3 个大类因子和 13 个小类因子通过 ArcGIS 进行空间加权叠加分析，得出建筑物保护价值综合评价，作为历史村落建筑保护整治决策的基础（表 7）。评价值越高，其保护价值越高，这也是未来重点保护修复的重点；评价值越低，其保护价值越低。历史村落建筑作为未来整治的重点，需完善公共服务配套等重要空间。

表 7 建筑物保护价值综合评价表

评价因子	评价等级	评价分值	权重
建筑风貌	一类（好）	5	0.4
	二类（较好）	4	
	三类（中）	3	
	四类（一般）	2	
	五类（差）	1	
建筑质量	一类建筑（框架结构）	3	0.2
	二类建筑（砖混结构）	2	
	三类建筑（土木结构）	5	
	四类建筑（土坯和临时搭建）	1	
建筑年代	一类（明清时期）	5	0.4
	二类（清末民国时期）	4	
	三类（中华人民共和国成立至 20 世纪 80 年代）	2	
	四类（20 世纪 80 年代后）	1	

以综合评价分析为基础，结合现场踏勘、走访等实际情况，综合分析得出建筑物修缮、维修改善、保留和整修、改造、拆除的保护整治方案，作为历史村落保护整治工作的依据（表 8）。

表8 建构筑物保护措施分类表

建筑级别	文物保护单位	保护建筑	历史建筑	一般建（构）筑物与历史风貌无冲突（甲）	一般建（构）筑物与历史风貌无冲突（乙）	一般建（构）筑物与历史风貌有冲突
保护措施	修缮		维修改善	保留	整修、改造、拆除	
建筑基底面积/m²	2112.40		2749.32	7150.50	64350.44	
建筑面积/m²	2301.80		5498.64	13585.95	127330.73	
所占比例/%	2.77		3.60	9.36	84.27	

5 结语

本文将 GIS 和城市规划设计相结合展开研究，在历史村落保护更新规划的工作方法上取得了一定的进展与成绩，能够提高类似项目的工作效率，同时为科学决策提供优越的方法与平台，利于后期成果入库，实现数字化管理。

地理信息系统的空间分析技术在城市规划设计领域有着极为广泛的应用及发展前景，三维 GIS 应用到城市规划设计中，直观易懂，可提升空间设计能力。同时，GIS 和城市规划学科各自的涉及面广泛且复杂，未来如何更好地实现学科融合以支撑项目生产，如何更好地发挥 GIS 在城市规划设计领域中的作用，仍需进一步探讨与研究。

［参考文献］
[1] 李德华. 城市规划原理：第三版 [M]. 北京：中国建筑工业出版社，2001.
[2] 邬伦，刘瑜，张晶，等. 地理信息系统：原理、方法和应用 [M]. 北京：科学出版社，2005.
[3] 詹庆明. 城市规划中的空间地理信息与决策支持 [M]. 武汉：武汉大学出版社，2009.
[4] 吴信才，全国 GIS 应用水平考试教材编写委员会. 全国 GIS 应用水平考试重要知识点复习一本通：一级 [M]. 武汉：武汉大学出版社，2016.
[5] 郝力. 城市规划管理中 GIS 应用的若干经验与才识 [J]. 城市规划，1998 (1)：50-52.
[6] 薛恒安，尚明. GIS 在城市规划设计应用中的理性分析 [J]. 城市勘测，2004 (1)：23-25.
[7] 廖英，李昆雄，邓凤鸣. 马金铺化城村保护更新规划的探索 [J]. 云南建筑，2012 (1)：132-136.
[8] 王广震. 基于 GIS 的城市规划设计方法及应用研究：以城市竖向规划设计为例 [D]. 西安：西安建筑科技大学，2005.

［作者简介］
李迎彬，规划师，就职于昆明市规划设计研究院。

珠海国土空间规划研究

"以人为本"的工业区规划方法创新探索

——以珠海市富山工业园龙山组团控规为例

□张一恒

摘要：改革开放40年来，工业化与城市化相互促进，工业园、产业新城和开发区等在城市发展过程中遍地开花。工业园在实施建设中往往面临着和城市中心城区不一样的问题，因此传统的规划方法对工业园开发并不一定适用。本文选取珠海市富山工业园的龙山组团为研究对象，探索已建设多年的工业园区在规划方法上的创新，在用地整理、道路交通、公共服务设施、景观风貌、市政设施、园区管理6个方面进行具体研究，形成切实解决企业发展诉求和指导规划管理的成果，是一次紧密围绕企业、员工和村民发展诉求的规划编制实践。希望本研究可为国内类似地区的城市规划和建设工作提供借鉴和参考，将规划建设工作更多地由服务"城市"转换为服务"人"，提高对城市非核心区域和底层人民生活的关注度。

关键词：以人为本；新型城镇化；高质量发展；规划方法；工业地区；珠海市富山工业园

1 引言

回顾改革开放40年历程，工业化的发展在一定程度上推进了城镇化的进程。工业园、产业新城、开发区等不断出现，这类地区的开发建设被视为城市地区重要的空间、人口增长引擎，是决定城市未来经济发展的重要因素。工业园区有其独特性，它与一般城市中心区或者城镇地区不一样，地方政府在招商引资过程中，往往只关注于工业用地的出让，强调的是土地产出和税收，而忽略了为产业工人服务的居住、商业、公共服务等生活配套功能，使得"产与城"无法进行真正的融合。

"十四五"时期将是我国"两个一百年"奋斗目标的历史交汇期，也是国家富强、民族复兴征程中重要的发展转型期。这个时期将更为关注健全城乡融合发展体制机制，促进城乡要素自由流动、平等交换和公共资源合理配置。遵循以人为本、因地制宜、分类管控原则来编制规划，探索不同类型地区的特有规划方法和规划对策是深化改革的一个特征。本文以珠海富山工业园龙山组团的规划为例，从"以人为本"的角度，突出公共服务设施网络化、均等化和全面覆盖的布局形式，从服务工人和企业角度出发，对已建的工业地区进行规划提升和策略创新。

2 规划区现状特征

2.1 对存量工业区、工业用地预留的配套考虑不足

本次研究区域位于珠海富山工业园东北地区，地处崖门水道与黄杨山之间，是粤西地区进入珠海市的西部门户。30 km范围内能到达江门银洲湖、珠海西部中心城和珠海机场，总体范围804.91 hm²。

本次研究区域属于龙山工业组团，已建设实施17年，目前已基本建设完成。现状已建设产业类型可以黄杨大道为界，分为6个组团，涉及产业用地面积259.11 hm²，就业人口25351人。研究区域具有典型的存量型工业区的发展特征，主要有以下几点。

从用地来看，整体开发强度较低，存在土地闲置、产业发展不集约的问题。装备制造、电子信息和传统制造等产业建设粗具雏形，形成一定的规模，但是用地集约性不足，存在大量闲置用地；同时道路与交通设施用地占城市建设用地的比例仅为13.31%，公用设施用地占比为1.10%，这两类用地的配置不足，导致现状组团内存在开车堵、停车难、生活服务难的问题。

从道路交通来看，道路结构不完整，公共交通和慢行交通情况不佳，缺少道路交通设施，无交通组织。西部沿海高速与黄杨大道过境，对外交通基础设施良好；规划区内现状停车设施不能满足企业需求，部分路段缺乏慢行空间，道路建设有待提升；公交路线需根据企业员工的诉求作一定的调整。

从公共服务来看，设施类型不完全，规模偏小，对规划范围以外的设施依赖较大。服务配套设施建设滞后，目前配套服务主要依赖小濠涌村和斗门大道两侧的服务设施，商业与体育休闲设施不足；部分企业员工反映子女就近入学困难。

从景观风貌来看，景观形象较差，缺乏管养，功能单一，缺少公共活动的开敞空间。现状自然山水特色不凸显，龙山湖、小濠涌、高压走廊水渠等景观未得到利用；小濠涌村现状村居风貌形象一般，村落的历史人文特色尚待挖掘。

从市政设施来看，市政管网的覆盖率与系统性有待提升。较为突出的问题是污水收集不足，有偷排漏排现象；雨水收集凌乱、缺乏系统性，且管渠排水标准偏低，因此造成逢雨必涝的现象。

从园区管理来看，已出让地块占比较高，类型繁多，缺乏企业入驻相关要求。按目前实施的控规或建设规划，无法有效指导开发建设，亟须形成有效的控规成果。为留住人员，部分规模较大的企业提供200～600元不等的住房补贴，企业员工对住宿有很大的需求；同时，无法提供家庭宿舍，难以满足员工带眷需求。

2.2 员工调查满意度低，亟须编制服务好员工和企业的规划

本次研究对园区企业和员工进行问卷调查摸底，分析大家对规划区内的满意度和意见。从结果来看，企业对园区公共服务配套的满意度均低于3.0分（满分为5分），对公共服务配套的重视程度基本高于3.5分，可见园区公共服务配套现状与企业需求之间存在较大差距（图1）。在现场调研中，企业对公共配套的意见集中在以下方面。

一是小孩上学难。现状幼儿园、小学存在距离远、名额少等问题，员工子女难以入学。

二是员工住宿难。家庭宿舍数量少，难以满足员工带眷需求。

三是休闲娱乐难。缺乏超市等基本生活配套和较大型的商业、娱乐设施，无法满足员工业余休闲的需求。

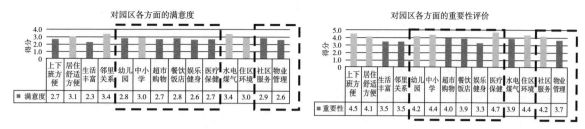

图 1　对研究区域内的满意度调查

企业员工对园区环境表示满意的人数仅有 42%，不满意的原因主要包括路灯需完善；娱乐设施不健全；文体设施少，子女无法就读公办学校；无商圈，无生活功能，生活配套设施不完善；商业区离公司地址太远；环境有待改善；噪声过大；园区绿化不够，交通不便，尤其是富山工业园外出前往市区办事坐车要 2 个小时等。

有 41% 的企业员工期待相应配套设施距离园区 500～1000 m，而期待距离 300～500 m 与 300 m 以下的企业员工占比相当，均超过 20%（图 2）。

在购物、吃饭、娱乐三大需求方面，企业员工愿意花更多钱去购物、吃饭，其次才是休闲娱乐。员工希望增加的商业服务设施主要为餐厅和超市等；休闲娱乐设施主要为室内运动场所和露天球场等；生活服务配套设施则主要希望增加银行、诊所、图书室等（图 2）。同时，员工对早餐店、酒店、健身房、小型公园等也有诉求。

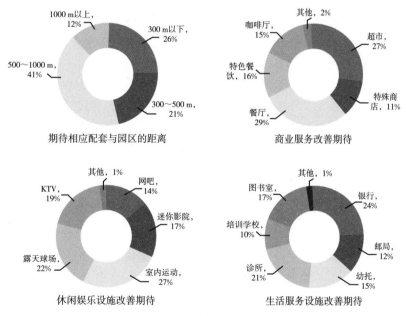

图 2　对研究区域内的改善意向调研

3　规划提升思路

本文基于法定规划全覆盖要求及解决内部企业诉求和困难的角度开展研究，以富山新城总规和相关研究为基础，控制性规划重点在于对用地整理提升、道路交通提升、公共服务提升、景观绿化提升、市政设施提升和企业服务提升等几个方面进行完善（图 3）。

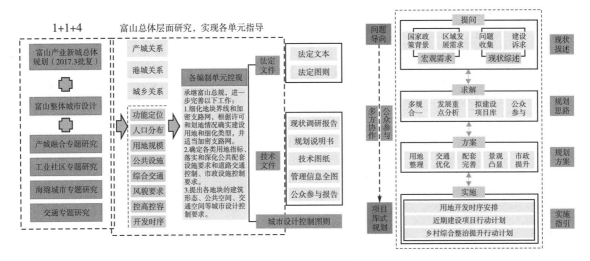

图3 本次规划思路

3.1 用地整理提升：全面整理和盘活存量用地，创新土地利用方式

3.1.1 现状保留区——推进土地盘整和增资扩产

现状存量土地的闲置比例达到15%，需推动企业全力盘活闲置用地。应全力支持格力系龙头产业的集群建设，鼓励已建满且运行良好的企业增资扩产；推动现状厂房内的66.88 hm²的闲置用地进一步进行产业化建设，鼓励适当增加停车、休憩等公共设施。

对用地生产与污染评估不合格的已建企业，建议其进行产业转型或清退。

3.1.2 更新改造与新增区提升——开展重点实践

一是高压走廊活化改造。龙濠路东侧的220 kV架空线、110 kV架空线、10 kV架空线占据了80 m防护绿地，现状存量土地未能有效利用。通过建设综合管廊管线入廊，将大力改善3点状况：第一，拓宽原龙濠路，由两车道拓宽至四车道；第二，合理拓宽东侧排洪渠和增加防护绿地；第三，释放出南北长1.5 km、东西宽44～53 m的可利用的土地空间，该空间可有效利用为员工宿舍、停车区、工业邻里、商业区、公园等功能。

二是龙山湖周边土地盘整。龙山湖片区占地面积约为850000 m²，经查，用地范围内共有权属用地25宗，总用地面积530000 m²。结合实际可开发性，将其分为5类用地，制定近远期实施方案。其中有12宗用地现状建设情况和经营情况较差，不符合片区规划要求，本次规划中保留近期现状功能，如能收地或者调地，则按规划的远期功能执行。

三是村留用地开发利用。在与各村谈定的留用地范围内，原则上按生产性和生活性各1：1的比例进行安置，既要能符合规划要求，也要利于村庄发展需要。留用地容积率指标统一为2.0。第一，桥上五村留用地，50%建筑面积为生活性功能（村民住宅、公寓、设施配套等），50%建筑面积为生产性功能（村办工厂、商业办公等）。第二，小濠冲村留用地1，M1（工业用地）和R4（村民住宅、公寓和幼儿园）各占13.2 hm²。第三，小濠冲村留用地2，50%建筑面积为生活性功能（村民住宅、公寓、邻里中心等），50%为生产性功能（产业、商业办公）。

3.2 道路交通提升：以问题为导向提出改进措施和建议

道路交通提升的思路，本文以各方面问题为导向提出改进措施和建议。主要从6个方面提出针对性的建议。

3.2.1 道路路网结构优化

主要解决片区西侧内部道路交通建设不完善、尽端路多、路网密度低的问题。本次解决方案是以具体可建性为导向，一是做好对外路口衔接；二是补充支路网络（补充小濠涌村周边居住组团路网；在市医通贸易延侧增加支路；结合地形增加环山路，缓解黄杨大道交通压力，增加山体休闲功能等）；三是拆除企业围栏，恢复城市交通通行功能等。

3.2.2 道路断面优化

主要问题是部分道路人车混行，龙濠路路宽不能满足实际需求，西侧道路的宽度不符合标准，缺少公交专用道。目前提出的解决方案是完善所有市政道路的慢行空间，实现机动车、非机动车道路分离以及自行车道、步行道分离，道路沿线自行车道宽度不低于 2.5 m，机动车车道宽度控制在 3.5 m，同时结合防护绿地增加园区配套设施，实施弹性控制道路功能。

3.2.3 慢行系统优化

主要问题是 582 县道、龙山一路、工业大道的现状慢行空间缺失；同时部分慢行道被占用堵塞，路况情况差，使用率低，行人过街存在安全隐患。目前提出的解决方案是与富山总规对接区域慢行网络，完善所有市政道路的慢行空间，道路沿线自行车道宽度不低于2.5 m，优化村内有条件的慢行通道，新建住区要求人车分流；增加对转弯的安全防护设施，完善无障碍设施，通勤高峰期时加强对一级慢行通道的交通管制。

3.2.4 公共交通优化

主要问题是公交站点和巴士覆盖不足；路线少、站点多且分布不均匀，公共交通出行效率低；小濠涌村无直达工业园区的公交路线，大部分企业需步行至少 15 分钟才能达到站点。对此提出的解决措施如下：加密公交站点，满足企业公交出行需求，工业园区内部公交中途站宜结合企业出入口设置，站距宜控制在 300～500 m；开通园区微公交，满足暂未开通公交的园区与公交接驳，微公交停放场站宜按照 45～60 m²/辆进行核算；投入公共自行车或网约车，满足企业至公交站点间换乘需求；公共自行车站点、网约车停放点应在靠近公交站点、企业出入口处设置，距离不宜大于 50 m。

3.2.5 交通设施优化

主要问题是部分企业的停车诉求较为强烈；同时因公共交通不发达使得私家车、摩托车比例过大；已建成区用地局限，交通设施用地难落地。目前解决方案是规划 1 处公交枢纽站和 1 处综合停车场；在工业园区内延有条件的绿化带增设停车功能；在入口处和交通枢纽点布局自行车服务站；结合综合停车场增设充电桩，鼓励使用清洁能源交通工具。

3.2.6 交通组织优化

主要问题是存在混行现象，客货交通无组织。小企业无企业班车接送，公共交通出行不便，缺少直达市区的远程交通。解决方案是增设 4 条园区微公交路线，包括 1 条生活环线和 3 条职住环线，南侧环线同时预留发展成为斗门旅游的景观环线，串联斗门镇中心、周边特色村庄和山体公园。

3.3 公共服务设施优化：推进工业社区服务中心的创新建设

3.3.1 公共服务设施总体优化策略

通过对研究区内的各类公共服务设施进行评估，以满足"人人享有基本公共服务"的要求为出发点，健全和完善城市公共服务体系，完善城市功能，优化空间布局，引导开发建设。转变发展思路,在追求社会效益的同时,公共服务设施也要兼顾考虑经济效益,引入市场机制,多方筹集资金,把社会效益和经济效益统一起来,把公共服务设施的投资收益和人民群众的生活需要满足相结合。本次拟设置6处工业社区服务中心和1处邻里中心。

工业社区服务中心指为工业组团配套服务的公共中心,功能包括居住配套、文体娱乐、医疗卫生、商业服务、物业管理等。每处工业社区服务中心服务半径为500~800 m。本规划按照服务半径800 m,单处服务1万人进行配建,设置工业社区服务中心6处,分别位于黄杨大道与斗门大道交叉口西北、龙濠路与龙山二路交叉口以南、濠昌路与龙荣路交叉口东北、龙城大道北侧东升市场用地内、迎山路与和风路交叉口东北、高栏港第二通道与龙城南路交叉口以北。为保证工业社区服务中心运行效率,服务半径可按需扩至1000 m,保证服务范围全覆盖。

按照居住区人口规模,设置邻里中心1处,龙山湖以北为一级邻里中心,服务半径1000 m。

发挥村留用地功能,建设成为园区配套区,解决设施不足和短板问题。本次拟发挥村企合作形式,在留用地区域布置居住、初中、幼儿园、商业等用地,进一步服务工业园建设。

3.3.2 公共服务设施优化创新试点:中小型设施整合设置

本次规划在园区范围内找到1处2.1 hm²的公共停车场用地,将公交充电站、公交综合车厂、110 kV变电站、公交首末站、公厕、垃圾转运站进行整合,形成市政综合楼。采用4层布置,公共停车场由于占地面积较大,采用立体化设置;公交充电站结合公交车夜间停放场地或公交站台设置;110 kV变电站邻避要求较高,建议相对隔离设置;垃圾转运站和环卫休息点邻避性较强,与变电站、社区体育公园临近设置;公共厕所根据人流量结合公交首末站、公共停车场进行设置(表1、图4)。

表1 市政综合楼试点项目整合分析

设施对象	建设要求	邻避要求	占地面积	建筑面积/m²	主要功能	整合判定
公共停车场	鼓励采用地下、地上多层停车楼或停车库	宜与公共设施结合设置	30 m²/标准车	40 m²/标准车	社会停车	可整合
公交充电站	鼓励采用多层建筑形式,充电区、充电机房、监控室应设置于同一层	宜接近供电电源端,不宜设置在燃气用地、油气管道运输用地周边	—	—	公交充电	可整合
公交综合车厂	采用立体多层形式建设	尽可能远离城市中心区	70~110 m²/车(单层)、25~40 m²/车(多层),不宜低于1.5 hm²	—	公交夜间停放、维护保养、充电、运营调度	可整合
110 kV变电站	应深入负荷中心,便于出线;宜采用户内站,负荷集中片区可采用半地下式或附建式	宜避开住宅、学校、医院,与此类用地临近设置时,可设置绿化带进行隔离	76 m×43 m	2500~3500 m²	降压供电	可部分整合

续表

设施对象	建设要求	邻避要求	占地面积	建筑面积/m²	主要功能	整合判定
公交首末站	鼓励采用附设方式	不应在平交路口附近设置	70～110 m²/车，工业区按 1000～1200 m²/万人配备	1 条路线 800 m²，2 条路线 1200 m²，3 条及以上，每增加 1 条路线，增加 500 m²	旅客乘降	可整合
公共厕所	鼓励采用附设方式，应不影响主体建筑的功能，并设置直接通至室外的单独出入口	宜与垃圾收集站或垃圾转运站合建；独立式公共厕所与相邻建筑物间宜设置不小于 3 m 宽的绿化隔离带	90～110 m²/座（工业区、居住区）	60～80 m²	公厕	可整合
垃圾转运站	靠近服务区或垃圾产量集中且交通运输方便的地方，宜独立占地	不宜设在公共设施集中区域和靠近人流、车流集中地区	小型（＜50 t/d），占地≤1000 m²	—	垃圾压缩、转运	可整合
环卫休息点	有对外出入口	宜与公厕、垃圾收集站合建	—	200～300 m²	环卫工人休息	可整合

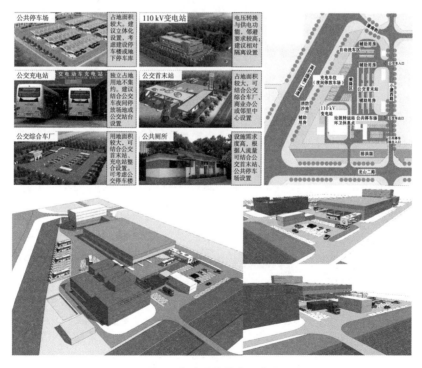

图 4　市政设施整合示意图

3.4 景观风貌提升：打造村—厂轴线景观带

3.4.1 景观结构营造

规划区采用点、线、面相结合的城市景观布局方式，包括景观风貌分区、景观廊道与视线通廊、核心景观节点、标志景观节点。规划区的整体景观结构可概括为"一带、两廊、四区、多节点"。

3.4.2 景观风貌分区

根据功能特点及打造组团景观的思路，规划形成1个工业风貌景观区、2个社区配套风貌景观区和1个山体风貌景观区。

3.4.3 景观廊带与视线通廊

规划沿黄杨大道形成门户景观绿带，沿龙濠路形成绿化景观廊道，沿龙山三路形成社区生活视线通廊，结合景观节点形成"两横一纵"的景观视线格局。

3.4.4 景观标志节点

规划以位于规划区南部的和风山作为规划区的生态景观核心节点，以龙山湖公园和小濠冲后山公园作为社区景观核心节点。同时，结合黄杨大道门户景观绿带和龙濠路绿化景观廊道上的门户节点和景观节点形成景观标志物（表2）。

表2　景观标志节点项目建设情况

序号	类型	项目名称	工作内容	规模	开工时间
1	景观及开敞空间提升（已建绿地与广场用地）	黄杨大道景观提升工程	优化黄杨大道沿路景观	—	2020年8月
		现状剩余道路沿线景观提升工程	现状剩余道路绿化提升	—	2020年7月
		高压绿廊景观提升工程	提升高压走廊处的中央绿化景观廊道	123533 m²	2020年8月
		龙山湖公园及社区体育公园建设工程	建设龙山湖景观节点	154615 m²	2020年8月
		道路入口节点景观提升工程	建设龙濠西路、龙濠路、斗门大道入口节点	—	2020年8月
2	景观及开敞空间新建（新建绿地与广场用地）	新增道路沿线景观建设工程	随道路新增建设工程优化沿路景观	—	2020年8月
		和风山景观建设工程	开发利用山体景观资源，打造山体景观节点	—	2020年7月
3	景观及开敞空间新建（园区及社区配建公共绿地与广场）	园区服务中心景观建设工程	优化园区服务中心节点处景观节点，增强标识性和与市民的互动性	—	2020年8月
		居住社区邻里中心景观建设工程	优化邻里中心节点处景观节点，增强标识性和与市民的互动性	—	2020年8月
		地块内部绿化提升工程	完善厂区、村镇道路绿化配套	—	2020年8月

3.5 市政设施提升：分项完善、为企业排忧解难

3.5.1 提升原则

充分结合现状用地标高条件、现有及拟建道路设施，满足防洪排涝和市政工程管线竖向综合要求，基于保护城市生态环境、可持续发展和合理利用地形原则，尽量减少工程量，节约基础工程投资。

3.5.2 保障给水供给

针对局部路段给水管道尚未成环、供水安全缺少保障的问题，本次研究提出保留龙山二路、龙山大道、龙城大道、黄杨大道现状给水管，在未成环区域增设给水管，保障供水安全。

3.5.3 完善污水系统

针对全区域雨污合流、缺少生活污水收集系统、污水收集率低的问题，以及工业废水系统不完善、部分企业的工业废水尚未接入现状工业废水系统的问题，本次研究建议尽快开展生活污水管网建设工程，雨污分流，以改善园区水环境、提高污水处理率，同时先行改造存在问题的工业废水管段，补充完善工业废水管网系统。

3.5.4 营造智能电力系统

根据用地开发时序，近期重点实施"山风路—黄杨大道—龙濠路"架空线路电缆化改造工程，纳入综合管廊敷设，提升整体景观效果。根据负荷增长和电力系统网架完善需求，沿黄杨大道新建"110 kV斗门站—三村站电缆线路"，结合道路建设完善市政道路缆线管廊。结合用地开发，对现状2处汇聚机房进行光纤化改造，远期新建汇聚机房2处。

鼓励工业厂房、大型公建开展太阳能利用，打造配电网调控一体化智能电网，提高电网承载可再生能源的能力。加强光纤覆盖，实施光纤到户；推进"三网融合"以及4G移动通信网络普及，打造智慧城市。

3.5.5 打造综合管廊，集约利用土地

局部路段管线种类多而复杂，包含有110 kV高压电缆、220 kV高压电缆、10 kV电缆、通信排管、污水压力管、给水管、燃气管、生活污水管、工业污水管共9种管线。为便于管理、节约用地，在道路沿线设置综合管廊，分高压电力舱和综合舱进行布设。

3.6 园区管理制度提升：创新管理体制机制

3.6.1 项目审批流程创新，压减土地开发时间

简化审批程序，压缩审批流程，强化事中监管、事后验收等执法程序。

构建多规合一的电子化审批平台和以"备案制＋承诺制＋诚信监管制"为核心的诚信监管信息化平台（图5）。

3.6.2 制定村集体留用地利用标准

积极探索村集体留用地合作开发机制，建设一批配套设施，构建科学合理的住房保障体系。首先解决留用地不能建设商品住宅问题，快速补齐配套缺口，高效落实规划要求；其次解决农村集体开发资金不足的问题，近期兑现收益，远期实现增值共享；最后探索留用地合作开发新模式新思路，为产业新城探索多方发展共赢路径。

3.6.3 统一规划建设、保障质量风貌

园区进行统一规划、建设，形成专业的规划、建设、咨询设计团队，一对一指导园区建设。进一步完善开发公司的职能，园区内部企业的建设可统一委托开发公司进行代建，保证建设质

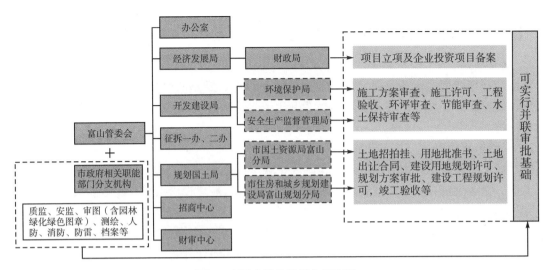

图 5　项目审批流程优化示意图

量和整体风貌。

3.6.4　制定企业准入门槛

开展多层次、多渠道的招商引资，积极吸引相关产业的龙头企业进驻。龙山工业区管委会全力帮扶园区内部企业，鼓励园区内部采购设备、材料，优先选取园区内部的品牌；制定产业准入标准，明确产业类别和负面清单，对新引进及园区的现有项目进行全面评估和论证，起到引入与清退的作用，从产业链、规模、质量、投入产出强度、科技含量等方面制定评估标准。

园区产业项目供地前需进行前置筛选程序：首先由招商服务部门拟定筛选方案，方案应明确项目名称、意向单位、产业发展方向、投资强度、产出效益、用地需求、供地时序等要素；其次确定《产业发展协议》中的产业准入条件等相关内容；然后报园区招商工作领导小组决策；最后交由国土环保局具体组织实施土地供应工作。

3.6.5　建立企业运营管理制度

制定企业退出机制，分类型进行评估。对分为签约逾期不动工项目、在建逾期投产项目、在建逾期不投产项目、投资逾期不到位项目、投产后效益不达标项目和闲置土地的 6 类宗地项目进行整改，管委会有权要求企业定期（如 6 个月内）动工整改，若整改不达标，则进入企业警告名单，管委会有权按项目投资合同条款收回项目用地、追究企业违约责任的权利。

制定企业保障机制，以政策鼓励提供专项资金补助。在产业方面、环境保护、人才引进、民生保障等方面制定专项资金保障机制。

4　项目特点及可推荐经验总结

4.1　以企业和村民诉求为主进行规划提升编制

项目启动以后，在组织编制单位推动下，为深入解决问题，笔者分别与主要企业、镇、村开展多轮方案探讨，使方案更接地气、更能解决问题。

4.2　切实解决企业问题

通过员工居住配套的提升来解决员工住宿难的问题，本次规划提升后约可提供 1200 套公寓，可满足 2400~4800 名员工居住；同时本次控规按居住规模配套生活类公共设施，解决员工购物难和子女上学难问题；按就业岗位配套工业服务设施，设置1处一级邻里中心、6处工业邻里中心和1处公共服务设施带（高压走廊改造）；新建1处小学，扩建1处小学，基本可以满足员工日常需求。

另外通过提升道路及停车设施来解决员工停车难和出行难问题，近期拓宽龙濠路，增加公共停车位（556个小车车位、51个大车车位），满足现状缺口；用景观环境的提升来解决运动难和休闲难问题，新增节点公园和进行水渠改造，提供体育健身、休闲游憩、企业展示等功能。

4.3 更务实的指导规划管理

为更有效地指导规划管理工作，本次控规项目重点在于将土地整理和实施工作做得更为细致，整理提出对应的土地闲置清理、留用地利用、可立即开发用地、取得指标后和征地后开发等用地类型（表3）。同时提出规划区内的近期建设项目行动计划，分年度按部门进行规划实施。

表3 用地整理项目信息

序号	类型	项目名称	工作内容	规模
1	土地闲置清理	已建企业闲置用地清查	全面清查现状已建企业用地闲置情况，督促企业加建或进行产业转型，回收无建设意向用地	涉及地块28宗，面积164.60 hm²
2		有权属未建用地清查	针对已有权属未建用地进行清查，督促其尽快开工建设或收回用地	涉及地块7宗，面积26.06 hm²
3	留用地利用	桥上五村留用地开发建设	与桥上五村集体协商，研究村集体留用地合作开发机制，并建设一批配套设施	面积约7.76 hm²
4		小濠冲村留用地开发建设	与小濠冲村集体协商，研究村集体留用地合作开发机制，并建设一批配套设施	面积约26.93 hm²
5	可立即开发	龙山湖居住组团开发建设（一期）	完成清场、土地平整后进行开发建设，宝兴利时装和天湖房产两个地块用于居住用地开发；回收万邦石料、华美橱柜地块建设一级邻里中心	面积约14.57 hm²
6		东升市场项目	完成清场、土地平整后进行开发建设，包括居住、商业、菜市场等配套	面积约4.40 hm²
7	取得指标后开发	黄杨大道南部工业组团开发建设	土规中"有条件建设区"取得建设用地指标，完成清场、土地平整后进行开发建设	面积约34.98 hm²
8		龙山片综合车场开发建设	与小濠冲村协调，取得城规建设用地指标，完成清场、土地平整后进行开发建设，包括居住、商业、邻里中心等配套	面积约20.55 hm²
9		龙濠路高压绿廊改造	土规中"有条件建设区"取得建设用地指标，完成清场、土地平整后进行开发建设	面积约9.27 hm²
10	征地后开发	龙山湖居住组团开发建设（二期）	完成征地后开发建设龙山湖居住组团剩余居住用地；对华美橱柜、莫若志与黄乐建用地、隆基针织厂、泽源工艺花厂等地块进行收地，开发建设龙山湖居住组团商业配套	面积约14.34 hm²
11		西南部工业地块	完成清场、土地平整后进行开发建设，为工业用地，附建1处工业服务中心	面积约16.67 hm²

5 结语

2017年5月,习近平总书记强调"城市管理要像绣花一样精细。越是超大城市,管理越要精细"。步入"十四五"时期后,规划建设工作将更多地由服务"城市"转换为服务"人","以人为本"的规划思路将极大地提升人民的获得感和幸福感。工业园区不同于城市中心城区,往往不是城市发展的重点关注区域,城市规划和建设也容易将其忽略。希望本研究可为国内类似地区的城市建设工作提供一些借鉴和参考,以提高对城市非核心区域和底层人民生活的关注度。

[参考文献]

[1] 陈前虎,潘兵,司梦祺. 城乡融合对小城镇区域专业化分工的影响:以浙江省为例 [J]. 城市规划,2019,43(10):22-28.

[2] 吴楚风,张一恒. 产城融合视角下的"工业社区"规划探索与实践:以珠海市富山工业园为例 [C] //中国城市规划学会,东莞市人民政府. 持续发展 理性规划:2017中国城市规划年会论文集(12城乡治理与政策研究). 珠海:珠海市规划设计研究院,2017:557-571.

[3] 董少东. 城市管理要像绣花一样精细 [N]. 北京日报,2017-10-16(10).

[作者简介]

张一恒,高级工程师,注册城乡规划师,就职于珠海市规划设计研究院国土空间规划二所。

基于宜居环境视角下养老体系研究

——以珠海市为例

□马琪茹

摘要：在全球老龄化背景下，老年人的需求愈发值得关注。作为地处粤港澳大湾区的珠江西岸核心城市，珠海以增存并举、市域平衡、综合设置的规划策略，积极探索与发展社区嵌入式养老，全方位因地制宜地建设珠海市养老服务设施体系，细化各级各类养老服务设施，并提出相应的配置指标与建设要求，力争创造以人为本、宜居的生活环境；在体制机制构建上提出强化规划衔接、强化管理建设、引入社会力量、加强组织实施的策略。本文以珠海市为例，阐述在养老专项规划中的研究发现。

关键词：养老服务体系；宜居环境；以人为本；珠海市

1 引言

我国已进入新时代高质量发展阶段，城乡二级融合更加深入，社区服务体系建设更加完善，展现出许多优势和条件，正处于发展的重要机遇期。国土空间规划体系将以科学规划引领城市发展，提升环境品质，优化城乡功能布局，完善居民社区生活圈配套设施，以更高的站位、更大的决心、更实的举措，谱写以人为本、宜居便民的城乡社区服务新篇章。

在人口老龄化的当下，如何妥善安置如此大规模的老年人口成为困境，各国都在探索走出困境的途径。中国在"十四五"时期已进入中度老龄化阶段，总体呈现"未富先老"现象，且这一趋势会持续上涨，至2050年，我国老年人口将达到总人口的34.1%。为此，本文提出构建以居家为基础、社区为依托、机构充分发展、医养有机结合的多层次养老服务体系。在现阶段，这体现在社区生活圈中，将服务体系下沉对接，实现设施效益的最大化。

珠海地处粤港澳大湾区西岸，与香港、澳门共同构成三大极点。作为大湾区的重要连接点，因海而生、生态优良，增存并举、扩大供给和高质量建设，是珠海养老事业发展的重要抓手，开展面向港澳、面向湾区的特色养老服务，是珠海养老事业发展的历史使命。

2 珠海市养老服务设施现状

2.1 珠海已进入老龄化社会

根据第七次全国人口普查数据，截至2020年底，珠海市常住人口为243.96万，其中60岁及以上常住人口为 24.4 万，占全市常住人口的 10%，珠海市已经迈入老龄化社会。

从总量上看，香洲区、斗门区的老年人口数量较多，分别达到 7.45 万人和 6 万人；从老年人口比重上看，高栏港区和斗门区较高（表 1）；从老年人口密度上看，香洲区老年人口数为 399 人/km²，远高于其他各区。

表 1 珠海市 2010 与 2020 年老年人口比重

功能区	2010 年老年人口比重/%	2020 年老年人口比重/%
香洲区（含保税区、鹤洲新区）	7.20	10.20
横琴新区	6.99	3.60
高新区	5.01	6.30
斗门区	10.10	12.40
金湾区	5.00	7.73
高栏港区	8.12	11.80
万山区	7.00	9.20
珠海全市	7.67	10.00

2.2 珠海市养老设施总体情况

珠海市现状养老设施主要包括机构养老设施和居家社区养老服务设施 2 种类型（图 1）。其中机构养老设施共 23 处；居家社区养老服务设施分布较广，共建成 24 个镇（街）居家社区养老综合服务中心、330 个村（社区）居家养老设施和配建 234 个长者饭堂。

养老设施性质主要有国有、民营和公建民营三类，其中大部分为国有。从级别上来看，主要分为区级、镇（街）级和社区（村）级。

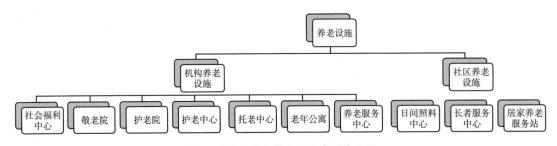

图 1 珠海市现状养老设施类型体系图

2.2.1 机构养老设施床位不足与高空置率并存

珠海市现状使用机构养老设施床位共 3817 床，并未实现辖区全覆盖，且多数镇（街）级的社会福利中心未设有机构养老设施。在 19 个需设机构养老服务设施的镇街中，有 5 个镇街无正在使用的机构养老服务设施，有 11 个镇街仅设有 1 处，只有 3 个镇街设有 2 处（含）以上的机构养老服务设施。

从经营性质来看，民办机构养老设施的数量和床位均为最多，床位占 41.8%；从养老设施用地规模上看，现状人均养老设施用地面积为 0.06 m²，现状人均老年人设施（含老年大学等）用地面积为 0.08 m²，与人均≥0.1 m² 的老年人设施用地标准相比尚有差距；从养老床位规模上看，珠海市现状每 1000 名老年人养老床位数约为 16 床，与 ≥40 床/千人的要求还有很大差距。

现状使用的机构养老设施属于独立占地的有 17 处，非独立占地的有 6 处，全部分布在香洲主城区内。除新建市级养老服务机构外，其余现状设施周边环境较差；多数本体建筑也较为老旧，内部绿化和室外活动场所品质较差；服务仍以传统的基础性服务为主，缺乏更系统、更层次分明的全面化服务体系，业务服务水平未达到广大人民群众的心理预期。

全市机构养老服务设施现状床位利用率仅为 41.1%，存在养老床位"缺口率高"和"空置率高"并存的不良现象。

2.2.2 居家社区养老设施基本实现村（居）覆盖

珠海市已实现居家社区养老服务设施覆盖 100% 城市社区和 90% 农村社区的目标。居家社区养老服务站多数设有日间照料床位，但设施建设规模相差较大，多数站点空间较小（低于 100 m²），未综合考虑设的服务半径和服务人口规模。

其服务以文化娱乐活动为主，但日间照料、临时托养等服务仍处在初期水平。同时，居家上门服务内容主要是打扫卫生和巡视服务，个人护理、心理慰藉、康复保健和临终关怀等更专业的服务内容较少。

2.2.3 逐步实现嵌入式养老模式

珠海市最早提出的建立以居家为基础、社区为依托、机构为补充的养老服务体系，在实际建设与应用中出现了不可避免的问题，其供给与需求之间存在结构性矛盾，社区养老服务水平过低，并不能满足老年人的需求，以及实现居家和社区的融合。

为此，社区"嵌入式、综合型"的养老服务应运而生，并将成为居家社区养老服务设施未来建设的主导方向。这既能保证服务水平，为老年人提供专业的照顾，又能激活社区资源，实现老年人在家养老的需求。

3 规划目标及配置标准建立

3.1 以人为本的规划目标

本次规划紧紧围绕建设"民生幸福样板城、宜居宜业新都市"的城市建设总体要求，以"居家为基础、社区为依托、机构为示范、医养相结合"为目标，建设"市、区、组团有养老养护院，15 分钟生活圈有综合服务中心，10 分钟生活圈居住区（村）有综合服务站，5 分钟生活圈居住区（村/组）有就近服务点"的养老服务设施供给体系，实现老有所养、老有所安（图 2）。

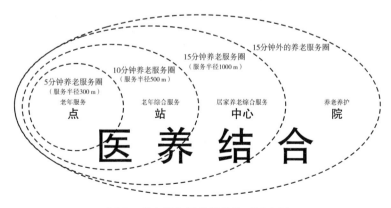

图 2　养老服务设施供给体系示意图

3.1.1 增存并举，就近服务

本次规划利用改建现状设施、置换其他设施和规划新建设施等多种途径新增机构养老服务设施，通过挖掘现有设施场地的潜力、充分利用社会闲置资源、激活社区服务设施等方式，最大限度增加居家社区养老服务设施的规模，扩展其功能和提升养老服务水平。

3.1.2 综合设置，高效服务

本次规划以推行功能上医养结合、层级上上下结合的综合型养老服务设施建设为主。老年服务站与老年人日间照料中心应合并设置形成老年综合服务站，可以增加全日照料床位，形成居家养老服务中心或综合服务微中心。

3.1.3 完善体系，网络服务

村（社区）作为城乡基本构成单元，承载着基层管理服务职能。居家社区养老服务设施，是养老服务体系建设中最重要的一环，本次规划在村（社区）级的基础上，向上增设镇（街）级设施，向下增设集中居民点（建设项目）级设施，增设家庭养老床位，共同形成四级服务网络，满足老年人地域化设施建设的基本需求。

3.1.4 提升标准，做优服务

本次规划拓展设施种类，满足老年人多层次、高标准的需求。结合珠海实际，创新居家养老综合服务中心的建设模式，以邻里中心为主要空间载体，嵌入全日照料床位，建设居家养老综合服务中心及微中心，以满足老年人原居养老需求。

3.2 因地制宜的配置标准

3.2.1 规划设施概念界定与分类

养老服务设施一般包括机构养老服务设施和居家社区养老服务设施。

对于老年人照料设施标准及老年人相关照料设施等术语，《老年人照料设施建筑设计标准》（JGJ 450—2018）进行了具体的说明。

结合目前嵌入式、综合化养老服务设施的发展趋势，《广东省养老服务体系建设"十四五"规划》中给出了各类养老机构的定义。养老服务设施：指专门为老年人提供生活照料、康复护理、文体娱乐、托养等服务的房屋、场地、设施。养老服务组织：指养老机构、医养结合机构、从事居家社区养老服务的组织以及其他为老年人提供养老服务的组织。养老服务机构，指提供养老服务的机构，包含养老机构、居家社区养老服务机构，以及经营范围和组织章程中包含养老服务内容的其他企业、事业单位和社会组织。养老机构，指依法办理登记，为老年人提供全日集中住宿和照料护理服务，床位数在10张以上的机构。居家社区养老服务机构，指床位数在9张以下的为老年人提供全日集中住宿和照料护理服务的社区养老服务机构、社区日间照料机构、互助养老服务设施等。

在综合上述养老服务设施标准和相关地区概念的基础上，结合珠海实际情况，得出本次规划机构养老服务设施和居家社区养老服务设施概念。

本规划所称机构养老服务设施，是指依法办理登记的全日照料床位数在10张以上的老年人照料设施。本规划所称居家社区养老服务设施，是指全日照料床位数在9张以下的老年人照料设施。具体包括的各类设施如图3所示。

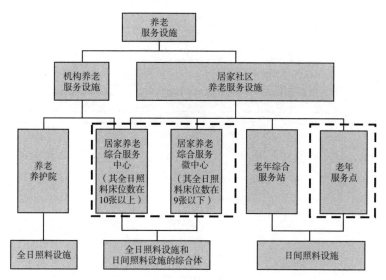

图 3　珠海市规划养老服务设施分类示意图

3.2.2　结合市级国土空间规划设施分级

根据居住区规划标准，15 分钟、5 分钟生活圈居住区需相应配置养老院、老年养护院、老年人日间照料中心（托老所）和社区食堂（表 2）。

表 2　老年人设施分级配建表

项目	5 万～10 万人	0.5 万～1.2 万人
养老院	▲	△
老年养护院	▲	△
老年服务中心（站）	▲	▲
老年人日间照料中心	—	▲

注：（1）表中▲为应配建，△为宜配建。（2）服务人口为城镇集中建设区内的规划常住人口。（3）老年服务中心（站）不宜独立占地设置，应与社区服务中心（站）统筹建设。（4）表中未涉及的老年人设施配建项目可根据城镇社会发展需要增补。

资料来源：《城市居住区规划设计标准》（GB 50180—2018）。

《珠海市国土空间总体规划（2021—2035 年）》中提出构建"市—片区—基本城市组团—邻里"四级的城镇空间结构传导体系，市级、片区级社会福利设施需设置社会福利中心、养老院设施，基本城市组团级公共设施需设置敬老院。

通过对国内现行养老设施规范、标准、相关文件及相关城市经验进行总结，对接市级总体规划、城市管理体制，为满足服务设施的规划落地、建设和管理，本次规划养老服务设施按"市（区）级、镇（街）级、村（社区）级、集中居民点（建设项目）级"四级进行配建（图 4、表 3）。

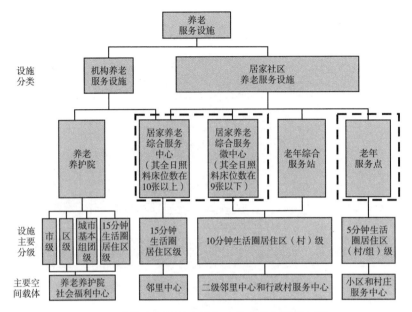

图 4 珠海市规划养老服务设施分类分级示意图

表 3 珠海市规划养老服务设施分类分级配建表

项目	市级	区级	城市基本组团级	15 分钟生活圈居住区级		10 分钟生活圈居住区（村）级		5 分钟生活圈居住区（村/组）级
				5 万~10 万人	3 万~5 万人	1 万~1.5 万人	0.5 万~1 万人	<0.5 万人
养老养护院	▲	▲	▲	▲	△	△	△	△
居家养老综合服务中心	—	—	—	▲	△	△	△	△
居家养老综合服务微中心或老年综合服务站	—	—	—	—	—	▲	▲	△
老年服务点	—	—	—	—	—	—	—	▲

注：（1）表中▲为应配建，△为根据实际情况按需配建。（2）居家养老综合服务中心、居家养老综合服务微中心、老年综合服务站内均含老年服务站、老年人日间照料中心和长者饭堂；旧区若确因条件有限，老年综合服务站内老年服务站、老年人日间照料中心和长者饭堂可分开单独设置。（3）表中未涉及的养老服务设施配建项目可根据城乡社会发展需要增补。

3.2.3 规划配建指标及设置要求

一是规划机构养老服务设施配建指标要求。《城镇老年人设施规划规范》（GB 50437—2007）（2018 版）中提出设施床位"每千名老人不应少于 40 床"的规定。本次规划机构养老服务设施床位千人指标采用此标准，机构养老服务设施床位，每千名老年人不应少于 40 床，且护理型床位占比不低于 70%。

根据珠海市国土空间规划，2035 年珠海规划常住人口为 500 万，老龄化率为 20%，老年人口为100万。按40床/千名老年人计算，需要机构养老服务设施的床位总数为4万床；按17.5～44 m²/床计算，用地需求为70万～176万 m²。

本次规划要求老年人设施人均用地≥0.2 m²，其中养老服务设施人均用地≥0.15 m²（表4）。

表4　规划机构养老服务设施分级配建指标表

设施名称	级别	建筑面积（m²/床）	用地面积（m²/床）	床位规模（床/处）	设置门槛	设置要求	备注
养老养护院	市级	≥35	17.5～44	宜≥500	—	应独立占地	东部城区和西部城区，各应设≥1处
	区级			宜≥500	—		每区应设≥1处
	镇（街）级			宜150～500	5万～10万人（15分钟社区生活圈）	宜独立占地；城市旧区若无法安排单独用地，可采用混合用地；若条件受限，可采取附设	常住人口超5万人的镇（街道）应设≥1处。当镇（街道）内只设有1处机构养老服务设施时，应建设成为居家养老综合服务中心
居家养老综合服务中心		≥1500	—	宜50～300	0.5万～5万人（5～10分钟社区生活圈）	宜结合邻里中心设置。结合新建一级邻里中心建设的，全日照料床位应≥200床	一级邻里中心内应增设；每镇（街道）应设≥1处

注：（1）宜选择公共交通方便地区，临近医疗卫生、文体等公共服务设施布局。（2）设施内护理型床位占比应≥70%。（3）设施建设规模不宜小于20床；床位规模＞100床时，应设置卫生室；规模＞500床时，应设立一级以上医疗机构或康复护理院。（4）新增的市级、区级设施应建设成为医养结合型机构，设立一级以上医疗机构或康复护理院。（5）现状保留的公办设施未达标的，宜按标准实施改建。（6）现状一级邻里中心，有条件的，宜按标准建设居家养老综合服务中心。（7）独立占地的设施，建筑密度不宜大于30%，场地内建筑宜以多层为主。（8）设施场地范围内的绿地率，新建不应低于40%，扩建和改建不应低于35%。

二是规划居家社区养老服务设施配建指标要求。为提供高标准、高质量服务，预留应对未来人口增长的弹性，本次规划取高值，新增设施按建筑面积≥750 m²/处进行控制；城市旧区，确因条件所限，可按≥350 m²设置。

本次规划居家养老综合服务中心是老年人全日照料中心（床位数在9张以上，≥350 m²/处）和老年综合服务站（≥900 m²/处）的综合体。两者合设时，可以共用部分空间，建筑面积按≥1200 m²/处进行控制，内含全日照料（床位数在10张以上）、日间照料、上门服务、对下指导等综合功能。每个镇（街道）至少设1个居家养老综合服务中心；一级邻里中心内应增设，结合新建一级邻里中心建设的，全日照料床位应≥200床（表5）。

表5　规划居家社区养老服务设施分级配建指标表

设施名称	级别	建筑面积（m²/处）	设置门槛	服务半径（m）	设置要求	备注
居家养老综合服务中心	镇（街）级	≥1200	0.5万～5万人（5～10分钟社区生活圈）	≤1000	宜结合邻里中心、公共服务中心设置。结合新建一级邻里中心建设的，全日照料床位应≥200床	一级邻里中心内应增设；每镇（街道）应设≥1处
居家养老综合服务微中心	村（社区）级	1000～1200	0.5万～1.2万人（5分钟社区生活圈）	≤500	宜结合二级邻里中心和村服务中心设置，且床位数宜为9张；旧区，确因条件所限，可按≥500 m²设置	二级邻里中心内应设；乡村地区，每村应设≥1处。有条件的，宜建设居家养老服务中心替代
老年综合服务站	村（社区）级	≥900	0.5万～1.2万人（5分钟社区生活圈）		包括老年服务站与老年人日间照料中心，宜增加全日照料床位，形成居家养老服务中心或居家养老综合服务微中心。旧区，确因条件所限，可按≥450 m²/处设置；确因条件所限，老年服务站与老年人日间照料中心可分开设置	邻里中心内必设；每村（社区）应设≥1处。当村（社区）内只设有1处老年综合服务站时，应建设成为居家养老综合服务微中心
老年服务点	集中居民点（建设项目）级	≥200	—	≤300	城市地区，宜结合建设项目（住宅小区）服务中心设置；乡村地区，宜结合村庄活动中心或绿地设置；旧区，确因条件所限，可按≥100 m²/处设置	城市地区每建设项目（住宅小区）应设≥1处；乡村地区，结合集中居民点设置

注：（1）居家社区养老服务设施宜选择公共交通方便地区，临近医疗卫生、文体、公园绿地等公共服务设施布局。（2）现状一级邻里中心，有条件的，宜按标准建设居家养老综合服务中心。（3）现状二级邻里中心，有条件的，宜按标准建设居家养老综合服务微中心。（4）现状保留设施未达标的，宜按标准实施改建。

4　珠海养老设施布局规划

4.1　设施需求预测

根据珠海市国土空间总体规划，全市2025年规划常住人口315万，2035年规划常住人口500万。根据第七次全国人口普查数据，珠海老龄化水平低于广东省平均水平，处于刚刚迈入老龄化的阶段，至2035年，将进入老龄化持续上升的阶段。

本次规划采用人口结构推算法、综合增长率法等方法预测，并进行模型修正，综合确定珠海市 2025 年和 2035 年老年人口规模（老龄化率）分别为 36.07 万人（11.4%）和 77.03 万人（15.4%）。

全市每千名老年人拥有养老床位数≥40 床，预测其 2025 和 2035 年机构养老床位需求量分别为≥14426 床和≥30813 床。

4.2　养老服务设施布局规划

4.2.1　选址思路

本规划基于国土空间总体规划，考虑服务人群的多样化及设施功能的综合性，结合人口密度与人口分布、交通、环境、设施等综合因素，合理布局各类设施。

结合城市国土空间规划的城镇建设边界，在现状建成区内采取"提升优化现状设施＋更新项目新增设施"的思路，每个城市组团机构养老服务设施应≥1 处，每千名老年人床位宜≥30 床；在现状建成区外，人口<10 万的城市组团和老年人口较少的商务区、工业区、科教区、旅游区等城市特定功能区设为灵活配置区，在有条件的地区设置；人口≥10 万的城市组团、城市新开发地区、快速城镇化地区设为重点配置区，采取"新增独立占地设施＋邻里中心新增设施"的思路，每镇街机构养老服务设施应≥1 处，每千名老人床位应≥40 床；土地资源足、生态环境好、对外交通优、发展态势佳的人口<5 万的城市组团和地区设为额外配置区，采取新增大中型独立占地设施的思路，弥补现状建成区内机构养老服务设施床位的不足。

4.2.2　机构养老服务设施规划布局

本次规划共设置 108 处机构养老服务设施，其中现状保留、在建及改扩建 27 处，规划新增81 处，共可提供床位 34912 床（表6），满足珠海市 2035 年 77.03 万老年人机构养老床位需求量（≥30813 床），可达 42.7 床/千名老年人。规划用于机构养老服务设施的独立占地的 A6 用地面积为 73.22 hm²，人均用地面积为 0.15 m²。

表 6　珠海市规划机构养老服务设施情况一览表

机构养老设施规划情况	数量/处	用地面积/hm²	建筑面积/hm²	床位数/床
现状保留	16	4.85	4.61	1955
现状在建	5	12.45	30.99	4926
现状改扩建	6	10.81	13.94	3980
利用已批控规 A6、养老服务设施用地新增	14	30.64	46.44	9837
结合已批控规用地面积≥8000 m² 的独立占地的一级邻里中心用地新增	54	85.00	23.80	6800
通过调整已批控规用地为 A6 用地新增	3	14.47	18.88	2800
其他通过调整已批控规新增	12	12.54	14.80	2814
合计	110	170.76	153.46	33112

通过以下五步策略，逐步满足机构养老服务设施新增的需求。

一是筛选现状公办设施中开发强度较低、建筑质量较差的设施进行提容扩建。本次规划，改扩建现状机构公办养老设施 6 处，改扩建后提供床位 3980 床，新增 2504 床。

二是筛选法图数据库中合适的、未建的 A6 用地新建。本次规划，选用未建 A6 用地 13 处，新增床位 8637 床。

三是筛选法图数据库中合适的、未建的、属于独立占地且用地面积大于8000 m² 的一级邻里中心用地，与其复合建设、同步建设。本次规划，选用合适的一级邻里中心用地 53 处，新增床位 6700 床。

四是在土地资源足、生态环境好、对外交通优、发展态势佳的地区，筛选合适的用地（一般为 H6、H9）进行布点，将其用地功能调整为 A6 后新建。本次规划，通过调整已批控规用地为 A6 的用地共 3 处，新增床位 2800 床。

五是其他通过调整已批控规新增。本次规划中，其他通过调整已批控规（城市更新）新增 12 处，新增床位 2814 床。

4.2.3 居家社区养老服务设施规划布局

本次共规划设置 683 处居家社区养老服务设施，通过以下四步策略，解决其新增的需求。

一是新增居家养老服务中心共 69 处。在服务缺口地区，结合人口≥5000 人的建设项目，利用建设项目（住宅小区）配建社区养老服务设施用房以建设老年综合服务中心。

二是利用已编控规新增设施共 191 处。其中，利用已批控规中已纳入新增居家养老服务中心选点外的其他邻里中心，新增老年人综合服务站 157 处；利用已批控规社区级服务设施，新增老年人综合服务站 34 处。（备注：从目前的经验来看，居家养老综合服务微中心的床位数太少，≤9 床不利于设施的经营管理。在未来的设施建设和运营过程中，可根据实际情况，有条件的，可将老年人综合服务站升级为微中心）

三是核实、落实现状已有设施共 323 处。

四是调整已批控规，补充完善设施共 100 处。其中，调整现状未建用地内已批控规，规划新增老年人综合服务站 32 处；调整现状已建用地内已批控规，规划新增老年人综合服务站 68 处（通过城市更新方式新增的共 31 处，通过购置和租赁等新增的共 37 处）。

在上述四种情况下，在居住人口≥5000 人的地区，还存在服务空缺的，则根据设施选址原则，结合已立项或近期计划开展的更新项目，规划新增居家养老综合服务中心或微中心。

在上述五种情况下，在居住人口≥5000 人的地区，还存在服务空缺的，则结合其他合适的建设项目建设老年综合服务中心（需通过置换、租赁、购置等方式落实空间）。

5 规划体制机制构建

5.1 强化规划衔接，确保成果实施可行

本规划是指导珠海市养老服务设施规划建设的重要依据，为保证规划设施的落地实施性，未来编制的规划一旦涉及养老服务设施，均须与本规划进行衔接。特别是在控规编制和用地出让阶段，应优先确保本次规划设施的位置与规模予以落实，原则上禁止擅自改变用地性质和用地红线，但允许经详细论证后，在保证设施总量和规模不减少以及满足服务半径的前提下，可进行合理的空间布局调整或优化。

5.2 强化建设管理，保证实现四同步

抓牢政府责任，制定政策，保障设施与相应项目同步规划、同步建设、同步验收、同步交付。明确各类主体的用地来源，政府批准建设的需通过行政划拨取得；企业自有土地建设的，

需采取协议出让方式供地；社会力量需采取"招拍挂"出让方式供地。

5.3 积极引入社会力量，加强养老服务供给

积极推广、应用政府与社会资本合作模式，鼓励市场资本参与投资、建设和运营。推动社会力量发展嵌入式居家专业养老，努力实施在有条件的居民区采取购置、租赁、置换等方式，将"养老设施建设"以指标形式，纳入城镇社区和住宅区建设计划中，以保证市区老年人就近养老。

5.4 优化加强组织实施，建立养老管理体系

各部门按照职责分工组织实施相关建设行动，压实政府各地方主体的责任。确保财政保障，形成政府引导、企业参与、个人出资的多元投资机制。对养老服务设施环境、服务质量及其举行的活动大力宣传，强化舆论引导，构建政府宏观把控、平台组织建设、养老机构自主经营、面向全体公民的养老组织体系。

6 结语

本文以珠海市养老规划为例，结合市级国土空间总体规划，建设完善的社区生活圈，逐步细化分解各层级各类型的养老服务设施，以适合珠海实际情况的配置为标准，力争覆盖全市域。同时健全工作统筹协调机制，完善相关行业政策、标准和规范，起到实际落实与衔接作用。目前研究还需与其他专项充分对接，要加强监测评价，逐步探索建立统计监测制度，建立常态化运行监测机制和多方参与评价机制，最终建设成新时代下具有传导、实施效应的国土空间规划体系。

[参考文献]

[1] 王雨村，王艳春，王影影. 全龄共享视角下苏州居家养老模式优化策略 [J]. 规划师，2017（12）：87-92.

[2] 陈枫，杨红芬. 城市老旧社区养老现状分析及对策研究：以杭州市朝晖街道为例 [J]. 建筑与文化，2019（2）：149-150.

[3] 张萌. 人口老龄化背景下社会工作对提升养老服务质量的探讨 [J]. 青年与社会，2019（4）：135-136.

[4] 王奎明."价值冲击"与"现实困境"的双重叠加：嵌入式养老院的建设困局与路径选择 [J]. 上海城市管理，2019，28（1）：60-66.

[5] 魏蓓蓓，田燕. 既有社区的居家养老设施优化研究：以武汉市青山区为例 [J]. 华中建筑，2019，37（2）：40-43.

[作者简介]
马琪茹，规划师，就职于珠海市规划设计研究院城市更新所。

"产业第一"背景下珠海航空产业园综合配套服务提升策略研究

□谌子益

摘要： 产业园是构成城市的重要空间类型，也是城市经济发展的重要引擎，更是城市各类产业人员的集聚区。随着产业园发展的更新迭代，其功能也越来越综合，产业园区的综合服务水平，对产业园区内企业的生产效率及产业人员的生活质量具有重要影响。"产业第一"背景下，珠海市正大力拓展产业空间，完善产业园区配套，以期提升城市整体产业能级与量级。如何让园区内产业人员安居乐业、提高产业园区配套服务水平，对珠海"产业第一"发展战略，以及实现城市跨越至关重要。本文拟从产业发展的需求视角，以珠海市航空产业园为例，对珠海市产业园区的综合配套服务能力现状进行梳理分析，并在此基础上提出珠海产业园区综合配套服务提升策略。

关键词： 产业园；宜业视角；配套服务

1 引言

受城市规划功能分区的经典规划理念影响，城市中的传统产业园一般作为独立的功能空间存在，其主导功能就是生产。20 世纪上半叶，这种空间模式对于规模相对不大的城市具有一定匹配度，有利于减少工业对居住的不利影响，产业人员的通勤时间也在可接受范围内。但随着城市规模不断扩张，城市空间尺度变得越来越大，原来城市尺度上的功能分区已经不能适应现代城市发展的需求。在这种背景下，产业园的单一生产功能面临着城市生产通勤、产业人员生活服务、企业生产效率等多方面挑战。随着新型城镇化的发展，产业园由单一功能向复合功能转变已成为必然趋势。对此，国内已有很多产业园进行探索，总结了很多良好的经验。本文拟从"宜业"视角入手，以珠海航空产业园为例，评估珠海航空产业园在配套服务方面存在的问题，同时针对这些问题，结合珠海航空产业园实际情况，从生产服务和生活服务两大方面提出切实可行的产业园综合配套提升策略。

2 产业园配套服务发展概述

2.1 产业园综合配套含义

产业园综合配套设施是指为产业园提供支持、推动园区产业和经济发展，具有一定规模的配套服务设施。产业园综合配套主要包括生产服务配套和生活服务配套两大部分，其中生产服务配套主要指为企业生产发展配套服务的设施，生活服务配套主要指为产业园区内相关人员提供生活服务的设施。

2.2　产业园配套服务发展评述

产业园的配套服务体系与产业园发展密切相关，不同模式的产业园，其配套服务体系呈现不同形式。整体来说，产业园配套服务体系发展呈现不断完善的趋势。

中华人民共和国成立后，我国的产业园配套服务大体经历了4个发展阶段，具体如下。

第一个阶段为无配套服务阶段。这个阶段的产业园整体规模较小，园区的功能十分单一，只有工业生产功能，没有居住及其他功能，生产和生活是完全分开的。这个阶段的产业园没有发展园区配套服务的需求，人们也没有这个意识。

第二个阶段是初级配套服务阶段。这个阶段的产业园区规模不断扩大，园区内大量产业工人的住宿问题亟待解决，一些初步的配套设施应运而生，如工人宿舍、小卖部等。这个时期的园区配套服务主要集中在住宿及日常生活需要方面，初步形成工业、居住、商业功能混合发展的园区模式。

第三个阶段是多功能配套服务阶段。该阶段的产业园规模进一步扩大，随着园区内企业数量的增加，产业业态更加多样化，园区内的生产生活模式也面临新的发展诉求。在生活服务方面，原来的简易宿舍和小商铺已经不能满足这个阶段不同人群的需求。在生产服务方面，企业需要更加专业化、便捷化、集中化的生产服务。因此，这一阶段产生了"产学研"结合的科技园、创意文化园、生态智慧园等一系列新的园区形式。这类园区的配套服务体系进一步丰富完善，除居住、商业功能外，增加了文化、公园、教育、金融、商务等功能，园区功能进一步复合化。

第四个阶段是综合配套服务阶段。该阶段与第三个阶段的区别主要在于第三个阶段的配套服务主要还是围绕生产与生活两个方面进行，而第四个阶段园区的功能更加城市化，产业园区已逐渐突破产业园范畴，由产业园向产业城转变。除一般的公共服务功能及金融商务功能外，园区还进一步增加旅游度假、商务展览、管理培训等新功能，园区配套服务更加综合全面。

3　珠海航空产业园配套服务现状

3.1　航空产业园概况

珠海航空产业园位于珠海金湾区三灶半岛，总用地面积99 km²，是广东省发展和改革委员会2007年批准成立的省级产业园。最初愿望是希望依托三灶机场将珠海航空产业园打造成为国内外具有影响力和竞争力的航空制造业基地。航空产业园范围内不仅有产业园区，还包含三灶镇区，居住空间与产业空间相互交错，是一个典型的镇园融合的空间地域。另一方面，产业园区类型也比较丰富，航空产业园区内除了以航空制造业为主的核心园区外，还有生物医药园、青湾工业园、三灶科技园、定家湾工业园、琴石工业园等。各个园区的主导产业也不尽相同，如生物医药园主要以生物医药的研发生产为主；青湾工业园以新能源产业为主。航空产业园目前基本形成以航空航天、生物医药、新能源和电子制造为主体的"3+1"产业格局。

3.2　航空产业园配套服务现状问题

经过10多年的发展，目前珠海航空产业园的工业产值为400多亿元、常住人口为19万，航空产业园区用地均产值为35亿元/km²，低于广东省省级产业园52亿元/km²的平均值（图1）。无论是从产业规模还是人口规模，航空产业园距离当初的发展目标还有很长一段路要走。

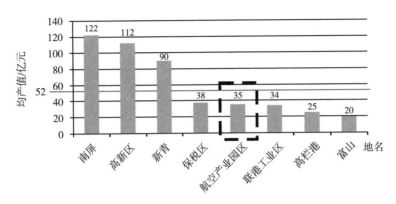

图1　珠海市工业地均产值对比情况

从航空产业园现状配套服务特征来看，其配套服务还处于产业园初级配套服务阶段。通过对招商工信部门、园区企业及产业工人进行调查研究，发现一个关注度高的重要原因即航空产业园配套服务设施不完善，主要体现在以下几个方面。

一是居住配套不完善。航空产业园目前的居住配套主要有两种形式，企业自建宿舍和依托园区周边住房。这两种方式目前都面临一些问题。自建宿舍方面，首先，自建宿舍的企业不多，大部分企业没有自建宿舍，这意味着大部分工人需要自己安排住所；其次，企业宿舍对于有家庭的工人不友好，宿舍无法提供家庭的住所空间，导致很多工人无法带眷，进而影响企业人员的稳定性；再次，企业宿舍管理有时间性，进一步限制了工人的业余时间自由；最后，还有一个不利因素是大部分企业宿舍距离镇区较远，工人在业余时间缺乏休闲娱乐活动，这已经不再适宜80后、90后这些新时代产业工人的生活需求。珠海航空产业园目前大部分的普通产业人员依托周边住房来解决住宿问题，但这也会面临新的问题。一方面由于普通产业工人收入有限，其平均月薪一般在6000元左右，无力承租条件较好的住房小区，大部分工人只能住在周边的旧村中，居住条件较差；另一方面，由于园区周边居住空间与园区有一定距离，产业工人需要较长的通勤时间，目前航空产业园的公共交通不完善，进一步加剧这种通勤损耗。

二是教育服务不完善。与过去第一代农民工不同，新阶段产业工人的带眷需求更加强烈。航空产业园内有很大一部分的产业工人是带眷工人，很多带着学龄儿童。他们有很强烈的子女入学需求，对园区内的教育设施需求度很高。通过问卷调查，发现目前航空产业园内还不能很好地满足上述带眷产业人员的教育需求。一方面航空产业园内教育设施十分缺乏，幼儿园和小学各能服务15万人，无法提供足够的学位以满足园区内的教育需求；另一方面根据目前珠海的教育机制，户口不在珠海的务工人员，其子女需要凭积分入学，与户籍入学制度相对，积分入学往往处于劣势，导致很多企业员工的子女入学难，造成产业人员流失。这种教育不平等的服务机制对外来务工人员十分不友好，造成产业园内很多产业工人的子女无法在珠海上学，这些产业工人最后迫于无奈不得不离开。

三是商业服务配套缺乏。目前珠海航空产业园内的商业服务配套基本依赖周边镇区。然而周边镇区的商业配套是"镇级"商业模式，整体的商业服务业态比较低端，且镇区与园区有一定距离，其配套服务的便利性不足。较高端的商业目前均位于航空新城，与产业园的距离更远，无法满足园区休闲娱乐需求。

四是空间品质较差。珠海航空产业园现状园区与镇区混合，整体空间环境品质较差，完全不具备现代产业园应有的环境品质。很多企业来园区考察，看到这样的环境，都不愿意进驻。

产业园的空间环境已经影响园区招商，限制了产业园的发展。

五是企业服务不便利。目前园区内没有专门的企业服务平台，企业的行政审批、金融商务、税务服务等业务均需要到金湾区及珠海市里办理，大大降低了企业的办事效率。除软服务外，厂房等硬设施的建设使用模式缺乏通用性及灵活性，也逐渐无法适应现代企业的使用需求。

珠海航空产业园配套服务现状问题产生的内在原因是综合性的，是各种复杂的历史原因综合作用的结果。首先，园区成立之初，整体企业数量不多，过去的配套服务模式可以支撑园区发展，故产业园尚未形成综合化配套服务的需求和意识；其次，产业园区经济规模有限，无论是政府还是园区管委会从产业园所得的税收有限，没有财力建设综合化的配套服务设施；最后，过去规划建设的关于产业园区内的配套服务用地缺乏完善的建设标准和管理要求，导致相关建设实施的难度较大。

4 航空产业园配套服务提升策略

4.1 配套服务现状体检评估

对航空产业园配套服务水平进行全面体检评估，从园区需求、空间布局、配套规模、管理机制等多个方面梳理园区现状配套服务存在的问题和不足，才能针对性、系统性地提出园区综合配套服务的提升对策。配套服务现状体检评估，一是要深入调查企业和产业人员的实际需求，作为构建综合服务体系的支撑；二是详细梳理产业园区内的现状用地状况，摸清园区内闲置用地和低效用地的具体情况，为配套服务设施落地提供空间保障；三是要评估现状服务设施的服务能力，掌握各项设施服务缺口，作为完善配套服务的科学指导。

4.2 建立宜业导向的配套服务体系

要完善航空产业园配套服务，首先得以"宜业"为目标抓手，建立宜业导向的园区综合配套服务体系，做到有的放矢，事半功倍。所谓宜业，是指在一定层次上方便人们就业、创业，特别是要适宜年轻人就业和创业。宜业与宜居是相辅相成的，正所谓"安居"才能"乐业"。因此宜业更广泛的含义应包括生产和生活两个方面，从宜业这个角度切入，本文结合珠海航空产业园的实际情况，提出"2+7"综合配套服务体系。其中"2"是指生活服务和生产服务两个方向，"7"是指7个配套分支，具体包括居住配套、公共服务、交通系统、环境品质、基建配套、生产空间、企业服务（图2）。

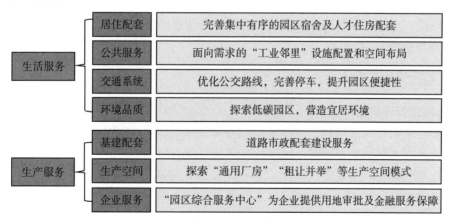

图2　综合配套服务体系示意图

4.3　构建园区配套服务建设模式及空间布局方案

在构建配套服务体系的基础上，需要进一步明确园区配套服务设施的建设模式及建设标准。本文结合珠海市的实践，针对生活配套服务，提出"园区社区邻里"配套服务概念。此即结合航空产业园的空间分布特征，按照 10～15 分钟生活圈理念打造"园区社区邻里"配套服务。在邻里单元内打造可以提供一站式服务的公共服务中心，构建完整、便利的园区服务空间体系模型。在"园区社区邻里"中可以配套住宅及教育、医疗、文化、体育、商业等公共服务，通过在产业园区内部建立小区化的居住空间型模式，改善原来分散化的宿舍模式和租房模式，有利于改善园区内产业人员的居住品质，提供幼儿托管、学前教育、商业休闲等日常服务需求，减少交通通勤损耗，能够大幅提升产业人员的归属感和园区的吸引力。

在生产服务方面，提出"园区产业服务中心"配套服务概念。"园区产业服务中心"主要提供以行政审批、产业孵化、法律咨询、金融服务、会议商务等为主导的生产性服务。通过产业服务集中化，降低企业管理成本，提高企业生产效率。

在构建上述综合配套服务建设模式后，根据国家、省及珠海市相关配套设施建设标准，制定"园区社区邻里"及"园区产业服务中心"中各类设施的建设标准。一般通过千人指标进行测算。

在空间布局方面，按照 1000 m 服务半径确定"园区社区邻里"的服务范围。同时结合园区内用地情况，通过用地评估，选择政府能够收储或利用的闲置用地或低效用地来合理安排"园区社区邻里"的选址，做到产业园区服务范围全覆盖的同时，还要保障邻里的可实施性。"园区产业服务中心"主要依托现状产业孵化服务平台，通过补充完善相关服务功能进行建设。其空间布局尽量均衡，才能为航空产业园内的不同工业园提供便利服务。

4.4　制定配套服务设施建设计划

配套服务体系的建立和空间布局方案的制定为提升航空产业园综合配套服务夯实了规划指导基础。配套服务设施的建设是提升产业园综合服务能力的关键。因此，在空间布局方案基础上，根据近期产业园发展实施重点方向，制定产业园配套服务建设计划。建设计划主要依据以下原则：一是结合金湾区产业"十四五"发展规划，优化安排重点发展园区的配套服务建设；二是根据园区内土地利用情况，优先实施有用地空间的配套服务设施；三是优先试点，循序渐进，先试点建设一两处"园区社区邻里"和"园区产业服务中心"，根据实际效果，再做下一步计划，避免资源浪费。

4.5　完善实施保障配套机制

4.5.1　完善规划管理机制

规划先行，提前布局。针对产业园区新的发展要求，要相应完善产业园区对应的编制管理机制。一方面要在规划管理上明确"园区社区邻里""园区产业服务中心"的规划建设标准和管理要求，为指导该类设施建设提供依据。另一方面要在编制产业园区规划时，切实落实相关理念，提前安排"园区社区邻里"及"园区产业服务中心"空间布局，为后续建设预留空间。另外，要同步完善园区配套服务设施在供地、报建、验收、移交方面的管理要求，要精简程序、缩短审批流程，提高建设效率。

4.5.2 明确建设实施主体

明确主体，压实责任。目前珠海市提出"产业第一"为总工作抓手，可以借此机遇，成立由市、区、园区管委会组成的建设工作小组，由市、区人民政府主管领导挂牌督办。园区配套服务设施的具体建设工作可以由航空产业园区管委会牵头负责。涉及的其他相关事宜，可以通过建设工作小组协商决策，达到上下联动、沟通高效、思想统一、事半功倍的效果。

4.5.3 提供建设资金保障

保障资金，全盘统筹。建议珠海市人民政府安排园区配套服务设施建设资金，为园区配套服务设施建设提供资金保障。可以根据园区的建设计划，通过财政预算的方式将上述资金纳入政府财政预算，做到心中有数，提前安排。同时要规范资金的使用程序，防范资金被挪用、占用，影响园区配套服务设施的建设。

4.5.4 建立用地收储机制

完善收储，保障空间。航空产业园目前存在的一大问题就是园区内大部分用地已经出让，缺乏合适用地来建设需要的配套服务设施。要解决这个问题，要从各个园区内的闲置用地和低效用地切入。目前珠海市对用地收储的力度十分有限，导致闲置用地和低效用地无法高效使用，造成用地资源的浪费。建议进一步完善土地闲置低效认定机制，优化闲置低效用地收储政策，加大园区闲置用地和低效用地的收储力度，为园区配套服务的完善提升扫清空间障碍。

5 结语

产业园区综合配套服务是产业园区发展的重要保障。当前我国产业园区正在由传统工业园向产业新城转型升级，其配套服务设施也不断地复合化、多样化，空间上也呈现出城市化特征。传统的园区配套服务模式已经很难适应未来园区的发展要求，新型产业园区配套服务模式的出现是产业园发展的必然趋势。本文以珠海航空产业园为例，通过对珠海航空产业园综合配套服务现状存在的问题进行总结以及预测其未来发展，针对实际问题及未来需求，从综合配套服务体系、建设模式、空间布局、建设计划和保障机制等方面提出优化提升策略，以期改善提升珠海航空产业园综合配套服务能力。

客观来说，珠海航空产业园综合配套服务现状问题的形成有其复杂历史原因，是多种因素限制的结果。在国土空间规划编制改革背景下，本文总结其他先进产业园区发展经验，结合珠海市实际，提出"园区社区邻里"和"园区产业服务中心"的概念。这些概念并不新鲜，关键是在园区用地进入存量时代的背景下，如何通过公共政策引导这些概念实现，并真正服务于园区发展。

[参考文献]

[1] 李峻峰，张丽. 产业园区配套服务发展阶段研究：以苏州工业园区为例 [J]. 安徽建筑，2012，19（3）：41，47.

[2] 林可可. 从产业区到产业社区：需求视角下上海产业社区服务配套研究：以松江科技园为例 [J]. 上海城市管理，2022，31（2）：17-26.

[3] 王思宇. 和谐城市指导的产业新城配套服务设施规划策略 [D]. 天津：天津大学，2016.

[作者简介]

谌子益，工程师，注册城市规划师，就职于珠海市规划设计研究院城乡规划二所。

城市设计视角的历史文化街区保护与活化

——以珠海唐家湾历史文化街区为例

□续岩，丁笑，周姝，张一恒

摘要： 历史文化街区是城市文明传承与文化延续的重要载体，兼具历史文化价值与社会功能。本文以珠海唐家湾历史文化街区为例，通过历史背景研究、文化价值阐释和现状概况剖析，制定了一套保护与规划设计方案，提出"一轴三区"的空间布局框架，以主轴道路为核心，划定功能区域以实现多元化整合式发展。并在此基础上针对用地布局优化、道路交通优化、旅游路线设计等问题，提出相应的规划策略，旨在为历史文化街区的建设提供思路与指引。

关键词： 历史文化街区；城市设计；唐家湾

1 唐家湾历史文化街区现状评估

1.1 历史沿革

唐家湾建村始于唐末，称"横沟浦村"。南宋时期，唐姓、梁姓人家先后从珠玑巷迁来。清顺治元年（1644年），为防卫海盗，唐家湾建围城，设万安、龙庆、迎熏、启明和亨衢5座城门。1683年，唐家古镇初成，古镇建筑依托丘陵地形层层分布，道路呈"丫"字形分布，居民依据姓氏分为五堡居住。1930年，唐家湾被开辟为无税口岸，定名为中山港，开展"南方大港"和"模范县城"建设，拆城墙、筑马路，不再进行封闭式管理。

中华人民共和国成立后，唐家湾主要聚落建设在沿公路西南两侧，坐西朝东，呈半环形状，房屋建筑为砖木或钢筋混凝土结构。20世纪80年代，唐家湾大兴土木，掀起了集镇建设的热潮。建设初期由于缺乏统一管理，大批生产建筑和生活设施上马，居民新建私房多，建筑群密集，布局不合理，基础设施不配套。1988年，唐家湾建立村镇建设专门管理机构，结束长期以来村镇建设无人管理的混乱局面。2007年，唐家湾成为国家历史文化名镇，唐家湾的城镇发展迈入新时代。

1.2 文化价值

1.2.1 近代中国对外贸易往来的重要窗口

唐家湾是近代珠江三角洲对外贸易的重要节点，是广东的重要门户，经南海可往东南亚各国，乃至世界各大商埠。1930年，南京国民政府行政院指定开辟唐家湾为无税口岸，定名为中山港，与香港、澳门竞争国际贸易。同时，唐家湾是近代广东华工出洋淘金务工的重要出海口，早在清代，就有唐家湾居民经澳门赴海外（主要是印度尼西亚、马来西亚、菲律宾等地）经商，俗称下南洋。

1.2.2 近现代岭南建筑文化荟萃的典型代表

唐家湾是以"堡"为特色的粤南宗族聚居模式，不同家族分布在不同堡内，堡与堡之间以镇内的主要道路分隔。唐家湾保存了大量清末民初岭南建筑风格的民居建筑及祠堂等公共建筑，体现出中西交融的建筑营建与装饰文化。唐家湾位于珠江和南海的交汇处，建筑中出现大量的海洋性符号以及广府地区流传的传统装饰，装饰细部上也有西方拱券等装饰。

1.3 文化遗产概况

唐家湾历史文化街区保存了大量清末民初岭南建筑风格的民居及祠堂等公共建筑，包括古井、古围墙、古树名木、社瓮、古亭、牌坊、纪念碑等，拥有 2 处省级文物保护单位（唐绍仪故居、唐家三庙），1 处市级文物保护单位（瑞芝祠），26 处不可移动文物，29 处历史建筑。

1.4 空间布局

唐家湾背靠鹅峰岭，面朝大海，东西两侧分别是龙岗山和马山，依托 3 座山岭形成丘陵地形，建筑层层分布于不同标高的台地上，谷地形成村落中的 2 条主要道路，即山房路和大同路。历史街巷主要包括山房路、大同路、龙岗街、南边山街、凌云路、丽泽巷等，现状街区路网尚未形成体系，存在停车空间缺乏等问题。

2 唐家湾历史文化街区保护内容

借鉴相关研究成果和经验可知，历史文化街区的保护原则有以下几点：一是空间肌理的传承与创新相结合，做到整体性、系统性、真实性、延续性保护；二是环境更新与功能更新相协调，将历史街区的保护更新同现代城市功能衔接；三是保护与利用同时可持续发展，激发历史街区的新功能和新活力。本次规划将遵循上述原则，制定唐家湾历史文化街区的保护与更新方案。

2.1 保护范围调整

上版《中国历史文化名镇珠海市唐家湾历史文化名镇保护规划》（2014 年）划定"唐家古镇保护区"的紫线核心保护范围 24 hm²、建设控制地带 61 hm²、环境协调区 778 hm²；《珠海历史文化建筑街区空间保护规划》（2011 年）划定"唐家古镇历史文化街区"的紫线核心保护范围 20 hm²、建设控制地带 69 hm²。两次规划划定的范围有较大出入，不利于统一保护和管理，且未充分考虑所有类型的保护对象。部分保护对象的保护边界有所交错，部分保护对象穿越现状建筑、现状道路，以及历史巷道或院落，不利于规划管控。

本次规划将无重要保护对象的区域调整出保护范围，遵循可持续发展原则，确保不对未来发展产生妨碍。同时校核各类保护对象的边界、用地权属和现状边界，调整保护范围不与之交错，确保保护管理、建设管理等工作的便捷性和可操作性。修订后的保护范围在空间上形成两个大的片区，分别是唐家古镇核心片区及边山街片区。唐家古镇的核心建成区格局比较完整，故将其划归为一个片区进行整体控制；边山街片区肌理具有自身特色，与西北面的古镇核心片区相对独立，故将其划归为一个片区进行整体控制。

2.2 空间格局保护

2.2.1 山体保护

保护鹅峰山、马山山体，重点保护共乐园和古镇核心片区所在的鹅峰山山麓地带，除必要的公共服务及市政设施外，不得进行其他建设行为，禁止进行对生态环境构成破坏的活动。同时保护山体的自然环境和植被，对重要山体制高点及山体内的重要标志性景观，如共乐园天文台、纪念碑等之间的视线通廊进行控制，通过对上述制高点及标志性景观之间连线周边建筑的高度进行严格控制，使其高度不超过重要山体制高点，不影响视线廊道的景观。

2.2.2 古镇轮廓保护

保护以"五堡"为核心的古镇轮廓，保护唐家古围墙本体以及其引领的轮廓方向和走向，严格保护古镇轮廓沿线的建筑本体不被改变。

2.2.3 传统街巷保护

保护街巷格局与肌理，即古镇核心片区依山势而延伸的环状、放射状街巷格局；保护山房路、大同路、后坑街、边山街等主要传统街道以及由"五堡"所统领的传统街巷网络；保护边山街片区以主街为骨架，以"鱼骨状"脉络保护传统街巷布局，对主街的建筑的立面和形体中不符合整体风貌的部分进行适当修缮与整修，以形成完整的古镇传统风貌。

2.3 建筑高度控制

控制原则参照《历史文化名城保护规划规范》建筑高度控制要求，整体控制历史文化街区的建筑高度，保护街区的整体风貌特色；重点考虑山房路和大同路沿线主要的公共建筑与鹅峰山、马山2座山体的视线通廊；保持鹅峰山3处观景平台观看6处主要节点的历史风貌。

2.4 建筑保护与整治方法

以建（构）筑物保护级别为基础，根据其建筑风貌、质量和保存状况，提出修缮、维修改善、保留、整饰、整治改造5种建筑保护与整治方式（表1），总体情况为修缮29处，维修改善29处，保留1305处，整饰149处，整治改造3518处。

表1 保护与整治方式介绍及其适用范围

方式名称	方式介绍	适用范围
修缮	对建筑物进行维修和修复，以保持建筑物原有风貌和结构完整性（修补破损部分、替换老化材料、修复装饰细节等）	具有特殊历史文化价值的建筑
维修改善	对建筑物进行改进和调整，以提高其功能性和现代需求适应性（内部空间布局的重新设计、设施设备的更新、环境改善等）	具备新功能或满足当代使用需求的建筑物
保留	保持建筑物原有状态和形态，不进行大规模的改动或修缮，以保护建筑的原始特色和历史风貌	具有较高的历史文化价值，保存完好、无需大幅度修缮的建筑物

续表

方式名称	方式介绍	适用范围
整饰	对建筑物进行装饰性的改造和提升，以增强其外观美感和吸引力（外立面装饰、景观绿化、照明设计等）	用于提升街区形象、产生视觉吸引力和美化环境的建筑物
整治改造	对建筑物进行全面的改造和重建，以适应新功能和发展需求（拆除、重建或大幅度改变建筑结构）	建筑物存在严重损坏、无法修复或不再适应原有功能的情况

3　唐家湾历史文化街区规划设计

在历史文化街区的保护规划中，规划设计者不但要关注空间的梳理与利用，更要充分发挥历史文化街区本身的土地价值与经济利益。本研究提出的保护规划方案将以"严格保护、精细修复、分类引导、重点提升"的理念，构筑以"一轴三区"为基础的空间布局框架，将唐家湾历史文化街区打造成为集传统居住生活、文化旅游、特色产业于一体的具有珠海历史文化特色的综合性街区。

3.1　功能结构规划

唐家湾历史文化街区功能以传统居住、文化旅游、观光体验、特色展示为主，空间上形成"一轴三区"的功能结构，"三区"从西北至东南形成动—静—动平稳过渡格局（图1）。"一轴"以山房路作为主要文化、商业主轴，串联主要景点、公共设施与旅游服务片区。"旅游观光休闲区"依托共乐园，整合发展周边现状餐饮、休闲设施，形成面向游客的观光休闲区。"古镇特色体验区"以五堡为核心，从山房路向内渗透商业和民宿等功能，形成传统居住和特色体验融合的功能区。"地区配套服务区"在山房路东段，由唐家中学、唐家小学、高新区活动中心、市场、医院等公共设施组成地区配套服务片区。

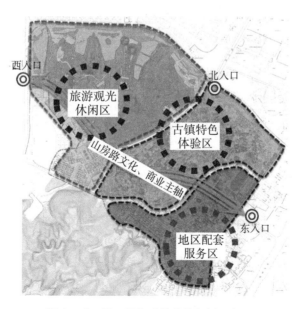

图1　"一轴三区"功能结构规划示意图

3.2 业态及旅游规划

基于山房路西段已有的文化创意、民宿业态基础，提出在严格保护传统建筑的基础上，扶植发展古镇核心区内现状已有的民宿、特色餐饮、小型展示等业态，并合理利用部分传统建筑，在不影响传统居住环境和氛围的基础上适当扩大规模。置换山房路、大同路上较为低端的商业，引入特色餐饮、文化创意、纪念品、小型展示等，结合沿街立面整治，打造具有古镇特色的文化主轴。整合街区东南部的地区服务设施，整顿市场和零售业，完善医疗卫生、教育设施，适当补充社区体育设施。

旅游发展定位为中国近代历史名人文化旅游中心，商业与海洋本土文化遗产风情观光区、岭南特色休闲度假地，其目标人群为历史文化爱好者、文艺青年及写生、艺术创作、摄影爱好者。旅游产品和旅游路线设计方面，需要统筹街区保护与旅游策划，统筹资源利用与环境整治，统筹品质提升与功能协同。根据旅游资源及其分布状况，规划常规主要游线和次要游线，提升观光点的可达性和接续性，同时带动街区内文创、餐饮和住宿等行业的发展。

3.3 用地布局规划

结合修订后的保护范围、用地权属对原有地块边界进行适当修正，便于规划、文物等部门的管控。对山房路道路宽度进行适当调整，以更好地保护及展示现有历史文化资源及传统风貌，活化地区业态。拆除部分现状保存状况较差、与传统风貌有较大冲突的建筑、违章建筑等，拆除后的空地转换成公共绿地，并完善配套设施，周边以居住用地为主。整合山房路、大同路等沿线用地功能，形成沿街商住混合的带状用地，山房路西段侧重于以商业服务业、旅馆业等用地为主。

3.4 道路交通优化

对外交通方面，街区南面与马山之间增加次干道，连通片区东西道路，减轻山房路交通压力。内部交通方面，按照可持续发展原则，调整现行山房路、大同路的部分道路红线，山房路东段、西段适当拓宽，形成双向车道，有效截留外来旅游交通，减轻山房路中段的交通压力，有效保护历史文化资源。静态交通方面，在山房路共乐园段、唐家中学段、唐中路沿线、传统街区内部拆除部分违章建筑，增设3处停车场地，并在山房路两端、大同路北端旅游集散地入口处设置集中式停车场，有效截留进入古镇车辆。

4 结语

本文从规划设计视角对历史文化街区的保护与活化展开理论与实践研究，为珠海唐家湾古镇制定一套较为详细的保护与更新规划方案。然而实践过程中仍面临着诸多挑战和现实难题，需要充分考虑与利益相关者的合作方式，并密切关注国家和地方出台的与历史文化街区保护有关的政策文件，确保保护与规划措施制定的可行性与合理性，以及执行的有效性与可持续性。通过本研究，期望能够有效保护和传承唐家湾古镇的历史文化遗产，促进其文化旅游产业的发展，从而提升珠海市的城市形象和居民生活品质，实现城市的历史继承与文化繁荣。

［参考文献］
[1] 李慧敏，王树声. 新时期历史文化街区保护与更新的方法研究：以介休古城顺城关历史文化街区

为例 [J]. 西安建筑科技大学学报（自然科学版），2012，44（4）：529-534.

[2] 曾峥，杨静. 中山市从善坊历史文化街区保护更新规划 [J]. 规划师，2015，31（S1）：81-85.

[3] 邱强. 磁器口历史文化街区保护与利用路径选择 [J]. 规划师，2017，33（S2）：70-73.

[4] 时少华. 基于社会网络分析的历史文化街区保护中的利益网络治理研究：以北京南锣鼓巷街区为例 [J]. 现代城市研究，2018（7）：61-67.

[5] 李睿，李楚欣，芮光晔. 城市历史景观（HUL）视角下的历史文化街区保护规划编制方法研究：以广州逢源大街—荔湾湖历史文化街区为例 [J]. 规划师，2020，36（15）：66-72，85.

[6] 顿明明，王勇. 苏州历史文化街区保护历程回顾与思考 [J]. 城市规划，2022，46（S1）：76-83.

[7] 童小燕. 新时期历史文化街区保护与更新的方法分析：以诏安县县前街、东门中街、中山东路省级历史文化街区为例 [J]. 江西建材，2022（9）：380-381，384.

[作者简介]

续岩，工程师，规划师，就职于珠海市规划设计研究院轨道交通所。

丁笑，工程师，规划师，就职于珠海市规划设计研究院交通模型所。

周姝，西南交通大学交通运输与物流学院硕士研究生。

张一恒，高级工程师，注册城乡规划师，就职于珠海市规划设计研究院国土空间二所。

轨道交通 TOD 站点周边一体化协同研究

——以九洲商贸片区 TOD 规划为例

□续岩，路超，张一恒

摘要：以公共交通为导向的城市用地开发模式（TOD）有利于促进城市规划、用地开发与交通系统的良性互动和城市的可持续发展。本文以九洲商贸片区轨道交通 TOD 站点规划为例，借鉴国内外轨道交通 TOD 站点开发经验，对轨道交通 TOD 站点控制区域的用地及交通衔接提出指引，旨在为轨道交通站点 TOD 周边一体化协同研究提供思路。

关键词：轨道交通；TOD；一体化

1 TOD 站点用地情况

1.1 TOD 用地情况

九洲商贸中心位于珠海市核心区，其功能定位为珠海市主城区内的高端商业商务中心、文化旅游服务中心和综合居住区，具有开发早、发展快、土地开发成熟、人口密度大等特点。根据《珠海市城市轨道交通线网修编》，轨道交通 1 号线在规划范围内沿九洲大道敷设，在片区内设同心公园站、市民广场站；轨道交通 2 号线在规划范围内沿迎宾南路敷设，在片区内设同心公园站、联安路站（图 1）。本研究将以 3 个规划轨道站点为中心，800 m 为服务半径，并结合水系、绿地、城市道路等因素来划分规划 TOD 开发区。

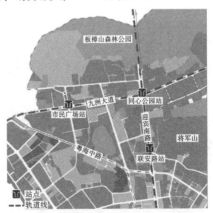

图 1　九洲商贸中心站点示意图

1.1.1 市民广场站

市民广场站 TOD 开发区总用地面积 176.47 hm²，现状以居住用地为主，占比 38.92％（表1）。

表 1 市民广场站 TOD 开发区现状土地使用一览表

用地代码	用地性质	现状用地面积/hm²	占比/%
R	居住用地	68.68	38.92
A	公共管理与公共服务设施用地	21.02	11.91
B	商业服务业设施用地	38.90	22.04
U	公用设施用地	2.92	1.65
M	工业用地	10.66	6.04
G	绿地与广场用地	6.84	3.88
S	道路与交通设施用地	27.45	15.56
服务范围总用地面积		176.47	100.00

其中，200 m 圈层范围内，用地主要包括绿地、商住混合用地、商业用地和工业用地，开发强度较低；200～500 m 范围内，用地主要包括居住用地、商业用地、娱乐康体用地、商住混合用地、绿地和工业用地，其中以居住用地为主，开发强度以 2.0～4.0 为主，强度较高；500～800 m 范围内，用地主要包括居住用地、康体娱乐用地和工业用地，开发强度在 2.0 以下。

1.1.2 同心公园站

同心公园站 TOD 开发区总用地面积 156.55 hm²，土地使用现状以居住用地为主，占比 40.98％（表2）。

表 2 同心公园站 TOD 开发区现状土地使用一览表

用地代码	用地性质	现状用地面积/hm²	占比/%
E	非建设用地	16.77	10.71
R	居住用地	64.15	40.98
A	公共管理与公共服务设施用地	8.73	5.58
B	商业服务业设施用地	9.38	5.99
U	公用设施用地	0.86	0.55
M	工业用地	13.83	8.83
G	绿地与广场用地	16.10	10.28
S	道路与交通设施用地	26.73	17.07
服务范围总用地面积		156.55	99.99

其中，200 m 圈层范围内，用地主要包括绿地、二类居住用地、商业服务业设施用地和工业用地，开发强度较低；200～500 m 范围内，用地主要包括居住用地、行政办公用地、工业用地、商业用地、商住混合用地、绿地和教育科研用地，其中以居住用地为主，开发强度以 1.0～3.0 为主，强度较高；500～800 m 范围内，用地主要包括居住用地、商业用地和医疗卫生用地，开

发强度以 1.0～3.0 为主。

1.1.3　联安路站

联安路站 TOD 开发区总用地面积 133.15 hm²，土地使用现状以居住用地为主，占比 40.74%（表 3）。

表 3　联安路站 TOD 开发区现状土地使用一览表

用地代码	用地性质	现状用地面积/hm²	占比/%
E	非建设用地	1.69	1.27
R	居住用地	54.24	40.74
A	公共管理与公共服务设施用地	9.60	7.21
B	商业服务业设施用地	12.83	9.64
U	公用设施用地	2.15	1.61
M	工业用地	0.52	0.39
G	绿地与广场用地	6.93	5.20
S	道路与交通设施用地	45.19	33.94
服务范围总用地面积		133.15	100.00

其中，200 m 圈层范围内，用地主要包括绿地、二类居住用地、商住混合用地和旅馆业用地，开发强度以 1.0～3.0 为主；200～500 m 范围内，用地主要包括居住用地、行政办公用地、商业用地、商住混合用地、绿地和教育科研用地，其中以居住用地为主，开发强度以 1.0～3.0 为主，强度较高；500～800 m 范围内，用地主要包括居住用地、公园绿地、教育科研用地和村庄建设用地，开发强度以 1.0～3.0 为主。

1.1.4　存在问题

一是各站点 200 m 范围内混合用地太少，以居住用地为主。轨道站点 200 m 圈层范围内混合用地太少，未能有机地混合居住、商业、办公、文化娱乐、交通、绿地等使用功能，其中市民广场站和同心公园站周边分布有大面积的工业用地和单一功能的居住用地。

二是各站点沿线土地开发强度较低。轨道站点周边土地开发密度较低，500 m 圈层范围内大部分用地开发强度小于 3.0。

三是各站点 800 m 范围内道路用地比例较低。市民广场站和同心公园站 800 m 圈层范围内道路用地比例均低于 25%，轨道交通与常规交通未能有效结合，不能满足站点周边多种出行方式的选择需求。

1.2　TOD 用地潜力

九洲商贸中心轨道交通沿线近期可开发用地 37.63 hm²，主要分布在 3 个轨道站点 200 m 圈层范围内和桂花路沿线地区，这些用地将是轨道交通 TOD 近期重点建设区域。其中，市民广场站 TOD 开发区开发潜力地块面积为 18.85 hm²，占比 50.09%，主要更新项目为方正、万宝、恒信、北岭等项目；同心公园站 TOD 开发区开发潜力地块面积为 8.21 hm²，占比 21.82%，主要更新项目为中岛、保利达和纬丰等项目；联安路站 TOD 开发区开发潜力地块面积为 10.57 hm²，占比 28.09%，主要更新项目为岭南社区项目（表 4）。

表 4　TOD 开发区可更新用地情况一览表

区域	用地规模/hm²	占比/%	包含主要更新项目
市民广场站 TOD 开发区	18.85	50.09	方正、万宝、恒信、北岭等
同心公园站 TOD 开发区	8.21	21.82	中岛、保利达、纬丰等
联安路站 TOD 开发区	10.57	28.09	岭南社区
合计	37.63	100.00	—

2　TOD 开发经验借鉴

2.1　TOD 开发强度

从总体上来说，轨道交通站点周边的土地容积率随地块与站点距离的增加而逐渐降低。根据国内外成熟地区轨道交通沿线各类用地容积率的经验数据，轨道沿线各功能地块的容积率比其他地区同类功能区块高 1~2.5（图 2）。

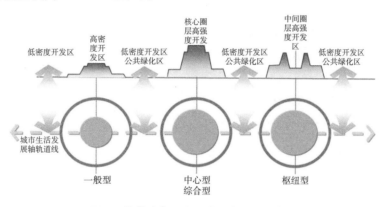

图 2　轨道站点周边用地开发强度示意图

2.1.1　世界各大城市重要轨道站点周边地块容积率

世界各大城市重要轨道站点周边地块容积率详见表 5。

表 5　世界各大城市重要轨道站点周边地块容积率一览表

地区	项目名称	用地功能	容积率	面积/hm²
池袋	阳光城	商务办公、高级旅馆、餐饮、住宅等	10.8	6.1
	大都会广场	百货商场、美术馆、餐饮、商务办公	10.1	1.5
华盛顿	国际广场	商务办公、服务业	11.4	0.9
蒙特利尔	波纳文图尔广场	旅馆、展览、办公、商场	8.5	2.4
日比谷	有乐町	百货商场、电影院、餐饮	9.5	0.8
多伦多	谢泼德中心	办公、零售、住宅、娱乐、餐饮	5.5	2.6
六本木	Ark Hills	高级酒店、展览厅、音乐厅、商务办公、住宅、零售、餐饮	4.8	5.6
惠比寿	公园广场	商务办公、美术馆、博物馆、住宅	4.8	8.2
町田	站前地区	百货广场、零售、餐饮	4.9	2.1

2.1.2 香港轨道交通站点周边地块容积率

香港轨道交通站点周边地块容积率详见表6。

表6 香港轨道交通周边用地容积率情况表

地段	地区	商业	CDA	CR	R（A）	R（B）	R（C）	R（D）	R（E）
一级商务中心	中环	12～15	10～15		8～10	6～8			
二级商务中心	尖沙咀	12			6	5			
	湾仔	10～12			8	6			
零售商业中心	铜锣湾				7.5	5	2		
新市镇中心	荃湾	9.5	9.5		6	5			9.5
住宅区中心	九龙湾	12		6.5	5				
一般住宅区	九龙	8	9	6.5					
	西湾河		5	6	5				
	荔枝角		5		6				

2.1.3 日本东京轨道交通站周边用地容积率

日本东京轨道交通站周边用地容积率详见表7。

表7 日本东京轨道交通站周边容积率情况表

地段	城区	站点周围土地用途	商业
一级中心	银座	娱乐、零售、商业为主	10～15
	新宿	商业、饮食、文化、娱乐为主	10～15
	涉谷	商业、饮食、文化、娱乐为主	9.5～12
	池袋	商业、饮食、文化、娱乐为主	10.5～12
二级中心	上野	商业、饮食为主	8～10
	浅草	商业、饮食为主	8～10
三级中心	中草	商业、饮食为主	5～8

2.2 TOD交通衔接

TOD站点综合开发以及周边地块衔接主要通过交通核和步行系统，有益于引导轨道脉冲式大运量客流与枢纽综合体之间的组织与疏散，削弱站点与周边物业的视觉隔阂，打造紧密关联的、网络枢纽型城市慢行系统。

2.2.1 交通核及步行系统概念

所谓交通核，其本质是联系轨道站水平交通与综合体垂直交通的转换空间，衔接上盖综合开发物业、交通衔接设施的城市级公共空间。其目的是引导轨道站脉冲式大运量客流与枢纽综合体之间有序且快速的组织和疏散。最终实现以轨道站为中心，各种功能紧密关联的全天候网络枢纽城市慢行系统。其面积不计容积率，计入建筑密度。

步行系统是联系轨道站与上盖综合开发物业、交通衔接设施，以及周边城市街区重要节点的室内公共步行通道。步行系统可24小时向公众开放，引导市民采用"步行＋公交""自行车＋公交"的方式出行。步行系统的扩大节点可兼容一定的文化功能。24 小时开放的通道面积不计容积率，计入建筑密度。

2.2.2 布局模式

交通核的布局模式主要有渗透空间式和室内大堂式两种，渗透空间式布局需要综合体与车站主体之间留有一定距离，而室内大堂式布局则将综合体建筑紧邻车站。下面将以东京日本桥站和横滨皇后广场为例，介绍交通核的布局模式。

图 3 是东京日本桥站——渗透空间式交通核。下沉广场作为开场的交通核，通向地下轨道站厅，负一层商业向下沉广场开口。在步行交通的组织方面，对原有车站与地下商业设施进行一体化综合开发，乘客能够通过地铁出入口直接进入商业空间或地上活动广场。通过垂直交通核心的设置与平面流线相交，实现地铁站与周边商业开发之间顺畅、便捷的衔接。

图 4 是横滨皇后广场——室内大堂交通核。人流经过通道由站厅层进入综合体室内大堂，联系地铁站与枢纽综合体的转换节点，衔接上盖综合开发物业、交通衔接设施的城市级公共空间，且室内大堂兼容建筑综合体大堂。

图 3 东京日本桥站——渗透空间式交通核实景 　　　　图 4 横滨皇后广场——室内大堂交通核实景

2.3 TOD 开发指引

九洲商贸中心为城市级商业、办公等公共服务功能集中区域，城市轨道交通 1 号线和 2 号线交会于此，并设 3 个轨道站点，其中位于九洲大道和迎宾路交叉口附近的站点为轨道交通换乘站。根据上文相关分析研究，九洲商贸中心内同心公园站和市民广场站为城市型站点，联安路站为社区型站点。

2.3.1 用地性质调整建议

九洲商贸中心更新用地应以混合用地为主，用地性质应以商务、商业、酒店、公共管理和公共服务设施为主，具有中高密度的居住、商业、商务、公共设施和绿地广场应混合设置在步行可达的轨道站点范围内，为轨道交通提供充足的载客量。

2.3.2 地块开发强度建议

应提高站点用地 800 m 范围内用地的开发强度，鼓励交通、商业、商务、文化娱乐、居住、绿化等功能在垂直空间上的组合，提高土地使用效率，提升土地价值。

2.3.3 道路交通调整建议

站点用地 800 m 范围内应强化细密路网建设，引导步行的同时，强调提供多种出行方式选择，倡导快速轨道交通与常规交通结合，创造"紧凑的、具有24小时活力的、适宜步行的"城市节点。

3 TOD 站点一体化衔接

TOD 站点一体化开发是轨道站点与周边用地紧密结合、相互反馈的过程，两者之间需要相互协调、相互配合。九洲商贸中心位于城市中心区、城市建成区及城市更新区，周边用地主要以商业、办公为主，未来将有较大的人流集散，如何使得轨道站点的人流转化为周边商业办公的客流将是周边一体化协同的关键。

3.1 市民广场站

市民广场站800 m服务范围土地使用现状以居住用地为主，土地使用规划以商业、服务业设施用地为主，站点周边有富华里、圆明新园等市级商业和旅游设施。

商业、商务类站点的客流特征以通勤、购物、休闲出行为主，客流分布均衡。商业综合体与站厅间可设置集散广场或商业连廊，并设置"K＋R"出租车或小汽车临时停靠点，解决核心区小汽车换乘轨道交通的问题。同时，考虑周边旅游观光需求，可灵活设置自行车租赁等交通衔接设施，打造站点与旅游地的一体化衔接空间。

3.2 同心公园站

同心公园站800 m服务范围内土地使用现状以居住用地为主，有部分旧厂房存留。土地使用规划以居住、商住混合用地为主，商业、商务混合用地占比大。周边存在保利达、中岛等更新项目，未来交通出行需求旺盛。

在周边用地层面，应以站点周边旧厂房等地块整合更新为契机，建设与站点相连的地下空间，开发地下商业街；在周边交通层面，应保证与周边换乘交通的衔接，由于站点位于城市主要客流走廊，需要常规公交或非机动车对未覆盖地区进行补充，因此首先考虑与常规公交、公共自行车的衔接，如出入口靠近现状公交站点和公共自行车租赁点。同时，根据站点客流预测，分析公交设施的衔接规模，结合周边用地更新，增加公交枢纽站，进行地块、轨道站一体化设计。

3.3 联安路站

联安路站800 m服务范围内土地使用现状以居住用地为主，土地使用规划以居住用地为主。

居住类站点以居住端出行为主，客流分布集中，潮汐现象特别明显。衔接策略将重点考虑步行、公交和自行车交通的衔接，站点出入口尽量靠近小区出入口，同时考虑扩大站点的辐射范围，可设置微循环公交与轨道站点对接，串联周边大型社区，如珠光花园、乾坤花园等社区。

[参考文献]

[1] 苏丽君. 深圳市轨道交通设计的一体化规划 [J]. 铁道运输与经济，2004 (4)：20-21，43.

[2] 金锋. 关于城市轨道交通与城市规划一体化 [J]. 都市快轨交通，2008，21 (1)：1-4.

[3] 李文峰，刘亮平，樊钧. 苏州轨道交通与地面交通一体化规划及实践 [J]. 都市快轨交通，2016，29 (6)：20-25.

[4] 王永祥. 轨道交通站点地区地下空间一体化规划设计：以广州市嘉禾望岗地区为例 [J]. 规划师，2016，32 (S2)：151-154.

[5] 周娜，张德媛，张晋. 昆明城市轨道交通与土地一体化规划研究 [J]. 都市快轨交通，2019，32（1）：48-55.

[6] 林太志，陈罡. 广州轨道交通站点公交一体化衔接规划设计实例 [J]. 规划师，2019，35（15）：32-37.

[7] 鲁颖. TOD 4.0 导向下的深圳市轨道交通 4 号线"站城人一体化"规划策略 [J]. 规划师，2020，36（21）：84-91.

[8] 光振雄. 多层次轨道交通融合规划促进区域一体化发展 [J]. 城市轨道交通研究，2022，25（9）：6，260.

[作者简介]

续岩，工程师，规划师，就职于珠海市规划设计研究院轨道交通所。

路超，高级工程师，就职于珠海市规划设计研究院轨道交通所。

张一恒，高级工程师，注册城乡规划师，就职于珠海市规划设计研究院国土空间二所。

珠海疍家传统村落保护与开发策略研究

——以珠海市斗门区灯笼村为例

□陈康恩，张一恒

摘要：疍家村落是大湾区疍家文化遗产的重要组成部分，村落自身具有许多珍贵的传统文化特色，有待进行更为科学的保护和开发。本研究以珠海市斗门区灯笼村为例，尝试剖析目前该村在传统村落保护与发展方面的不足之处，并从特色、集群、风貌、设施等方面提出针对性策略，为大湾区疍家村落的保护与发展提供积极的参考。

关键词：灯笼村；疍家；传统村落；文化遗产保护；开发；文化旅游

1 引言

历史文化乡村是中华历史文化遗产的重要组成部分。2019年，中共中央、国务院发布《粤港澳大湾区发展规划纲要》（以下简称《纲要》），提出要坚定文化自信，弘扬岭南文化，彰显独特文化魅力，塑造湾区人文精神。同年，广东省发布《粤港澳大湾区文化遗产游径建设工作方案》（以下简称《方案》），要求以粤港澳三地的丰富历史文化遗产为依托，构建粤港澳大湾区文化游径，展示文化交融性及岭南文化特质。珠海市的历史文化资源较多，近几年珠海市按照前述《纲要》及《方案》的要求，对当地重要历史文化遗产进行了科学保护和发展。

珠海市斗门区分布着数量丰富的历史文化村落，其中包括以疍民为基础的水乡村落，如灯笼村、南澳村、粉洲村等。疍家村落的分布多与水紧密结合，拥有丰富的非物质文化遗产。尽管特色显著，但众多疍家村落的保护与开发还是面临着许多问题。本文以斗门区灯笼村为例进行剖析，并提出具体的策略，希望能够为大湾区疍家村落的保护与发展提供积极的参考。

2 文献综述

2.1 相关概念界定

"疍民"，是指以船为居室、生活在江海上的特殊族群，从事的工作多以渔业、水运为主。疍家的文化特色主要包括将船作为生产工具及居所、信奉海神天后、擅长疍家渔歌等。

"传统村落"，是指世代相传，在建筑风格等方面具有某些独特特点的农耕文明浓缩之地，传统村落的风俗、道德、艺术、制度等方面常带有历史继承性。

2.2 疍家村落及其特色元素的保护

疍家聚落具有独特的传统元素。蔡梦凡归纳了"住家船、疍家棚、长屋、渔排"这4种疍家"家屋空间",认为疍家聚落具有"家屋空间—家族单元—邻里组团—族群聚落"的空间层次关系,体现出疍家族群对外部环境变迁的适应、对内在家庭核心的坚守。这些物质层面及精神内核的元素是在疍家村落保护实践中应予以传承的内容。

在针对传统村落保护方面,国内外已形成比较成熟的观点和措施。薛林平认为需要注意的主要问题为真实保护、完整留存、兼顾发展、活态传承、突出特色、档案记录、科学规划、重视宣传等。在具体的传统村落保护案例方面,日本的白川乡"合掌造"聚落是一个比较著名的案例。在该村的保护实践行动中,村民的自发保护、政府的立法保护、社会财团的有序管理,为我国传统村落保护提供了很有价值的参考。

疍家元素为规划、建筑及室内设计提供了兼具文化气息和历史质感的构思源泉。在疍家文化体验园的规划设计方面,孙百宁、范长喜等人将客家渔歌作为东莞沙田疍家文化体验园规划设计的主题来源,营造"海洋拓展、靠岸发展、上岸传承"的景观序列,提出疍家特色生态水道绿廊的定位。在传统疍家建筑元素与新式滨水建筑结合方面,余榕和吴思莹提出新式疍家建筑的特点,即符合现代发展的功能,结合河道景观的风景,保留地域元素的外观。在疍家风格的室内风格布置方面,疍家棚的竹藤和茅草、渔网、船木可以作为室内材料肌理的选择,疍家服饰上暖黄色与黑色、蓝色的组合可以转化为室内轻盈素雅的色彩选择,疍家的渔笼元素则可以成为室内灯具的外观抽象来源。

2.3 文献评述

疍家村落具有丰富的实体环境元素与非物质文化元素,相关的传统村落保护工作要注意做到以下几点:一是对疍家村落格局、建筑、文化、民俗等元素要统筹保护;二是保护与发展规划要尊重村民的意愿,保护村民的权益,运用村民的力量,做好具有前瞻性、科学性、灵活性的规划;三是开展疍家主题相关的新建或扩建设计工程,可从多角度汲取疍家元素,注重传统文化与现代时尚的结合,传承疍家文化。

3 灯笼村概况

3.1 村落基本情况及历史

灯笼村位于珠海市斗门区白蕉镇东南部,与镇人民政府相距约7 km。该村东邻磨刀门水道,西临江珠高速,南靠五围涌,北临二围涌,村落范围如图1所示。

村落始建于民国初年,距今已有100多年历史。清末继天生河以南的头围和二围围垦成田口,民国初年东三围、西三围、东四围、西四围、东三围仔、东四围仔、西七围相继围垦成田。在中华人民共和国成立到改革开放前,该村是斗门县白蕉公社的所在地。

在历史沿革方面,该村在民国初年属香山县第八区,1925年属中山县第八区;1965年属斗门县白蕉公社;1984年属珠海市斗门县白蕉区;1996年属斗门县白蕉镇;2001年至今属珠海市斗门区白蕉镇灯笼行政村。

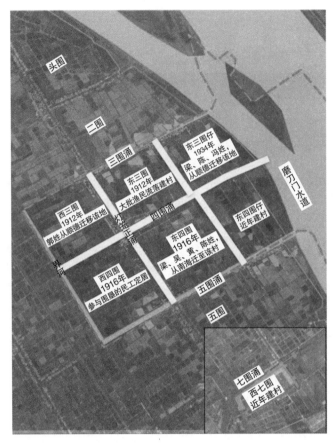

图1　灯笼村村域及历史沿革示意图

3.2　村域环境要素

在水系方面，灯笼正涌和西江支流磨刀门水道分别从村中和村东流入南海，内部有"E"字形河涌水网（分别为三围涌、四围涌、五围涌）连通磨刀门水道与界河，纵横交错的河涌水道，使海河咸淡水交汇于此地。磨刀门水道上游承接西江，下游连接交杯沙水道至口外，为西江下游的干流。其因水流从小托山及磨刀山之间经过而得名，是珠江的出海口之一。其流经范围从北部莲溪镇新围至南部白蕉镇八围尾，全长33.53 km。因其水流含沙量高，长年累月堆积成沙洲。灯笼村行政范围内在磨刀门水道内有2处沙洲。

3.3　村落格局

村落滨水而建，由一条涌及两条主要的道路串联，共7个围。每个围在建设选址前，均在河涌转折处选种一棵木棉树和建设一处神社。村落因袭广府民居模式，并简化改进，主屋在基顶，厨房在河边，前部空地作为院子。后期因陆路交通的需求，村庄形成传统巷道从农房中间穿过、外围建设村庄公路的格局，因此村庄整体呈典型的线性"一河两岸"布局（图2）。公共服务设施集中建于白蕉公社遗址所在的灯笼正涌和四围涌十字交叉的四个角的用地。

图 2　滨水而建的灯笼村

4　灯笼村的现状问题

4.1　空有传统特色，并未构成产业

灯笼村"一河两岸"的整体格局保存比较好。村内的古树与神社等历史元素位于各水道交界处，见证了过往水乡青年相聚树下对唱咸水歌的美好过往。村内的传统建筑见证了中华人民共和国成立后的历史，具有岭南风貌。此外，该村拥有水上婚嫁、沙田民歌、装风鳝等传统习俗，以及油角仔、蛋黄粽、芋头糕等传统美食，还有虾笼子、草袖等特色工艺品。但是滨水布局、树下对歌历史、传统建筑、广府美食这几种本应成为灯笼村亮点的元素（图3），在目前的村庄保护及建设中并未作为乡村发展的优势被加以利用。

滨水布局　　　　树下对歌历史　　　　传统建筑　　　　广府美食

图 3　灯笼村的特色元素

4.2　未能结合周边，联动发展不足

曾有企业在2011年尝试将灯笼村建设为体验水上婚嫁等传统文化旅游的"灯笼沙"景区，后来因可游玩项目较少、门票收费略高、人员及设施成本高等各种原因，以景区关闭而告终。灯笼村体量不大，短期内投入大量资金去打造成一个出众的文化旅游景点并不现实，还会面临诸如村民配合、原有房屋改造等许多行政、经济、技术问题。斗门区的传统乡村资源是比较丰富的，包含有广府村落及水乡村落（图4）。目前还未出现有灯笼村与周边其他村子进行联合保护及开发的计划及建设行动。从可持续发展的角度出发，可结合斗门区内的其他具有特色的村子一同形成传统乡村集群，按照科学可行的规划逐步发展。

图 4　斗门区的部分传统村落位置及广府村落、水乡村落示意图

4.3　新旧房屋混杂，缺乏风貌管控

　　灯笼村内目前并无认定的历史建筑，而村内传统建筑主要为广府民居风格。整体上主要由 20 世纪 60 年代建设的坡顶单层民居及 20 世纪 70 年代后建设的双层平坡结合的民居组成，目前大部分民居仍有村民居住。其中最重要的历史要素建筑是大约建于 1920 年的白蕉公社遗址，共两层，采用砖结构。当前该建筑为闲置状态，其结构受损，质量较差。白蕉公社建筑见证了中华人民共和国成立后村民在此进行组织生产生活及收集种植作物去更换粮票的历史，未来有待结合该村的规划发展，进行针对性修复和再使用。除了原有的传统建筑，近年村内也有村民新建的住宅楼，新建楼房外观风格偏向现代，色彩亮丽，和原有传统建筑有较大区别。灯笼村的整体风貌有待进行科学合理的管控（图 5）。

图 5　村内的白蕉公社遗址、传统建筑及新建建筑实景图

4.4 功能尚待完善，设施还需补充

从发展的角度来分析，灯笼村的配套功能（如标识路牌、垃圾桶、公共卫生间等）及路网设施尚不够完善。村内目前缺乏导向标识牌，而垃圾桶等卫生设施也未能沿街设置足够数量。村内目前的公共卫生间仅设在一座综合了村委会办公与卫生服务功能的楼房里。游客从村口招牌行至该楼，需经过一系列弯曲的路线，甚为不便。同时，河涌将村庄两边隔开，在形成良好水景的同时也造成两岸交往的不便（图6）。行人如需去往村内小河对面的区域，路线较为曲折，且村道狭窄，人车混行，安全风险高。

图6　灯笼村内部交通略显不便，村道狭窄

5　灯笼村的保护及开发策略

5.1　立足村落特点，找准产业定位

灯笼村北侧有斗门农业生态园，西侧有新青工业园，南侧为航空新城，其有条件融入现有的区域产业体系内。灯笼村可以利用自身的滨水格局及各种非物质文化遗产资源，打造聚集民俗传承体验、传统技艺工法体验、特色美食体验的水乡体验型村落。灯笼村可以围绕十字交汇的村中心区域重塑公共空间，营造出浪漫的河畔活动空间，将空置的房屋进行活化利用，以"水上人家"作为主题，构建文化体验产业。在发展产业的过程中，可以考虑采用村民参与建设特色乡村型景区的模式。要善于动员村民，利用村民的力量，让村民参与其中。开发企业可以与村委会确定租赁土地及集体设施，支付租金，村委会可将收入的一部分作为村里的分红。村委会对村民进行协调与培训，村民经过培训后成为旅游股份公司的员工，或经营自家特色小店，或负责村里停车场的维护与收费工作等。地方政府、旅游开发企业、村民可各自以不同方式入股并组建旅游开发股份有限公司，各司其职，形成协调的整体（图7）。

5.2　联合周边区域，构建有机集群

在斗门地区，除灯笼村外，还有其他的传统村落。其中既有广府型村落，也有水乡型村落。灯笼村可与斗门其他村落一起形成集群式发展，特色集群里面的村落各具特色，并不冲突（图8）。比如同在斗门的粉洲村和黄金村都是水乡型村落，但粉洲村主打的是自然生态风格，而黄金村则突出公社的历史主题，这些都与灯笼村的水上婚嫁主题有所不同，都是形成集群的良好基础。

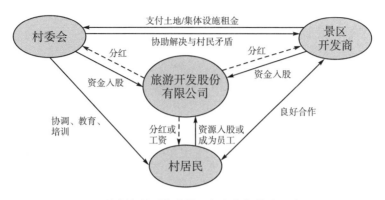

图 7 特色乡村型旅游景区各方参与模式示意图

图片来源：参考《特色乡村型旅游景区社区参与模式研究——以西双版纳傣族园景区为例》进行绘制。

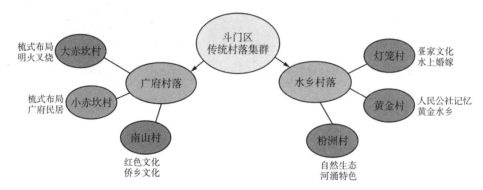

图 8 斗门区（部分）传统村落集群及其特色示意图

斗门区的特色村落可以根据广府型村落及水乡型村落的历史背景、自然资源、美食特色等方面的特性，各自进行交叉组合，形成若干种不同的路线，推出满足游客不同需求的旅游产品（图 9）。游客在游憩时间也可以根据游览兴趣选择短期（一天内）路线或者留宿过夜的路线，更为灵活。这样的组合就避免了各村的"单打独斗"式发展，形成丰富有内涵的"集群式"文旅村落，形成持续的吸引力和发展动力。这个设想在未来还需要通过科学规划、有效统筹、持续落实进行支撑，才有机会成为现实。

5.3 村内划分片区，实施有序保护

灯笼村需按实际的建筑分布情况，划定核心保护区、建设控制地带、环境协调区（图 10）。灯笼村的核心保护区是传统建筑比较集中的区域，空间格局保存完好，应对传统建筑进行必要的修葺，完善市政设施，结合村落主体定位，置入必要的功能，而进行新建及扩建活动需非常慎重。建设控制地带的新建建筑物在长度、宽度、高度等体量上要与原有传统民居相协调，沿用传统建筑的色彩，在功能方面以居住、基础设施及公共服务为主。环境协调区主要为传统村落周边需要控制的自然及人工环境，包含村落北侧 6 个围的水塘农业区、水道、磨刀门岸线区域。注意保存村庄居民点外围的田园风光，非传统建筑与传统风貌要保存一致的尺度，村落的肌理及空间格局也需保持。

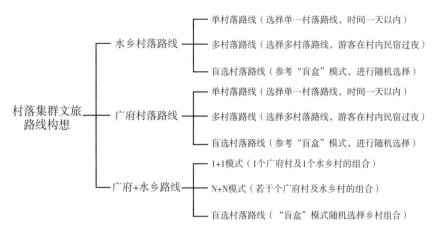

图9　斗门区传统村落集群文旅路线构想示意图

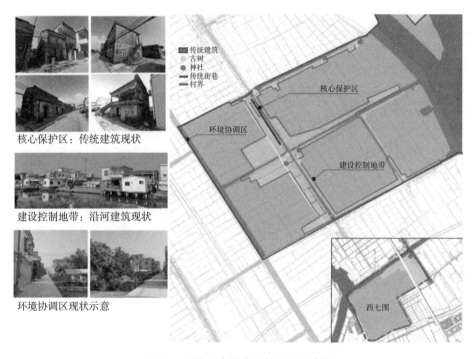

图10　灯笼村内划片保护分区示意图

5.4　补充基础设施，完善交通路网

在未来的发展中，灯笼村要根据必要的开发需求，逐步建设符合旅游发展要求的功能片区，同时也要做好必要的交通设施建设。首先要结合旅游的需求，建设集中式停车场、游客服务中心等设施。其次在河涌沿线岸边，结合已有的白蕉公社建筑、传统民居进行活化利用，以水上婚嫁、沙田民歌、疍家美食为主题建设民俗与美食体验区，以轻便式、小尺度的小建筑为主，结合绿色景观植物布置，营造舒适宜人的环境。在功能片区建设之外，灯笼村也要对重点道路、巷道、小桥进行优化。通过村庄的主路可适当增加绿化加以美化，沿路增加符合村庄特色的道路标识与广告招牌。村内巷道根据实际情况进行修补，重点区域以石板作为巷道材料，增添水

乡风情。在十字河涌两侧适当增加人行拱桥，一方面能够方便村民及游客往返两岸，另一方面也可呼应水乡主题。

6 结语

在某种程度上，灯笼村是岭南疍家传统村落的一个代表：体量小，拥有良好的自然格局以及一定的传统文化特色，但其未能将自身的优势转化为发展的动力。灯笼村在未来的保护与发展实践中，要立足自身特点，发挥村民自主意识，并且联合周边区域，严格执行规划，才能实现科学而有序的发展。

[参考文献]

[1] 薛林平. 建筑遗产保护概论：第三版 [M]. 北京：中国建筑工业出版社，2022.

[2] 陈佳娜，李伟. 特色乡村型旅游景区社区参与模式研究：以西双版纳傣族园景区为例 [J]. 西昌学院学报（自然科学版），2011，25（4）：66-68.

[3] 张姗. 世界文化遗产日本白川乡合掌造聚落的保存发展之道 [J]. 云南民族大学学报（哲学社会科学版），2012，29（1）：29-35.

[4] 孙百宁，范长喜，温俊. 城市化快速发展背景下的地域文化传承与创新：以东莞沙田疍家文化体验园为例 [J]. 广东园林，2015，37（2）：20-24.

[5] 屠李，赵鹏军，张超荣. 试论传统村落保护的理论基础 [J]. 城市发展研究，2016，23（10）：118-124.

[6] 易欣，杨伟媚，李小红. 基于疍家文化的现代乡村民宿设计与研究 [J]. 家具与室内装饰，2020（1）：60-61.

[7] 余榕，吴思莹. 珠海疍家渔村更新及水上人居创新模式探索 [J]. 城市建筑，2021，18（5）：65-68，198.

[8] 罗远. 广东疍民问题浅析 [C] //中国海洋学会，广东海洋大学. 中国海洋学会 2007 年学术年会论文集（下册）. 湛江：广东海洋大学，2007.

[9] 蔡梦凡. 海南陵水新村疍家聚落空间研究 [D]. 广州：华南理工大学，2021.

[作者简介]

陈康恩，工程师，澳门城市大学博士研究生。

张一恒，高级工程师，注册城乡规划师，就职于珠海市规划设计研究院国土空间规划二所。